내가

**최신법령**

# 소방용어
# 해설

편저 [사] 한국소방기술사회 기술위원회산하 용어편찬위원회

김용재 기술사 外

# 머리말

## 2차 개정판을 내면서..

2020년 초 한국소방기술회 기술위원회 모임에서 여러 기술사들이 난해한 소방용어로 인해 발생하는 현장의 애로 사항에 대한 다양한 이야기를 나누었다. 그리고 소방기술사 자격시험 공부할 때 이해하기 힘들었던 소방용어에 관한 이야기도 하였다. 이에 어려운 소방용어를 좀더 쉽게 이해할 수 있게 하는 용어해설 책을 만들어 보자는 몇몇 기술사의 의기가 투합되어 소방분야 최초로 "소방용어해설"이라는 책을 만들게 되었다.

총 11명의 소방기술사가 참여하여 용어편찬위원회를 구성하였고 전문분야별로 소방용어를 추천하여 참여 위원의 합의를 거쳐 235개 용어가 선정되었다.

그림, 사진, 도표 등을 많이 사용하고 쉬운 표현으로 작성하는 것을 원칙으로 11명이 약 5개월 동안 작성, 수정, 보완 과정을 거쳐 2020년 5월 중순에 초판을 발행하였다. 그리고 1년이 지나 초판 2쇄가 발행되었다.

2022년 7월에는 소방용어를 235개에서 300개로 확대하면서 소방 및 건축 관련법 개정에 따른 최신법률내용을 수록하였고 사진, 그림, 표, 해설 내용 등을 보완·추가하여 본서의 이해도와 완성도를 높여 소방학습인 및 소방기술인의 만족도를 향상시킨 1차 개정판을 발행하였다.

2024년 1월에는 소방용어를 300개에서 331개로 확대하면서 화재예방법의 제정, 소방시설법의 분법, 화재안전기준의 이원화 등 소방 관련법의 대폭적인 제·개정에 따른 최신 내용을 수록하였고 일부 사진, 그림, 해설내용 등을 보완·추가하여 2차 개정판을 발행하게 되었다.

아직 구성과 내용면에서 미흡한 점이 있으나 본서에 대한 소방학습인 및 소방기술인들의 호응도로 보면 소방용어에 대한 관심이 상당하다는 것은 알 수 있어 무거운 책임감이 느껴진다. 앞으로도 현장에서 사용하는 소방용어를 더욱 확대 수록하고 일반인도 이해하기 쉽도록 풀어서 해설하는 노력을 계속할 것을 약속드리며 본서가 대한민국 소방안전에 작은 밑거름이 되기를 바라는 소박한 소망을 가져본다.

2024년 2월
김용재 기술사

# 목차

# 01 사진목차

# 03 표목차

## [ KEYWORD 001 ]  (가스계 소화설비의) 독립배관방식

### 1. 개요

가스계소화설비에서 동일 집합관의 공용용기를 사용하지 않고 별도의 집합관을 사용하여 배관을 분리하는 것을 말한다.

[사진 1] 가스계소화설비 독립배관

### 2. 필요성

해당 방호구역이 다른 방호구역(대형공간으로 많은 약제가 요구되므로 대구경의 배관경이 필요)보다 실의 규모가 작을 경우에 해당되는 것으로 공용으로 사용하는 집합관의 배관체적이 커져 약제량에 대한 배관비가 커지므로 관경의 최소 배관흐름률 등에 문제가 발생하기 때문이다.

### 3. 독립배관방식으로 해야 하는 경우

① 할론소화설비의 화재안전기술수준【NFTC 107 2.1.6】

하나의 방호구역을 담당하는 소화약제 저장용기의 소화약제량의 체적합계보다 그 소화약제 방출시 방출경로가 되는 배관(집합관 포함)의 내용적이 1.5배 이상일 경우에는 해당 방호구역에 대한 설비는 별도 독립방식으로 하여야 한다.

② 할로겐화합물 및 불활성기체소화약제의 화재안전기술기준【NFTC 107A 2.3.3】

하나의 방호구역을 담당하는 저장용기의 소화약제의 체적합계보다 소화약제의 방출시 방출경로가 되는 배관(집합관 포함)의 내용적의 비율이 할로겐화합물 및 불활성기체소화약제 제조업체의 설계기준에서 정한 값 이상일 경우에는 해당 방호구역에 대한 설비는 별도 독립방식으로 하여야 한다.

[ **KEYWORD** **002** ] **(가스계 소화설비의) 압력배출**

## 1. 개요

$CO_2$, 불활성기체 소화약제 등 가스계 소화설비는 방호구역 내로 약제를 방출할 때 과압을 형성하여 건물 구조체에 악영향을 미칠 수 있으므로 압력 배출구를 설치하여 과압을 배출하여야 한다.

## 2. 소화약제 방출 시 방호구역 내 압력 변화

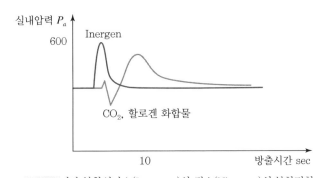

\* Inergen이란 불활성가스(Inert gas)와 질소(Nitrogen)의 복합명칭

**[그림 1] 방호구역 내 압력 변화**

① $CO_2$는 방출 초기에는 액화가스의 기화잠열, 줄톰슨 효과에 의한 온도 하강으로 부압을 형성하다가 압력 상승하여 정압(과압)을 형성한다(용어 "이산화탄소 운무현상" 참조).
② 불활성 가스계는 자유유출식에 의해 방출 초기부터 압력이 상승하여 정압(과압)을 형성한다.

## 3. Pressure Vent 면적 및 영향요소

① Pressure Vent 면적
  ㉠ $CO_2$(NFPA 12)

$$X = \frac{239\,Q}{\sqrt{P}}$$

  여기서, $X$ : 배출구 면적($mm^2$)
       $Q$ : 유량(kg/min)
       $P$ : 실의 허용 내압 강도(KPa)
         (경량구조 : 1.2KPa, 일반구조 : 2.4KPa, 아치형구조 : 4.8KPa)

ⓛ 이너젠(Inergen : IG-01, IG-100, IG-55, IG-541)

$$X = \frac{42.9\,Q}{\sqrt{P}}$$

여기서, $X$ : 배출구 면적(cm²)

$Q$ : 유량(m³/min)

$P$ : 실의 허용 내압 강도(KPa)

(경량구조 : 10kgf/m², 블록구조 : 50kgf/m², 콘크리트구조 : 100kgf/m²)

## 4. 과압배출구 설치위치

① Descending Interface Mode : 가스약제의 밀도가 공기보다 무겁기 때문에 과압배출구를 천장 가까이 두어야 약제 누출을 방지할 수 있다.

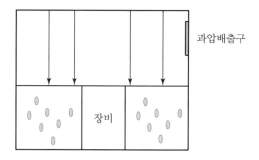

② Mixing Mode : 실내에 기류 이동이 있으므로 과압배출구 설치위치에 제한은 없으나 헤드에서 가장 먼 곳에 설치한다.

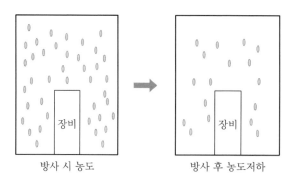

[ **KEYWORD 003** ]  **가스계 소화설비의 방출방식(전역/국소/호스릴)**

## 1. 전역방출방식

① 정의【NFTC 106, 107, 108 1.7.1.1】

전역방출방식이란 소화약제 공급장치에 배관 및 분사헤드 등을 설치하여 밀폐 방호구역 전체에
소화약제를 방출하는 방식을 말한다.

② 필요성

방호구역의 개구부가 작고 약제 방출 전 밀폐 가능한 곳으로 가연물이 화재실 전체에 균일하게 분
포되어 있을 때 방호구역 전역에 균일하고 신속하게 소화약제를 방사하여 산소의 농도를 낮추어
소화하는 방식

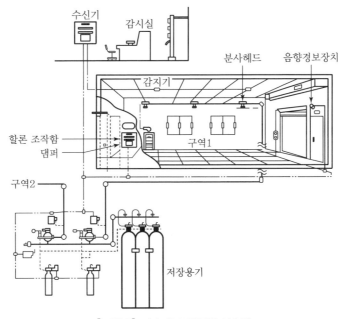

[그림 2] 가스계 소화설비 시스템

## 2. 국소방출방식

① 정의【NFTC 106, 107, 108 1.7.1.2】

국소방출방식이란 소화약제 공급장치에 배관 및 분사헤드 등을 설치하여 직접 화점에 소화약제를
방출하는 방식을 말한다.

② 필요성

방호구역의 개구부가 넓어 밀폐가 불가능하거나 넓은 방호구역 중 어느 일부분에만 가연물이 있을 때 가연물을 중심으로 일정공간에 분사헤드를 설치하여 집중적으로 약제를 방사하는 방식

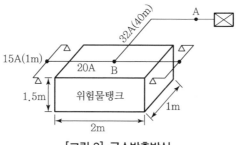

[그림 3] 국소방출방식

## 3. 호스릴방식

① 정의【NFTC 106, 107, 108 1.7.1.3】

호스릴방출방식이란 소화수 또는 소화약제 저장용기 등에 연결된 호스릴을 이용하여 사람이 직접 화점에 소화수 또는 소화약제를 방출하는 방식을 말한다.

② 필요성

전역방출방식, 국소방출방식은 분사헤드가 고정 설치되어 있는 반면 호스릴방출방식은 호스를 끌고 화점 가까이 접근하여 수동밸브를 개방하여 약제를 방사하는 방식

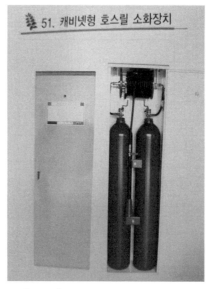

[사진 2] 캐비닛형 호스릴 소화장치

# [ KEYWORD **004** ] 가스누설경보기

## 1. 개요

① LPG, LNG 등 가연성 가스 누설, 체류를 탐지하여 관계자나 이용자에게 경보를 발함으로써 가스폭발이나 가스화재를 방지하고 유독가스로 인한 가스중독사고를 미연에 방지하기 위한 설비이다.

  * LPG(Liquefied Petroleum Gas : 액화석유가스) : 일반적으로 프로판가스라 불리나 프로판가스와 부탄가스 등을 주성분으로 한다.
  * LNG(Liquefied Natural Gas : 액화천연가스) : 천연가스를 −162℃의 상태에서 냉각하여 액화시킨 뒤 부피를 1/600로 압축시킨 것. 메탄이 주성분이다.

② 용기충전소, 차량충전소, 중앙공급실, 주방 등에 설치한다.

## 2. 가스누설경보기 설치대상 특정소방대상물(가스시설이 설치된 경우만 해당)
【소방시설법 시행령 별표 4】

① 문화 및 집회시설, 종교시설, 판매시설, 운수시설, 의료시설, 노유자 시설
② 수련시설, 운동시설, 숙박시설, 창고시설 중 물류터미널, 장례시설

## 3. 가스누설경보기의 분류

① 구조
  ㉠ 단독형 가스 감지기(가정용) : 탐지부와 수신부가 일체형
  ㉡ 분리형 가스 감지기 : 1회로 이상의 공업용과 1회로의 영업용, 휴대용

[사진 3] 단독형가스감지기

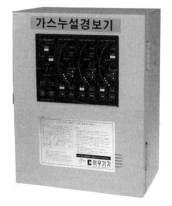

[사진 4] 분리형가스감지기

② 경보방식

　㉠ 즉시 경보형 : 가스농도가 설정치에 이르면 즉시 경보

　㉡ 경보 지연형 : 가스농도가 설정치에 도달한 후 그 농도 이상으로 계속해서 20~60초 정도 지속되는 경우에 경보

　㉢ 반즉시 경보형 : 가스농도가 높을수록 경보 지연시간을 짧게 한 것

③ 검지방식에 따른 분류

▼ [표 1] 가스누설경보기 종류별 비교

| 구분 | 반도체식 | 백금선식 접촉연소식 | 백금선식 기체 열전도식 |
|---|---|---|---|
| 원리 | • 산화석($SnO_2$), 산화철($FeO$)의 반도체를 히터로 350℃ 가열<br>• 가스가 반도체 표면에 흡착되어 저항치가 감소 | • 백금선 주위에 산화촉매 (알루미나)부착<br>• 500℃가열상태에서 가연성 가스가 표면에 흡착<br>• 백금선의 온도가 상승하고 저항이 증가 | • 백금선 코일에 산화석 ($SnO_2$) 도포<br>• 150~200℃ 가열 시 가연성 가스가 접촉<br>• 백금선의 온도가 변화하여 저항치가 변화 |
| 가열온도(T) | 350℃ | 500℃ | 150~200℃ |
| 감지시 저항변화(R) | R↓ | R↑ | R 변화 |
| 재질 | 산화석($SnO_2$) 산화철($FeO$)의 반도체 | 백금선 주위에 산화촉매 (알루미나)부착 | 백금선 코일에 산화석($SnO_2$)부착 |
| 증폭장치 | 출력 40~80V 얻을 수 있으므로 증폭장치 필요 × | 필요 ○ | 필요 ○ |

## [ KEYWORD 005 ] 가스폭발

## 1. 개요

① 가스폭발은 연료로 사용되는 기체가 급격한 화학 변화나 물리 변화를 일으켜 부피가 몹시 커져 폭발음이나 파괴가 뒤따라서 일어나는 사고를 말한다.

② 가연성 가스와 산소의 혼합상태에서 점화원에 의한 폭발(수소, 일산화탄소, 메탄, 에탄 등)을 말한다.

## 2. 가스폭발의 조건

① 농도 조건(조성) : 혼합기체 중 가연성 가스의 농도가 연소범위(연소하한계 농도) 내에 있어야 한다.

② 에너지 조건(점화원) : 가연성 혼합기체에 외부 에너지를 주면 그 부분에서 연소반응이 시작되고 화염이 발생하여 미연소 혼합기체 쪽으로 전파된다. 이때 점화에너지는 최소착화에너지(MIE) 이상이어야 한다.

## 3. 가스폭발의 구분

① VCE(Vapor Cloud Explosion : 밀폐계 증기운 폭발)

용어 "VCE(Vapor Cloud Explosion : 밀폐계 증기운 폭발)" 참조

② UVCE(Unconfined Vapor Cloud Explosion : 개방계 증기운 폭발)

용어 "UVCE(Unconfined Vapor Cloud Explosion : 개방계 증기운 폭발)" 참조

## 4. 가스화재와 가스폭발의 비교

▼ [표 2] 가스화재(확산연소)와 가스폭발(예혼합연소) 비교

| | 확산연소(가스화재) | 예혼합연소(가스폭발) |
|---|---|---|
| 메커니즘 | 흡열－혼합－연소－배출 | 흡열－연소－배출 |
| 연소형태 | 층류 · 난류 확산연소 | 층류 · 난류 예혼합연소 |
| 열방출속도 | 열방출속도 ↓ | 열방출속도 ↑ |
| 화염전파 | × | ○ |
| 재해형태 | 복사열 | 과압 |
| 방지대책 | 예방, 소방, 방화 | 예방, 방화 |

# 가압송수장치

## 1. 개요

가압송수장치란 소화용수에 압력을 발생시켜 그 압력에너지로 급수배관을 통해 소화수를 공급하는
장치를 말한다.

## 2. 가압송수장치의 종류

① 펌프사용방식

　㉠ 전동기 사용방식(Motor Pump Type)

　　1) 전동기의 전기적 에너지로 펌프에 회전력을 가하여 소화수의 필요한 에너지를 얻는 방식
　　이다.

　　2) 상용전원을 사용해야 하므로 정전이나 화재 등에 의한 단전을 대비하여 비상발전기를 설치
　　해야 한다.

[사진 5] 전동기 사용방식(Motor Pump Type)

ⓒ 엔진펌프 사용방식(Engine Pump Type)

  1) 내연기관 등의 엔진의 회전력을 펌프에 가하여 소화수의 필요한 압력에너지를 얻는 방식
이다.

  2) 휘발유, 경유 등의 연료를 이용하여 엔진을 가동하기 때문에 정전사고 등 단전과 관계없이
사용 가능하다.

[사진 6] 엔진펌프 사용방식(Engine Pump Type)

② 고가수조방식

  ㉠ 구조물 또는 지형지물 등에 설치하여 자연낙차의 압력으로 급수하는 수조를 말한다.

  ㉡ 고가수조에는 수위계 · 배수관 · 급수관 · 오버플로우관 및 맨홀을 설치한다. 【NFTC 103 2.2.2.2】

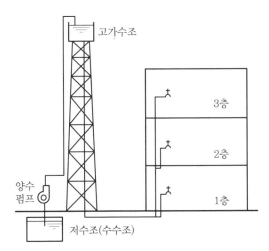

[그림 4] 고가수조방식

③ 압력수조방식

　㉠ 압력수조에 물을 압입하고(수조의 2/3수준) 공기압축기(Compressor)를 이용하여 압축한 공기압에 의하여 가압 송수하는 방식이다.

　㉡ 압력수조에는 수위계 · 급수관 · 배수관 · 급기관 · 맨홀 · 압력계 · 안전장치 및 압력저하방지를 위한 자동식 공기압축기를 설치한다. 【NFTC 103 2.2.3.2】

　㉢ 압력수조의 Air Rock 현상

　압력수조와 고가(옥상)수조를 연결한 공통배관으로 물을 토출할 경우 공기압에 의해 압력수조의 물이 전량 방사된 후 공기압에 의해 고가수조의 체크밸브(Check Valve)가 열리지 못하는 현상으로 "공기의 압력이 고가수조의 자연압보다 커서 발생하며 공기에 의해 물이 닫혀있다"라고 하여 Air Rock 현상이라 한다.

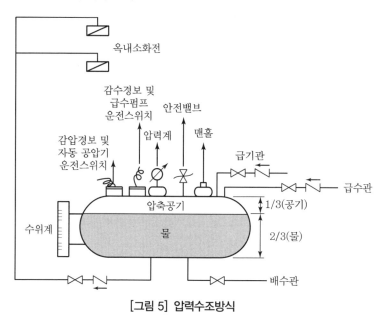

[그림 5] 압력수조방식

④ 가압수조방식

　㉠ 수조(물탱크)안에 물(수조의 2/3수준)을 채우고 가압용기의 가압가스(공기, 질소 등)로 물에 압력을 가하여 송수하는 방식이다.

　㉡ 가압수조 및 가압원은 「건축법 시행령」 제46조에 따른 방화구획된 장소에 설치한다. 【NFTC 103 2.2.4.2】

　㉢ 가압수조를 이용한 가압송수장치는 소방청장이 정하여 고시한 「가압수조식가압송수장치의 성능인증 및 제품검사의 기술기준」에 적합한 것으로 설치한다. 【NFTC 103 2.2.4.3】

[사진 7] 가압수조방식

## [ KEYWORD 007 ] 감광계수

## 1. 연기

① 개요

 ㉠ 연기란 화재로 인한 연소 과정에서 아주 많은 수의 고체와 액체의 미립자가 대기 중에 방출되며, 크기가 $0.01\mu m$~$10\mu m$ 범위로 공기 중에 섞인 이 입자를 말한다.

 ㉡ 공중에 부유된 고체 및 액체 미립자와 어떤 물질이 열분해 또는 연소에 영향을 받을 때 발생되는 가스 및 주변에 섞인 공기와 함께 구성된 연소 물질이다.

 ㉢ 완전 연소 생성물, 불완전 연소의 중간 생성물, 미연소의 분해 생성물, 연소에 관여했던 공기 중 불활성 가스 성분으로 구성된다.

② 연기농도 표시법

 ㉠ 연기중량농도($mg/m^3$) : 단위체적당 연기중량 표시

 ㉡ 연기입자농도(개/$cm^3$) : 단위체적당 연기입자수 표시

 ㉢ 감광계수($1/m = m^{-1}$) : 연기 속에서 투과량에 관한 광학적 농도로서 피난한계, 가시거리 등에 활용한다.

## 2. 감광계수 계산

① 감광계수는 연기에 의해 빛이 감쇄되는 정도이다.

② 감광계수($C_S$)의 단위는 $1/m(=m^2/m^3)$이며 단위체적 당 포함되는 연기에 의한 빛의 흡수 단면적 즉, 감광의 크기이다.

$$C_S = \frac{1}{L}ln\left(\frac{I_o}{I}\right)$$

 여기서, $C_S$ : 감광계수[$m^{-1}$]

    $L$ : 투과거리[m]

    $I_o$ : 연기가 없을 때 빛의 세기[lux]

    $I$ : 연기가 있을 때 빛의 세기[lux]

③ 연기층이 없는 투명한 공기이면 감광은 없으며 $C_S = 0$이 되며, 연기층이 있으면 그 농도가 커짐에 따라 $C_S$는 커진다.

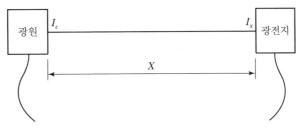

[그림 6] 감광계수 측정

## 3. 감광계수와 가시거리와의 관계

① 감광계수가 낮을수록 빛이 연기에 의해 감쇄되는 정도가 적기 때문에 가시거리는 길어진다.

$$가시거리 \ D(\text{m}) = \frac{K}{C_s}$$

여기서, $C_s \cdot D = $ 일정

　　　$K$ : 상수(축광형 : 2~4, 발광형 : 5~10)

② 반사판형 표지(빛이 없을 때)

$$C_S D = 2 \sim 4$$

여기서, $D$ : 가시거리(m)

　　　$C_s$ : 감광계수(1/m)

③ 발광형 표지(빛이 있을 때)

$$C_S D = 5 \sim 10$$

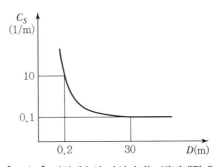

[그림 7] 감광계수와 가시거리는 반비례관계

④ 가시거리($L$)와 감광 계수($C_S$)의 관계는 $C_s \cdot L = \text{Cons t.}$로 일정

▼ [표 3] 감광 계수에 따른 가시거리

| 감광 계수(1/m) | 가시거리(m) | 상황 |
|---|---|---|
| 0.1 | 20~30 | − 건물 내부에 익숙치 못한 사람의 피난한계농도<br>− 연기감지기가 작동할 정도의 농도 |
| 0.3 | 5 | 건물 내부에 익숙한 사람의 피난한계농도 |
| 0.5 | 3 | 어두침침함을 느낄 정도의 농도 |
| 1.0 | 1~2 | 거의 앞이 보이지 않을 정도의 농도 |
| 10 | 0.2~0.5 | 최성기 화재 때의 농도 |
| 30 | − | 화재실에서 연기가 분출할 때의 농도 |

# [ KEYWORD 008 ] 감리업무(Supervision duty)

## 1. 개요

① 감리(監理)란 "볼 감(監)", "다스릴 리(理)"「이치에 맞게 본다」라는 의미로 현장 공사를 감독하고 관리한다는 뜻이다.

② 소방시설공사에 관한 발주자의 권한을 대행하여 소방시설공사가 설계도서와 관계 법령에 따라 적법하게 시공되는지를 확인하고, 품질·시공 관리에 대한 기술지도 업무를 수행하는 것을 말한다. (* 용어 "소방시설업" 참조)
소방감리는 「소방시설공사업법」 제16조 제1항에서 그 수행업무를 규정하고 있다.

## 2. 감리수행업무 【소방시설공사업법 제16조 제1항】

① 소방시설 등의 설치계획표 적법성 검토

이는 건축물의 규모와 용도 등에 따라 적용되는 소방시설의 현황을 보고 법적으로 해당 건축물에 적용되어야 할 소방시설 중 누락되거나 잘못 적용된 것을 확인하는 것이다.

② 소방시설 등 설계도서의 적합성(적법성과 기술상의 합리성) 검토

설계도서의 적합성은 건축물의 규모와 용도 등에 따라 적용된 소방시설이 각각의 화재안전기준에서 정하는 설치기준에 적합하게 반영하고, 기능과 성능에 적합하도록 설계에서 누락되거나 오류 등이 발생되었는지 확인하는 것이다.

③ 소방시설 등 설계 변경 사항의 적합성 검토

공사 진행 중에 건축물의 변경(용도, 칸막이, 면적 증감, 소방시설 변경 등) 사항이 발생하는 경우 변경절차, 변경 금액의 검토, 변경 내용의 적법성, 공사계약 일반조건 등에서 요구하는 내용에 문제가 없도록 적합하게 검토하는 것이다.

④ 소방용품의 위치·규격 및 사용자재의 적합성 검토

소방자재는 형식승인자재와 성능인증자재로 대별할 수 있다. 특정소방대상물에서 형식승인자재는 반드시 사용하여야 할 자재에 해당하며, 성능인증자재는 화재안전기준에서 정하고 있는 자재는 반드시 사용하여야 하지만 그렇지 않은 자재는 사용 시 선택이 가능하다. 형식승인을 받아야 하는 자재와 성능인증 자재는 자재 승인을 통해 해당 자재의 규격과 제품검사를 통한 성능확보의 적정성 여부를 철저하게 검증하여야 하며, 이렇게 검증된 자재는 현장에 반입할 때 다시 한 번 자재 검수를 통해서 검증을 하게 된다. 이러한 절차를 이행하는 것이 사용자재의 적합성 검토이다.

⑤ 소방시설 등의 시공관리

특정소방대상물에 설치하는 소방시설은 설계도서와 일치하여야 한다. 설계도서의 내용대로 시공이 불가능할 경우에는 사전에 설계변경 등의 문서행위를 한 후에 승인을 받은 후 시공되어야 한다.

⑥ 성능시험

성능시험은 모든 소방시설 및 관련된 공정의 시공이 완료된 후에 시행하게 된다. 시행 주체는 시공사가 되며, 감리자는 입회하여 성능의 적합여부를 판단하게 된도.

⑦ 시공 상세도면 적합성 검토

시공 상세도면은 평면도에서 표기하지 못하는 사항을 해결하고, 건축물의 구조, 형태 및 건축, 기계, 전기, 통신, 토목 등의 공종과 간섭되는 사항 등을 확인하여 각 공종별 협의를 통해서 각각의 문제점과 간섭사항을 해결하기 위해서 평면, 단면, 상세도면을 포함하여 작성한다. 이렇게 작성된 도면에 대해 화재안전기준을 위반하거나, 시공성, 안전성, 불확실한 부분 등을 검토하는 것이다.

⑧ 피난시설 및 방화시설의 적법성 검토

피난계단, 방화구획, 방화문, 방화셔터 등 피난 및 방화와 관련된 시설에 대한 적법성을 검토하는 것을 말한다. 그러나 관련 법규와 규정이 불명확하여 논란이 되고 있다.

⑨ 실내장식물의 불연화와 방염 물품의 적법성 검토

실내장식물의 불연화와 방염 물품의 적법성 또한 관련 규정이 불분명하다. 방염의 경우 소방시설공사의 시공과는 별개로 별도의 방염업체를 선정하여 처리하고 있는 사항으로 이 또한 상당한 논란의 중심이 되고 있다.

## 3. 감리업무 흐름도

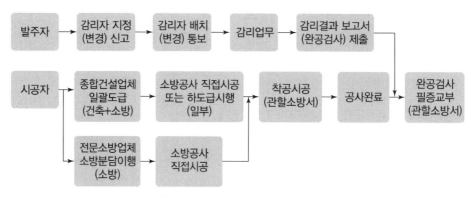

[그림 8] 소방공사 감리 및 시공업무 절차도

## [ KEYWORD 009 ] 감시제어반

## 1. 개요

① 감시제어반은 소화설비 및 제연설비의 운전 상태를 표시등 및 음향경보장치를 통하여 감시하고 설비를 자동 또는 수동으로 작동시키거나 중단시킬 수 있는 제어기능이 있는 판넬(Panel)을 말하며 예비전원을 내장하여야 한다.
② 일반적으로 자동화재탐지설비의 수신기에 부가하여 복합형수신기로 제작되어 설치되는 경향이 많다.

## 2. 감시제어반 기능 【NFTC 103 2.10.2】

① 각 펌프의 작동여부를 확인할 수 있는 표시등 및 음향경보기능이 있어야 할 것
② 각 펌프를 자동 및 수동으로 작동시키거나 중단시킬 수 있어야 한다.
③ 비상전원을 설치한 경우에는 상용전원 및 비상전원의 공급여부를 확인할 수 있어야 할 것
④ 수조 또는 물올림탱크가 저수위로 될 때 표시등 및 음향으로 경보할 것
⑤ 예비전원이 확보되고 예비전원의 적합여부를 시험할 수 있어야 할 것

## 3. 감시제어반 설치기준 【NFTC 103 2.10.3】

① 화재 및 침수 등의 재해로 인한 피해를 받을 우려가 없는 곳에 설치할 것
② 감시제어반은 스프링클러설비의 전용으로 할 것. 다만, 스프링클러설비의 제어에 지장이 없는 경우에는 다른 설비와 겸용할 수 있다.
③ 감시제어반은 다음의 기준에 따른 전용실 안에 설치할 것. 다만, 감시제어반과 동력제어반으로 구분하여 설치하지 않을 수 있는 경우와 공장, 발전소 등에서 설비를 집중 제어·운전할 목적으로 설치하는 중앙제어실내에 감시제어반을 설치하는 경우에는 그렇지 않다.
　가. 다른 부분과 방화구획을 할 것. 이 경우 전용실의 벽에는 기계실 또는 전기실 등의 감시를 위하여 두께 7mm 이상의 망입유리(두께 16.3mm 이상의 접합유리 또는 두께 28mm 이상의 복층유리를 포함한다)로 된 4m² 미만의 붙박이창을 설치할 수 있다.
　나. 피난층 또는 지하 1층에 설치할 것. 다만, 다음의 어느 하나에 해당하는 경우에는 지상 2층에 설치하거나 지하 1층 외의 지하층에 설치할 수 있다.
　　(1)「건축법시행령」제35조에 따라 특별피난계단이 설치되고 그 계단(부속실을 포함한다)출입구로부터 보행거리 5m이내에 전용실의 출입구가 있는 경우

(2) 아파트의 관리동(관리동이 없는 경우에는 경비실)에 설치하는 경우

다. 비상조명등 및 급·배기설비를 설치할 것

라.「무선통신보조설비의 화재안전기술기준(NFTC 505)」2.2.3에 따라 유효하게 통신이 가능할 것(영 별표4의 제5호 마목에 따른 무선통신보조설비가 설치된 특정소방대상물에 한한다)

마. 바닥면적은 감시제어반의 설치에 필요한 면적 외에 화재 시 소방대원이 그 감시제어반의 조작에 필요한 최소면적 이상으로 할 것

④ 전용실에는 특정소방대상물의 기계·기구 또는 시설 등의 제어 및 감시설비 외의 것을 두지 않을 것

⑤ 각 유수검지장치 또는 일제개방밸브의 작동여부를 확인할 수 있는 표시 및 경보기능이 있도록 할 것

⑥ 일제개방밸브를 개방시킬 수 있는 수동조작스위치를 설치할 것

⑦ 일제개방밸브를 사용하는 설비의 화재감지는 각 경계회로별로 화재표시가 되도록 할 것

⑧ 다음의 각 확인회로마다 도통시험 및 작동시험을 할 수 있도록 할 것

가. 기동용수압개폐장치의 압력스위치회로

나. 수조 또는 물올림탱크의 저수위감시회로

다. 유수검지장치 또는 일제개방밸브의 압력스위치회로

라. 일제개방밸브를 사용하는 설비의 화재감지기회로

마. 급수배관에 설치되어 급수를 차단할 수 있는 개폐밸브의 폐쇄상태 확인회로

바. 그 밖의 이와 비슷한 회로

⑨ 감시제어반과 자동화재탐지설비의 수신기를 별도의 장소에 설치하는 경우에는 이들 상호간 연동하여 화재발생 및 상기「2. ①, ③, ④항」의 기능을 확인할 수 있어야 한다.

## 4. 화재수신기와 감시제어반의 기능, 설치장소, 부대설비 등

▼ [표 4] 화재수신기와 감시제어반 비교

| 구분 | 화재수신기 | 감시제어반 |
|---|---|---|
| 평상시 | 화재감시 | 설비감시<br>(솔레노이드밸브, T/S, P/S 등) |
| 화재 시 | 화재경보 | 설비제어 |
| 설치장소 | 상시근무 또는 관리용이 | 피난층 또는 지하1층 |
| 방화구획 | 무관 | 해야함 |
| 부대설비 | 일람도 비치 | 비상조명등, 무선통신보조설비, 급배기시설 등 |
| 면적제한 | 없음 | 조작에 필요한 최소면적 |

* 화재수신기와 감시제어반 기능을 같이 갖고 있는 수신기를 복합수신기라고 한다.

## 5. 복합수신기

감시제어반은 전용의 제어반으로 설치하는 경우는 매우 드물다. 따라서 자동화재탐지설비의 수신기의 기능과 함께 설치하며 이러한 수신기를 복합형 수신기라 한다.

[사진 8] P형 1급 복합수신기

[사진 9] R형 복합수신기

[ KEYWORD 010 ]  감압밸브

## 1. 개요

① 감압밸브란 자율식(Self Action Type)밸브로서 공급측(1차측)의 압력 변동과 부하에 관계없이 항상 사용자측(2차측)에서 설정된 압력을 일정하게 유지하는 밸브를 말한다. 즉, 2차측 압력이 높으면 닫히게 되고 반대로 압력이 낮으면 열리게 되는 밸브이다.

② 옥내소화전의 경우 방수구 선단에서 0.17~0.7MPa, 스프링클러설비의 경우 헤드 선단에서 0.1~1.2MPa의 방수압력을 요구하는 등 수계소화설비에서 정하는 최소, 최대 방사압력기준을 만족시키기 위해 가압송수펌프 토출측 배관에 감압밸브를 설치한다.

## 2. 감압밸브의 종류

① 직동식 감압밸브 [출처 : 한국스파이렉스샤코(주)]

　㉠ 구조

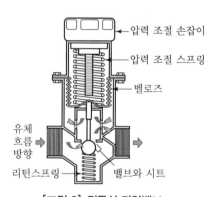

압력 조절 손잡이
압력 조절 스프링
벨로즈
유체 흐름 방향
리턴스프링
밸브와 시트

[그림 9] 직동식 감압밸브

　㉡ 2차측 압력설정 및 작동원리

- 초기에는 상부 압력조절스프링이 완전히 이완되어 밸브가 시트에 닫혀있는 상태고 상부 압력조절손잡이를 돌리면 압력조절스프링과 벨로즈가 팽팽하여 2차 압력이 설정되고 리턴스프링과 연결된 밸브는 개방된다.

- 유체가 밸브를 통과하고 2차측 압력이 상승하면 2차측 압력은 압력조절스프링의 압력과 비교하면서 점점 압력조절스프링을 밀어 올리고 밸브는 서서히 닫히면서 압력이 조절된다. 이러한 이유로 밸브는 항상 초기에 열려 있어야 한다.

ⓒ 용도

- 소유량을 사용하는 세대용 감압밸브용
- 사용압력이 낮은 감압밸브용
- 유량 변화가 적은 감압밸브용

② 파이로트식 감압밸브 [출처 : 한국스파이렉스사코(주)]

ⓘ 구조 : 메인밸브( = 감압밸브), 2방변 감압파이로트(밸브), 이젝터 등으로 구성되었다.

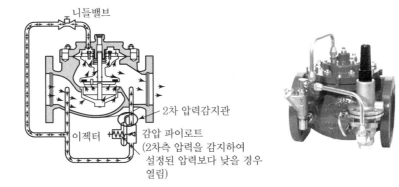

[그림 10] **파이로트식 감압밸브**

ⓛ 2차측 압력 설정 및 작동원리

- 초기 감압 파이로트 밸브의 T 모양 압력조절손잡이를 이용하여 압력조절스프링을 완전 이완시켜 폐쇄상태를 유지한다.
- 감압밸브 2차측 배관에 압력수가 흐를 때 T모양 압력조절손잡이를 시계방향으로 돌려 2차측 압력을 설정한다.
- 2차측 압력이 설정압력 이하로 저하되면 감압파이로트밸브가 스프링 장력에 의해 열리고 1차측 고압수가 흐르게 되고 중간에 설치된 이젝터(베르누이 정리 이용)에 의해 감압밸브 다이어프램 상부 압력이 낮아지면서 감압밸브가 열리고 2차측 배관이 설정치 압력으로 조절된다.

ⓒ 용도

- 대유량을 사용하는 감압밸브용
- 사용압력이 높고 정밀 제어가 필요한 감압밸브용
- 유량 변화가 심한 감압밸브용

③ 균압방지(파이로트식) 감압밸브 [출처 : 한국스파이렉스사코(주)]

㉠ 메인밸브( =감압밸브), 3방변 감압파이로트(밸브), 릴리프파이로트밸브 등으로 구성되었다.

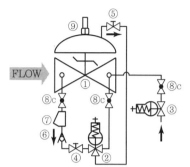

① 메인밸브
② 감압 파이로트 밸브
③ 릴리프 파이로트 밸브
④ 니들밸브
⑤ 유량 컨트롤 밸브
⑥ 체크밸브
⑦ 스트레이너
⑧ 차단밸브
⑨ 개도지시기(선택사양)

[사진 10] 소방용 균압 감압밸브

㉡ 작동원리

- 2차측 압력이 파이로트감압밸브는 2방변(2Way Valve) 감압파이로트와 이젝터에 의해 설정되고 유지되는 반면 균압방지감압밸브는 3방변(3Way Valve) 감압파이로트밸브에 의해 설정되고 유지된다.

- 초기 2차측 압력 설정은 구조 3방변(3Way Valve) 감압파이로트밸브 T 모양 압력조절손잡이를 돌려 파이로트식 감압밸브와 같은 요령으로 이루어진다.

- 2차측 압력이 설정압력 이하로 저하되면 메인밸브 다이어프램 상부 압력수가 3방변(3Way Valve) 감압파이로트밸브 아래쪽으로 흘러 메인밸브가 열리고 2차측 압력이 상승되어 설정압력에 이르게 된다.

- 메인밸브 2차측 압력이 1차측 압력과 같아지는 것을 방지하는 기능의 릴리프 파이로트밸브는 T 모양 압력조절손잡이를 돌려 2차측 설정 압력으로 조절하고 2차측 압력이 설정치 압력 이상이 되면 하부(연결 배수관)로 배출하며 설정치 압력을 유지한다.

  * 메인밸브 2차측 압력이 1차측 압력과 같아지는 이유
  수계소화시스템은 화재 발생이나 소방시설점검이 아니면 물이 흐르지 않고 밀폐시스템 같이 항상 압력을 유지한 채로 물이 정체되어 있다. 이 경우 감압밸브의 일정 압력 유지는 다음과 같은 이유로 2차측 배관의 압력이 1차측 압력과 같아지는 문제가 발생한다.
  －수온 변화에 따른 물의 부피가 변화되고 압력이 변화
  －공기의 유입 또는 용존 산소량의 변화
  －오랜 기간 천천히 이루어지는 밸브의 누설
  －갑작스런 충압펌프의 작동 등

㉢ 용도 : 소화설비 수계시스템 감압밸브용

## 3. 병렬 감압밸브시스템의 적용

① 화재규모에 따라 스프링클러설비는 헤드 1개(80lpm)부터 30개(2,400lpm)까지 유량이 흐르고 옥
내소화전설비는 방수구 1개(130lpm)부터 5개(650lpm)까지 유량이 흐를 수 있어 이같이 사용량
변동이 심한 경우 단일 감압밸브시스템을 적용하면 오버사이징의 문제가 발생한다.

② 사용량에 비해 밸브가 크다면 밸브가 조금만 열려도 필요한 유량이 흐르게 된다. 그러면 밸브는 닫
히게 된다. 밸브가 닫히면 유량이 부족하여 밸브가 다시 열리게 되고, 밸브가 조금만 열려도 과도
한 유량이 흘러 밸브는 다시 닫히게 된다. 즉, ON/OFF동작을 반복하게 되고 이때, 시트와 디스크
가 서로 접촉하면서 굉장한 소음과 진동이 발생하고 수명이 짧아지게 된다. 또한 밸브가 열리고 닫
히면서 2차측의 압력은 헌팅하게 되어 설정치 압력이 유지되기 어렵다.

③ 이 같은 오버사이징 문제를 해결하기 위해 아래와 같이 병렬 감압시스템을 구성한다. 사용량이 적
을 경우는 소유량을 담당하는 소구경감압밸브가 먼저 개방되고, 사용량이 증가하여 소구경감압밸
브의 최대유량보다 큰 유량이 필요한 경우에는 대구경 감압밸브가 추가로 개방된다. 이때 감압밸
브의 설정값은 소구경 감압밸브는 압력을 높게, 대구경 감압밸브는 압력을 낮게 설정한다.

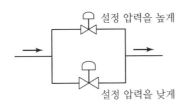 

[사진 11] 병렬 감압밸브시스템

## [ KEYWORD 011 ] 강화액 소화약제

## 1. 개요

① 소화약제로 사용되는 물은 열용량 · 안정성 · 경제성 측면에서 우수한 효과가 있으나 $0\,℃$ 이하에서의 동결, 심부화재 침투력 부족, B · C급 화재 적응성 부족 등의 단점이 있다.

② 강화액 소화약제(Loaded Stream agent)는 $0\,℃$ 이하에서도 동결되지 않고 일반화재의 속불(솜뭉치, 종이뭉치, 낙엽 등)이나 유류 및 전기화재에서도 사용할 수 있도록 물에 탄산칼륨(주성분)이나 계면활성제, 부동액 등을 첨가해 소화성능을 강화시킨 것이다.

## 2. 소화원리

① **화학적 소화** : 연쇄반응 차단에 따른 억제소화

② **물리적 소화**

ㄱ 냉각소화 : 물이 주성분이므로 증발잠열 및 비열에 따른 냉각효과

ㄴ 질식소화 : 가연물 표면에 피복되어 산소 결합을 차단하는 질식효과

③ **분해방정식** : $K_2CO_3 + H_2O \rightarrow K_2O + H_2O + CO_2 - Qkcal$

## 3. 특성

① 물에 중탄산칼륨염, 방청제 및 안정제 등을 첨가하여 $-20\,℃$에서도 응고되지 않도록 하며 물의 침투능력을 배가시킨 소화약제이다.

② 계면활성제를 첨가하여 물의 표면장력을 절반 이하로 낮추어 소화약제의 침투력을 높임으로써 심부화재에 대한 소화성능을 향상시키고 무상방사 시 B · C급 화재에 적응성이 있다.

③ 알칼리금속염류의 수용액으로 비중이 1.3~1.4, 사용 온도범위는 $-20$~$40\,℃$이며, 장기 보관 시 분해, 침전 등의 변질이 발생하지 않는다.

④ 강알칼리성으로 부식이 발생되므로 스테인리스 등의 내식성 용기에 저장하고 전기화재에 사용할 경우 절연열화의 문제점이 있다.

## 4. 소화효과

① 봉상방사 시 냉각효과에 의한 A급 화재에 적응성이 있다.

② 무상방사 시 냉각 및 질식효과에 의한 A · B · C급 화재에 적응성이 있다.

③ 강화액에 함유되어 있는 탄산칼륨이 화염과 만나 부촉매작용으로 화재의 연쇄반응을 차단한다.

④ 전반적으로 물의 냉각작용, 탄산칼륨의 질식작용 및 부촉매작용, 공기의 희석작용이 소화성능을 증대시킨다.

⑤ 강화액은 방염성이 뛰어나 한번 묻은 곳은 재 발화되지 않는다.

## 5. 적용사례

① 강화액 소화기(K급 주방용)

② 상업용 주방자동소화장치

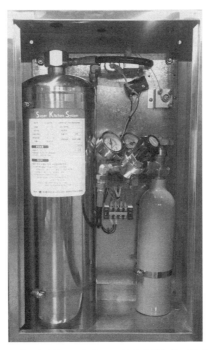

[사진 12] 상업용 주방자동소화장치 (출처 : 화이어텍)

[ **KEYWORD 012** ] **거실제연설비**

## 1. 개요

제연설비에는 거실제연설비와 부속실 제연설비가 있으며, 거실제연설비는 화재실에서 발생한 연기를 배출구를 통하여 배출하고 급기구를 통해 신선한 공기를 유입시켜 재실자의 피난안전성을 확보하는 설비이다.

* 거실 : 거주, 집무, 작업, 집회, 오락 그밖에 이와 유사한 목적을 위하여 사용하는 방【NFTC 101 1.7.1.5】

## 2. 종류

① 제연전용설비방식
  ㉠ 동일실(화재실) 급배기방식
  ㉡ 인접실 상호제연(거실급배기, 거실배기/통로급기)방식
  ㉢ 통로배출방식
② 공조겸용방식

## 3. 제연방식별 설명

① 화재실 급배기 방식(제연구역이 400m² 미만)
  ㉠ 화재실에서 급기 및 배기를 동시에 실시하는 방식
  ㉡ 급기 부근에 화원이 위치될 경우에 공기가 공급되어 화세 촉진 우려
  ㉢ 실내의 기류가 난류화되어 Layer 형성 방해
  ㉣ 소규모 화재인 경우 적용

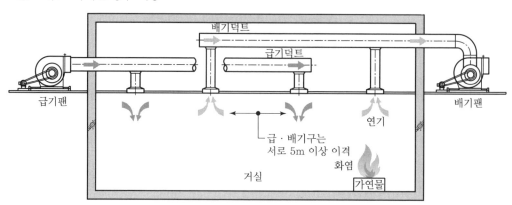

[그림 11] 상부 급배기 방식(For middle area)

② 인접실 상호제연 방식(제연구역이 400m² 이상)

    ㉠ 화재실에서 배기를 실시하고 인접지역에서 급기를 하는 방식

    ㉡ 종류

        1) 거실 급배기 방식 : 할인마트 등과 같이 복도가 없는 넓은 공간에 적용

        2) 거실배기, 통로급기 방식

          • 지하상가와 같이 구획된 각 실의 통로에 면한 장소에 적용

          • Clear Layer 및 Smoke Layer 형성에 도움을 줌

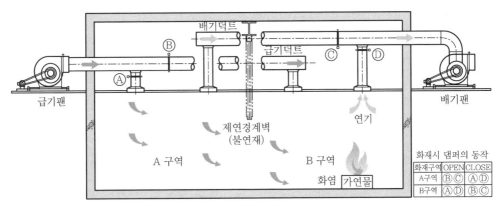

[그림 12] 상호 급배기 방식(For large area)

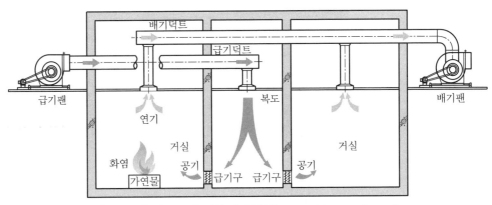

[그림 13] 복도 급기, 거실 배기 방식(For corridor, small area)

③ 통로 배출 방식(제연구역이 400m² 미만으로 인접한 거실의 바닥면적이 50m² 미만인 경우)

    ㉠ 통로에 인접한 거실의 바닥면적의 50m² 미만으로 구획된 경우에 적용하는 방식(거실 간의 구획은 제연경계에 의한 구획이 아니어야 함)

    ㉡ 통로에서 배기만을 실시하는 방식

    ㉢ 다른 거실의 피난을 위한 경유거실인 경우에는 그 거실에서 직접 배출해야 한다. 【NFTC 501 2.2.2】

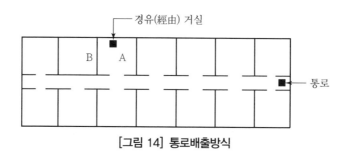

경유(經由) 거실

B　A

통로

[그림 14] 통로배출방식

[잊지맙시다!] 밀양세종병원 화재

| – 일시 | 2018년 1월 26일 |
|---|---|
| – 피해상황 | 인명피해 37명 사망 등 |
| – 화재원인 | 응급실 천장에서 전기합선으로 발생 |
| – 당시화재모습 | 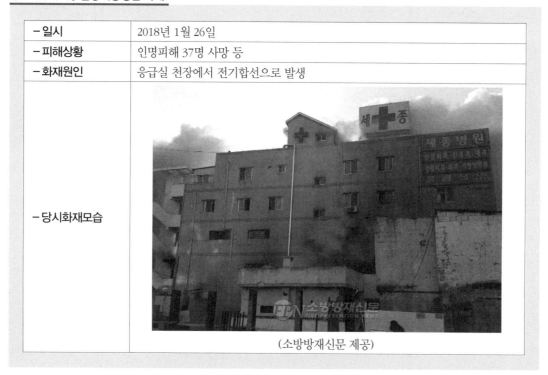<br>(소방방재신문 제공) |

## [ KEYWORD 013 ] 거실제연설비 공기유입구

### 1. 개요

거실제연설비에서 배출구를 통해서 배출하는 양 이상의 공기를 유입시키는 장치를 공기유입구라 하며, 루버타입 또는 디퓨저 타입을 사용한다.

### 2. 유입구의 위치

① 소규모거실로서 벽으로 구획된 경우【NFTC 501 2.5.2.1】

바닥면적 400m² 미만의 거실인 예상제연구역(제연경계에 따른 구획을 제외한다. 다만, 거실과 통로와의 구획은 그러하지 아니하다)에 대해서는 공기유입구와 배출구간의 직선거리는 5m 이상 또는 구획된 실의 장변의 2분의 1 이상으로 할 것. 다만, 공연장·집회장·위락시설의 용도로 사용되는 부분의 바닥면적이 200m²를 초과하는 경우의 공기유입구는 ②의 기준에 따른다.

▼ [표 5] 소규모거실로서 벽으로 구획된 경우

| 적용(단독제연) | 유입구 위치 | 비고 |
|---|---|---|
| 소규모 거실(400m² 미만의 일반용도)로서 벽으로 구획된 경우 | 바닥 외에 설치(=반자, 벽에 설치 가능)<br>유입구 / 유입구 | • 배출구와 직선거리 5m<br>• 통로와 거실 간의 구획은 제연경계도 가능 |

② 대규모거실로서 벽으로 구획된 경우【NFTC 501 2.5.2.2】

바닥면적이 400m² 이상의 거실인 예상제연구역(제연경계에 따른 구획을 제외한다. 다만, 거실과 통로와의 구획은 그러하지 아니하다)에 대해서는 바닥으로부터 1.5m 이하의 높이에 설치하고 그 주변은 공기의 유입에 장애가 없도록 할 것

▼ [표 6] 대규모거실로서 벽으로 구획된 경우

| 적용(단독제연) | 유입구 위치 | 비고 |
|---|---|---|
| • 공연장·집회장·위락시설의 경우는 사용하는 부분의 바닥면적이 200m²를 초과하는 경우<br>• 대규모 거실(400m² 이상)로서 벽으로 구획된 경우 | 바닥에서 1.5m이하의 높이에 설치<br>$H$<br>유입구 높이 $H \le 1.5m$ | • 유입구 주변은 공기의 유입에 장애가 없도록 할 것<br>• 통로와 거실간의 구획은 제연경계도 가능 |

③ 거실에 제연경계로 구획된 경우, 통로가 제연구역인 경우【NFTC 501 2.5.2.3】

①과 ②에 해당하는 것 외의 예상제연구역(통로인 예상제연구역을 포함한다)에 대한 유입구는 다음의 기준에 따를 것. 다만, 제연경계로 인접하는 구역의 유입공기가 당해 예상제연구역으로 유입되게 한 때에는 그렇지 않다.

㉠ 유입구를 벽에 설치할 경우에는 ②의 기준에 따를 것

㉡ 유입구를 벽 외의 장소에 설치할 경우에는 유입구 상단이 천장 또는 반자와 바닥 사이의 중간 아랫부분보다 낮게 되도록 하고, 수직거리가 가장 짧은 제연경계 하단보다 낮게 되도록 설치할 것

▼ [표 7] 거실에 제연경계로 구획된 경우, 통로가 제연구역인 경우

| 적용(단독제연) | 유입구 위치 |
|---|---|
| • 거실에 제연경계로 구획된 경우<br>• 통로가 제연구역인 경우 | • 벽에 설치하는 경우 : 바닥에서 1.5m 이하의 높이에 설치<br><br>유입구 높이 $H \leq 1.5m$<br><br>• 벽 외의 장소에 설치하는 경우<br><br>유입구 높이 $H < (1/2)H_1$ 및 $H < H_2$ |

④ 벽으로 구획된 경우【NFTC 501 2.5.3.1】

공동예상제연구역 안에 설치된 각 예상제연구역이 벽으로 구획되어 있을 때에는 각 예상제연구역의 바닥면적에 따라 ① 및 ②에 따라 설치할 것

▼ [표 8] 벽으로 구획된 경우

| 적용(공동제연) | 유입구 위치 |
|---|---|
| 벽으로 구획된 경우 | 벽에 설치하는 경우 : 바닥에서 1.5m 이하의 높이에 설치<br><br>유입구 높이 $H \leq 1.5m$ |

⑤ 제연경계로 구획(일부 또는 전부)된 경우 【NFTC 501 2.5.3.2】

공동 예상제연구역 안에 설치된 각 예상제연구역의 일부 또는 전부가 제연경계로 구획되어 있을 때에는 공동 예상제연구역 안의 1개 이상의 장소에 ③에 따라 설치할 것

▼ [표 9] 제연경계로 구획(일부 또는 전부)된 경우

| 적용(공동제연) | 유입구 위치 |
|---|---|
| 제연경계로 구획(일부 또는 전부)된 경우 | 벽에 설치하는 경우 : 바닥에서 1.5m 이하의 높이에 설치<br><br>제연경계　벽<br>A구역　B구역　$H$<br>유입구 높이 $H \leq 1.5m$<br><br>벽 외의 장소에 설치하는 경우<br>제연경계<br>A구역　B구역　$H_1$<br>$H_2$　$H$<br>유입구 높이 $H < (1/2)H_1$ 및 $H < H_2$ |

⑥ 인접구역 상호제연방식인 경우 【NFTC 501 2.5.4】

인접한 제연구역 또는 통로로부터 유입되는 공기를 해당 예상제연구역에 대한 공기유입으로 하는 경우에는 그 인접한 제연구역 또는 통로의 유입구가 제연경계 하단보다 높은 경우에는 그 인접한 제연구역 또는 통로의 화재 시 그 유입구는 다음의 어느 하나에 적합해야 한다.

㉠ 각 유입구는 자동 폐쇄될 것

㉡ 당해 구역 내에 설치된 유입풍도가 당해 제연구획부분을 지나는 곳에 설치된 댐퍼는 자동 폐쇄될 것

▼ [표 10] 인접구역 상호제연방식인 경우

| 인접구역 상호제연방식 | | |
|---|---|---|
| 근거 | 적용 | 유입구 위치 |
| 【NFTC 501 2.5.4】 | • 인접한 구역에서 유입되는 것을 공기유입으로 하는 경우<br>• 통로에 유입되는 것을 공기유입으로 하는 경우 | • 유입구 위치의 높이 기준이 없음<br>• 다만, 인접한 제연구역 또는 통로의 유입구가 제연경계 하단보다 높은 경우<br>　－각 유입구는 자동 폐쇄될 것<br>　－당해 구역 내에 설치된 유입풍도가 당해 제연구획부분을 지나는 곳에 설치된 댐퍼는 자동 폐쇄될 것 |

⑦ 유입구의 조건【NFTC 501 2.5.5, 2.5.6】

급기구는 배출구처럼 수량의 기준은 없으나 한 곳에 설치하기보다는 분산 배치하여 담당 급기량을 줄여주어야 한다.

㉠ 예상제연구역에 공기가 유입되는 순간의 풍속은 5m/s 이하가 되도록 하고, 유입구의 구조는 유입공기를 상향으로 분출하지 않도록 설치해야 한다. 다만, 유입구가 바닥에 설치되는 경우에는 상향으로 분출이 가능하며 이때의 풍속은 1m/s 이하가 되도록 해야 한다.

㉡ 예상제연구역에 대한 공기 유입구의 크기는 당해 예상제연구역 배출량 1m³/min에 대하여 35cm² 이상으로 하여야 한다.

# 거실제연설비 배출풍도 및 유입풍도

## 1. 정의

① 배출풍도란 예상제연구역의 공기를 외부로 배출하는 풍도(덕트)를 말하며 유입풍도란 예상제연구역으로 공기를 유입하도록 하는 풍도(덕트)를 말한다. 【NFTC 501 1.7.1.11, 1.7.1.12】

② 거실제연에서는 해당 화재실에서 연기와 열기를 직접배출 하고 배출량 이상의 급기를 하여 피난 및 소화활동을 위한 공간을 조성하게 된다.

[사진 13] 배출풍도와 급기풍도

## 2. 배출풍도 기준 【NFTC 501 2.6.2】

① 배출풍도는 아연도금강판 또는 이와 동등 이상의 내식성·내열성이 있는 것으로 하며,「건축법 시행령」 제2조 제10호에 따른 불연재료(석면재료를 제외한다)인 단열재로 풍도 외부에 유효한 단열 처리를 하고, 강판의 두께는 배출풍도의 크기에 따라 다음 표에 따른 기준 이상으로 할 것

▼[표 11] 배출풍도 강판두께

| 풍도단면의 긴 변 또는 직경의 크기 | 450mm 이하 | 450mm 초과 750mm 이하 | 750mm 초과 1,500mm 이하 | 1,500mm 초과 2,250mm 이하 | 2,250mm 초과 |
|---|---|---|---|---|---|
| 강판두께 | 0.5mm | 0.6mm | 0.8mm | 1.0mm | 1.2mm |

② 배출기의 흡입 측 풍도 안의 풍속은 15m/s 이하로 하고, 배출 측 풍속은 20m/s 이하로 할 것

## 3. 유입풍도 기준 【NFTC 501 2.7】

① 유입풍도 안의 풍속은 20m/s 이하로 하고 풍도의 강판두께는 배출풍도의 기준으로 설치하여야 한다.

② 옥외에 면하는 배출구 및 공기유입구는 비 또는 눈 등이 들어가지 아니하도록 하고, 배출된 연기가 공기유입구로 순환 유입되지 아니하도록 하여야 한다.

## [ KEYWORD 015 ] 거실제연설비 제연구역

### 1. 정의 【NFTC 501 1.7.1.1】

제연구역이란 제연경계(제연경계가 면한 천장 또는 반자를 포함한다)에 의해 구획된 건물 내의 공간을 말한다.

### 2. 제연구역의 구획기준 【NFTC 501 2.1.1】

① 하나의 제연구역의 면적은 1,000m² 이내로 할 것
② 거실과 통로(복도 포함)는 각각 제연구획 할 것
③ 통로상의 제연구역은 보행중심선의 길이가 60m를 초과하지 아니할 것
④ 하나의 제연구역은 직경 60m 원내에 들어갈 수 있을 것
⑤ 하나의 제연구역은 2개 이상 층에 미치지 아니하도록 할 것. 다만, 층의 구분이 불분명한 부분은 그 부분을 다른 부분과 별도로 제연 구획하여야 한다.

### 3. 제연구획의 설치기준 【NFTC 501 2.1.2】

① 제연구역의 구획은 보·제연경계벽(이하 "제연경계"라 한다) 및 벽(화재 시 자동으로 구획되는 가동벽·방화셔터·방화문을 포함한다)으로 함
② 재질은 내화재료, 불연재료 또는 제연경계벽으로 성능을 인정받은 것으로서 화재 시 쉽게 변형·파괴되지 아니하고 연기가 누설되지 않는 기밀성 있는 재료로 할 것
③ 제연경계는 제연경계의 폭이 0.6m 이상이고, 수직거리는 2m 이내이어야 한다. 다만, 구조상 불가피한 경우는 2m를 초과할 수 있다.
④ 제연경계벽은 배연 시 기류에 따라 그 하단이 쉽게 흔들리지 아니하여야 하며, 또한 가동식의 경우에는 급속히 하강하여 인명에 위해를 주지 아니하는 구조일 것

제연경계벽

가동식벽

[사진 14] 제연구역의 구획

[ KEYWORD 016 ] 거주밀도/수용인원

## 1. 개요

① 거주밀도란 단위면적당 거주자의 수를 말하며 수용인원을 예측하여 피난계획 수립 및 소방시설 설치 기준 등에 사용된다.

② 수용인원(인) = 바닥면적($m^2$)×거주밀도 (인/$m^2$)

## 2. 수용인원 산정표 【소방청고시 2017-1호】

▼ [표 12] 사용용도별 수용인원

| 사용용도 | 인/$m^2$ | 사용용도 | 인/$m^2$ |
|---|---|---|---|
| 집회용도 | | 상업용도 | |
| 고밀도지역 (고정좌석 없음) | 0.65 | 피난층 판매지역 | 2.8 |
| 저밀도지역 (고정좌석 없음) | 1.4 | 2층 이상 판매지역 | 3.7 |
| | | 지하층 판매지역 | 2.8 |
| 벤치형 좌석 | 1인/좌석길이 45.7cm | 보호용도 | 3.3 |
| 고정좌석 | 고정좌석 수 | | |
| 취사장 | 9.3 | 의료용도 | |
| | | 입원치료구역 | 22.3 |
| 서가지역 | 9.3 | 수면구역(구내숙소) | 11.1 |
| 열람실 | 4.6 | 교정, 감호용도 | 11.1 |
| 수영장 | 4.6(물 표면) | 주거용도 | |
| 수영장 데크 | 2.8 | 호텔, 기숙사 | 18.6 |
| 헬스장 | 4.6 | 아파트 | 18.6 |
| 운동실 | 1.4 | 대형 숙식주거 | 18.6 |
| 무대 | 1.4 | 공업용도 | |
| 접근출입구, 좁은 통로, 회랑 | 9.3 | 일반 및 고위험공업 | 9.3 |
| 카지노 등 | 1 | 특수공업 | 수용인원 이상 |
| | | 업무용도 | 9.3 |
| 스케이트장 | 4.6 | | |
| 교육용도 | | 창고용도 (사업용도 외) | 수용인원 이상 |
| 교실 | 1.9 | | |
| 매점, 도서관, 작업실 | 4.6 | | |

## 3. 수용인원의 산정 방법 【소방시설법 시행령 별표 7】

① 숙박시설이 있는 대상물

    ㉠ 침대가 있는 경우 : 침대수 (2인용 → 2명) + 종사자의 수

    ㉡ 침대가 없는 경우 : (숙박용 바닥면적의 합÷3m²) + 종사자의 수

② 숙박시설 외의 대상물

    ㉠ 강의실 · 교무실 · 상담실 · 실습실 · 휴게실 용도 : 당해용도 바닥면적의 합÷1.9m²

    ㉡ 강당 · 문화 및 집회시설 · 운동시설 · 종교시설 :

        1) 관람석 없는 경우 : 당해용도 바닥면적의 합÷4.6m²

        2) 관람석 있는 경우 : 고정식 의자 수, 긴 의자 정면너비÷0.45m

    ㉢ 그 밖의 대상물 : 당해용도 바닥면적의 합÷3m²

    ㉣ 복도(준불연재료 이상의 것을 사용하여 바닥에서 천장까지 벽으로 구획한 것), 계단, 화장실 바닥면적은 제외

## 4. 수용인원에 따른 소방시설 적용기준 【소방시설법 시행령 별표 4】

① 스프링클러설비

    ㉠ 문화 및 집회시설(동식물원 제외), 운동시설(물놀이형 시설 및 바닥이 불연재료이고 관람석이 없는 운동시설 제외)로서 수용인원 100명 이상인 경우 모든 층

    ㉡ 판매시설, 운수시설 및 창고시설(물류터미널에 한한다)로서 수용인원 500명 이상인 것에는 모든 층

    ㉢ 지붕 또는 외벽이 불연재료가 아니거나 내화구조가 아닌 공장 또는 창고시설(물류터미널에 한한다)로서 수용인원 250명 이상인 것

② 단독경보형 감지기 : 숙박시설이 있는 수련시설로서 수용인원 100명 미만인 것

③ 자동화재탐지설비 : 숙박시설이 있는 수련시설로서 수용인원 100명 이상인 것

④ 공기호흡기, 휴대용비상조명등 : 영화상영관으로서 수용인원 100명 이상인 것

⑤ 제연설비 : 영화상영관으로서 수용인원 100명 이상인 것

## [ KEYWORD 017 ] 건축물의 높이/층수

## 1. 개요

① 건축법상 층수는 지상층을 기준으로 산정하며, 지하층은 건축물의 전체 층수를 표시할 때 지상층과 구분하여 표시한다. 【건축법 시행령 제119조 제1항 제9호】

② 지하층은 건축물의 바닥이 지표면 아래에 있는 층으로서 바닥에서 지표면까지 평균높이가 해당층 높이의 1/2 이상인 것을 말한다. 【건축법 제2조 제1항 제5호】

## 2. 건축물의 높이 【건축법 시행령 제119조 제1항 제5호】

① 건축물의 높이는 지표면으로부터 그 건축물의 상단까지의 높이로 산정하며, 해당 건축물의 최고 높이를 말한다.

② 건축물의 옥상에 설치되는 승강기탑 · 계단탑 · 망루 · 장식탑 · 옥탑 등으로서 그 수평투영면적의 합계가 해당 건축면적의 8분의 1 이하인 경우로서 그 부분의 높이가 12미터를 넘는 경우에는 그 넘는 부분만 해당 건축물의 높이에 산입한다.

③ 지붕마루장식 · 굴뚝 · 방화벽의 옥상돌출부나 이와 비슷한 옥상돌출물과 난간벽은 그 건축물의 높이에 산입하지 아니한다.

## 3. 건축물의 층수 【건축법 시행령 제119조 제1항 제9호】

① 승강기탑(옥상 출입용 승강장 포함), 계단탑, 망루, 장식탑, 옥탑, 이와 비슷한 건축물의 옥상 부분으로서 그 수평투영면적의 합계가 해당 건축물 건축면적의 8분의 1 이하인 것과 지하층은 층수에 산입하지 아니한다.

② 층의 구분이 명확하지 아니한 건축물은 높이 4미터마다 하나의 층으로 보고 층수를 산정한다.

③ 건축물이 부분에 따라 층수가 다른 경우에는 그중 가장 많은 층수를 해당 건축물의 층수로 본다.

# [ KEYWORD 018 ] 건축물의 방화벽

## 1. 개요 【건축법 시행령 제57조 제1, 3항】

① 건축물의 방화벽은 주요구조부가 내화구조가 아닌 목조건물 등의 연면적 1,000m² 이상인 건축물에 대한 화재확산방지를 위하여 실제적인 방화구획을 형성하는 내화구조의 벽이다.

② 연면적 1,000m² 이상인 목조 건축물은 외벽 및 처마 밑의 연소할 우려가 있는 부분을 방화구조로 하고 지붕은 불연재료로 하여야 한다.

## 2. 설치제외 【건축법 시행령 제57조 제1항】

① 주요구조부가 내화구조이거나 불연재료인 건축물

② 단독주택, 동물 및 식물 관련 시설, 발전시설, 교도소, 감화원, 묘지 관련 시설(화장시설 및 동물화장시설 제외)

③ 내부설비의 구조상 방화벽으로 구획할 수 없는 창고시설

## 3. 방화벽의 구조 【건축물의 피난 · 방화구조 등의 기준에 관한 규칙 제21조】

① 내화구조로서 홀로 설 수 있는 구조일 것

② 방화벽의 양쪽 끝과 위쪽 끝을 건축물의 외벽면 및 지붕면으로부터 0.5m 이상 튀어 나오게 할 것

③ 방화벽의 출입문은 너비와 높이를 각각 2.5m 이하로 하고 60분 + 방화문 또는 60분 방화문을 설치할 것

④ 60분 + 방화문 또는 60분 방화문은 언제나 닫힌 상태를 유지하거나 화재로 인한 연기 또는 불꽃을 감지하여 자동적으로 닫히는 구조로 할 것. 다만, 연기 또는 불꽃을 감지하여 자동적으로 닫히는 구조로 할 수 없는 경우에는 온도를 감지하여 자동적으로 닫히는 구조로 할 수 있다.

⑤ 외벽과 바닥 사이에 틈이 생긴 때나 급수관 · 배전관 등이 방화구획을 관통하여 틈이 생긴 때에는 그 틈을 내화구조의 성능기준에 따른 내화시간 이상 견딜 수 있는 내화채움성능이 인정된 구조로 메울 것

⑥ 환기 · 난방 또는 냉방시설의 풍도가 방화구획을 관통하는 경우에는 그 관통부분 또는 이에 근접한 부분에 기준에 적합한 댐퍼를 설치할 것

## 4. 지하구 방화벽 (연소방지설비)

① 지하구(전력 또는 통신사업용인 것만 해당)에 설치하여야 한다.

② 방화벽이란 화재 시 발생한 열, 연기 등의 확산을 방지하기 위하여 설치하는 벽을 말한다. 【NFTC 605 1.7.1.4】

③ 방화벽의 설치기준 【NFTC 605 2.6】

방화벽의 출입문은 항상 닫힌 상태를 유지하거나 자동폐쇄장치에 의하여 화재 신호를 받으면 자동으로 닫히는 구조로 해야 한다.

ㄱ 내화구조로서 홀로 설 수 있는 구조일 것

ㄴ 방화벽의 출입문은 「건축법 시행령」 제64조에 따른 방화문으로서 60분＋방화문 또는 60분 방화문으로 설치할 것

ㄷ 방화벽을 관통하는 케이블·전선 등에는 국토교통부 고시(건축자재등 품질인정 및 관리기준)에 따라 내화채움구조로 마감할 것

ㄹ 방화벽은 분기구 및 국사(局舍, central office)·변전소 등의 건축물과 지하구가 연결되는 부위(건축물로부터 20m 이내)에 설치할 것

ㅁ 자동폐쇄장치를 사용하는 경우는 「자동폐쇄장치의 성능 인증 및 제품검사의 기술기준」에 적합한 것으로 설치할 것

[잊지맙시다!] 제천 스포츠센터 화재

| － 일시 | 2017년 12월 21일 |
|---|---|
| － 피해상황 | 인명피해 29명 사망 등 |
| － 화재원인 | 1층 주차장 천장에서 전기합선(열선)으로 발생 |
| － 당시화재모습 | |

# [ KEYWORD 019 ] 건축허가 등의 동의

## 1. 개요

① 건축물 등의 신축·증축·개축·재축(再築)·이전·용도변경 또는 대수선(大修繕)의 허가·협의 및 사용 승인(「주택법」 제15조에 따른 승인 및 같은 법 제49조에 따른 사용검사, 「학교시설사업 촉진법」 제4조에 따른 승인 및 같은 법 제13조에 따른 사용승인을 포함하며, 이하 "건축허가 등"이라 한다)의 권한이 있는 행정기관은 건축허가 등을 할 때 미리 그 건축물의 시공지(施工地) 또는 소재 지를 관할하는 소방본부장이나 소방서장의 동의 받아야 한다. 【소방시설법 제6조】

## 2. 동의절차

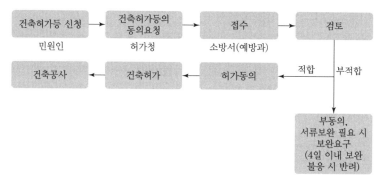

[그림 15] 동의 절차

## 3. 동의를 받아야 하는 건축물 등의 범위 【시행령 제7조】

① 연면적 기준

▼ [표 13] 연면적 기준

| 학교시설 | 노유자시설, 수련시설 | 장애인의료재활시설, 정신의료기관 (입원실이 없는 정신건강의학과 의원 제외) | 용도와 상관없음 |
|---|---|---|---|
| 연면적 100m² 이상 | 연면적 200m² 이상 | 연면적 300m² 이상 | 연면적 400m² 이상 |

② 층수기준 : 층수가 6층 이상인 건축물

③ 차고 · 주차장 또는 주차용도로 사용되는 시설

    ㉠ 차고 · 주차장으로 사용 바닥면적 200m² 이상인 층이 있는 건축물이나 주차시설

    ㉡ 기계장치에 의한 주차시설로서 20대 이상

④ 항공기격납고, 관망탑, 항공관제탑, 방송용송수신탑

⑤ 지하층 또는 무창층이 있는 건축물로서 바닥면적이 150m²(공연장 경우 100m²) 이상 층이 있는 경우

⑥ 「소방시설법 시행령」 별표 2의 특정소방대상물 중 의원(입원실이 있는 것)·조산원·산후조리원, 위험물 저장 및 처리 시설, 발전시설 중 풍력발전소·전기저장시설, 지하구

⑦ ①에 해당하지 않는 노유자시설

    ㉠ 노인관련시설 : 노인주거복지시설, 노인의료복지시설 및 재가노인복지시설, 학대피해노인 전용쉼터

    ㉡ 아동복지시설

    ㉢ 장애인거주시설

    ㉣ 정신질환자관련시설

    ㉤ 노숙인자활시설, 노숙인재활시설 및 노숙인요양시설

    ㉥ 결핵환자 · 한센인 24시간 생활시설

⑧ 요양병원(의료재활시설 제외)

⑨ 「소방시설법 시행령」 별표 2의 특정소방대상물 중 공장 또는 창고시설로서 「화재의 예방 및 안전관리에 관한 법률 시행령」 별표 2에서 정하는 수량의 750배 이상의 특수가연물을 저장 · 취급하는 것

⑩ 「소방시설법 시행령」 별표 2에 따른 가스시설로서 지상에 노출된 탱크의 저장용량의 합계가 100톤 이상인 것

## 4. 건축허가 동의 기간 【시행규칙 제3조】

▼ [표 14] 건축허가 동의 기간

| 회신기간 | 보완기간 | 건축허가 등의 취소 |
|---|---|---|
| (1) 접수일로부터 5일<br>(다른 법령에 따라 소방시설 설치 경우 적합여부 요청 시 7일 이내)<br>(2) 접수일로부터 10일인 대상<br>  ① 30층 이상 또는 지상으로부터 높이 120m 이상<br>  ② 연면적 20만m² 이상 | 4일 이내<br>(보완기간은 회신 기간 미산입) | 취소한 날로부터 7일 이내<br>(건축허가청 → 관할 소방본부장 또는 소방서장 통보) |

[ KEYWORD
020 ] 경계구역

## 1. 정의

① 경계구역이란 특정소방대상물 중 화재신호를 발신하고 그 신호를 수신 및 유효하게 제어할 수 있는 구역을 말한다. 【NFTC 203 1.7.1.1】
② 경계구역이 작을수록 화재발생 장소를 명확히 알 수 있다는 장점이 있으나, 비용이 커지는 단점이 있다.
③ 자동화재탐지설비의 신뢰성과 경제성을 고려하여 자동화재탐지설비의 경계구역을 일정범위 이내로 제한하고 있다.

## 2. 경계구역 설정기준 【NFTC 203 2.1】

① 층 및 건물 기준
  ㉠ 하나의 경계구역이 2개 이상의 건축물에 미치지 아니하도록 할 것
  ㉡ 하나의 경계구역이 2개 이상의 층에 미치지 아니하도록 할 것
    다만, 500m² 이하의 범위 안에서는 2개의 층을 하나의 경계구역으로 할 수 있다.

② 면적 기준 : 하나의 경계구역의 면적은 600m² 이하로 하고 한 변의 길이는 50m 이하로 할 것. 다만, 해당 소방대상물의 주된 출입구에서 그 내부 전체가 보이는 것에 있어서는 한 변의 길이가 50m의 범위 내에서 1,000m² 이하로 할 수 있다.

③ 수직거리 기준
  ㉠ 계단 · 경사로 · 엘리베이터 권상기실 · 린넨슈트 · 파이프 피트 및 덕트 기타 이와 유사한 부분에 대하여는 별도로 경계구역을 설정하되, 하나의 경계구역은 높이 45m 이하(계단 및 경사로에 한한다)로 한다.
    * 린넨슈트 : 호텔의 시트나 수술복 등을 던지는 통로
    * 파이프 피트 : 파이프 등을 통과시키기 위해 수직으로 구획된 구멍
  ㉡ 지하층의 계단 및 경사로(지하층의 층수가 한 개 층일 경우는 제외)는 별도로 하나의 경계구역으로 하여야 한다.

④ 외기에 면하여 상시 개방된 부분이 있는 차고 · 주차장 · 창고 등에 있어서는 외기에 면하는 각 부분으로부터 5m 미만의 범위 안에 있는 부분은 경계구역의 면적에 산입하지 않는다.
⑤ 스프링클러설비 · 물분무등소화설비 또는 제연설비의 화재감지장치로서 화재감지기를 설치한 경우의 경계구역은 당해 소화설비의 방호구역 또는 제연구역과 동일하게 설정할 수 있다.

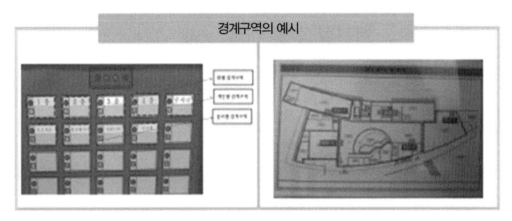

[사진 15] 경계구역

## [ KEYWORD 021 ] 계면활성제(Surfactant)

## 1. 개요

① 계면이란 기체와 액체, 액체와 액체, 액체와 고체가 서로 맞닿은 경계면이다. 계면활성제란 이런 계면의 경계를 완화시키는 역할을 한다.

② 물과 기름은 본래 잘 섞이지 않아서 경계면을 형성하지만 계면활성제가 들어가면 이 경계면이 활성화되어 섞이게 된다. 이 때문에 계면이 가지고 있던 표면장력은 약해진다.

> \* 표면장력 : 단위길이당 액체의 표면을 최소화하려는 힘, 분자간의 인력에 의해 표면적을 최소화하려는 장력, 액체의 표면이 스스로 수축하여 되도록 작은 면적을 가지려는 힘의 성질을 말한다.
> \* 용어 "표면장력" 참조

## 2. 미셀(micelle) 구조

① 계면활성제란 분자 안에 극성(친수성) 부분과 무극성(친유성, 소수성) 부분을 동시에 가지고 있는 화합물로서 하나의 분자 내에 친수성과 친유성을 가진 화학적 구조를 지니고 있다.

② 친수성기는 물과 잘 화합하나 친유성기는 물과 화합하지 못하기 때문에 물에 첨가된 계면활성제 분자의 일부는 물을 피해서 용액의 표면 혹은 용기와 물과 접촉되는 계면에 몰리게 된다.

③ 친수성기 부분은 물이 있는 용액 방향으로 배열되어 마치 원모양을 가진 집합체를 만드는데, 이러한 구조를 미셀(micelle)이라 한다.

④ 미셀이 물에서 형성될 때, 계면활성제의 친유성 부분은 중심부에 모여 핵을 형성하고 친수성 부분은 물과 접촉하는 외곽 부분을 형성한다.

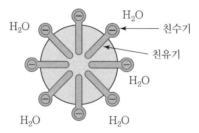

[그림 16] 음이온계 계면활성제의 구조

## 3. 용도

① 기름과 같이 소수성 물질은 미셀의 안쪽 부분에 위치하게 되어 안정화되고 물에 녹게 되는데 이를 용해화(solubilization)라 하며, 비누나 세제 작용의 기본원리이다.

② 계면활성제는 세제 외에도 유화성(乳化性)이나 발포성(發泡性) 등의 용도로 사용되며, 유류화재 시 발포제를 사용하여 불을 끄는 소화(消火)에 응용된다.

③ 소화에 사용되는 계면활성제는 물 소화약제의 첨가제로서 침윤제(침투제), 유화제 등으로 사용되며, 포 소화약제의 소화성능 향상을 위하여 불화단백포, 합성계면활성제포, 수성막포, 내알코올형 포 등에 활용되고 있다.

## 4. 종류

① 음이온계 계면활성제
② 양이온계 계면활성제
③ 양성 계면활성제
④ 비이온성 계면활성제

# KEYWORD 022 고정포 방출설비

## 1. 개요

① 고정포 방출설비란 위험물 저장탱크 등에 적합한 설비로서 탱크의 구조 및 크기에 따라 일정한 수
의 포 방 방출구를 탱크 측면 또는 내부 등에 설치하여 소화하는 방식을 말한다.

   * 방출구(Form Outlet) : 포가 방출되는 최종 말단을 말한다.

② 고정포방출설비는 「화재예방법 시행령」 별표 2의 특수가연물을 저장·취급하는 공장 또는 창고, 차
고 또는 주차장, 항공기 격납고에 설치하는 고정포 방출 설비가 있다. 【NFTC 105 2.1.1】

③ 위험물탱크에는 위험물안전관리법 세부기준에서 정한 위험물 탱크에 설치하는 고정식 방출구 설
비가 있다.

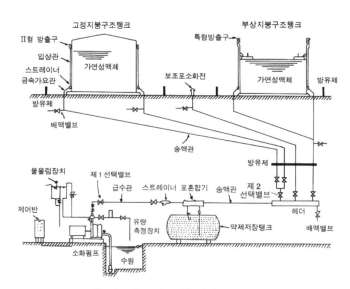

[그림 17] 고정포방출설비 계통도

## 2. 위험물탱크 고정포 방출구 종류

▼ [표 15] 포방출구 종류별 비교

| 구분 | 개요 | 특징 | 장점 | 단점 | 구조 |
|---|---|---|---|---|---|
| Ⅰ형 방출구 (표면) | 방출된 포가 통을 따라 흘러 들어감 | 단백포 유동성 단점 보완을 위해 사용 | 위험물 표면에 유동이 없어 오버플로 방지 | 탱크 변형 시 소화 불가능 포방사 시험 불편 | 홈통(Trough) |
| Ⅱ형 방출구 (표면) | 방출된 포가 반사판에 의해 벽면을 따라 흘러 들어감 | 수성막포 사용 방사시간 지연으로 탱크 지름 60m 이내 | 설치가 간편 | 탱크 변형 시 소화 불가능 포방사 시험 불편 소형탱크 사용 | |
| Ⅲ형 방출구 (표면하) | 탱크 저부에서 포를 방사하여 유면으로 떠오르는 방식 | 불화 단백포, 수성막포 사용 탱크 지름 60m 이상 | 탱크 상부 변경 시 소화 가능 하다. | FRT 사용 불가 점도 높은 액체 사용 불가 수용성액체 사용 불가 | |
| Ⅳ형 (반표면하) | 호스 Container | 모든 약제 사용 가능 탱크지름 60m 이상 | 탱크 상부 변경 시 소화 가능 다양한 액체 사용 가능 | FRT 사용불가 점도 높은 액체 사용 불가 | |
| 특형 (표면) | 방출된 포가 부상식 탱크 측면과 굽도리판 사이의 환상 부분에 방출 | 단백포, 수성막포 사용 열전달을 통한 수분증발 → 파포현상 → 방사율 $(8 \ell pm/m^2)$ | 환상부분에서만 화재 발생 | 파포현상 | |

[ KEYWORD **023** ] 고팽창포 소화설비

## 1. 개요

① 고팽창포 소화설비는 팽창비가 80 이상 1,000 이하인 포소화약제로 방호대상 구역에 포를 채워서 화재를 제어하는 설비이다.

  \* 팽창비 : 최종 발생한 포 체적을 원래 포 수용액 체적으로 나눈 값 【NFTC 105 1.7.1.10】

② 팽창률이 높고, 함수율이 적기 때문에 액화가스 저장 탱크의 방액제 내 화재 억제에 사용한다.

③ 위험물이 아닌 시설로서는 항공기 격납고, 차고 또는 주차장, 특수가연물 저장 또는 취급 특정소방 대상물 등과 같은 넓은 장소의 급속한 화재, 지하층등 소방대의 진입이 곤란한 장소에 사용한다.

## 2. 고발포(고팽창포) 포발생기(High Expansion Foam Generator)

① 구성

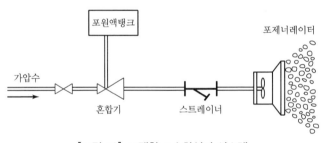

[그림 18] 고팽창 포소화설비 시스템

② 종류

▼[표 16] 흡출식과 송출식 비교

| 비교 | 흡출식(Aspirating) | 송출식(Blower) |
|---|---|---|
| 구조 | | |
| 원리 | 포수용액 분사의 힘으로 공기를 흡인하여 혼합된 수용액이 발포기를 통해서 포스크린을 때려 팽창 방사한다. | 포수용액이 노즐에서 분사될 때 송풍기를 이용하여 포스크린을 때리고 팽창 방사한다. |
| 발포비율 | 약 250배 | 500~1,000배 |

# [ KEYWORD 024 ] 공공소화전

## 1. 개요

① 공공소화전(소방용수시설중 하나)란 공공도로(공지) 상에 상수도관으로부터 분기하여 설치하는 소화전으로 공공화재의 진압을 위해 소방차량에 물을 공급하는 설비(소화전함 없음)이다.

[사진 16] 대로변(차도) 설치 공공소화전

② 소방용수시설에는 소화전(消火栓), 급수탑(給水塔), 저수조(貯水槽)가 있으며 이것 가운데 소화전을 일반적으로 공공소화전이라 부르고 있다.

## 2. 소방용수시설의 설치 및 관리 등 【소방기본법 제10조 제1항】

시 · 도지사는 소화활동에 필요한 소화전 · 급수탑 · 저수조(이하 "소방용수시설")를 설치하고 유지 · 관리하여야 한다. 다만, 「수도법」 제45조에 따라 소화전을 설치하는 일반수도사업자는 관할 소방서장과 사전협의를 거친 후 소화전을 설치하여야 하며, 설치 사실을 관할 소방서장에게 통지하고, 그 소화전을 유지 관리하여야 한다.

## 3. 설치대상 및 설치기준 【소방기본법 시행규칙 별표3】

① 주거지역, 상업지역 및 공업지역의 경우 : 소방대상물과의 수평거리를 100m 이하가 되도록 할 것
② ①외의 지역에 설치 경우 : 소방대상물과의 수평거리가 140m 이하가 되도록 할 것
* 수평거리 : 수평면 위에 있는 두 점 사이의 거리(두 점 사이 장애물을 고려하지 않음)를 말한다.

## [ KEYWORD 025 ] 공기 흡입형 감지기(Air Sampling – Type Detector)

## 1. 개요

① 전산실 또는 반도체 공장 등의 클린룸에서는 화재를 초기에 감지하여야 하며, 공조설비에 의한 연기 희석 조건에서도 감지능력이 유지되어야 한다.

② 공기 흡입형 감지기란 연소 초기 열분해에 의해 생성되는 초미립자를 포함한 주변공기를 흡입 분석하여, 설정치 이상이면 화재 신호를 발신하는 감지기를 말한다.

③ NFPA 72에서는 연기감지기로 분류되며, 국내 공식 명칭은 공기흡입형광전식감지기이다.

## 2. 특징

① 장점

ㄱ 일반 감지기에 비해 감지능력이 탁월하고 $0.002\mu$m보다 작은 입자를 감지할 수 있으며, 기존 감지기에 비해 450배 이상의 감지능력이 있다.

ㄴ 화재 초기 단계에서 감지 가능하다.

ㄷ 풍속, 습도, 온도 등의 영향을 받지 않으며 기류유동으로 인한 연기 측정이 불가능한 장소에서도 감지 가능하다.

② 단점 : 설비가 고가이며 복잡하다

## 3. 구성

① Sampling Pipe : Pipe Hole을 통하여 감지구역에 공기 유입

② 흡입 Fan : 흡입된 공기 중 90% 공기는 배출하고 7%는 표본용도 3%는 Laser Chamber Receiver를 정화

③ 필터

ㄱ $20\mu$m의 필터에 걸러지는 공기를 레이저 광원을 통하여 연기(화재)감지

ㄴ $0.3\mu$m의 필터에 걸러진 공기는 Receiver 표면 정화용으로 사용

④ Laser Chamber : 연기챔버, 크세논 Lamp, 레이저에 의해 연기감지

⑤ 표시장치 : 연기농도에 따라 Alert, Action, Fire1, Fire2의 4단계로 표시하며, 0.05~20%/m까지의 연기농도 측정

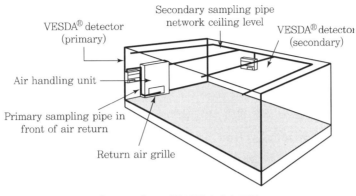

[그림 19] 공기흡입형감지기 구성

## 4. 공기 흡입형 감지기의 종류

① Cloud chamber Type

    ㉠ 공기 흡입

        • Air Pump로 방호대상물의 공기표본을 Cloud chamber로 흡입

        • 연기입자 크기 : $0.005\sim0.02\mu m$

    ㉡ 응축핵의 형성 : Chamber 내의 압력을 약간 낮추면 연기입자 주위에 물방울 입자가 달라붙어 응축핵 $20\mu m$ 형성

    ㉢ 연기 검출 : 광전식 원리를 이용하여 Cloud의 밀도 측정

    ㉣ 화재 판단 : 밀도가 설정치 이상이면 화재신호 발신

    ㉤ 문제점

        • 매우 높은 감도가 필요

        • Light scattering 방식은 먼지, 연기 등 모든 물체에 반응하는 취약점이 있음

        • 고정된 고감도로 인해 설치 장소가 제한됨

        • 분진, 연기 등의 오염으로 인한 감도 저하

② Xenon Type

    ㉠ Cloud chamber type과 유사

    ㉡ Cloud chamber가 없으며 대신 고감도의 Xenon lamp($0.3\mu m$ 이하의 파장) 사용

    ㉢ Xenon lamp의 수명이 짧음(2~4년)

③ Laser Beam 방식

    ㉠ laser beam을 광원($0.002\mu m$)으로 사용

    ㉡ 특징

        • 수명연장 : Laser beam 수명 − 100년

        • 고감도 문제 해결

- 적용현장 극대화
- 시간경과에 따른 감도저하 문제 해결

## 5. 적용장소

① 박물관, 기념관, 미술관 등 고가 장비 설치 장소
② 통신시설, 컴퓨터실 등 낮은 온도(65℃)에서도 피해가 발생되는 장소
③ 클린룸, 의약품 제조실과 같이 빠른 환기가 요구되는 장소
④ 전자제품 제조공장

[잊지맙시다!] 낙산사 화재

| – 일시 | 2005년 4월 4일 |
|---|---|
| – 피해상황 | 낙산사 전소 및 소방차 1대 전소 등 |
| – 화재원인 | 고성 인근 산불화재 중 비화로 인해 발생 |
| – 당시화재모습 | |

공동주택

## 1. 개요

① 공동주택이란 건축물의 벽·복도·계단·그 밖의 설비 등의 전부 또는 일부를 공동으로 사용하는 각 세대가 하나의 건축물 안에서 각각 독립된 주거생활을 영위할 수 있는 구조로 된 주택을 말한다.

② 「소방시설법 시행령」 별표 2에는 건축물 등의 규모·용도 및 수용인원 등을 고려하여 소방시설을 설치하여야 하는 특정소방대상물이 정해져 있다. 따라서, 소방시설의 설치 및 유지관리를 위해서는 「소방시설법 시행령」 별표 2에 정해진 공동주택의 개념을 명확히 이해하는 것이 중요하다.

## 2. 공동주택 【소방시설법 시행령 별표 2】

① 아파트등 : 주택으로 쓰이는 층수가 5층 이상인 주택

＊「주택법시행령」 별표 1 제2호의 공동주택의 정의에는 5개층 이상의 공동주택, 4층 이하의 연립주택·다세대주택이라고 정의하고 있으나, 건축심의결과에 따라 5층까지 건축할 수 있어 주택으로 쓰이는 층수가 5층 이상인 주택에 아파트, 다세대주택, 연립주택이 모두 포함될 수 있어 아파트 등으로 표기함 【소방시설법령 질의회신집 9월】

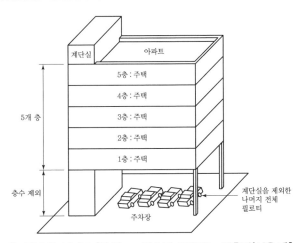

[그림 20] 아파트 [출처 : 그림으로 이해하는 건축법(서울시)]

② 연립주택 : 주택으로 쓰는 1개동의 바닥면적(2개 이상의 동을 지하주차장으로 연결하는 경우에는 각각의 동으로 본다)합계가 660m²를 초과하고, 층수가 4개층 이하인 주택

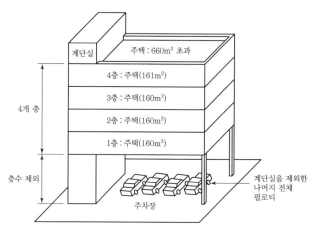

[그림 21] 연립주택 [출처 : 그림으로 이해하는 건축법(서울시)]

③ 다세대주택 : 주택으로 쓰는 1개동의 바닥면적(2개 이상의 동을 지하주차장으로 연결하는 경우에는 각각의 동으로 본다)합계가 660m² 이하이고, 층수가 4개층 이하인 주택

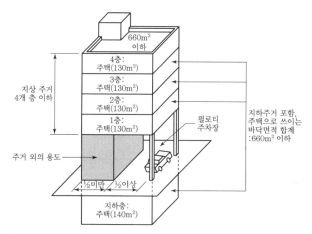

[그림 22] 다세대주택 [출처 : 그림으로 이해하는 건축법(서울시)]

④ 기숙사 : 학교 또는 공장 등의 학생 또는 종업원 등을 위하여 쓰는 것으로서 1개동의 공동취사시설 이용 세대수가 전체의 50퍼센트 이상인 것(「교육기본법」 제27조제2항에 따른 학생복지주택 및 「공동주택 특별법」 제2조제1호의3에 따른 공공매입임대주택중 독립된 주거의 형태를 갖추지 않은 것을 포함한다)

[ KEYWORD 027 ] 과압방지장치

## 1. 개요

① 과압방지장치란 부속실내 압력이 설정압력범위를 초과하는 경우 압력을 배출하여 설정압 범위를 유지하게 하는 장치를 말한다.
② 부속실 내 방화문 개방에 필요한 힘이 110N을 초과하면 피난 시 노약자나 어린이가 방화문을 용이하게 개방할 수 없으므로 부속실 과압을 배출시켜 적정 차압을 유지하기 위한 과압 배출장치이다.
   * 1N : 질량 1kg의 물체에 1m/s의 가속도가 작용할 때 힘
③ 과압방지장치에는 자동차압 · 과압조절형 댐퍼와 플랩댐퍼 등이 있다.
   * 플랩댐퍼(Flap Damper) : 제연구역의 압력이 설정압력범위를 초과하는 경우 압력을 배출하여 설정압범위를 유지하게 하는 과압방지장치를 말한다. 【NFTC 501A 1.7.1.6】

## 2. 설치 기준 【NFTC 501A 2.8】

① 과압방지장치는 제연구역의 압력을 자동으로 조절하는 성능이 있는 것으로 할 것
② 과압방지를 위한 과압방지장치는 차압규정 및 방연풍속의 해당 조건을 만족하여야 한다.
③ 플랩댐퍼는 소방청장이 고시하는 성능인증 및 제품검사의 기술기준에 적합한 것으로 설치하여야 한다.
④ 플랩댐퍼에 사용하는 철판은 두께 1.5mm 이상의 열간압연 연강판(KS D 3501) 또는 이와 동등 이상의 내식성 및 내열성이 있는 것으로 할 것
⑤ 자동차압급기댐퍼를 설치하는 경우에는 급기구의 댐퍼설치 기준에 적합할 것

[사진 17] 자동차압급기댐퍼

[사진 18] 플랩댐퍼

## [ KEYWORD 028 ] 광전식 감지기

## 1. 개요

① 연기감지기는 주위의 공기가 일정한 농도의 연기를 포함할 경우 이를 검출하여 작동하는 감지기를 말한다.

② 연기감지기를 대별하면 광전식(스포트형/분리형), 이온화식 스포트형, 공기 흡입식 등으로 구분한다.

③ 광전식은 연기입자의 빛에 의한 산란을 이용하는 것으로 산란이 되기 위해 광(光)을 반사할 수 있는 정도의 크기를 가진 입자($0.3{\sim}1\,\mu m$)에 민감하며 따라서 입자가 큰 훈소화재에 적응성이 높다.

## 2. 광전식 스포트형 감지기

① 작동원리

ㄱ 화재 시 연기입자가 암상자 내에 유입되면 송광부에서 방사되는 pulse가 난반사를 일으켜 수광부에서 수광량 증가

ㄴ 이를 증폭시켜 감지기 동작하여 화재신호 발신

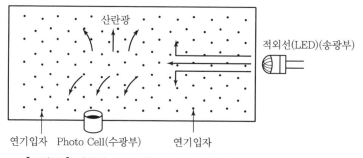

[그림 23] 광전식 스포트형 감지기 작동원리

② 구조

ㄱ 송광부 : 3.5mV의 적외선 LED($0.95\,\mu m$)

ㄴ 수광부 : Photo cell 또는 CdS

\* CdS : 황화카드륨(CdS)으로 만들어진 반도체로 빛이 입사되면 전도성이 된다.

ㄷ 수광부는 광에너지에 의해 기전력이 발생되는 것으로 광에너지를 전기적으로 변환시켜 주는 소자 이용

③ 특징

ㄱ 산란광에 의한 수광량 증가를 이용

ㄴ 입자크기와 산란의 관계 : Mie 분산법칙에 따라 입자크기와 파장이 같은 크기일 때 감도 최대

＊ Mie분산법칙 : 공기 중에 부유하는 입자의 직경이 분산된 빛의 파장보다 길어야 빛이 반사된다는 원리

ㄷ LED 광원의 크기가 $0.95\mu$m이므로 이 크기에서 감도가 가장 우수

ㄹ 훈소 등으로 인해 발생된 눈에 보이는 입자 크기($0.3$~$1\mu$m)에서 감도 우수

ㅁ 밝은 회색이 반사가 잘 되므로 감도 우수

④ 설치장소

ㄱ 연소장치 설치장소

ㄴ 훈소화재 예상장소

## 3. 광전식 분리형 감지기

① 작동원리

ㄱ 광센서가 들어 있는 수광부와 수광부로 적외선을 방출하는 송광부로 구성됨

ㄴ 평상시 수광부로 일정한 빛을 조사

ㄷ 화재로 연기발생 시 수광부에서 수광량의 감소 값이 일정 이상이면 화재신호 발신

② 구조

ㄱ Beam Type

1) 송광부와 수광부를 별도 설치

2) 최대 감시거리 : 100m

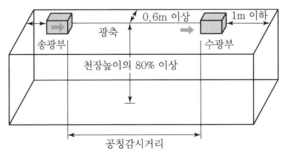

[그림 24] 광전식 분리형 감지기 설치도

ㄴ Beam 반사 Type

1) 송광부와 수광부가 들어 있는 함과 반사판으로 구성

2) 송광부와 수광부가 하나의 unit로 되어 있어 설치비용, 설치시간 감소

3) 감지장치와 반사판 사이에 어떠한 전기적 접속이 없기 때문에 배선비용 감소

4) 최대 감시거리 : 30m

③ 특징

　㉠ 장점

　　1) 광범위한 연기누적을 감시하여 비화재보 발생 우려가 적음

　　2) 광전식 스포트형에 비해 신속 정확함

　　3) 검은 연기 발생장소의 감도 우수

　　4) 빠른 공기속도 발생장소에 적용 가능

　　5) 고온, 먼지, 부식성 가스 발생장소에 설치 가능

　　6) 박물관 등 미적가치가 중요한 장소에 설치 가능(beam 반사형)

　　7) 감지기 1개의 포용면적이 넓어 유지 관리가 용이하고 설치비용이 적게 듦

　　8) 대공간 층고가 높은 장소에 적합

　　9) 동용 감지기로 단독회로 가능하고 교차회로가 불필요하며 동작 신뢰도 높음

　㉡ 단점

　　1) 옥외 사용 부적합

　　2) 비가시성 연기는 감도가 떨어짐

　　3) 직선적인 기기로서, 광 경로(광축)에 들어오는 물체로 인한 간섭을 받을 수 있음

[ KEYWORD **029** ] 교차회로방식

## 1. 정의

① 교차회로방식이란 하나의 준비작동식 유수검지장치 또는 일제개방밸브의 담당구역 내에 2 이상의 화재감지기회로를 설치하고 인접한 2 이상의 화재감지기가 동시에 감지되는 때에 준비작동식 유수검지장치 또는 일제개방밸브가 개방·작동되는 방식을 말한다. 【NFTC 103 2.6.1.2】

② 교차회로방식이란 하나의 방호구역 내에 2 이상의 화재감지기회로를 설치하고 인접한 2 이상의 화재감지기에 화재가 감지되는 때에 소화설비가 작동하는 방식을 말한다. 【NFTC 106 1.7.1.7】

## 2. 적용설비

① **수계** : 준비작동식 유수검지장치 또는 일제개방밸브를 사용하는 설비

② **가스계** : 이산화탄소소화설비, 할론소화설비, 할로겐화합물 및 불활성기체소화설비, 분말소화설비

## 3. 작동방식

교차회로방식 감지기는 하나의 회로가 동작할 때 화재경보만 울려주게 되고, 2개의 회로가 동시에 동작할 때 일제개방밸브 또는 소화약제 기동용기 등의 기동장치인 전자밸브 등을 개방하여 해당 소화설비가 작동되도록 구성하는 방식이다.

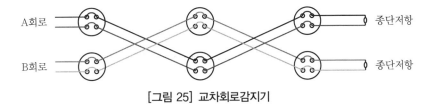

[그림 25] 교차회로감지기

## 4. 사용목적

수계소화설비의 오동작에 의한 수손피해 또는 가스계소화설비의 소화약제 오방출에 따른 인명 또는 재산피해를 방지하기 위하여 설치한다.

## [ KEYWORD 030 ] 금수성 물질

## 1. 개요

① 금수성 물질은「위험물안전관리법 시행령」별표 1에서 제3류 위험물(자연발화성 물질 및 금수성 물질)로 분류된 고체 또는 액체로서 공기 중에서 발화의 위험성이 있거나 물과 접촉하여 발화하거나 가연성 가스를 발생하는 위험성이 있는 것을 말한다.

  * 위험물 : 인화성 또는 발화성 등의 성질을 가지는 것으로 대통령령이 정하는 물품 【위험물안전관리법 제2조 제1항】, 【위험물안전관리법 시행령 별표 1】

② 제3류 위험물 가운데 황린을 제외하고 모든 물질이 금수성 물질에 해당된다.

## 2. 종류

▼ [표 17] 제3류 위험물(자연발화성 물질 및 금수성물질) 【위험물안전관리법 시행령 별표 1】

| 위험등급 | 지정수량 | 품명 |
|---|---|---|
| Ⅰ | 10kg | 칼륨, 나트륨, 알킬알루미늄(액체), 알킬리튬(액체) |
| | 20kg | 황린(본 물질만 금수성 아님) |
| Ⅱ | 50kg | 알칼리금속(칼륨,나트륨 제외), 알칼리토금속, 유기금속화합물[알킬알루미늄(액체), 알킬리튬(액체)제외] |
| Ⅲ | 300kg | 금속의 수소화물, 금속의 인화물, 칼슘, 알루미늄의 탄화물 |

## 3. 소화방법

① 건조사나 금속 화재용 소화약제 사용
② 저장용기는 완전 밀폐하여 공기와의 접촉을 피하고 물과 수분의 접촉금지
③ 황린의 경우 초기 화재 시 물로 소화 가능

## 4. 저장 취급 시 일반사항

① 보통 실온에서 저장하되 금수성 물질이 들어 있는 드럼이나 용기는 건조하고 내화시설이 되어 있는 저장실이나 건물에 저장하여야 한다.
② 건물은 빗물이 스며들지 않고 지하수가 침투하지 않는 저장지역이 되도록 건축하여야 한다.

③ 저장지역에는 물이나 수증기 배관이 지나가서는 안 되며, 스프링클러 소화설비를 사용해서도 아니 된다.

④ 저장실에는 내용물이 들어 있는 용기뿐만 아니라 빈 용기도 저장하고, 모든 용기는 미끄럼방지 장치가 설치되어 있어야 한다.

⑤ 종류가 다른 위험물, 수용액, 함습물, 흡습성 물질, 수용성 위험물 또는 결정수를 가진 염류 등과의 저장을 피하여야 한다.

⑥ 사고로 금수성 물질이 습기와 접촉되어 발생된 수소를 환기할 수 있도록 하기 위하여 저장실의 상부에 환기시설을 설치하여야 한다.

## [ KEYWORD 031 ] 급기댐퍼

## 1. 개요

① 제연구역 급기구에 설치되어 급기댐퍼의 개구율을 조절함으로써 제연구역 내 급기풍량을 증감시키는 댐퍼를 말한다.
② 부속실에서 차압 또는 방연풍속 유지를 위하여 옥내와 면하는 출입문으로부터 가능한 한 먼 위치에 급기구를 설치하도록 하고 있다.

## 2. 급기구 기준【NFTC 501A 2.14.1.1, 2.14.1.2】

① 급기용 수직풍도와 직접 면하는 벽체 또는 천장(당해 수직풍도와 천장급기구 사이의 풍도를 포함한다)에 고정하되, 급기되는 기류 흐름이 출입문으로 인하여 차단되거나 방해받지 않도록 옥내와 면하는 출입문으로부터 가능한 한 먼 위치에 설치할 것
② 계단실과 그 부속실을 동시에 제연하거나 또는 계단실만을 제연하는 경우 급기구는 계단실 매 3개 층 이하의 높이마다 설치할 것. 다만, 계단실의 높이가 31m 이하로서 계단실만을 제연하는 경우에는 하나의 계단실에 하나의 급기구만을 설치할 수 있다.

## 3. 급기구 급기댐퍼 설치기준【NFTC 501A 2.14.1.3】

① 급기댐퍼는 두께 1.5mm 이상의 강판 또는 이와 동등 이상의 강도가 있는 것으로 설치하여야 하며, 비 내식성 재료의 경우에는 부식방지조치를 할 것
② 자동차압급기댐퍼를 설치하는 경우 차압범위의 수동설정기능과 설정범위의 차압이 유지되도록 개구율을 자동조절하는 기능이 있을 것
③ 자동차압급기댐퍼는 옥내와 면하는 개방된 출입문이 완전히 닫히기 전에 개구율을 자동감소시켜 과압을 방지하는 기능이 있을 것
④ 자동차압급기댐퍼는 주위온도 및 습도의 변화에 의해 기능이 영향을 받지 아니하는 구조일 것
⑤ 자동차압급기댐퍼는「자동차압급기댐퍼의 성능인증 및 제품검사의 기술기준」에 적합한 것으로 설치할 것
⑥ 자동차압급기댐퍼가 아닌 댐퍼는 개구율을 수동으로 조절할 수 있는 구조로 할 것

⑦ 옥내에 설치된 화재감지기에 따라 모든 제연구역의 댐퍼가 개방되도록 할 것. 다만, 둘 이상의 특정소방대상물이 지하에 설치된 주차장으로 연결되어 있는 경우에는 주차장에서 하나의 특정소방대상물의 제연구역으로 들어가는 입구에 설치된 제연용 연기감지기의 작동에 따라 특정소방대상물의 해당 수직풍도에 연결된 모든 제연구역의 댐퍼가 개방되도록 할 것

⑧ 댐퍼의 작동이 전기적 방식에 의하는 경우 2.11.1.3.2 내지 2.11.1.3.5의 기준을, 기계적 방식에 따른 경우 2.11.1.3.3, 2.11.1.3.4 및 2.11.1.3.5 기준을 준용할 것

⑨ 그 밖의 설치기준은 2.11.1.3.1 및 2.11.1.3.8의 기준을 준용할 것

[사진 19] 급기댐퍼(자동차압조절형)

| 2.11.1.3 | 각층의 옥내와 면하는 수직풍도의 관통부에는 다음의 기준에 적합한 댐퍼(이하 "배출댐퍼"라 한다)를 설치해야 한다. |
|---|---|
| 2.11.1.3.1 | 배출댐퍼는 두께 1.5mm 이상의 강판 또는 이와 동등 이상의 성능이 있는 것으로 설치해야 하며 비 내식성 재료의 경우에는 부식방지 조치를 할 것 |
| 2.11.1.3.2 | 평상시 닫힌 구조로 기밀상태를 유지할 것 |
| 2.11.1.3.3 | 개폐여부를 당해 장치 및 제어반에서 확인할 수 있는 감지 기능을 내장하고 있을 것 |
| 2.11.1.3.4 | 구동부의 작동상태와 닫혀 있을 때의 기밀상태를 수시로 점검할 수 있는 구조일 것 |
| 2.11.1.3.5 | 풍도의 내부마감 상태에 대한 점검 및 댐퍼의 정비가 가능한 이·탈착식 구조로 할 것 |
| 2.11.1.3.6 | 화재 층의 옥내에 설치된 화재감지기의 동작에 따라 당해 층의 댐퍼가 개방될 것 |
| 2.11.1.3.7 | 개방 시의 실제 개구부(개구율을 감안한 것을 말한다)의 크기는 수직풍도의 내부단면적과 같아지도록 할 것 |
| 2.11.1.3.8 | 댐퍼는 풍도 내의 공기흐름에 지장을 주지 않도록 수직풍도의 내부로 돌출하지 않게 설치할 것 |

## [ KEYWORD 032 ] 급기량

## 1. 정의

① 급기량이란 제연구역에 공급하여야 할 공기의 양을 말한다. 【NFTC 501A 1.7.1.3】
② 부속실제연설비에서 급기량은 누설량과 보충량의 합으로 표현된다.

$$급기량(m^3/sec) = 누설량(Q) + 보충량(q)$$

③ 누설량이란 틈새를 통하여 제연구역으로부터 흘러나가는 공기량을 말한다. 【NFTC 501A 1.7.1.4】
④ 보충량이란 방연풍속을 유지하기 위하여 제연구역에 보충하여야 할 공기량을 말한다. 【NFTC 501A 1.7.1.5】

## 2. 기본 풍량(누설량)

① 누설량이란 틈새를 통하여 제연구역으로부터 흘러나가는 공기량을 말한다.
② 공식

$$Q(\mathrm{m}^3/\sec) = K \times A \times \sqrt{P} \times 1.25 \times N$$

여기서, $K$ : 0.827           $A$ : 제연구역의 누설면적(m²)
　　　　$P$ : 차압($P_a$)        $N$ : 해당건물의 부속실이 있는 층의 수
　　　　1.25 : 누설 틈새에 대한 보정치

## 3. 보충량

① 보충량이란 방연풍속을 유지하기 위하여 제연구역에 보충하여야 할 공기량을 말한다.
② 공식

$$q(\mathrm{m}^3/\sec) = k\left(\frac{S \times V}{0.6}\right) - Q_o$$

여기서, $k$ : 20층 이하 1, 21층 이상 2
　　　　$S$ : 제연구역과 옥내 사이의 방화문 면적(m²)
　　　　$Q_o$ : 거실로 유입되는 공기량(m³/s)(실제에서는 무시)
　　　　$V$ : 방연풍속

# 급수배관

## 1. 정의

① 옥내소화전설비의 경우 급수배관이란 수원 및 옥외송수구로부터 옥내소화전 방수구에 급수하는 배관을 말한다.

② 스프링클러설비의 경우 급수배관이란 수원 및 옥외송수구로부터 스프링클러 헤드에 급수하는 배관을 말한다.

## 2. 급수배관의 적용 사례

급수배관에 설치되어 급수를 차단할 수 있는 개폐밸브에는 그 밸브의 개폐상태를 감시제어반에서 확인할 수 있도록 급수개폐밸브작동표시스위치(탬퍼스위치)를 설치하여야 한다. 【NFTC 103 2.5.16】

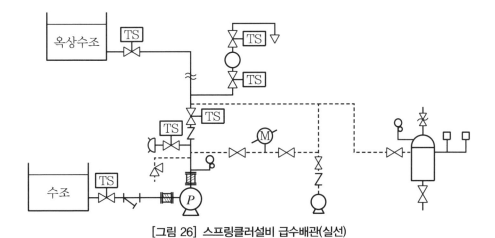

[그림 26] 스프링클러설비 급수배관(실선)

# 기동용 수압개폐장치

## 1. 정의

① 기동용 수압개폐장치란 소화설비의 배관 내 압력변동을 검지하여 자동적으로 펌프를 기동 및 정지시키는 것으로서 압력챔버 또는 기동용 압력스위치 등을 말한다. 【NFTC 102 1.7.1.9】

② 펌프를 이용하는 가압송수장치를 사용하는 수계소화설비의 기동장치는 기동용 수압개폐장치 또는 이와 동등 이상의 성능이 있는 것을 설치하며, 기동용 수압개폐장치를 기동장치로 사용할 경우에는 해당 소화설비가 자동적으로 작동할 수 있도록 충압펌프를 설치하여야 한다.

③ 기동용 수압개폐장치는 형식승인대상 소방용품에 해당하며, 압력챔버(Pressure Chamber) 방식과 기동용 압력스위치(Pressure Switch) 방식이 있다.

## 2. 압력챔버방식

① 압력챔버는 원통형의 압력탱크와 안전밸브, 압력스위치, 급수밸브, 배수밸브 등으로 구성되며, 압력탱크 급수 시 챔버상부에 기체공간이 생기도록 함으로써 수격작용에 의한 맥동현상을 방지할 수 있다.

② 기동용 수압개폐장치로 압력챔버를 사용할 경우 그 용적은 100리터 이상으로 설치하여야 하며, 일반적으로 배관 내 사용압력에 따라 1.0MPa 이하는 100리터를 설치하고, 1.0MPa을 초과하는 경우에는 200리터를 설치하고 있다.

[사진 20] 압력챔버

## 3. 기동용 압력스위치 방식

① 기동용 압력스위치는 별도의 압력챔버를 이용하지 않고 개폐밸브, 오리피스형 체크밸브, 압력스 위치(Pressure Switch) 등으로 구성되며, 펌프 토출 측 연결배관의 소구경 구조와 오리피스형 체 크밸브 등을 이용하여 수격작용에 의한 맥동현상을 방지할 수 있다.

② 형식승인 제품에는 부르돈관식 압력스위치와 전자식 압력스위치가 있다.

[사진 21] 전자식 압력스위치

[사진 22] 부르돈관식 압력스위치

## 4. 작동방식

① 펌프 토출 측 체크밸브 이후에서 인출된 급수배관의 압력을 압력스위치로 검지하여 미리 설정 (Setting)된 압력 값에 따라 충압펌프의 기동·정지 및 주펌프를 기동하는 방식이다.

② 압력챔버 방식의 압력스위치는 일반적으로 배관 내 사용압력의 범위(Range)가 1.0MPa인 경우 설정할 수 있는 차이(Diff) 값이 0.3MPa, 범위(Range)가 2.0MPa인 경우 차이(Diff) 값이 0.5MPa 이다.

③ 기동용 압력스위치는 형식 승인을 받은 사용압력의 범위 내에서 차이 값의 제한이 없고 비교적 미 세하게 설정할 수 있어서 충압펌프와 주펌프의 설정 값이 큰 경우 많이 사용되고 있다.

## [ KEYWORD 035 ] 기준개수

## 1. 개요

기준개수란 스프링클러설비에서 수원의 저수량, 가압송수장치의 송수량 산출의 기준이 되는 스프링클러 헤드의 개수를 말한다.

## 2. 기준개수의 적용

① 스프링클러설비 수원의 저수량 계산 예

$$Q = N \times 1.6 \text{m}^3 \, (80 \text{lpm} \times 20 \text{min}) \text{ 이상}$$

여기서, $Q(\text{m}^3)$ : 수원 저수량
$N$(개) : 폐쇄형 스프링클러헤드 기준개수(기준개수보다 적은 경우 그 설치 개수)

② 폐쇄형 스프링클러헤드의 기준개수 【NFTC 103 2.1.1.1】

▼ [표 18] 폐쇄형 스프링클러헤드의 기준개수

| 스프링클러설비 설치장소 | | | 기준개수 |
|---|---|---|---|
| 지하층을 제외한 층수가 10층 이하인 특정소방대상물 | 공장 | 특수가연물을 저장·취급하는 것 | 30 |
| | | 그 밖의 것 | 20 |
| | 근린생활시설, 판매시설, 운수시설 또는 복합건축물 | 판매시설 또는 복합건축물(판매시설이 설치되는 복합건축물을 말한다) | 30 |
| | | 그 밖의 것 | 20 |
| | 그 밖의 것 | 헤드의 부착높이가 8m 이상인 것 | 20 |
| | | 헤드의 부착높이가 8m 미만인 것 | 10 |
| 지하층을 제외한 층수가 11층 이상인 특정소방대상물, 지하가 또는 지하역사 | | | 30 |

비고 : 하나의 소방대상물이 2 이상의 "스프링클러헤드의 기준개수"란에 해당하는 때에는 기준개수가 많은 란을 기준으로 한다. 다만, 각 기준개수에 해당하는 수원을 별도로 설치하는 경우에는 그러하지 아니하다.

## [ KEYWORD 036 ] 내용연수

## 1. 개요

① 내용연수란 기계, 장치 등을 최대한 사용할 수 있는 연수(수명)를 말하며 물리적, 경제적, 사회적, 법적 내용연수가 있다.

② 소방시설의 항구적인 성능유지를 위해서는 현재 법적으로 내용연수가 규정된 분말소화기 외에 내용연수의 대상범위를 확대하여 적용할 필요가 있다.

## 2. 소방법에서의 내용연수

① 특정소방대상물의 관계인은 소방용품의 내용연수가 경과하면 교체하여야 하며, 행정안전부령으로 정하는 절차 및 방법 등에 따라 소방용품의 성능을 확인받은 경우에는 그 사용기한을 연장할 수 있다. 【소방시설법 제17조】

② 분말형태의 소화약제를 사용하는 소화기 : 10년 【소방시설법 시행령 제19조】

## 3. 권장 내용연수

▼ [표 19] 소방용품별 권장 내용연수 [한국소방산업협동조합, 한국화재소방학회 (출처 : 소방방재신문)]

| 품명 | 구분/세분류 | 내용연수 |
|---|---|---|
| 피난기구 | 피난사다리, 완강기, 간이완강기, 구조대, 경사강하식, 수직강하식, 완강기지지대 | 9~10년 |
| 자동소화기기 | 스프링클러헤드, 폐쇄형, 개방형 | 9~10년 |
| | 유수제어밸브, 습식, 건식, 준비작동식, 일제살수식 | 9~10년 |
| | 기동용 수압개폐장치, 압력챔버, 기동용 압력스위치 | 9~10년 |
| | 가스관선택밸브, 소방호스, 관창, 송수구, 소화전, 옥내, 옥외 | 20~25년 |
| 소화기 | 물, 강화액, 할로겐화합물, 이산화탄소, 분말, 포 | 5~7년 |
| 자동소화장치 | 주방용(탐지부, 강화액, 분말), 자동확산소화장치, 가스분말식 자동소화장치, 고체에어로졸식 소화용구, 캐비닛형 자동소화장치, 본체, 약제 | 3~10년 |
| 소화약제 | 분말, 고체, 포소화약제 등(액체, 단백포, 수성막, 합성계면활성제), 가스 | 3~10년 |
| 감지기 | 차동식 스포트형, 차동식 분포형, 보상식 스포트형, 정온식 감지선형, 정온식 스포트형, 이온화식, 광전식(스포트형), 복합형(열, 연, 열 – 연), 광전식(분리형), 광전식(흡입형), 단독경보형, 불꽃 | 10~15년 |
| 경보설비용 기기 | 발신기(P형 1급, P형 2급, M형), 경종, 중계기, 수신기(P형 1급, P형 2급, M형, 복합형, GP형 2급 및 간이형, R형, GR형) | 15~20년 |
| | 누전경보기(변류기, 수신부), 가스누설(경보기, 단독형), 분리형 | 3년 |
| 피난설비용 기기 | 유도등, 비상조명등, 복도통로등, 거실통로등, 계단통로등, 객석등, 비상조명등 | 12년 |

## [ KEYWORD 037 ] 내진/면진/제진

## 1. 내진

① 내진이란 면진, 제진의 개념을 포함한 지진으로부터 소방시설의 피해를 줄일 수 있는 구조를 의미하는 포괄적인 개념을 말한다. 【소방시설의 내진설계 기준 제3조 제1호】

② 구조물의 강성을 증가시켜 지진력에 저항하는 방법을 말하는 것으로 소방시설에서 내진은 소방배관 등을 구조물에 견고하게 고정하여 지진으로부터 소방시설의 피해를 줄일 수 있는 구조를 의미한다.

## 2. 면진

① 면진이란 건축물과 소방시설을 지진동으로부터 격리시켜 지반진동으로 인한 지진력이 직접 구조물로 전달되는 양을 감소시킴으로써 내진성을 확보하는 수동적인 지진 제어 기술을 말한다.
【소방시설의 내진설계 기준 제3조 제2호】

② 소방시설에서 면진이란 내진의 하나의 방법으로서 건축물(구조체)과 소방시설(비구조체)을 분리시켜 구조체의 진동으로 인한 지진력이 직접 비구조체인 가압송수장치, 물탱크, 제어반 등에 전달되는 양을 감소시킴으로써 내진성능을 확보하는 것을 말한다.

## 3. 제진

제진이란 별도의 장치를 이용하여 지진력에 상응하는 힘을 구조물 내에서 발생시키거나 지진력을 흡수하여 구조물이 부담해야 할 지진력을 감소시키는 지진 제어 기술을 말한다. 【소방시설의 내진설계 기준 제3조 제3호】

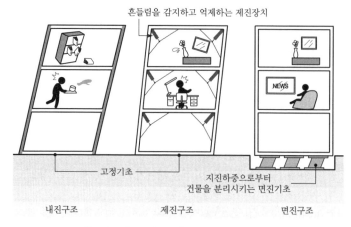

[그림 27] 내진구조/제진구조/면진구조

# 내화구조

## 1. 개요

① 내화구조란 화재에 견딜 수 있는 성능을 가진 구조로서 국토교통부령으로 정하는 기준에 적합한 구조를 말한다. 【건축법 시행령 제2조】

② 방화구조는 화재 성장기의 화재 저항력이고 내화구조는 Flash Over(화재최성기)에도 견딜 수 있는 화재 저항력으로 화재진압 후에도 재사용이 가능한 구조이다.

  * Flash Over(화재최성기) : 국부적인 화재에서 전실 화재로의 전이 현상

③ 대통령령으로 정하는 건축물의 주요구조부 및 방화구획은 내화구조로 하여야 한다.

  * 주요구조부 : 내력벽(耐力壁), 기둥, 바닥, 보, 지붕틀 및 주계단(主階段)
    다만, 사이 기둥, 최하층바닥, 작은보, 차양, 옥외계단, 그 밖의 유사한 것 제외 【건축법 제2조 제2항 제7호】

④ 내화구조의 인정 및 관리기준에 따라 한국건설기술연구원장이 내화성능을 확인하여 인정한 구조도 포함한다.

## 2. 설치대상 【건축법 시행령 제56조】

① 제2종 근린생활시설 중 공연장·종교집회장(바닥면적 300m² 이상), 문화 및 집회시설(전시장, 동·식물원 제외), 종교시설, 위락시설 중 주점영업, 장례시설 용도로서 관람석 또는 집회실의 바닥면적 합계가 200m²(옥외관람석은 1,000m²) 이상인 건축물

② 문화 및 집회시설 중 전시장 또는 동·식물원, 판매시설, 운수시설, 교육연구시설에 설치하는 체육관·강당, 수련시설, 운동시설 중 체육관·운동장, 위락시설(주점영업 제외), 창고시설, 위험물저장 및 처리시설, 자동차 관련 시설, 방송통신시설 중 방송국·전신전화국·촬영소, 묘지 관련 시설 중 화장시설·동물화장시설, 관광휴게시설 용도로서 바닥면적 합계가 500m² 이상인 건축물

③ 공장 용도로서 바닥면적 합계가 2,000m² 이상인 건축물

④ 2층이 단독주택 중 다중주택 및 다가구주택, 공동주택, 제1종 근린생활시설(의료시설), 제2종 근린생활시설 중 다중생활시설, 의료시설, 노유자시설 중 아동 관련 시설 및 노인복지시설, 수련시설 중 유스호스텔, 오피스텔, 숙박시설, 장례시설 용도로서 바닥면적 합계가 400m² 이상인 건축물

⑤ 3층 이상인 건축물 및 지하층이 있는 건축물

## 3. 구조기준 【건축물의 피난 · 방화구조 등의 기준에 관한 규칙 제3조】

① 벽

㉠ 철근콘크리트조 또는 철골철근콘크리트조로서 두께가 10cm 이상인 것

[사진 23] 철근콘크리트조

[사진 24] 철골철근콘크리트조

㉡ 골구를 철골조로 하고 양면을 두께 4cm 이상의 철망모르타르 또는 두께 5cm 이상의 콘크리트
블록 · 벽돌 또는 석재로 덮은 것

[사진 25] 철골조

* 골구 : 골조(骨組)의 구조(構造)[Frame Structure]

㉢ 철재로 보강된 콘크리트블록조 · 벽돌조 또는 석조로서 철재에 덮은 콘크리트블록 등의 두께
가 5cm 이상인 것

ㄹ 벽돌조로서 두께가 19cm 이상인 것

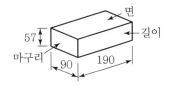

[그림 28] 표준 벽돌 규격

1) 1.0B쌓기 : 벽돌을 두줄로 쌓기, 190mm

2) 0.5B쌓기 : 벽돌을 한줄로 쌓기, 90mm

ㅁ 고온·고압의 증기로 양생된 경량기포 콘크리트패널 또는 경량기포 콘크리트블록조로서 두께가 10cm 이상인 것

② **외벽중 비내력벽**

* 비내력벽 : 철근콘크리트조나 철골조 내에서 자체의 하중만을 받고, 자립하면 되는 경미한 칸막이 벽
* 내력벽 : 상부의 하중을 받아 하부구조나 기초에 전달하는 벽

ㄱ 철근콘크리트조 또는 철골철근콘크리트조로서 두께가 7cm 이상인 것

ㄴ 골구를 철골조로 하고 양면을 두께 3cm 이상의 철망모르타르 또는 두께 4cm 이상의 콘크리트블록·벽돌 또는 석재로 덮은 것

ㄷ 철재로 보강된 콘크리트블록조·벽돌조 또는 석조로서 철재에 덮은 콘크리트블록 등의 두께가 4cm 이상인 것

ㄹ 무근콘크리트조·콘크리트블록조·벽돌조 또는 석조로서 두께가 7cm 이상인 것

③ **기둥(지름 25cm 이상)**

ㄱ 철근콘크리트조 또는 철골철근콘크리트조

ㄴ 철골을 두께 6cm(경량골재는 5cm) 이상의 철망모르타르 또는 두께 7cm 이상의 콘크리트블록·벽돌 또는 석재로 덮은 것

ㄷ 철골을 두께 5cm 이상의 콘크리트로 덮은 것

④ **바닥**

ㄱ 철근콘크리트조 또는 철골철근콘크리트조로서 두께가 10cm 이상인 것

ㄴ 철재로 보강된 콘크리트블록조·벽돌조 또는 석조로서 철재에 덮은 콘크리트블록 등의 두께가 5cm 이상인 것

ㄷ 철재의 양면을 두께 5cm 이상의 철망모르타르 또는 콘크리트로 덮은 것

⑤ 보(지붕틀 포함)

　＊ 지붕틀 : 지붕을 덮기 위해서 만든 틀

　㉠ 철근콘크리트조 또는 철골철근콘크리트조

　㉡ 철골을 두께 6cm(경량골재는 5cm) 이상의 철망모르타르 또는 두께 5cm 이상의 콘크리트로 덮은 것

　㉢ 철골조의 지붕틀(바닥에서 높이가 4미터 이상)로서 바로 아래에 반자가 없거나 불연재료로 된 반자가 있는 것

⑥ 지붕

　㉠ 철근콘크리트조 또는 철골철근콘크리트조

　㉡ 철재로 보강된 콘크리트블록조 · 벽돌조 또는 석조

　㉢ 철재로 보강된 유리블록 또는 망입유리로 된 것

⑦ 계단

　㉠ 철근콘크리트조 또는 철골철근콘크리트조

　㉡ 무근콘크리트조 · 콘크리트블록조 · 벽돌조 또는 석조

　㉢ 철재로 보강된 콘크리트블록조 · 벽돌조 또는 석조

　㉣ 철골조

⑧ 한국건설기술연구원장이 인정한 내화구조

## 4. 내화구조의 성능기준 【건축물의 피난 · 방화구조 등의 기준에 관한 규칙 별표 1】

■ 건축물의 피난 · 방화구조 등의 기준에 관한 규칙 [별표 1] 〈개정 2019. 10. 24.〉

[시행일 : 2020.8.15] 지붕 관련 부분

### 내화구조의 성능기준(제3조제8호 관련)

1. 일반기준

(단위 : 시간)

| 용 도 | 용도구분 | 구성 부재 용도규모 층수/최고높이 (m) | 벽 내력벽 | 외벽 비내력벽 연소우려가 있는 부분 | 외벽 비내력벽 연소우려가 없는 부분 | 내벽 내력벽 | 내벽 비내력벽 간막이벽 | 내벽 비내력벽 승강기·계단실의 수직벽 | 보·기둥 | 바닥 | 지붕·지붕틀 |
|---|---|---|---|---|---|---|---|---|---|---|---|
| 일반시설 | 제1종 근린생활시설, 제2종 근린생활시설, 문화 및 집회시설, 종교시설, 판매시설, 운수시설, 교육연구시설, 노유자시설, 수련시설, 운동시설, 업무시설, 위락시설, 자동차 관련 시설(정비공장 제외), 동물 및 식물 관련 시설, 교정 및 군사 시설, 방송통신시설, 발전시설, 묘지 관련 시설, 관광 휴게시설, 장례시설 | 12/50 초과 | 3 | 1 | 0.5 | 3 | 2 | 2 | 3 | 2 | 1 |
| | | 12/50 이하 | 2 | 1 | 0.5 | 2 | 1.5 | 1.5 | 2 | 2 | 0.5 |
| | | 4/20 이하 | 1 | 1 | 0.5 | 1 | 1 | 1 | 1 | 1 | 0.5 |
| 주거시설 | 단독주택, 공동주택, 숙박시설, 의료시설 | 12/50 초과 | 2 | 1 | 0.5 | 2 | 2 | 2 | 3 | 2 | 1 |
| | | 12/50 이하 | 2 | 1 | 0.5 | 2 | 1 | 1 | 2 | 2 | 0.5 |
| | | 420 이하 | 1 | 1 | 0.5 | 1 | 1 | 1 | 1 | 1 | 0.5 |
| 산업시설 | 공장, 창고시설, 위험물 저장 및 처리시설, 자동차 관련 시설 중 정비공장, 자연순환 관련 시설 | 12/50 초과 | 2 | 1.5 | 0.5 | 2 | 1.5 | 1.5 | 3 | 2 | 1 |
| | | 12/50 이하 | 2 | 1 | 0.5 | 2 | 1 | 1 | 2 | 2 | 0.5 |
| | | 4/20 이하 | 1 | 1 | 0.5 | 1 | 1 | 1 | 1 | 1 | 0.5 |

## [ KEYWORD 039 ] 내화배선/내열배선

## 1. 개요

① 소방시설은 화재 시에 반드시 작동되어야 하므로, 소방시설의 제어 및 신호용 전선부분은 내열배선으로 하고 있으며, 소방시설에 전원을 공급하는 부분 및 내화성이 요구되는 부분은 내화배선으로 하고 있다.

② 내열·내화 배선은 전선의 종류에 따라 구분되는 것이 아니라, 그 시공방법에 의하여 구분된다.

　㉠ 내열배선 : 소방시설의 제어 및 신호용으로 사용하기 때문에 금속관 공사 등에 의할 경우 불연성능을 갖는 주요구조부에 매설하지 않아도 된다.

　㉡ 내화배선 : 소방시설에 전원을 공급하는 부분에 사용되므로, 기본적으로 내화성능 및 방수성능이 있어야 한다.

## 2. 종류 및 공사방법 【NFTC 102 2.7.2】

▼ [표 20] 내화배선

| 사용전선의 종류 | 공사방법 |
|---|---|
| 1. 450/750V 저독성 난연 가교 폴리올레핀 절연 전선<br>2. 0.6/1kV 가교 폴리에틸렌 절연 저독성 난연 폴리올레핀 시스 전력 케이블<br>3. 6/10kV 가교 폴리에틸렌 절연 저독성 난연 폴리올레핀 시스 전력용 케이블<br>4. 가교 폴리에틸렌 절연 비닐시스 트레이용 난연 전력 케이블<br>5. 0.6/1kV EP 고무절연 클로로프렌 시스 케이블<br>6. 300/500V 내열성 실리콘 고무 절연 전선(180℃)<br>7. 내열성 에틸렌-비닐 아세테이트 고무 절연 케이블<br>8. 버스 덕트(Bus Duct)<br>9. 기타 「전기용품 및 생활용품 안전관리법」 및 「전기설비기술기준」에 따라 동등 이상의 내화성능이 있다고 주무부장관이 인정하는 것 | 금속관·2종 금속제 가요전선관 또는 합성수지관에 수납하여 내화구조로 된 벽 또는 바닥 등에 벽 또는 바닥의 표면으로부터 25mm 이상의 깊이로 매설하여야 한다. 다만 다음의 기준에 적합하게 설치하는 경우에는 그렇지 않다.<br>가. 배선을 내화성능을 갖는 배선전용실 또는 배선용 샤프트·피트·덕트 등에 설치하는 경우<br>나. 배선전용실 또는 배선용 샤프트·피트·덕트 등에 다른 설비의 배선이 있는 경우에는 이로부터 15센티미터 이상 떨어지게 하거나 소화설비의 배선과 이웃하는 다른 설비의 배선 사이에 배선지름(배선의 지름이 다른 경우에는 가장 큰 것을 기준으로 한다)의 1.5배 이상의 높이의 불연성 격벽을 설치하는 경우 |
| 내화전선 | 케이블공사의 방법에 따라 설치하여야 한다. |

\* 비고 : 내화전선의 내화성능은 KS C IEC 60331-1과 2(온도 830℃/가열시간 120분) 표준 이상을 충족하고, 난연성능 확보를 위해 KS C IEC 60332-3-24 성능 이상을 충족할 것

▼ [표 21] 내열배선

| 사용전선의 종류 | 공사방법 |
|---|---|
| 1. 450/750V 저독성 난연 가교 폴리올레핀 절연 전선<br>2. 0.6/1kV 가교 폴리에틸렌 절연 저독성 난연 폴리올레핀 시스 전력 케이블<br>3. 6/10kV 가교 폴리에틸렌 절연 저독성 난연 폴리올레핀 시스 전력용 케이블<br>4. 가교 폴리에틸렌 절연 비닐시스 트레이용 난연 전력 케이블<br>5. 0.6/1kV EP 고무절연 클로로프렌 시스 케이블<br>6. 300/500V 내열성 실리콘 고무 절연 전선(180℃)<br>7. 내열성 에틸렌－비닐 아세테이트 고무 절연 케이블<br>8. 버스 덕트(Bus Duct)<br>9. 기타「전기용품 및 생활용품 안전관리법」및「전기설비기술기준」에 따라 동등 이상의 내화성능이 있다고 주무부장관이 인정하는 것 | 금속관 · 금속제 가요전선관 · 금속덕트 또는 케이블(불연성 덕트에 설치하는 경우에 한한다) 공사방법에 따라야 한다. 다만, 다음의 기준에 적합하게 설치하는 경우에는 그렇지 않다.<br>가. 배선을 내화성능을 갖는 배선전용실 또는 배선용 샤프트 · 피트 · 덕트 등에 설치하는 경우<br>나. 배선전용실 또는 배선용 샤프트 · 피트 · 덕트 등에 다른 설비의 배선이 있는 경우에는 이로부터 15센티미터 이상 떨어지게 하거나 소화설비의 배선과 이웃하는 다른 설비의 배선 사이에 배선지름(배선의 지름이 다른 경우에는 가장 큰 것을 기준으로 한다)의 1.5배 이상의 높이의 불연성 격벽을 설치하는 경우 |
| 내화전선 | 케이블공사의 방법에 따라 설치하여야 한다. |

\* 용어 "전선관", "전선/케이블" 참조

## 3. 배선 Block Diagram

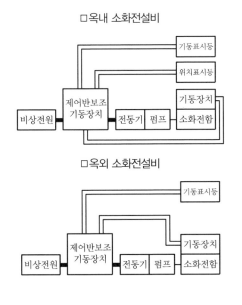

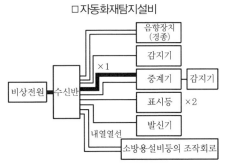

주※1. 중계기의 비상전원 회로
   2. 발신기를 다른 소방용설비등의 기동장치와 겸용할 경우 발신기 상부표시등의 회로는 비상전원에 연결된 내열배선으로 한다.

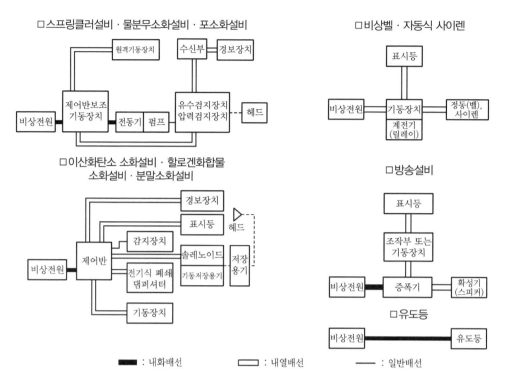

□스프링클러설비 · 물분무소화설비 · 포소화설비

□비상벨 · 자동식 사이렌

□이산화탄소 소화설비 · 할로겐화합물
　소화설비 · 분말소화설비

□방송설비

□유도등

■ : 내화배선　　　□ : 내열배선　　　— : 일반배선

[그림 29] 설비별 배선 Block Diagram

# 내화채움구조(Fire Stop)

## 1. 개요

① 내화채움구조란 방화구획의 설비관통부 등 틈새를 통한 화재 확산을 방지하기 위해 설치하는 구조로서 건축자재등 품질인정기관이 인정한 제품을 말한다. 【건축자재등 품질인정 및 관리기준 제2조 제7호】

② 내화채움구조는 방화구획 부분의 벽 또는 바닥 구조체와 동등 이상의 내화성능을 유지할 수 있도록 내화채움성능이 인정된 구조로 설치하여야 한다.

## 2. 설치기준 【건축물의 피난 · 방화구조 등의 기준에 관한 규칙 제14조 제2항 제2호】

① 외벽과 바닥 사이에 틈이 생긴 때나 급수관 · 배전관 그 밖의 관이 방화구획으로 되어 있는 부분을 관통하는 경우 그로 인하여 방화구획에 틈이 생긴 때에는 그 틈을 「건축물의 피난 · 방화구조 등의 기준에 관한 규칙」 별표 1 제1호에 따른 내화시간(내화채움성능이 인정된 구조로 메워지는 구성 부재에 적용되는 내화시간을 말한다) 이상 견딜 수 있는 내화채움성능이 인정된 구조로 메울 것

② 내화구조의 성능기준에 따른 내화시간은 내화채움성능이 인정된 구조로 메워지는 구성 부재에 적용되는 내화시간을 말한다.

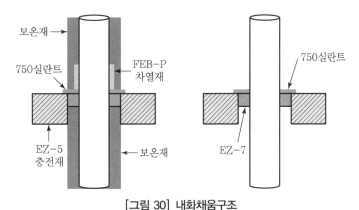

[그림 30] 내화채움구조

## 3. 내화채움구조의 성능기준 【내화채움구조 세부운영지침 부록 Ⅰ1.4항】

▼ [표 22] 설비관통부 채움시스템 성능기준

| 구분 | | 시험 결과 |
|---|---|---|
| 차염성 | 면패드 적용 | 시험체 표면에 발생한 구멍이나 화염 가까이에 30초간 면패드 접촉시 착화되지 않을 것 |
| | 이면의 화염온도 | 시험체 이면에서 10초 이상 지속되는 화염이 발생하지 않을 것 |
| 차열성 | 이면상승온도 | 가열중 이동열전대를 포함한 모든 열전대의 측정온도가 초기온도보다 180K를 초과하지 않을 것 |

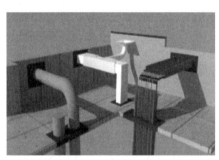

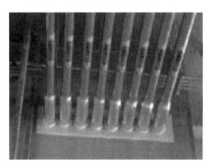

[사진 26] 내화채움구조

# [ KEYWORD 041 ] 누전경보기

## 1. 정의 【NFTC 205 1.7.1.1】

누전경보기란 내화구조가 아닌 건축물로서 벽, 바닥 또는 천장의 전부나 일부를 불연재료나 준불연재료가 아닌 재료에 철망을 넣어 만든 건물의 전기설비로부터의 누설전류를 탐지하여 경보를 발하며 변류기와 수신부로 구성된 것을 말한다.

## 2. 설치 대상 【소방시설법 시행령 별표 4 제2호 자목】

계약 전류 용량(같은 건축물에 계약 종류가 다른 전기가 공급되는 경우에는 그중 최대계약전류용량을 말한다)이 100암페어를 초과하는 특정소방대상물(내화구조가 아닌 건축물로서 벽, 바닥 또는 반자의 전부나 일부를 불연재료 또는 준불연재료가 아닌 재료에 철망을 넣어 만든 것만 해당한다)에 설치하여야 한다. 다만, 위험물 저장 및 처리 시설 중 가스시설, 지하가 중 터널 또는 지하구의 경우에는 그러하지 아니하다.

## 3. 전류형 누전경보기 구성

① **영상변류기** : 누설전류를 검출하는 기구
② **수신기** : 변류기 검출 전류를 기준값(설정값)에 대한 차이의 신호로 수신, 증폭하여 계전기를 동작시켜 음향장치의 경보를 발하여 소방대상물의 관계인에 통보하는 기구로서 차단기구가 포함될 수 있다.
③ **전원** 【NFTC 205 2.3】
　　㉠ 전원은 분전반으로부터 전용회로로 하고, 각 극에 개폐기 및 15A 이하의 과전류차단기(배선용차단기에 있어서는 20A 이하의 것으로 각 극을 개폐할 수 있는 것)를 설치할 것
　　㉡ 전원을 분기할 때에는 다른 차단기에 의하여 전원이 차단되지 아니하도록 할 것
　　㉢ 전원의 개폐기에는 "누전경보기용"이라고 표시한 표지를 할 것

[사진 27] 누전경보기

## [ KEYWORD 042 ] 누전차단기(ELB)

## 1. 개요

① 누전차단기(ELB, Earth Leakage Breaker)란 교류 600V 이하의 저압의 전로에서 누전에 의한 감전, 전기화재 및 전기기계기구의 손상을 방지하기 위하여 사용하는 기구를 말한다.

② 감전재해 발생 시 인체에 손상 정도를 결정하는 통상전류의 크기와 통전시간을 줄여주는 역할을 하며, 감전방지용 누전차단기는 통전전류의 크기를 30mA로 통전시간을 0.003초 이내로 줄여줌으로써 신체에 치명적인 손상을 입히는 것을 예방한다.

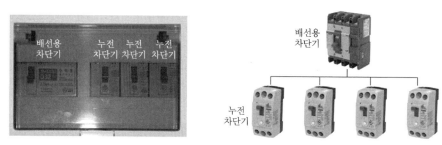

[사진 28] 분전반에 설치된 배선용 차단기와 누전차단기

## 2. 누전차단기의 원리

누전차단기 안에는 링 형태로 코일을 감은 영상변류기(ZCT, Zero Current Transformer)가 내장되어 있고 이 영상변류기에 의해 누설되는 전류치를 검출하여 정격감도 이상일 경우 자동으로 선로가 차단된다.

\* 용어 "누전화재" 누전차단기 종류 및 작동원리 참조
\* 용어 "영상변류기" 참조
\* 영상변류기 : 전로에 흐르는 전류를 검출하는 장치로서 누전이 일어나지 않을 경우 전로에 흐르는 전류의 벡터합은 "0"이지만 누전이 발생하면 지락전류($i_g$)가 나타나 2차측 코일에 전류가 흘러 차단기를 동작시킨다.

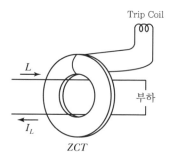

[그림 31] 누전차단기의 영상변류기

## 3. 배선용차단기와 차이점

누전차단기는 배선용차단기와 모양과 쓰임새가 비슷하다. 이 둘의 공통점은 단락과 과부하를 감지하여 차단할 수 있다는 것이고 차이점은 누전차단기는 배선용차단기의 기능에 추가하여 "누전"을 차단하는 기능을 가지고 있다는 점이다.

[ **KEYWORD** **043** ] 누전화재

## 1. 정의

① 누전이란 전기가 통하는 전선 이외의 물체를 통해 전기가 외부로 흐르는 것을 말한다.
② 누전화재는 전류가 통로로 설계된 부분을 거치지 않고 건물 및 부대설비 등으로 흘러 열이 축적 이것이 발열하여 일어나는 화재를 말한다.

## 2. 누전화재 3요소

① 누전점 : 전류가 흘러 들어오는 곳(전류의 유입점)
② 발화점 : 발화장소
③ 접지점 : 접지물로 전기가 흘러가는 지점(전류의 유출점)

## 3. 예방요령

① 누전 위험이 있는 곳 수시 점검 : 콘센트, 스위치 박스, 전선관의 끝부분, 조명기구, 전선 피복이 손상될 염려가 있는 곳 등
② 누전 차단기 설치 : 전기설비기술기준에 정해진 경우가 아니라도 설치

## 4. 누전차단기 종류 및 작동원리

① 종류

▼ [표 23] 전압작동형과 전류작동형 비교

| 구분    종류 | 전압 동작형 | 전류 동작형 |
|---|---|---|
| 원리 | 누전 발생시 기기와 대지 사이의 접지선을 통하여 전위차가 발생하므로 이를 검출하여 차단기를 동작 | 지락전류를 영상변류기로 검출하여 차단 |
| 보호범위 | 감전보호 | 감전 + 지락보호 |
| 접지 | 제3종 또는 특별제3종접지와 검출용 접지가 필요 | 제3종 또는 특별제3종접지 |
| 사용장소 | 접지저항값 변화가 적은 장소 | 고정 및 가변설비에 사용 |

② 작동원리

　　㉠ 정상 시 : $i_1 = i_2$

　　　정상 시에는 $i_1$에 의한 자속 $\phi_1$과 $i_2$에 의한 자속 $\phi_2$가 서로 상쇄되어 영상변류기 2차 유기기
　　　전력은 발생하지 않는다.

　　㉡ 누전 발생 시 : $i_2 = i_1 - i_g$가 되어 완전히 상쇄하지 못하고 전류차 $i_g$에 의한 자속 $\phi_g$가 영상
　　　변류기 2차권선과 쇄교하여 유기 기전력이 발생한다. 발생된 유기 기전력은 수신부로 전달되
　　　고 신호를 증폭하여 차단기를 작동시킨다.

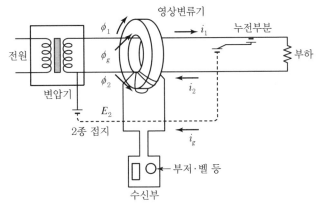

[그림 32] 누전차단기 작동원리

## [ KEYWORD 044 ] 능력단위

### 1. 개요

① 소화기의 **능력단위**란 소화기의 능력을 표시하는 것으로 불이 난 장소와 면적에 따라 그 소화기가 어느 정도 크기의 불을 끌 수 있는가를 나타내는 성능에 대한 수치를 말한다.

② A급(일반 : 나무, 종이, 솜, 스폰지, 섬유류 등)화재용 소화기, B급(유류)화재용 소화기일 경우 소화능력시험을 실시해 그 결과에 따라 능력단위를 산정하며 각각 능력단위의 수치가 1 이상이 어야 한다. 【소화기의 형식승인 및 제품검사의 기술기준 제4조 제1항】

③ C급(전기)화재용 소화기는 ②항과 C급화재용 소화기의 전기전도성 시험에 적합하여야 하며 C급 화재에 대한 능력단위는 지정하지 아니 한다. 【소화기의 형식승인 및 제품검사의 기술기준 제4조 제3항】

④ K급(식용유)화재용 소화기는 ②항과 K급화재용 소화기의 소화성능시험에 적합하여야 하며 K급화재에 대한 능력단위는 지정하지 아니 한다. 【소화기의 형식승인 및 제품검사의 기술기준 제4조 제4항】

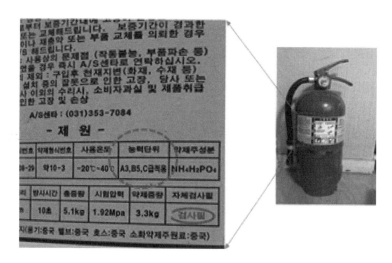

[사진 29] 수동식 소화기 Label

### 2. A급 1단위

가로 3cm×세로 3.5cm×길이 73cm의 건조된 소나무 90개를 철제대 위에 우물정자로 쌓은 후 휘발유 1.5L를 붓고 점화하고 3분 후에 소화기를 분사한 결과 불을 끌 수 있는 능력

## 3. A급 2단위

가로 3cm×세로 3.5cm×길이 90cm의 건조된 소나무 144개를 철제대 위에 우물정자로 쌓은 후 휘발유 3L를 붓고 점화하고 3분 후에 소화기를 분사한 결과 불을 끌 수 있는 능력

## 4. B급 5단위

가로 100cm×세로 100cm×높이 30cm의 철제통에 물 120L를 넣고 그 위에 휘발유 30L를 부어 휘발유에 점화하고 1분 뒤에 소화기를 분사한 결과 불을 끌 수 있는 능력

## 5. C급

C급은 전기화재에 대한 적응성을 말하는 것으로 전기가 흐르는 곳에 소화기를 분사하였을 때 소화약제로 인하여 감전이 일어나지 않는 것을 표시하기 때문에 단위 대신 적응성이란 말로 표현한다.

# [ KEYWORD 045 ] 다중이용건축물

## 1. 개요

불특정한 다수의 사람들이 이용하는 건축물로서 다중이용건축물과 준다중이용건축물로 구분하고 있다.

## 2. 다중이용건축물의 종류 【건축법 시행령 제2조 제17호】

① 문화 및 집회시설(동물원, 식물원 제외), 종교시설, 판매시설, 운수시설 중 여객용 시설, 의료시설 중 종합병원, 숙박시설 중 관광숙박시설 용도로 쓰는 바닥면적 합계가 5,000m² 이상인 건축물

② 16층 이상인 건축물

## 3. 준다중이용건축물의 종류 【건축법 시행령 제2조 제17의2호】

문화 및 집회시설(동물원, 식물원 제외), 종교시설, 판매시설, 운수시설 중 여객용 시설, 의료시설 중 종합병원, 교육연구시설, 노유자시설, 운동시설, 숙박시설 중 관광숙박시설, 위락시설, 관광 휴게시설, 장례시설 용도로 쓰는 바닥면적 합계가 1,000m² 이상인 건축물

## [ KEYWORD 046 ] 다중이용업/안전시설등

## 1. 정의 【다중이용업소법 제2조】

① 다중이용업이란 불특정 다수인이 이용하는 영업 중 화재 등 재난 발생 시 생명·신체·재산상의 피해가 발생할 우려가 높은 것으로서 대통령령으로 정하는 영업을 말한다.

② 안전시설 등이란 소방시설, 비상구, 영업장 내부 피난통로, 그 밖의 안전시설로서 대통령령으로 정하는 시설을 말한다.

## 2. 다중이용업 【다중이용업소법 시행령 제2조】

① 휴게음식점업·제과점영업 또는 일반음식점영업으로서 영업장으로 사용하는 바닥면의 합계가 100제곱미터 이상인 것

② 단란주점영업과 유흥주점영업

③ "휴게음식점업·제과점영업 또는 일반음식점영업에 사용되는 공유주방을 운영하는 영업으로서 영업장 바닥면적의 합계가 100제곱미터 이상(지하층에 설치 경우 66제곱미터)이상인 것"

④ 영화상영관·비디오물감상실업·비디오물소극장업 및 복합영상물제공업

⑤ 학원으로서 수용인원이 300명 이상인 것

⑥ 학원으로서 수용인원이 100명 이상 300명 미만이고 다음 어느 하나에 해당하는 것

　㉠ 하나의 건축물에 학원과 기숙사가 함께 있는 학원

　㉡ 하나의 건축물에 학원이 둘 이상 있는 경우로서 학원의 수용인원이 300명 이상인 학원

　㉢ 다중이용업과 학원이 함께 있는 경우

⑦ 목욕장업으로서 다음 각 목에 해당하는 것

　㉠ 물로 목욕을 할 수 있는 시설 및 설비 등의 서비스를 하는 목욕장업 중 맥반석·황토·옥 등을 직접 또는 간접 가열하여 발생하는 열기나 원적외선 등을 이용하여 땀을 배출하게 할 수 있는 시설 및 설비를 갖춘 것으로서 수용인원이 100명 이상인 것

　㉡ 맥반석·황토·옥 등을 직접 또는 간접 가열하여 발생하는 열기나 원적외선 등을 이용하여 땀을 배출하게 할 수 있는 시설 및 설비 등의 서비스를 하는 것

⑧ 게임제공업·인터넷컴퓨터게임시설제공업 및 복합유통게임제공업

⑨ 노래연습장업

⑩ 산후조리원

⑪ 고시원

⑫ 권총사격장업

⑬ 골프연습장

⑭ 안마시술소

⑮ 화재위험유발지수가 D, E등급에 해당하는 경우

⑯ 전화방업ㆍ화상대화방업 : 구획된 실 안에 전화기ㆍ텔레비전ㆍ모니터 또는 카메라 등 상대방과 대화할 수 있는 시설을 갖춘 형태의 영업

⑰ 수면방업 : 구획된 실안에 침대ㆍ간이침대 그 밖에 휴식을 취할 수 있는 시설을 갖춘 형태의 영업

⑱ 콜라텍업 : 손님이 춤을 추는 시설 등을 갖춘 형태의 영업으로서 주류 판매가 허용되지 아니하는 영업

⑲ 방탈출카페업

⑳ 키즈카페업

㉑ 만화카페업

## 3. 다중이용업소의 안전시설 등

▼ [표 24] 안전시설 등의 종류 【다중이용업소법 시행령 별표 1】

| 구분 | | 종류 |
|---|---|---|
| 1.소방시설 | 소화설비 | 소화기 또는 자동확산소화기, 간이스프링클러설비(캐비닛형 포함) |
| | 경보설비 | 비상벨설비 또는 자동화재탐지설비, 가스누설경보기 |
| | 피난설비 | 피난기구(미끄럼대, 피난사다리, 구조대, 완강기, 다수인피난장비, 승강식피난기), 피난유도선, 유도등, 유도표지 또는 비상조명등, 휴대용비상조명등 |
| 2. 비상구 | | |
| 3. 영업장 내부 피난통로 | | |
| 4. 그 밖의 안전시설 | | 영상음향차단장치, 누전차단기, 창문 |

## 4. 업종별 설치하여야 하는 안전시설 【다중이용업소법 시행규칙 별표 2】

▼ [표 25] 업종별 설치하여야 하는 안전시설 등

| 업종별 | 종류 |
|---|---|
| 모든 다중이용업소 | 소화기 또는 자동확산소화기, 비상벨설비 또는 자동화재탐지설비, 피난설비, 유도등, 유도표지 또는 비상조명등, 휴대용비상조명등, 비상구, 누전차단기 |
| 지하층에 설치된 영업장, 밀폐구조의 영업장, 산후조리업, 고시원업 및 권총사격장의 영업장 | 간이스프링클러설비(캐비닛형 포함) |
| 가스시설을 사용하는 주방이나 난방시설이 있는 영업장 | 가스누설경보기 |
| 영업장 내부 피난통로 또는 복도가 있는 영업장 | 피난유도선 |
| 구획된 실이 있는 영업장 | 영업장 내부 피난통로 |
| 노래반주기 등 영상음향장치를 사용하는 영업장 | 영상음향차단장치 |
| 고시원업 | 창문 |

## [ KEYWORD 047 ] 단독경보형감지기

## 1. 정의

① 화재발생 상황을 단독으로 감지하여 자체에 내장된 음향장치로 경보하는 감지기를 말한다.
　【NFTC 201 1.7.1.3】

② 단독주택 및 공동주택(아파트 및 기숙사 제외)의 경우 2012년 2월부터 단독경보형감지기(소화기 포함)설치를 의무화 하고 있다.

＊「건축법」제2조 제2항 제1호의 단독주택
＊「건축법」제2조 제2항 제2호의 공동주택(아파트 및 기숙사 제외)

## 2. 단독경보형 감지기 설치 대상 【소방시설법 시행령 별표 4 제2호 가목】

자동화재탐지설비 설치대상이 되지 않는 소규모 특정소방대상물에 설치한다.

① 교육연구시설 내에 있는 기숙사 또는 합숙소로서 연면적 2천m² 미만인 것

② 수련시설 내에 있는 기숙사 또는 합숙소로서 연면적 2천m² 미만인 것

③ 다목7)에 해당하지 않는 수련시설(숙박시설이 있는 것만 해당한다)

④ 연면적 400m² 미만의 유치원

⑤ 공동주택 중 연립주택 및 다세대주택(이 경우 연동형으로 설치)

---

【소방시설법 시행령 별표 4 제2호 다목】

다. 자동화재탐지설비를 설치해야 하는 특정소방대상물은 다음의 어느 하나에 해당하는 것으로 한다.

6) 노유자 생활시설의 경우에는 모든 층

7) 6)에 해당하지 않는 노유자 시설로서 연면적 400m² 이상인 노유자 시설 및 숙박시설이 있는 수련시설로서 수용인원 100명 이상인 경우에는 모든 층

---

[사진 30] 단독경보형 연기감지기

# [ KEYWORD 048 ] 단독주택

## 1. 개요

① 단독주택은 「소방시설법」 별표 2에서 정한 특정소방대상물에는 해당되지 않으나 단독주택에 주택용소방시설(소화기 및 단독경보형 감지기)를 설치토록 의무화하고 있다. 【소방시설법 시행령 제10조】

② 따라서, 단독주택에 대한 개념을 명확히 이해할 필요가 있다.

   \* 건축법상 단독주택은 이용자, 층수, 면적, 세대수를 기준으로 분류하고 하고 있다.

## 2. 단독주택 【건축법시행령 별표 1】

단독주택의 형태를 갖춘 어린이집 · 공동생활가정 · 지역아동센터 · 공동육아나눔터(「아이돌봄 지원법」 제19조에 따른 공동육아나눔터를 말한다) · 작은도서관(「도서관법」 제4조 제2항 제1호 가목에 따른 작은도서관을 말하며, 해당 주택의 1층에 설치한 경우만 해당한다.) 및 노인복지시설(노인복지주택은 제외)을 포함한다.

① 단독주택

② 다중주택 : 다음의 요건을 모두 갖춘 주택을 말한다.

   ㉠ 학생 또는 직장인 등 여러 사람이 장기간 거주할 수 있는 구조로 되어 있는 것

   ㉡ 독립된 주거의 형태를 갖추지 않은 것(각실 별로 욕실은 설치할 수 있으나 취사시설은 설치하지 않은 것을 말한다)

   ㉢ 1개동으로 주택으로 쓰이는 바닥면적(부설 주차장 면적은 제외한다. 이하 같다)의 합계가 660 제곱미터 이하이고 주택으로 쓰는 층수(지하층은 제외한다)가 3개 층 이하일 것. 다만, 1층의 전부 또는 일부를 필로티 구조로 하여 주차장으로 사용하고 나머지 부분을 주택(주거 목적으로 한정한다) 외의 용도로 쓰는 경우에는 해당 층을 주택의 층수에서 제외한다.

   ㉣ 적정한 주거 환경을 조성하기 위하여 건축조례로 정하는 실별 최소 면적, 창문의 설치 및 크기 등의 기준에 적합할 것

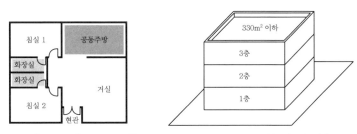

[그림 33] 다중주택 [출처 : 그림으로 이해하는 건축법(서울시)]

③ 다가구 주택 : 다음의 요건을 모두 갖춘 주택으로서 공동주택에 해당하지 아니하는 것을 말한다.

㉠ 주택으로 쓰는 층수(지하층은 제외한다)가 3개 층 이하일 것. 다만, 1층의 전부 또는 일부를 필로티 구조로 하여 주차장으로 사용하고 나머지 부분을 주택(주거 목적으로 한정한다) 외의 용도로 쓰는 경우에는 해당 층을 주택의 층수에서 제외한다.

㉡ 1개동의 주택으로 쓰이는 바닥면적의 합계가 660제곱미터 이하일 것

㉢ 19세대(대지 내 동별 세대수를 합한 세대를 말한다) 이하가 거주할 수 있을 것

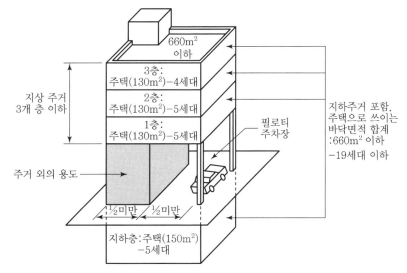

[그림 34] 다가구주택 [출처 : 그림으로 이해하는 건축법(서울시)]

④ 공관(公館)

## 3. 단독주택 소방시설 【소방시설법 제10조 제1항 시행령 제10조】

① 종류 : 소화기 및 단독경보형 감지기
② 설치기준 및 자율적인 안전관리 등에 관한 사항은 특별시 · 광역시 · 특별자치시 · 도 또는 특별자치도의 조례에 따른다.

[ **KEYWORD** **049** ] **단락**

## 1. 개요

① 단락(합선)이란 전선의 절연이 파괴되면 부하가 접속되어 있지 않은 상태에서 전원만의 폐쇄회로가 구성되어 전류가 무한대로 흐르는 현상을 말한다.

* $I[\mathrm{A}] = V[\mathrm{V}]/R[\Omega]$에서 $R$(저항) ≒ 0, $I$(전류) ≒ ∞

② 단락사고 발생 시 저항이 가장 작은 접점부위로 모든 전류가 흐르므로 과(무한대)전류가 흐르고 줄의 법칙에 의한 줄열이 발생한다.

* 줄의 열 $H = 0.24I^2Rt[\mathrm{cal}]$

## 2. 단락에 의한 발화 메커니즘

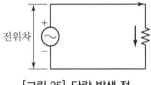

[그림 35] 단락 발생 전

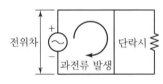

[그림 36] 단락 발생 후

① 단락 시 대전류에 의해 스파크 또는 아크 발생
② 고압 이상 시 공기가 이온화되어 도체가 되기 때문에 아크가 화재로 발전
③ 단락전류는 옴의 법칙에 따라 전압과 저항의 관계에서 결정

## 3. 단락에 의한 발화 예방대책

① 단락발생시 과전류가 발생하므로 과전류 제어방법을 통한 대책수립

▼ [표 26] 과전류제어방법

| 구분 | 줄열에 대한 대책 | 스파크에 대한 대책 |
|---|---|---|
| 배선 | 정격 용량 이상 배선설계 | 단락전류 이상 배선 설계 |
| 차단기 | 과전류, 누전 차단기 사용 | 과전류, 누전 차단기 사용 |
| 퓨즈 | 규격 용량의 퓨즈, 배선용차단기 사용 | 규격 용량의 퓨즈, 배선용차단기 사용 |
| 기타 | 유지관리 | 방폭기기, 접지 및 본딩 |

## [ KEYWORD 050 ] 단열재/보온재

## 1. 개요

① 단열재(斷熱材 : Heat Insulating Material)란 일정하게 온도(열)를 유지하려는 부분의 바깥쪽을 피복하여 열의 이동 즉, 열손실이나 열의 유입을 적게 한 재료를 총칭하여 말한다.

② 「옥내소화전설비의 화재안전기술기준(NFTC 102)」 2.3.9에 따르면 소화 배관(수계 공통)에는 난 연재료 이상의 보온재를 사용하도록 규정하고 있고 「제연설비의 화재안전기술기준(NFTC 501)」 2.6.2.1에 따른 배출풍도 및 「특별피난계단의 계단실 및 부속실 제연설비의 화재안전기술기준 (NFTC 501A)」 2.15.1.2에 따른 수직 풍도 이외의 풍도는 불연재료(석면재료 제외)인 단열재로 유효한 단열 처리를 하도록 규정하고 있다.

③ 이와 같이 용어 사용이 다른 것은 수계 소화설비의 소화 배관 내 상온 상태의 소화수가 겨울철 동 결되는 것을 방지하기 위해 사용하므로 보온재라 하고 제연 덕트의 경우는 화재 발생 시 내·외부 고온 열이동의 차단을 목적으로 사용하므로 단열재로 부르고 있다.

## 2. 단열재가 갖춰야 할 성질

① 열전도율이 적을 것

* 열전도율($\lambda$ : kcal/mh℃) : 단위 두께에 대하여 양쪽의 온도차가 1℃일 때 단위 시간에 통과하는 열량을 말한다.

② 경량일 것

③ 흡수율이 적을 것

④ 시공성이 좋을 것

⑤ 내약품성일 것

⑥ 물리적 강도가 좋을 것

⑦ 경제적일 것

## 3. 사용온도에 따른 분류 [출처 : 두산백과사전 EnCyber & EnCyber.com]

① 사용온도 −80℃~상온 : 보냉재(保冷材)

② 사용온도 상온~600℃ : 보온재(保溫材)

③ 사용온도 500~1,100℃ : 단열재(斷熱材)

④ 사용온도 1,100℃ 이상 : 내화단열재(耐火斷熱材)

## 4. 재질에 따른 단열재 종류

① 유기질보온재

열에 약하지만 흡수성이 낮은 단열재로 발포 폴리스티렌, 발포 폴리우레탄, 압출발포 폴리우레탄, 발포 폴리에틸렌, NBR(니트릴고무 : Acrylonitrile Butadiene Rubber)고무발포보온재 등이 있으며 약 150℃ 이하에서 사용하는데 적합하다

* 유기질(유기화합물) : 탄소(C)를 기본으로 수소(H), 산소(O), 질소(N), 황(S), 인(P), 할로겐원소 등이 결합된 물질

㉠ 발포 폴리스틸렌(Polystyrene)보온재

폴리스틸렌 수지에 저융점의 유기발포제를 첨가하여 발포시켜 만든 단열재(예 스티로폼＝비드법단열재＝EPS)

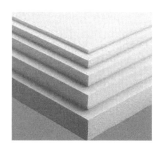

[사진 31] 발포 폴리스티렌 예 스티로폼

㉡ 발포 폴리우레탄(Polyurethane)보온재

우레탄의 단위 결합으로 고분자화된 수지를 발포시켜 만든 단열재(예 우레탄)

[사진 32] 발포 폴리우레탄 예 우레탄

ⓒ 압출발포 폴리우레탄(Urethane)보온재

폴리스틸렌 수지와 발포제를 압출기 내에서 혼합. 가열해 압출 성형시켜 만든 완전 독립된 기포로 된 판(**예** 아이소핑크)

[사진 33] **압출발포 폴리우레탄 예 아이소핑크**

ⓔ 발포 폴리에틸렌(Polyethylene)보온재

화학적으로 가교시킨 폴리에틸렌 시트를 반경질 발포시켜 만든 단열재(**예** 아티론)

\* 화학적으로 가교시킨 폴리에틸렌 시트란 폴리에틸렌에 방사선을 대서 분자구조를 망상화(網狀化)시킨 시트를 말한다.

[사진 34] **발포폴리에틸렌 예 아티론**

ⓜ 고무발포(NBR)보온재

밀폐된 기포형태의 탄성 중합체로 NBR(니트릴고무)와 여러 가지 합성혼합물로 이루어진 발포 형태의 보온재

[사진 35] **고무발포보온재**

② 무기질보온재

열에 강하지만 흡수성이 큰 단열재로 미네랄울[석면(石綿)], 글라스울(유리솜), 세라믹파이버, 실리카, 펄라이트 등이 있으며 대부분 고온에서의 사용에 견딜 수 있다.

㉠ 미네랄울(암면 : Rock Wool)

천연 암석(규산칼슘계)에 석회석을 첨가해 전기로 등에서 용해한 후 공기 또는 수증기를 불어 넣어 가는 섬유상(Open Cell)으로 만든 단열재

[사진 36] 미네랄울 단열재

㉡ 글라스울(유리섬유 : Glass Wool)

순수한 유리원석을 용융한 후, 분사 또는 원심력을 이용해 4~6$\mu$ 크기의 섬유상(Open Cell)으로 만든 단열재

[사진 37] 글라스울 단열재

㉢ 세라믹(Ceramic) 파이버

고순도 실리카(Silica)와 알루미나(Alumina)를 약 2,500℃의 고온에서 용융하여 섬유화한 초고온용 내화 단열재

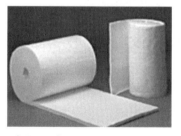

[사진 38] 세라믹화이버 단열재

ⓓ 실리카(Silica)

규조토와 소석회 그리고 보강섬유를 첨가하여 고압 증기 양생(High Pressure Steam Curing) 시켜 얻어진 결정형(Tobermorite)의 칼슘 실리게이트 단열재

[사진 39] 실리카 단열재

ⓜ 펄라이트(Perlite)

**펄라이트**란 화산활동으로 분출한 용암이 수(水)중 등에서 갑자기 응고하면 결정 광물이 될 틈이 없이 유리상의 암석이 되는데 이것을 펄라이트라 하며 이같은 유리질의 화성암 계통의 원석을 분쇄하여 일정 조건하에서 건조, 가열(1,000℃ 이상)하면 마치 옥수수를 튀긴 것처럼 약 30배 정도의 크기로 팽창된다. 이와 같이 속이 빈 상태나 세포상의 가벼운 팽창물을 각종 첨가물과 혼합하여 특수제조공법으로 만든 단열재이다.

[사진 40] 펄라이트 단열재

## 5. 수계 소화배관의 보온재 성능

① 수계 소화배관의 동결방지를 위한 보온재는 난연재료 성능 이상을 요구하고 있으며 건축법에서 규정하고 있는 난연재료의 성능은 KS F 5660-1(콘칼로리미터법)에 의한 열방출율이 기준치 이하이고 KS F 2271(가스위해성시험법)에 의한 실험용 쥐의 평균 행동 정지시간이 기준치 이상이 되는 재료를 말한다.

② KS난연재료성능의 경우 "KS M ISO 4589-1 플라스틱-산소지수에 의한 연소거동의 측정"은 "특정재료에서 난연재의 첨가 여부를 점검하고 연구 및 개발 목적으로 사용된다"라고 되어 있고 "KS F 2844 건축재료의 화염 전파 시험 방법"은 "이 시험 결과는 특수한 시험 조건하에서의 시험체 성능에 국한한 것이므로 사용상 제품의 잠재적인 화재 위험 요소를 평가하는 유일한 기준이 될 수 없

다"라고 되어 있으며 "KS M ISO 9772 발포 플라스틱 – 소형화염에 의한 수평 연소성의 측정"에서 는 "이 시험방법은 조절된 실험실 조건하에서 발포 재료의 품질 확인 목적 및 제품 평가에만 이용 되는 것으로 제한하며, 실제 화재 조건하에서 건축 재료 또는 가구류의 연소 거동을 평가하기 위한 것은 아니다"라고 명시하고 있다.

## [ KEYWORD 051 ] 단위/차원

## 1. 개요

① 단위(Unit)는 어떤 물리량(길이, 질량, 시간 등)을 측정하기 위한 기준이 되는 일정한 기본 크기를 말하며, 절대 단위계와 공학(중력) 단위계가 있다.

② 차원(Dimension)이란 물리량의 단위가 무엇(질량, 길이, 시간 등)으로 이루어져 있는지를 알기 쉽게 나타낸 것을 말하며, 기본차원(일차차원)과 유도차원(이차차원)으로 구분된다.

## 2. 단위(Unit)

① 절대단위계(Absolute Unit System)

㉠ 길이(L), 질량(M), 시간(T)의 단위로 각각 m, kg, s를 기본단위로 하며, MKS 또는 CGS 단위계라고도 한다.

㉡ 힘의 단위는 N(Newton)을 사용하며, 1 Newton이란 질량 1kg의 물체에 $1m/s^2$의 가속도를 생기게 하는 힘으로써 다음과 같이 표시한다.

$1N = 1kg \times 1m/s^2 = 10^5 dyne$

$1dyne = 1g \times 1cm/s^2$

② 공학단위계(Technical Unit System)

㉠ 길이(L), 시간(T)의 단위로 각각 m, s를 기본단위로 하며, 힘의 단위는 질량 1kg의 물체에 중력가속도($9.8m/s^2$)가 가해진 1kg중(무게, kgf)을 단위로 사용한다.

㉡ 절대단위와 중력단위의 관계는 다음과 같다.

$1kgf = 1kg \times 9.8 \ m/s^2 = 9.8 \ kg \cdot m/s^2 = 9.8N$

③ 국제단위계(International System Units. SI)

㉠ 국제단위계는 SI단위라고 하며, 국제도량형총회에서 채택된 단위로 7개의 기본단위와 2개의 보조단위, 이들을 조합한 유도단위 등이 있다.

㉡ 국제단위계는 각 국가별로 상이하게 적용되는 단위를 전 세계적으로 통용될 수 있도록 미터법 기준으로 표준화된 도량형이다.

▼ [표 27] SI단위 구분

| 구분 | 물리량 | 명칭 | 기호 |
|---|---|---|---|
| 기본단위 | 길이 | 미터 | m |
| | 질량 | 킬로그램 | kg |
| | 시간 | 초 | s |
| | 전류 | 암페어 | A |
| | 열역학 온도 | 캘빈 | K |
| | 물질의 양 | 몰 | mol |
| | 광도 | 칸델라 | cd |
| 보조단위 | 평면각 | 라디안 | rad |
| | 입체각 | 스테라디안 | sr |
| 유도단위 | 면적 | 제곱미터 | $m^2$ |
| | 체적 | 세제곱미터 | $m^3$ |
| | 속도 | 미터 매 초 | m/s |
| | 가속도 | 미터 매 초 제곱 | $m/s^2$ |
| | 밀도 | 킬로그램 매 세제곱미터 | $kg/m^3$ |
| | 농도 | 몰 매 세제곱미터 | $mol/m^3$ |
| | 휘도 | 칸델라 매 제곱미터 | $cd/m^2$ |

## 3. 차원(Dimension)

① 물리량을 길이, 질량, 시간을 기본으로 각각 L, M, T로 나타내고, 기본차원(Basic Dimension)과 유도차원(Derived Dimension)이 있다.

② 기본차원계는 절대단위 차원인 MLT계와 공학(중력)단위 차원인 FLT계를 사용하며, SI단위에서는 MLT계를 사용한다.

▼ [표 28] 기본차원의 표시

| 구분 | MLT계 | FLT계 |
|---|---|---|
| 질량/힘 | M(Mass) | F(Force) |
| 길이 | L(Length) | L(Length) |
| 시간 | T(Time) | T(Time) |
| 관련성 | 절대단위, SI 관련 | 공학단위 관련 |

③ 유도차원계는 기본차원계를 조합하여 지수형태로 표현한다.

▼ [표 29] 유도차원의 표시

| 물리량 | 관련식 | MLT계 | FLT계 |
|---|---|---|---|
| 질량 | $m = F/a$ | $[M]$ | $[FL^{-1}T^2]$ |
| 힘(중량) | $F = ma$ | $[MLT^{-2}]$ | $[F]$ |
| 압력 | $p = F/A$ | $[ML^{-1}T^{-2}]$ | $[FL^{-2}]$ |
| 일(에너지) | $W = Fd$ | $[ML^2T^{-2}]$ | $[FL]$ |
| 동력(일률) | $L = W/t$ | $[ML^2T^{-3}]$ | $[FLT^{-1}]$ |
| 속도 | $v = d/t$ | $[LT^{-1}]$ | $[LT^{-1}]$ |
| 가속도 | $a = v/t$ | $[LT^{-2}]$ | $[FLT^{-2}]$ |

# [ KEYWORD 052 ] 대류

## 1. 개요

① 대류는 고체와 고체표면과 인접해 있는 유체들 사이의 열전달을 말한다. 대류열전달은 유체운동 에 비례하여 유체운동이 빠를수록 증가하고 반대로 유체의 운동이 없다면 고체표면과 유체사이에 는 전도 열전달이 발생한다.

② 대류에는 자연대류, 강제대류, 상변화 등이 있는데 자연대류는 유체 내부 온도분포에 의해 생기는 밀도차가 발생시키는 부력에 의해 유체가 유동할 때 발생하는 열전달이고 강제대류는 선풍기와 같이 외력에 의해 유체가 유동할 때 발생하는 열전달이다. 상(相)변화는 기포와 액적의 생성과 이 동이 유체 이동을 야기할 때의 열전달이다.

## 2. 대류열량 $Q_s$[kcal/h]

$$Q_s = \alpha A \left( t_\infty - t_w \right)$$

여기서, $Q_s$ : 대류열량[kcal/w], (w : SI 단위)

$\quad\quad\ \alpha$ : 열전달계수(경막계수)[kcal/m$^2$ · h · ℃] [w/m$^2$k : SI단위]

$\quad\quad\ A$ : 벽면적(m$^2$)

$\quad\quad\ t_\infty$ : 유체온도[℃], (k : SI 단위)

$\quad\quad\ t_w$ : 벽(wall)온도 [℃], (k : SI 단위)

## 3. 대류 열전달에 의한 굴뚝효과

건물 내외의 온도차에 의한 밀도차, 압력차로 수직으로의 기류이동 현상이다.

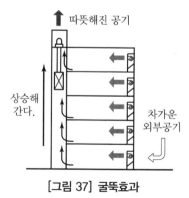

[그림 37] 굴뚝효과

# [ KEYWORD 053 ] 대피공간

## 1. 개요

① 대피공간은 아파트 발코니, 초고층 건축물의 피난안전구역, 옥상광장 등의 헬리콥터를 이용한 인명구조 공간 등에 적용되고 있다.

② 발코니란 건축물의 내부와 외부를 연결하는 완충공간으로서 전망이나 휴식 등의 목적으로 건축물 외벽에 접하여 부가적으로 설치되는 공간을 말한다. 【건축법 시행령 제2조】

## 2. 관련법령 【건축법 시행령 제46조 제4항】

▼ [표 30] 대피공간 관련 법령

| 구분 | | 공동주택 대피공간 | 건축물 옥상 대피공간 |
|---|---|---|---|
| 설치<br>대상 | 근거 | 건축법 시행령 제46조 제4항 | 건축법 시행령 제40조 제4항 |
| | 내용 | ① 공동주택 중 아파트로서 4층 이상인 층의 각 세대가 2개 이상의 직통계단을 사용할 수 없는 경우에는 발코니에 인접 세대와 공동으로 또는 각 세대별로 다음 각 호의 요건을 모두 갖춘 대피공간을 하나 이상 설치해야 한다.<br>② 설치제외<br>　㉠ 발코니와 인접 세대와의 경계벽이 파괴하기 쉬운 경량구조 등인 경우<br>　㉡ 발코니의 경계벽에 피난구를 설치한 경우<br>　㉢ 발코니의 바닥에 국토교통부령으로 정하는 하향식 피난구를 설치한 경우<br>　㉣ 국토교통부장관이 제4항에 따른 대피공간과 동일하거나 그 이상의 성능이 있다고 인정하여 고시하는 구조 또는 시설 | ① 층수가 11층 이상인 건축물로서 11층 이상인 층의 바닥면적의 합계가 1만 제곱미터 이상인 건축물의 옥상에는 다음 각 호의 구분에 따른 공간을 확보해야 한다.<br>　㉠ 건축물의 지붕을 평지붕으로 하는 경우 : 헬리포트를 설치하거나 헬리콥터를 통하여 인명 등을 구조할 수 있는 공간<br>　㉡ 건축물의 지붕을 경사지붕으로 하는 경우 : 경사지붕 아래에 설치하는 대피공간 |
| 설치<br>기준 | 근거 | 건축법 시행령 제46조 제4항 | 건축물방화구조규칙 제13조 제3항 |
| | 내용 | ㉠ 대피공간은 바깥의 공기와 접할 것<br>㉡ 대피공간은 실내의 다른 부분과 방화구획으로 구획될 것<br>㉢ 대피공간의 바닥면적은 인접 세대와 공동으로 설치하는 경우에는 3제곱미터 이상, 각 세대별로 설치하는 경우에는 2제곱미터 이상일 것<br>㉣ 국토교통부장관이 정하는 기준에 적합할 것 | ㉠ 대피공간의 면적은 지붕 수평투영면적의 10분의 1 이상 일 것<br>㉡ 특별피난계단 또는 피난계단과 연결되도록 할 것<br>㉢ 출입구·창문을 제외한 부분은 해당 건축물의 다른 부분과 내화구조의 바닥 및 벽으로 구획할 것 |

| | | ㉠ 출입구는 유효너비 0.9m 이상으로 하고, 그 출입구에는 60+방화문 또는 60분 방화문을 설치할 것<br>㉤ ㉠에 따른 방화문에 비상문자동개폐장치를 설치할 것<br>㉥ 내부마감재료는 불연재료로 할 것<br>㉦ 예비전원으로 작동하는 조명설비를 설치할 것<br>㉧ 관리사무소 등과 긴급 연락이 가능한 통신시설을 설치할 것 |
|---|---|---|

## 3. 국토부 장관이 정하는 기준 【발코니 등의 구조변경절차 및 설치기준 제3조】

① 대피공간은 채광방향과 관계없이 거실 각 부분에서 접근이 용이하고 외부에서 신속하고 원활한 구조활동을 할 수 있는 장소에 설치하여야 하며, 출입구에 설치하는 갑종방화문은 거실쪽에서만 열 수 있는 구조(대피공간임을 알 수 있는 표지판을 설치할 것)로서 대피공간을 향해 열리는 밖여 닫이로 하여야 한다.

② 대피공간은 1시간 이상의 내화성능을 갖는 내화구조의 벽으로 구획되어야 하며, 벽·천장 및 바닥의 내부마감재료는 준불연재 또는 불연재료를 사용하여야 한다.

③ 대피공간은 외기에 개방되어야 한다. 다만, 창호를 설치하는 경우에는 폭 0.7미터 이상, 높이 1.0미터 이상(구조체에 고정되는 창틀 부분은 제외한다)은 반드시 외기에 개방될 수 있어야 하며, 비상시 외부의 도움을 받는 경우 피난에 장애가 없는 구조로 설치하여야 한다.

④ 대피공간에는 정전에 대비해 휴대용 손전등을 비치하거나 비상전원이 연결된 조명설비가 설치되어야 한다.

⑤ 대피공간은 대피에 지장이 없도록 시공·유지관리되어야 하며, 대피공간을 보일러실 또는 창고 등 대피에 장애가 되는 공간으로 사용하여서는 아니된다. 다만, 에어컨 실외기 등 냉방설비의 배기장치를 대피공간에 설치하는 경우에는 다음 각 호의 기준에 적합하여야 한다.

㉠ 냉방설비의 배기장치를 불연재료로 구획할 것

㉡ 위 호에 따라 구획된 면적은 대피공간 바닥면적 산정 시 제외할 것

KEYWORD
054

## 데시벨(Decibel, dB)

## 1. 개요

① 데시벨은 데시(Deci)와 벨(Bel)의 합성어로 10을 의미하는 Deci와 벨은 전화기를 발명한 알렉산더 그레이엄 벨(Alexander Graham Bell, 1874~1922)의 이름을 딴 것이다.

② 데시벨이란 두 가지 파워값(예를 들면 전력, 소리에너지)의 크기 비교를 위해 상대적 비율을 상용로그로 나타낸 값의 단위이다.

## 2. dB의 이해

① 소리나 주파수의 상대적 크기를 나타내는 단위로 음원의 세기를 편리하게 이해할 수 있도록 상용대수의 10배로 표현한다.

  * 주파수(Hz) : 음이 1초 동안 왕복 진동하는 횟수를 말한다.
  * 상용대수 : 10을 밑으로 하는 로그로 $\log 10^N$으로 표현한다.

② dB은 표준음과 측정하려는 소리의 세기의 비를 상용로그로 취해 10배를 곱해서 얻어지는 값이다. 다시 말하면 1dB은 일률(음향력 또는 전력)의 비율에 상용로그값을 취해서 10을 곱한 값이다. 따라서 소리의 세기가 2배로 커지면 약 3.01dB만큼 값이 더 커진다.

③ 데시벨의 크기에 따른 소리는 다음과 같이 표현한다.
  * 0dB(정상적인 귀로 들을 수 있는 가장 작은 소리)$= 10 \times \log 1 = 10 \times 0$
  * $10dB = 10 \times \log 10 = 10 \times 1$
  * 20dB(나뭇잎이 바람에 살랑거리는 소리)$= 10 \times \log 100 = 10 \times 2\log 10$
  * 40dB(가정의 평균 생활 소음)$= 10\log 10,000 = 10 \times 4\log 10$
  * 60dB(일상대화)$= 10 \times \log 1,000,000 = 10 \times 6\log 10$
  * 110dB(록밴드의 공연)$= 10 \times \log 100,000,000,000,000 = 10 \times 11\log 10$

## 3. 소방시설 음향장치 음압 기준(음향장치의 중심으로부터 1m 떨어진 지점에서의 음압)

▼ [표 31] 음향장치 음압기준

| 구분 | 주음향장치 | 전용부저 및 고장표시장치 |
|---|---|---|
| 경종 | 90dB 이상 | − |
| 중계기 | 90dB 이상 | 60dB 이상 |
| 수신기 | 90dB 이상 | 60dB 이상 |
| 가스누설경보기 | 공업용−90dB 이상 | 60dB 이상 |
| | 단독형, 영업용−70dB 이상 | − |
| 간이형 수신기 | 70dB 이상 | − |
| 누전경보기 수신부 | 70dB 이상 | 60dB 이상 |
| 유도등 | ※ 소음시험 : 0.1m의 거리에서 40dB 이하(비상조명등 동일) | |

## [ KEYWORD 055 ] 도통시험

## 1. 개요

수신기는 감지기 또는 발신기로부터 신호를 수신하여 화재발생을 경보하는 중요한 장치로, 감지기에서 화재발생을 감지하거나 발신기를 눌렀을 때 이 선로가 정상적으로 수신기에 전달될 수 있도록 선로 및 수신기와 기기 간 접속상태를 확인해야 한다.

## 2. 필요성

수신기와 연결된 감지기의 말단에는 종단저항이 설치되어 있으나 이 종단저항이 없거나 접촉이 불량할 경우 또는 수신기와 연결된 발신기 및 선로가 단선된 경우에는 수신기와 수신기에 연결된 기기 간의 접속이 원활한지 도통시험을 통해 주기적으로 확인하고 단선으로 표시된 회로에 대해서는 해당 선로에 대한 확인이 필요하다. 수신기에서 정상적으로 선로의 단선여부를 확인할 수 있다.

## 3. 시험방법

① 수신기의 각종 연동스위치를 정지상태로 전환한다.

　(주경종, 지구경종, 싸이렌, 펌프, 방화셔터, 배연창, 가스계소화설비, 수계소화설비, 비상방송 등)

② 도통시험 버튼을 누른다.

　(수신기에 따라 전환스위치가 있는 경우 도통시험 위치로 스위치를 전환한다.)

③ 회로선택 스위치를 차례로 돌린다.

④ 시험회로의 전압계 지시치 등을 확인한다.

　＊ 전압계가 없고 도통시험 확인 등이 있는 경우에는 정상 또는 단선 위치의 램프 점등을 확인한다.

⑤ 회로가 단선으로 나타난 경우 회로결선, 종단저항 등의 접속상태를 확인한다.

## 4. 적부판정

① 전압계가 있는 경우(구형)

　㉠ 단선 : 전압계의 지침 0V

　㉡ 종단저항 값이 너무 크다 : 전압계 지침이 0V~2V

　㉢ 정상 : 전압계 지침 2V~6V

　　　ⓔ 단락 : 전압계 지침이 18V 이상이면 그 회선은 화재경보상태

　　　ⓜ 종단저항 미부착 : 전압계가 0V에서 미세하게 움직임

　② 전압계가 없고, 도통시험 확인 등이 있는 경우(신형)

　　　㉠ 정상 : 녹색 LED 확인등 점등

　　　㉡ 단선 : 황색 LED 확인등 점등

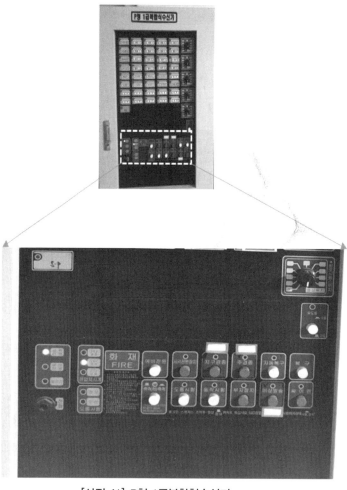

[사진 41] P형 1급복합형수신기

# [ KEYWORD 056 ] 동력제어반

## 1. 개요

① 소방 설비에서 제어반은 전동기를 사용하는 가압송수장치 및 제연설비의 송풍기(Fan) 등에 전원을 공급하는 기능을 담당하는 동력제어반과 설비의 운전 및 고장 상태를 감시하고 기동 또는 정지시키는 제어기능을 담당하는 감시제어반으로 구분할 수 있다.

② 동력제어반이란 소화설비 가압송수장치의 펌프 및 제연설비의 송풍기 등에 필요한 상용전원 또는 비상전원을 공급하는 장치로 일반적으로 소방용 MCC(Motor Control Center) 또는 소방용 동력 분전반이라 한다.

③ 동력제어반은 일반적으로 가압송수장치의 펌프 및 제연설비의 송풍기 등이 설치된 실내에 설치된다.

## 2. 적용대상설비

소화설비 가압송수장치의 주펌프, 충압펌프, 예비펌프의 전동기 등

① 옥내소화전설비
② 스프링클러설비, 화재조기진압용 스프링클러설비
③ 물분무소화설비, 미분무소화설비
④ 포소화설비
⑤ 옥외소화전설비 등

## 3. 설치기준 【NFTC 102 2.6.4】

① 동력제어반의 전면은 적색으로 하고 옥내소화전설비의 동력제어반일 경우 "옥내소화전설비용 동력제어반"이라고 표시한 표지를 설치한다.

② 외함은 두께 1.5mm 이상의 강판 또는 이와 동등 이상의 강도 및 내열성능이 있는 것으로 할 것

③ 동력제어반은 각 소화설비의 전용으로 한다. 다만 전용소화설비의 제어에 지장이 없을 경우에는 다른 소화설비와 겸용으로 할 수 있다.

④ 화재 및 침수 등의 재해로 인한 피해를 받을 우려가 없는 장소에 설치한다.

## 4. 기능

① 선택스위치로 각 펌프 및 송풍기를 자동 또는 수동운전을 선택한다.

② 현장조작 시 수동모드로 선택하여 작동시키거나 정지시킬 수 있어야 한다.

③ 전원의 공급 상태를 표시하는 표시등(녹색)이 있어야 한다.

④ 펌프 또는 송풍기의 운전상태를 표시하는 표시등(적색)이 있어야 한다.

⑤ 전동기의 소손방지를 위하여 전동기용 과부하 보호장치를 사용하여 자동적으로 회로를 차단하거나 과부하 시에 경보를 내는 장치를 사용하여야 한다.

　㉠ 전동기용퓨즈

　㉡ 열동계전기(Thermal Relay)

　㉢ 전동기보호용 배선용차단기

　㉣ 전자식계전기, 디지털계전기 등

[사진 42] 소화펌프 동력제어반

# 드렌처헤드(Drencher Head)

## 1. 개요

드렌처헤드란 드렌처 설비에 사용되는 헤드로서 수막 커텐을 형성하여 불꽃이나 복사열로부터 건물 (중요 문화재) 및 가스나 가연성 탱크 등을 격리 보호하며 칸막이 설치가 불가능한 곳에는 방화구획 용도로 사용하여 화재연기 및 유독가스의 확산을 방지하는 헤드이다.

## 2. 드렌처헤드의 적용

유류저장탱크나 건물의 살수에 사용되며 저장탱크의 경우 측판 정수리 부분의 바깥둘레, 건물의 경우 는 외벽, 창, 그 외의 개구부에 드렌처 헤드를 설치하여 다량의 물을 흘려 냉각과 더불어 연소를 방지 한다.

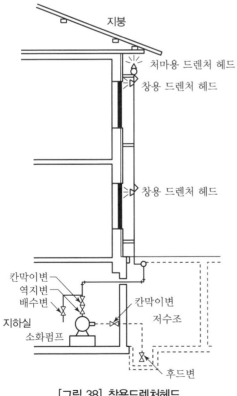

[그림 38] 창용드렌처헤드

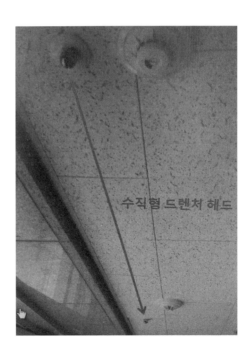

[사진 43] 수직형드렌처헤드

## 3. 드렌처헤드의 종류(수평형/수직형)

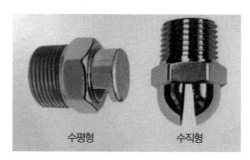

수평형         수직형

[사진 44] 드렌처헤드의 종류

## 4. 연소할 우려가 있는 개구부의 드렌처설비 설치기준 【NFTC 103 2.12.2】

① 드렌처헤드는 개구부 위 측에 2.5m 이내마다 1개를 설치할 것

② 제어밸브(일제개방밸브 · 개폐표시형밸브 및 수동조작부를 합한 것을 말한다. 이하 같다)는 특정 소방대상물 층마다에 바닥면으로부터 0.8m 이상 1.5m 이하의 위치에 설치할 것

③ 수원의 수량은 드렌처헤드가 가장 많이 설치된 제어밸브의 드렌처헤드의 설치 개수에 $1.6m^3$를 곱하여 얻은 수치 이상이 되도록 할 것

④ 드렌처설비는 드렌처헤드가 가장 많이 설치된 제어밸브에 설치된 드렌처헤드를 동시에 사용하는 경우에 각각의 헤드선단에 방수압력이 0.1MPa 이상, 방수량이 80ℓ/min 이상이 되도록 할 것

⑤ 수원에 연결하는 가압송수장치는 점검이 쉽고 화재 등의 재해로 인한 피해우려가 없는 장소에 설치할 것

**146**

## [ KEYWORD 058 ] 라지드롭형헤드(Large Drop Sprinkler Head)

## 1. 정의 【스프링클러헤드 형식승인 및 제품검사의 기술기준 제2조 제25호】

라지드롭형스프링클러헤드(ELO)란 동일 조건의 수압력에서 큰 물방울을 방출하여 화염의 전파속도가 빠르고 발열량이 큰 저장창고 등에서 발생하는 대형화재를 진압할 수 있는 헤드를 말한다.

[사진 45] 라지드롭형스프링클러헤드(ELO)

## 2. 라지드롭형 헤드 특징

① 라지드롭형 헤드의 방수량은 방수압력 $0.1MPa(1kg/cm^2)$에서 방수량을 측정하는 경우 방수상수(K값)은 162(±8)이다.("방수상수(K값)" 용어 참조) 【스프링클러헤드 형식승인 및 제품검사의 기술기준 제26조】

② 라지드롭형 헤드는 표준반응형(RTI 80 초과 350 이하), 특수반응형(RTI 51 초과 80 이하), 조기반응형(RTI 50 이하)이 있다.

③ 라지드롭형 헤드의 오리피스 공칭구경이 16.3mm(표준용 11.2mm)로 4~5mm의 물방울을 만든다.

④ 습식, 건식, 준비작동식 스프링클러설비에 사용한다.

# [ KEYWORD 059 ] 린넨슈트(Linen Chute)

## 1. 개요

① 린넨슈트(linen chute)는 주로 **병원, 호텔 등에서 세탁물을 세탁실로 보내는데 사용하는 통로를** 말한다.

② 린넨룸(linen room)에 위치하며 사용용도는 사용한 침대시트나 타올 등 세탁이 필요한 세탁물을 지하의 세탁실이나 지정된 장소로 보내는 수직 통로이다.

③ 린넨룸(linen room)은 호텔 등의 숙박시설에서 침대시트나 타올 등을 보관하고 수납하는 공간을 말한다.

④ 예전에 건축된 아파트에는 더스트슈트(dust chute)라는 것이 있어서 쓰레기를 수직 통로를 통해서 버리기도 했다.

## 2. 린넨슈트 관련 화재안전기준

① 경계구역 설정 【NFTC 203 2.1.2】

계단(직통계단 외의 것에 있어서는 떨어져 있는 상하계단의 상호 간의 수평거리가 5m 이하로서 서로 간에 구획되지 아니한 것에 한한다. 이하 같다) · 경사로(에스컬레이터경사로 포함) · 엘리베이터 승강로(권상기실이 있는 경우에는 권상기실) · **린넨슈트** · 파이프 피트 및 덕트 기타 이와 유사한 부분에 대하여는 별도로 경계구역을 설정하되, 하나의 경계구역은 높이 45m 이하(계단 및 경사로에 한한다)로 하고, 지하층의 계단 및 경사로(지하층의 층수가 1일 경우는 제외한다)는 별도로 하나의 경계구역으로 하여야 한다.

② 연기감지기 설치장소 【NFTC 203 2.4.2.3】

엘리베이터 승강로(권상기실이 있는 경우에는 권상기실) · **린넨슈트** · 파이프 피트 및 덕트 기타 이와 유사한 장소

## 3. 린넨슈트 참고 자료 (미국 NFPA)

① 수직 구획부(피트) 공간은 고층건물에서 필요한 배관, 케이블트레이 등의 유틸리티 공간, 린넨슈트 등의 용도에 의해 생긴 수직적 배치공간이다.

② 이러한 수직 공간을 방호하지 않는다면 층간 구획이 훼손되게 되므로, IBC(The International Building Code : 미국의 건축법)에서는 이러한 수직공간이 4개 층 이상 이어지는 경우 2시간 이상 내화성능을 요구하며, 3개 층 이하인 경우 1시간 이상으로 되어 있다.

③ 린넨슈트는 관리가 어려워 화재위험성이 상대적으로 높아질 수 있는 공간으로, 병원에 적용된 린 넨실의 경우 IBC 뿐만 아니라 미국 병원 인증 협회(Joint Commission)의 인증을 위해 [NFPA 101] 의 규정을 만족해야 한다.

④ [NFPA 101] 중 린넨슈트 방호 기준 [NFPA 82] 세부내용

　㉠ 복도에 린넨 개구부가 위치하면 안됨

　㉡ 문은 자기폐쇄식 방화문

　㉢ 3개 층 이상 슈트가 이어지는 경우 하부 집합실과 슈트 최상부, 그리고 2개 층마다 스프링클러 를 설치

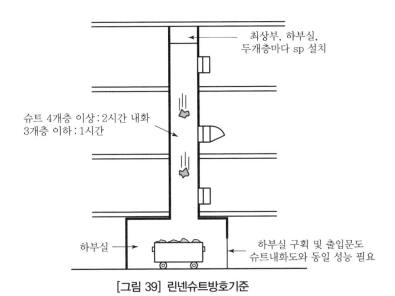

[그림 39] 린넨슈트방호기준

## [ KEYWORD 060 ] 릴레이(Relay, 전자계전기)

### 1. 개요

① 릴레이란 일반적으로 "전기를 연결한다"라는 의미로 전자계전기라고 하는데 전류가 흐르면 전기의 자기작용에 의해 계전기에 있는 코일이 여자(勵磁)가 되어 접점을 이동하는 장치를 말한다.

    * 여자(勵磁, Excition) : 코일에 전류를 통하게 해서 자석(자계)를 발생시키는 것
    * 자속(磁束 : Magnetic Flux) : 어떤 면을 지나는 자력선의 수

② 쉽게 말하면 일상적으로 접하는 스위치는 수동으로 ON, OFF 해주지만, 릴레이는 자동으로 ON, OFF 해줄 수 있는 장치이다.

③ 릴레이는 낮은 전압/전류를 이용하여 더 높은 전압/전류를 제어하는데 많이 사용한다.

[사진 46] 릴레이 외형

### 2. 작동원리

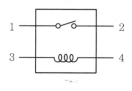

[그림 40] 4핀 릴레이

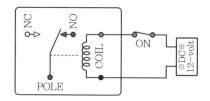

[그림 41] 릴레이 작동원리

① 릴레이는 내부에 전자석(코일)을 포함하고 있고, 이 전자석에 전류가 통하게 되면 전자석이 자석이 되는 성질을 갖고 있다.

② 전자석에 전원을 공급하게 되면 릴레이 내부에 있는 전자석이 자석이 되어 옆에 있던 철편을 끌어당겨 스위치가 ON이 되는 것이다.

③ 위 그림에서 3, 4번에 구동전압 5V(DC) 입력 시 코일에 전류가 흐르고 자석이 되며 코일이 자석이 되면 철편(스위치)을 끌어당겨 스위치가 ON이 되고 1, 2번이 연결(스위치 ON)이 되어 220V(AC) 전류가 흐른다.

## 3. 릴레이 장단점

① 장점

　㉠ 출력기기의 선택이 자유로워 전기적으로 독립된 회로를 연동시킬 수 있다.

　㉡ DC 24V와 같은 저전압계로 구성된 회로의 동작에 의해 AC 220V의 회로를 ON/OFF 시키거나, 대전류의 회로를 ON/OFF 시킬 수 있다.

② 단점

　㉠ 동작속도가 느리다.

　㉡ 접점이 접촉한 순간에 스파크가 발생하여 그로 인한 노이즈가 발생한다.

　㉢ 일정한 기계적 수명과 전기적 수명이 짧다.

## 4. 유도등(3선식) 적용사례

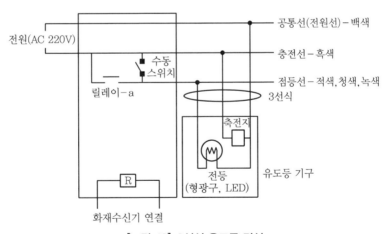

[그림 42] 3선식 유도등 결선

① 평상시에는 유도등 내부 축전지에 공통선(전원선, 백색)과 충전선(흑색)이 연결되어 축전지는 충전상태를 유지한다.

② 정전 시에는 수신기 내에 있는 릴레이가 작동하여 자기장이 발생하고 릴레이－a 접점이 연결되어 축전지 전원이 공급되므로 유도등이 점등된다.

③ 유도등 작동기능시험 시에는 수동스위치를 작동하여 점등선을 연결시켜주고 축전지 전원이 공급되며 유도등이 점등된다.

릴리프(Relief)밸브/안전(Safety)밸브

## 1. 개요

① 릴리프밸브와 안전밸브는 고압유체를 사용하는 압력용기나 배관설비에서 유체의 사용 압력이 설정(Setting)된 압력 이상이 되었을 때 과압을 자동으로 배출시켜 설비나 기기를 보호하기 위하여 설치하는 밸브이다.

② 릴리프밸브는 폐회로(펌프토출측)에서 회로의 압력유지를 위해 최고압력을 한정하는 밸브이고 안전밸브는 개회로(압력용기)에서 최고압력을 한정하는 밸브이다.

## 2. 릴리프밸브

Relief(완화)가 의미하듯이 한순간에 과압을 배출하지 않고 초과압력의 증가량에 비례하여 점진적으로 과압을 배출한다.

① 특징

　㉠ 오일이나 물과 같은 비압축성유체 취급 시 사용된다(가스계 소화설비의 경우 기동용기 누설가스를 대기 중으로 방출하기 위해 사용).

　㉡ 배출된 액체는 저장탱크와 펌프 흡입측으로 되돌려진다.

　㉢ 밸브 개방은 초과압력의 증가량에 비례한다.

　㉣ 설정압력 이상에서 개방되며 25% 과압에서 완전개방, 다시 설정압력 이하로 복귀되면 닫힌다.

　㉤ 설정압력 이상에서 작동되도록 사용자가 개방력을 조정해서 사용한다.

　㉥ 펌프의 순환배관상에 설치되는 밸브이다.

　㉦ 펌프의 체절압력 미만에서 개방, 작동한다.

② 구성

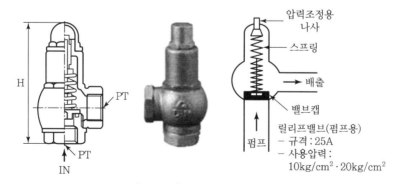

[사진 47] 릴리프밸브 구성

③ 수계소화설비 적용사례

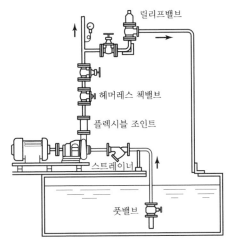

[그림 43] 순환배관에 설치된 릴리프밸브

## 3. 안전밸브

설정된 압력을 초과 시 한 순간에 밸브를 개방하며 펑[뻥]하고 과압을 배출한다.

① 특징

    ㉠ 스팀, 가스, 증기와 같은 압축성 유체 취급 시 사용된다.

    ㉡ 설정압력 초과 시 순간적으로 완전 개방 및 Pop Action(펑[뻥]하고 터지는 형태)한다.

    ㉢ 과압이 제거된 후 밸브는 설정압력보다 4% 낮게 설정된다.

    ㉣ 보통밸브는 4%의 Blowdown(배출)을 가지고 있다.

    ㉤ 배압(Back Pressure)의 영향에 따라 두 가지가 있다.

        • Conventional spring type

        • Balanced type(bellows type, piston type)

② 수계소화설비(압력챔버) 적용사례 및 구성

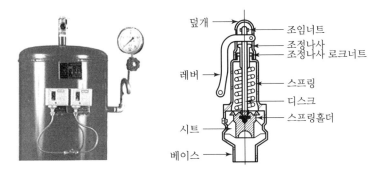

[사진 48] 압력챔버 상부 공기층에 설치된 안전밸브 구성

③ 종류

    ㉠ 추식

    ㉡ 지렛대식

    ㉢ 스프링식

    ㉣ 파열판식

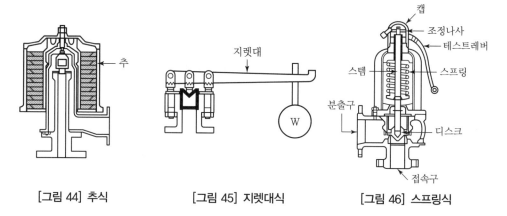

[그림 44] 추식      [그림 45] 지렛대식      [그림 46] 스프링식

④ 가스계소화설비의 릴리프밸브와 안전밸브

    ㉠ 릴리프밸브

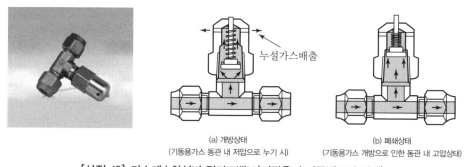

[사진 49] 가스계소화설비 릴리프밸브(저장용기 니들밸브에 설치)

    ㉡ 안전밸브

[사진 50] 가스계소화설비 안전밸브(집합관 및 저장용기밸브 설치)

**모듈러시스템(독립배관방식의 가스계소화설비)**

## 1. 개요

① 모듈러시스템은 팩케이지(Package)가 아닌 소화설비로서 전역방출방식으로 설치할 수 없는 장소에 적용하기 위하여 설치하는 가스계 소화설비이다. 실내에 적용하기 위하여 외함(캐비닛)을 포함하고 있다.

② 팩케이지 시스템과는 다르게 별도의 수신기를 설치하여야 하며 약제량이 규격화되어 있지 않으므로 실내에 설계농도를 맞출 수 있는 것이 큰 장점이다.

③ 일반적으로 작은 공간에는 팩케이지 시스템, 큰 공간은 전역방출방식, 중간공간은 모듈러시스템을 적용한다.

## 2. 모듈러시스템 구성

① 저장용기(1~3병 저장용기)
② 저장용기 밸브
③ 솔레노이드밸브(솔레노이드커터)
④ 압력스위치
⑤ 후렉시블 튜브
⑥ 체크밸브
⑦ 가스배관
⑧ 분사헤드

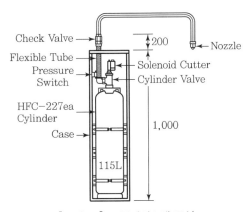

[그림 47] 모듈러시스템 구성

## 3. 모듈러시스템 작동

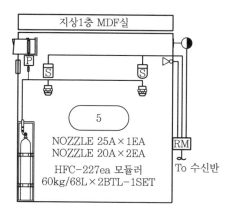

지상1층 MDF실

5

NOZZLE 25A×1EA
NOZZLE 20A×2EA
HFC-227ea 모듈러
60kg/68L×2BTL-1SET

To 수신반

[그림 48] 모듈러시스템 계통도

① **작동흐름** : 화재 – 교차회로 화재감지기(RM : 수동조작함) – 수신반(＝감시제어반)(화재표시 및 경보, MD 자동폐쇄장치, 환기휀 정지, 방출표시등) – 솔레노이드 작동 – 저장용기 개방 – 약제 방출(PRD작동)

② 전역방출방식의 기동장치, 선택밸브를 제외한 시스템으로 전역방출방식의 작동흐름과 동일하다.

## 4. 특징 비교

▼ [표 32] 모듈러시스템 특징 비교

| 구분 | 모듈러시스템 | 팩케이지시스템<br>(캐비닛형 간이소화장치) | 전역방출방식의<br>가스계소화설비시스템 |
|---|---|---|---|
| 방호구역 | 1개구역(설비당) | 1개구역(설비당) | 여러구역 방호<br>(선택밸브로 구분) |
| 수신기 | 별도 수신기 설치 | 별도 수신기 없이 조작판넬이<br>부착됨 | 별도 수신기 설치 |
| 소화약제배관 | 배관있음<br>(독립배관과 노즐 설치) | 배관없음<br>(방사노즐이 캐비닛에 설치됨) | 배관있음<br>(독립배관과 노즐 설치) |
| 소화약제 본용기 | 캐비닛내부 수납<br>(방호구역 내 설치) | 캐비닛내부 수납<br>(방호구역 내 설치) | 별도의 저장용기실 설치 |

## 5. 팩케이지시스템과 전역방출방식의 가스계소화설비시스템 개념도

MG — 227 PACKAGE 설치

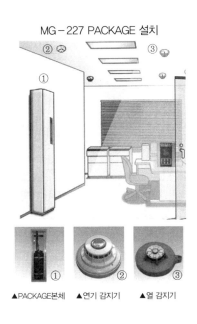

▲PACKAGE본체　▲연기 감지기　▲열 감지기

[그림 49] 팩케이지시스템 구성

KSS시스템(Korea Standard System)

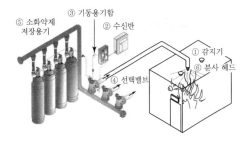

⑤ 소화약제
저장용기　③ 기동용기함　② 수신반　① 감지기　⑥ 분사 헤드　④ 선택밸브

PFS시스템(Piston Flow System)

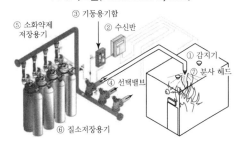

⑤ 소화약제
저장용기　③ 기동용기함　② 수신반　① 감지기　⑦ 분사 헤드　④ 선택밸브　⑥ 질소저장용기

[그림 50] 전역방출방식의 가스계소화설비 구성

**157**

[ KEYWORD 063 ] 무기/유기과산화물

## 1. 개요

① 무기과산화물이란 과산화수소($H_2O_2$)의 수소원자 1개 또는 2개를 금속류인 무기기(알칼리 금속이나 알칼리 토금속)로 치환한 물질을 말한다.

　＊ 알칼리 금속 : 화학원소의 주기율표에서 제1족원소(Na, K 등)
　＊ 알칼리 토금속 : 화학원소의 주기율표에서 제2족원소(Mg, Ca 등)

② 유기과산화물이란 과산화수소($H_2O_2$)의 수소원자 1개 또는 2개를 유기기(알킬기)로 치환한 물질을 말한다.

　＊ 알킬기 : "R"로 표시하며 $C_nH_{2n+2}$ 알칸족에서 H원자 1개가 빠진 원자단으로 메틸, 에틸, 프로필 등이 있다.

## 2. 무기과산화물과 유기과산화물의 비교

▼ [표 33] 무기과산화물과 유기과산화물 비교

| 구분 | 무기 과산화물 | 유기 과산화물 |
|---|---|---|
| 구분 | 산화성 고체(1류 위험물) | 자기반응성 물질(5류 위험물) |
| 특성 | 유독성 : 없다.<br>가연성 : 불연성<br>반응성 : 물과 반응 | 유독성 : 없다.<br>가연성 : 가연성<br>반응성 : 물과 반응 × |
| 소화방법 | 질식소화 | 냉각소화 |

## 3. 무기과산화물 특징

① 분자 내 $-O-O-$ 결합을 가지고 있어 매우 불안정한 물질로 가열 등에 의해 분해되면 산소를 방출한다.

② 무기과산화물 자체는 연소되지 않지만, 유기물 등과 접촉하여 산소를 방출한다.

③ 물과 격렬하게 반응하여 산소를 방출한다.

④ 종류 : 과산화나트륨, 과산화칼륨, 과산화마그네슘, 과산화칼슘, 과산화바륨

## 4. 유기과산화물의 특징

① 가열, 충격, 마찰 등에 민감하며, 분해 시 열을 방출한다.

② 무기과산화물과 달리, 인화성이 크고 물과 반응하지 않는다.

③ 물질 내에 산소를 함유하고 있어 공기가 차단된 상태에서도 연소가 가능하다.

④ 종류 : 아세틸퍼옥사이드, 벤조일퍼옥사이드(BPO), 메틸에틸케톤퍼옥사이드(MEKPO)

[잊지맙시다!] 고양저유소 화재

| – 일시 | 2018년 10월 7일 |
|---|---|
| – 피해상황 | 저유소 전소 등 |
| – 화재원인 | 저유소 상부에 유증기 체류 중 풍등에 의해 화재 |
| – 당시화재모습 | |

## [ KEYWORD 064 ] 무선통신보조설비

## 1. 개요

① 화재 시 소방대가 소방대상물에 침투하여 소화 및 구조활동을 하면서 소방대 간에 또는 방재센터나 관계자와 무선교신을 하기 위해 필요한 소화활동설비이다.

② 이러한 무선교신은 전파를 이용하며 전파는 직진하는 성질이 있어 장애물을 만나면 반사, 굴절, 회절하므로 건축물 구조에 따라 원활한 무선통신을 방해할 수 있기 때문에 이를 보완하기 위해 소방대상물 내부에 도입된 시설이다.

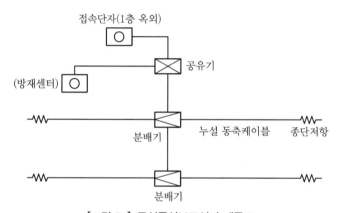

[그림 51] 무선통신보조설비 계통도

## 2. 설치대상 【소방시설법 시행령 별표 4 제5호 마목】

① 지하가(터널은 제외한다)로서 연면적 1천m² 이상인 것

② 지하층 바닥면적의 합계가 3천m² 이상인 것 또는 지하층의 층수가 3층 이상이고 지하층의 바닥면적의 합계가 1천m² 이상인 것은 지하층의 모든 층

③ 지하가 중 터널로서 길이가 500m 이상인 것

④ 지하구 중 공동구

⑤ 층수가 30층 이상인 것으로서 16층 이상 부분의 모든 층

## 3. 구성방식

### ① 누설동축케이블방식

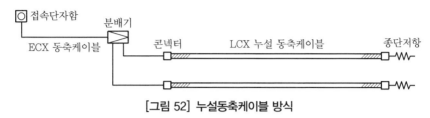

**[그림 52] 누설동축케이블 방식**

㉠ 동축케이블과 누설동축케이블을 조합한 방식

㉡ 터널이나 지하철역과 같이 폭이 좁고, 긴 지하나 건축물 내부에 적합

㉢ 전파는 균일하고 광범위하게 방사할 수 있다.

㉣ 케이블 외부에 노출되어 유지보수가 용이하다.

㉤ 화재안전기준에 명시된 구성방식 중 가장 많이 설치된 방식이다.

### ② 안테나방식

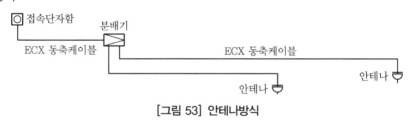

**[그림 53] 안테나방식**

㉠ 동축케이블과 안테나를 조합한 방식

㉡ 장애물이 적은 대강당, 극장 등에 적합하다.

㉢ 말단에는 전파의 강도가 떨어져 통화에 어려움이 있다.

㉣ 누설동축케이블 방식보다 경제적이다.

㉤ 케이블을 반자 내에 은폐할 수 있어서 화재 시 영향이 적고 미관을 해치지 않는다.

③ 누설동축케이블과 안테나방식의 혼합방식

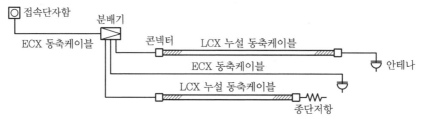

[그림 54] 누설동축케이블과 안테나 방식

㉠ 누설동축케이블의 장점과 안테나의 장점을 이용한 것이다.

# 4. 구성품

① 전송장치

　㉠ 동축케이블(급전선 : Coaxial Cable)

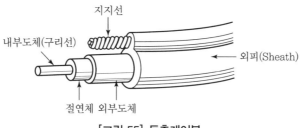

[그림 55] 동축케이블

1) 동축케이블은 외부 도체와 내부 도체가 동심원을 이루고 있으면서 전기신호를 전송할 수 있는 데이터통신에 사용되는 전송선로의 일종으로, 도체의 동심원상에서 내부 도체와 외부 도체를 동일한 축 상에 배열하여 외부 잡음에 거의 영향을 받지 않는 고주파 전송용 회로의 도체를 말한다.

2) 동축케이블의 신호는 전송거리에 따라 약해지며, 외부로의 누설전계도 약해지므로 이의 손실보상을 위해서 중계기나 증폭기를 설치한다.

3) 동축케이블은 외부 전계와 전기적으로 차폐되어 외부 도체에 의한 영향이 거의 없으며 소방용으로는 난연성 제품을 사용한다.

ⓛ 누설동축케이블(Leakage Coaxial Cable)

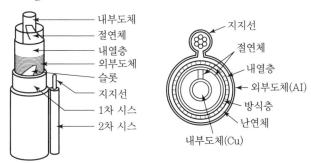

[그림 56] 누설동축케이블

1) 동축케이블의 외부도체에 가느다란 홈을 만들어 전파가 외부로 새어나갈 수 있도록 한 케이블을 말한다. 【NFTC 505 1.7.1.1】

2) 외부 도체상에 전자파를 방사할 수 있도록 케이블 길이 방향으로 Slot(홈)을 일정하게 만들어 놓고, Slot의 기울기와 길이에 따라 주파수를 선택할 수 있도록 한 것으로 동축케이블과 안테나(Antenna)를 겸하는 고주파 전송용 회로의 도체로서 균일한 전계를 광범위하게 방사할 수 있다.

3) 케이블의 오염이나 경년 변화에 대해 열화가 적고 표피효과(도체 내부에 주파수 증가로 전류밀도가 도체표면에 집중되는 현상)로 동축케이블 도체 내부는 튜브 상태이다.

4) 결합손실(전기회로에 기기를 삽입할 때 발생되는 전력손실)이 작은 케이블을 접속시켜 희망하는 전송거리를 얻을 수 있으며 이를 Grading이라 한다.

② 무반사종단저항(Dummy Load)

HDL-50

[사진 51] 무반사종단저항

누설동축케이블로 전송된 전자파가 케이블 끝에서 반사되어 교신을 방해하게 되는데, 송신부로 되돌아오는 전자파가 반사되지 않도록 케이블 말단에 설치하는 것이다.

③ 안테나(Antenna)

[사진 52] 옥내 및 옥외안테나

ⓘ 선로에서 받은 신호를 직접, 혹은 분배기를 통해 공중으로 방사하는 기능을 하며 옥내안테나
(헬리컬), 옥외 안테나(GP)로 구성된다.

ⓛ 지상안테나는 중계기가 설치되는 건물의 인근에 설치하는 것을 원칙으로 하며, 지상의 통화권
역을 넓히기 위하여 필요한 경우 옥상에 설치할 수 있다.

ⓒ 외부안테나는 외부에서 무전기 신호를 받아 선로로 전달하는 역할을 한다.


④ 분배기(Distributor)

WSP-2SP                WSP-3SP                    WSP-4SP

[사진 53] 분배기

ⓘ 신호의 전송로가 분기되는 장소에 설치하는 것으로 임피던스매칭(Matching)과 신호균등분
배를 위해 사용하는 장치를 말한다. 【NFTC 505 1.7.1.2】

　＊ 임피던스매칭(정합) : 임피던스 차이로 인한 반사손실을 최소화하기 위해, 중간에 양쪽 임피던스를 중재할
　　수 있는 그 무언가를 넣는 것
　＊ 임피던스 : 교류회로에서 저항(R), 인덕턴스(L), 커패시턴스(C)를 고려한 총 저항값

ⓛ 공유기(Splitter : 무선통신 접속단자함의 신호를 분배기를 통하여 누설동축케이블 방향으
로 신호를 전달해주는 장치)를 통하여 나오는 출력 신호를 누설동축케이블 방향의 양쪽으로
분배하기 위하여 각 주파수 대역의 신호를 손실 없이 나누어 줄 수 있어야 한다.

⑤ 혼합기

WDC-1SP        WDC-2SP

[사진 54] 혼합기

㉠ 두 개 이상의 입력신호를 원하는 비율로 조합한 출력이 발생하도록 하는 장치를 말한다. 【NFTC 505 1.7.1.4】

㉡ FM이나 소방무선통신과 같이 사용 주파수가 서로 다른 신호를 동시에 공용 사용하도록 혼합하여 하나의 선로에 송출할 수 있도록 하는 장치이다.

⑥ 분파기

[사진 55] 분파기

㉠ 서로 다른 주파수의 합성된 신호를 분리하기 위해서 사용하는 장치를 말한다. 【NFTC 505 1.7.1.3】

㉡ 안테나에서 수신된 외부의 CDMA, Paging, FM 신호를 각각 간섭 없이 분리시켜 줄 수 있어야 한다.

⑦ 접속단자

[그림 57] 접속단자

무선통신보조설비를 이용하여 상호 간에 교신을 하기 위하여 무전기를 접속하는 단자로서 "접속용케이블"을 사용하여 접속단자와 무전기 간에 상호접속을 하며, 접속단자는 한국산업규격(KS)에 적합한 것으로 0.8~1.5m 이하에 설치한다.

⑧ 증폭기(Amplifier)

[사진 56] 증폭기

㉠ 전압 · 전류의 진폭을 늘려 감도 등을 개선하는 장치를 말한다. 【NFTC 505 1.7.1.5】

㉡ 전원은 중계기로부터 동축케이블의 심선을 통하여 DC 24V를 받을 수 있도록 한다.

㉢ 증폭기로 공급되는 비상전원 용량은 무선통신보조설비를 유효하게 30분 이상 작동시켜야 한다.

㉣ 선로증폭기(Line Amplifier)는 전파신호의 선로 손실 및 분배 손실을 보상/증폭하는 기능이 있어야 하며 TX/RX증폭기로 구성된다.

# [ KEYWORD 065 ] 무용접 접합

## 1. 개요

① 강관의 접합은 용접식과 무용접 방식으로 나눌 수 있으며, 용접작업 시 불꽃발생이나 불티 등의 비산으로 인하여 화재사고로 이어지는 문제점 때문에 무용접 방식의 배관접속이 점차 증가하고 있다.

② 무용접 방식은 대부분 화기를 사용하지 않으므로 화재 위험성이 없고 일반 공구나 특수 압착기 등을 사용하여 간단하게 작업할 수 있다.

③ 강관의 무용접 접합방식으로는 나사 이음, 플랜지 이음, 홈(그루브)조인트 이음 등이 있다.

## 2. 나사 이음(Threaded Joint)

① 나사 이음은 호칭경이 50mm 이하인 강관을 연결할 때 주로 사용하는 배관방식으로 진동이 있거나 고온의 유체에는 사용할 수 없다.

② 강관에 나사를 내어 연결시키는 이음으로 연결하기 전에 유체가 누설되는 것을 막기 위해 이음부의 나사 홈을 깨끗이 청소하고 밀봉테이프 등을 사용하여 조립한다.

③ 접합용 나사는 KS B 0222를 따르며, 접합할 때의 수나사부에 사용하는 밀봉테이프, 액상 개스킷, 충전 재료 등은 가능한 한 소량으로 하고 굳은 페인트나 퍼티 등은 사용하지 않는다.

## 3. 플랜지 이음(Flanged Joint)

① 플랜지 이음은 호칭경이 65mm 이상인 강관을 연결할 때 주로 사용하는 배관방식으로 서로 다른 재질의 배관연결이나 주기적인 점검 등이 필요한 곳에 사용한다.

② 플랜지의 종류에 따라 용접이나 나사를 이용하여 강관과 플랜지를 접합한 후 펌프의 주위 배관이나 각종 밸브 등의 플랜지 사이에 패킹을 넣고 볼트로 조여 접합하는 방식이다.

③ 패킹은 두께 3mm 이하의 것을 사용하여 배관 안지름과 일치하도록 플랜지 사이에 놓고 볼트를 균등하게 조여야 하며, 개스킷 양면에 소량의 충전 재료를 얇게 바르는 것은 허용되나 굳은 페인트, 퍼티 등은 사용하지 않는다.

## 4. 그루브조인트 이음(Grooved Joint)

① 홈(Groove)조인트는 호칭경이 25~200mm 정도인 강관을 연결할 때 사용하는 배관방식으로 크게 고정식(Rigid Joint)과 유동식(Flexible Joint)으로 구분할 수 있다.

② 그루브가공기를 이용하여 강관 단부에 홈을 내고 유체의 누설방지 및 진동을 흡수할 수 있도록 고무링을 끼운 다음 볼트와 너트를 사용하여 커플링을 체결하는 방식이다.

③ 고정식은 배관 접속부의 신축, 굽힘 등이 최소화되도록 견고한 접합으로 이루어지며, 유동식은 배관 접속부의 신축, 굽힘 등을 일정수준 허용함으로써 내진설계 조건에 적합하도록 배관의 축 방향 각도변화가 가능하다.

그루브 가공기　　　　그루브 가공하는 모습　　　　그루부 가공된 파이프

커플링　　　　조인트 체결도　　　　조인트의 구성

[사진 57] 그루브 가공도 및 구성요소 [출처] 홈 조인트, 그루브 [Groove – JOINT] 접합 방식

## [ KEYWORD 066 ] 무정전 전원장치(UPS : Uninterruptible Power Supply System)

## 1. 개요

① 무정전 전원장치란 전원장애 발생 시 기기를 보호하고 양질의 전원으로 변환하여 방전시간 (discharge time) 동안 연속적으로 전력공급을 하는 CVCF(Constant Voltage Constant Frequency) 전원장치이다.

② 수용가의 전력공급 불안정, 전압변동, 전압 파형왜곡, 노이즈 등 전기품질 저하와 전원에 나타나는 전원장애의 형태에 대한 대책으로 사용한다.

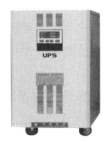

[사진 58] 무정전 전원장치

## 2. 기본구성

① 개념도

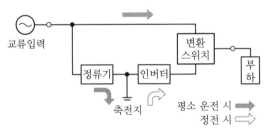

[그림 58] UPS 개념도

② 구성요소

　㉠ 정류기 : 한전의 교류전원 또는 발전기에서 공급된 교류를 정류하여 직류전원으로 변환시키며, 동시에 축전지를 양질의 상태로 충전

　㉡ 인버터 : 직류전원을 교류로 변환하는 장치

　㉢ 변환스위치 : 인버터의 과부하 및 이상 시 예비 상용전원으로 전환하는 스위치

　㉣ 축전지 : 정전이 발생한 경우에 직류전원을 부하에 공급하여 일정시간동안 무정전을 공급

[ **KEYWORD 067** ] **무창층**

## 1. 개요 【소방시설법 시행령 제2조】

① 무창층이란 지상층 중 다음 요건을 모두 갖춘 개구부(건축물에서 채광·환기·통풍 또는 출입 등을 위하여 만든 창·출입구 그 밖의 이와 비슷한 것)의 면적의 합계가 당해 층의 바닥면적의 30분의 1 이하가 되는 층을 말한다.

② 무창층 개구부 기준

ㄱ 크기는 지름 50cm 이상의 원이 통과할 수 있을 것

ㄴ 해당 층의 바닥면으로부터 개구부 밑부분까지의 높이가 1.2m 이내일 것

ㄷ 개구부는 도로 또는 차량이 진입할 수 있는 빈터를 향할 것

ㄹ 화재 시 건축물로부터 쉽게 피난할 수 있도록 개구부에 창살 그 밖의 장애물이 설치되지 아니할 것

ㅁ 내부 또는 외부에서 쉽게 부수거나 열 수 있을 것

## 2. 개구부 해설

▼ [표 34] 유창층 기준

| 기 준 | | 유창층으로 볼 수 있는 경우 |
|---|---|---|
| 개구부 크기(지름 50cm 이상, 창틀 제외) | 쉽게 파괴 불가 | 열리는 부분이 지름 50cm 이상 내접의 경우 |
| | 쉽게 파괴 가능 | 유리 파괴 후 개방된 부분이 지름 50cm 이상 내접의 경우 |
| 개구부 인정높이(개구부 하단이 바닥으로부터 1.2 m 이내) | 일반유리 | 바닥으로부터 1.2m 이내에 파괴가 가능하거나, 문이 열리는 부분이 지름 50cm 이상 원이 내접하는 경우 인정 |
| | 프로젝트 창 | 하부창이 바닥으로부터 1.2m 이내에 파괴가 가능하거나 문이 열리는 부분이 지름 50cm 이상 원이 내접하는 경우로서 상부창이 쉽게 파괴할 수 있는 경우 상부, 하부창 모두 인정 |
| 도로 폭 | | 건축법 제2조 제11호 및 제44조 제1항 "도로" 준용(일반도로 4m, 막다른 도로 2m) |
| 쉽게 파괴 또는 개방할 수 있는 창 | 일반유리 | 두께 6mm 이하 |
| | 강화유리 | 두께 5mm 이하 |
| | 복층유리(일반+공기층+일반) | 두께 6mm 이하+공기층+두께 6mm 이하 |
| | 복층유리(강화+공기층+강화) | 두께 5mm 이하+공기층+두께 5mm 이하 |
| | 기타 | 소방서장이 쉽게 파괴할 수 있다고 판단되는 것 |

## 3. 무창층과 관련된 소방시설

▼ [표 35] 무창층 바닥면적에 따른 소방시설 【소방시설법 시행령 별표 4】

| 소방시설 | 설치대상(무창층 바닥면적) |
|---|---|
| 옥내소화전설비 | 600m² 이상 전층 |
| 스프링클러설비, 제연설비 | 1,000m² 이상 |
| 비상조명등 | 450m² |
| 다중이용업소 간이스프링클러설비 | 면적에 관계없이 적용 |

## 4. 유창층, 무창층 인정 예시

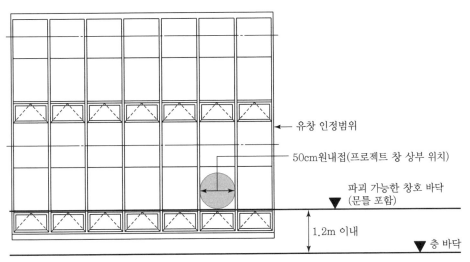

[그림 59] 일반적인 유창층 인정요소

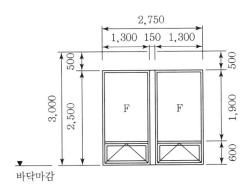

[그림 60] 로이 6mm＋알곤＋일반 6mm로
무창층에 해당함

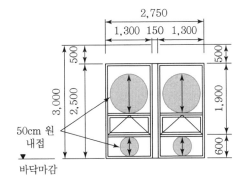

[그림 61] 프로젝트 창 상부는 높이가 바닥으로부터
1.2m 이상으로 무창에 해당함

## [ KEYWORD 068 ] 물분무헤드

## 1. 정의

① 물분무헤드란 화재 시 직선류 및 나선류의 물을 충돌·확산시켜 미립상태($0.02 \sim 2.5 \mu m$)로 분무함으로써 소화하는 헤드를 말한다. 【NFTC 104 1.7.1.1】

* $1 \mu m = 0.001 mm$

② 물분무헤드는 표준방사량으로 해당 방호대상물의 화재를 유효하게 소화하는 데 필요한 수를 적정한 위치에 설치하여야 한다. 【NFTC 104 2.7.1】

[사진 59] 변압기 설치 물분무 설비

## 2. 물분무헤드의 종류

① 디플렉터형(Deflector Type) : 줄어드는 오리피스(유로)를 통해 빨라진 유속으로 디플렉타(반사판)을 충돌하여 미세한 물방울을 만드는 물분무헤드를 말한다.

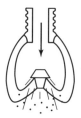

[그림 62] 디플렉터형(Deflector Type)

② **선회류형** : 선회류에 의해 확산 방출하든가 선회류와 직선류의 충돌에 의해 확산 방출하여 미세한 물방울을 만드는 물분무헤드를 말한다.

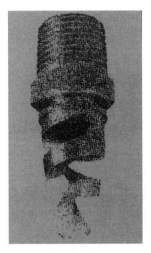

[사진 60] 선회류형

③ **슬리트형(Slit Type)** : 수류를 슬리트(좁고 길다란 구멍)에 의해 방출하여 수막상의 미세한 물방울을 만드는 물분무헤드를 말한다.

[그림 63] 슬리트형(Slit Type)

④ **충돌형** : 헤드내에서 유수와 유수의 충돌에 의해 미세한 물방울을 만드는 물분무헤드를 말한다.

[그림 64] 충돌형

**173**

⑤ 분사형 : 소구경의 오리피스(Orifice)로부터 고압으로 분사하여 물방울을 만드는 물분무헤드를
말한다.

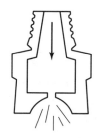

[그림 65] 분사형

## 3. 전기기기와 물분무헤드사이 거리

고압의 전기기기가 있는 장소는 전기의 절연을 위하여 전기기기와 물분무헤드 사이에 다음 표에 따른
거리를 두어야 한다. 【NFTC 104 2.7.2】

▼ [표 36] 전기기기와 물분무헤드 사이 거리

| 전압(kV) | 거리(cm) | 전압(kV) | 거리(cm) |
|---|---|---|---|
| 66 이하 | 70 이상 | 154 초과 181 이하 | 180 이상 |
| 66 초과 77 이하 | 80 이상 | 181 초과 220 이하 | 210 이상 |
| 77 초과 110 이하 | 110 이상 | 220 초과 275 이하 | 260 이상 |
| 110 초과 154 이하 | 150 이상 | | |

## [ KEYWORD 069 ] 물올림장치

## 1. 개요

물올림장치란 수원의 수위가 펌프보다 낮은 위치에 있는 경우에만 설치하는 장치로 후드밸브에서 펌프 임펠러까지 항시 물을 충전시켜 주어 펌프기동 시 물을 송수할 수 있도록 해주는 장치이다.

## 2. 물올림장치 설치 목적

수원의 수위가 펌프보다 낮은 위치에 있는 경우에만 설치하는 것으로 펌프흡입측의 후드밸브 및 배관, 패킹 등에서 누수가 발생 하면 펌프 기동 시 공회전을 하게 되는데 이를 방지하기 위하여 탱크 낙차에 의해 보충수 역할을 하는 장치이다.

* 후드밸브(Foot Valve) : 수원이 펌프보다 아래에 설치된 경우 흡입측 배관의 말단에 설치하며, 이물질제거와 체크밸브 기능이 있는 밸브이다.

## 3. 물올림장치의 구성

① 물탱크 : 유효수량 100L 이상
② 자동급수관 및 볼탑밸브(수량이 1/3 감수 시 자동 보급) : 구경 15mm 이상
③ Over Flow관 : 50mm 이상
④ 펌프로의 급수배관(개폐밸브 및 체크밸브) : 15mm 이상
⑤ 배수관(배수밸브)
⑥ 저수위경보장치(수량이 1/2 감수 시 저수위 경보)

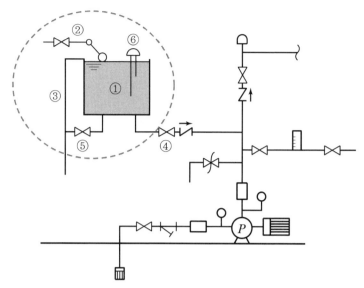

[그림 66] 펌프주위배관과 물올림장치

## 4. 물올림장치의 설치 기준 【NFTC 103 2.2.1.9】

① 물올림장치에는 전용의 탱크를 설치할 것

② 탱크의 유효수량은 100L 이상으로 하되, 구경 15mm 이상의 급수배관에 따라 해당 탱크에 물이 계속 보급되도록 할 것

## 미분무소화설비

## 1. 정의

① 미분무소화설비란 가압된 물이 헤드 통과 후 미세한 입자로 분무됨으로써 소화성능을 가지는 설비를 말하며 소화력을 증가시키기 위해 강화액을 첨가할 수 있다. 【NFTC 104A 1.7.1.1】

　　* 강화액 : 탄산칼륨($K_2CO_3$)[강한 알칼리성(pH12 이상)] 등의 수용액을 주성분으로 하며, 비중 1.35(15℃) 이상의 것을 말한다.
　　* pH(페하) : 수소이온농도지수로 0~14로 나타내며 수치가 높을수록 산성도가 낮다.

② 미분무란 물만을 사용하여 소화하는 방식으로 최소설계압력에서 헤드로부터 방출되는 물입자 중 99%의 누적체적분포가 $400\mu m$ 이하로 분무되고 A, B, C급 화재에 적응성을 갖는 것을 말한다.
【NFTC 104A 1.7.1.2】

　　* $400\mu m = 0.4mm$

③ 미분무수는 표면적 대비 체적비를 최대화함으로써 증발을 통한 질식작용과 열 흡수 효과의 극대화를 통해 화재를 제어한다.

[사진 61] 변압기 설치 미분무헤드

## 2. 미분무소화설비 설치대상

① 「소방시설법 시행령」 별표 4 제1호 바목 물분무등소화설비를 설치해야 하는 특정소방대상물

② IMO(국제해사기구)에서는 승선인원 35명을 초과하는 선박에 스프링클러설비 설치를 의무화하면서 최소한의 중량으로 소화성능을 극대화시킬 필요성이 증대하였고 할론소화약제의 생산중단에 따른 대체기술로 미분무수가 연구되고 있다.

## 3. 미분무소화설비의 구분 【NFTC 104A 1.7.1.6~1.7.1.8】

① 저압 미분무소화설비 : 최고 사용압력이 1.2MPa 이하인 미분무소화설비를 말한다.

② 중압 미분무소화설비 : 사용압력이 1.2MPa을 초과하고 3.5MPa 이하인 미분무소화설비를 말한다.

③ 고압 미분무소화설비 : 최저 사용압력이 3.5MPa를 초과하는 미분무소화설비를 말한다.

## [ KEYWORD 071 ]  바닥면적/연면적/건축면적

## 1. 정의 【건축법 시행령 제119조 제1항 제2~4호】

① 바닥면적은 건축물의 각 층 또는 일부로서 벽, 기둥이나 이와 비슷한 구획의 중심선으로 둘러싸인 부분의 수평투영면적으로 한다.

② 연면적은 하나의 건축물 각 층의 바닥면적 합계로 한다.

③ 건축면적은 외벽(외벽이 없는 경우에는 외곽부분의 기둥을 말한다)의 중심선으로 둘러싸인 부분의 수평투영면적을 말한다.

## 2. 바닥면적 산정기준 【건축법 시행령 제119조 제3호】

① 벽·기둥의 구획이 없는 건축물은 지붕 끝부분으로부터 수평거리 1m를 후퇴한 선으로 둘러싸인 수평투영면적으로 한다.

② 주택의 발코니 등 건축물의 노대나 이와 비슷한 것의 바닥은 노대 등의 면적에서 노대 등이 접한 가장 긴 외벽에 접한 길이에 1.5m를 곱한 값을 뺀 면적을 바닥면적에 산입한다.

③ 필로티나 이와 비슷한 구조의 부분은 공중의 통행, 차량의 통행, 주차에 전용되는 경우, 공동주택의 경우에는 바닥면적에 산입하지 아니한다.

④ 승강기탑, 계단탑, 장식탑, 다락, 건축물의 외부 또는 내부에 설치하는 굴뚝, 더스트슈트, 설비덕트나 이와 비슷한 것, 옥상·옥외 또는 지하에 설치하는 물탱크, 기름탱크, 냉각탑, 정화조, 도시가스 정압기나 이와 비슷한 것을 설치하기 위한 구조물, 건축물 간에 화물의 이동에 이용되는 컨베이어 벨트만을 설치하기 위한 구조물은 바닥면적에 산입하지 아니한다.

⑤ 공동주택으로서 지상층에 설치한 기계실, 전기실, 어린이놀이터, 조경시설 및 생활폐기물 보관함의 면적은 바닥면적에 산입하지 아니한다.

⑥ 기존의 다중이용업소의 비상구에 연결하여 설치하는 폭 1.5m 이하의 옥외 피난계단은 바닥면적에 산입하지 아니한다.

⑦ 건축물을 리모델링하는 경우로서 미관 향상, 열의 손실 방지 등을 위하여 외벽에 마감재 등을 설치하는 부분은 바닥면적에 산입하지 아니한다.

⑧ 단열재를 구조체의 외기 측에 설치하는 건축물의 경우에는 단열재가 설치된 외벽 중 내측 내력벽의 중심선을 기준으로 바닥면적을 산정한다.

⑨ 비상구에 연결하여 설치하는 폭 2미터 이하의 영유아용 대피용 미끄럼대 또는 비상계단의 면적은 바닥면적에 산입하지 아니한다.

⑩ 장애인용 승강기, 장애인용 에스컬레이터, 휠체어리프트 또는 경사로는 바닥면적에 산입하지 아니한다.

⑪ 소독설비를 설치하기 위하여 가축사육시설에서 설치하는 시설은 바닥면적에 산입하지 아니한다.

⑫ 현지보존 및 이전보존을 위하여 매장문화재 보호 및 전시에 전용되는 부분은 바닥면적에 산입하지 아니한다.

⑬ 「영유아보육법」 제15조에 따른 설치기준에 따라 직통계단 1개소를 갈음하여 건축물의 외부에 설치하는 비상계단의 면적은 바닥면적에 산입하지 아니한다.

반응시간지수

## 1. 개요

① 반응시간지수(RTI : Response Time Index)란 기류의 온도 · 속도 및 작동시간에 대하여 스프링 클러헤드의 반응을 예상한 지수로서 아래 식에 의하여 계산하고$(m \cdot s)^{0.5}$를 단위로 한다.

【스프링클러헤드 형식승인 및 제품검사의 기술기준 제2조 제21호】

$$RTI = \tau \sqrt{u}$$

여기서, $\tau$ : 감열체의 시간상수(초)

$u$ : 기류속도(m/s)

② 스프링클러헤드의 열적 감도 특성을 말하는 것으로 화재시 일정한 작동 온도를 가진 헤드가 얼마나 민감하게 반응하여 작동(개방)하는가를 시험하여 이를 지수로 나타낸 것이다.

[사진 62] RTI 측정장치

## 2. 반응시간지수(또는 반응시간상수) 측정

① 풍동(plunge test apparatus)내에 스프링클러 헤드 설치

② 풍동 내에 일정한 온도와 속도의 열기류 공급

③ 헤드가 달성하고자 하는 목표온도의 63%에 도달하는 시간인 시간상수($\tau$) 측정

④ 다음 식에 의해 RTI값 계산

$$RTI = \tau\sqrt{v}$$

여기서, $RTI$ : 반응시간지수($\sqrt{m \cdot s}$)
$\tau$ : 감열체의 시간상수[s]
$v$ : 기류속도[m/s]

⑤ RTI값이 작을수록 감열체의 온도상승이 커져서 조기에 작동된다.

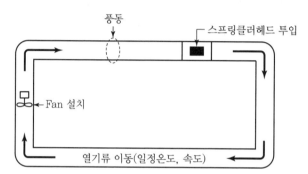

[그림 67] 반응시간지수측정 (풍동시험) 개념도

## 3. 스프링클러헤드 감도 범위(ISO기준)

① 조기반응 헤드 : RTI 50 이하
② 특수반응형 헤드 : RTI 50 초과 80 이하
③ 표준반응형 헤드 : RTI 80 초과 350 이하

# 반응폭주

## 1. 개요

① 반응폭주란 어떤 시스템 내에서 반응속도가 지수 함수적으로 상승하고, 반응용기 내의 온도와 압력이 급격히 이상 상승되어 규정조건을 벗어나 반응이 과격화되는 현상이다.

② 화학공정에서 제어의 균형을 잃으면 '발열속도 > 방열속도'로 반응은 폭주한다.

## 2. 발생원인

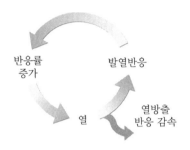

① 원 · 부자재의 배합과정의 오류

② 위험물의 시스템의 갑작스런 고장 또는 파손

③ 불순물의 농축

④ 갑작스런 전원 차단

## 3. 방지대책

① 원 · 부재료의 신속한 공급차단장치 설치

② 보유한 위험물의 신속한 배출장치 설치

③ 반응정지제 또는 불활성가스의 투입

④ 냉각수 공급설비의 설치

# 반자/천장(天障)

## 1. 개요

① 반자란 지붕 밑이나 위층 바닥 밑을 평평하게 하여 치장한 각 방의 윗면을 의미한다.

② 반자는 천장을 가려서 만든 구조체로서 미관의 목적 외에 각종 설비관련의 배선·배관을 감추어 실내 환경을 좋게 하기 위하여 만드는 부분이다. 보통 일반 가정집에서 천장이라고 일컫는 부분이 반자가 된다.

③ 천장이란 지붕의 안쪽, 지붕 안쪽의 구조물을 의미하며, 반자 위쪽 콘크리트로 되어 있는 부분을 말한다.

④ 천장은 옥내의 상부면으로서 구조체를 감추어 별도의 의장을 할 수 있고, 벽, 바닥과 같이 외부로부터의 영향을 차단할 수 있다.

⑤ 반자와 천장 사이 공간을 사람이 올라가서 활동할 수 있는 크기면 보통 다락이라고 부른다.

[사진 63] 반자와 천장

## 2. 화재안전기준(NFTC) 적용 예

① 헤드설치의 제외 【NFTC 103 2.12.1.5~2.12.1.7】
   ㉠ 천장과 반자 양쪽이 불연재료로 되어 있는 경우로서 그 사이의 거리 및 구조가 다음의 어느 하나에 해당하는 부분
      1) 천장과 반자 사이의 거리가 2m 미만인 부분
      2) 천장과 반자 사이의 벽이 불연재료이고 천장과 반자사이의 거리가 2m 이상으로서 그 사이에 가연물이 존재하지 아니하는 부분

   ⓛ 천장·반자 중 한 쪽이 불연재료로 되어 있고 천장과 반자사이의 거리가 1m 미만인 부분

   ⓒ 천장 및 반자가 불연재료 외의 것으로 되어 있고 천장과 반자사이의 거리가 0.5m 미만인 부분

② 감지기【NFTC 202 2.4.3.2】

   ㉠ 감지기는 천장 또는 반자의 옥내에 면하는 부분에 설치할 것

## [ KEYWORD 075 ] 반횡류환기방식

## 1. 정의

① 반횡류환기방식이란 터널안의 배기가스와 연기 등을 배출하는 환기방식으로서 터널에 수직배기구를 설치해서 횡방향과 종방향으로 기류를 흐르게 하여 환기하는 방식을 말한다. 【NFTC 603 1.7.1.6】

② 터널에 급기 또는 배기덕트를 시설하여 급기 또는 배기만을 수행하는 횡류환기방식으로 터널에 수직배기구를 설치하여 횡방향과 종방향으로 흐르게 하는 배출방식이다.

## 2. 종류

▼ [표 37] 송기식(급기)와 배기식(배기) 비교

| 종류 | 송기식(급기) | 배기식(배기) |
|---|---|---|
| 개요도 | 급기 급기 | 배기 배기 |
| 특징 | 터널입구에 설치된 환기소에서 터널단면에 설치된 별도의 환기덕트에 깨끗한 공기를 송기하여 환기를 시키는 방법(급기 반횡류)이다. | 터널입구에 설치된 환기소에서 터널단면에 설치된 별도의 환기덕트에 배기하여 터널 내 부압을 걸어 자연급기를 통한 환기시키는 방법(배기 반횡류) |
| 적용 사례 | 1. 구룡터널(1.6km)<br>2. 박달재터널(2.3km) | 북악터널(810m) |

## 3. 용어 "종류환기방식"의 터널환기방식의 구분 참조

## [ KEYWORD 076 ] 발신기(세트)/비상경보설비

## 1. 개요

① 발신기란 화재발생 신호를 수신기에 수동으로 발신하는 장치를 말한다. 【NFTC 201 1.7.1.4】

② 발신기는 전화잭, 응답표시등, 누름(푸쉬)버튼스위치로 구성되었다.

    * 응답표시등 : 발신기를 누르면 수신기에 발신기를 수동으로 눌렀다고 표시를 해줌

    * 전화잭 : 비상시 수신기가 있는 곳에 전화를 연결하여 사용

    * 누름버튼스위치 : 화재발생 신호를 수신기에 수동으로 발신

[사진 64] 발신기

[사진 65] 발신기 세트

③ 발신기 설치기준 【NFTC 201 2.1.5】

    ㉠ 조작이 쉬운 장소에 설치하고, 조작스위치는 바닥으로부터 0.8m 이상 1.5m 이하의 높이에 설치할 것

    ㉡ 특정소방대상물의 층마다에 설치하되, 해당층의 각 부분으로부터 하나의 발신기까지의 수평거리는 25m 이하가 되도록 할 것. 다만, 복도 또는 별도로 구획된 실로서 보행거리가 40m 이상일 경우에는 추가로 설치해야 한다.

    ㉢ 발신기의 위치표시등은 함의 상부에 설치하되, 그 불빛은 부착면으로부터 15° 이상의 범위 안에서 부착지점으로부터 10m 이내에 어느 곳에서도 쉽게 식별할 수 있는 적색등으로 할 것

## 2. 발신기세트

① 발신기세트는 하나의 함(박스) 내에 위치표시등, 경종(사이렌), 발신기가 세트로 설치된 것을 말한다.

② 발신기세트는 위치표시등, 경종(사이렌), 발신기로 구성되었다.

    * 위치표시등 : 함의 상부에 설치되어 발신기 위치를 표시해 줌

    * 경종 : 발신기가 작동되면 경종이 울림

③ 발신기세트(P형 1급 단독형) 내부 결선도

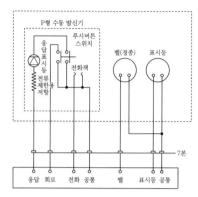

[그림 68] 발신기 세트 내부 결선도

1. 응답 단자 : 발신기의 신호가 수신기에 전달되었는가를 확인하여 주기 위한 단자
2. 회로(지구) 단자 : 화재신호를 수신기에 알리기 위한 단자
3. 전화 단자 : 수신기와 발신기 간의 상호 전화연락을 하기 위한 단자
4. 공통 단자 : 응답 · 회로 · 전화 단자를 공유한 단자
5. 벨 단자 : 화재발생 상황을 경종으로 경보하기 위한 단자
6. 표시등 단자 : 발신기의 위치를 표시하기 위한 단자
7. 공통 단자 : 벨 · 표시등 단자를 공유한 단자
8. 누름(푸시)버튼 스위치 : 화재발생 신호를 수신기에 수동으로 발신하는 장치(스위치)
* 회로선 = 지구선 = 감지기선 = 신호선 = 표시선 : 동일 용어임
* 응답선 = 발신기선 = 확인선 : 동일 용어임

## 3. 비상경보설비

① 비상경보설비는 발신기세트와 수신기로 시스템을 구성하고 자동화재탐지설비 설치대상에 해당되지 않는 소규모 특정소방대상물에 설치되어 화재발생 시 수동으로 화재 사실을 알리는 설비이다.

* 비상경보설비에 화재감지기를 연결하여 화재 발생 시 자동적으로 화재신호를 수신기 등에 발신하고 수동으로도 화재신호를 발신토록 구성된 설비가 자동화재탐지설비이다.

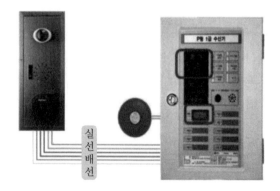

[사진 66] 비상경보설비 구성

[ **KEYWORD 077** ]

## 발코니(Balcony)/노대(露臺)
[출처 : 그림으로 이해하는 건축법(서울특별시)]

## 1. 개요

① 발코니와 노대는 건축계획적으로 동일한 개념이다. 2층 이상의 건축물에서 건축벽면 바깥으로 돌출된 외팔구조(Cantilever)를 가지며, 난간이나 낮은 벽으로 둘러쌓인 뜬 바닥으로 상부 지붕(실내의 경우)이나 천장은 없다. 그러나 「건축법」에서의 개념적 성격은 다르다.

② 「건축법」에서 **발코니란 건축물의 내부와 외부를 연결하는 완충공간으로서의 전망이나 휴식** 등의 목적으로 건축물 외벽에 접하여 부가적으로 설치되는 공간을 말한다. 다만, 건축계획상 발코니는 건축물 외부에만 있는 것이 아니며, 공연장과 같은 실내에 좌석(객석)을 배치하는 것을 포함한다. 이 경우 주택에 설치되는 발코니로서 국토교통부장관이 정하는 기준에 적합한 발코니는 필요에 따라 거실ㆍ창고 등의 용도로 사용할 수 있다. 【건축법 시행령 제2조 제14호】

③ 노대는 「건축법」에 정의된 바는 없지만 규정들을 유추해보면, 발코니처럼 외부로 돌출된 바닥구조물을 포함하며 옥상광장처럼 개방형구조로 된 구조물을 아우르는 폭넓은 대표개념이다.

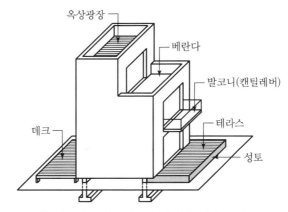

[그림 69] 노대 : 발코니, 베란다, 테라스, 데크

④ 베란다란 건축물 실내에서 튀어나오게 하여 벽 없이 지붕을 씌운 부분을 총칭한다. 일반적으로 건축물의 상층이 하층보다 작게 건축되어 남는 아래층의 지붕 부분을 한정하여 베란다라고 부른다.

⑤ 테라스는 terra(땅)라는 어원에서도 알 수 있듯이 지표면과 만나는 부분에 성토(盛土)된 부분을 말하며 일반적으로 지붕을 설치하지 않는다.

## 2. 바닥면적 산정

노대가 「건축법」에 있어 중요한 의미를 차지하는 이유는 발코니가 용적률 산정의 근간이 되는 바닥면적에서 제외가 가능하다는 점과 주택 발코니의 경우 거실화(확장)가 가능하다는 점 때문이다. 다시 말해 「건축법」에 의한 노대 중 발코니로 인정된 부분만 바닥면적에서 제외되므로, 면적증가 없이 구조변경을 통하여 확장하여 사용할 수 있는 부분이라는 점 때문이다.

## 3. 노대로 연결된 특별피난계단

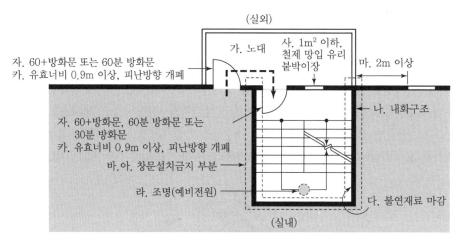

[그림 70] 노대로 연결된 특별피난계단

발화(점)/인화(점)

## 1. 발화

① 개요

　㉠ 발화란 화재 성장의 시작점으로 자연발화와 인화에 의한 발화가 있다.

　㉡ 자연발화와 인화에 의한 발화는 발열이 방열보다 클 때 발생하며 일반적으로 발화라고 하면 자연 발화를 의미한다.

　㉢ 또한 발화(점)은 착화(점)이라고도 한다.

② 자연발화와 인화에 의한 발화의 비교

▼ [표 38] 자연발화와 인화에 의한 발화 비교

| 구분 | 자연 발화 | 인화에 의한 발화 |
| --- | --- | --- |
| 점화원 | 점화원 없이 발화 | 점화원에 의한 발화 |
| 계의 구분 | 열의 축적인 밀폐계 | 점화원에 의한 개방계 |
| 계의 온도분포 | 계의 중심에서 가장 높음 | 계의 가장자리에서 가장 높음 |
| 발화온도 | 밀폐계이므로 낮다. | 개방계이므로 높다. |
| 방지법 | 열의 축적을 방지 | 점화원 관리 |

## 2. 인화점

① 인화점이란 가연성 혼합기체가 착화원에 의해 발화가 일어날 수 있는 액체의 최저온도를 말한다.

② 인화점에는 상부인화점과 하부인화점이 있으며, 일반적으로 하부인화점을 인화점이라 한다.

③ 인화점과 발화의 관계

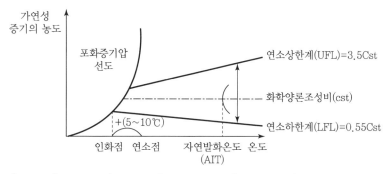

[그림 71] 물적 조건(농도, 압력)과 에너지 조건(온도, 점화원) 관계

## 3. 발화점(발화온도)

① 발화점이란 점화원 없이도 발화하는 최저온도를 말한다(자연발화).

② 발화온도의 영향요소

　㉠ 화학양론적 조성비를 기준으로 가연성가스의 농도에 따라 발화점이 달라진다.

　㉡ 산소의 농도가 클수록 발화점은 낮아진다.

　㉢ 압력이 높아지면 기체분자간의 거리가 가까워져 발화점이 낮아진다.

　㉣ 온도가 크면 기체분자의 운동이 활발해져 발화점이 낮아진다.

　㉤ 난류(유속), 불활성물질, 촉매, 발화지연시간 등에 의해 영향을 받는다.

## [ KEYWORD 079 ] 방수상수(K값)

### 1. 개요

방수상수(K값)은 스프링클러헤드의 형상, 크기 등에 의해 결정되는 고유값으로 다음의 공식을 이용하여 실험적으로 측정한 값이다.

$$Q = K\sqrt{10p}$$

여기서, $Q$ : 방수량(lpm)
$p$ : 방수압력(MPa)
$K$ : 방수상수

### 2. 방수상수(K값) 산출

① 헤드는 방수압력 0.1 MPa(1kg/cm$^2$)에서 방수량을 측정하는 경우 아래식의 K의 값이 아래표의 호칭구분에 따라 각각 그 해당 허용범위 내에 있어야 한다. 다만, 제17조(화재조기진압용), 제23조(주거용), 제26조(라지드롭형)의 적용을 받는 헤드의 방수량시험은 해당 기준에 따른다. 【스프링클러헤드 형식승인 및 제품검사의 기술기준 제14조】

$$Q = K\sqrt{10p}$$

여기서, $Q$ : 방수량(lpm)
$p$ : 방수압력(MPa)
$K$ : 방수상수

▼ [표 39] 방수상수(K값) 허용범위

| 호칭 | $K$ | 건식스프링클러의 $K$ |
|---|---|---|
| 10 | 50±3 | 50±5 |
| 15 | 80±4 | 80±6 |
| 20 | 115±6 | 115±9 |

② 표준형 헤드(호칭경 15A) 로 방사량 시험을 하는 경우 방사압력 0.1MPa로 방사했을 때 방사량이 83lpm으로 측정 되었다면 아래 계산식에 의해 방수상수(K값)은 80(80±4 범위 이내이어야 함)이 된다.

$$Q = K\sqrt{10p}$$
$$K = Q/\sqrt{10p} = 83/\sqrt{(10 \times 0.1)} = 83$$

③ K값이 크다는 것은 그만큼 헤드에서의 물 방사량이 많다는 것이다.

　＊ 호칭경 10/15/20 : 배관의 호칭으로 10은 "10A"이고 "10mm"을 의미하며 이것은 배관의 내경이나 외경 크기와
　　정확히 일치하지 않으며 배관의 실제 내경은 호칭보다 약간 크다(배관 10A, 15A, 20A의 실제 내경크기는 각각
　　12.7mm, 16.1mm, 21.6mm이다.).

**[잊지맙시다!] 제천 스포츠센터 화재**

| − 일시 | 2017년 12월 21일 |
|---|---|
| − 피해상황 | 인명피해 29명 사망 |
| − 화재원인 | 1층 주차장 천장에서 전기합선(열선)으로 발생 |
| − 당시화재모습 | 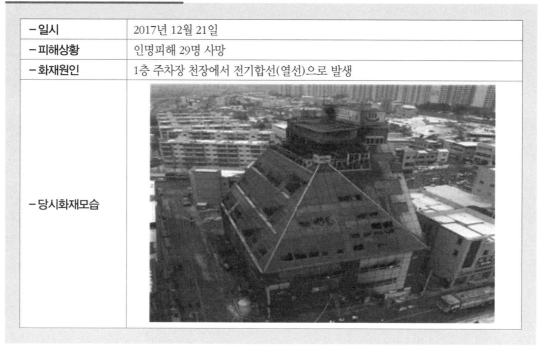 |

## [ KEYWORD 080 ] 방연풍속

## 1. 정의

① 방연풍속이란 옥내로부터 제연구역내로 연기의 유입을 유효하게 방지할 수 있는 풍속을 말한다.
【NFTC 501A 1.7.1.2】

② 피난을 위해 제연구역의 출입문을 개방하는 경우 개방과 동시에 거의 순간적으로 제연구역의 차압이 제로가 되고 연기가 침투하게 되는데 이를 방지하기 위한 풍속을 말한다.

## 2. 기준

▼ [표 40] 제연구역별 방연풍속

| 제연구역 | | 방연풍속 |
|---|---|---|
| 계단실 및 그 부속실을 동시에 제연 하는 것 또는 계단실만 단독으로 제연 하는 것 | | 0.5(m/s) 이상 |
| 부속실만 단독으로 제연 하는 것 또는 비상용승강기의 승강장만 단독으로 제연 하는 것 | 부속실 또는 승강장이 면하는 옥내가 거실인 경우 | 0.7(m/s) 이상 |
| | 부속실 또는 승강장이 면하는 옥내가 복도로서 그 구조가 방화구조(내화시간이 30분 이상인 구조를 포함한다)인 것 | 0.5(m/s) 이상 |

## 3. 방연풍속의 측정

【NFTC 501A 2.22.2.5.1】

부속실(전실)과 면하는 옥내 및 계단실의 출입문을 동시에 개방할 경우, 유입공기의 풍속이 규정에 따른 방연풍속에 적합한지 여부를 확인하고 적합하지 아니한 경우에는 급기구의 개구율과 송풍기의 풍량조절댐퍼 등을 조정하여 적합하게 할 것, 이 경우 유입공기의 풍속은 출입문의 개방에 따른 개구부를 대칭적으로 균등 분할하는 10 이상의 지점에서 측정하는 풍속의 평균치로 할 것

【소방시설 자체점검사항 등에 관한 고시 별지 5】

① 송풍기에서 가장 먼 층을 기준으로 제연구역 1개층 (20층 초과시 연속되는 2개층) 제연 구역과 옥내간의 측정을 원칙으로 하며 필요시 그 이상으로 할 수 있다.

② 방연풍속은 최소 10점 이상 균등 분할하여 측정하며, 측정시 각 측정점에 대해 제연구역을 기준으로 기류가 유입(-) 또는 배출(+) 상태를 측정지에 기록한다.

③ 유입공기배출장치(있는 경우)는 방연풍속을 측정하는 층만 개방한다.

④ 직통계단식 공동주택은 방화문 개방층의 제연구역과 연결된 세대와 면하는 외기문을 개방할 수 있다.

[사진 67] 방연풍속 측정

# [ KEYWORD 081 ] 방염대상물품/성능기준

## 1. 개요

방염은 화재의 위험이 높은 목재, 플라스틱, 가연성 섬유 등을 완전히 불연화하기는 어렵기 때문에 착화성 및 불꽃을 일으키면서 번져가는 연소성을 저하(가연성 물질에 자기소화성 부여)시키는 데 목적이 있다. 즉, 연소 확대를 늦추는 것으로서 섬유, 목재 등 기타의 가연물에 약제를 사용하여 방염성능을 부여하는 것을 방염 가공이라고 한다(소방법상의 용어).

\* 난연 : 건축물의 주요구조부에 접착하는 내장재의 연소자체를 어렵게 하는 건축법상의 용어

[사진 68] 벽지 방염 인증 표지

## 2. 방염대상물품

① 방염성능검사의 대상 【소방청고시 제2021-7호(2021.01.04.) 방염성능기준 제3조】

    ㉠ 카페트 : 마루 또는 바닥 등에 까는 두꺼운 섬유제품을 말하며 직물 카페트, 터프트 카페트, 자수 카페트, 니트 카페트, 접착 카페트, 니들펀치 카페트 등

    ㉡ 커텐 : 실내장식 또는 구획을 위하여 창문 등에 치는 천

    ㉢ 블라인드 : 햇빛을 가리기 위해 실내 창에 설치하는 천이나 목재 슬랫 등(포제 블라인드, 목재 블라인드)

    ㉣ 암막 : 빛을 막기 위하여 창문 등에 치는 천

    ㉤ 무대막 : 무대에서 설치하는 막을 말하며 스크린을 포함

    ㉥ 벽지류 : 두께가 2mm 미만인 포지로서 벽, 천장 또는 반자에 부착하는 것(비닐벽지, 벽포지, 인테리어필름, 천연재료벽지)

    ㉦ 합판 : 나무를 가공하여 제조된 판을 말하며, 중밀도섬유판(MDF), 목재판넬(HDF), 파티클보드(PB) 등을 포함한다. 이 경우 방염처리 및 장식을 위하여 표면에 0.4mm 이하의 시트를 부착한 것도 합판으로 본다.

◎ 목재 : 나무를 재료로 하여 제조된 물품

㉜ 섬유판 : 합성수지판·합판 등에 섬유류를 부착하거나 섬유류로 제조된 것을 말하며, 섬유류로 제조된 흡음재 및 방음재를 포함

㉝ 합성수지판 : 합성수지를 주원료로 하여 제조된 실내장식물을 말하며 합성수지로 제조된 흡음재 및 방음재를 포함

㉠ 합성수지 시트 : 합성수지로 제조된 포지

㉣ 소파·의자 : 섬유류 또는 합성수지류 등을 소재로 제작된 물품을 말한다.

㉥ 기타물품 : 다중이용업소의 안전관리에 관한 특별법 시행령 제3조의 규정에 의한 실내장식물로서 위의 각 호에 해당하지 아니하는 물품

② 방염대상 물품 : 제조 또는 가공 공정에서 방염처리한 것

**【소방시설법 시행령 제31조 제1항 제1호】**

㉠ 창문에 설치하는 커튼류(블라인드 포함)

㉡ 카펫

㉢ 벽지류(두께가 2mm 미만인 종이벽지 제외)

㉣ 전시용 합판·목재 또는 섬유판, 무대용 합판·목재 또는 섬유판(합판·목재류의 경우 불가피하게 설치 현장에서 방염처리한 것 포함)

㉤ 암막·무대막(영화상영관 및 골프 연습장에 설치하는 스크린 포함)

㉥ 섬유류 또는 합성수지류 등을 원료로 제작된 소파·의자(단란주점, 유흥주점, 노래연습장업의 영업장에 설치하는 것만 해당)

③ 방염대상 물품 : 건축물 내부의 천정이나 벽에 부착하거나 설치하는 것

**【소방시설법 시행령 제31조 제1항 제2호】**

㉠ 종이류(두께 2mm 이상인 것), 합성수지류 또는 섬유류를 주원료로 한 물품

㉡ 합판, 목재

㉢ 공간을 구획하기 위하여 설치하는 간이 칸막이(접이식 등 이동 가능한 벽체, 천장 또는 반자가 실내에 접하는 부분까지 구획하지 아니하는 벽체)

㉣ 흡음을 위하여 설치하는 흡음재(흡음용 커튼 포함)

㉤ 방음을 위하여 설치하는 방음재(방음용 커튼 포함)

[사진 69] 방염성능검사 결과통보서

## 3. 방염성능기준 【소방시설법 시행령 제31조 제2항】

① 잔염시간 : 20초 이내(버너의 불꽃을 제거한 때부터 불꽃을 올리며 연소하는 상태가 그칠 때까지의 시간)

② 잔신시간 : 30초 이내(버너의 불꽃을 제거한 때부터 불꽃을 올리지 아니하고 연소하는 상태가 그칠 때까지 시간)

③ 탄화한 면적 : 50cm² 이내

④ 탄화한 길이 : 20cm 이내

⑤ 불꽃의 접촉횟수 : 3회 이상(불꽃에 의하여 완전히 녹을 때까지)

⑥ 발연량 : 최대연기밀도는 400 이하

## 4. 방염물품의 종류에 따른 방염성능기준

▼ [표 41] 방염성능기준 【소방청고시 제2022-29호 제4조】

| 물품종류 \ 구분 | 잔염시간 (초) | 잔신시간 (초) | 탄화면적 (cm²) | 탄화길이 (cm) | 접염횟수 | 내세탁성 | 연기밀도 |
|---|---|---|---|---|---|---|---|
| 카펫 | 20 | | | 10 | | 적합 | 400 이하 |
| 얇은 포 | 3 | 5 | 30 | 20 | 3회 이상 | 적합 | 200 이하 |
| 두꺼운 포 | 5 | 20 | 40 | 20 | 3회 이상 | 적합 | 200 이하 |
| 합성수지판 | 5 | 20 | 40 | 20 | | | 400 이하 |
| 합판·섬유판·목재 및 기타물품 | 10 | 30 | 50 | 20 | | | 400 이하 |
| 침구류 등 | | | | 7(평균5) | 3회 이상 | | |
| 소파·의자 버너법 | 120 | 120 | - | | | | 400 이하 |
| 소파·의자 45도 에어믹스 철망법 | 탄화길이 7cm 이내, 평균 5cm 이내 | | | | | | 400 이하 |

## [ KEYWORD 082 ] 방유제

## 1. 개요

방유제란 저장탱크에서 누출된 위험물이 외부로 확산되지 못하도록 함으로써 주변의 재산(건축물, 기계, 기구 및 설비 등) 및 인명을 보호하기 위하여 **위험물 저장탱크 주위에 설치하는 둑**(Artificial Barricade) 형태의 구조물을 말한다.

## 2. 방유제 설치기준 【위험물안전관리법시행규칙 별표 6】

▼ [표 42] 옥외탱크저장소 방유제 설치기준

| 구분 | | 내용 |
|---|---|---|
| 방유제 용량 | 탱크가 하나인 경우 | 탱크 용량의 110% 이상 |
| | 2기 이상인 경우 | 최대 탱크 용량의 110% 이상<br>이 경우 방유제의 용량은 당해 방유제 내용적에서 용량이 최대인 탱크 외의 탱크의 방유제 높이 이하부분의 용적, 당해 방유제 내에 있는 모든 탱크의 지반면 이상 부분의 기초체적, 간막이 둑의 체적 및 당해 방유제 내에 있는 배관 등의 체적을 뺀 것 |
| 방유제 규격 | | 높이 0.5m 이상 3m 이하<br>두께 0.2m 이상<br>지하매설 깊이 1m 이상(단, 방유제와 옥외저장탱크 사이의 지반면 아래 불침윤성 구조물을 설치하는 경우 지하매설깊이를 해당 불침윤성 구조물까지로 가능 |
| 방유제 면적 | | 8만m² 이하 |
| 방유제내 저장탱크 수 | | 10기(총 탱크용량 20만ℓ 이하이고, 인하점 70℃ 이상 200℃ 미만인 경우 20기) 이하.<br>단, 인화점 200℃ 이상인 위험물을 저장 또는 취급하는 경우는 예외 |
| 방유제 주위 도로 | | 외면의 1/2 이상은 자동차 등이 통행할 수 있는 3m 이상의 노면폭을 확보한 구내도로에 접하도록 할 것. 단, 탱크용량 합계 20만ℓ 이하인 경우에는 소화활동에 지장이 없다고 인정되는 3 m 이상의 노면폭을 확보한 도로 또는 공지에 접하는 것 가능 |
| 탱크사이 거리 | | 지름 15m 미만인 경우 – 탱크 높이의 1/3 이상<br>지름 15m 이상인 경우 – 탱크 높이의 1/2 이상<br>인화점 200℃ 이상인 위험물을 저장 또는 취급하는 경우 예외 |
| 방유제 구조 | | 철근콘크리트<br>방유제와 옥외저장탱크 사이의 지표면 – 불연성과 불침윤성이 있는 구조(철근콘크리트 등)<br>단, 누출된 위험물을 수용할 수 있는 전용유조 및 펌프 등의 설비를 갖춘 경우 흙으로 할 수 있음 |

| 간막이 둑 | 설치대상 : 용량 1,000만ℓ 이상인 옥외저장탱크 주위에 설치하는 방유제<br>높이 : 0.3m(용량합계 2억ℓ를 넘는 방유제는 1m) 이상, 방유제 높이보다 0.2m 이상<br>　　　낮게 설치<br>재료 : 흙 또는 철근콘크리트<br>용량 : 간막이 둑 안에 설치된 탱크 용량의 10% 이상 |
|---|---|
| 방유제 내 설비 | 저장탱크를 위한 배관(소화설비배관 포함), 조명설비, 기계시스템, 기타 부속설비, 그 밖의 안전확보에 지장이 없는 부속설비외의 설비 설치 불가 |
| 간막이 둑 및 방유제 관통 배관 | 해당 방유제를 관통하는 배관 설치불가.<br>단, 위험물을 이송하는 배관의 경우 배관 관통지점의 좌우방향 각 1m 이상까지의 방유제 또는 간막이 둑의 외면에 두께 0.1m 이상, 지하매설깊이 0.1m 이상의 구조물을 설치하여 방유제 또는 간막이 둑을 2중구조로 하고, 그 사이에 토사를 메운 후 관통하는 부분을 완충재 등으로 마감하는 방식 설치 가능 |
| 배수처리 | 내부에 고인 물을 외부로 배출하기 위한 배수구 설치 및 이를 개폐하기 위한 밸브 등을 방유제 외부에 설치<br>용량 100만ℓ 이상인 위험물을 저장하는 경우 개폐상황을 쉽게 확인할 수 있는 장치 설치 |
| 계단 및 경사로 | 높이 1m 이상의 방유제 및 간막이 둑의 안팎에 설치<br>목적 : 방유제 출입<br>설치거리 : 50m 마다 설치 |
| 전용유조 등 누출 위험물 수용설비 | 설치대상 : 50만ℓ 이상인 옥외탱크 저장소가 해안 또는 강변에 설치된 경우<br>목적 : 방유제 외부로 누출된 위험물이 바다 또는 강으로 유입될 우려가 있는 경우<br>설치장소 : 옥외탱크저장소가 설치된 부지 내 |

## 3. 방유제 용량 예시 【KOSHA (한국산업안전보건공단)GUIDE 방유제 설치에 관한 기술지침】

아래 그림과 같이 방유제 내부에 "가", "나", "다" 탱크가 설치되어 있을 경우 방유제 용량은?

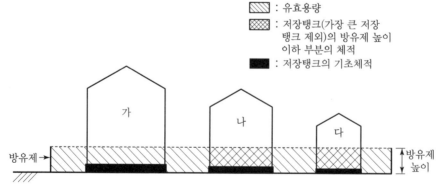

주) 탱크용량 : "가""탱크 > "나"탱크 > "다"탱크

　＊ 유효용량＝[방유제 내부 체적]−[가장큰 저장탱크("가"탱크)를 제외한 저장탱크("나", "다"탱크)의 방유제 높이 이하 부분의 체적]−[모든 저장탱크("가", "나", "다" 탱크)의 기초부분 체적]−[방유제 높이 이하 부분의 배관, 지지대 등 부속설비의 체적]

방출시간

## 1. 개요

방출시간이란 가스계소화설비의 노즐이 소화약제의 방사를 개시한 시점으로부터 화재안전기준에서
규정된 약제량을 방출하는 데 필요한 시간을 말한다.

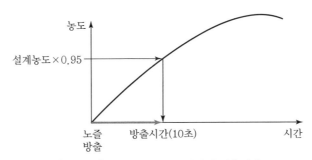

[그림 72] 할로겐화합물 소화약제 방출시간

## 2. 이산화탄소 방출시간 【NFTC 106 2.5.2】

배관의 구경은 이산화탄소의 소요량이 다음 각 호의 기준에 따른 시간 내에 방사될 수 있는 것으로 하
여야 한다.

① 전역방출방식에 있어서 가연성액체 또는 가연성 가스등 표면화재 방호대상물의 경우에는 1분

② 전역방출방식에 있어서 종이, 목재, 석탄, 섬유류, 합성수지류 등 심부화재 방호대상물의 경우에는
7분. 이 경우 설계농도가 2분 이내에 30%에 도달하여야 한다.

③ 국소방출방식의 경우에는 30초

## 3. 할론 방출시간 【NFTC 107 2.7】

① 전역방출방식의 할론소화설비의 분사헤드는 기준저장량의 소화약제를 10초 이내에 방사할 수
있는 것으로 할 것

② 국소방출방식의 할론소화설비의 분사헤드는 기준저장량의 소화약제를 10초 이내에 방사할 수
있는 것으로 할 것

## 4. 할로겐화합물 및 불활성기체소화설비(기존 청정소화약제) 방출시간

【NFTC 107A 2.7.3】

배관의 구경은 해당 방호구역에 할로겐화합물소화약제는 10초 이내에, 불활성기체소화약제는 A · C급 화재 2분, B급 화재 1분 이내에 방호구역 각 부분에 최소설계농도의 95% 이상 해당하는 약제량이 방출되도록 해야 한다.

## 5. 분말소화약제 방출시간 【NFTC 108 2.8.1, 2.8.2】

① 전역방출방식의 분말소화설비의 분사헤드는 다음의 기준에 따라 설치해야 한다.
　　㉠ 방출된 소화약제가 방호구역의 전역에 균일하고 신속하게 확산할 수 있도록 할 것
　　㉡ 기준에 따라 산출된 소화약제 저장량을 30초 이내에 방출할 수 있는 것으로 할 것
② 국소방출방식의 분말소화설비의 분사헤드는 다음의 기준에 따라 설치해야 한다.
　　㉠ 소화약제의 방출에 따라 가연물이 비산하지 아니하는 장소에 설치할 것
　　㉡ 기준에 따라 산출된 기준저장량의 소화약제를 30초 이내에 방출할 수 있는 것으로 할 것

## 6. 방출시간을 제한하는 이유

① 열분해 생성물 억제
　　F, Cl, Br, I는 500℃에서 방사하면 → HF, HCl, HBr 등에 자극성 가스를 발생
② 확실한 혼합
　　방사 시 공기와 확실히 혼합되어 질식 및 냉각 등의 소화 효과를 높이기 위해서
③ 충분한 유속
　　충분한 유속을 만들어 소화하는 배관 도중에서 소화약제가 기화되지 않도록 하기 위해서
④ 직, 간접 손실 최소화
　　㉠ 직접손실 : 화재 소화실패
　　㉡ 간접손실 : 조업손실

# [ KEYWORD 084 ] 방호구역/방수구역

## 1. 개요

① 방호구역이란 폐쇄형헤드를 사용하는 경우로서 1개의 유수검지장치(알람체크밸브, 건식밸브 또는 준비작동식 밸브)가 담당하는 스프링클러 설치 지역을 말한다.

② 방수구역이란 개방형헤드를 사용하는 경우로서 1개의 일제개방밸브가 담당하는 스프링클러 설치 지역을 말한다.

## 2. 설치기준

① 방호구역 설치기준 【NFTC 103 2.3.1】

  ㉠ 하나의 방호구역은 바닥면적 3,000m²를 초과하지 않을 것(수리계산에 의한 격자형 배관방식을 적용하는 경우 3,700m² 범위 내로 가능)

  ㉡ 하나의 방호구역에는 1개 이상의 유수검지장치를 설치하되, 화재발생 시 접근이 쉽고 점검하기 편리한 장소에 설치할 것

  ㉢ 하나의 방호구역은 2개 층에 미치지 않도록 할 것. 다만, 1개 층에 설치되는 스프링클러헤드의 수가 10개 이하인 경우와 복층형 구조의 공동주택에는 3개 층 이내로 할 수 있다.

② 방수구역 설치기준 【NFTC 103 2.4.1】

  ㉠ 하나의 방수구역은 2개 층에 미치지 않을 것

  ㉡ 방수구역마다 일제개방밸브를 설치할 것

  ㉢ 하나의 방수구역을 담당하는 헤드의 개수는 50개 이하로 한다. 다만, 방수구역을 2개 이상으로 나눌 경우 하나의 방수구역을 담당하는 헤드의 개수는 25개 이상으로 할 것

# 방화구조

## 1. 정의 【건축법 시행령 제2조】

① 방화구조란 화염의 확산을 막을 수 있는 성능을 가진 구조로서 국토교통부령으로 정하는 기준에 적합한 구조를 말한다.

② 내화구조란 화재에 견딜 수 있는 성능을 가진 구조로서 국토교통부령으로 정하는 기준에 적합한 구조를 말한다. 즉, 차염성, 차열성, 하중지지력의 성능을 가진 구조를 말하며 방화구획은 내화구조로 된 바닥·벽 및 방화문(자동방화셔터 포함)으로 구획한다.

③ 방화구조는 화재 성장기에 견디는 구조이며 내화구조는 화재 최성기까지 견디는 구조로서 화재진압 후 재사용이 가능한 구조이다.

## 2. 방화구조 설치대상

① 연면적 1,000m² 이상인 대규모 목조 건축물은 외벽 및 처마 밑의 연소할 우려가 있는 부분을 방화구조로 하고 지붕은 불연재료로 하여야 한다. 【건축물의 피난·방화구조등의 기준에 관한 규칙 제22조 제1항】

② 연소할 우려가 있는 부분이란 인접대지경계선·도로중심선 또는 동일한 대지 안에 있는 2동 이상의 건축물 외벽간의 중심선으로부터 1층은 3m 이내, 2층 이상은 5m 이내의 거리에 있는 건축물의 각 부분을 말한다.(공원, 광장, 하천, 내화구조의 벽에 접하는 부분 제외)【건축물의 피난·방화구조 등의 기준에 관한 규칙 제22조】

## 3. 국토교통부령으로 정한 방화구조 기준 【건축물의 피난·방화구조 등의 기준에 관한 규칙 제4조】

① 철망모르타르로서 바름두께가 2cm 이상인 것

② 석고판위에 시멘트모르타르 또는 회반죽을 바른 것으로서 두께의 합이 2.5cm 이상인 것

③ 시멘트모르타르 위에 타일을 붙인 것으로서 두께의 합계가 2.5cm 이상인 것

④ 심벽에 흙으로 맞벽치기한 것

⑤ 한국산업표준에 따라 시험한 결과 방화2급 이상에 해당하는 것

## [ KEYWORD 086 ] 방화구획

## 1. 개요

① 방화구획이란 화재발생 시 연소의 확대를 차단하기 위해 일정한 공간을 구획하는 것을 말한다.

② 10층 이하인 경우 방화구획 면적을 바닥면적 1,000m²로 제한하는데, 이는 실제 소화활동 시 바닥 면적이 1,000m²를 초과하면 화재진압이 어렵다는 과거 경험에 근거하여 제한하는 것으로 알려져 있다.

[사진 70] 복합건축물 1층 방화구획 예

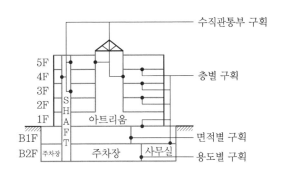

[그림 73] 방화구획 예시도

## 2. 설치대상 【건축법 시행령 제46조】

① 주요구조부가 내화구조 또는 불연재료로 된 건축물로서 연면적 1,000m²를 넘는 것은 내화구조로 된 바닥·벽 및 방화문(자동방화셔터 포함)으로 구획하여야 한다.

＊ 용어 "내화구조", "불연/준불연/난연" 참조

② 건축물 일부의 주요구조부를 내화구조로 하거나 건축물의 일부에 방화구획을 완화하여 적용한 경우에는 내화구조로 한 부분 또는 완화하여 적용한 부분과 그 밖의 부분을 방화구획으로 구획하여야 한다. 【건축법시행령 제46조 제3항】

＊ 주요구조부 : 주계단, 내력벽(耐力壁), 기둥, 바닥, 보 및 지붕

## 3. 방화구획기준 【건축물의 피난 · 방화구조 등의 기준에 관한 규칙 제14조 제1항】

① 10층 이하의 층은 바닥면적 1,000m²(스프링클러 등의 자동식 소화설비 설치 시 바닥면적 3,000m²) 이내마다 구획할 것

② 매층마다 구획할 것. 다만, 지하1층에서 지상으로 직접 연결하는 경사로 부위는 제외한다.

③ 11층 이상의 층은 바닥면적 200m²(스프링클러 등의 자동식 소화설비 설치 시 600m²) 이내마다 구획할 것. 다만, 벽 및 반자의 실내마감을 불연재료로 설치 시 바닥면적 500m²(스프링클러 등의 자동식 소화설비 설치 시 1,500m²) 이내마다 구획할 것

④ 필로티나 그밖에 이와 비슷한 구조(벽면적의 2분의 1 이상이 그 층의 바닥면에서 위층 바닥 아래 면까지 공간으로 된 것만 해당)의 부분을 주차장으로 사용하는 경우 그부분은 건축물의 다른 부분과 구획할 것

* 필로티(piloti) : 1층에 벽체가 없고 기둥만 있는 공간으로 바닥면적에 산입하지 아니한다.

## 4. 설치기준 【건축물의 피난 · 방화구조 등의 기준에 관한 규칙 제14조 제2항】

① 방화구획으로 사용하는 60분+방화문 또는 60분 방화문은 언제나 닫힌 상태를 유지하거나 화재로 인한 연기 또는 불꽃을 감지하여 자동적으로 닫히는 구조로 할 것. 다만, 연기 또는 불꽃을 감지하여 자동적으로 닫히는 구조로 할 수 없는 경우에는 온도를 감지하여 자동적으로 닫히는 구조로 할 수 있다.

② 외벽과 바닥 사이 틈새, 급수관 · 배전관 등의 관이 방화구획을 관통하는 경우 그로 인하여 방화구획에 틈이 생긴 때에는 그 틈을 내화구조의 성능기준에 따른 내화시간 이상 견딜 수 있는 내화채움성능이 인정된 구조로 메울 것

③ 환기 · 난방 또는 냉방시설의 풍도가 방화구획을 관통하는 경우 관통부분 또는 근접한 부분에 다음 기준에 적합한 댐퍼를 설치할 것. 다만, 반도체공장 건축물로서 방화구획을 관통하는 풍도의 주위에 스프링클러헤드를 설치하는 경우에는 그렇지 않다.

ㄱ 화재로 인한 연기 또는 불꽃을 감지하여 자동적으로 닫히는 구조로 할 것. 다만, 주방 등 연기가 항상 발생하는 부분에는 온도를 감지하여 자동적으로 닫히는 구조로 할 수 있다.

ㄴ 국토교통부장관이 정하여 고시하는 비차열성능 및 방연성능 등이 기준에 적합할 것

## 5. 설치제외(완화조건) 【건축법 시행령 제46조】

① 문화 및 집회시설(동·식물원 제외), 종교시설, 운동시설, 장례시설 용도로 쓰는 거실로서 시선 및 활동공간의 확보를 위하여 불가피한 부분

② 물품의 제조·가공 및 운반 등(보관은 제외)에 필요한 고정식 대형 기기 또는 설비의 설치를 위하여 불가피한 부분. 다만, 지하층인 경우에는 지하층의 외벽 한쪽 면 전체가 건물 밖으로 개방되어 보행과 자동차의 진입·출입이 가능한 경우에 한정한다.

③ 계단실·복도 또는 승강기의 승강장 및 승강로로서 그 건축물의 다른 부분과 방화구획으로 구획된 부분. 다만, 해당 부분에 위치하는 설비배관 등이 바닥을 관통하는 부분은 제외한다.

④ 건축물의 최상층 또는 피난층으로서 대규모 회의장·강당·스카이라운지·로비 또는 피난안전구역 등의 용도로 쓰는 부분으로 해당용도로 사용하기 위하여 불가피한 부분

⑤ 복층형 공동주택의 세대별 층간 바닥 부분

⑥ 주요구조부가 내화구조 또는 불연재료로 된 주차장

⑦ 단독주택, 동물 및 식물 관련시설 또는 국방·군사시설 중 군사시설(집회, 체육, 창고 등의 용도로 사용되는 시설만 해당)로 쓰는 건축물

⑧ 건축물의 1층과 2층의 일부를 동일한 용도로 사용하며 그 건축물의 다른 부분과 방화구획으로 구획된 부분(바닥면적의 합계가 500m² 이하인 경우로 한정한다)

방화댐퍼

## 1. 개요

① 방화댐퍼란 구획 내 화재발생 시 방화구획을 관통하는 풍도에 의해 인접구역으로의 연소확대를 방지하기 위해 설치하는 댐퍼를 말한다.

② 방화댐퍼는 평상시 댐퍼 날개를 온도퓨즈(가용편)가 지지하고 퓨즈 작동 시 스프링 장력으로 이것을 떨어뜨리는 기구를 가진 것으로 화재가 발생할 경우 덕트 내 온도가 72℃ 정도에서 온도퓨즈가 떨어져 댐퍼를 폐쇄시키므로 연소확대를 방지한다.

[사진 71] 각형 방화댐퍼     [사진 72] 원형 방화댐퍼     [사진 73] 커튼형 방화댐퍼

## 2. 건축법상 설치위치 및 설치기준

① 설치위치 【건축물의 피난·방화구조 등의 기준에 관한 규칙 제14조 제2항 제3호】
  ㉠ 환기, 난방 또는 냉방시설의 풍도가 방화구획을 관통하는 경우에 그 관통부분 또는 이에 근접한 부분에 설치한다.
  ㉡ 설치제외 : 반도체 공장건축물로서 관통부 풍도 주위에 스프링클러 헤드를 설치하는 경우

② 설치기준 【건축물의 피난·방화구조 등의 기준에 관한 규칙 제14조 제2항 3호】
  ㉠ 화재로 인한 연기 또는 불꽃을 감지하여 자동적으로 닫히는 구조로 할 것. 다만, 주방 등 연기가 항상 발생하는 부분에는 온도를 감지하여 자동적으로 닫히는 구조로 할 수 있다.
  ㉡ 국토교통부장관이 정하여 고시하는 비차열성능 및 방연성능의 기준에 만족할 것

③ 설치기준 【건축자재 등 품질인정 및 관리기준 제35조 제4항】
  ㉠ 미끄럼부는 열팽창, 녹, 먼지 등에 의해 작동이 저해받지 않는 구조일 것
  ㉡ 방화댐퍼의 주기적인 작동상태, 점검, 청소 및 수리 등 유지·관리를 위하여 검사구·점검구는 방화댐퍼에 인접하여 설치할 것

ㄷ 부착 방법은 구조체에 견고하게 부착시키는 공법으로 화재 시 덕트가 탈락, 낙하해도 손상되지 않을 것

ㄹ 배연기의 압력에 의해 방재상 해로운 진동 및 간격이 생기지 않는 구조일 것

## 3. 방화댐퍼의 종류

① 날개에 따른 종류

ㄱ 스플리트 댐퍼(Split Damper)

ㄴ 버터플라이 댐퍼(Butterfly Damper)

ㄷ 평행익(平行翼)댐퍼(Parallel Leaf Damper)

ㄹ 대향익(對向翼)댐퍼(Opposed Leaf Damper)

ㅁ Slide Damper

ㅂ 기타

② 화재감지 방식에 따른 종류(일본 건설성 고시 제2565호)

ㄱ 온도퓨즈와 연동하는 방화댐퍼(Fire Damper)

ㄴ 열감지와 연동하는 방화댐퍼(Fire Damper)

ㄷ 연기감지기와 연동하는 방화댐퍼(Smoke Damper : 방연댐퍼)

## 4. 제연덕트에 설치되는 방화댐퍼

① 제연덕트가 부득이하게 방화구획을 관통하는 경우 관통부위 또는 이에 근접한 부분에 설치하되 280℃ 이상의 중온도용 방화댐퍼를 설치한다. 【2020년도 국가화재안전기준 해설서 (5권) 71쪽】 참조

② 저온도퓨즈를 사용하지 않는 것은 초기 화재시 제연설비로 기능을 하다가 중기이후에는 이미 피난이 불가한 조건이 되므로 화재댐퍼가 작동하여 제연설비 기능보다는 화염전파를 차단하는 방화구획의 기능을 만족하도록 하기 위함이다.

## [ KEYWORD 088 ] 방화문

## 1. 개요

① 방화문이란 피난계단 또는 방화구획 등의 출입구에 설치하여 화재시 발생하는 화염이나 열, 연기 등이 다른 장소로 확산되는 것을 차단하는 성능을 가진 출입문을 말한다.

② 방화문은 사양(Specification)기준이 아니라 성능기준으로서 비틀림강도 · 연직하중강도 · 개폐력 · 개폐반복성 및 내충격성 시험 외에 차열과 비차열 성능 · 차염성 · 차연성 등의 시험을 거친다.

③ 차열성은 시험하지 않고 차염성만을 시험하는 것을 비차열이라 하며 차열성은 방화문에 단열재를 설치하여 열전달을 차단하는 성능을 말한다.

## 2. 설치대상

① 60분＋방화문 또는 60분 방화문
  ㉠ 건축물 내부에서 피난계단의 계단실로 통하는 출입구
  ㉡ 건축물 내부에서 특별피난계단의 노대 또는 부속실로 통하는 출입구
  ㉢ 건축물 내부에서 피난용승강기 승강장으로 통하는 출입구 및 피난용승강기 기계실 출입구
  ㉣ 방화구획의 출입구
  ㉤ 아파트 발코니에 설치하는 대피공간의 출입구
  ㉥ 옥상광장 등에 설치하는 대피공간의 출입구
  ㉦ 연면적 1,000m² 이상의 목조건축물에 설치하는 방화벽의 출입구
  ㉧ 방화지구 내 건축물의 인접대지경계선에 접하는 외벽에 설치하는 출입구

② 30분 방화문
  ㉠ 특별피난계단의 노대 또는 부속실로부터 계단실로 통하는 출입구
  ㉡ 인근 건축물과 이어지는 연결복도나 연결통로에 설치하는 출입구

## 3. 방화문의 구분 【건축법 시행령 제64조】

① 60분＋방화문 : 연기 및 불꽃을 차단할 수 있는 시간이 60분 이상이고, 열을 차단할 수 있는 시간이 30분 이상인 방화문

② 60분 방화문 : 연기 및 불꽃을 차단할 수 있는 시간이 60분 이상인 방화문
  * 비차열 : 차열성(Thermal Insulation)은 없고 차염성(Integrity)만 있음

＊ 차열 : 차열성(Thermal Insulation)이 있고  차염성(Integrity)도 있음
  **차열성**이란 열차단 성능을 말하는 것으로 한쪽면을 가열했을 때 비가열면의 온도상승을 규정된 수준이하로
  제한하는 성능을 말하며 **차염성**이란 화염 차단 능력을 말하는 것으로 한쪽 면에서 가열 될 때, 화염이나 고온
  가스의 통과 또는 비가열면에서 화염 발생을 방지하는 성능을 말한다. 따라서 비차열 방화문의 경우 방화유
  리문도 가능하다.

③ 30분 방화문 : 연기 및 불꽃을 차단할 수 있는 시간이 30분 이상 60분 미만인 방화문

[사진 74] 계단실에 설치된 방화문

## 4. 성능기준 【방화문 및 자동방화셔터의 인정 및 관리기준 세부운영지침 별표 1】

▼ [표 43] 방화문의 성능기준

| 분류 | | 성능 | 성능평가기준 |
|---|---|---|---|
| 내화<br>성능 | 비차열 | 30분 | KS F 2268 − 1(방화문의 내화시험방법)에 따른 내화시험결과 30분 이상의 비차열<br>성능 |
| | | 60분 이상 | KS F 2268 − 1(방화문의 내화시험방법)에 따른 내화시험결과 60분 이상의 비차열<br>성능 |
| | 차열 | 30분 | KS F 2268 − 1(방화문의 내화시험방법)에 따른 내화시험결과 30분 이상의 차열 성능 |
| | | 60분 이상 | KS F 2268 − 1(방화문의 내화시험방법)에 따른 내화시험결과 60분 이상의 차열 성능 |
| 부가<br>성능 | | | • KS F 2846(방화문의 차연성시험방법)에 따른 차연성시험결과 KS F 3109(문세트)에서 규정한 차연성능<br>• KS F 3109(문세트)에 따른 방화문 필수 시험항목<br>• 철강제 이외의 방화문 KS L 2006(망판유리 및 선판유리)에 따른 가열 후 충격시험<br>• 도어클로저가 부착된 상태에서 방화문을 작동하는데 필요한 힘은 문을 열 때 133N 이하, 완전 개방한때<br>  67N 이하<br>• 현관 등에 설치하는 디지털 도어록은 KS C 9806(디지털 도어록)에 적합한 화재 시 대비방법에 적합한<br>  내화형 디지털 도어록<br>• 방화문의 상부 또는 측면으로부터 50센티미터 이내에 설치되는 방화문 붙박이창은 KS F 2268 − 1(방화<br>  문의 내화시험방법)에 따라 시험한 결과 해당 비차열 성능 |

## [ KEYWORD 089 ] 방화셔터

## 1. 개요

① 방화셔터란 방화구획의 용도로서 공항·체육관 등 넓은 공간에 부득이하게 내화구조로 된 벽을 설치하지 못하는 경우에 사용하는 것으로 화재 시 연기 및 열을 감지하여 자동 폐쇄되는 셔터를 말한다.

② 일체형 방화셔터는 방화셔터의 일부에 피난을 위한 출입구가 설치된 것으로 3m 이내에 방화문을 설치할 수 없는 장소에 적용하였으나 관련 기준이 개정되어 사용할 수 없다.

* 방화셔터를 대체하여 방화문 및 자동방화셔터의 인정 및 관리기준에 따른 성능이 확보된 방화스크린 사용이 늘어가는 추세이다.

③ 자동방화셔터란 내화구조로 된 벽을 설치하지 못하는 경우 화재 시 연기 및 열을 감지하여 자동 폐쇄되는 셔터로서 건축자재 등 품질인정기관이 적합하다고 인정한 제품을 말한다. 【건축자재 등 품질인정 및 관리기준 제2조】

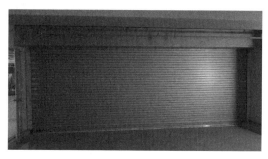

[사진 75] 방화셔터

## 2. 자동방화셔터 설치기준 【건축물의 피난·방화구조 등의 기준에 관한 규칙 제14조】

① 피난이 가능한 60분+방화문 또는 60분 방화문으로부터 3m 이내에 별도로 설치할 것

② 전동방식이나 수동방식으로 개폐할 수 있을 것

③ 불꽃감지기 또는 연기감지기 중 하나와 열감지기를 설치할 것

④ 불꽃이나 연기를 감지한 경우 일부 폐쇄되는 구조일 것

⑤ 열을 감지한 경우 완전 폐쇄되는 구조일 것

## 3. 성능기준 및 구성 【건축자재 등 품질인정 및 관리기준 제34조】

① 건축물 방화구획을 위해 설치하는 자동방화셔터는 건축물의 용도 등 구분에 따라 화재 시의 가열에 「건축물의 피난 · 방화구조 등의 기준에 관한 규칙」 제14조 제3항에서 정하는 성능 이상을 견딜 수 있어야 한다.

② 차연성능, 개폐성능 등 자동방화셔터가 갖추어야 하는 세부 성능에 대해서는 국토교통부장관이 승인한 세부운영지침에서 정한다.

③ 자동방화셔터는 「건축물의 피난 · 방화구조 등의 기준에 관한 규칙」 제14조 제2항 제4호에 따른 구조를 가진 것이어야 하나, 수직방향으로 폐쇄되는 구조가 아닌 경우는 불꽃, 연기 및 열감지에 의해 완전폐쇄가 될 수 있는 구조여야 한다. 이 경우 화재감지기는 화재안전기준에 적합하여야 한다.

④ 자동방화셔터의 상부는 상층 바닥에 직접 닿도록 하여야 하며, 그렇지 않은 경우 방화구획 처리를 하여 연기와 화염의 이동통로가 되지 않도록 하여야 한다.

## 4. 성능기준 【방화문 및 자동방화셔터의 인정 및 관리기준 세무운영지침 별표 1】

▼ [표 44] 자동방화셔터의 성능기준

| 분류 | | 성능 | 성능평가기준 |
|---|---|---|---|
| 내화성능 | 수직 비차열 | 60분 이상 | KS F 2268 − 1(방화문의 내화시험방법)에 따른 내화시험결과 60분 이상의 비차열 성능 |
| | 수직 차열 | 30분 이상 | KS F 2268 − 1(방화문의 내화시험방법)에 따른 내화시험결과 30분 이상의 차열 성능 |
| 부가성능 | • KS F 4510(중량셔터)에서 규정한 차연 성능<br>• KS F 4510(중량셔터)에서 규정한 개폐 성능<br>• 철강제 이외의 방화문 KS L 2006(망판유리 및 선판유리)에 따른 가열 후 충격시험 | | |
| 내화성능 | 수평 비차열 | 60분 이상 | KS F 2257 − 5 − 1(방화문의 내화시험방법)에 따른 내화시험결과 60분 이상의 비차열 성능 |
| | 수평 차열 | 30분 이상 | KS F 2268 − 1(방화문의 내화시험방법)에 따른 내화시험결과 30분 이상의 차열 성능 |
| 부가성능 | • KS F 4510(중량셔터)에서 규정한 차연 성능<br>• KS F 4510(중량셔터)에서 규정한 개폐 성능<br>• 철강제 이외의 셔터는 KS L 2006(망판유리 및 선판유리)에 따른 가열 후 충격시험 | | |

## [ KEYWORD 090 ] 배관방식

## 1. 개요

① 소화설비 배관방식에는 트리배관방식, 루프(Loop) 배관방식, 그리드(Grid) 배관방식, 토너먼트 (Tournament) 배관방식 등이 있다.

② 트리, 루프, 그리드 배관방식은 수계소화설비의 배관에 사용되고 토너먼트 배관방식은 가스계 및 분말 소화설비에 사용된다.

③ 국내에서 가장 많이 사용되는 수계소화설비의 배관 방식은 규약배관방식에 의한 트리(가지형)배 관방식이며 그리드(격자형), 루프배관방식은 수리계산방법에 의한 배관설계에서 사용된다.

## 2. 트리(Tree)배관

① 수평주행 배관은 교차배관에 물을 공급해주고 교차배관은 가지배관에 물을 공급하며 가지배관은 스프링클러 헤드에 물을 공급해주는 System이다.

＊ 수평주행배관 : 직접 또는 입상관을 통해 교차배관에 급수하는 배관(Feed Main) 즉, 유수검지장치 및 제어밸 브가 설치되는 수직배관과 수평배관

＊ 교차배관 : 직접 또는 수직배관을 통해 가지배관에 급수하는 배관

＊ 가지배관 : 스프링클러헤드가 설치되어 있는 배관

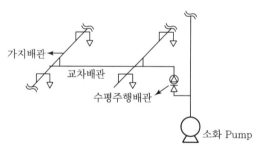

[그림 74] 트리(Tree) 배관

② 헤드의 방사압력 및 방사량은 각 지점에서 균일 하지 않다.

③ 배관 주위에 각종 살수장애물이 있어도 적절한 배관 설계가 가능하다.

④ 시공이 용이하며 편리하다.

## 3. 루프(Loop) 배관

① 스프링클러헤드에 둘이상의 배관에서 물이 공급되도록 여러 개의 교차배관들이 서로 접속되어 있
는 배관방식으로 가지배관은 접속되지 않는다.

② 검증된 수리계산에 의한 경우, 가지배관 헤드 설치개수에 제한을 두지 않는다.

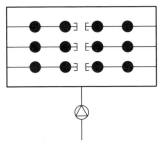

[그림 75] 루프(Loop) 배관

## 4. 그리드(Grid) 배관

① 평행 교차배관들 사이에 다수의 가지배관을 연결하는 배관 방식으로 작동 중인 스프링클러 헤드
가 그 가지배관 양 끝으로부터 물을 공급받는 동안 다른 가지배관은 교차 배관간의 물 이송을 보
조하는 System이다.

② 검증된 수리계산에 의할 경우 가지배관 헤드 설치개수에 제한을 두지 않는다.

③ 유수흐름이 분산되어 압력손실이 적고 고른 압력 분포가 가능하다.

④ 관내 압력 변동이 적고 충격파가 발생하여도 분산이 가능하다.

⑤ 소화설비의 증·개축 시 유리하다.

⑥ 소화용수 및 가압장치의 분산배치가 용이하다.

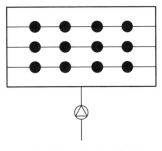

[그림 76] 그리드(Grid) 배관

**217**

## 5. 토너먼트(Tournament) 배관

① 가스계 및 분말소화약제는 배관을 통과할 때에 마찰손실이 크므로 저장용기로 부터 가까운 위치에 있는 헤드와 먼 위치에 있는 헤드로 방출되는 소화약제의 양은 많은 차이가 날 수 있다.

② 그러므로 소화약제가 헤드로 방사될 때에 각각의 헤드마다 배관의 마찰손실을 동일하게 함으로써 방사압력이 균일하도록 하여, 소화약제가 각 헤드로 동일한 양의 약제가 방사되게 하기 위하여 설치한다.

③ 헤드의 방사압력 및 방사량은 각 지점에서 균일하다.

④ 배관 주위에 각종 살수장애물이 있을 경우 적절한 배관 설계가 어렵다.

⑤ 많은 Tee를 써야 하므로 시공이 불편하다.

⑥ 균등한 약제 방사 및 빠른 확산을 위하여 가스계 및 분말 약제 배관에 사용한다.

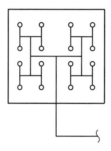

[그림 77] 토너먼트(Tournament) 배관

## [ KEYWORD 091 ] 배선용차단기(MCCB : Molded Case Circuit Breaker)

## 1. 개요

① 배선용차단기는 교류 600V 이하, 직류 250V 이하의 전로 보호에 사용하는 과전류차단기이며, 개폐기 차단장치를 몰드함 내에 일체로 결합한 것이며 전로를 수동 또는 외부 전기조작에 의해 개폐할 수 있는 동시에 과전류, 단락 시 자동으로 전로를 차단시키는 기구이다.

    * 전류차단기 : 배선용차단기, 퓨즈, 기중차단기(ACB), 유입차단기(OCB)와 같이 과부하전류 및 단락전류를 자동
      차단하는 기능을 가진 기구를 말한다.

② 전자기기가 정상적으로 있을 때 흐르는 전류값을 「정격전류」라 하며 이 전류가 흐를 때는 작동하지 않고 정격전류가 아닌 이상 상태에서는 위험을 감지하고 전자기기들을 보호하기 위해 전류를 차단한다.

배선용 차단기 소형    배선용 차단기 2P, 3P    배선용 차단기 4P

[사진 76] 배선용차단기

③ 예전에 일반 가정집 전력량계 부근에 설치되었던 「두꺼비집」이라고 불리던 차단기 기능을 수행하는 것으로 두꺼비집은 퓨즈와 스위치가 모두 개방되어 위험했으나 배선용차단기는 부품이 용기 안에 있어 외부와 접촉할 가능성이 낮고, 퓨즈를 사용하지 않아 안전하다.

[사진 77] 두꺼비집(상부 NF스위치, 하부 퓨즈 설치)

## 2. 배선용차단기의 감지

① 과부하(過負荷, Over Load) 감지

정격전류가 아닌, 전기 기기가 감당할 수 있는 전류값을 초과한 상태를 말한다. 이 상태가 지속되면 전선에 뜨거운 열이 발생되어 전기화재로 이어질 수 있다.

② 단락(短絡, Short-circuit) 감지

단락은 "쇼트"와 "합선"의 다른 명칭이다. 단락의 "단"은 끊을 단(短)이라는 것에 유의해야 한다. 단락은 전기가 공급되는 두 가닥의 선이 직접 연결되는 상태를 말한다. 단락이 되는 순간 높은 전류가 흐르게 되며 전기스파크가 발생하고, 열이 나거나 불꽃이 일어날 수 있다.

## 3. 동작방식에 따른 배선용차단기 종류

▼ [표 45] 배선용차단기 종류

| 구분 | 특징 |
|---|---|
| 열동식 | • 바이메탈의 열에 대한 변형(變形) 특성을 이용하여 동작하는 것<br>• 직렬식 : 소용량에 적용<br>• 병렬식 : 중, 대용량에 적용<br>• CT식 : 교류 대용량에 적용 |
| 열동 전자식 | 열동식과 전자식 두 가지 동작요소를 갖고 과부하 영역에서는 열동식 소자가 동작하고, 단락 대전류 영역에서는 전자식 소자에 의해 단시간에 동작 |
| 전자(電磁)식 | 전자석에 의해 동작하는 것으로 동작시간이 길어진다. |
| 전자(電子)식 | CT를 설치하여 CT 2차 전류를 연산하고, 연산결과에 의해 소전류 영역에서는 장(長)시간, 대전류 영역에서는 단(短)시간, 단락전류에서는 순시에 동작한다. |

## 4. 차단기와 개폐기 차이

① 차단기는 막을 차(遮), 끊을 단(斷)으로, 막아주고 끊어주는 기기라는 의미로 이상 상태가 감지되면 선로를 차단하여주는 기기이다.

이와 다르게 개폐기는 열 개(開), 닫을 폐(閉)로, 선로를 열고 닫을 수 있게 해주는 기기이다.

차단기와 개폐기는 선로를 On-Off 하는 점에서는 공통점을 가지지만, 개폐기는 정상적인 전로에서도 사용자가 필요할 때 On-Off 할 수 있지만 차단기는 전기 선로에서 이상전류 발생이 예상되는 시점에서 이를 사전에 감지해 강제로 선로를 차단시킨다는 차이점이 있다.

② 배선용차단기는 차단기의 차단기능과 개폐기의 개폐기능을 함께 갖고 있는 차단기이다.

KEYWORD

# [ KEYWORD 092 ] 배연설비(배연창)

## 1. 개요

배연설비는 화재발생 시 재실자의 신속한 피난과 소화활동 등을 위해 설치하는 설비로서 연기를 건축물에 설치된 창문이나 기계적인 동력장치에 의해 옥외로 배출하는 설비이다.

## 2. 설치대상 【건축법 시행령 제51조】

① 6층 이상인 건축물로서 다음의 용도로 쓰는 건축물의 거실(피난층 제외)

   ㉠ 제2종 근린생활시설 중 공연장, 종교집회장, 인터넷컴퓨터게임시설제공업소 및 다중생활시설 (공연장, 종교집회장, 인터넷컴퓨터게임시설제공업소는 해당 용도의 바닥면적 합계가 각각 300m² 이상)

   ㉡ 문화 및 집회시설, 종교시설, 판매시설, 운수시설, 의료시설(요양병원, 정신병원은 제외), 교육연구시설 중 연구소

   ㉢ 노유자시설 중 아동 관련 시설, 노인복지시설(노인요양시설 제외)

   ㉣ 수련시설 중 유스호스텔, 운동시설, 업무시설, 숙박시설, 위락시설, 관광휴게시설, 장례시설

② 층수 관계없이 다음의 용도로 쓰는 건축물

   ㉠ 의료시설 중 요양병원 및 정신병원

   ㉡ 노유자시설 중 노인요양시설ㆍ장애인 거주시설 및 장애인 의료재활시설

   ㉢ 제1종 근린생활시설 중 산후조리원

## 3. 설치기준 【건축물의 설비기준 등에 관한 규칙 제14조】

① 거실에 설치하여야 하는 건축물(피난층 제외)

   ㉠ 방화구획마다 1개소 이상의 배연창을 설치할 것

   ㉡ 배연창의 상변과 천장 또는 반자로부터 수직거리는 0.9m 이내일 것

   ㉢ 반자높이가 바닥에서 3m 이상인 경우는 배연창의 하변이 바닥으로부터 2.1m 이상일 것

   ㉣ 배연창의 유효면적은 1m² 이상으로서 면적합계가 해당 건축물의 바닥면적(방화구획이 설치된 경우 해당부분의 바닥면적)의 100분의 1 이상일 것. 다만, 거실바닥면적의 20분의 1 이상으로 환기창을 설치한 거실의 면적은 바닥면적에 산입하지 아니한다.

   ㉤ 배연구는 연기 또는 열감지기에 의하여 자동으로 열 수 있고 수동으로 열고 닫을 수 있을 것

  ⓗ 배연구는 예비전원에 의하여 열 수 있을 것

  ⓢ 기계식 배연설비를 설치하는 경우 ㉠~ⓗ의 규정에 불구하고 소방관계법령에 적합하도록 할 것

[사진 78] 배연설비가 설치된 창문

② 특별피난계단, 비상용승강기의 승강장에 설치하는 배연설비

  ㉠ 배연구 및 배연풍도는 불연재료로 하고 화재 시 원활하게 배연시킬 수 있는 규모로서 외기 또는 평상시에 사용하지 아니하는 굴뚝에 연결할 것

  ㉡ 배연구에 설치하는 수동 또는 자동개방장치(열 또는 연기감지기에 의한 것)는 손으로도 열고 닫을 수 있을 것

  ㉢ 배연구는 평상시에는 닫힌 상태를 유지하고 열린 경우는 배연에 의한 기류로 인하여 닫히지 아니하도록 할 것

  ㉣ 배연구가 외기에 접하지 아니하는 경우에는 배연기를 설치할 것

  ㉤ 배연기는 배연구의 열림에 따라 자동적으로 작동하고 충분한 공기배출 또는 가압능력이 있을 것

  ⓗ 배연기는 예비전원을 설치할 것

  ⓢ 공기유입방식을 급기가압방식 또는 급·배기방식으로 하는 경우 ㉠~ⓗ의 규정에 불구하고 소방관계법령의 규정에 적합하게 할 것

## [ KEYWORD 093 ] 배연창의 유효면적 【건축물의 설비기준 등에 관한 규칙 별표 2】

### 1. 미서기창(옆으로 밀어서 창을 개폐하는 형식) : $H \times l$

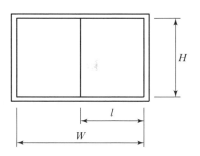

$l$ : 미서기창의 유효폭
$H$ : 창의 유효 높이
$W$ : 창문의 폭

### 2. Pivot 종축창 : $H \times l'/2 \times 2$

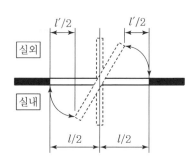

$H$ : 창의 유효높이
$l$ : 90° 회전 시 창호와 직각방향으로 개방된 수평거리
$l'$ : 90° 미만 0° 초과 시 창호와 직각방향으로 개방된 수평거리

### 3. Pivot 횡축창 : $(W \times l_1) + (W \times l_2)$

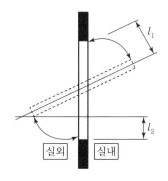

$W$ : 창의 폭
$l_1$ : 실내 측으로 열린 상부 창호의 길이방향으로 평행하게 개방된 순거리
$l_2$ : 실외 측으로 열린 하부 창호의 창틀과 평행하게 개방된 수평투영거리

## 4. 들창

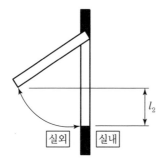

$W$ : 창의 폭
$l_2$ : 창틀과 평행하게 개방된 순수수평투영면적

## 5. 미들창

창이 실외측으로 열리는 경우 : $W \times l$
창이 실내측으로 열리는 경우 : $W \times l_1$
(단, 창이 천장 또는 반자에 근접한 경우 : $W \times l_2$)

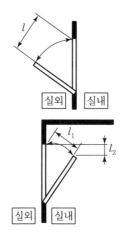

$W$ : 창의 폭
$l$ : 실외측으로 열린 상부 창호의 길이방향으로
　평행하게 개방된 순거리
$l_1$ : 실내측으로 열린 상부 창호의 길이방향으로
　개방된 순거리
$l_2$ : 창틀과 평행하게 개방된 수평투영거리
* 창이 천장 또는 반자에 근접한 경우 : 창의 상
　단에서 천장면까지의 거리 $\leq l_1$

KEYWORD
## [ KEYWORD 094 ] 벽부형(환기 및 제연 겸용) 송풍기

## 1. 개요

평상시 환기를 담당하여 실내 공기질 유지에 도움을 주며, 화재 발생 시 화재로 인한 독성 매연의 긴급 제연기능을 가지고 있다.

고온의 온도조건에서도 일정시간 운전이 가능하여 유독성 가스로부터 인명을 보호하고 화재진압 활동에 도움을 줄 수 있는 기능을 가진 벽체 부착형 축류 송풍기이다.

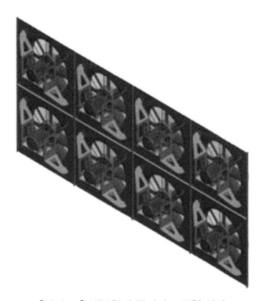

[사진 79] 벽부형 송풍기의 모듈형 설치

## 2. 용도

① 제연설비가 필요한 지하주차장이나 지하공간

② 지하철 및 지하상가 밀집 공간

③ 화력발전소 등 열기 순환이 필요한 공간

## 3. 특징 [출처 : (주)금성풍력]

① 환기 및 제연 겸용으로 별도의 기계실이 필요 없이 벽체에 매립 시공이 가능하다.

② H-Class 절연모터 적용으로 고온에서 운전이 가능하므로 화재 시에도 작동할 수 있다.

　　* H-Class : 허용최고온도 180℃

③ 모터 직결 구동으로 유지보수가 간단하다.

④ 화재용 댐퍼(MFD)와 역풍방지용 댐퍼(BDD)를 설치 할 수 있는 구조로 되어있다.

⑤ 군집제어및 개별기동이 가능하도록 구성할 수 있어, 필요한 유량에 따라 수량제어가 가능하다.

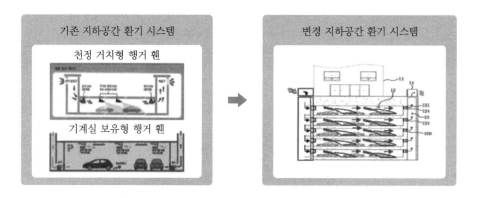

## 4. 성능곡선 [출처 : (주)금성풍력]

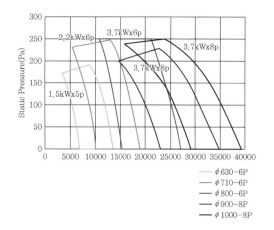

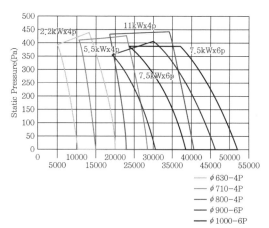

# 보유공지

## 1. 개요 【위험물안전관리법 시행규칙 별표 4,5,6,11】

① 보유공지란 제조소 등에서 화재의 예방 또는 진압 차원에서 보유하여야 하는 공간을 말하며, 보유
공지 안에는 어떠한 시설도 있어서는 안 되는 절대적 확보공간이다.

② 보유공지는 방호벽을 설치해도 단축되지 않는다.

③ 이에 반해 안전거리는 제조소등이 설치될 때 주위에 방호대상물이 있는 경우 연소확대방지 및 안
전을 위해 지켜야 할 수평거리를 말한다.

안전거리는 불연재료로 된 방화상 유효한 담 또는 벽을 설치하는 경우 안전거리를 단축할 수 있다.

④ 보유공지는 제조소, 옥내저장소, 옥외저장소, 옥외탱크저장소에서 규정하고 있고 안전거리는 제
조소, 옥내저장소, 옥외저장소, 옥외탱크저장소, 이송취급소, 일반취급소에서 규정하고 있다.

## 2. 보유공지의 목적

① 연소확대의 방지

② 화재 등의 경우 원활한 피난

③ 소화활동의 공간 확보

## 3. 제조소등의 보유공지 【위험물안전관리법 시행규칙 별표 4~7】

▼ [표 46] 제조소등의 보유공지

| 제조소등<br>배수 | 제조소 | 옥외<br>저장소 | 옥내저장소 | | 옥외탱크저장소 | |
|---|---|---|---|---|---|---|
| | | | 내화구조 | 기타구조 | | |
| 5배 이하 | − | − | − | 0.5m 이상 | 500배 | 3m 이상 |
| 5배 초과<br>10배 이하 | 3m 이상 | 3m 이상 | 1m 이상 | 1.5m 이상 | 500배<br>~1,000배 | 5m 이상 |
| 10배 초과<br>20배 이하 | 5m 이상 | 5m 이상 | 2m 이상 | 3m 이상 | 1,000배<br>~2,000배 | 9m 이상 |
| 20배 초과<br>50배 이하 | − | 9m 이상 | 3m 이상 | 5m 이상 | 2,000배<br>~3,000배 | 12m 이상 |
| 50배 초과<br>200배 이하 | − | 12m 이상 | 5m 이상 | 10m 이상 | 3,000배<br>~4,000배 | 15m 이상 |
| 200배 초과 | − | 15m 이상 | 10m 이상 | 15m 이상 | 4,000배 초과 | 지름 또는 높이 중 큰치수 적용<br>(횡형탱크는 긴변)<br>30m 초과 : 30m 이상<br>15m 미만 : 15m 이상 |

[ **KEYWORD 096** ] 보일오버(Boil Over)

## 1. 개요

① 보일(비등)오버란 중질유 탱크 화재 시 탱크저부에 있는 물이 급격히 증발하여 탱크 밖으로 화재를 동반하여 방출하는 현상을 말한다.

② 유류탱크에서 탱크바닥에 물과 기름의 에멀젼이 섞여 있을 때 이로 인해 화재가 발생하는 현상

　* 에멀젼[Emulsion : 유화액(乳化液)] : 우유처럼 액체가 다른액체에 콜로이드(Colloid)상태로 퍼져있는 용액, 화장품 로숀같은 상태임

③ 보일오버는 다비점(多沸點) 중질유저장탱크 화재 시 발생되는 현상이다.

　* 중질유(重質油) : 비중측정단위가 30도 이하인 비중이 무거운 원유(原油)임

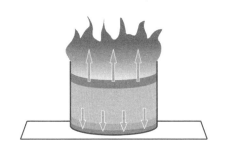 

[그림 78] 보일오버

## 2. 발생 메커니즘(Mechanism)

다비점의 중질유 저장탱크 화재발생 → 저비점 물질은 유류표면층에서 연소, 증발 → 고비점 물질은 화염온도에 의해 가열, 축적되어 200~300℃ 열류층 형성 → 열류층이 탱크 하부에 있는 수층에 열전달 → 물이 비등하며 탱크 내 기름 분출(화재동반)

## 3. 방지대책

① 탱크 내용물의 기계적 교반
② 탱크 하부 물의 배출
③ 탱크 하부 과열 방지

**228**

[ **KEYWORD** **097** ]  **복사(열전달)**

## 1. 개요

① 복사란 열전달 양식 3가지(전도, 대류, 복사) 가운데 하나로 전도나 대류와 달리 중간에 매개 물질 없이 물체표면에서 전자기파에 의한 열에너지[열선(Heat Ray)]의 이동을 말한다.

[그림 79] 전도, 대류, 복사

② 물질을 구성하는 원자 안에는 전하(물체가 띠고 있는 전기)를 가진 입자(양전자와 전자)가 있는데 이들이 열에너지를 받아 운동함으로서 전자기파를 방출한다.

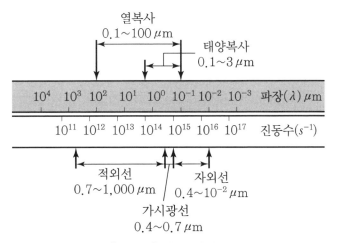

[그림 80] 열복사의 파장

## 2. 복사열량(스테판볼츠만의 법칙 : Stefan Boltzmann's Law)

"모든 물체는 표면절대온도의 4승에 비례하는 열복사선을 방사한다"

$$Qr = \varepsilon \cdot \sigma \cdot Ts^4 \cdot A$$

여기서, $Qr$ : 복사열량(kcal)

$\varepsilon$ : 복사율($0 < \varepsilon < 1$)

$\sigma$ : 상수 ($4.88 \times 10^{-8} kcal/m^2 \cdot h \cdot K^4$)

$Ts$ : 표면절대온도(K)

$A$ : 표면적($m^2$)

## 3. 소방에서의 복사열

① 건축물 화재 시 복사열은 "Flash Over(국부화재에서 전실화재로의 전이)" 발생 조건 중 하나가
된다.

② 건축물 실 내부 바닥 복사수열량이 20~40kW/$m^2$일 때 발생(860kcal/kW)

## [ KEYWORD 098 ] 본질안전방폭구조(Intrinsic Safety, Ex ia or Ex ib)

## 1. 개요

① 위험지역으로 흘러 들어가는 에너지의 크기를 최소 점화에너지 이하로 제어하는 구조(측정 및 제어장치)이다.

② 정상상태 및 가정된 이상상태에서 전기불꽃이 발생하여도 소정의 시험가스나 폭발성 분위기에서 본질적으로 점화되지 않도록 설계되었다.

③ 에너지 제한이 적용되므로 고전압을 사용하는 전력회로나 동력을 직접 사용하는 기기에는 적용이 어려우며 대부분 저전력장비에 적용된다.

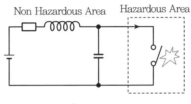

[그림 81] 본질안전방폭구조

## 2. 적용장소 : "0종장소" 위험장소

① 위험위기 : 정상적인 상태에서 지속적 위험분위기를 형성하는 공간

② 장소 : 인화성 액체용기 및 탱크 내 액면 상부, 가연성 가스 용기 내부 등

## 3. 적용설비

① 정격전압 : 1.2V 이하

② 정격전류 : 0.1A 이하

③ 정격전력 : 25mw(또는 전기적 에너지 $20\mu J$ 이하)

예 무전지식 전화기, 휴대용 소출력 무전기, 소세력 열전대, 소세력 접점 등

## [ KEYWORD 099 ] 부식방지법

## 1. 개요

① 강관의 부식(Corrosion)이란 관의 내·외부에서 주위 환경과 전기·화학적인 작용에 의해 관 표면이 산화되어 소모되거나 파괴되는 현상이다.

② 일반적으로 산소와 같은 산화제와 반응하여 금속이 전기·화학적으로 산화되는 것을 가리키며, 고용체 안에서 철 원자가 산화되어 철에 산화물이 생기는 것은 전기·화학적 부식의 일종으로 이를 녹이라고 한다.

③ 부식은 양극에서 일어나고 음극이 되면 부식이 발생하지 않게 되는데 이러한 음극보호 방법으로 희생양극이나 외부전원을 이용해 지하매설 강관의 부식을 방지하게 된다.

## 2. 희생양극법(유전양극방식)

① 희생양극법은 지하매설 강관을 음극으로 하고 Mg막대 등을 양극화하여 희생되게 함으로써 배관을 보호하는 방법이다.

② 부식방지를 필요로 하는 강관에 Al, Mg, Zn 등을 설치할 경우 이 금속은 양극이 되고 점차 용해되어 소모되지만 강관은 음극이 됨으로 보호되는 원리이다.

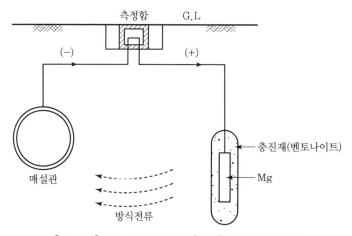

[그림 82] 희생양극법 개념도 [출처] 국토안전관리원

③ 이종금속 간의 전위차를 이용하는 방법으로 강관(Fe)보다 이온화 경향이 크고 전위가 낮은 금속(Mg 등)에서 방식대상 강관에 전류가 흘러 부식을 방지한다.

## 3. 외부전원법(강제전류방식)

① 외부전원법은 지하매설 강관의 양극에 외부로부터 강제적으로 전원을 공급하여 여기에 전류가 흐르게 함으로써 배관을 보호하는 방법이다.

② 전기ㆍ화학적 부식의 원리를 이용하여 강관에 전류를 보내는 방법으로 외부전원용 전극에는 납ㆍ은 합금전극, 백금전극, 고규소철전극 등이 사용되고 있다.

③ 방식대상 강관에 인접하여 양극을 설치하고 여기에 직접 직류전류를 흘려보내서 부식을 방지하는 방법으로 전류공급을 위한 정류기가 필요하다.

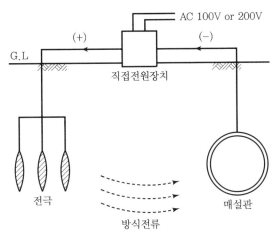

[그림 83] 외부전원법 개념도 [출처] 국토안전관리원

## [ KEYWORD 100 ] 분기배관

## 1. 정의

① 분기배관(일명 "T배관" 또는 "티뽑기")이란 배관측면에 구멍을 뚫어 2 이상의 관로가 생기도록 가공한 배관을 말한다.

② 배관의 방향을 변경 시 사용하는 "T"배관 부속품을 대체한 것으로 시공성, 경제성 등을 고려하여 가공한 배관이다.

## 2. 종류

① 확관형 분기배관

배관의 측면에 조그만 구멍을 뚫고 소성가공(塑性加工)으로 확관시켜 배관이음자리를 만들거나 배관이음쇠를 용접이음한 배관 (일명 "돌출형 T 분기관")을 말한다.

* 소성가공 : 절삭과 같이 절분을 내지 않고 재료에 외력을 가하면서 여러 형태로 가공하는 것

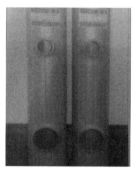

[사진 80] 확관형 분기배관

② 비확관형 분기배관

배관 측면에 분기호칭 내경 이상의 구멍을 뚫고 배관이음쇠를 용접이음한 배관을 말한다.

* 홀 가공 부분에 배관이음쇠를 용접함

[사진 81] 비확관형 분기배관

**234**

# 분말소화약제

## 1. 개요

① 소화약제가 액체, 기체가 아닌 고체 분말가루로서 부촉매(연쇄반응 제어)효과, 질식효과, 냉각효과 등을 이용하여 소화하는 약제를 말한다.

② 분말소화약제는 연소의 연쇄반응을 제어하는 화학작용을 주된 소화효과로 하고 급격히 연소 확대되는 가연성 액체의 표면화재, 즉 Pool Fire(개방공간의 액면화재)의 소화에 효과적이며 또한 전기적 부도체이므로 전기설비의 화재에도 유용하다.

③ 유동성을 좋게 하기 위하여 흡습 방지용 스테아린산아연과 오일 등에 의해 방습 가공 되어 주기적으로 흔들어 섞지 않아도 굳지 않는 우수한 소화약제이다.

## 2. 종류

① 제1종분말[탄산수소나트륨($NaHCO_3$) : 백색, 순도 90% 이상] : B(유류), C(전기)급 화재 적용

$2NaHCO_3 \rightarrow Na_2CO_3 + H_2O + CO_2 - Q\ 270^{\circ}C$

$2NaHCO_3 \rightarrow Na_2O + H_2O + 2CO_2 - Q\ 850^{\circ}C$

[소화특성]

㉠ 연쇄반응을 억제하는 부촉매효과 : $Na^+$(나트륨) 이온

㉡ 약제 열분해에 의해 생성되는 $CO_2$, 수증기에 의한 질식 및 냉각 작용

㉢ 흡열반응에 의한 냉각 작용

㉣ 식용유화재에는 비누화현상($Na_2O$가 유지와 반응하여 금속비누를 만들고 이 비누가 거품을 생성)에 의한 질식 작용

㉤ 분말미립자에 의한 희석 작용

② 제2종분말[탄산수소칼륨($KHCO_3$ ) : 자색, 담회색, 순도 92% 이상] : B, C급 화재 적용

$2KHCO_3 \rightarrow k_2CO_3 + H_2O + CO_2 - Q\ 190^{\circ}C$

$2KHCO_3 \rightarrow k_2O + H_2O + 2CO_2 - Q\ 890^{\circ}C$

[소화특성]

㉠ 연쇄반응을 억제하는 부촉매효과 : $K^+$(칼륨) 이온

㉡ 약제 열분해에 의해 생성되는 $CO_2$, 수증기에 의한 질식 및 냉각 작용

㉢ 흡열반응에 의한 냉각 작용

㉣ 분말미립자에 의한 희석 작용

③ 제3종분말[인산암모늄($NH_4H_2PO_4$) : 담홍색, 순도 75% 이상] : A(일반), B, C급 화재 적용

$$NH_4H_2PO_4 \rightarrow NH_3 + H_3PO_4 - Q \ 190°C$$

$$NH_4H_2PO_4 \rightarrow NH_3 + H_2O + HPO_3 - 360°C$$

[소화특성]

㉠ 연쇄반응을 억제하는 부촉매효과 : $NH_4^+$(암모늄) 이온

㉡ 약제 열분해에 의해 생성되는 $CO_2$, 수증기에 의한 질식 및 냉각 작용

㉢ 흡열반응에 의한 냉각 작용

㉣ 분말미립자에 의한 희석 작용

㉤ 올쏘인산($H_3PO_4$)의 탄화·탈수작용에 의해 섬유소를 난연성의 탄소와 물로 분해시키기 때문에 연소 반응이 억제됨

㉥ 메타인산($HPO_3$)의 방진작용에 의한 피복효과 때문에 A급(일반)화재에 적응성이 있음

[사진 82] 대형 소화기

[사진 83] 소형소화기

④ 제4종분말[탄산수소칼륨과 요소가 화합된 분말($KHCO_3 + CO(NH_3)_2$ : 회백색] : B, C급 화재 적용

$$2KHCO_3 + CO(NH_3)_2 \rightarrow K_2CO_3 + 2NH_3 + 2CO_2 - Q$$

[소화특성]

㉠ 연쇄반응을 억제하는 부촉매효과 : $K^+$(칼륨)이온, $NH_4^+$(암모늄) 이온

㉡ 약제 열분해에 의해 생성되는 $CO_2$, 수증기에 의한 질식 및 냉각 작용

㉢ 흡열반응에 의한 냉각 작용

㉣ 분말미립자에 의한 희석 작용

㉤ 제4종분말의 소화성능이 가장 우수함

## 3. 분말소화약제의 장·단점

① 장점
　　㉠ 연소를 억제하는 부촉매, 질식, 냉각 등에 의해 소화 효과가 우수
　　㉡ 가연성 액체의 표면화재 소화에 탁월한 효과
　　㉢ 절연성이 우수하여 전기화재에 효과적임
　　㉣ 소화약제의 수명이 반영구적이어서 경제적임

② 단점
　　㉠ 피연소물에 피해를 준다(정밀기기나 통신기기류에는 부적합).
　　㉡ 방출할 때 고압을 필요로 한다.

**분진폭발**

## 1. 개요

분진폭발이란 공기 중에 떠도는 농도 짙은 분진이 에너지를 받아 열과 압력을 발생하면서 갑자기 연소, 폭발하는 현상을 말한다.

* 분진 : 75$\mu$m(0.075mm) 이하의 고체입자로서 공기 중에 떠 있는 분체이다.
* 분체 : 지름이 1,000$\mu$m(1mm) 보다 작은 입자이다.

## 2. 가연성분진의 폭발 메커니즘(Mechanism)

분자표면에 열에너지가 주어져 표면온도 상승 → 분자표면에 열분해 또는 건류작용이 일어나 가연성 기체 방출 → 가연성기체와 공기가 혼합되어 가연성 혼합기 형성 → 착화원에 의해 폭발 또는 화염형성 → 화염으로 생긴 열은 연속적으로 미연분말의 분해를 촉진하여 차례로 가연성 가스가 방출되어 공기와 혼합되어 발화 전파

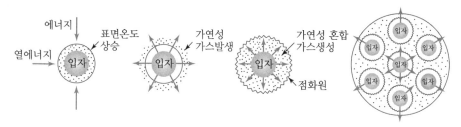

[그림 84] 가연성분진의 폭발 메커니즘

## 3. 분진폭발 물질

① **폭연성 분진** : 마그네슘, 알루미늄, 브론즈 등이 있다.
② **가연성 분진** : 공기 중의 산소와 발열반응을 일으켜 폭발하는 분진으로 곡물분진(소맥분, 전분 등), 설탕, 합성수지류 등 비전도성인 것과 코크스, 철, 동 등 전도성인 것 이 있다.

## 4. 분진폭발 특징

① 가스폭발에 비해 연소의 속도나 폭발압력은 작으나 연소시간이 길고 발생에너지가 크기 때문에 파괴력과 타는 정도가 크다. 발생에너지는 최고치로 가스폭발의 수배정도이고 온도는 2,000~3,000℃정도 까지 올라간다고 한다.

② 폭발 시 입자가 연소하면서 비산하므로 이것이 부딪치는 가연물은 국부적으로 심한 탄화를 일으키며, 특히 인체에 닿으면 심한 화상을 입는다.

③ 최초의 부분적인 폭발에 의해 폭풍이 주위의 분진을 날리게 하여 2차, 3차의 폭발로 파급됨에 따라 피해가 크다.

④ 가스에 비해 불완전 연소를 일으키기 쉬워 일산화탄소에 의한 가스중독의 위험이 있다.

불꽃감지기

## 1. 개요

① 화재 시 연소생성물로서 열, 연기 화염, 연소가스 등이 생성되고, 열복사로 빛이 방출되는데 그 빛은 온도에 따라 파장이 다르며, 자외선 등 다양한 파장의 방출물로 나타난다.

② 불꽃감지기는 다양한 파장의 열복사 에너지 중에서 특정파장의 자외선이나 적외선을 검출하여 이를 전기에너지로 변환하는 것이다.

③ 이러한 특성을 이용한 감지기가 불꽃감지기이며, 종류에는 UV(자외선), IR(적외선), UV/IR(자외선/적외선), IR/IR(적외선/적외선), Spark/Ember Detector(스파크-잔화 감지기) 등이 있다.

자외선/적외선 복합형 불꽃감지기 (방폭형)
**UV/IR FLAME DETERCTOR**
**CS-UIN-C20F**

[사진 84] 불꽃감지기

## 2. UV(자외선) 불꽃감지기(Ultra Violet Detector)

산업용 보일러, 건조로 연소 감지를 위한 차외선 불꽃검지기
**UV FLAME DETECTOR**
**CS-UM-11**

[사진 85] 자외선 불꽃감지기

① 자외선(0.09~0.38μm)의 파장 검출

② 자외선 감지원리

　㉠ 광전효과(광전자 방출) 이용

　　물체에 빛이 조사될 때 그 내부의 전자를 진공 중에 방출하는 광전자가 방사되어 기전력이 발생되는 원리 이용(검출소자 : UV-Tron)

ⓛ 광기전력 효과 이용

빛을 받으면 P, N형 집합반도체의 전극 간에 기전력이 발생하는 원리를 이용[(검출소자 : SPD (Silicon photo diode), Photo Transister)

ⓒ 광도전 효과 이용

반도체에 빛이 조사되면 자유전자와 정공이 증가하고 광량에 비례하여 전류가 증가, 빛에 대해 전기저항이 변화하는 광도전효과 이용(검출소자 : Pbs)

③ 자외선은 연기나 공기중 부유물에 흡수되기 때문에 감도에 대한 신뢰성이 떨어지고 투과창이 오염되는 단점과 아크용접 불빛 등 자외선 노이즈(Noise)에 의한 오보가 많다.

# 3. IR(적외선) 불꽃감지기(Infra-Red Detector)

[사진 86] 적외선 불꽃감지기

① 적외선($0.78\sim5\mu m$) 복사에너지를 감지하는 감지기로서 감지센서로는 초전체를 많이 사용한다.

② 적외선 감지원리

㉠ $CO_2$ 공명 방사 방식

1) 화염에서 방사되는 적외선 영역의 $CO_2$ 방사량을 감지하는 방식

2) 탄소가 함유된 탄화수소 물질의 화재 시에 발생하는 $CO_2$가 열을 받아서 생기는 특유의 파장 중 $4.4\mu m$의 파장에서 최대에너지 강도를 갖는다. 따라서 이를 검출할 경우 화재로 인식하는 것

㉡ 다파장 검출방식

1) 물체가 연소하는 화염의 온도는 대략 1,100~1,600℃ 정도가 된다. 이때 일반 조명광이나 태양광은 이 온도보다 높게 되며, 백열전구의 경우 약 2,800℃ 정도가 된다.

2) 따라서 화염과 조명광이나 자연광의 스펙트럼 분포는 서로 다르고 화염에 의한 스펙트럼은 단파장보다 장파장이 크게 된다. 이 2개의 파장의 에너지 차이 혹은 비를 검출하여 어느 쪽이 큰지 판단하는 것이 2파장 검출방식이다.

     ⓒ 정방사 검출방식

       1) 화염에서 방사되는 적외선 영역의 일정 방사량을 감지하는 방식

       2) 검출소자는 Silicon photo diode 또는 Photo transistor 등이 사용되며 일반적으로 조명등의 영향을 받지 않기 위해 적외선 필터에 의해 $0.72\mu$m 이하의 가시광선은 차단하고 이 범위 이외의 파장을 검출한다.

         검출소자의 특성상 태양광이나 일반 조명이 완전히 꺼지지 않는 밝은 장소에서의 사용이 곤란한 경우도 있게 된다. 적외선 검출형 중 정방사식은 주로 가솔린화재 등에 적합한 방법이다.

     ⓔ 플리커 단파장 검출방식

       1) 화염에서 방사되는 적외선 영역의 Flicker(깜빡거림)를 감지하는 방식

       2) 연소하는 화염에는 산란 또는 Flicker 성분이 포함된다. 가솔린 연소 때 발생하는 화염의 경우 정방사량의 약 6.5%의 Flicker 성분을 포함하고 있다. 이때 이 Flicker의 성분을 검출하는 방식이다.

## 4. 설치장소

① **중요 물품 보관소** : 데이터실, 필름 자료실 등
② **고천장 건물** : 극장, 영화관, 비행기 격납고, 창고 등
③ **불꽃 화재 발생이 용이한 장소** : 위험물 창고, 인쇄, 된장 공장
④ **상시 기류가 이동하는 장소**

## 5. 불꽃감지기 설치기준 【NFTC 203 2.4.3.13】

① 공칭감시거리 및 공칭시야각은 형식승인 내용에 따를 것
② 감지기는 공칭감시거리와 공칭시야각을 기준으로 감시구역이 모두 포용될 수 있도록 설치할 것
③ 감지기는 화재감지를 유효하게 감지할 수 있는 모서리 또는 벽 등에 설치할 것
④ 감지기를 천장에 설치하는 경우에는 감지기는 바닥을 향하여 설치할 것
⑤ 수분이 많이 발생할 우려가 있는 장소에는 방수형으로 설치할 것
⑥ 그 밖의 설치기준은 형식승인 내용에 따르며 형식승인 사항이 아닌 것은 제조사의 시방에 따라 설치할 것

[사진 87] 불꽃감지기 설치모습

## 6. 불꽃감지기 설치 제외 장소

① 현저하게 고온이 되는 장소

② 주방 등 상시 연기가 체류하는 장소

③ 부식성가스 발생우려 장소

④ 결로 발생, 수증기가 다량 체류하는 장소

⑤ 기타 감지기의 기능에 지장을 줄 우려가 있는 장소

[ **KEYWORD 104** ] **불꽃연소/작열연소**

## 1. 개요

불꽃연소(표면화재)란 연료의 표면에서 불꽃을 발생하며 연소하는 것을 말하고, 작열연소(심부화재)란 연료의 표면에서 불꽃을 발생하지 않고 작열(灼熱)하면서 연소하는 것을 말한다.

＊작열 : 태양이나 불 따위가 몹시 뜨겁게 타오르는 것이다.

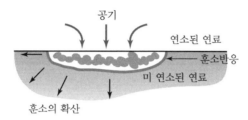

[그림 85] **작열연소(심부화재)**

## 2. 특징

① **불꽃연소**
　㉠ 연소특성이 고체의 열분해, 액체의 증발에 따른 기체의 확산 등 연소양상이 매우 복잡
　㉡ 연소속도가 매우 빠름
　㉢ 시간당 열방출량이 많음(고에너지 화재)
　㉣ 연쇄반응이 일어남
　㉤ B, C급 화재 적응
　㉥ 연소물질 : 고체, 액체, 기체
　㉦ 소화대책 : 연소의 3요소 이론의 냉각, 질식, 제거 외에 연쇄반응 억제에 의한 소화대책

② **작열연소**
　㉠ 고비점 액체생성물과 타르가 응축되어 공기 중에서 무상의 연기 생성
　㉡ 연소속도가 느림
　㉢ 시간당 열방출량이 적음(저에너지 화재)
　㉣ 연쇄반응이 일어나지 않음
　㉤ A급 화재 적응
　㉥ 연소물질 : 고체
　㉦ 소화대책 : 연쇄반응이 없으므로 연소의 3요소 이론의 냉각, 질식, 제거의 소화 대책

[ **KEYWORD**
**105** ]  **불연/준불연/난연재료**

## 1. 정의 【건축법 시행령 제2조】

① 불연재료란 불에 타지 아니하는 성질을 가진 재료로서 국토교통부령으로 정하는 기준에 적합한 재료를 말한다.

② 준불연재료란 불연재료에 준하는 성질을 가진 재료로서 국토교통부령으로 정하는 기준에 적합한 재료를 말한다.

③ 난연재료란 불에 잘 타지 아니하는 성능을 가진 재료로서 국토교통부령으로 정하는 기준에 적합한 재료를 말한다.

## 2. 재료별 종류 【건축물의 피난 · 방화구조 등의 기준에 관한 규칙 제5조~제7조】

① 불연재료

㉠ 콘크리트, 석재, 벽돌, 기와, 철강, 알루미늄, 유리, 시멘트모르타르, 회(시멘트모르타르, 회 등 미장재료를 사용하는 경우 건축공사표준시방서에서 정한 두께 이상인 것) 등

㉡ 한국산업표준에 따른 질량감소율 등이 국토교통부장관이 정하여 고시하는 불연재료의 성능기준을 충족하는 것

㉢ 그 밖에 ㉠과 유사한 불연성의 재료로서 국토교통부장관이 인정하는 재료(㉠의 재료와 불연성재료가 아닌 재료가 복합으로 구성된 경우를 제외)

② 준불연재료 : 한국산업표준에 따른 가스유해성, 열방출량 등이 국토교통부장관이 정하여 고시하는 준불연재료의 성능기준을 충족하는 것

③ 난연재료 : 한국산업표준에 따른 가스유해성, 열방출량 등이 국토교통부장관이 정하여 고시하는 난연재료의 성능기준을 충족하는 것

## 3. 재료별 성능기준 【건축자재 등 품질인정 및 관리기준 제23~25조】

① 불연재료

㉠ 한국산업표준 KS F ISO 1182(건축재료의 불연성시험방법)에 따른 가열시험 개시 후 20분간 가열로 내의 최고온도가 최종평형온도를 20K 초과 상승하지 않으며, 가열종료 후 시험체의 질량 감소율이 30% 이하일 것

\* 20K(20캘빈) 초과 상승하지 않는다는 것은 20℃ 초과 상승하지 않는다는 것과 같은 의미임

ⓛ 한국산업표준 KS F 2271(건축물의 내장재료 및 구조의 난연성시험방법)에 따른 가스유해성시
험에서 실험용 쥐의 평균 행동정지시간이 9분 이상일 것

ⓒ 강판과 심재로 된 복합자재의 경우 강판의 두께는 도금(鍍金) 후 도장(塗裝) 전 0.5mm 이상이
고 전면도장 횟수는 2회 이상이며, 도금의 부착량은 용융아연도금강판 180g/m² 이상이고 기타
90g/m² 이상일 것

ⓔ 외벽 마감재료 또는 단열재가 둘 이상의 재료로 제작된 경우 각각의 재료는 ㉠ 및 ㉡에 따른 시
험 결과를 만족해야 하며, 실물모형시험을 실시한 결과 한국산업표준 KS F 8414(건축물 외부
마감 시스템의 화재 안전 성능 시험방법)에 따른 시험 결과를 만족할 것

② 준불연재료

㉠ 한국산업표준 KS F ISO 5660 – 1[연소성능시험 – 열방출, 연기발생, 질량감소율 – 제1부 : 열
방출률(콘칼로리미터법)]에 따른 가열시험 개시 후 10분간 총방출열량이 8MJ/m² 이하이며, 10
분간 최대 열방출률이 10초 이상 연속으로 200kW/m²를 초과하지 않으며, 10분간 가열 후 시
험체를 관통하는 방화상 유해한 균열, 구멍, 용융 등이 없을 것

㉡ 한국산업표준 KS F 2271에 따른 가스유해성시험에서 실험용 쥐의 평균 행동정지시간이 9분
이상일 것

ⓒ 강판과 심재로 된 복합자재의 경우 강판의 두께는 도금(鍍金) 후 도장(塗裝) 전 0.5mm 이상이
고 전면도장 횟수는 2회 이상이며, 도금의 부착량은 용융아연도금강판 180g/m² 이상이고
기타 90g/m² 이상일 것

ⓔ 외벽 마감재료 또는 단열재가 둘 이상의 재료로 제작된 경우 각각의 재료는 ㉠ 및 ㉡에 따른
시험 결과를 만족해야 하며, 실물모형시험을 실시한 결과 한국산업표준 KS F 8414(건축물
외부 마감 시스템의 화재 안전 성능 시험방법)에 따른 시험 결과를 만족할 것

③ 난연재료

㉠ 한국산업표준 KS F ISO 5660 – 1에 따른 가열시험 개시 후 5분간 총방출열량이 8MJ/m² 이하
이며, 5분간 최대 열방출률이 10초 이상 연속으로 200kW/m²를 초과하지 않으며, 5분간 가
열 후 시험체를 관통하는 방화상 유해한 균열, 구멍, 용융 등이 없을 것

㉡ 한국산업표준 KS F 2271에 따른 가스유해성시험에서 실험용 쥐의 평균 행동정지시간이 9분
이상일 것

ⓒ 외벽 마감재료 또는 단열재가 둘 이상의 재료로 제작된 경우 각각의 재료는 ㉠ 및 ㉡에 따른
시험 결과를 만족해야 하며, 실물모형시험을 실시한 결과 한국산업표준 KS F 8414(건축물
외부 마감 시스템의 화재 안전 성능 시험방법)에 따른 시험 결과를 만족할 것

불활성화

## 1. 개요

① 가연물의 연소(화학적 변화)과정에서 원인계에 일정한 에너지가 주어져서 활성 상태(활성계)에 이르게 되는 것을 활성화라 말하고 **활성화에너지를 크게 하여 가연물이 연소하지 않도록 하는 것**을 불활성화라 말한다.

② 불활성화는 연소의 4요소 중 하나인 산소농도를 최소산소농도(MOC) 이하로 유지시키는 방법이 있고 연소의 4요소 중 하나인 연쇄반응에서 수소, 산소로부터 활성화 현상을 방지하는 방법(연쇄반응억제)이 있다.

## 2. 불활성화(Inerting) 방법

① 산소농도를 최소산소농도(MOC)로 유지시키는 방법

* 최소산소농도(MOC) : 화염을 전파하기 위한 최소한의 산소농도 요구량(용어 "최소산소농도" 참조)

㉠ 진공퍼지 : 용기를 진공으로 퍼지한 다음 불활성가스를 주입하여 대기압상태로 만들고 원하는 산소농도가 될 때까지 퍼지한다.

* 퍼지(Purge) : 노(爐)나 용기 등의 미연소가스를 배출하기 위해 환기하는 것을 말한다
* 불활성가스 : 0족 원소인 헬륨(He), 네온(Ne), 아르곤(Ar), 크립톤(Kr), 크세논(Xe), 라돈(Rn)을 말한다.

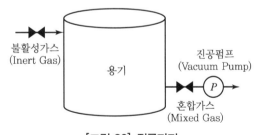

[그림 86] 진공퍼지

1) 원하는 진공도에 이를 때까지 진공펌프를 이용해 진공을 유지한다.

2) 질소나 이산화탄소 같은 불활성가스를 주입하여 대기압과 같게 한다.

3) 원하는 산소농도가 될 때까지 1) 과 2)를 반복한다.

ⓛ 압력퍼지 : 용기 내부에 압력을 가해 불연성가스를 주입한 후 배출과정을 반복하여 산소농도를
낮추는 방식이다.

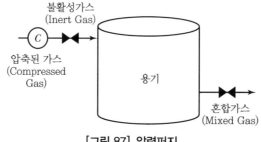

[그림 87] 압력퍼지

1) 용기에 원하는 압력까지 불활성가스를 주입한다.

2) 주입 가스가 용기 내에서 충분히 확산하면 대기로 방출한다.

3) 원하는 산소농도가 될 때까지 1) 과 2)를 반복한다.

ⓒ 스위프(Sweep)퍼지 : 용기가 약해 진공, 압력 퍼지를 할 수 없을 때 한쪽에서 불연성가스를 주
입하고 반대쪽에서 배출하는 방식이다.

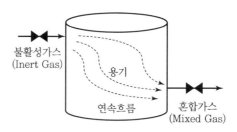

[그림 88] 스위프퍼지

1) 용기의 입구로 퍼지 가스를 가하고, 출구는 대기 또는 스크러버(Scrubber : 습식집진장치)
등 처리시설로 통하게 한다.

2) 원하는 농도가 될 때까지 1)를 유지한다.

㉣ 사이폰(Siphon)퍼지 : 용기에 물을 채운 후 물을 배수하면서 불활성가스를 주입하는 방식이다. 큰 저장 용기의 경우 경비가 많이 소요되므로 경비 절감을 위해 사용하는 방식이다.

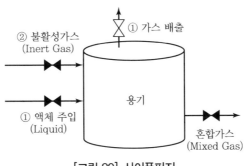

[그림 89] 사이폰퍼지

1) 용기에 물 또는 적합한 액체를 채운다.

2) 용기로부터 액체를 방출하며 증기 층에 불활성가스를 채운다.

② 연쇄반응 억제에 의한 불활성화

㉠ 연쇄반응 : 활성화된 라디컬(Radical)의 전파, 분기반응에 의하여 연소가 지속되는 현상을 말한다.

    ＊ 라디컬 : 최외각 전자가 안정적인 전자쌍을 만족시키지 못하는 원자, 분자, 이온 등을 말한다. 따라서 매우 불안정하고 반응성이 매우 크다. 다시 말하면 공유결합하고 있는 원자 하나가 떨어져 나가고 남은 원자를 말한다.(예 $H_2O$에서 OH, $O_2$에서 O, $H_2$에서 H)

> $H_2$＋활성화에너지 → 2H*
>
> H*＋ $O_2$ → OH*＋O* 분기반응
>
> OH*＋$H_2$ → $H_2O$＋H* 전파반응
>
> H*＋H* → $H_2$ 종결반응

㉡ 발화 예방 메카니즘(연쇄반응억제)

> OH*＋HBr → $H_2O$＋Br 억제반응
>
> Br＋RH → HBr＋R 재생반응

＊ R(알킬기) : 알칸($C_nH_{2n+2}$)에서 H 원자 1개가 빠진 원자단($C_nH_{2n+1}$)으로 메틸, 에틸, 프로필 등이 있다.

＊ OH* : 활성화된 라디컬

## [ KEYWORD 107 ] 비누화 작용

### 1. 개요

① 식용유는 자연 발화하는 특징이 있으며, 끓는점이 발화점보다 높아 식용유가 끓어오르기 전에 화재가 발생할 수 있다.

② 식용유 화재(K급 화재, 주방화재)는 인화점(불꽃을 가까이할 때 화염이 발생하는 온도)과 자연 발화점(점화원 없이 스스로 화염이 발생하는 온도)이 낮아 유면의 화염을 제거해도 재발화의 위험성이 높다.

③ 비누화 작용은 제1종 분말소화약제에서 나타나는 현상으로 소화약제 방사 시 비누화된 거품으로 식용유 표면을 덮어 소화함으로서 재발화의 위험을 낮추는 작용을 한다.

### 2. 비누화(Saponification)

① 비누화(saponification)는 지방과 유지를 구성하는 주요성분인 트리글리세리드(triglyceride : 글리세린의 3개 수산기($OH^-$)마다 산기가 결합하여 에스테르가 된 것)에 강염기인 수산화나트륨(NaOH) 등을 반응시켜 알코올과 카복시산염을 생성시키는 반응이다.

 * 염기(鹽基) : 수산기($OH^-$)를 가지고 있는 화합물을 염기라 하고 염기 가운데서 물에 녹아서 수산기를 생성하는 화합물을 알칼리라 한다(예 NaOH).
 * 산기(酸基) : 유기, 무기의 각종 산의 분자로부터 금속 원자와 치환할 수 있는 수소 원자 한 개나 한 개 이상을 떼어낸 나머지 부분의 원자 혹은 원자단 즉, 질산($HNO_3$), 황산($H_2SO_4$)등에서 수소원자(H)를 떼어낸 "$-NO_3$", "$-SO_4$" 따위를 말한다.
 * 알코올 : 탄화수소의 수소원자를 수산기로 치환한 형태의 화합물을 통틀어 이르는 말

② 비누의 원료인 지방은 화합물 중 에스테르(ester) 물질로서 에스테르에 물을 넣어 반응시키면 알코올과 카복시산이 생성되며, 여기에 강염기를 넣으면 카복시산염이 생기는데 이를 비누화 반응이라 한다.

 * 에스테르 : 알코올과 산(酸)에서 물을 제거하여 형성된 화합물이다.

③ 아래의 반응식에서 정반응이 산과 알코올의 탈수 · 축합반응인 에스테르 결합이고, 역반응이 비누화 반응이다.

$$\text{에스테르화} \atop RCOOH + R'OH \rightleftharpoons RCOOR' + H_2O \atop \text{비누화}$$

여기서, R, R′ : 알킬기

 * 알킬기 : 알칸($C_nH_{2n+2}$)에서 H원자 1개가 빠진 원자단($C_nH_{2n+1}$)으로 메틸, 에틸, 프로필 등이 있다.

## 3. 제1종 분말소화약제

① 제1종 분말소화약제의 주성분인 탄산수소나트륨은 270℃와 850℃ 이상에서 다음과 같이 열분해된다.

$$2NaHCO_3 \rightarrow Na_2CO_3 + H_2O + CO_2 - Qkcal(270℃)$$
$$2NaHCO_3 \rightarrow Na_2O + H_2O + 2CO_2 - Qkcal(850℃\ 이상)$$

② 제1종 분말소화약제는 지방이나 식용유 화재에 사용할 경우 탄산수소나트륨의 $Na^+$이온과 기름의 지방산이 결합하여 비누화 작용을 일으킴으로서 K급 화재에 적용할 수 있다.

③ 비누화 작용으로 생성된 비누거품이 가연성 액체의 표면을 덮어 산소를 차단하는 질식소화와 함께 식용유 표면의 온도를 낮추어 재발화 방지기능을 하게 된다.

## 4. 식용유 · 기름 화재의 특징

① 기름 화재는 유면의 불꽃을 제거하거나 산소를 차단하는 질식소화만으로도 화재 진압이 가능하나, 식용유 화재는 산소를 차단하는 질식소화와 함께 식용유 온도를 발화점 이하로 낮추는 냉각소화가 필요하다.

② 식용유 화재는 일반 A · B · C급 소화기로 표면의 불꽃을 제거하는 것만으로는 소화가 어려우므로 식용유 연소특성에 맞게 화재를 진압할 수 있는 K급 소화기가 필요한 것이다.

③ 물을 사용하여 화재를 진압할 경우 물이 식용유 · 기름의 화염에 닿을 때 순간적인 수증기화로 유증기 부피가 팽창하여 더욱 큰 화재를 불러일으킬 수 있다.

[사진 88] K급 소화기

**251**

[ **KEYWORD** **108** ] 비등액체증기폭발

## 1. 개요

비등액체증기폭발(Boiling Liquid Expanding Vapor Explosion : BLEVE)이란 물리적 폭발의 하나로 고압의 액체(LPG가스탱크, 보일러 등)를 저장하고 있는 용기가 파손 등에 의해 동체 일부분이 개방되면 용기 내 압력이 급격히 강하하여 일부 액체가 급격히 비등하고 증기압이 급격히 상승하여 용기가 파손, 폭발하는 현상(동적 평형 파괴)

## 2. 비등액체증기폭발 메커니즘(Mechanism)

가연성액체탱크 주위 화재 발생 → 화재열로 탱크벽 가열 → 탱크 내 액체의 온도 상승으로 급격히 압력 상승 → 액면 이상의 탱크벽 및 천장이 화염에 접촉·가열되어 구조적 강도 저하로 파손 → 내용물 폭발적 증발

[사진 89] 비등액체증기폭발 모습

## 3. 비등액체증기폭발 특징

① 탱크주변 화재로 발생한 경우 : 거대한 Fire Ball[화구(火球)] 형성
② 탱크주변 화재가 원인이 아닌 경우 : 증기운이 형성된 후 VCE (Vapor Cloud Explosion : 증기운 폭발)로 발전

## 4. 비등액체증기폭발 방지 대책

① 탱크 지하매설(입열 방지)
② 방액제 기초를 경사지게 하여 가연성 기체 등이 탱크 근처에 고이지 않게 한다.
③ 고정식 살수 설비 설치
④ 용기의 내압강도 유지
⑤ 탱크 열전도 향상시켜 열축적 방지

[잊지맙시다!] 숭례문 화재

| – 일시 | 2008년 2월 10일 |
|---|---|
| – 피해상황 | 숭례문 전소 등 |
| – 화재원인 | 방화로 인해 발생 |
| – 당시화재모습 | <br>(문화재청 홈페이지) |

## [ KEYWORD 109 ] 비상구

## 1. 정의

① 비상구라 함은 주된 출입구와 주된 출입구 외에 화재발생 시 등 비상 시 영업장의 내부로부터 지상·옥상 또는 그 밖의 안전한 곳으로 피난할 수 있도록 「건축법 시행령」에 따른 직통계단·피난계단·옥외피난계단 또는 발코니에 연결된 출입구를 말한다. 【다중이용업소법 시행령 별표 1의2】

② 다중이용업소의 비상구 추락방지는 영업장의 위치가 4층 이하(지하층 제외)인 경우 그 영업장에 설치하는 비상구에 추락위험을 알리는 표지 등 추락 등의 방지를 위한 장치를 갖추어야 한다. 【다중이용업소법 제9조의2】

[사진 90] 비상구 픽토그램

③ 영업장의 위치가 4층 이하인 경우(지하층인 경우 제외)에는 피난 시에 유효한 발코니(가로 75cm 이상, 세로 150cm 이상, 높이 100cm 이상인 난간을 말한다) 또는 부속실(준불연재료 이상의 것으로 바닥에서 천장까지 구획된 실로서 가로 75cm 이상, 세로 150cm 이상인 것을 말한다)을 설치하고, 그 장소에 적합한 피난기구를 설치해야 한다.

[사진 91] 다중이용업소 영업장 설치 발코니

## 2. 비상구 설치대상

① 모든 다중이용업소의 영업장마다 1개 이상 설치 【다중이용업소법 시행령 별표 1의2】

　* 용어 "다중이용업(소)" 참조

② 위험물질을 제조·취급하는 작업장이 있는 건축물 【산업안전보건기준에 관한 규칙 제17조】

## 3. 비상구 설치 제외 대상 【다중이용업소법 시행령 별표 1의2】

① 주된 출입구 외에 해당 영업장 내부에서 피난층 또는 지상으로 통하는 직통계단이 주된 출입구 중심선으로부터 수평거리로 영업장의 긴 변 길이의 2분의 1 이상 떨어진 위치에 별도로 설치된 경우
② 피난층에 설치된 영업장[영업장으로 사용하는 바닥면적이 33m² 이하인 경우로서 영업장 내부에 구획된 실(室)이 없고, 영업장 전체가 개방된 구조의 영업장]으로서 그 영업장의 각 부분으로부터 출입구까지의 수평거리가 10m 이하인 경우

## 4. 주된 출입구 및 비상구 설치 · 유지 기준 【다중이용업소법 시행규칙 별표 2】

① 비상구는 영업장(2개 이상의 층이 있는 경우 각각의 층별 영업장) 주된 출입구의 반대 방향에 설치하되, 주된 출입구 중심선으로부터의 수평거리가 영업장의 가장 긴 대각선 길이, 가로 또는 세로 길이 중 가장 긴 길이의 2분의 1 이상 떨어진 위치에 설치할 것. 다만, 건물 구조로 인하여 주된 출입구의 반대 방향에 설치할 수 없는 경우에는 주된 출입구 중심선으로부터의 수평거리가 영업장의 가장 긴 대각선 길이, 가로 또는 세로 길이 중 가장 긴 길이의 2분의 1 이상 떨어진 위치에 설치할 수 있다.

② 비상구등(주된 출입구 및 비상구) 규격
가로 75cm 이상, 세로 150cm 이상(문틀을 제외한 가로길이 및 세로길이)

③ 비상구 구조
  ㉠ 비상구등은 구획된 실 또는 천장으로 통하는 구조가 아닌 것으로 할 것. 다만, 영업장 바닥에서 천장까지 불연재료로 구획된 부속실(전실), 「모자보건법」에 따른 산후조리원에 설치하는 방풍실 또는 「녹색건축물 조성 지원법」에 따라 설계된 방풍구조는 그렇지 않다.
  ㉡ 비상구등은 다른 영업장 또는 다른 용도의 시설(주차장은 제외)을 경유하는 구조가 아닌 것이어야 할 것

④ 문
  ㉠ 문이 열리는 방향은 피난방향으로 열리는 구조로 할 것
  ㉡ 문의 재질은 주요 구조부(영업장의 벽, 천장 및 바닥)가 내화구조인 경우 비상구등의 문은 방화문으로 설치할 것. 다만, 다음의 어느 하나에 해당하는 경우에는 불연재료로 설치할 수 있다.
    1) 주요 구조부가 내화구조가 아닌 경우
    2) 건물의 구조상 비상구등의 문이 지표면과 접하는 경우로서 화재의 연소 확대 우려가 없는 경우
    3) 비상구등의 문이 「건축법 시행령」에 따른 피난계단 또는 특별피난계단의 설치 기준에 따라 설치해야 하는 문이 아니거나 방화구획이 아닌 곳에 위치한 경우

ⓒ 주된 출입구의 문이 ⓛ 3)에 해당하고, 다음의 기준을 모두 충족하는 경우에는 주된 출입구의 문을 자동문[미서기(슬라이딩)문]으로 설치할 수 있다.

1) 화재감지기와 연동하여 개방되는 구조

2) 정전 시 자동으로 개방되는 구조

3) 정전 시 수동으로 개방되는 구조

⑤ 복층구조 영업장(2개 이상의 층에 내부계단 또는 통로가 각각 설치되어 하나의 층의 내부에서 다른 층의 내부로 출입할 수 있도록 되어 있는 구조의 영업장을 말한다)의 기준

ⓐ 각 층마다 영업장 외부의 계단 등으로 피난할 수 있는 비상구를 설치할 것

ⓑ 비상구등의 문이 열리는 방향은 실내에서 외부로 열리는 구조로 할 것

ⓒ 비상구등의 문의 재질은 ④ ⓛ의 기준을 따를 것

ⓓ 영업장의 위치 및 구조가 다음의 어느 하나에 해당하는 경우에는 ⓐ에도 불구하고 그 영업장으로 사용하는 어느 하나의 층에 비상구를 설치할 것

1) 건축물 주요 구조부를 훼손하는 경우

2) 옹벽 또는 외벽이 유리로 설치된 경우 등

⑥ 영업장의 위치가 4층 이하(지하층인 경우는 제외)인 경우의 기준

ⓐ 피난 시에 유효한 발코니(활하중 5kN/m² 이상, 가로 75cm 이상, 세로 150cm 이상, 면적 1.12m² 이상, 난간의 높이 100cm 이상인 것) 또는 부속실(불연재료로 바닥에서 천장까지 구획된 실로서 가로 75cm 이상, 세로 150cm 이상, 면적 1.12m² 이상인 것)을 설치하고, 그 장소에 적합한 피난기구를 설치할 것

ⓑ 부속실을 설치하는 경우 부속실 입구의 문과 건물 외부로 나가는 문의 규격은 ②에 따른 비상구 등의 규격으로 할 것. 다만, 120cm 이상의 난간이 있는 경우에는 발판 등을 설치하고 건축물 외부로 나가는 문의 규격과 재질을 가로 75cm 이상, 세로 100cm 이상의 창호로 설치할 수 있다.

ⓒ 추락 등의 방지를 위하여 다음 사항을 갖추도록 할 것

1) 발코니 및 부속실 입구의 문을 개방하면 경보음이 울리도록 경보음 발생 장치를 설치하고, 추락위험을 알리는 표지를 문(부속실의 경우 외부로 나가는 문도 포함)에 부착할 것

2) 부속실에서 건물 외부로 나가는 문 안쪽에는 기둥·바닥·벽 등의 견고한 부분에 탈착이 가능한 쇠사슬 또는 안전로프 등을 바닥에서부터 120cm 이상의 높이에 가로로 설치할 것. 다만, 120cm 이상의 난간이 설치된 경우에는 쇠사슬 또는 안전로프 등을 설치하지 않을 수 있다.

[ **KEYWORD** **110** ]  비상방송설비

## 1. 개요

비상방송설비란 화재감지기, 발신기 등과 연동되어 화재발생을 사람의 음성으로 자동으로 알려주는 설비를 말한다.

[사진 92] 비상방송설비

## 2. 설치대상 【소방시설법 시행령 별표 4】

① 연면적 3,500m² 이상인 것은 모든 층

② 층수가 11층 이상인 것은 모든 층

③ 지하층의 층수가 3층 이상인 것은 모든 층

④ 위험물 저장 및 처리 시설 중 가스시설, 사람이 거주하지 않거나 벽이 없는 축사 등 동물 및 식물 관련시설, 지하가 중 터널 및 지하구는 제외한다.

## 3. 구성 【NFTC 202 2.1, 2.3】

① 조작부

ㄱ 조작 스위치는 바닥에서 0.8~1.5m 이하

ㄴ 기동 장치의 작동과 연동하여 작동된 구역을 표시

ㄷ 다른 경보 방송설비와 공용하는 곳에 있어서는 화재 시 비상경보외의 방송을 차단할 수 있는 구조

  ⓔ 하나의 특정소방대상물에 2 이상의 조작부가 설치되어 있는 때에는 각각의 조작부가 있는 장소 상호 간에 동시 통화가 가능한 설비를 설치하고, 어느 조작부에서도 해당 특정소방대상물의 전 구역에 방송을 할 수 있도록 할 것

② 기동 장치

기동장치에 따른 화재신호를 수신한 후 필요한 음량으로 화재발생 상황 및 피난에 유효한 방송이 자동으로 개시될 때까지의 소요시간은 10초 이하로 한다.

③ 음량 조정기(입력장치)

가변 저항을 이용하여 전류를 변화시켜 음량을 조정하는 장치로 이를 위하여 배선을 3선식으로 한다.

④ 확성기

  ㉠ 음량은 1m 이격한 위치에서 90dB(데시벨) 이상

  ㉡ 확성기의 수평거리는 당해 층의 각 부분으로부터 25m 이하

  ㉢ 확성기의 음성입력 3W 이상(실내 1W)

⑤ 증폭기

수위실 등 상시 사람이 근무하는 장소로서 점검이 편리하고 방화상 유효한 곳에 설치

⑥ 표시장치

기동장치의 작동과 연동하여 당해 기동장치가 작동한 층 또는 구역을 표시할 수 있는 것으로 한다.

⑦ 비상전원

  ㉠ 전원은 축전지 설비 또는 전기저장장치

  ㉡ 용량은 감시상태 60분 지속 후 10분간 경보

## 4. 배선

① 화재로 인하여 하나의 층의 확성기 또는 배선이 단락 또는 단선되어도 다른 층의 화재통보에 지장이 없어야 한다. → 공통선 사용금지

② 전원 – 내화배선, 기타 – 내열 · 내화배선으로 한다.

③ 절연저항이 0.1MΩ 이상이 되도록 한다.

KEYWORD
111

# 비상소화장치

## 1. 개요

① 비상소화장치란 소방호스 또는 호스 릴 등을 소방용수시설에 연결하여 화재를 진압하는 시설이나 장치를 말한다. 【소방기본법 제10조】

[사진 93] 전통시장에 설치된 비상소화장치

## 2. 비상소화장치 설치대상 【소방기본법 제10조】【소방기본법 시행령 제2조의2】

① 「화재예방법」 제18조 제1항에 따라 지정된 화재예방강화지구
  ㉠ 시장지역
  ㉡ 공장 · 창고가 밀집한 지역
  ㉢ 목조건물이 밀집한 지역
  ㉣ 노후 · 불량건축물이 밀집한 지역
  ㉤ 위험물의 저장 처리 및 처리시설이 밀집한 지역
  ㉥ 석유화학제품을 생산하는 공장이 있는 지역
  ㉦ 산업단지
  ㉧ 소방시설 · 소방용수 시설 및 소방출동로가 없는 지역
  ㉨ 물류단지

**259**

ⓩ 그 밖에 ㉠부터 ⓩ까지에 준하는 지역으로서 소방관서장이 화재예방경계지구로 지정할 필요
가 있다고 인정하는 지역

  * 소방관서장 : 소방청장, 소방본부장, 소방서장

② 시 · 도지사가 법 제10조 제2항에 따른 비상소화장치의 설치가 필요하다고 인정하는 지역

## 3. 비상소화장치 설치 및 유지 · 관리자 : 시 · 도 지사 【소방기본법 제10조】

## 4. 비상소화장치 구성 【비상소화장치의 설치 및 관리기준 제4조】

① 비상소화장치함, 소화전, 소방호스, 관창, 개폐장치 등으로 구성

  * 소화전함 : 소방대상물의 옥내 · 외 등에 설치하여 소화용으로 사용되는 방수용 기구를 보관할 수 있는 함으로써
  옥내소화전함, 옥외소화전함, 비상소화장치함 및 지하소화장치함으로 구분한다. 【소화전함의 성능인증 및 제
  품검사의 기술기준 제2조】

② 필요 시 수동식 소화기 등 필요한 소화용구 추가 비치

[ **KEYWORD 112** ] **비상용승강기**

## 1. 개요

① 평상시는 승객용이나 화물용으로 사용하다가 화재가 발생하면 소화, 구조 등의 용도로 운행되는 소방대원이 사용하는 승강기이다.

　따라서, 승용승강기에 소방대원이 소화활동이나 구조활동에 필요한 시설이 추가된다.

② 소방용 사다리차가 도달할 수 없는 건축물에 설치하는 승강기이다.

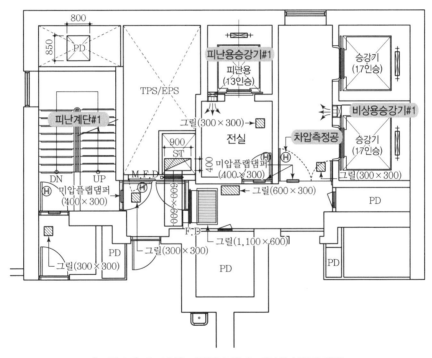

[그림 90] 오피스텔 비상용승강기, 피난용승강기 배치

## 2. 설치대상 【건축법 제64조】

① 건축주는 6층 이상으로서 연면적 2,000m² 이상인 건축물을 건축하려면 승용(일반)승강기를 설치하여야 한다.

② 또한, 높이 31m를 초과하는 건축물에는 대통령령으로 정하는 바에 따라 제1항에 따른 승강기 외에 비상용승강기를 추가로 설치하여야 한다.

③ 고층건축물(층수가 30층 이상 또는 높이 120m 이상)에는 승용승강기중 1대 이상을 대통령령으로 정하는 바에 따라 피난용승강기로 설치하여야 한다.

## 3. 설치기준 【건축법 시행령 제90조】

① 높이 31m를 넘는 각 층의 바닥면적 중 1,500m² 이하인 건축물은 1대 이상의 비상용승강기를 설치할 것

② 높이 31m를 넘는 각 층의 바닥면적 중 1,500m² 초과인 건축물은 1대에 더하여 1,500m²를 넘는 3,000m² 이내마다 1대씩 추가하여 설치할 것

③ 2대 이상의 비상용승강기를 설치하는 경우 화재 시 소화에 지장이 없도록 일정한 간격을 두고 설치할 것

## 4. 구조기준 【건축물의 설비기준 등에 관한 규칙 제6조 · 제10조】

① 비상용승강기

건축물에 설치하는 비상용승강기의 구조는 승강기시설 안전관리법이 정하는 바에 따른다.

② 비상용승강기 승강장

㉠ 승강장의 창문 · 출입구 기타 개구부를 제외한 부분은 해당 건축물의 다른 부분과 내화구조의 바닥 및 벽으로 구획할 것(공동주택의 경우 승강장과 특별피난계단 부속실 겸용 가능)

㉡ 승강장은 각층의 내부와 연결될 수 있도록 하고 출입구(승강로 출입구 제외)는 갑종방화문을 설치할 것(피난층 제외 가능)

㉢ 노대 또는 외부를 향하여 열 수 있는 창문이나 배연설비를 설치할 것

㉣ 벽 및 반자의 실내에 접하는 부분의 마감재료는 불연재료로 할 것

㉤ 채광이 되는 창문이 있거나 예비전원에 의한 조명설비를 할 것

㉥ 승강장의 바닥면적은 비상용승강기 1대에 대하여 6m² 이상으로 할 것

㉦ 피난층이 있는 승강장의 출입구(승강장이 없는 경우 승강로의 출입구)로부터 도로 또는 공지에 이르는 거리가 30m 이하일 것

㉧ 승강장 출입구 부근의 잘 보이는 곳에 비상용승강기임을 알 수 있는 표지를 할 것

③ 비상용승강기 승강로

㉠ 승강로는 해당 건축물의 다른 부분과 내화구조로 구획할 것

㉡ 각 층으로부터 피난층에 이르는 승강로를 단일구조로 연결할 것

비상전원/예비전원

## 1. 개요 [출처 : 소방시설의 설계 및 시공 "남상욱" P2-144]

① 화재안전기준(NFTC)에서 말하는 비상전원(외장형 전원)이란 시스템 외부에 있는 별도의 전원설비를 말하는 것으로 일반부하용 전원이 사고 등으로 인하여 정전될 경우를 대비하여 확보하기 위한 비상시 전원으로 고정식 축전지설비, 자동식 발전기 등을 말한다.

[사진 94] 비상발전기 비상전원(외장형 전원)

② 화재안전기준(NFTC)에서 말하는 예비전원(내장형 전원 : 배터리)이란 장치류에 내장하여 사용하는 전원을 말하는 것으로 입력전원의 공급중단, 용량부족 시 기능을 유지하기 위해 장치에 내장된 전원으로 주전원으로 사용할 수 없는 축전지설비를 말한다(예를 들면 감시제어반, 수신기, 중계기, 비상조명등, 특별피난계단실 및 부속실제연설비 제어반 등).

[사진 95] P형 수신기 설치 예비전원(내장형 전원)

\* 상기 용어의 개념은 "일본 소방법"의 용어 개념이 도입되어 사용된 것으로 추정됨

## 2. 건축 관련법에서의 용어 사용

① 건축 관련법에서는 비상전원과 예비전원 구분 없이 예비전원으로만 사용되고 있다.

② 건축 관련법에서 예비전원 용어 사용 사례

    1)「건축물의 설비기준등에 관한 규칙」방화구획 배연설비

    2)「건축물의 설비기준등에 관한 규칙」특별피난계단 및 비상용승강기승강장 배연설비

    3)「건축물의 설비기준등에 관한 규칙」비상용승강기 승강장

    4)「건축물의 피난 · 방화구조등의 기준에 관한 규칙」피난용승강기 승강장

    5)「건축물의 피난 · 방화구조등의 기준에 관한 규칙」방화셔터 등

[ KEYWORD
**114** ]  **비상조명등**

## 1. 개요

① 비상조명등이란 화재발생 등에 따른 정전 시에 안전하고 원활한 피난활동을 할 수 있도록 거실 및 피난통로 등에 설치되어 자동 점등되는 조명등을 말한다.

② 휴대용비상조명등이란 화재발생 등으로 정전 시 안전하고 원활한 피난을 위하여 피난자가 휴대할 수 있는 조명등을 말한다.

[사진 96] 비상조명등(예비전원내장형)

[사진 97] 휴대용비상조명등

③ 예비전원이 내장되지 않은 비상조명등은 대부분 실내의 천정에 설치되어 평상시 조명등으로 이용되다가 화재 등에 의한 정전 시에는 자동으로 비상전원과 연결되는 비상조명으로 전환되는 비상겸용 조명설비로 설치된다.

④ 아파트 계단실 등에 설치하는 비상조명 겸용 센서등은 센서로 점등되는 전구와 화재 시 수신반의 신호로 점등되는 전구 등 하나에 램프를 2개 설치해야 하고 배선도 4선을 해야 한다.

## 2. 설치대상 【소방시설법 시행령 별표 4】

① 비상조명등
  ㉠ 지하층 포함 층수가 5층 이상 건축물로서 연면적 3천 m² 이상인 것은 모든 층
  ㉡ ㉠에 해당하지 않는 특정소방대상물로서 그 지하층 또는 무창층 바닥면적이 450m² 이상인 경우에는 해당 층
  ㉢ 지하가 중 터널로서 그 길이가 500m 이상인 것

② 휴대용 비상조명등

　　㉠ 숙박시설

　　㉡ 수용인원 100명 이상의 영화상영관, 판매시설 중 대규모점포, 철도 및 도시철도시설 중 지하역사, 지하가 중 지하상가

## 3. 설치기준【NFTC 304 2.1】

① 비상조명등

　　㉠ 특정소방대상물의 각 거실과 그로부터 지상에 이르는 복도 · 계단 및 그 밖의 통로에 설치할 것

　　㉡ 조도는 비상조명등이 설치된 장소의 각 부분의 바닥에서 1ℓx 이상이 되도록 할 것

　　㉢ 예비전원을 내장하는 비상조명등에는 평상시 점등 여부를 확인할 수 있는 점검스위치를 설치하고 해당 조명등을 유효하게 작동시킬 수 있는 용량의 축전지와 예비전원 충전장치를 내장할 것

　　㉣ 예비전원을 내장하지 아니하는 비상조명등의 비상전원은 자가발전설비, 축전지설비 또는 전기저장장치(외부 전기에너지를 저장해 두었다가 필요한 때 전기를 공급하는 장치)를 다음의 기준에 따라 설치하여야 한다.

　　　1) 점검에 편리하고 화재 및 침수 등의 재해로 인한 피해를 받을 우려가 없는 곳에 설치할 것

　　　2) 상용전원으로부터 전력의 공급이 중단된 때에는 자동으로 비상전원으로부터 전력을 공급받을 수 있도록 할 것

　　　3) 비상전원의 설치장소는 다른 장소와 방화구획 할 것. 이 경우 그 장소에는 비상전원의 공급에 필요한 기구나 설비외의 것(열병합발전설비에 필요한 기구나 설비는 제외한다)은 두지 말 것

　　　4) 비상전원을 실내에 설치하는 때에는 그 실내에 비상조명등을 설치할 것

　　㉤ ㉢과 ㉣에 따른 예비전원과 비상전원은 비상조명등을 20분 이상 유효하게 작동시킬 수 있는 용량으로 할 것. 다만, 다음의 특정소방대상물의 경우에는 그 부분에서 피난층에 이르는 부분의 비상조명등을 60분 이상 유효하게 작동시킬 수 있는 용량으로 하여야 한다.

　　　1) 지하층을 제외한 층수가 11층 이상의 층

　　　2) 지하층 또는 무창층으로서 용도가 도매시장 · 소매시장 · 여객자동차터미널 · 지하역사 또는 지하상가

　　㉥ 비상조명등의 설치면제 요건에서 **그 유도등의 유효범위란 유도등의 조도가 바닥에서 1ℓx 이상이 되는 부분을 말한다.**

　　　* ℓx(룩스) : 1m² 넓이에 1루멘(ℓm)의 광속이 균일하게 분포되어 있을 때의 조명도(ℓm/m²)

　　　* ℓm(루멘) : 가시광선이 단위시간당 방사되는 양(1ℓm : 1cd.sr)

　　　* cd(칸델라) : 1스테라디안(steradian)의 입체각에 1ℓumen의 광을 방사(1cd＝양초 1개의 빛)

② 휴대용비상조명등

　㉠ 설치장소

　　1) 숙박시설 또는 다중이용업소에는 객실 또는 영업장안의 구획된 실마다 잘 보이는 곳(외부에 설치시 출입문 손잡이로부터 1m 이내 부분)에 1개 이상 설치

　　2) 「유통산업발전법」 제2조 제3호에 따른 대규모점포(지하상가 및 지하역사는 제외한다)와 영화상영관에는 보행거리 50m 이내마다 3개 이상 설치

　　3) 지하상가 및 지하역사에는 보행거리 25m 이내마다 3개 이상 설치

　㉡ 설치높이는 바닥으로부터 0.8m 이상 1.5m 이하의 높이에 설치할 것

　㉢ 어둠속에서 위치를 확인할 수 있도록 할 것

　㉣ 사용 시 자동으로 점등되는 구조일 것

　㉤ 외함은 난연성능이 있을 것

　㉥ 건전지를 사용하는 경우에는 방전방지조치를 하여야 하고, 충전식 배터리의 경우에는 상시 충전되도록 할 것

　㉦ 건전지 및 충전식 배터리의 용량은 20분 이상 유효하게 사용할 수 있는 것으로 할 것

## [ KEYWORD 115 ] 비상콘센트

## 1. 개요

① 비상콘센트란 소방대가 사용하는 소화활동설비로서 소화작업 중에 상용전원이 차단될 경우 비상
전원으로 접속되어 일정시간까지 전원을 공급받을 수 있는 수전용 콘센트를 말한다.

② 화재 시 소방장비를 사용하거나 조명을 위한 전원설비로 이용한다.

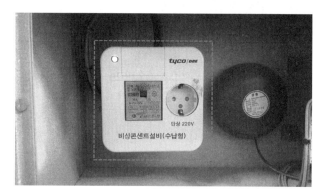

[사진 98] 발신기세트 내 비상콘센트

## 2. 설치대상【소방시설법 시행령 별표 4】

① 층수가 11층 이상인 특정소방대상물의 경우에는 11층 이상의 층

② 지하층의 층수가 3층 이상이고 지하층의 바닥면적의 합계가 1천m² 이상인 것은 지하층의 모든 층

③ 지하가 중 터널로서 길이가 500m 이상인 것

## 3. 전원 설치기준【NFTC 504 2.1.1.1, 2.1.1.2】

① 상용전원회로의 배선은 저압수전인 경우 인입개폐기의 직후에서, 고압 또는 특고압수전인 경우
전력용변압기 2차측의 주차단기 1차측 또는 2차측에서 분기하여 전용배선으로 할 것

② 지하층을 제외한 층수가 7층 이상으로서 연면적 2,000m² 이상이거나 지하층의 바닥면적 합계가
3,000m² 이상인 특정소방대상물의 비상콘센트설비에는 자가발전설비, 비상전원수전설비, 축전
지설비 또는 전기저장장치를 비상전원으로 설치할 것

③ 비상전원 설치제외

2 이상의 변전소에서 전력을 동시에 공급받을 수 있거나 하나의 변전소로부터 전력의 공급이 중단되는 때에는 자동으로 다른 변전소로부터 전력을 공급받을 수 있도록 상용전원을 설치한 경우에는 비상전원을 설치하지 아니할 수 있다.

## 4. 전원회로(비상콘센트에 전력을 공급하는 회로) 설치기준【NFTC 504 2.1.2】

① 비상콘센트설비의 전원회로는 단상교류 220V인 것으로서, 그 공급용량은 1.5kVA 이상인 것으로 할 것

② 전원회로는 각층에 2 이상이 되도록 설치할 것. 다만, 설치하여야 할 층의 비상콘센트가 1개인 때에는 하나의 회로로 할 수 있다.

③ 전원회로는 주배전반에서 전용회로로 할 것. 다만, 다른 설비의 회로의 사고에 따른 영향을 받지 아니하도록 되어 있는 것은 그러하지 아니하다.

④ 전원으로부터 각 층의 비상콘센트에 분기되는 경우에는 분기배선용 차단기를 보호함 안에 설치할 것

⑤ 콘센트마다 배선용 차단기(KS C 8321)를 설치하여야 하며, 충전부가 노출되지 아니하도록 할 것

⑥ 개폐기에는 "비상콘센트"라고 표시한 표지를 할 것

⑦ 비상콘센트용의 풀박스 등은 방청도장을 한 것으로서, 두께 1.6mm 이상의 철판으로 할 것

⑧ 하나의 전용회로에 설치하는 비상콘센트는 10개 이하로 할 것. 이 경우 전선의 용량은 각 비상콘센트(비상콘센트가 3개 이상인 경우에는 3개)의 공급용량을 합한 용량 이상의 것으로 하여야 한다.

## [ KEYWORD 116 ] 비상탈출구

## 1. 개요

비상탈출구는 다중이용업소에 설치하는 비상구와 같은 기능을 하는 것으로 지하층의 거실이 일정규모 이상이면 주 출입구 외에 화재 발생 등 비상 시 거실 내부로부터 지상·옥상 또는 그 밖의 안전한 곳으로 피난할 수 있도록 직통계단 외에 피난층 또는 지상으로 통하는 탈출구를 말한다.

[사진 99] 지하수영장에 설치된 비상탈출구

## 2. 설치대상 【건축물의 피난·방화구조 등의 기준에 관한 규칙 제25조 제1항】

지하층의 거실 바닥면적이 50m² 이상인 층에는 직통계단 외에 피난층 또는 지상으로 통하는 비상탈출구를 설치할 것. 다만, 직통계단이 2개소 이상 설치되어 있는 경우에는 그러하지 아니하다.

## 3. 비상탈출구 설치 기준 【건축물의 피난·방화구조 등의 기준에 관한 규칙 제25조 제2항】

① 비상탈출구의 유효너비는 0.75m 이상으로 하고, 유효높이는 1.5m 이상으로 할 것
② 비상탈출구의 문은 피난방향으로 열리도록 하고, 실내에서 항상 열 수 있는 구조로 하여야 하며, 내부 및 외부에는 비상탈출구 표시를 할 것
③ 비상탈출구는 출입구로부터 3m 이상 떨어진 곳에 설치할 것
④ 지하층 바닥으로부터 비상탈출구의 아랫부분까지의 높이가 1.2m 이상이 되는 경우에는 벽체에 발판의 너비가 20cm 이상인 사다리를 설치할 것

⑤ 비상탈출구는 피난층 또는 지상으로 통하는 복도나 직통계단에 직접 접하거나 통로 등으로 연결될 수 있도록 설치하여야 하며, 피난층 또는 지상으로 통하는 복도나 직통계단까지 이르는 피난통로의 유효너비는 0.75m 이상으로 하고, 피난통로의 실내에 접하는 부분의 마감과 그 바탕은 불연재료로 할 것

⑥ 비상탈출구의 진입부분 및 피난통로에는 통행에 지장이 있는 물건을 방치하거나 시설물을 설치하지 아니할 것

⑦ 비상탈출구의 유도등과 피난통로의 비상조명등의 설치는 소방법령이 정하는 바에 의할 것

## [ KEYWORD 117 ] 비속도(Specific Speed)

## 1. 개요

① 비속도(=비교회전도)란 최적 성능시험(효율이 최대인 지점)에서의 펌프의 토출량, 양정 및 회전수를 하나의 수치로 표현한 추상적인 개념을 말한다.

→ 정격유량과 양정이 동일한 펌프라 하더라도 펌프 고유 특성이 다를 수 있으며, 이러한 펌프 고유 특성을 구분하기 위해 도입된 개념이 비속도이다.

② 펌프 비속도는 물리적으로 실제 특성은 아니며, 기하학적으로 상사인 펌프가 1(m) 양정에서 1(m3/min) 유량을 운반하기 위한 회전수로 표시한다.

③ 비속도가 같은 펌프는 같은 고유 특성을 가진다(기하학적으로 상사).

## 2. 비속도의 계산

$$N_s = \frac{N\sqrt{Q}}{H^{\frac{3}{4}}} \, (\text{m}^3 \cdot \text{rpm/min} \cdot \text{m})$$

여기서, $N_s$ : 비속도

$N$ : 회전수(rpm)

$Q$ : 토출량$\left(\text{양흡입 경우 } \frac{1}{2}Q\right)$ (m³/min)

$H$ : 양정$\left(\text{다단인 경우 } \frac{H}{\text{단수}}\right)$(m)

① 토출량(Q)이나 전양정(H)은 펌프 최고 효율점에서 수치를 대입

  * 펌프 성능곡선상의 임의의 점(정격점 포함)을 대입

② 양흡입 펌프의 경우 : $\frac{1}{2}Q$의 한쪽 유량만 대입

③ 다단 펌프의 경우 : 1단의 양정만 대입

## 3. 비속도의 계산식 유도

연속방정식($Q = A U$)과 토리첼리 정리 ($V = \sqrt{2gh}$) 이용 유도

① 토리첼리 정리에서

$$\frac{V_2}{V_1} = \left(\frac{H_2}{H_1}\right)^{\frac{1}{2}}$$

② 연속방정식으로 유도

$$Q_1 = A_1 U_1,\ Q_1 = A_2 U_2$$

$$\frac{Q_2}{Q_1} = \left(\frac{V_2}{V_2}\right)\left(\frac{D_2}{D_1}\right)^2 = \left(\frac{H_2}{H_2}\right)^{\frac{1}{2}}\left(\frac{D_2}{D_1}\right)^2$$

$$\therefore\ \frac{D_2}{D_1} = \left(\frac{Q_2}{Q_1}\right)^{\frac{1}{2}} \cdot \left(\frac{H_2}{H_1}\right)^{-\frac{1}{4}}$$

③ $V = \pi D n$의 관계식에 의해

$$\frac{n_2}{n_1} = \left(\frac{V_2}{V_1}\right)\left(\frac{D_2}{D_1}\right)^{-1} = \left(\frac{H_2}{H_1}\right)^{\frac{1}{2}}\left(\frac{Q_2}{Q_1}\right)^{-\frac{1}{2}}\left(\frac{H_2}{H_1}\right)^{\frac{1}{4}}$$

$$\therefore\ \frac{n_2}{n_1} = \left(\frac{H_2}{H_1}\right)^{\frac{3}{4}}\left(\frac{Q_2}{Q_1}\right)^{-\frac{1}{2}}$$

④ 여기에서

  ㉠ 1번 펌프 : 실제 비속도를 구하고자 하는 펌프

  ㉡ 2번 펌프 : 가상의 펌프 $\left(n_2 = N_s,\ H = 1\,[m],\ Q = 1\,[m^3/\min]\right)$라면,

$$\frac{N_s}{n_1} = \left(\frac{1}{H_1}\right)^{\frac{3}{4}}\left(\frac{1}{Q_1}\right)^{-\frac{1}{2}} \Rightarrow N_s = \frac{N\sqrt{Q}}{H^{\frac{3}{4}}}$$

## 4. 비속도 특성

① **고양정, 저유량 펌프** : 비속도가 낮다.

② **저양정, 고유량 펌프** : 비속도가 높다.

③ 회전수가 높을수록 비속도가 크다.

④ 원심펌프의 비속도는 보통 100~150 정도이다.

⑤ 성능곡선(H-Q 곡선)과의 관계

  ㉠ 비속도가 크면 성능곡선의 기울기가 매우 가파르다.

  ㉡ 비속도가 작으면 성능곡선의 기울기가 비교적 완만하다.

## [ KEYWORD 118 ] 산소소비열량계

## 1. 개요

① 산소소비열량계(Cone Calorimeter : 콘칼로리미터)는 건축물의 각종 내장재에 대한 화재위험성 평가를 위한 것으로 개방공간에서의 연소조건에 따른 열방출률 변화, 질량감소율, 유독가스방출량 등을 평가하는 시험장치이다.

② 화재위험성의 정량적 평가를 위한 화재모델링에 필요한 데이터를 제공한다.

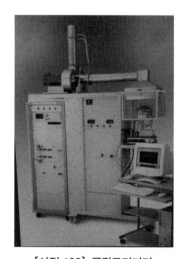

[사진 100] 콘칼로리미터

## 2. 산소소비열량계의 구성

① **원추형 히터** : 시험체 표면에 0~100kW/m²의 복사열

② **로드셀(Load Cell)** : 0~500g까지 시료의 중량 감소 측정

③ **배출설비** : 산소농도, 유량을 측정하여 연소가스 분석

④ **산소분석기** : 0~25% 범위의 산소농도 측정

⑤ **연기측정시스템** : 0.5mW 헬륨－네온 레이저를 사용하여 시료의 연기 발생 농도 측정

⑥ 데이터 수집 및 분석 장치

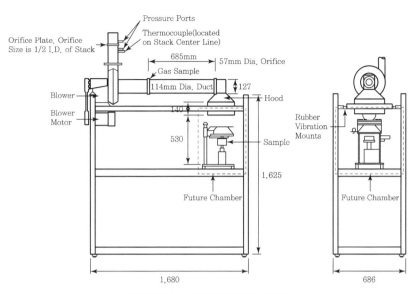

[그림 91] 산소소비열량계의 구성

## 3. 측정 항목

발화온도, 발화시간, 최대열방출률, 평균열방출률, 총열방출률, 연기방출률, 질량감소율 등을 측정
한다.

## [ KEYWORD 119 ] 산소평형

## 1. 개요

① 산소평형(OB : Oxygen Balance)이란 화학물질로부터 완전연소생성물($N_2$, $CO_2$, $H_2O$, $Cl$, $HF$, $SO_2$)을 만드는 데 필요한 산소의 과부족량을 말한다.

② 다시 말하면 폭발성 화합물 100g의 물질이 완전연소 생성물을 만드는 데 필요한 산소의 g수를 말한다.

## 2. 산소평형의 응용

① 산소평형은 폭발성 물질의 위력과 화학구조의 관계를 알 수 있으며 또한 폭발의 강도를 알 수 있다.

② 산소평형이 0에 가까울수록 폭발위력이 크고 완전연소 시 OB = 0이 된다.

③ OB = 0일 때 TNT 100으로 보고 상대적으로 비교

   * TNT(Trinitrotoluene) : $C_6H_2CH_3(NO_2)_3$

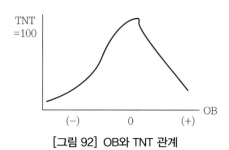

[그림 92] OB와 TNT 관계

## 3. 산소평형 계산 예

① 니트로글리콜 : $C_2H_4(ONO_2)_2 \rightarrow 2CO_2 + 2H_2O + N_2$ … 산소 없음

   $C_2H_4(ONO_2)_2$ 분자량 : 152, $O_2$ : 0이므로

   ∴ OB = 0/152×100 = 0 → TNT 100 동일 폭발력

② 니트로글리세린 : $C_3H_5(NO_3)_3 \rightarrow 3CO_2 2.5H_2O + 1.5N_2 + 0.25O_2$

   $C_3H_5(NO_2)_3$ 분자량 : 227, $0.25O_2$ 분자량 : 8

   ∴ OB = 8/227×100 = 3.5

## [ KEYWORD 120 ] 산화/환원

## 1. 개요

① 산화 – 환원(Oxidation – Reduction, Redox) 반응은 원자의 산화수가 달라지는 화학반응으로 산화와 환원은 언제나 함께 일어나며, 서로 반대작용을 동반하여 한쪽 물질에서 산화가 일어나면 반대쪽에서는 환원이 일어난다.

② 예를 들면 탄소(C)가 연소되어 이산화탄소($CO_2$)로 산화되면 공기 중의 산소는 물로 환원된다. 호흡을 통하여 산소를 마시고 탄산가스를 배출하는 일, 음식물을 섭취하여 에너지를 얻는 일 등이 모두 산화 – 환원 반응으로 이루어진다.

③ 산화(Oxidation)는 원자 또는 이온이 산소를 얻거나 수소 또는 전자를 잃는 것을 말하며, 환원(Reduction)은 원자 또는 이온이 산소를 잃거나 수소 또는 전자를 얻는 것을 말한다.

④ 어떤 물질이 산소와 화합되는 현상을 산화작용이라 하며, 반응 속도에 따라서 빠른 산화와 느린 산화로 구분될 수 있다. 연소는 빛과 열을 수반하는 급격한 산화반응으로 빠른 산화에 속하고, 금속의 표면에 녹이 생긴다거나 물질이 부패하는 것은 느린 산화로 볼 수 있다.

## 2. 산소, 수소, 전자와의 관계

① 산소(Oxygen)와의 관계 : 산소는 지구에서 가장 중요한 원소 중의 하나이고, 질량으로 지각의 반을 채울 수 있을 정도로 풍부하다. 어떤 물질이 산소와 결합하는 것이 산화이고 화합물에서 산소를 잃는 것이 환원이다.

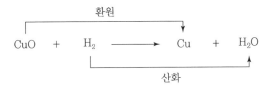

② 수소(Hydrogen)와의 관계 : 수소는 우주에서는 가장 많이 존재하는 원소이고, 모든 원소 중에서 가장 가벼운 물질이다. 수소의 대부분은 물속에서 산소와 결합되어 있으며, 어떤 물질이 수소를 잃는 것이 산화이고 수소와 결합하는 것이 환원이다.

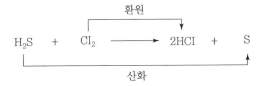

③ **전자(Electron)와의 관계** : 초기에는 산화 – 환원 반응을 산소가 다른 원소와 화합 또는 분리되는 반응으로 해석하였는데, 오늘날에는 전자가 한 물질에서 다른 물질로 이동하는 반응으로 해석한다. 원자가 전자를 잃는 것이 산화이며, 전자를 얻는 것이 환원이다.

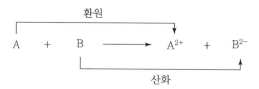

## 3. 산화제와 환원제

① 산화제(Oxidizing agent)는 다른 물질을 산화시키는 성질이 강한 물질. 즉, 자신이 환원되기 쉬운 물질이다.

  ㉠ 산소를 내기 쉬운 물질 : 오존($O_3$)

  ㉡ 수소와 결합하기 쉬운 물질 : 염소($Cl_2$)

  ㉢ 전자를 받기 쉬운 물질 : 황산($H_2SO_4$)

  ㉣ 발생기 산소를 내는 물질 : 과산화수소($H_2O_2$)

② 환원제(Reducing agent)는 다른 물질을 환원시키는 성질이 강한 물질. 즉, 자신이 산화되기 쉬운 물질이다.

  ㉠ 수소를 내기 쉬운 물질 : 황화수소($H_2S$)

  ㉡ 산소와 결합하기 쉬운 물질 : 일산화탄소(CO)

  ㉢ 전자를 잃기 쉬운 물질 : 수소($H_2$)

  ㉣ 발생기 수소를 내는 물질 : 옥살산 또는 수산($H_2C_2O_4$)

## [ KEYWORD 121 ] 상수도소화전

## 1. 개요

① 소방대상물의 대지경계선안의 상수도관으로부터 분기하여 설치하는 소화전으로 화재진압에 필요(소방대상물 수원만으로 부족하거나 소화수공급시스템 이상 등)시 소방차량에 물을 공급하는 설비이다(소화전함 없음).

② 소화용수설비(화재를 진압하는 데 필요한 물을 공급하거나 저장하는 설비) 가운데 하나로서 특정 소방대상물의 대지경계선으로부터 180m 이내에 구경 75mm 이상 상수도 배관이 있을 경우 이에 연결하여 설치하는 소화전이다.

[사진 101] 아파트 상수도소화전

\* 소화용수설비에는 상수도소화용수설비, 소화수조, 저수조(貯水槽)가 있으며 이것 가운데 상수도소화용수설비를 일반적으로 상수도소화전이라 부르고 있다.

## 2. 설치대상 【소방시설법 시행령 별표 4】

① 연면적 5,000m² 이상인 것(다만, 위험물 저장 및 처리 시설 중 가스시설, 지하가 중 터널 또는 지하구는 제외)

② 가스시설로서 지상에 노출된 탱크의 저장용량 합계가 100톤 이상인 것

③ 설치예외 : 상수도소화용수설비를 설치해야 하는 건축물의 대지경계선으로부터 180m 이내에 지름 75mm 이상인 상수도용 배수관이 설치되지 않은 지역에는 소화수조 또는 저수조를 설치할 것

## 3. 설치기준 【NFTC 401 2.1.1】

① 호칭지름 75mm 이상의 수도배관에 호칭지름 100mm 이상의 소화전을 접속할 것

② 소화전은 소방자동차등의 진입이 쉬운 도로변 또는 공지에 설치할 것

③ 소화전은 특정소방대상물의 수평투영면의 각 부분으로부터 140m 이하가 되도록 설치할 것

### [잊지맙시다!] 고양터미널 화재

| | |
|---|---|
| – 일시 | 2014년 5월 26일 |
| – 피해상황 | 인명피해 사망 8명 등 |
| – 화재원인 | 지하1층 푸드코트 리모델링 공사중 용접작업으로 화재 |
| – 당시화재모습 | <br>(소방방재신문 제공) |

# 선큰(Sunken)

## 1. 개요 【초고층재난관리법 시행령 제14조 제1항】

① 선큰(Sunken)이란 지표 아래에 있고 외기(外氣)에 개방된 공간으로서 건축물 사용자 등의 보행·
휴식 및 피난 등에 제공되는 공간을 말한다.

[사진 102] 건축물 선큰

## 2. 선큰의 설치 대상 【초고층재난관리법 시행령 제14조 제1항】

① 초고층 건축물 등의 지하층이 문화 및 집회시설, 판매시설, 운수시설, 업무시설, 숙박시설, 유원시
설업의 시설 또는 종합병원과 요양병원 용도로 사용되는 경우 해당 지하층에 피난안전구역을 설
치하거나 선큰을 설치

## 3. 선큰의 면적 산정기준 【초고층재난관리법 시행령 제14조 제3항】

① 문화 및 집회시설 중 공연장, 집회장 및 관람장은 해당 면적의 7퍼센트 이상
② 판매시설 중 소매시장은 해당 면적의 7퍼센트 이상
③ 그 밖의 용도는 해당 면적의 3퍼센트 이상

## 4. 선큰의 설치기준 【초고층재난관리법 시행령 제14조 제3항】

① 지상 또는 피난층(직접 지상으로 통하는 출입구가 있는 층 및 피난안전구역)으로 통하는 너비 1.8 미터 이상의 직통계단을 설치하거나, 너비 1.8미터 이상 및 경사도 12.5퍼센트 이하의 경사로를 설치할 것

② 거실(건축물 안에서 거주, 집무, 작업, 집회, 오락, 그 밖에 이와 유사한 목적을 위하여 사용되는 방) 바닥면적 100제곱미터마다 0.6미터 이상을 거실에 접하도록 하고, 선큰과 거실을 연결하는 출입 문의 너비는 거실 바닥 면적 100제곱미터마다 0.3미터로 산정한 값 이상으로 할 것

## 5. 선큰의 설비기준 【초고층재난관리법 시행령 제14조 제3항】

① 빗물에 의한 침수방지를 위하여 차수판(遮水板), 집수정(물저장고), 역류방지기를 설치할 것

② 선큰과 거실이 접하는 부분에 제연설비[드렌처(수막)설비 또는 공기조화설비와 별도로 운영되는 제연설비를 말한다]를 설치할 것. 다만, 선큰과 거실이 접하는 부분에 설치된 공기조화설비가 「소 방시설법」 제12조 제1항에 따른 화재안전기준에 맞게 설치되어 있고, 화재발생 시 제연설비 기능 으로 자동 전환되는 경우에는 제연설비를 설치하지 않을 수 있다.

## [ KEYWORD 123 ] 성능시험배관

## 1. 개요

① 성능시험배관이란 가압송수장치(소방펌프)의 성능을 현장에서 정기적 또는 필요시 확인할 수 있
도록 설치한 배관을 말한다.

② 충압펌프의 경우는 소화펌프 토출측 배관의 누설량 만 보충시켜주면 되기 때문에 성능시험배관이
필요하지 아니하다.

## 2. 펌프의 성능

펌프의 성능은 체절운전 시 정격토출압력의 140%를 초과하지 아니하고 정격토출량의 150% 운
전시 정격토출압력의 65% 이상이어야 한다. 【NFTC 102 2.2.1.7】

* "정격토출압력", "정격토출량" 용어 참조

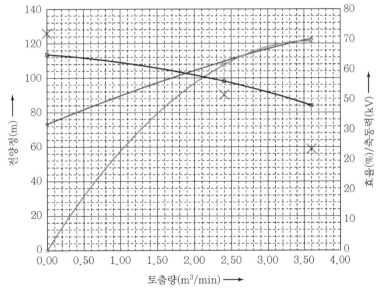

[그림 93] 펌프 성능곡선 예 (정격토출압력 : 90m, 정격토출량 : 2.4m$^3$/min 경우)

* 전양정 = 실양정(흡입실양정＋토출실양정)＋손실수두

## 3. 성능시험배관의 설치【NFTC 104A 2.8.4】

① 성능시험배관은 펌프의 토출측에 설치된 개폐밸브 이전에서 분기하여 직선으로 설치하고 유량측
   정장치를 기준으로 전단직관부에 개폐밸브를 후단직관부에 유량조절밸브를 설치할 것. 이 경우
   개폐밸브와 유량측정장치 사이 및 유량측정장치와 유량조절밸브 사이의 직관부 거리는 제조사의
   설치사양에 따르고, 성능시험배관의 호칭지름은 유량측정장치의 호칭지름에 따른다.

   * 직관부 거리 유지이유 : 유량계 통과 전후에 대한 정류(整流 : 일정 속도 흐름)거리를 확보하여 보다 정확한 유
     량 측정을 위함. 즉, 난류상태의 흐름을 층류상태의 흐름으로 유지시키기 위함

② 유입구에는 개폐밸브를 둘 것

③ 유량측정장치는 펌프정격토출량의 175% 이상 측정할 수 있는 성능이 있을 것

④ 가압송수장치의 체절운전 시 수온의 상승을 방지하기 위하여 체크밸브와 펌프사이에서 분기한 구
   경 20mm 이상의 배관에 체절압력 미만에서 개방되는 릴리프밸브를 설치할 것

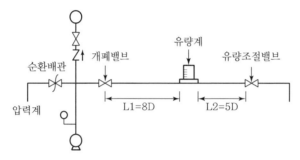

[그림 94] 펌프성능시험배관 설치도

# 성능위주설계

## 1. 개요

① 성능위주설계(PBD : Performance Based Design)란 건축물 등의 재료, 공간, 이용자, 화재 특성 등을 종합적으로 고려하여 공학적 방법으로 화재 위험성을 평가하고 그 결과에 따라 화재안전성능이 확보될 수 있도록 특정소방대상물을 설계하는 것을 말한다. 【소방시설법 제2조】

② 건축물의 용도, 위치, 구조, 수용인원, 가연물 종류 및 양 등을 고려하여 화재 시 예상되는 화재 시나리오의 화재크기(강도), 피난시간, 열적 영향 정도등의 성능기준을 결정하고, 성능기준에 대응하는 방법을 과학적 이론 및 공학적 분석을 통해 설계하는 행위를 말한다.

③ 국내의 성능위주설계는 대상물에 대하여 화재안전기준 등의 법규에 따라 설계된 화재안전성능 이상을 확보토록 설계하여야 한다.

## 2. 성능위주 소방설계 대상물 【소방시설법 시행령 제9조】

① 연면적 20만m² 이상인 특정소방대상물. 다만, 공동주택 중 주택으로 쓰이는 층수가 5층 이상인 주택(이하 "아파트 등")은 제외한다.

② 지하층을 제외한 50층 이상이거나 지상으로부터 높이가 200m 이상인 아파트 등

③ 지하층을 포함한 30층 이상이거나 지상으로부터 높이가 120m 이상인 특정소방대상물(아파트등은 제외)

④ 연면적 3만m² 이상인 특정소방대상물로서 다음 각 목의 어느 하나에 해당하는 것
　　㉠ 운수시설 중 철도 및 도시철도 시설
　　㉡ 운수시설 중 공항시설

⑤ 창고시설 중 연면적 10만m² 이상인 것 또는 지하층의 층수가 2개 층 이상이고 지하층의 바닥면적의 합계가 3만m² 이상인 것

⑥ 하나의 건축물에 영화상영관이 10개 이상인 특정소방대상물

⑦ 「초고층재난관리법」에 따른 지하연계 복합건축물에 해당하는 특정소방대상물

⑧ 터널 중 수저(水底)터널 또는 길이가 5천m 이상인 것

## 3. 성능위주 소방설계의 장단점

▼ [표 47] 시방위주와 성능위주 소방설계 장단점

| | 시방위주 소방설계 | 성능위주 소방설계 |
|---|---|---|
| 장점 | ① 법규정에 맞는 설계<br>② 전문지식, 전문엔지니어링이 필요 없음<br>③ 화재 · 피난시뮬레이션 및 DB(Data Base)가 필요 없음<br>④ 설계 과정 단순 | ① 적극적, 자율적, 과학적, 정량적 설계를 통한 경제적 설계<br>② 건물의 특성을 반영한 유연한 설계<br>③ 신기술, 신재료의 도입 용이<br>④ 소방과학과 엔지니어링을 통한 신뢰도 확보 가능<br>⑤ 화재안전 최적개념의 All or Nothing 개념 설계 |
| 단점 | ① 수동적, 타율적, 경험적, 정성적 설계를 통한 비경제적 설계<br>② 건물의 특성을 반영하지 못한 획일적 설계<br>③ 신기술, 신재료를 도입하지 않음<br>④ 화재 가혹도가 작은 경우 : 과다 설계<br>　　화재 가혹도가 큰 경우 : 소화 실패 | ① 교육 훈련을 통하여 전문지식 확보, 전문엔지니어링 양성<br>② DB 구축<br>③ 통일된 PBD 설계지침서 확립 필요<br>④ 화재, 피난 시뮬레이션 필요<br>⑤ 설계과정 복잡 |

## 4. 성능위주설계절차 【소방시설법 시행규칙 제4~8조】

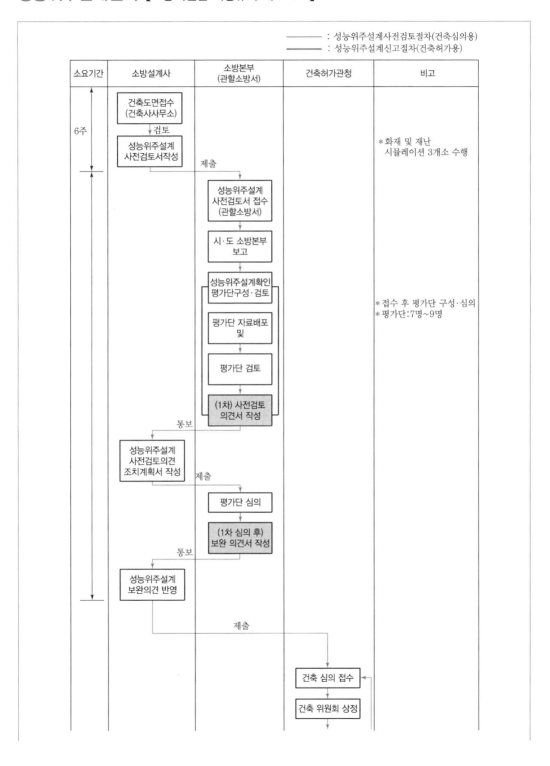

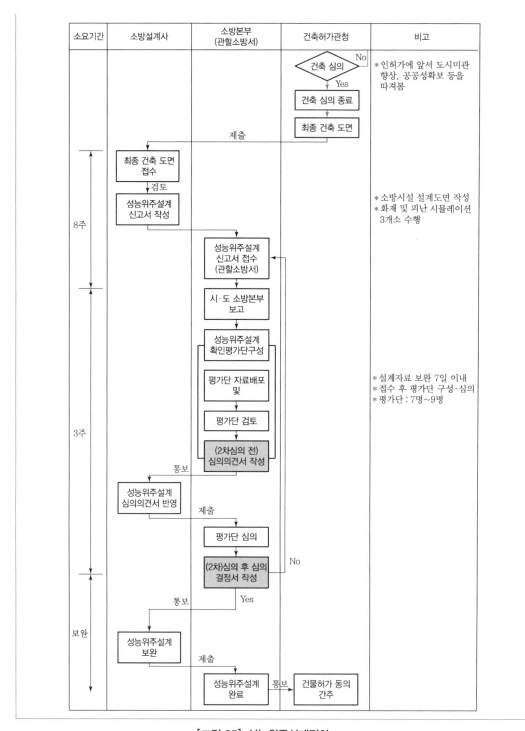

[그림 95] 성능위주설계절차

## [ 125 ] 소방(법)

## 1. 정의

① 소방(消防)이란 소방관서에서 일상적으로 하는 업무로 화재를 예방·경계하거나 진압하고 그 밖의 소방활동, 즉 재난, 재해 그 밖의 위급한 상황에서의 구조, 구급활동 등을 통하여 국민의 생명·신체 및 재산을 보호하는 등의 소방활동을 말한다.

② 국가기능의 확대와 국민들의 소방서비스에 대한 수요가 증대됨에 따라 소방의 의미는 소방기관이 국민의 요구에 대한 재화(財貨)와 용역(用役)의 제공이라는 것과 소방의 인적·물적자원의 관리로 확대되었다.

## 2. 소방관계 법령의 개편

① 1958년 3월 11일 최초 「소방법」 제정
- ㉠ 소방조직(소방기관, 상황실, 박물관, 소방기술민원센터)
- ㉡ 소방업무종합계획 수립·시행
- ㉢ 소방의 날
- ㉣ 소방장비 및 소방용수시설
- ㉤ 소방업무의 응원 및 소방력 동원
- ㉥ 소방활동 등(소방활동, 긴급출동 등)
- ㉦ 소방활동에 대한 면책 및 소송지원
- ㉧ 소방교육, 훈련(소방안전교육사 등)
- ㉨ 소방안전원

② 2003년 5월 29일 소방 4분법 제정 「소방법」 폐지
- ㉠ 소방기본법
- ㉡ 화재예방, 소방시설 설치유지 및 안전관리에 관한 법률
- ㉢ 소방시설 공사업법
- ㉣ 위험물 안전관리법

③ 소방기본법 분법
- ㉠ 2021년 6월 8일 「화재조사에 관한 법률」 제정
- ㉡ 2021년 12월 1일 「화재의 예방 및 안전관리에 관한 법률」 제정

④ 화재예방, 소방시설 설치유지 및 안전관리에 관한 법률 분법
- ㉠ 2021년 12월 1일 「화재의 예방 및 안전관리에 관한 법률」 제정
- ㉡ 2021년 12월 1일 「소방시설 설치 및 관리에 관한 법률」 제정

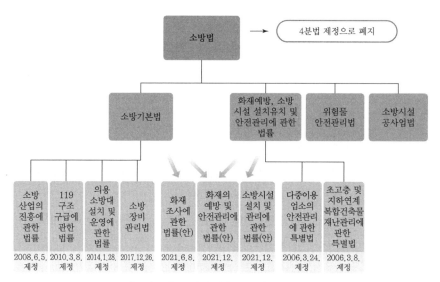

[그림 96] 소방관계법령의 개편 흐름도

## 3. 소방관련 법률의 구성

① 제명 및 법령 번호는 일반적으로 법률의 제목에 해당하며 「소방기본법」, 「소방시설 설치 및 관리에 관한 법률」 등으로 표기하며, 법령 번호에는 공표한 날짜와 법률 번호를 표기한다.

② 본칙 규정은 법률의 본체가 되는 부분으로서 법률의 내용에 해당되며, "총칙규정", 실체규정, 보칙규정, 벌칙규정" 등으로 규정하고 있으며 본칙은 장(章), 절(節), 조(條), 항(項), 호(號), 목(目) 순으로 표시한다.

③ 법령의 조문수가 많을 경우 비슷한 성향의 조문을 구분할 경우 몇 개의 "장(章)"으로 구분할 수 있고, 장(章)은 다시 "절(節)", "관(冠)"의 순서로 세분하여 이름을 붙일 수 있다.

④ 법률의 본칙은 "조(條)"로 구분하여 "제OO조(OOOOO)"와 같이 제목을 붙이며 조문이 여러 사항을 포함할 경우 "등"을 붙인다.

⑤ 조(條)의 내용을 다시 세부적으로 구분하고자 할 때는 이를 "항(項)"으로 구분하여 "①, ②, ③, …" 등과 같이 표기한다.

⑥ "항(項)"의 내용을 다시 세부적으로 구분하고자 할 때는 이를 "호(號)"로 구분하여 "1., ②., ③., …" 등과 같이 표기한다(숫자 뒤에 마침표(.)를 표기한다.).

⑦ "호(號)"의 내용을 다시 세부적으로 구분하고자 할 때는 이를 "목(目)"으로 구분하며 "가., 나., 다., …" 등과 같이 표기한다(글자 뒤에 마침표(.)를 표기한다.).

⑧ "목(目)"의 내용을 다시 세부적으로 구분하고자 할 때는 이를 "세목(細目)"으로 구분하며 "1), 2), 3), …" 등과 같이 표기한다.

## [ KEYWORD 126 ] 소방공무원

## 1. 개요

「소방공무원법」 제3조(계급구분)에 따르면 소방공무원의 계급은 다음과 같이 구분한다.

① 소방총감(消防總監)  ② 소방정감(消防正監)
③ 소방감(消防監)  ④ 소방준감(消防准監)
⑤ 소방정(消防正)  ⑥ 소방령(消防領)
⑦ 소방경(消防警)  ⑧ 소방위(消防尉)
⑨ 소방장(消防長)  ⑩ 소방교(消防校)
⑪ 소방사(消防士)

## 2. 소방공무원 계급과 담당업무

▼ [표 48] 소방사~소방장

| 계급장 | 소방사<br>Firefighter | 소방교<br>Senior Firefighter | 소방장<br>Fire Serfeant |
|---|---|---|---|
| 업무 | 일선 소방서 119안전센터와 구조 · 구급대에서 국민안전에 대한 가장 밀접한 임무를 수행 | | |
| 의미 | 육각수는 맑은 소방용수와 투명한 신념을 의미<br>관창과 소방호스가 육각수를 받들고 있는 형태 | | |

▼ [표 49] 소방위~소방정

| 계급장 | 소방위<br>Fire Lieutenant | 소방경<br>Fire Captain | 소방령<br>DeputyFire Chief | 소방정<br>Fire Chief |
|---|---|---|---|---|
| 업무 | 119안전센터 팀장,<br>소방서 내근 실무자 | 119안전센터장,<br>소방서 계장 | 소방서 과장,<br>소방청 계장급 | 소방서장,<br>소방청 과장급 |
| 의미 | 6개의 육각수가 국가와 국민을 의미하는 태극문양을 둘러싼 형태 | | | |

▼ [표 50] 소방준감~소방총감

| 계급장 | 소방준감<br>Chief Superintendent | 소방감 Assistant Fire<br>Commissioner | 소방정감 Deputy Fire<br>Commissioner | 소방총감<br>Fire Commissioner |
|---|---|---|---|---|
| 업무 | 시 · 도 소방본부장,<br>소방청 과장 | 시 · 도 소방본부장,<br>소방청 국장 | 서울/부산 소방본부장,<br>소방청 차장 | 소방공무원의 수장,<br>소방청장 |
| 의미 | 6개의 물방울을 모아 희망을 나타내는 하나의 큰 별로 형상화한 형태<br>국민 생활안전의 길잡이라는 소명의식과 소방가족에게 희망의 빛이라는 의미 | | | |

## 소방공사감리

## 1. 개요

① 소방공사감리란 소방시설공사업법 제17조에 따라 발주자가 감리업자를 지정하여 해당 공사의 설계도서, 기타 관계서류의 내용대로 시공되었는지를 확인하고 품질관리, 시공관리, 공정관리, 안전관리 등에 대한 기술지도를 하며, 관계법령에 따라 발주자의 감독권한을 대행하는 것으로 상주공사감리와 일반공사감리로 구분한다.

\* 소방공사감리업 : 소방시설공사에 관한 발주자의 권한을 대행하여 소방시설공사가 설계도서와 관계 법령에 따라 적법하게 시공되는지를 확인하고, 품질·시공관리에 대한 기술지도를 하는(이하 "감리"라 한다)영업【소방시설공사업법 제2조 제1항 제1호 다목】

② 상주공사감리란 소방시설공사의 소방시설용 배관(전선관 포함)을 설치하거나 매립하는 때부터 소방시설 완공검사증명서를 발급받을 때까지 소방공사감리현장에 감리원을 상주 배치하여 감리업무를 수행하는 것을 말한다.

③ 일반공사감리란 상주 공사감리에 해당하지 않는 소방시설 공사의 특정소방대상물에 대한 감리를 수행한다.「소방시설공사업법 시행규칙」 제16조 제2항 별표 3에서 정하는 기간 동안(성능시험, 완공검사증명서 발급, 인수인계, 소방공사의 정산 포함) 소방공사감리현장에 감리원을 주 1회 이상 배치하여 감리업무를 수행하는 것을 말한다.

## 2. 소방공사 감리 배치대상

▼ [표 51] 소방감리 배치대상 및 배치기준

| 소방감리대상【소방시설공사업법 시행령 제9조 · 별표 3, 시행규칙 제16조 · 별표 3】 | | | |
|---|---|---|---|
| 구분 | 대상 | 배치기준 | 비고 |
| 상주<br>감리 | 연면적 3만m²<br>아파트 : 지하층 포함 16층 이상으로서 500세대 이상 | − 자격기준 : 기술사/기계/전기 자격취득자<br>− 배치기간 : 소방시설용 배관설치 또는 매립하는 때부터 완공검사증명서 발급까지 | 기간 동안 상주<br>【규칙 제16조 제1항】 |
| 일반<br>감리 | 상주감리에 해당하지 않는 대상물 | − 자격기준 : 기계/전기 자격취득자<br>− 배치기간 : 시행규칙 별표 3의 기간 동안 | 주 1회 이상<br>【규칙 제16조 제2항】 |
| | 1명이 담당하는 감리현장 개수 | ※ 5개 이하일 것<br>예외) 2개의 현장을 1개로 볼 수 있는 경우 : 30km 이내의 경우로서 자동화재탐지설비 또는 옥내소화전설비 중 어느 하나만 설치하는 때<br>※ 연면적 합계 10만m² 이하일 것<br>예외) 16층 미만의 아파트는 연면적에 관계없이 5개 이내 감리가능 | |

▼ [표 52] 처벌규정

| 처벌규정 : 등록취소 또는 영업정지 【소방시설공사업법 시행규칙 제9조·별표 1】 | | | | |
|---|---|---|---|---|
| 위반사항 | 근거법령 | 행정처분 기준 | | |
| | | 1차 | 2차 | 3차 |
| 소속 감리원을 공사현장에 배치하지 아니하거나 거짓으로 한 경우(소방시설공사업법 제18조 제1항) | 법 제9조 | 영업정지 1개월 | 영업정지 3개월 | 등록 취소 |
| 공사감리자를 지정하지 아니한 경우(소방시설공사업법 제17조를 위반한 발주자 및 발주청) | 법 제36조 제4호 | 1년 이하의 징역 또는 1천만원 이하의 벌금 | | |

## 3. 소방공사 감리업무 【소방시설공사업법 제16조 제1항】

① 소방시설등의 설치계획표의 적법성 검토
② 소방시설등 설계도서의 적합성(적법성과 기술상의 합리성을 말한다. 이하 같다) 검토
③ 소방시설등 설계 변경 사항의 적합성 검토
④ 소방용품의 위치·규격 및 사용자재의 적합성 검토
⑤ 공사업자가 한 소방시설 등의 시공이 설계도서와 화재안전기준에 맞는지 지도·감독
⑥ 완공된 소방시설등의 성능시험
⑦ 공사업자가 작성한 시공 상세 도면의 적합성 검토
⑧ 피난시설 및 방화시설의 적법성 검토
⑨ 실내장식물의 불연화(不燃化)와 방염물품의 적법성 검토

## 4. 소방공사 감리 업무 절차

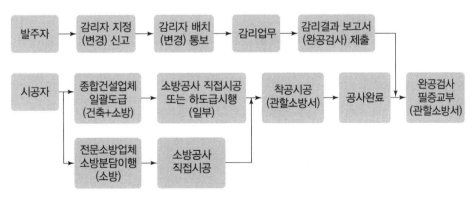

[그림 97] 소방공사 감리 및 시공업무 흐름도

## 소방관 진입창

## 1. 개요

① 소방관 진입창은 화재발생 등 각종 재난·재해 및 위급 상황 시 건축물 내부로 신속하게 진입하여 인명구조 골든타임을 확보하기 위해 2층 이상 11층 이하의 층에 설치하고 있다.
② 「건축법」 제49조제3항에 의해 대통령령으로 정하는 건축물은 「건축물방화구조규칙」에 따라 소방관이 진입할 수 있는 창을 설치하고 외부에서 주야간에 식별할 수 있는 표시를 하여야 한다.

## 2. 설치대상 【건축법 시행령 제51조제4항】

① 건축물의 11층 이하의 층에는 소방관이 진입할 수 있는 창을 설치하고, 외부에서 주야간에 식별할 수 있는 표시를 해야 한다.
② 설치제외
　㉠ 대피공간 등을 설치한 아파트
　㉡ 비상용승강기를 설치한 아파트

## 3. 설치기준 【건축물의 피난·방화구조 등의 기준에 관한 규칙 제18조의2】

① 2층 이상 11층 이하인 층에 각각 1개소 이상 설치할 것. 이 경우 소방관이 진입할 수 있는 창의 가운데에서 벽면 끝까지의 수평거리가 40m 이상인 경우에는 40m 이내마다 소방관이 진입할 수 있는 창을 추가로 설치해야 한다.
② 소방차 진입로 또는 소방차 진입이 가능한 공터에 면할 것
③ 창문의 가운데에 지름 20cm 이상의 역삼각형을 야간에도 알아볼 수 있도록 빛 반사 등으로 붉은색으로 표시할 것
④ 창문의 한쪽 모서리에 타격지점을 지름 3cm 이상의 원형으로 표시할 것
⑤ 창문의 크기는 폭 90cm 이상, 높이 1.2m 이상으로 하고, 실내 바닥면으로부터 창의 아랫부분까지의 높이는 80cm 이내로 할 것
⑥ 진입창 유리의 종류
　㉠ 두께 6mm 이하의 플로트판유리
　㉡ 두께 5mm 이하의 강화유리 또는 배강도유리
　㉢ 두께 24mm 이하의 ㉠ 또는 ㉡으로 구성된 이중 유리

## 4. 성능설계 기준

① 소방관 진입창은 배연창 또는 피난기구가 설치된 창문(개구부)과 수평거리 1m 이상 떨어진 위치에 설치

② 소방관 진입창은 가급적 건축물 공용복도와 직접 연결되는 위치에 설치

③ 건축물 발코니로 진입하는 소방관 진입창의 경우 외부에서 식별이 가능하도록 발코니 인근에 안내 표시 부착

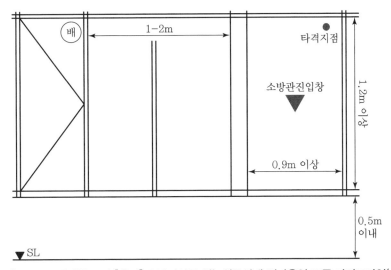

[그림 98] 소방관 진입창 표시 [출처] 소방시설등 성능위주설계 평가운영 표준 가이드라인(소방청)

## 1. 개요

① 소방기술자란 소방관계법령에 따라 소방기술 경력 등을 인정받은 사람이거나 다음에 해당하는 사람으로서 소방시설업과 소방시설관리업의 기술 인력으로 등록된 사람을 말한다. 【소방시설공사업법 제2조 제1항 제4호】

　㉠「소방시설법」에 따른 소방시설관리사

　㉡ 국가기술자격 법령에 따른 소방기술사, 소방설비기사, 소방설비산업기사, 위험물기능장, 위험물산업기사, 위험물기능사

② 소방기술자는「소방시설공사업법」에 따른 명령과 화재안전기준에 맞게 시공관리를 하여야 하며, 소방시설 공사의 책임시공 및 기술관리를 하여야 한다. 【소방시설공사업법 제12조】

## 2. 소방기술자 배치 【소방시설공사업법 시행령 별표 2】

▼ [표 53] 소방기술자 배치 기준

| 항목 | | 소방기술자 배치 |
|---|---|---|
| 관련법규 | | 소방시설 공사업법 제2조, 제12조 내지 제15조<br>소방시설공사업법시행령 제3조, 별표 2<br>소방시설공사업법시행규칙 제12조 |
| 소방기계공사 | | 기계분야 소방기술자 |
| 소방전기공사 | | 전기분야 소방기술자 |
| 모든 공사 | | 기계분야, 전기분야 자격을 모두 갖춘 경우 분야구분 없이 소방기술자 배치 |
| 배치인원 | 현장 개수제한 | 1인이 2개 현장 초과배치 불가 |
| | 1개 공사현장에만 배치 대상 | • 연면적 3만m² 이상(아파트 제외) – 아파트는 면적을 적용하지 않음<br>• 16층 이상 500세대 이상 아파트 |
| | 다수현장 배치기준 | • 연면적 5천m² 미만 현장 : 합계면적 2만m²를 초과할 수 없음.<br>• 연면적 5천m² 이상인 공사현장 2개 이하＋5천m² 미만의 현장에 같이 배치하는 경우 : 5천m² 미만의 연면적 합계 1만m² 미만 |
| | 해설 | 상주에 해당하는 현장 외의 현장에는 기본적으로 1명이 2개의 현장을 할 수 있다. 하지만 연면적 5천 이하만을 책임기술자로 등록한 경우에는 한사람이 최대 2만제곱미터까지만 할 수 있다. 즉 5천짜리 4개까지는 가능하다는 것이다. |

| | | 또 5천 이상인 공사현장 2개와 5천 미만 현장에 같이 배치하는 경우에는 5천 미만의 연면적 합계가 1만 이상이 되어서는 안 된다. |
|---|---|---|
| | 배치하지 않는 경우(소방감리업자가 감리하는 현장) | 소방시설의 비상전원을 전기공사업법에 의한 전기공사업자가 공사하는 경우<br>소화용수시설을 건설산업기본법 시행령 별표 1의 규정에 의한 기계설비공사업자 또는 상·하수도설비공사업자가 공사하는 경우<br>소방 외의 용도와 겸용되는 제연설비를 건설산업기본법 시행령 별표 1의 규정에 의한 기계설비공사업자가 공사하는 경우<br>소방 외의 용도와 겸용되는 비상방송설비 또는 무선통신보조설비를 정보통신공사업법에 의한 정보 통신공사업자가 시공하는 경우 |
| 배치기준 | 특급 소방기술자 | 연면적 20만m² 이상<br>지하층 포함 40층 이상 |
| | 고급 소방기술자 | 연면적 3만m² 이상 20만m² 미만(아파트 제외)<br>지하층 포함 16층 이상 40층 미만(아파트 포함) |
| | 중급 소방기술자 | 물분무등 소화설비 또는 제연설비 설치대상<br>연면적 1만m² 이상 20만m² 미만 아파트<br>연면적 5천m² 이상 3만m² 미만(아파트 제외) |
| | 초급 소방기술자 | 연면적 1천m² 이상 5천m² 미만(아파트 제외)<br>연면적 1천m² 이상 1만m² 미만 아파트<br>지하구 |
| | 인정 소방기술자 | 연면적 1천m² 미만 |
| 기술자를 배치하지 않은 경우 | | 1. 등록취소 또는 영업정지(공사업법 제9조 제1항 제11호)<br>2. 소방공사업법 시행규칙 제9조(소방시설업의 행정처분기준) 별표 1 |

| 위반사항 | 근거법령 | 행정처분 기준 | | |
|---|---|---|---|---|
| | | 1차 | 2차 | 3차 |
| 카. 법 제12조제2항을 위반하여 소속 소방기술자를 공사현장에 배치하지 아니하거나 거짓으로 한 경우 | 법 제9조 | 경고 (시정명령) | 영업정지 1개월 | 등록 취소 |

## 3. 소방시설공사업자의 의무

소방기술자를 「소방시설공사업법 시행령」 제3조의 배치기준 및 배치기간에 따라 현장에 배치하여야 하며, 「소방시설공사업법」 제12조 제1항 및 제2항에 따라 이 법이나 이 법에 따른 명령과 화재안전기준에 맞게 시공하여야 하고, 「소방시설법」 및 같은 법에 따른 명령에 따라 업무를 수행하여야 한다. 또한 소방시설공사의 책임시공 및 기술 관리를 하여야 한다.

## [ KEYWORD 130 ]  소방시설

## 1. 정의 【소방시설법 제2조 제1항】

① 소방시설이란 소화설비, 경보설비, 피난구조설비, 소화용수설비, 그 밖에 소화활동설비로서 대통령령으로 정하는 것을 말한다.
② 소방시설 등이란 소방시설과 비상구, 그밖에 소방관련시설로서 대통령령으로 정하는 것을 말한다.
* 대통령령으로 정하는 것이란 방화문 및 방화셔터를 말한다.

## 2. 소방시설 【소방시설법 시행령 별표 1】

▼ [표 54] 소방시설의 종류

| | |
|---|---|
| 가. 소화설비<br>　물 또는 그 밖의 소화약제를 사용하여 소화하는 기계 · 기구 또는 설비<br>　(1) 소화기구<br>　　① 소화기<br>　　② 간이소화용구 : 에어로졸식 소화용구, 투척용 소화용구, 소공간용 소화용구 및 소화약제 외의 것을 이용한 간이소화용구<br>　　③ 자동확산소화기<br>　(2) 자동소화장치<br>　　① 주거용 주방자동소화장치<br>　　② 상업용 주방자동소화장치<br>　　③ 캐비닛형 자동소화장치<br>　　④ 가스자동소화장치<br>　　⑤ 분말자동소화장치<br>　　⑥ 고체에어로졸자동소화장치<br>　(3) 옥내소화전설비(호스릴옥내소화전설비 포함)<br>　(4) 스프링클러설비 · 간이스프링클러설비 및 화재조기진압용 스프링클러설비<br>　(5) 물분무소화설비 · 미분무소화설비 · 포소화설비 · 이산화탄소소화설비 · 할론소화설비 · 할로겐화합물및 불활성기체 소화설비 · 분말소화설비 · 강화액소화설비 · 고체에어로졸소화설비<br>　(6) 옥외소화전설비<br>나. 경보설비<br>　화재발생 사실을 통보하는 기계 · 기구 또는 설비<br>　(1) 단독경보형 감지기<br>　(2) 비상경보설비 : 비상벨설비 · 자동식사이렌설비<br>　(3) 자동화재탐지설비<br>　(4) 시각경보기 | (5) 화재알림설비<br>　(6) 비상방송설비<br>　(7) 자동화재속보설비<br>　(8) 통합감시시설<br>　(9) 누전경보기<br>　(10) 가스누설경보기<br>다. 피난구조설비<br>　화재가 발생할 경우 피난하기 위하여 사용하는 기구 또는 설비<br>　(1) 피난기구 : 피난사다리 · 구조대 · 완강기 그 밖에 화재안전기준으로 정하는 것<br>　(2) 인명구조기구 : 방열복, 방화복(안전모, 보호장갑 및 안전화 포함) · 공기호흡기 · 인공소생기<br>　(3) 유도등 : 피난유도선 · 피난구유도등 · 통로유도등 · 객석유도등 · 유도표지<br>　(4) 비상조명등 및 휴대용비상조명등<br>라. 소화용수설비<br>　화재를 진압하는 데 필요한 물을 공급하거나 저장하는 설비<br>　(1) 상수도소화용수설비<br>　(2) 소화수조 · 저수조, 그 밖의 소화용수설비<br>마. 소화활동설비<br>　화재를 진압하거나 인명구조활동을 위하여 사용하는 설비<br>　(1) 제연설비<br>　(2) 연결송수관설비<br>　(3) 연결살수설비<br>　(4) 비상콘센트설비<br>　(5) 무선통신보조설비<br>　(6) 연소방지설비 |

## [ KEYWORD 131 ] 소방시설업

### 1. 정의 【소방시설공사업법 제2조】

소방시설업이란 소방시설설계업, 소방시설공사업, 소방공사감리업, 방염처리업을 말한다.

### 2. 소방시설업 【소방시설공사업법 제2조】

① 소방시설설계업

소방시설공사에 기본이 되는 공사계획, 설계도면, 설계 설명서, 기술계산서 및 이와 관련된 서류를 작성하는 영업

② 소방시설공사업

설계도서에 따라 소방시설을 신설, 증설, 개설, 이전 및 정비하는 영업

③ 소방공사감리업

소방시설공사에 관한 발주자의 권한을 대행하여 소방시설공사가 설계도서와 관계 법령에 따라 적법하게 시공되는지를 확인하고, 품질·시공 관리에 대한 기술지도("감리"라고 함)를 하는 영업

④ 방염처리업

방염대상물품에 대하여 방염 처리하는 영업

# [ KEYWORD 132 ] 소방안전관리대상물

## 1. 개요 【화재예방법 제24조】

① 특정소방대상물 중 전문적인 안전관리가 요구되는 대통령령으로 정하는 특정소방대상물을 소방안전관리대상물이라고 한다.

② 소방안전관리대상물의 범위는 특급, 1급, 2급 및 3급 소방안전관리대상물로 구분하고 있다.

③ 소방안전관리대상물은 소방안전관리자를 선임해야 하는 특정소방대상물이다.

## 2. 소방안전관리대상물의 범위 【화재예방법 시행령 별표 4】

① 특급 소방안전관리대상물

ㄱ 50층 이상(지하층은 제외한다)이거나 지상으로부터 높이가 200미터 이상인 아파트

ㄴ 30층 이상(지하층을 포함한다)이거나 지상으로부터 높이가 120미터 이상인 특정소방대상물(아파트는 제외한다)

ㄷ ㄴ에 해당하지 아니하는 특정소방대상물로서 연면적이 10만제곱미터 이상인 특정소방대상물(아파트는 제외한다)

* 동·식물원, 철강 등 불연성 물품을 저장·취급하는 창고, 위험물 저장 및 처리 시설 중 위험물 제조소 등, 지하구를 제외한다.

② 1급 소방안전관리대상물

특급 소방안전관리대상물을 제외한 다음의 어느 하나에 해당하는 특정소방대상물

ㄱ 30층 이상(지하층은 제외한다)이거나 지상으로부터 높이가 120미터 이상인 아파트

ㄴ 연면적 1만5천제곱미터 이상인 특정소방대상물(아파트 및 연립주택은 제외한다)

ㄷ ㄴ에 해당하지 아니하는 특정소방대상물로서 지상층의 층수가 11층 이상인 특정소방대상물(아파트는 제외한다)

ㄹ 가연성 가스를 1천톤 이상 저장·취급하는 시설

* 동·식물원, 철강 등 불연성 물품을 저장·취급하는 창고, 위험물 저장 및 처리 시설 중 위험물 제조소 등, 지하구를 제외한다.

③ 2급 소방안전관리대상물

특급 소방안전관리대상물 및 1급 소방안전관리대상물을 제외한 다음의 어느 하나에 해당하는 특정소방대상물

ㄱ 옥내소화전설비, 스프링클러설비, 물분무등소화설비를 설치해야 하는 특정소방대상물 [호스릴(Hose Reel) 방식의 물분무등소화설비만을 설치한 경우는 제외한다]

ⓛ 가스 제조설비를 갖추고 도시가스사업의 허가를 받아야 하는 시설 또는 가연성 가스를 100톤 이상 1천톤 미만 저장·취급하는 시설

ⓒ 지하구

ⓔ 다음의 어느 하나에 해당하는 공동주택(「소방시설법 시행령」 별표 4에 따른 옥내소화전설비 또는 스프링클러설비가 설치된 공동주택으로 한정한다)

1) 300세대 이상의 공동주택

2) 150세대 이상으로서 승강기가 설치된 공동주택

3) 150세대 이상으로서 중앙집중식 난방방식(지역난방방식을 포함한다)의 공동주택

4) 「건축법」 제11조에 따른 건축허가를 받아 주택 외의 시설과 주택을 동일건축물로 건축한 건축물로서 주택이 150세대 이상인 건축물

ⓜ 보물 또는 국보로 지정된 목조건축물

④ 3급 소방안전관리대상물

특급, 1급 및 2급 소방안전관리대상물을 제외한 다음의 어느 하나에 해당하는 특정소방대상물

㉠ 간이스프링클러설비(주택전용 간이스프링클러설비는 제외)를 설치해야 하는 특정소방대상물

ⓛ 자동화재탐지설비를 설치해야 하는 특정소방대상물

⑤ 특정소방대상물이 둘 이상인 경우 【화재예방법 시행령 제25조 제3항】

건축물대장의 건축물현황도에 표시된 대지경계선 안의 지역 또는 인접한 2개 이상의 대지에 소방안전관리자를 두어야 하는 특정소방대상물이 둘 이상 있고, 그 관리에 관한 권원(權原)을 가진 자가 동일인인 경우에는 이를 하나의 특정소방대상물로 본다. 이 경우 해당 특정소방대상물이 소방안전관리대상물의 등급 중 둘 이상에 해당하면 그중에서 등급이 높은 특정소방대상물로 본다.

## 1. 개요【화재예방법 제24조】

① 특정소방대상물 중 전문적인 안전관리가 요구되는 대통령령으로 정하는 특정소방대상물(이하 "소방안전관리대상물"이라 한다)의 관계인은 소방안전관리업무를 수행하기 위하여 소방안전관리자 자격증을 발급받은 사람을 소방안전관리자로 선임하여야 한다.

② 다른 안전관리자(다른 법령에 따라 전기 · 가스 · 위험물 등의 안전관리 업무에 종사하는 자를 말한다)는 소방안전관리대상물 중 소방안전관리업무의 전담이 필요한 소방안전관리대상물의 소방안전관리자를 겸할 수 없다.

## 2. 소방안전관리자의 업무【화재예방법 제24조 제5항】

① 피난계획에 관한 사항과 대통령령으로 정하는 사항이 포함된 소방계획서의 작성 및 시행

② 자위소방대(自衛消防隊) 및 초기대응체계의 구성 · 운영 · 교육

③「소방시설법」제16조에 따른 피난시설, 방화구획 및 방화시설의 관리

④ 소방시설이나 그 밖의 소방 관련 시설의 관리

⑤ 소방훈련 및 교육

⑥ 화기(火氣) 취급의 감독

⑦ 소방안전관리에 관한 업무수행에 관한 기록 · 유지(③ · ④ 및 ⑥의 업무를 말한다)

⑧ 화재발생 시 초기대응

⑨ 그 밖에 소방안전관리에 필요한 업무

## 3. 소방안전관리 업무의 대행

① 소방안전관리 업무를 대행할 수 있는 특정소방대상물【화재예방법 시행령 제28조 제1항】

　㉠ 지상층의 층수가 11층 이상인 1급 소방안전관리대상물(연면적 1만 5천제곱미터 이상인 특정소방대상물과 아파트는 제외한다)

　㉡ 2급 소방안전관리대상물

　㉢ 3급 소방안전관리대상물

② 소방안전관리 대행 업무【화재예방법 시행령 제28조 제2항】
    ㉠ 피난시설, 방화구획 및 방화시설의 관리
    ㉡ 소방시설이나 그 밖의 소방 관련 시설의 관리

## 4. 소방안전관리자 현황판 게시【화재예방법 제26조 제1항 · 시행규칙 제15조】

① 게시장소 : 소방안전관리대상물의 출입자가 쉽게 알 수 있는 곳(출입구 등)
② 게시내용
    ㉠ 소방안전관리대상물의 명칭 및 등급
    ㉡ 소방안전관리자의 성명 및 선임일자
    ㉢ 소방안전관리자의 연락처
    ㉣ 소방안전관리자의 근무 위치(화재 수신기 또는 종합방재실을 말한다)

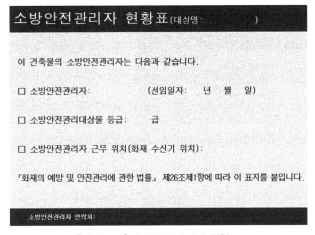

[사진 103] 소방안전관리자 현황표

## [ KEYWORD 134 ] 소방용수시설

## 1. 개요

소방용수시설은 소방관의 소화활동 시 소화용수가 부족할 경우 사용하는 시설로 시 · 도지사가 설치 및 유지 · 관리하여야 하며 종류에는 소화전 · 급수탑 · 저수조 등이 있다. 【소방기본법 제10조 제1항】

[사진 104] 대로(차도)변에 설치된 소화전(공공소화전)

## 2. 소방용수시설의 공통기준 【소방기본법 시행규칙 별표 3】

① 주거지역 · 상업지역 및 공업지역에 설치하는 경우
   소방대상물과의 수평거리를 100미터 이하가 되도록 할 것
② 그 외의 지역에 설치하는 경우
   소방대상물과의 수평거리를 140미터 이하가 되도록 할 것

## 3. 소방용수시설별 설치기준 【소방기본법 시행규칙 별표 3】

① 소화전의 설치기준
   상수도와 연결하여 지하식 또는 지상식의 구조로 하고, 소방용호스와 연결하는 소화전의 연결금 속구의 구경은 65밀리미터로 할 것
② 급수탑의 설치기준
   급수배관의 구경은 100밀리미터 이상으로 하고, 개폐밸브는 지상에서 1.5미터 이상 1.7미터 이하 의 위치에 설치하도록 할 것

③ 저수조의 설치기준

    ㉠ 지면으로부터의 낙차가 4.5미터 이하일 것

    ㉡ 흡수부분의 수심이 0.5미터 이상일 것

    ㉢ 소방펌프자동차가 쉽게 접근할 수 있도록 할 것

    ㉣ 흡수에 지장이 없도록 토사 및 쓰레기 등을 제거할 수 있는 설비를 갖출 것

    ㉤ 흡수관의 투입구가 사각형의 경우에는 한 변의 길이가 60센티미터 이상, 원형의 경우에는 지름이 60센티미터 이상일 것

    ㉥ 저수조에 물을 공급하는 방법은 상수도에 연결하여 자동으로 급수되는 구조일 것

## 4. 소방용수표지 【소방기본법 시행규칙 별표 2】

① 지하에 설치하는 소화전 또는 저수조의 경우 소방용수표지는 다음 기준에 의한다.

    ㉠ 맨홀뚜껑은 지름 648밀리미터 이상의 것으로 할 것. 다만, 승하강식 소화전의 경우에는 이를 적용하지 아니한다.

    ㉡ 맨홀뚜껑에는 "소화전 · 주정차금지" 또는 "저수조 · 주정차금지"의 표시를 할 것

    ㉢ 맨홀뚜껑 부근에는 노란색 반사도료로 폭 15센티미터의 선을 그 둘레를 따라 칠할 것

② 지상에 설치하는 소화전 · 저수조 및 급수탑의 경우 소방용수표지는 다음과 같다.

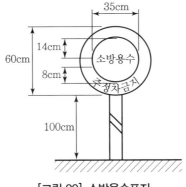

[그림 99] 소방용수표지

  ※ 비고

    ① 안쪽 문자는 흰색, 바깥쪽 문자는 노란색으로, 안쪽 바탕은 붉은색, 바깥쪽 바탕은 파란색으로 하고, 반사재료를 사용해야 한다.

    ② ①의 규격에 따른 소방용수표지를 세우는 것이 매우 어렵거나 부적당한 경우에는 그 규격 등을 다르게 할 수 있다.

[ **KEYWORD**
**135** ] **소방용품**

## 1. 정의

소방용품이란 소방시설 등을 구성하거나 소방용으로 사용되는 제품 또는 기기로서 대통령령으로 정하는 것을 말한다.

## 2. 소방용품의 종류【소방시설법 시행령 별표 3】

①~④호 소방용품(상업용 주방자동소화장치 제외)이 형식승인대상이고 ⑤호 소방용품이 성능인증대상이다.

① 소화설비를 구성하는 제품 또는 기기

    ㉠ 소화기구

        1) 소화기

        2) 간이소화용구 : 에어로졸식 소화용구, 투척용 소화용구, 소공간용 소화용구

        3) 자동확산소화기

    ㉡ 자동소화장치

        1) 주거용 주방자동소화장치

        2) 상업용 주방자동소화장치

        3) 캐비닛형 자동소화장치

        4) 가스자동소화장치

        5) 분말자동소화장치

        6) 고체에어로졸자동소화장치

    ㉢ 소화설비를 구성하는 소화전, 관창(菅槍), 소방호스, 스프링클러헤드, 기동용 수압개폐장치, 유수제어밸브 및 가스관선택밸브

② 경보설비를 구성하는 제품 또는 기기

    ㉠ 누전경보기 및 가스누설경보기

    ㉡ 경보설비를 구성하는 발신기, 수신기, 중계기, 감지기 및 음향장치(경종만 해당)

③ 피난구조설비를 구성하는 제품 또는 기기

    ㉠ 피난사다리, 구조대, 완강기(지지대 포함) 및 간이완강기(지지대 포함)

    ㉡ 공기호흡기(충전기를 포함한다)

    ㉢ 피난구유도등, 통로유도등, 객석유도등 및 예비 전원이 내장된 비상조명등

④ 소화용으로 사용하는 제품 또는 기기
  ㉠ 소화약제 : 상업용 주방자동소화장치, 캐비닛형 자동소화장치, 포소화설비, 이산화탄소소화설비, 할론소화설비, 할로겐화합물소화설비 및 불활성기체소화설비, 분말소화설비, 강화액소화설비, 고체에어로졸소화설비용
  ㉡ 방염제(방염액·방염도료 및 방염성물질)

⑤ 그 밖에 행정안전부령으로 정하는 소방 관련 제품 또는 기기

## 3. 성능인증 대상 소방용품 【소방용품의 품질관리 등에 관한 규칙 별표 7】

① 축광표지
② 예비전원
③ 비상콘센트설비
④ 표시등
⑤ 소화전함
⑥ 스프링클러설비신축배관(가지관과 스프링클러헤드를 연결하는 플렉시블 파이프를 말한다)
⑦ 소방용전선(내화전선 및 내열전선)
⑧ 탐지부
⑨ 지시압력계
⑩ 공기안전매트
⑪ 소방용밸브(개폐표시형 밸브, 릴리프 밸브, 푸트 밸브)
⑫ 소방용 스트레이너
⑬ 소방용 압력스위치
⑭ 소방용 합성수지배관
⑮ 비상경보설비의 축전지
⑯ 자동화재속보설비의 속보기
⑰ 소화설비용 헤드(물분무헤드, 분말헤드, 포헤드, 살수헤드)
⑱ 방수구
⑲ 소화기가압용 가스용기
⑳ 소방용 흡수관
㉑ 그 밖에 소방청장이 고시하는 소방용품

## 4. 그 밖에 소방청장이 고시하는 소방용품

【성능인증의 대상이 되는 소방용품의 품목에 관한 고시 제2조】

① 분기배관
② 포소화약제혼합장치
③ 가스계소화설비 설계프로그램
④ 시각경보장치
⑤ 자동차압급기댐퍼
⑥ 자동폐쇄장치
⑦ 가압수조식가압송수장치
⑧ 피난유도선
⑨ 방염제품
⑩ 다수인피난장비
⑪ 캐비닛형 간이 스프링클러설비
⑫ 승강식피난기
⑬ 미분무헤드
⑭ 방열복
⑮ 상업용주방자동소화장치
⑯ 압축공기포헤드
⑰ 압축공기포혼합장치
⑱ 플랩댐퍼
⑲ 비상문자동개폐장치
⑳ 가스계소화설비용 수동식 기동장치
㉑ 휴대용비상조명등
㉒ 소방전원공급장치
㉓ 호스릴이산화탄소소화장치
㉔ 과압배출구
㉕ 흔들림 방지 버팀대
㉖ 소방용 수격흡수기
㉗ 소방용 행가
㉘ 간이형수신기
㉙ 방화포
㉚ 간이소화장치
㉛ 유량측정장치
㉜ 배출댐퍼
㉝ 송수구

소방차 전용구역

## 1. 개요

① 소방자동차의 신속한 출동에도 불구하고 공동주택 단지 내의 주차 등으로 인하여 현장 접근성 및 신속한 소방활동에 지장을 주지 않도록 소방자동차 전용 주차구역을 설치하고 있다.

②「소방기본법」제21조2에 의해 대통령령으로 정하는 공동주택의 건축주는 소방활동의 원활한 수행을 위하여 소방자동차 전용구역을 설치해야 한다.

③ 누구든지 전용구역에 차를 주차하거나 전용구역의 진입을 가로막는 등의 방해행위를 해서는 안된다. 【소방기본법 제21조의2제2항】

## 2. 설치대상 【소방기본법 시행령 제7조의12】

①「건축법 시행령」에 따른 아파트 중 세대수가 100세대 이상인 아파트

②「건축법 시행령」에 따른 기숙사 중 3층 이상의 기숙사

③ 설치제외 : 하나의 대지에 하나의 동으로 구성되고 「도로교통법」에 따라 정차 또는 주차가 금지된 편도 2차선 이상의 도로에 직접 접하여 소방자동차가 도로에서 직접 소방활동이 가능한 공동주택

## 3. 설치기준 【소방기본법 시행령 제7조의13제1항】

① 소방자동차가 접근하기 쉽고 소방활동이 원활하게 수행될 수 있도록 각 동별 전면 또는 후면에 소방자동차 전용구역을 1개소 이상 설치

② 하나의 전용구역에서 여러 동에 접근하여 소방활동이 가능한 경우로서 소방청장이 정하는 경우에는 각 동별로 설치하지 않을 수 있다.

## 4. 설치방법 【소방기본법 시행령 제7조의13제2항】

① 전용구역 노면표지 외곽선은 빗금무늬로 표시

② 빗금무늬는 두께 30cm, 간격 50cm로 표시

③ 노면표지는 황색, 문자(P, 소방차 전용)는 백색으로 표시

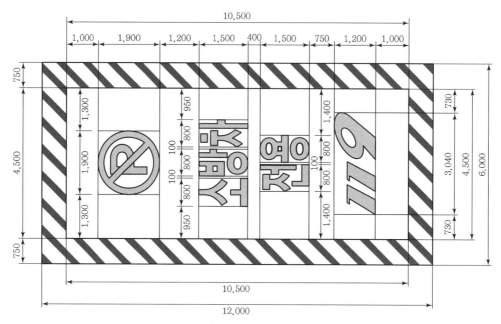

[그림 100] 소방자동차 전용구역 표시

## 5. 전용구역 방해행위 기준 【소방기본법 시행령 제7조의14】

① 전용구역에 물건 등을 쌓거나 주차하는 행위

② 전용구역의 앞면, 뒷면 또는 양 측면에 물건 등을 쌓거나 주차하는 행위

③ 전용구역 진입로에 물건 등을 쌓거나 주차하여 전용구역으로의 진입을 가로막는 행위

④ 전용구역 노면표지를 지우거나 훼손하는 행위

⑤ 소방자동차가 전용구역에 주차하는 것을 방해하거나 전용구역으로 진입하는 것을 방해하는 행위

## [ 137 ] 소방청(소방본부, 소방서)

## 1. 개요

① 소방청은 소방 및 방화, 방재, 대국민 신변안전관리 및 감독, 재난대비 및 복구관리, 사후관리대책 등의 업무를 수행하며 **소방청장**은 "행정안전부장관의 소속청장 지휘에 관한 규칙"에 따라 **행정안 부장관의 지휘**를 받는다.

② 소장본부와 소방서는 얼핏 보면 소방청 소속 기관일 것 같지만 **소방본부 및 소방서는 직제 상 각 지방자치단체의 소속기관**이다. 2020년 4월 1일부로 모든 소방본부 소속 소방관의 신분이 지방공무원에서 국가공무원으로 전환되었으나 소방은 자치사무이므로 광역자치단체소속이다. 따라서 이들 소방관들은 지자체에 소속된 국가공무원이며, 임용권, 인사권도 소방청장이 시·도지사에게 전부 위임하고 있다.

## 2. 소방청 조직(2024. 2월 현재)

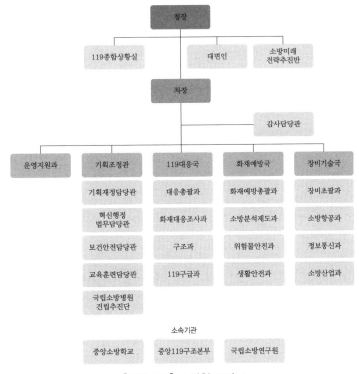

[그림 101] 소방청 조직도

## 3. 소방본부 조직(보통 명칭은 광역단체명＋소방＋재난/안전＋본부 형식)

① 서울소방재난본부 : 본부장은 소방정감이고 25개 소방서를 관할한다,

② 경기소방재난본부 : 본부장은 소방정감이고 경기남부지역 24개 소방서를 관할하고, 북부지역은 경기북부소방재난본부를 거쳐 11개 소방서를 관할한다.

③ 부산소방재난본부 : 본부장은 소방정감이고 11개소방서를 관할한다.

④ 강원소방본부 : 본부장은 소방감이고 18개 소방서를 관할한다.

⑤ 경북소방본부 : 본부장은 소방감이고 19개 소방서를 관할한다.

⑥ 경남소방본부 : 본부장은 소방감이고 18개 소방서를 관할한다.

⑦ 전남소방본부 : 본부장은 소방감이고 18개 소방서를 관할한다.

⑧ 충남소방본부 : 본부장은 소방감이고 16개 소방서를 관할한다.

⑨ 인천소방본부 : 본부장은 소방감이고 10개 소방서를 관할한다.

⑩ 충북소방본부 : 본부장은 소방준감이고 12개 소방서를 관할한다.

⑪ 전북소방본부 : 본부장은 소방준감이고 13개 소방서를 관할한다.

⑫ 대구소방안전본부 : 본부장은 소방준감이고 8개 소방서를 관할한다.

⑬ 광주소방안전본부 : 본부장은 소방준감이고 5개 소방서를 관할한다.

⑭ 대전소방본부 : 본부장은 소방준감이고 5개 소방서를 관할한다.

⑮ 울산소방본부 : 본부장은 소방준감이고 6개 소방서를 관할한다.

⑯ 제주소방안전본부 : 본부장은 소방준감이고 4개 소방서를 관할한다.

⑰ 세종소방본부 : 본부장은 소방준감이고 2개 소방서를 관할한다.

⑱ 창원소방본부 : 본부장은 소방준감 또는 소방정이고 3개 소방서를 관할한다.

## [ KEYWORD 138 ] 소방펌프

### 1. 개요

① 수계 소화설비에서 화재 진압에 필요한 소화수를 공급해주는 핵심적인 설비로서 소방펌프의 성능은 물의 과도한 압력으로 인해 소화 배관에 무리를 주지 않도록 체절운전 시 정격토출압력의 140%를 초과하지 아니하고, 여러 개의 소화전(또는 헤드)을 동시 다발적으로 사용하여 방수량이 증가하여도 수압이 감소하여 화재진압을 실패하면 안되므로 정격토출량의 150% 운전 시의 압력이 정격토출압력의 65% 이상이 되어야 한다고 규정하고 있다. 【NFTC 102 2.2.1.7】

② 따라서 소방펌프는 설계 사양점(정격토출압력, 정격토출유량), 체절점(토출유량 0일 때 토출압력), 150% 유량점(150% 토출유량일 때 토출압력)이 매우 중요하다.

### 2. 소방펌프의 성능

① 설계 사양점(정격토출유량, 정격토출압력 의미)을 만족할 것
② 체절양정은 정격양정의 140% 이내일 것
③ 정격유량 150% 지점에서의 양정은 정격양정 대비 65% 이상일 것

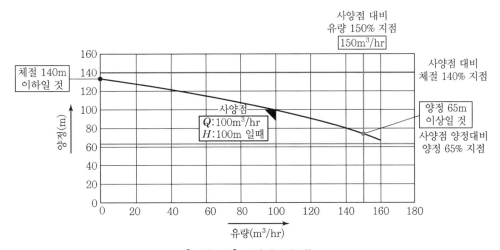

[그림 102] 소방펌프의 성능

## 3. 소방펌프의 종류

소방펌프는 원심펌프인 볼류트펌프, 터빈펌프(터빈다단펌프)가 주로 많이 사용되고 근래들어 원심형인 입형다단펌프 사용이 늘어 가는 추세이다.

① **볼류트펌프** : 사전적 의미의 **볼류트**란 "나선모양의 것", "소용돌이"를 말하며 펌프(케이싱)가 달팽이 모양을 닮았고 소용돌이 원심력을 이용하여 붙여진 이름으로 추정된다.

㉠ 구조도

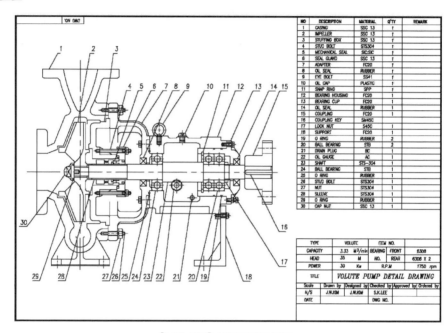

| NO | DESCRIPTION | MATERIAL | Q'TY | REMARK |
|---|---|---|---|---|
| 1 | CASING | SSC 13 | 1 | |
| 2 | IMPELLER | SSC 13 | 1 | |
| 3 | STUFFING BOX | SSC 13 | 1 | |
| 4 | STUD BOLT | STS304 | 1 | |
| 5 | MECHANICAL SEAL | SIC:SIC | 1 | |
| 6 | SEAL GLAND | SSC 13 | 1 | |
| 7 | ADAPTER | FC20 | 1 | |
| 8 | OIL SEAL | RUBBER | 1 | |
| 9 | EYE BOLT | SS41 | 1 | |
| 10 | OIL CAP | PLASTIC | 1 | |
| 11 | SNAP RING | SPP | 1 | |
| 12 | BEARING HOUSING | FC20 | 1 | |
| 13 | BEARING CUP | FC20 | 1 | |
| 14 | OIL SEAL | RUBBER | 1 | |
| 15 | COUPLING KEY | FC20 | 1 | |
| 16 | COUPLING KEY | SM45C | 1 | |
| 17 | LOCK NUT | S45C | 1 | |
| 18 | SUPPORT | FC20 | 1 | |
| 19 | O RING | RUBBER | 2 | |
| 20 | BALL BEARING | STB | 2 | |
| 21 | DRAIN PLUG | BC | 1 | |
| 22 | OIL GAUGE | AC | 1 | |
| 23 | SHAFT | STS-304 | 1 | |
| 24 | BALL BEARING | STB | 1 | |
| 25 | O RING | RUBBER | 1 | |
| 26 | STUD BOLT | STS304 | 1 | |
| 27 | NUT | STS304 | 1 | |
| 28 | SLEEVE | STS304 | 1 | |
| 29 | O RING | RUBBER | 1 | |
| 30 | CAP NUT | SSC 13 | 1 | |

| TYPE | VOLUTE | | ITEM NO. | | |
|---|---|---|---|---|---|
| CAPACITY | .1.33 M³/min | BEARING | FRONT | 6308 | |
| HEAD | 35 M | NO. | REAR | 6308 X 2 | |
| POWER | 30 Kw | | R.P.M | 1750 rpm | |
| TITLE | | VOLUTE PUMP DETAIL DRAWING | | | |
| Scale N/S | Drawn by J.W.KIM | Designed by J.W.KIM | Checked by S.K.LEE | Approved by | Ordered by |
| DATE | | | DWG NO. | | |

[그림 103] 볼류트펌프 구조

㉡ 작동원리

• 다수의 깃(Blade 또는 Vane)이 달린 회전차(Impeller)가 밀폐된 케이싱(Casing) 내에서 회전함으로서 발생하는 원심력에 의하여 소화수는 회전차의 중심으로 흡입되어 반지름 방향으로 흐르면서 케이싱과의 사이에서 압력 및 속도에너지를 얻게 된다.

Open impeller　　　　Semi-open impeller　　　　Closed impeller

[그림 104] 임펠러(impeller)

• 원심력을 발생시키기 위해 전기적 에너지를 사용하면 모터펌프, 내연기관을 사용하면 엔진 펌프라고 칭하고 일반적으로 저양정 [80~100m(0.8~10MPa)] 토출압력용으로 사용된다.

② (다단)터빈펌프

터빈이란 유체를 부채모양의 날개에 통과시키면서 고속으로 날개를 회전시켜 유체에 저장된 에너지를 기계적 에너지로 변환시키는 장치를 말하는데 발전용 증기터빈, 가스터빈, 수력터빈, 풍력터빈 등이 있다. 터빈펌프란 이름은 임펠러의 회전에 의한 소용돌이 원심력을 이용하고 볼류트펌프보다 높은 압력을 발생시키는 펌프라는 의미로 붙여진 것으로 추정된다.

㉠ 구조 : 볼류트 펌프에서 임펠러(회전차)와 케이싱 사이에 안내깃(Guide Vane)이 설치된 구조이다.

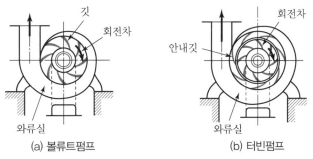

(a) 볼류트펌프       (b) 터빈펌프

[그림 105] 볼류트펌프와 터빈펌프

㉡ 작동원리

• 터빈펌프는 원심력에 의해 임펠러에서 발생된 속도에너지를 안내깃(Guide Vane)에서 1차로 압력에너지로 변환시키고 케이싱에서 2차로 압력에너지로 변환시킴으로서 Volute Pump보다 고양정(토출압력)의 소화수를 토출한다.

• 다단터빈펌프는 여러 개의 임펠러를 같은 축에 배치하여 1단에서 나온 소화수를 2단에서, 그리고 그 다음 단으로 계속 연결시켜 순차적으로 압력을 증가시켜 가는 펌프로서 터빈펌프보다 더 높은 양정의 소화수를 토출한다.

[사진 105] 다단터빈펌프

**315**

③ **입형다단펌프** : 원심식 펌프로서 설치면적이 작아 펌프 설치 공간을 절약하는데 유리한 소방펌프
이다.

　㉠ 구조도

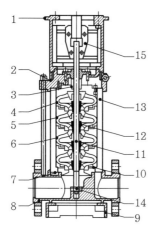

| NO. | 구성요소 | 재질 | EN/DIN | ALSL/ASTM |
|---|---|---|---|---|
| 1 | 모터 브라켓 | GC200 | EN-GJL-200 | ASTM25B |
| 2 | 펌프헤드 | GC200 | EN-GJL-200 | ASTM25B |
| 3 | 메카니컬 씰 | SIC/CARBON/EPDM | | |
| 4 | 탑 디퓨져 | Stainless steel | 1,4301 | AISI304 |
| 5 | 서포트 디퓨져 | Stainless steel | 1,4301 | AISI304 |
| 6 | 디퓨져 | Stainless steel | 1,4301 | AISI304 |
| 7 | 인듀서 | Stainless steel | 1,4301 | AISI304 |
| 8 | 펌프케이싱 | GC200 | EN-GJL-200 | ASTM25B |
| 9 | 베이스 플레이트 | GC200 | EN-GJL-200 | ASTM25B |
| 10 | 임펠라 | Stainless steel | 1,4301 | AISI304 |
| 11 | 샤프트 | Stainless | 1,4301/1,4301/1,4401 | AISI304 |
| 12 | 중간베어링 | Tungsten carbide | | |
| 13 | 실린더 | Stainless steel | 1,4301 | AISI304 |
| 14 | 하부베어링 | Tungsten carbide | | |
| 15 | 커플링 | Carbon steel | | |
| | 고무부품 | NBR | | |

*AISI316(Option)

[그림 106] 입형다단펌프 구조

　㉡ 작동원리

　　• 좌측 흡입구에 들어온 소화수는 인듀서(구조도 NO.7)를 통해 1단 임펠러(구조도 NO.10)에
유입되고 토출된 소화수는 디퓨저(구조도 NO.6)를 통과하면서 속도에너지가 압력에너지로
변환된다.

　　• 임펠러를 수직 방향축에 배치하여 1단에서 나온 소화수를 2단에서, 그리고 그 다음 단으로
계속 연결시켜 순차적으로 압력을 증가시킨다.

　　• 최종단 임펠러에서 나온 소화수는 탑디퓨저(구조도 NO.4)를 통해 실린더(구조도 NO.13)사
이로 흐르고 아래까지 흘러 우측 토출구로 토출된다.

## 4. 펌프의 분류

① **터보형( =터빈)**

　㉠ 원심식 : 1) Volute Pump, 2) Turbine Pump

　㉡ 사류식

　㉢ 축류식 : 축류 펌프

② **용적형**

　㉠ 왕복식 : 1) 피스톤 펌프, 2) 플런져(Plunger) 펌프, 3) 다이어프램(Diaphram) 펌프

　㉡ 회전식 : 1) 기어 펌프, 2) 베인펌프, 3) 나사 펌프, 4) 캠 펌프, 5) 스크류 펌프

③ **특수형** : 1) 와류 펌프, 2)제트 펌프, 3) 스크류 펌프, 4) 나사 펌프, 5) 관성 펌프 등

## [ KEYWORD 139 ] 소염거리 또는 화염일주한계

## 1. 개요

① 소염거리(quenching distance) 또는 화염일주한계(MESG : Maximum Experiment Safe Gaps, 안전간극)란 인화가 일어나지 않는 최대거리를 말한다.

  \* 인화 : 점화원에 의한 발화이다.

② 최소 점화에너지는 간격이 좁아지면 작아지다가 어느 간격 이하에서는 아무리 큰 에너지를 주어도 인화가 일어나지 않는데, 이때의 최대 간격거리를 말한다.

③ 발화는 '발열 > 방열'일 경우 발생하는데, 소염거리 이하에서는 '발열 < 방열'이 되어 인화되지 않는 원리이다.

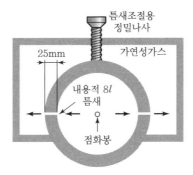

[그림 107] 소염거리 측정시험 장치

## 2. 적용 사례 : 인화방지망(가는 망), 내압방폭구조, 화염방지기 등

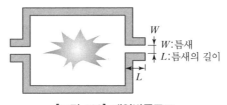

[그림 108] 내압방폭구조

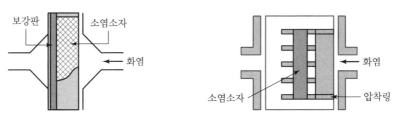

[그림 109] 화염방지기

**317**

## [ KEYWORD 140 ] 소화수조/저수조

## 1. 개요

① 소화수조 또는 저수조란 수조를 설치하고 소화에 필요한 물을 항상 채워두는 것을 말한다.

  * 소화수조는 소화전용의 수조를 말하고 저수조는 소화전용이 아닌 수조를 말한다. 예를 들면 냉각수쿨링타워수조
    (냉동기냉각용수＋소화수) 등이 있다.

② 소화용수설비(화재를 진압하는데 필요한 물을 공급하거나 저장하는 설비) 가운데 하나로서 특정 소방대상물의 대지경계선으로부터 180m 이내에 구경 75mm 이상 수도배관이 없을 경우 상수도 소화전을 대신하여 설치하는 설비이다.

## 2. 설치대상 【소방시설법 시행령 별표 4】

① 연면적 5천m² 이상인 것(다만, 위험물 저장 및 처리 시설 중 가스시설, 지하가 중 터널 또는 지하구 제외)

② 가스시설로서 지상에 노출된 탱크의 저장용량 합계가 100톤 이상인 것

③ 자원순환 관련 시설 중 폐기물재활용시설 및 폐기물처분시설

## 3. 소화수조 또는 저수조 저수량 【NFTC 402 2.1.2】

① 1층 및 2층 바닥면적 합계가 15,000m² 이상인 소방대상물

  저수량(m³) = 연면적(m²)/기준면적(7,500m²)[소수점 이하의 수는 1로 본다]×20m³

② ①항에 해당되지 않는 그 밖의 소방대상물

  저수량(m³) = 연면적(m²)/기준면적(12,500m²)[소수점 이하의 수는 1로 본다]×20m³

## 4. 소화수조/저수조 설치 제외 【NFTC 402 2.1.4】

소화용수설비를 설치해야 할 특정소방대상물에 있어서 유수의 양이 0.8m³/min 이상인 유수를 사용할 수 있는 경우에는 소화수조를 설치하지 아니할 수 있다.

  * 수로, 하천 등에 의해 적절한 수량을 사용할 수 있다는 의미임

# [ KEYWORD 141 ] 소화용수설비

## 1. 개요 【소방시설법시행령 별표 1 제4호】

① 소화용수설비란 소방시설의 소화용수설비 중 하나이며 화재를 진압하는 데 필요한 물을 공급하거나 저장하는 설비로서 다음의 것을 말한다.

ㄱ 상수도 소화용수설비(상수도소화전)

[사진 106] 아파트에 설치된 상수도소화전

ㄴ 소화수조 · 저수조 · 그밖의 소화용수설비

② 상수도소화설비(상수도소화전)은 건축물 대지경계선 내에 설치되며 소방용수시설 소화전(공공소화전)은 건축물 대지경계선 밖에 설치되어 화재진압에 필요한 물을 공급한다.

③ 소화수조 또는 저수조란 건축물 대지경계선 내에 수조를 설치하고 여기에 소화에 필요한 물을 항상 채워두는 것을 말한다. 소화수조는 소화전용의 수조를 의미하고 저수조는 소화용과 타용도(예를 들면 공조용 쿨링타워수조 등) 겸용의 수조를 의미한다.

## 2. 상수도 소화용수설비 설치기준 【NFTC 401 2.1.1】

① 호칭지름 75mm 이상의 수도배관에 호칭지름 100mm 이상의 소화전을 접속할 것

② 소화전은 소방자동차 등의 진입이 쉬운 도로변 또는 공지에 설치할 것

③ 소화전은 특정소방대상물의 수평투영면의 각 부분으로부터 140m 이하가 되도록 설치할 것

# [ 142 ] 소화전

## 1. 개요

① 소화전이란 함 내부 소방호스와 연결된 앵글밸브(방수구)를 말하며 소화전설비란 소화활동에 필요한 물을 공급하여 직접 화재를 진압하는데 사용하거나 소방자동차에 연결하여 화재진압에 필요한 물을 공급하는 설비를 말한다.

② 소화약제로 물을 사용하는 소화전설비에는 옥내소화전설비, 옥외소화전설비, 상수도소화전(소화용수설비중 하나)설비, 공공소화전(소방용수시설중 하나) 설비 등이 있다.

## 2. 옥내·외소화전, 공공소화전, 상수도소화전 비교

▼ [표 55] 각 소화전 비교

| 구분 | 설치자 | 설치목적 | 설치장소 | 사용자 | 구성품 | 법적근거 |
|---|---|---|---|---|---|---|
| 옥내소화전 | 건축주 | 건물내부초기소화 | 건축물내부 | 관계인·자위소방대등 | 소화전함 (앵글밸브, 호스, 관창 등) | 소방시설법 시행령 제11조·별표4 |
| 옥외소화전 | 건축주 | 건물1층과2층 초기소화, 인접 건물 연소확대 방지 | 건축물 외부인근 | 관계인·자위소방대등 | 소화전함 (앵글밸브, 호스, 관창 등) | 소방시설법 시행령 제11조·별표4 |
| 상수도소화전 (소화용수설비 중 하나) | 건축주 | 소방차량에 물 공급 | 소방대상물 대지경계선안 | 소방대 | 소화전 | 소방시설법 시행령 제11조·별표4 |
| 공공소화전 (소방용수시설 중 하나) | 시·도지사 | 소방차량에 물 공급 | 소방대상물 대지경계선밖 (도로 또는 공지) | 소방대 | 소화전 | 소방기본법 제10조 |

* 용어 "옥내소화전", "옥외소화전", "상수도소화전", "공공소화전" 참조

## [ KEYWORD 143 ] 송배전방식

### 1. 개요

① 송배전방식(보내기 방식)이란 하나의 경계구역 내 모든 감지기를 전선 2가닥(−, +)으로 하나의 직렬 회로 형태로 만들어 감지기 하나만 작동해도 회로가 연결되고 전압이 떨어지며 떨어진 전압 차를 수신기에서 인식해서 알 수 있도록 하는 배선방식을 말한다.

② 화재안전기준에서 감지기 사이의 회로의 배선은 송배전식으로 할 것이라고 규정하고 있다.
【NFTC 203 2.8.1.4】

[사진 107] 송배전방식 감지기 베이스

### 2. 송배전방식의 배선

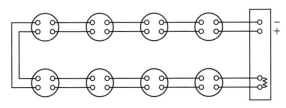

[그림 110] 감지기 송배전방식

① 발신기 단자함에서 2가닥 입력 전선이 나와서 말단에 2가닥이 단자함으로 다시 가서 종단저항이 연결된다.

② 따라서, 하나의 경계구역 내 감지기를 전부 돌아서 단자함에 들어올 때 배선 가닥수는 총 4가닥이 된다.

## 3. 화재안전기준 해설서

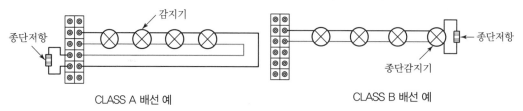

[그림 111] CLASS A와 B 배선 예시

① 송배전방식의 목적은 도통시험을 확실하게 하기 위한 배선방식으로 일명 보내기 배선이라고도 한다.

② 송배전방식의 감지기 배선은 감지기 1극에 2개씩 총 4개의 단자를 이용하여 배선을 하며 배선 도중에서 분기하지 않도록 상기 그림과 같이 시공한다.

③ 또한 감지기 회로 말단에 있는 발신기 내에 종단저항을 설치하여 도통시험이 용이하도록 한다.

④ 아날로그방식의 감지기를 사용하는 경우에는 송배선식으로 하지 않아도 된다.

⑤ 아날로그방식의 감지기를 사용하는 경우에는 배선을 도중에서 분기하여도 가능하다.

⑥ NFPA CODE 72에 의하면 감지기의 배선방식에는 CLASS A와 CLASS B의 두 가지가 있다. CLASS A는 감지기의 결선에 4가닥을 사용하는 방식으로서, 2선의 배선이 마지막 장치를 연결하고 다시 수신기로 돌아가 회로가 연결되는 방식으로 선로가 단선되어도 LOOP BACK 기능으로 정상적인 기능을 발휘한다. CLASS B는 결선을 2선만 사용하는 방식으로, 배선이 마지막 장치에서 끝나도록 설치하여 선로 단선 시 회로가 단절되며 기능이 불능이 되는 결선방식이다.

# [ KEYWORD 144 ] 송수구/방수구

## 1. 개요

① 송수구란 화재 발생 시 수원의 소화수가 부족할 경우 소방펌프차와 연결하여 압력수를 멀리 보내는데 사용하는 옥외에 설치된 호스 접결구로서 단구형과 쌍구형이 있다.

② 방수구란 일반적으로 앵글밸브의 형태를 가지며 소화수를 토출하여 화재를 진압하기 위해 소방호스를 연결 할 수 있는 형태의 밸브를 말한다.

\* 방수구(앵글밸브)를 소화전(消火栓 : Fire Hydrant)이라고도 함

[사진 108] 옥내소화전함 내 방수구 상부(옥내소화전용) 40A, 하부(연결송수관설비용) 65A

## 2. 송수구의 겸용 【NFTC 102 2.9.4】

① 옥내소화전설비의 송수구를 스프링클러설비, 간이스프링클러설비, 화재조기진압용 스프링클러설비, 물분무소화설비, 포소화설비, 연결송수관설비의 송수구와 겸용으로 설치하는 경우는 스프링클러설비 송수구 설치기준에 따른다.

② 옥내소화전설비의 송수구를 연결살수설비 송수구의 송수구와 겸용으로 설치하는 경우에는 옥내소화전 설비 송수구 설치기준에 따른다.

[사진 109] 옥외에 설치된 송수구

## 3. 송수구송수압력 표시(NFTC에서 규정한 설비)

스프링클러설비, 화재조기진압용 스프링클러설비, 연결송수관설비, 포 소화설비, 물분무소화설비 송수구에는 그 송수구 가까운 곳의 보기 쉬운 곳에 송수압력범위를 표시한 표지를 해야 한다.

**323**

## [ KEYWORD 145 ] 수리계산

## 1. 개요

① 수계 소화설비의 신뢰성을 확보하기 위하여 수리학적 원리에 의해 수(手)계산하거나 수리(水理)계산(Hydraulic Calculation) 프로그램을 통하여 소화설비 작동에 필요한 급수배관의 구경, 유량, 압력을 계산하는 방법이다.

② 계산하는 방식에 따라 전압 계산방법(Total Pressure Method)과 동압 계산방법(Velocity Pressure Method)으로 구분할 수 있다.

## 2. 적용범위

① 수계 소화설비의 급수배관 및 가압송수장치

② 수계 소화설비 : 옥내 · 외소화전설비, 스프링클러설비, 물분무소화설비, 미분무소화설비, 포소화설비

## 3. 계산절차

① 국내 스프링클러설비의 경우 수원으로부터 가장 먼 가지배관에 설치되는 스프링클러헤드의 설치장소별 기준개수에서 방수할 수 있는 최대수량을 적용하여 계산하고 있다.

② NFPA에서는 설치장소별 위험등급에 따라 수원으로부터 수리학적으로 가장 먼 위치의 스프링클러헤드로부터 설계면적(Design Area)을 결정하여 계산하고 있다.

## 4. 적용기준 【NFTC 103 2.5.3.3, 2.5.9.2, 2.3.1.1, 2.7.3】

① 급수배관의 구경을 수리계산에 따라 선정하는 경우 가지배관의 유속은 6m/s, 그 밖의 배관의 유속은 10m/s를 초과할 수 없다.

② 습식 또는 부압식 스프링클러설비에 격자형 배관방식을 채택하고 펌프의 용량, 배관의 구경 등을 수리학적으로 계산하는 경우 한쪽 가지배관에 설치되는 헤드의 개수를 8개 이상으로 할 수 있다.

③ 폐쇄형 스프링클러설비에 격자형 배관방식을 채택하고 펌프용량, 배관의 구경 등을 수리학적으로 계산하는 경우 방호구역의 바닥면적을 3,700m² 이하로 설정할 수 있다.

④ 성능이 별도로 인정된 스프링클러헤드를 수리계산에 따라 설치하는 경우 헤드의 설치장소별로 규정된 수평거리 기준을 따르지 아니할 수 있다.

[ KEYWORD **146** ] 수막(水幕)설비

## 1. 개요

① 수막설비는 방호구획 상부에 특수헤드를 설치하여 방사된 물의 수막작용(water cutain)을 통해 화재 시 발생한 연기와 열이 방호구획내로 확대되는 것을 제어하는 기능을 하며 화재 시 연기를 제어하는 제연설비와 유사한 역할로 안전성을 높이기 위해 설치하는 시설이다.

② 연소할 우려가 있는 개구부나 연소할 우려가 있는 부분(건축물) 등에 설치하는 드렌쳐설비와 동일한 기능을 갖고 있으나 드렌쳐설비는 독립된 자동식설비시스템으로 설치되고 수막설비는 수계 타소화설비와 겸용으로 수동식설비로 설치된다.

③ 수막설비는 소방시설로 분류되지 않았고 소방기술심의원회 심의를 통해 설치된다.

[사진 110] 지하 역사에 설치된 수막설비

④ 지하철 승강장 수막설비 개념도 [출처 : 부산소방재난본부]

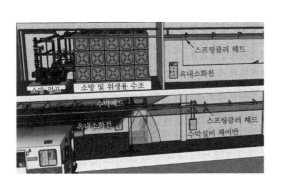
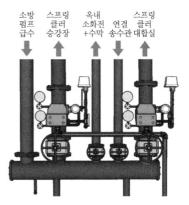

[그림 112] 지하철 승강장에 설치된 수막설비 개략도

**325**

ⓒ 상기 우측 급수헤더 그림처럼 옥내소화전 급수배관에 수막설비 배관을 연결하여 지하철 승강
장에 설치된 수막설비헤드에 소화수를 공급한다.

ⓒ 수막설비 토출량 및 소요 수원을 보완하기 위해서 급수헤더에 상수도 급수관을 추가 연결하고
역사에 설치된 위생 급수용 펌프 토출배관 등을 추가 연결한다.

⑤ 수막설비 제어 [출처 : 부산소방재난본부]

ⓒ 수막설비는 역무실 제어반, 현장제어반, 수막헤드 및 배관으로 구성된다.

ⓒ 모든 동작은 역무실제어반에서 스위치를 수동으로 조작하도록 구성한다.

ⓒ 승객피난기준시간(6분)이 지나 피난이 완료되면 수막설비를 정지시킨다.

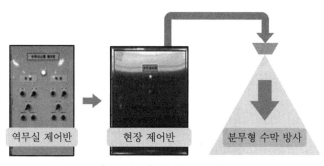

[그림 113] 수막설비 구성

# 수신기

## 1. 정의 【NFTC 203 1.7.1.2】

① 수신기란 감지기나 발신기에서 발하는 화재신호를 직접 수신하거나 중계기를 통하여 수신하여 화재의 발생을 표시 및 경보하여 주는 장치를 말한다.

② 설비의 작동표시등, 음향경보기능, 자동 · 수동 작동 및 중단기능 등의 감시제어반기능을 함께 갖고 있는 수신기를 복합형 수신기라고 한다.

## 2. 기능

① **동작상태 표시부**

감시제어반의 운전 상태를 표시하는 표시등 및 음향경보 기능을 갖는다.

ㄱ 감시등 : 수조 또는 물올림탱크가 저수위로 될 때 표시등이 적색으로 점등하고 부저음향으로 경보한다.

ㄴ 조작함등 : 소화설비의 수동조작함이 동작하였을 경우에 적색으로 점등한다.

ㄷ 축적중등 : 감지기가 축적으로 설정되어 있으면 축적시간동안 적색으로 점등되었다가 축적이 완료되면 소등된다.

ㄹ 화재등 : 수신기의 전면에 설치되며 감지기 및 발신기에 의하여 화재신호가 발신되면 적색등을 점등하여 화재발생을 표시한다.

ㅁ 발신기등 : 발신기에 의한 화재신호가 수신되었을 때 적색으로 점등된다.

ㅂ 스위치 주의등 : 정지스위치가 설정되어 있을 시 적색으로 점멸한다.

ㅅ 스위치 잠금등 : 오동작을 방지하기 위하여 기능코드로 스위치 잠금을 설정하면 숫자입력 Key 이외의 Key는 입력이 되지 않으며 적색으로 점등한다.

ㅇ 단선 등 : 감지기회선이 단선되었을 경우 적색으로 점등한다.

② **전원상태 표시부**

예비전원이 확보되고 예비전원의 적합여부를 시험할 수 있어야 한다.

비상전원을 설치할 경우에는 상용전원 및 비상전원의 공급여부를 확인하여야 한다.

ㄱ 전원 이상등 : 경종, 표시등 회선에 공급되는 DC전원에 이상 발생 시 적색으로 점등한다.

ㄴ 교류전원등 : 평상시 교류전원이 공급되고 있음을 표시하는 녹색등 점등 상태를 유지한다.

ㄷ 예비전원 이상등 : 예비전원의 과충전 및 과방전상태를 표시하는 등으로 충전이 안 되거나 단선된 상태인 경우 적색으로 점등한다.

ⓔ 전압낮음등 : DC전원이 20V 이하이면 적색으로 점등한다.

ⓜ 전압정상등 : DC전원이 20V~28V 내에 위치하면 녹색으로 점등한다.

ⓗ 전압높음등 : DC전원이 28V 이상이면 적색으로 점등한다.

③ **시험 조작부**

각 확인회로마다 도통시험 및 작동시험을 할 수 있어야 한다.

## 3. 수신기 종류

① **P형 수신기** : 용어 "P형 수신기" 참조

② **P형 복합형 수신기** : P형 수신기에 소방시설 감시제어반기능을 같이 하는 것

③ **GP형 수신기** : P형 수신기 기능과 가스 누설 경보기의 기능을 같이 하는 것

④ **R형 수신기** : 용어 "R형 수신기" 참조

⑤ **GR형 수신기** : R형 수신기 기능과 가스 누설 경보기의 기능을 같이 하는 것

## 4. 설치기준 【NFTC 203 2.2】

① 해당 특정소방대상물의 경계구역을 각각 표시할 수 있는 회선 수 이상의 수신기를 설치할 것

② 해당 특정소방대상물에 가스누설탐지설비가 설치된 경우에는 가스누설탐지설비로부터 가스누설신호를 수신하여 가스누설경보를 할 수 있는 수신기를 설치할 것(가스누설탐지설비의 수신부를 별도로 설치한 경우에는 제외한다)

③ 자동화재탐지설비의 수신기는 특정소방대상물 또는 그 부분이 지하층·무창층 등으로서 환기가 잘되지 아니하거나 실내면적이 40m² 미만인 장소, 감지기의 부착면과 실내바닥과의 거리가 2.3m 이하인 장소로서 일시적으로 발생한 열·연기 또는 먼지 등으로 인하여 감지기가 화재신호를 발신할 우려가 있는 때에는 축적기능 등이 있는 것(축적형감지기가 설치된 장소에는 감지기회로의 감시전류를 단속적으로 차단시켜 화재를 판단하는 방식외의 것을 말한다)으로 설치하여야 한다. 다만, 「NFTC 203」 2.4.1 단서에 따라 감지기를 설치한 경우에는 그렇지 않다.

> 2.4.1 자동화재탐지설비의 감지기는 부착 높이에 따라 다음 표 2.4.1에 따른 감지기를 설치해야 한다. 다만, 지하층·무창층 등으로서 환기가 잘되지 아니하거나 실내면적이 40m² 미만인 장소, 감지기의 부착면과 실내 바닥과의 거리가 2.3m 이하인 곳으로서 일시적으로 발생한 열·연기 또는 먼지 등으로 인하여 화재신호를 발신할 우려가 있는 장소(2.2.2 본문에 따른 수신기를 설치한 장소를 제외한다)에는 다음의 기준에서 정한 감지기 중 적응성이 있는 감지기를 설치해야 한다.

(1) 불꽃감지기

(2) 정온식감지선형감지기

(3) 분포형감지기

(4) 복합형감지기

(5) 광전식분리형감지기

(6) 아날로그방식의 감지기

(7) 다신호방식의 감지기

(8) 축적방식의 감지기

④ 수위실 등 상시 사람이 근무하는 장소에 설치할 것. 다만, 사람이 상시 근무하는 장소가 없는 경우에는 관계인이 쉽게 접근할 수 있고 관리가 용이한 장소에 설치할 수 있다.

⑤ 수신기가 설치된 장소에는 경계구역 일람도를 비치할 것. 다만, 모든 수신기와 연결되어 각 수신기의 상황을 감시하고 제어할 수 있는 수신기(이하 "주수신기"라 한다)를 설치하는 경우에는 주수신기를 제외한 기타 수신기는 그러하지 아니하다.

⑥ 수신기의 음향기구는 그 음량 및 음색이 다른 기기의 소음 등과 명확히 구별될 수 있는 것으로 할 것

⑦ 수신기는 감지기ㆍ중계기 또는 발신기가 작동하는 경계구역을 표시할 수 있는 것으로 할 것

⑧ 화재ㆍ가스 전기등에 대한 종합방재반을 설치한 경우에는 해당 조작반에 수신기의 작동과 연동하여 감지기ㆍ중계기 또는 발신기가 작동하는 경계구역을 표시할 수 있는 것으로 할 것

⑨ 하나의 경계구역은 하나의 표시등 또는 하나의 문자로 표시되도록 할 것

⑩ 수신기의 조작 스위치는 바닥으로부터의 높이가 0.8m 이상 1.5m 이하인 장소에 설치할 것

⑪ 하나의 특정소방대상물에 2 이상의 수신기를 설치하는 경우에는 수신기를 상호 간 연동하여 화재발생 상황을 각 수신기마다 확인할 수 있도록 할 것

⑫ 화재로 인하여 하나의 층의 지구음향장치 또는 배선이 단락되어도 다른 층의 화재통보에 지장이 없도록 각 층 배선 상에 유효한 조치를 할 것

## [ KEYWORD 148 ] 수증기폭발

## 1. 개요

수증기폭발(Steam Explosion)이란 물이 수증기로 급격히 상전이(相轉移) 함으로써 일어나는 폭발현상을 말한다. 대표적으로 해저 화산이 분화할 때 일어나는 폭발이 수증기폭발이다.

\* 상전이(相轉移) : 물질의 상태가 온도, 압력, 외부자기장 등 일정 외적조건에 따라 한 형태에서 다른 형태로 바뀌는 현상이다.

하와이 섬 와이쿠파나하에서 용암이 바닷물과 접촉해 일어난 폭발 모습

**[사진 111] 수증기폭발**

## 2. 수증기폭발 메커니즘(Mechanism)

물을 기준으로 물 1L가 기체로 상전이(相轉移)될 경우 약 1,700배의 체적팽창이 일어나는데, 이 체적팽창을 버티지 못한 폐쇄공간이 한쪽으로 집중되어 제트 분출 형태로 외부 방사하는 것이다.

① 물(1몰) 분자량 18g → 0.018L

② 대기압하에서 상전이(相轉移) 시 $V = RT = 0.082 \times (273 + 100) = 30.586L$

   \* $R$ : 기체상수(0.082atm · m³/kg · mol · K)

③ 팽창비 30.586/0.018 = 1,700배

# 수평거리/보행거리

## 1. 개요

① 수평거리란 구획에 관계없는 직선거리를 말한다. 즉, 수평면 위에 있는 두 점 사이의 거리를 말한다.

② 보행거리란 구획된 공간이 있을시 돌아가야 하므로 사람이 걸어서 가는 동선 거리를 말한다. 즉, 최단거리로 걸었을 경우의 거리를 말한다.

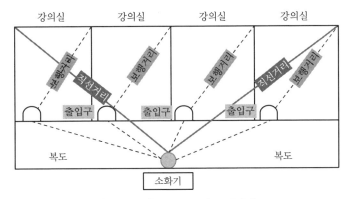

[그림 114] 수평거리와 보행거리

## 2. 수평거리 적용 사례

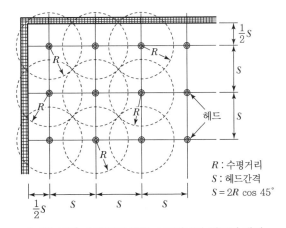

$R$ : 수평거리
$S$ : 헤드간격
$S = 2R \cos 45°$

[그림 115] 수평거리 적용 스프링클러 헤드의 배치

\* 아파트 등의 세대 내 스프링클러헤드를 설치하는 천장·반자·천장과 반자사이·덕트·선반 등의 각 부분으로부터 하나의 스프링클러헤드까지의 수평거리는 2.6m 이하로 할 것 【공동주택의 화재안전기술기준(NFTC 608) 2.3.1.4】

## 3. 보행거리 적용 사례

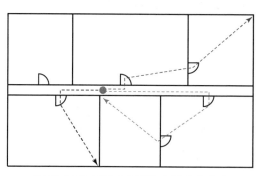

[그림 116] 보행거리 적용 소화기의 배치

\* 특정소방대상물의 각 부분으로부터 1개의 소화기까지의 보행거리는 소형소화기의 경우는 20m 이내, 대형소화기의 경우는 30m 이내가 되도록 배치【NFTC 101 2.1.1.4.2】

## [ KEYWORD 150 ] 수평지진하중/세장비/슬로싱

## 1. 수평지진하중

① 수평지진하중(Fpw)이란 지진 시 흔들림 방지 버팀대에 전달되는 배관의 동적지진하중 또는 같은 크기의 정적지진하중으로 환산한 값으로 허용응력설계법으로 산정한 지진하중을 말한다.
**【소방시설의 내진설계기준 제3조】**
② 소방배관에 작용하는 수평지진하중은 배관의 길이방향과 길이직각방향에 각각 적용되어야 한다. 여기서 길이방향이란 배관의 진행방향(종방향)을 의미하며, 길이직각방향이란 배관의 진행방향과 수직한 방향(횡방향)을 의미한다.

## 2. 세장비

세장비(L/r)란 흔들림 방지 버팀대 지지대의 길이(L)와 최소단면2차반경(r)의 비율을 말하며, 세장비가 커질수록 좌굴(buckling) 현상이 발생하여 지진 발생 시 파괴되거나 손상을 입기 쉽다.

$$세장비(\lambda), \ \lambda = \frac{L}{r}$$

$$최소단면2차반경(r), \ r = \sqrt{\frac{I}{A}}$$

$I$는 버팀대 단면이차모멘트이고, $A$는 버팀대의 단면적

세장비 계산식

* **좌굴현상** : 버팀대와 같이 길이가 긴 부재의 양단에 압축하중이 가해질 경우 하중이 어느 크기에 이르면 부재가 갑자기 휘는 현상을 말한다. 일반적으로 세장비가 클수록 좌굴이 쉽게 발생하게 된다. 좌굴현상은 고르던-랭킨방식과 오일러식의 불만족과 만족에 의해 적용되는데 소방의 내진자재에는 고르던-랭킨방식이 적용된다. 오일러공식은 압축변형은 무시하고 굽힘 변형만을 고려되며, 고르던-랭킨방식은 압축변형과 굽힘 변형 모두가 고려된다.

## 3. 슬로싱

슬로싱(Sloshing)현상이란 지진과 같은 동적하중이 유체를 보관하고 있는 수조와 같은 구조물에 작용하면, 내부 유체 수면이 출렁거리면서 물이 담겨 있는 용기의 경계(수조, 벽채, 덮개 등)에 동수압을 발생시키는 현상을 말한다. 방파판 설치는 FRP 재질의 소화수조 및 고가수조에 대한 슬로싱 현상을 저감하기 위한 조치이다.

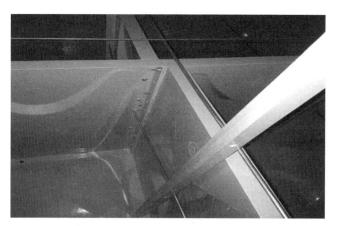

[사진 112] 방파판이 설치된 수조 내부

순환배관

## 1. 개요

가압송수장치(소방펌프)의 체절운전시 가압송수장치 내 수온의 상승을 방지하기 위해 설치하는 배관을 말한다.

* 체절운전 : 가압송수장치(소방펌프) 토출측 개폐밸브를 폐쇄한 상태에서 하는 운전 즉, 토출유량이 "0"인 운전을 말한다.

## 2. 순환배관의 필요성

① 펌프 토출측에서 소화용수가 방출되지 않은 상태에서 운전(체절운전)을 오래 하게 되면 펌프 케이싱 내 물의 온도와 압력이 상승하여 펌프훼손의 원인이 되는데 이를 방지하기 위함

② 체절운전 시 펌프 폭발 사고 사례 [출처 : "(주)효성굿스프링스" 펌프 유지관리메뉴얼]

  ㉠ 펌프토출밸브 폐쇄하고 1시간가량 운전 시 온도와 압력(계산상)

  ㉡ 펌프 내 온도 : $\triangle T = 184℃$, 대기온도 $16℃$ 가정 시 펌프 내 온도 약 $200℃$

  ㉢ 펌프 내 압력 : 체절압력 $10.3kg/m^2$, 액체포화증기압 $15.7kg/m^2$로서 케이싱 내 압력은 약 $26kg/m^2$이 되어 폭발

## 3. 순환배관 설치 [출처 : 옥내소화전설비의 화재안전기준 해설서]

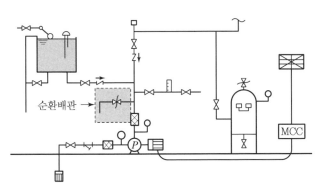

[그림 117] 펌프 순환배관 설치도

## [ KEYWORD 152 ] 슈퍼비조리 판넬(수동조작함 : Supervisory Panel)

## 1. 개요

① 슈퍼비조리판넬(수동조작함)이란 수동조작함에 설치된 버튼을 수동 조작하여 전기적으로 유수검지장치(준비작동식 밸브 및 일제개방밸브)의 솔레노이드밸브를 개방시키는 장치를 말한다.

② 슈퍼비조리판넬은 「NFTC 103」 2.6.3.3에 근거하여 준비작동식 유수검지장치 및 일제개방밸브의 인근에 설치하며 방호(방수)구역 화재 시 수동 조작으로 준비작동식 유수검지장치 및 일제개방밸브를 개방한다.

③ 2009년 10월 22일 이전에는 일제개방밸브만 슈퍼비조리판넬이 설치되었으나 화재안전기준의 개정으로 준비작동식 유수검지장치의 인근에도 슈퍼비조리판넬이 설치되고 있다.

[사진 113] 현장설치 SVP

## 2. 구성

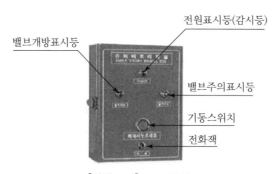

[사진 114] SVP 구성

① **전원감시등** : 평상시 슈퍼비조리판넬 전원(24V)이 정상 상태일 때 점등 상태를 유지한다.

② **밸브개방표시등** : 프리액션밸브가 개방되었을 때 점등된다.

③ **밸브주의표시등** : 탬퍼스위치가 작동되었을 때 (급수개폐밸브가 폐쇄) 점등된다.

④ **기동스위치** : 기동스위치를 누르면 화재감지 신호가 발신되어 제어반 화재 표시 및 경보가 울리고 해당구역 프리액션밸브의 솔레노이드 밸브가 작동되고 프리액션밸브가 개방된다.

⑤ **전화잭** : 방재실과 통화를 위해 설치한다.

## 3. 슈퍼비조리판넬 내부 회로 및 결선

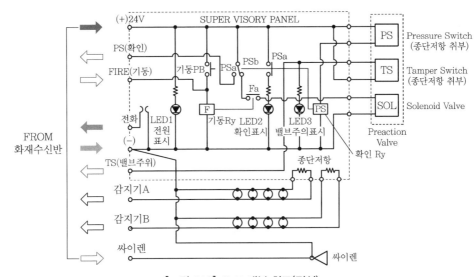

[그림 118] SVP 내부 회로(점선)

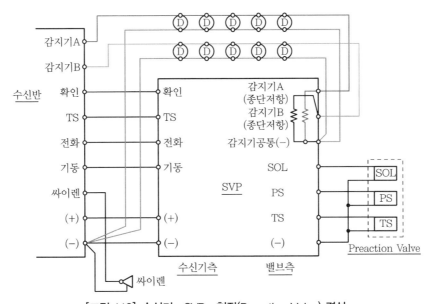

[그림 119] 수신기 – SVP – 현장(Preaction Valve) 결선

**337**

## [ KEYWORD **153** ] 스키핑(Skipping) 현상

## 1. 개요

① 스키핑(Skipping) 현상은 화재 시 먼저 개방된 스프링클러헤드에서 방출되는 물이 주변의 헤드를 직접 적시거나 주변의 열 기류를 냉각시켜 인접한 폐쇄형헤드의 개방을 방해하는 현상이다.

② 이러한 현상은 폐쇄형 스프링클러헤드가 서로 가깝게 설치될 경우 주로 발생하게 되므로 헤드간 최소거리를 NFPA는 1.8m(ESFR 2.4m) 이상, FM은 2.1m 이상, IRI는 2.4m 이상으로 하고 있다.

③ 또한 화재가 커진 상태에서 헤드가 개방되면 방출수가 화점에 도달하지 못하고 증발하거나 주변이 냉각되므로 화재초기에 헤드가 개방될 수 있도록 조기반응형 등을 사용하고 있다.

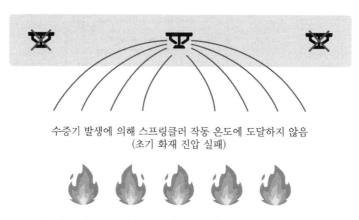

수증기 발생에 의해 스프링클러 작동 온도에 도달하지 않음
(초기 화재 진압 실패)

[그림 120] 스키핑(Skipping) 개념도 [출처] 사이언스타임즈

## 2. 원인 및 문제점

① 폐쇄형헤드 간 거리가 너무 가깝게 설치된 경우 먼저 개방된 헤드로 인하여 주위를 냉각시켜 인접한 헤드의 개방을 방해하게 된다.

② 설치장소별 화재특성에 부적합하게 설치된 경우 필요살수밀도(RDD, Required Delivered Density) 등의 부족으로 인하여 화재초기 진압에 실패하거나 연소 확대를 초래하게 된다.

③ 하나의 실에 작동온도나 열감도가 다른 헤드가 혼용 설치된 경우 화점으로부터 멀리 떨어진 헤드가 먼저 작동될 수 있다.

④ 헤드 감열부의 오염 등으로 인하여 개방이 지연될 경우 불균일한 살수 분포로 인하여 살수밀도가 부족하게 될 수 있다.

## 3. 스키핑 방지대책

① 폐쇄형 헤드간 거리가 1.8m 이상 이격되도록 설치한다.

② 폐쇄형 헤드간 거리가 1.8m 미만인 경우 가깝게 설치된 헤드와 헤드 사이에 차폐판(Baffle Plate) 설치한다.

③ 반응시간지수(RTI, Response Time Index), 열전달계수(C, Conductivity), 표시온도가 낮은 스프 링클러 헤드를 사용하여 화재초기에 소화한다.

④ 화재특성에 따라 K값이 큰 헤드를 사용하여 침투율을 높인다. **예** ESFR, 라지드롭형 헤드 등

⑤ 하나의 실에는 가능한 표시온도나 열감도(Thermal Sensitivity) 등의 화재감지 특성이 같은 헤드 를 설치한다.

[ **KEYWORD** **154** ] **스프링클러헤드**

## 1. 정의 【스프링클러 헤드의 형식승인 및 제품검사의 기술기준 제2조 제1호】

스프링클러헤드(Sprinkler Head)란 화재시의 가압된 물이 내뿜어져 분산됨으로서 소화기능을 하는 헤드를 말한다.

[사진 115] 퓨지블링크형　[사진 116] 유리벌브형　[사진 117] 측벽형　[사진 118] 드라이펜던트형

## 2. 폐쇄형 스프링클러헤드 구성

방수구, 감열체(감열부), 프레임, 디플렉터(반사판), 나사부
* 개방형스프링클러헤드는 감열체(감열부)가 없는 형태

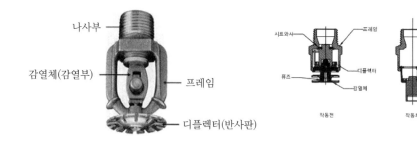

[사진 119] 폐쇄형 스프링클러헤드 구성　　　　　[그림 121] 플러쉬형(퓨지블형) 헤드 구성

## 3. 스프링클러헤드의 특성에 따른 구분

① 표준형 스프링클러 헤드(용어 "표준형 스프링클러헤드" 참조)
　㉠ 표준화재 크기의 화재가혹도를 상정하여 이를 유효하게 소화할 수 있도록 방수량, 감도, 살수분포, 살수밀도 등 이 설계된 헤드이다.

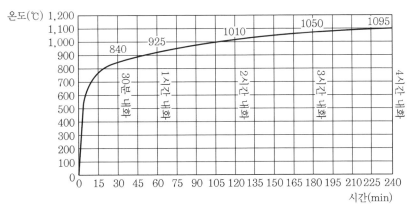

[그림 122] 표준화재 크기

ⓛ 방수량에 따라 호칭경 10/15/20이 있으며 감도(RTI)에 따라 표준반응형, 특수반응형, 조기반응형으로 구분한다.

ⓒ 표준형 스프링클러 헤드는 일반적으로 헤드의 설치형태(모양)에 따라 상향형, 하향형, 플러쉬형, 측벽형, 드라이펜던트형, 인랙형 등으로 구분한다.

② 특수용 스프링클러 헤드

ⓐ 표준화재보다 화재가혹도가 큰 고강도화재 라든가 거주자의 인명안전을 최우선으로 유효하게 소화할 수 있도록 방수량, 감도, 살수분포, 살수밀도 등이 설계된 헤드이다.

ⓑ 특수용 스프링클러 헤드에는 고강도 화재(랙크식창고, 대형물류저장창고 등)에 설치되는 화재조기진압용헤드, 라지드롭형헤드 등이 있고 주택 등에 설치되는 주거용헤드가 있다.

③ 방수구 개방여부에 따라 폐쇄형과 개방형이 있다.

④ 스프링클러 헤드의 구분 요약

▼ [표 56] 표준형헤드와 특수형헤드 종류

| 구분 | | 방수상수 $K[lpm/(kg_f/cm^2)^{0.5}]$ | 감도 $RTI[(m,s)^{0.5}]$ | 비고 |
|---|---|---|---|---|
| 표준형 (범용) 헤드 | 호칭경 10 | 50 | 표준반응/특수반응/조기반응 | 상향형, 하향형, 플러쉬형, 측벽형, 드라이펜던트형, 인랙형 등 |
| | *호칭경 15(널리 사용) | 80 | 표준반응/특수반응/조기반응 | |
| | 호칭경 20 | 115 | 표준반응/특수반응/조기반응 | |
| 특수용 헤드 | 주거용(간이헤드) | 50 | 조기반응 | |
| | 화재조기진압용 | 200/240/320/360 | 조기반응 | |
| | 라지드롭형 | 162 | 표준반응/특수반응/조기반응 | |

* 배관 호칭경 10/15/20 의미

배관의 호칭으로 10은 "10A"이고 "10mm"을 의미하며 이것은 배관의 내경이나 외경 크기와 정확히 일치하지 않으며 배관의 실제 내경은 호칭보다 약간 크다.(배관 10A, 15A, 20A의 실제 내경 크기는 각각 12.7mm, 16.1mm, 21.6mm이다.)

[ KEYWORD **155** ] 슬롭오버

## 1. 개요

① 슬롭오버(Slop Over)란 다비점(多沸點) 중질유 저장탱크에 화재가 발생하면 유류의 액표면 온도가 물의 비점 이상으로 상승하게 되는데, 이때 소화용수(포화수)가 연소유의 뜨거운 액표면에 유입되면 급 비등(沸騰)으로 부피팽창을 일으켜 탱크 외부로 유류를 분출하는 현상을 말한다.

\* 슬롭(slop) : (액체를) 넘치게 하다.
\* 중질유(重質油) : 비중 30 이하, 중질유(中質油) : 비중 30~33, 경질유 : 33 이상(미국 석유협회 지수)

② 중질유(重質油)탱크 화재에서 포소화약제 방사 시 발생할 수 있는 현상

[사진 120] 슬롭오버 모습

## 2. 슬롭오버 발생 메커니즘(Mechanism)

다비점(多沸點)의 중질유 저장탱크 화재 발생 → 저비점(低沸點)물질은 유류표면층에서 연소, 증발 → 고비점(高沸點) 물질은 화염온도에 의해 가열, 축적되어 200~300℃ 열류층 형성 → 고온층 표면에 주수(포화수) 소화 → 열류층 교란 → 불이 붙은 기름이 끓어 넘침

## 3. 보일오버와 차이점

보일오버는 탱크 밖으로 갑자기 분출되거나 폭발하는 데 비해 슬롭오버는 작은 거품이 나 천천히 탱크 밖으로 분출한다.

# [ KEYWORD 156 ] 시방서(示方書)

## 1. 개요

① 시방서란 공사용 설계도면에 표기되지 않은 재료, 품질, 시공특성사항 등을 기록한 서류를 말하며 설계도서의 일종이다.

② 설계도서란 공사용 도면, 구조계산서 및 시방서, 국토교통부장관이 정하는 공사에 필요한 서류를 말한다.

③ 설계도서, 법령해석, 감리자의 지시 등이 서로 일치하지 아니하는 경우에 있어 계약으로 그 적용의 우선순위를 정하지 아니한 때에는 공사시방서가 최우선으로 적용될 정도로 공사현장에서 시방서는 매우 중요한 서류이다.

## 2. 시방서의 종류

① 표준시방서

ⓐ 표준시방서는 시설물의 안전 및 공사시행의 적정성과 품질 확보 등을 위하여 시설물별로 정한 표준적인 시공기준으로서 건설공사의 발주자, 건설엔지니어링사업자 또는 건축사가 공사시방서를 작성하거나 검토할 때 활용하기 위한 시공기준을 말한다. 【건설기술진흥법 시행령 제65조 제6항】

ⓑ 국토교통부장관이나 그 밖에 대통령령으로 정하는 자가 건설공사의 기술성 · 환경성 향상 및 품질확보와 적정한 공사관리를 위하여 건설공사 시공기준 및 표준시방서 등을 정할 수 있다. 【건설기술진흥법 제44조 제1항 제2호】

② 전문시방서

ⓐ 전문시방서는 시설물별로 표준시방서를 기본으로 모든 공종을 대상으로 하여 특정한 공사의 시공 또는 공사시방서의 작성에 활용하기 위한 종합적인 시공기준을 말한다. 【건설기술진흥법 시행령 제65조 제7항】

ⓑ 국토교통부장관이나 그 밖에 대통령령으로 정하는 자가 건설공사의 기술성 · 환경성 향상 및 품질 확보와 적정한 공사관리를 위하여 건설공사의 관리에 필요한 사항을 정할 수 있다. 【건설기술진흥법 시행령 제44조 제1항 제2호】

③ 공사시방서

ⓐ 공사시방서(건설공사의 계약도서에 포함된 시공기준을 말한다)는 표준시방서 및 전문시방서를 기본으로 하여 작성하되, 공사의 특수성, 지역여건, 공사방법 등을 고려하여 기본설계 및 실

시설계 도면에 구체적으로 표시할 수 없는 내용과 공사수행을 위한 시공방법, 자재의 성능·규격 및 공법, 품질시험 및 검사 등 품질관리, 안전관리, 환경관리 등에 관한 사항을 기술한 것 【건설기술진흥법 시행규칙 제40조 제3항】

[사진 121]
소방공사표준시방서(소방청)

[사진 122]
LH한국토지주택공사 전문시방서

[사진 123]
공사시방서(모현장)

## 3. 설계도서의 해석 우선순위

설계도서, 법령해석, 감리자의 지시 등이 서로 일치하지 아니하는 경우에 있어 계약으로 그 적용의 우선 순위를 정하지 아니한 때에는 다음 순서를 원칙으로 한다. 【건축물의 설계도서 작성기준 제9호(국토교통부고시 제2016 – 1025호)】

① 공사시방서

② 설계도면

③ 전문시방서

④ 표준시방서

⑤ 산출내역서

⑥ 승인된 상세시공도면

⑦ 관계법령의 유권해석

⑧ 감리자의 지시사항

시험장치(말단시험밸브)

## 1. 개요

시험장치란 유수검지장치(습식 및 건식), 부압식의 작동시험을 위해서 유수검지장치 2차측 배관에 25mm 이상의 배관을 연결하여 그 말단에 개폐밸브 및 스프링클러헤드와 동일한 구경을 가진 오리피스 또는 개방형 헤드를 설치한 것을 말한다.

＊ "말단시험밸브"라고도 부른다.

[사진 124] 화장실 등에 설치된 시험장치　　　[사진 125] 유수검지장치 배수관에 연결된 시험장치

## 2. 시험장치 설치 목적

① 유수검지장치의 기능시험

　㉠ 압력스위치 작동여부

　㉡ 음향장치 작동여부

　㉢ 감시제어반(방재실 수신반)에서 화재표시등 점등여부

　㉣ 감시제어반(방재실 수신반)에서 유수검지장치 작동표시등 점등여부

② 가압송수장치의 작동시험

　㉠ 가압송수장치의 작동여부

　㉡ 기동용 수압개폐장치의 압력스위치 작동여부

　＊ 소방교재에 따라 "법적 방수압", "법적 방수량" 확인도 있음

## 3. 시험장치를 설치하는 설비

① 습식스프링클러설비
② 건식스프링클러설비
③ 부압식스프링클러설비

## 4. 시험장치 설치기준 【NFTC 103 2.5.12】

① 습식 및 부압식스프링클러설비는 유수검지장치 2차측 배관에 연결하여 설치하고, 건식스프링클러설비는 유수검지장치에서 가장 먼 거리에 위치한 가지배관의 끝으로부터 연결하여 설치할 것. 건식 유수검지장치 2차측 설비의 내용적이 2,840L를 초과하는 경우 시험장치 개폐밸브를 완전 개방 후 1분 이내에 물이 방사되어야 한다.
② 시험장치 배관의 구경은 25mm 이상으로 하고, 그 끝에 개폐밸브 및 개방형헤드 또는 스프링클러헤드와 동등한 방수성능을 가진 오리피스를 설치할 것. 이 경우 개방형헤드는 반사판 및 프레임을 제거한 오리피스만으로 설치할 수 있다.
③ 시험배관의 끝에는 물받이통 및 배수관을 설치하여 시험 중 방사된 물이 바닥에 흘러내리지 아니하도록 할 것. 다만, 목욕실. 화장실 또는 그 밖의 곳으로서 배수처리가 쉬운 장소에 시험배관을 설치한 경우에는 그렇지 않다.

## 5. 시험배관의 압력계 설치 여부

시험장치의 목적은 스프링클러헤드 1개가 개방 시 경보장치가 정상적으로 작동하는지 여부를 확인하는 것으로 방수압, 방수량을 확인하기 위함이 아니고 또한 압력계를 통해서 방수압, 방수량 확인이 불가능하기 때문에 압력계설치가 불필요하다. [출처 : 스프링클러설비의 화재안전기준 해설서]

# 신축배관

## 1. 정의 【NFTC 103 1.7.1.20】

스프링클러설비의 신축배관이란 가지배관과 스프링클러헤드를 연결하는 배관으로 구부림이 쉽도록 유연성을 가진 것을 말한다.

[사진 126] 설치 전 신축배관

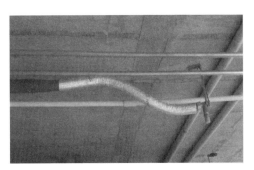

[사진 127] 설치 후 신축배관

## 2. 신축배관 설치 목적

가지배관에 헤드를 접속할 때 공사의 편리성과 효율성을 도모하기 위해서 설치하는 것이다.

## 3. 신축배관의 길이 제한 【NFTC 103 2.5.9.3】

① 무대부 · 특수가연물을 저장 또는 취급하는 장소에 있어서는 1.7m 이하
② ①항 외의 특정소방대상물에 있어서는 2.1m 이하(내화구조로 된 경우에는 2.3m 이하)

[ KEYWORD 159 ] 심부화재와 표면화재

## 1. 개요

① 심부화재 : 목재 또는 섬유류와 같은 고체가연물에서 발생하는 화재형태로서 가연물 내부에서 연소하는 화재를 말한다.

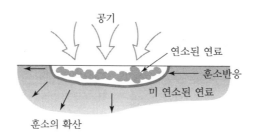

[그림 123] 심부화재

② 표면화재 : 고체, 액체, 기체 가연물에서 발생하는 화재형태로 가연성물질의 표면에서 연소하는 화재를 말한다.

[사진 128] 표면화재

## 2. 심부화재와 표면화재 비교

▼ [표 57] 표면화재와 심부화재 비교

| 구분 | 표면화재<br>(불꽃이 있는 화재) | 심부화재<br>(불꽃이 없는 화재) |
| --- | --- | --- |
| 물질 | 고체, 액체, 기체 | 고체 |
| 종류 | 분해연소, 증발연소, 자기연소, 확산연소, 예혼합연소, 자연연소 | 표면연소, 훈소, 작열연소 |
| 소화 | 연쇄반응이 있으므로 연소 4요소 중 하나 요소 제거(가연물, 산소공급원, 점화원, 연쇄반응) | 연쇄반응이 없으므로 연소의 3요소 중 하나의 요소 제거(가연물, 산소공급원, 점화원) |

[ KEYWORD **160** ]  **아날로그 감지기**

## 1. 개요

① 아날로그감지기란 주위의 온도나 연기량의 변화에 따라 각각 다른 출력을 발하는 방식의 감지기를 말한다.

② 감지기내에 마이크로프로세스를 내장하여 온도(정온식 경우)나 연기의 농도(연기식 경우) 변화를 다단계의 아날로그 출력으로 R형 수신기에 발신하여 단계별로 화재대응을 할 수 있는 감지기이다.

③ 일반 감지기는 감지기가 감지와 판단을 같이 하나 특수감지기는 감지기가 감지 후 수신기에서 화재 여부를 판단하여 신뢰성이 매우 좋다.

④ 아날로그 감지기는 특수감지기의 하나로서 감지대상인 열, 연기의 변화량을 연속적인 아날로그양으로 출력하여 수신부에서 그 양에 따라 정해진 동작을 취하도록 만들어진 감지기이다.

  * 아날로그(Analog) : 자료와 정보 등을 연속적으로 변화하는 값(눈금 등)으로 양을 표현하는 것을 말하며 눈금과 눈금 사이의 미세한 차이도 나타낼 수 있는 장점이 있으나 읽는 사람에 따라 값이 크게 다르게 읽히는 단점이 있다.
  * 디지털(Digital) : 연속적으로 변화하는 값을 일정한 간격으로 끊어 불연속적인 값으로 양을 표현하는 것으로 불연속적 값으로 표현은 되지만 참과 거짓이 명확하게 구분되어 항상 일정한 값(숫자)을 읽을 수 있는 장점이 있다.

## 2. 아날로그 감지기 기능

① 오염도 경보기능

　이온실이 먼지, 기름 등의 이물질에 점차적으로 오염되어 설정치를 초과할 경우 감지기가 장애신호를 수신기에 송신한다.

② 자기 진단 기능

　감지기 자체의 고장여부를 계속적으로 확인하여 고장 발생 시 수신기에 고장신호를 보낸다.

③ 감지기 착탈 감시기능

　수신기에서 주소형 감지기와 일정 신호를 주고받고, 감지기가 이탈되면 수신기가 경보를 울린다.

④ 고유번지 기능

　감지기 설치 위치가 수신기에 표시되어 화재 시 신속한 대응이 가능하다.

## 3. 아날로그 감지기의 종류

① 열식 아날로그 감지기

온도를 측정하여 주어진 온도범위 내에서 1℃ 간격으로 검출한다.

[사진 129] 정온식 스포트형 아날로그 감지기

② 연기식 아날로그 감지기

㉠ 연기농도를 0.1% 간격으로 검출하여 연속적으로 송출

㉡ 이온화식 스포트형 아날로그 감지기

㉢ 광전식 스포트형 아날로그 감지기

[사진 130] 광전식 스포트형 아날로그 감지기

㉣ 광전식 분리형 아날로그 감지기

## [ KEYWORD 161 ] 아이솔레이터 감지기(Isolator Detector)

## 1. 개요

① R형 수신기 및 중계반의 계통선로에 접속된 아날로그 감지기 선로에서 단락 또는 단선 등으로 인한 이상 전류가 발생했을 때 감지기, 중계기, 수신기 등의 전기적 손상을 사전에 차단하여 피해를 최소화하기 위해 설치하는 장치이다.

② 선로 이상으로 통신 장애 발생 시 문제 발생 구간을 격리하여 문제 구간을 제외한 나머지 전체 시스템은 정상적으로 작동시킨다.

③ 감지기 또는 중계기 25개당 1개씩 설치하며 별도의 전원이 필요 없다.

④ 아이솔레이터는 주로 성능위주 현장 및 초고층 건축물에 적용되어 자동화재 탐지시스템의 안정적인 동작을 위해 사용되는데 감지기형 아이솔레이터는 별도 감지기 베이스에 제품이 내장되어 감지기 계통선을 격리하며 중계기형 아이솔레이터는 중계기가 설치된 계통선로를 격리하는 역할을 한다.

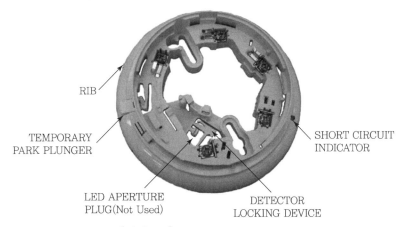

RIB

TEMPORARY
PARK PLUNGER

SHORT CIRCUIT
INDICATOR

LED APERTURE
PLUG(Not Used)

DETECTOR
LOCKING DEVICE

[사진 131] Isolator Detector Base

## 2. 작동방식

① 선로 전압 모니터링 중 단락이 감지된다.

② Isolate 감지기가 단락된 경우 Isolate 베이스는 선로의 다른 장치에 영향을 주지 않고 루프의 선로 측면을 결함이 있는 장치로부터 격리한다.

③ 선로의 나머지 부분을 정상적으로 작동시킨다.

④ 아이솔레이터 동작 시 동작 위치 및 메시지가 수신기에 전송한다.

⑤ 아이솔레이터 후단에 설치된 감지기 모두는 동작 정지 상태로 변경한다.

⑥ 문제에 대한 조치 이후 아이솔레이터는 자동으로 정상 복구하고 메시지를 수신기에 전송한다.

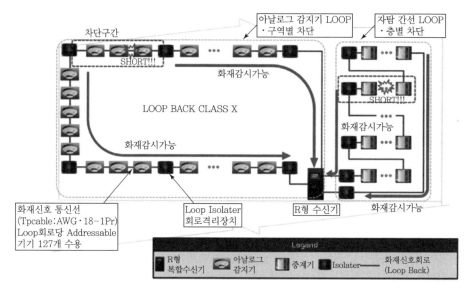

[그림 124] 아이솔레이트 감지기 배선

# [ KEYWORD 162 ] 안전거리

## 1. 개요

① 안전거리란 제조소 등이 설치 될 때 주위에 방호대상물이 있는 경우 **연소확대방지 및 안전을 위해 지켜야 할 수평거리**를 말한다.

② 안전거리 내에는 다른 물건이나 시설물이 있어도 무방하며 불연재료로 된 방화상 유효한 담 또는 벽을 설치하는 경우에는 안전거리를 단축할 수 있다.

## 2. 위험물 제조소 안전거리 【위험물안전관리법 시행규칙 별표 4】

① ②항 내지 ④항의 규정에 의한 것 외의 건축물 그 밖의 공작물로서 주거용으로 사용되는 것(제조소가 설치된 부지 내에 있는 것을 제외한다)에 있어서는 10m 이상

② 학교 · 병원 · 극장 그 밖에 다수인을 수용하는 시설로서 다음의 1에 해당하는 것에 있어서는 30m 이상

　㉠ 「초 · 중등교육법」 제2조 및 「고등교육법」 제2조에 정하는 학교

　㉡ 「의료법」 제3조 제2항 제3호에 따른 병원급 의료기관

　㉢ 「공연법」 제2조 제4호에 따른 공연장, 「영화 및 비디오물의 진흥에 관한 법률」 제2조 제10호에 따른 영화상영관 및 그 밖에 이와 유사한 시설로서 3백 명 이상의 인원을 수용할 수 있는 것

　㉣ 「아동복지법」 제3조 제10호에 따른 아동복지시설, 「노인복지법」 제31조 제1호부터 제3호까지에 해당하는 노인복지시설, 「장애인복지법」 제58조 제1항에 따른 장애인복지시설, 「한부모가족지원법」 제19조 제1항에 따른 한부모가족복지시설, 「영유아보육법」 제2조 제3호에 따른 어린이집, 「성매매피해자보호법」 제9조 제1항에 따른 성매매피해자등을 위한 지원시설, 「정신건강복지법」 제3조 제4호에 따른 정신건강증진시설, 「가정폭력방지법」 제7조의2 제1항에 따른 보호시설 및 그 밖에 이와 유사한 시설로서 20명 이상의 인원을 수용할 수 있는 것

③ 「문화재보호법」의 규정에 의한 유형문화재와 기념물 중 지정문화재에 있어서는 50m 이상

④ 고압가스, 액화석유가스 또는 도시가스를 저장 또는 취급하는 시설로서 다음의 1에 해당하는 것에 있어서는 20m 이상. 다만, 당해 시설의 배관 중 제조소가 설치된 부지 내에 있는 것은 제외한다.

　㉠ 「고압가스 안전관리법」의 규정에 의하여 허가를 받거나 신고를 하여야 하는 고압가스제조시설(용기에 충전하는 것을 포함한다) 또는 고압가스 사용시설로서 1일 30m³ 이상의 용적을 취급하는 시설이 있는 것

　㉡ 「고압가스 안전관리법」의 규정에 의하여 허가를 받거나 신고를 하여야 하는 고압가스저장시설

    © 「고압가스 안전관리법」의 규정에 의하여 허가를 받거나 신고를 하여야 하는 액화산소를 소비하는 시설

    ② 「액화석유가스의 안전관리 및 사업법」의 규정에 의하여 허가를 받아야 하는 액화석유가스제조시설 및 액화석유가스저장시설

    ⑩ 「도시가스사업법」 제2조 제5호의 규정에 의한 가스공급시설

⑤ 사용전압이 7,000V 초과 35,000V 이하의 특고압가공전선에 있어서는 3m 이상
⑥ 사용전압이 35,000V를 초과하는 특고압가공전선에 있어서는 5m 이상

## 3. 위험물안전관리법에 따른 제조소 등에서 안전거리가 규정된 곳

① 제조소
② 옥내저장소
③ 옥외저장소
④ 옥외탱크저장소
⑤ 이송취급소
⑥ 일반취급소

## 4. 산업안전보건기준의 안전거리 【산업안전보건기준에 관한 규칙 별표 8】

▼ [표 58] 안전거리 기준

| 구분 | 안전거리 |
|---|---|
| 단위 공정시설과 다른 단위공정시설 | 설비의 바깥면으로부터 10m 이상 |
| 단위 공정시설과 플레어스택 | 플레어스택으로부터 반경 20m 이상 |
| 단위 공정시설과 위험물 저장 탱크 | 저장 탱크 바깥면으로부터 20m 이상 |
| 단위 공정시설과 사무실, 연구실 등 | 사무실 등 바깥면으로부터 20m 이상 |

## [ KEYWORD 163 ]  안전점검

### 1. 개요 【다중이용업소법 제13조 제1항, 제2항】

① 다중이용업주는 다중이용업소의 안전관리를 위하여 정기적으로 안전시설 등을 점검하고 그 점검결과서를 작성하여 1년간 보관하여야 한다. 이 경우 다중이용업소에 설치된 안전시설 등이 건축물의 다른 시설·장비와 연계되어 작동되는 경우에는 해당건축물의 관계인(소유자·관리자 또는 점유자) 및 소방안전관리자는 다중이용업주의 안전점검에 협조하여야 한다.

② 다중이용업주는 ①항에 따른 정기점검을 행정안전부령으로 정하는 바에 따라 소방시설관리업자에게 위탁할 수 있다.

### 2. 안전점검의 대상, 점검자의 자격, 점검주기, 점검방법

**【다중이용업소법시행규칙 제14조】**

① 안전점검의 대상 : 다중이용업소에 설치된 영 제9조의 안전시설등

> 다중이용업소에 설치된 영 제9조의 안전시설등 : 【다중이용업소법시행령 별표 1의2】

② 안전점검자의 자격

　㉠ 해당영업장의 다중이용업주 또는 다중이용업소가 위치한 특정소방대상물의 소방안전관리자 (소방안전관리자가 선임된 경우에 한함)

　㉡ 해당업소의 종업원 중 「화재예방법 시행령」 별표 6에 따라 소방안전관리자 자격을 취득한자, 「국가기술자격법」에 따라 소방기술사·소방설비기사·소방설비산업기사 자격을 취득한 자

　㉢ 「소방시설법」 제29조에 따른 소방시설관리업자

③ 점검주기

매 분기별 1회 이상 점검. 다만, 「소방시설법」 제22조 제1항에 따라 자체점검을 실시한 경우에는 자체점검을 실시한 그 분기에는 점검을 실시하지 아니할 수 있다.

④ 점검방법

　㉠ 안전시설등의 작동 및 유지·관리 상태를 점검한다.

　㉡ 안전시설등을 점검하는 경우에는 별지 제10호 서식의 안전시설등 세부점검표를 사용하여 점검한다. 【다중이용업소법 시행규칙 제13조】

▼ **[표 59] 안전시설등 세부점검표**

■ 다중이용업소의 안전관리에 관한 특별법 시행규칙 [별지 제10호서식]

## 안전시설등 세부점검표

1. 점검대상

| 대 상 명 | | 전화번호 | |
|---|---|---|---|
| 소 재 지 | | 주 용 도 | |
| 건물구조 | | 대표자 | 소방안전관리자 |

2. 점검사항

| 점검사항 | 점검결과 | 조치사항 |
|---|---|---|
| ① 소화기 또는 자동확산소화기의 외관점검<br> － 구획된 실마다 설치되어 있는지 확인<br> － 약제 응고상태 및 압력게이지 지시침 확인 | | |
| ② 간이스프링클러설비 작동기능점검<br> － 시험밸브 개방 시 펌프기동, 음향경보 확인<br> － 헤드의 누수 · 변형 · 손상 · 장애 등 확인 | | |
| ③ 경보설비 작동기능점검<br> － 비상벨설비의 누름스위치, 표시등, 수신기 확인<br> － 자동화재탐지설비의 감지기, 발신기, 수신기 확인<br> － 가스누설경보기 정상작동여부 확인 | | |
| ④ 피난설비 작동기능점검 및 외관점검<br> － 유도등 · 유도표지 등 부착상태 및 점등상태 확인<br> － 구획된 실마다 휴대용비상조명등 비치 여부<br> － 화재신호 시 피난유도선 점등상태 확인<br> － 피난기구(완강기, 피난사다리 등) 설치상태 확인 | | |
| ⑤ 비상구 관리상태 확인<br> － 비상구 폐쇄 · 훼손, 주변 물건 적치 등 관리상태<br> － 구조변형, 금속표면 부식 · 균열, 용접부 · 접합부 손상<br>   등 확인(건축물 외벽에 발코니 형태의 비상구를 설치<br>   한 경우만 해당) | | |
| ⑥ 영업장 내부 피난통로 관리상태 확인<br> － 영업장 내부 피난통로 상 물건 적치 등 관리상태 | | |
| ⑦ 창문(고시원) 관리상태 확인 | | |
| ⑧ 영상음향차단장치 작동기능점검<br> － 경보설비와 연동 및 수동작동 여부 점검<br>   (화재신호 시 영상음향이 차단되는지 확인) | | |
| ⑨ 누전차단기 작동 여부 확인 | | |
| ⑩ 피난안내도 설치 위치 확인 | | |
| ⑪ 피난안내영상물 상영 여부 확인 | | |
| ⑫ 실내장식물 · 내부구획 재료 교체 여부 확인<br> － 커튼, 카페트 등 방염선처리제품 사용 여부<br> － 합판 · 목재 방염성능확보 여부<br> － 내부구획재료 불연재료 사용 여부 | | |
| ⑬ 방염 소파 · 의자 사용 여부 확인 | | |
| ⑭ 안전시설등 세부점검표 분기별 작성 및 1년간 보관여부 | | |
| ⑮ 화재배상책임보험 가입여부 및 계약기간 확인 | | |

점검일자 :　　　．　　　．　　　．　　　점검자 :　　　　　(서명 또는 인)

210mm×297mm[백상지 (80g/m²) 또는 중질지 (80g/m²)]

[ KEYWORD **164** ] **에너지저장장치(ESS)**

## 1. 개요

① 에너지저장장치(ESS : Energy Storage System)는 화력이나 원자력, 태양광 및 풍력을 이용한 신
재생에너지 발전 등으로 생산된 전기에너지를 저장하고 필요할 때 사용할 수 있는 장치를 말한다.

② 에너지저장장치는 생산된 전기를 배터리 등에 저장했다가 전력이 필요할 때 공급해 전력의 사용
효율을 향상시키는 장치로서 리튬이온전지(LiB), 나트륨유황전지(NaS), 리독스플로전지(RFB),
슈퍼커패시터 등의 배터리방식과 양수(揚水), 압축공기저장(CAES), 플라이휠 등의 비 배터리방식
이 있다.

③ 국내에서는 고출력의 빠른 응답속도를 보유한 리튬이온전지(LiB)를 주로 사용하고 있다.

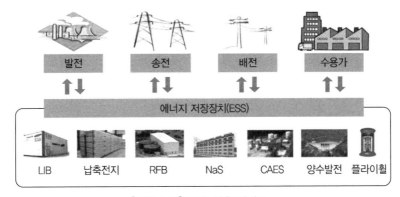

[사진 132] ESS 적용 개념도

## 2. ESS 구성

ESS는 배터리 · 압축공기 등의 에너지저장원, BMS(배터리 관리시스템), PCS(전력변환장치), EMS
(ESS 관리시스템) 등으로 구성되어 있다.

① 배터리(Battery) : 계통 또는 PCS로부터 받은 전기에너지를 직류(DC)로 저장(충전)하거나 저장
되어 있는 전기에너지를 계통에 출력(방전)하는 장치이다.

② PCS(Power Conversion System) : 전기의 교류(AC)를 직류(DC)로, 직류를 교류로 바꿔주는 전
력변환장치로서 상용의 전압 · 주파수를 가진 전력(상용전력)을 직류로 변환하여 배터리에 충전
하거나, 배터리에 저장된 전기에너지를 방전하여 상용전력으로 바꿔주는 장치이다.

③ BMS(Battery Management System) : 배터리 관리시스템으로서 배터리의 전류 · 전압 · 온도 등 실시간 데이터를 저장하고, 저장용량(SOC)을 계산하여 배터리 용량 및 수명을 예측하는 등 배터리의 상태 및 동작을 감시하는 장치이다.

④ EMS(Energy Management System) : ESS 운영시스템으로서 ESS에 저장되어 있는 전기량을 모니터링하고 전력사용을 예측하여 필요한 조정을 할 수 있는 기능관리 시스템으로 전력변환장치(PCS)와 배터리 주변기기의 정보를 받아 배터리 관리장치(BMS)에 지시하는 장치이다.

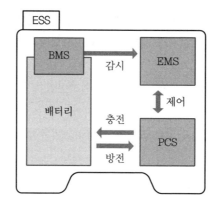

[그림 125] ESS 구성 (출처 : (주)타미코퍼레이션)

## 3. ESS 용도

① **피크저감용(PS)** : 전기요금이 낮은 시간에 충전해 두었다가 피크부하일 때 저장전력을 사용하여 전기요금을 저감하거나 피크전력을 낮추는 용도로 사용한다.

② **주파수 조정용(FR)** : 순간적인 전력 수요변화에 대응해 발전기 주파수를 일정기준으로 유지하여 전력 품질 개선에 사용한다.

③ **신재생 연계용(RI)** : 풍력, 태양광 등의 신재생 발전 출력이 급격하게 바뀌는 경우 품질이 떨어지기 때문에 전력 품질 개선에 사용한다.

④ **비상전원용** : 비상 시 또는 부하급증으로 전압이 떨어질 경우 안정적으로 전력을 공급할 수 있도록 제어해주는 용도로 사용한다.

## [ KEYWORD 165 ] 에스커천(Escutcheon : 마감판, 일명 헤드왕)

## 1. 정의

① 마감판(Escutcheon)이란 스프링클러헤드를 반자에 설치할 때 헤드와 반자 사이의 빈공간이 노출되지 않도록 헤드에 끼워 부착하는 링 형태의 설치부속품을 말한다. 【스프링클러헤드 설치부속품의 KFI인증기준 제2조】

② 연기나 열의 흐름에 저항하는 천장의 능력과 스프링클러헤드(또는 연기감지기가 설치된 경우 연기감지기)의 적시 작동에 직접적인 영향을 미친다.

③ 에스커천이 없다면 연기가 스프링클러 주위의 틈을 통해 빠져나가 결국은 연기량이 적어져 감지기 작동이 지연될 수 있다.

[사진 133] 스프링클러헤드 에스커천

## 2. 에스커천의 실태

① 법적으로 불연재료 사용을 강제하고 있지 않아 많은 제조업체에서 플라스틱 에스커천을 공급하고 현장에서 설치하고 있다.

② 스프링클러헤드는 화재 시 고온의 열기류에 노출되어 작동되는데, 플라스틱재질을 사용하는 경우 열변형이 헤드의 방수를 방해할 수 있으므로 열에 강한 금속재질로 설치하여야 한다.

[사진 134] 화재열에 녹은 에스커천

③ 헤드의 용융점이 68℃로 낮아서 문제가 없을 것으로 생각할 수 있으나, 용융점에 도달되기까지 통과되는 열기류의 온도는 플라스틱 열변형 온도를 훨씬 초과할 수 있기 때문이다.

**359**

## 3. 화염노출시험 【스프링클러헤드 설치부속품의 KFI인증기준 제9조】

① 부속품에 사용하는 비금속재료는 화염노출시험 후 방수한 결과 부속품으로 인한 헤드의 작동이나 살수 패턴의 장애가 없어야 한다.

② 화염노출시험 방법은 다음의 각 호에 따른다.

   ⊙ 스프링클러용 배관을 설치한다.

   ⓛ 배관 아래에 석고보드(가로 900mm × 세로 900mm 이상, 두께 12.5mm 이상)를 지면과의 거리가 150mm가 되도록 수평으로 설치한다.

   ⓒ 석고보드의 중앙에 폐쇄형 헤드와 배관을 연결하고 마감판을 설치한다.

   ⓔ 석고보드의 중앙 아래에 철제모형(가로 300mm × 세로 300mm × 높이 30mm, 두께 2mm)을 설치하고 헵탄 1리터를 넣는다.

   ⓜ 헵탄을 점화하고 3분 후 0.1MPa의 압력으로 헤드를 통해 30초간 물을 살수한다.

   ⓗ 살수 후 헤드 작동이나 살수 패턴의 장애여부를 확인한다.

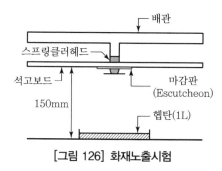

[그림 126] 화재노출시험

## 4. 에스커첸의 재질 【소방공사 표준시방서 02040 스프링클러 설비공사 2.2.3항】

에스커첸은 열에 의해 변형되는 재질을 사용해서는 안되며 금속재질 또는 350℃ 온도의 고온조에서 5분 동안 유지한 후, 육안에 의한 균열 및 용융 등의 변형이 없어야 한다.

# [ KEYWORD 166 ] 연결살수설비

## 1. 개요

① 스프링클러설비 등의 설치대상이 아닌 특정소방대상물(지하가 또는 지하층 등)에 화재가 발생한 경우 연기가 충만해 소화활동이 곤란하다. 이같은 소방대상물에 외부에 설치된 송수구 및 배관을 통해 소방자동차로부터 소화수를 공급하고 살수헤드의 방사로 화재를 진압하는 소화활동설비이다.

② 따라서 자동소화시스템이 아니며 자체 수원이 없이도 소화활동이 가능하다.

③ 스프링클러설비, 물분무소화설비 등과 다른 점은 외부 소방자동차로부터 수원을 공급받는 것과 송수구역마다 선택밸브가 설치되는 것 등이다.

## 2. 적용대상 【소방시설법 시행령 별표 4 제5호 다목】

① 판매시설, 운수시설, 창고시설 중 물류터미널로서 해당 용도로 사용되는 부분의 바닥면적의 합계가 1천m² 이상인 경우에는 해당 시설

② 지하층(피난층으로 주된 출입구가 도로와 접한 경우는 제외)으로서 바닥면적의 합계가 150m² 이상인 경우에는 지하층의 모든 층. 다만, 국민주택규모 이하인 아파트 등의 지하층(대피시설로 사용하는 것만 해당)과 교육연구시설 중 학교의 지하층의 경우에는 700m² 이상인 것

③ 가스시설 중 지상노출 탱크용량이 30톤 이상인 탱크시설

④ ① 및 ②의 특정소방대상물에 부속된 연결 통로

\* 지하층 : 건축물의 바닥이 지표면 아래에 있는 층으로서 바닥에서 지표면까지 평균 높이가 해당 층 높이의 1/2 이상인 것

## 3. 연결살수설비 구성

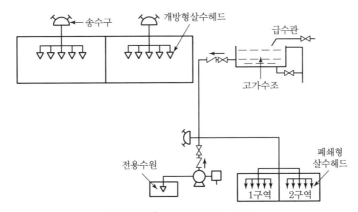

[그림 127] 연결살수설비 구성도

## 4. 연결살수설비의 헤드설치 기준 【NFTC 503 2.3.2】

① 건축물에 설치하는 연결살수설비의 헤드설치 기준

ㄱ 천장 또는 반자의 실내에 면하는 부분에 설치할 것

ㄴ 천장 또는 반자의 각 부분으로부터 하나의 살수 헤드까지의 수평거리가 연결살수설비 전용헤드의 경우 3.7m 이하, 스프링클러 헤드의 경우는 2.3m 이하로 할 것. 다만, 살수 헤드의 부착면과 바닥과의 높이가 2.1m 이하인 부분은 살수 헤드의 살수 분포에 따른 거리로 할 수 있다.

② 폐쇄형 스프링클러헤드를 설치하는 경우에는 「NFTC 503」 2.3.3에 따라 설치해야 한다.

**[ KEYWORD 167 ]** 　　**연결송수관설비**

## 1. 개요

① 소방대가 사용하는 소화활동설비로서 화재 시 소화펌프 고장이나 수조 내 소화수가 고갈되었을 경우 외부에 설치된 송수구와 소방차를 연결하여 소화수를 공급받고 건축물 내부에 설치된 방수구를 이용하여 소화활동을 돕는 설비이다.

② 따라서 연결송수관 방수구는 소방대가 건물외부에서 침투하여 화재가 발생한 장소까지 접근하기에 쉽도록 계단에서 5m 이내에 설치하고 있다.

③ 연결송수관설비는 지면으로부터 31m 또는 지상 11층을 기준으로 습식과 건식으로 구분하고 있으며, 현재 국내의 소방 펌프차 성능상 70m 이상 건물에는 별도의 가압송수장치를 설치하도록 되어 있다.

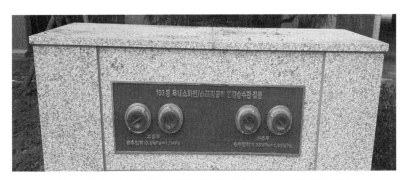

[사진 135] 옥내소화전/스프링클러설비/연결송수관설비 겸용 송수구

## 2. 설치대상 【소방시설법시행령 별표4 제5호 나목】

① 층수가 5층 이상으로서 연면적 6,000m² 이상인 경우에는 모든 층

② ①에 해당하지 않는 특정소방대상물로서 지하층을 포함하는 층수가 7층 이상인 경우에는 모든 층

③ ① 및 ②에 해당하지 않는 특정소방대상물로서 지하층의 층수가 3층 이상이고 지하층의 바닥면적 합계가 1,000m² 이상인 경우에는 모든 층

④ 지하가 중 터널로서 길이가 1,000m 이상인 것

## 3. 설비의 종류

### ① 건식

입상관에 물을 채워두지 않고 비워 놓는 방식으로 10층 이하의 저층 건물에 적용하며 소방 펌프차로 물을 공급하는 설비이다.

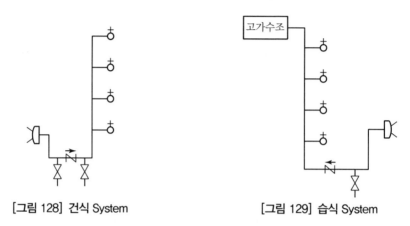

[그림 128] 건식 System          [그림 129] 습식 System

- 건식 : 송수구 → 자동배수밸브 → 체크밸브 → 자동배수밸브의 순으로 설치

### ② 습식

고가수조에 의해 입상관에 물이 상시 충만되어 있는 방식으로 높이가 31m 이상 또는 11층 이상의 고층 건물에 적용하는 설비이다.

- 습식 : 송수구 → 자동배수밸브 → 체크밸브의 순으로 설치

## 4. 송수구의 겸용 【NFTC 502 2.8.1】

연결송수관설비의 송수구를 옥내소화전설비, 스프링클러설비, 간이스프링클러설비, 화재조기진압용스프링클러설비, 물분무소화설비, 포소화설비 또는 연결살수설비와 겸용으로 설치하는 경우에는 스프링클러설비의 송수구 설치기준에 따르되 각각의 소화설비 기능에 지장이 없도록 하여야 한다.

[ KEYWORD **168** ] **연기밀도**

## 1. 개요

① 연기란 화재로 인한 연소 과정에서 아주 많은 수의 고체와 액체의 미립자가 대기 중에 방출되며, 크기가 $0.01\mu$m~$10\mu$m로 공기 중에 섞인 이 입자를 말한다.

② 연기밀도(Ds, density of smoke)란 시료가 연소할 때 발생하는 연기의 양을 빛의 투과율 변화를 이용하여 측정한 값이다.

③ 연기 밀도는 가시도를 줄이고 피난자의 피난을 방해하기 때문에 연기의 특성을 나타내는데 중요한 인자가 된다.

④ 연기 입자는 빛을 산란·흡수하여 빛(광선)의 강도를 감소시킴으로써 가시도를 떨어뜨리므로, 빛이 연기층을 통과할 때 광선의 강도가 감소되는 것을 이용하여 연기밀도를 측정한다.

## 2. 연기밀도 측정

① 고체물질의 경우는 ASTM E 662 규정인 $2.5$W/cm$^2$의 방열기와 파이롯트버너 사용에 의한 시험을 한다.

② 용융하는 물품의 경우는 KS M ISO 5659 − 2 규정인 $2.5$W/cm$^2$의 방열기와 불꽃길이가 30mm인 버너 사용에 의한 시험을 한다.

③ 최대연기밀도 계산식은 다음과 같다.

$$\text{연기밀도 } D_s = 132\log_{10}\frac{100}{T}$$

$T$ : 광선투과율

132 : 연소챔버에 대하여 $\dfrac{V}{AL}$ 로부터 유도된 인자

여기서, $V$ : 연소챔버의 부피
$A$ : 연소챔버의 노출면적
$L$ : 광선경로의 길이

## 3. 방염물품의 방염성능기준 【소방시설법 시행령 제31조 제2항】

① 버너의 불꽃을 제거한 때부터 불꽃을 올리며 연소하는 상태가 그칠 때까지 시간은 20초 이내일 것

② 버너의 불꽃을 제거한 때부터 불꽃을 올리지 아니하고 연소하는 상태가 그칠 때까지 시간은 30초 이내일 것

③ 탄화(炭化)한 면적은 50제곱센티미터 이내, 탄화한 길이는 20센티미터 이내일 것

④ 불꽃에 의하여 완전히 녹을 때까지 불꽃의 접촉 횟수는 3회 이상일 것

⑤ 소방청장이 정하여 고시한 방법으로 발연량(發煙量)을 측정하는 경우 최대연기밀도는 400 이하일 것

## 4. 「최대연기밀도 400 이하」의미

연기밀도 $D_s = 132 \log_{10} \dfrac{100}{T}$ 에서

$400 = 132 \log_{10} \dfrac{100}{T}$

$\dfrac{400}{132} = \log_{10} \dfrac{100}{T}$ 에서 광선투과율($T$) $= 0.09 ≒ 0.1$

즉, 「최대연기밀도 400 이하」는 「광선투과율이 0.1% 이하」를 의미한다.

\* 광선투과율은 다음 식으로 계산된다.

투과율 $(T) = \dfrac{I}{I_0} \times 100$

여기서, $I =$ 연기있을 때 세기(Lux)
$I_0 =$ 연기없을 때 세기(Lux)

**연기의 단층화(Stratification)**

## 1. 개요

① 화재 시 발생한 연기가 부력에 의해 위로 올라가다 주위 공기온도에 의해 희석·냉각되어 천장까지 상승하지 못하고 중간에서 연기의 층을 형성하는 것이다.

② 훈소 등의 저강도 화재, 천장고가 높은 대공간 화재 등에서 발생한다.

　* 용어 "연돌효과" 참조

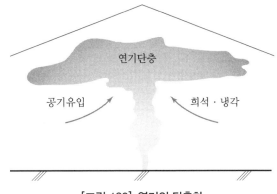

[그림 130] 연기의 단층화

## 2. 문제점

① 감지기 작동 및 스프링클러헤드 감열이 실패할 수 있다.

② 화재 초기 신속한 경보 및 소화설비 작동이 불가하다.

## 3. 방지대책

① 불꽃감지기, 공기흡입형(ASD) 등의 고감도 특수감지기를 설치한다.

② RTI가 낮은 조기반응형 스프링클러헤드를 설치한다.

③ 천장에 Smoke Hatch 또는 배기구를 설치한다.

[ **KEYWORD**
**170** ]  연돌효과

## 1. 개요

① 연돌(굴뚝)효과(Stack Effect)란 건물 내의 계단실, 승강로 등의 수직공간에서 발생하는 현상으로 건물 내·외부 공기의 온도차에 따라 기류가 수직으로 이동하는 현상이다.

② 건물 내부의 온도가 외부보다 높은 경우 수직공간 내의 공기는 부력(Buoyancy)에 의한 압력차가 발생하여 계단실 또는 샤프트를 통해 상부로 이동하게 된다.

> \* 이상기체 상태방정식 $PV = nRT = W/MRT \rightarrow PV/RT = W/M$
> 양변에 M/V를 곱하면 $\rho \downarrow = W/V = PM/RT \uparrow$
> $P$ : 압력(N/m²), $M$ : 분자량(kg/mol), $V$ : 부피(m³), $n$ : 몰수(mol)
> $R$ : 기체상수(8314N·m/mol·K), $T$ : 절대온도($K$), $W$ : 질량(kg)
> 즉, 온도가 오르면 밀도가 작아지고 밀도가 작은 공기는 상승하고 상승 기류(부력)에 의해 압력이 높아진다.

## 2. 연돌효과에 의한 기류이동

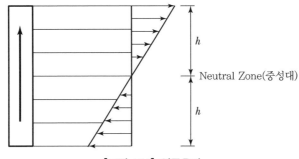

[그림 131] 연돌효과

① 계산식

$$\Delta P = 3460\, h \left( \frac{1}{T_o} - \frac{1}{T_i} \right)$$

여기서, $\Delta P$ : 연돌효과에 의한 압력차(Pa)
$h$ : 중성대로 부터의 높이(m)
$T_o$ : 외부공기의 절대온도(K)
$T_i$ : 내부공기의 절대온도(K)

② 영향요소

ㄱ 건물 높이

ㄴ 외벽의 기밀성

ㄷ 건물 내 · 외부 온도차의 함수(T)

ㄹ 건물의 층간 공기누설 등

## 3. 연돌효과의 문제점

① 화재시 연기의 수직 이동

② 코어, 엘리베이터통로, 샤프트 등 수직으로 기류가 이동하는 장소에서의 에너지 손실 발생

* 코어 : 사무소 건물 등에서 평면, 구조, 설비의 관점에서 건물 일부분에 어떤 집약된 형태로 존재하는 것(계단실, 엘리베이터, 화장실 등)
* 샤프트 : 건축설비(배관 등)를 설치할 수 있도록 건축물 상하층을 통하게 뚫어 놓은 공간

③ 엘리베이터 문의 오동작, 침기 · 누기에 따른 소음 발생 등

## [ KEYWORD 171 ] 연료전지

## 1. 개요

① 연료전지(Fuel Cell)란 연료(수소)와 산화제(산소)를 전기화학적으로 반응시켜 직접 전기에너지를 발생 시키는 장치를 말한다.

② 물에 전기에너지를 공급하여 전기분해하면 수소와 산소로 나누어진다. 그 반대 과정으로 수소와 산소를 만나게 하여 전기에너지를 발생시키는 장치가 연료전지이다.

## 2. 구조와 원리

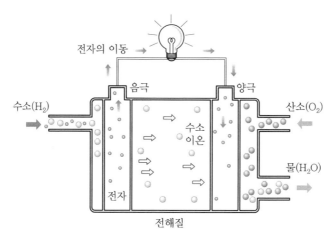

[그림 132] 연료전지 구조와 원리

① 음극에서는 수소가 이온화되며 전자를 내 놓는다. 수소 이온은 중간의 전해질을 통해 양극으로 이동하고 그곳에서 산소와 반응해 물을 만든다. 또 수소가 내놓은 전자가 회로를 따라 음극에서 양극으로 이동하며 전류를 흐르게 한다.

② 수소와 산소가 반응해 물이 생성되는 과정에서 열도 발생하기 때문에, 우주선에서는 수소연료전지를 이용해 전기 에너지 뿐만 아니라 식수와 온수를 얻기도 한다.

## 3. 연료전지의 종류

▼ [표 60] 연료전지의 종류

| 종류 | 작동온도 | 연료 | 특징 |
|---|---|---|---|
| 용융탄산염 연료전지<br>(Molten Carbonate Fuel Cell, MCFC) | 650℃ | 석탄가스, 천연가스, 메탄올, 바이오매스 등 | 열효율, 환경친화성이 높다.<br>설치공간이 작다. |
| 고분자전해질 연료전지<br>(Polymer Electrolyte Membrane Fuel Cell, PEMFC) | 100℃ 미만 | 수소, 메탄올, 천연가스 | 전류밀도가 크고 구조가 간단하다.<br>빠른 시동과 응답특성, 내구성이 우수하다. |
| 고체산화물 연료전지<br>(Solid Oxide Fuel Cell, SOFC) | 700~<br>1,000℃ | 고체산화물 | 구조가 간단하고 귀금속 촉매가 필요하지 않다.<br>전해질의 손실 및 보충과 부식의 문제가 없다. |
| 직접메탄올 연료전지<br>(Direct Methanol Fuel Cell, DMFC) | 150℃ | 메탄올 | 메탄올을 직접 연료로 사용하므로 소형화가 가능하다. |
| 인산형 연료전지<br>(Phosphoric Acid Fuel Cell, PAFC) | 150~<br>200℃ | 액체 인산 | 시동이 어렵다.<br>백금 촉매를 이용하므로 제작 단가가 비싸다. |

## 4. 배터리(2차전지)와의 차이

① 배터리가 전기를 저장하는 장치라면 연료전지는 전기를 만들어 내는 발전기와 같은 장치이다. 따라서 배터리는 그 자체만 가지고 있으면 전력원으로서 사용가능하지만, 연료전지는 수소나 산소 같은 연료를 내부에 넣어 반응시켜야 전력원으로 사용 가능하다.

② 충전시간이 배터리는 꽤 오래 걸리는 반면 연료전지는 열기관과 같이 연료만 채워 넣으면 되므로 충전시간이 비교적 빠르다.

③ 시간경과에 따라 배터리는 자연방전 문제가 있는데 연료전지는 분자크기가 작아 용기표면으로 누출되는 양을 무시할 수 없는 수소를 제외하면 자연방전 문제에서 자유롭다.

[ KEYWORD **172** ] **연소방지설비**

## 1. 개요

① 연소방지설비는 소화활동설비 중 하나로서 지하구에 설치되어 화재 시 연소 확대를 방지하거나 화재를 국한시켜 피해를 최소화하기 위해 설치하는 설비이다.

② 통상 연소방지설비라 하면 일정거리(700m 이내)마다 살수구역(3m 이상)을 정해 방수헤드를 설치하고 옥외에 설치된 송수구를 통해 소방자동차로부터 소화수를 공급하여 방수하는 설비를 말한다.

③ 이외에도 연소방지설비에는 내화구조로 홀로 설 수 있는 구조의 방화벽을 설치하여 연소 확대를 방지하거나 연소방지도료 또는 난연테이프, 통합감시시설 을 사용하여 연소를 방지하는 설비가 있다.

## 2. 적용대상

① 연소방지설비는 지하구(전력 또는 통신사업용인 것만 해당)에 설치해야 한다. 【소방시설법시행령 별표 4 제5호 바목】

② 지하구란 전력·통신용의 전선이나 가스·냉난방용의 배관 또는 이와 비슷한 것을 집합 수용하기 위하여 설치한 지하 인공구조물로서 사람이 점검 또는 보수를 하기 위하여 출입이 가능한 것 중 다음의 어느 하나에 해당하는 것 【소방시설법 시행령 별표 2 제28호】

ㄱ 전력 또는 통신사업용 지하 인공구조물로서 전력구(케이블 접속부가 없는 경우는 제외) 또는 통신구 방식으로 설치된 것

ㄴ ㄱ외의 지하 인공구조물로서 폭이 1.8m 이상이고 높이가 2m 이상이며 길이가 50m 이상인 것

③ 「국토의 계획 및 이용에 관한 법률」에 따른 공동구

* 공동구란 전기·가스·수도 등의 공급설비, 통신시설, 하수도시설 등 지하매설물을 공동 수용함으로써 미관의 개선, 도로구조의 보전 및 교통의 원활한 소통을 위하여 지하에 설치하는 시설물을 말한다. 【국토의 계획 및 이용에 관한 법률 제2조 제9호】
* 공동구는 다음 각 호에 해당하는 지역 등이 200만m² 를 초과하는 경우 개발사업시행자가 설치한다. 【국토의 계획 및 이용에 관한 법률 제44조 제1항】
  ㄱ 도시개발구역 ㄴ 택지개발지구 ㄷ 경제자유구역 ㄹ 정비구역 ㅁ 공공주택지구 ㅂ 도청이전신도시

## 3. 연소방지설비 구성

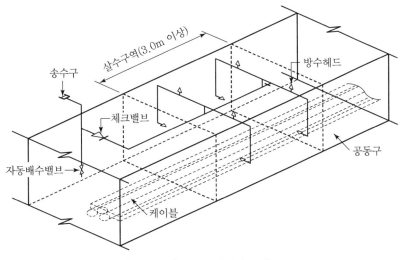

[그림 133] 연소방지설비 구성도

## 4. 연소방지설비 방수헤드 설치기준 【NFTC 605 2.4.2】

① 천장 또는 벽면에 설치할 것
② 헤드 간의 수평거리는 연소방지설비 전용헤드의 경우에는 2m 이하, 개방형 스프링클러헤드의 경우에는 1.5m 이하로 할 것
③ 소방대원의 출입이 가능한 환기구, 작업구마다 지하구의 양쪽 방향으로 살수헤드를 설치하되 한쪽 방향의 살수구역의 길이는 3m 이상으로 할 것. 다만, 환기구 사이의 간격이 700m를 초과하는 경우에는 700m 이내마다 살수구역을 설정하되, 지하구의 구조를 고려하여 방화벽을 설치한 경우에는 그렇지 않다.
④ 연소방지설비 전용헤드를 설치할 경우에는 「소화설비용헤드의 성능인증 및 제품검사 기술기준」에 적합한 살수헤드를 설치할 것

# [ KEYWORD 173 ] 연소범위

## 1. 개요

① 가연성 가스가 공기 중의 산소와 혼합하여 화염이 지속적으로 전파될 수 있는 일정한 농도의 범위를 연소범위 또는 폭발범위, 가연범위라고 한다.

② 연소범위는 연소하한계와 연소상한계 사이의 가연성 가스 또는 증기의 농도로서 화염이 전파되는 불꽃연소 영역이다.

## 2. 연소하한계(LFL : Lower Flammability Limit)

① 연소범위 이하에서 점화원의 접촉에 의해 불꽃연소가 일어나지 않는 공기 중의 가연성 가스 또는 증기의 농도를 연소하한계라고 한다.

② 연소하한계 이하에서는 불꽃이 없는 연소형태의 훈소영역이 된다.

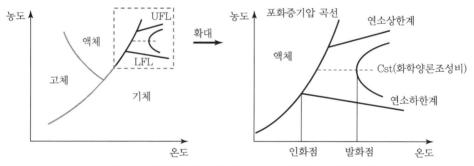

[그림 134] 물적조건(농도, 압력)과 에너지조건(온도, 점화원) 관계

## 3. 연소상한계(UFL : Upper Flammability Limit)

① 연소범위 이상에서 점화원의 접촉에 의해 불꽃연소가 일어나지 않는 공기 중의 가연성 가스 또는 증기의 농도를 연소상한계라고 한다.

② 연소상한계 이상에서는 불꽃이 없는 연소형태의 훈소영역이 된다.

## 4. 주요 가연성가스의 공기 중 폭발범위

▼ [표 61] 가연성가스의 폭발범위

| 가스명 | 폭발범위(V%) | | 가스명 | 폭발범위(V%) | |
|---|---|---|---|---|---|
| | 하한값 | 상한값 | | 하한값 | 상한값 |
| 아세틸렌 | 2.5 | 81 | 메탄 | 5 | 15 |
| 수소 | 4 | 75 | 에탄 | 3 | 12.4 |
| 일산화탄소 | 12.5 | 74 | 프로판 | 2.1 | 9.5 |
| 황화수소 | 4 | 44 | 부탄 | 1.8 | 8.4 |
| 에틸렌 | 2.7 | 36 | 에테르 | 1.9 | 48 |
| 암모니아 | 15 | 28 | 이황화탄소 | 1.2 | 44 |

## 5. 연소범위와 위험도

$$H(위험도) = (UFL - LFL)/LFL$$

① 물질의 위험도는 연소상한값이 클수록 위험하며 연소범위가 넓을수록 연소하한값이 낮을수록 위험하다.
② 인화점이 낮은 물질은 LFL이 낮고 위험하다.

## 6. 연소범위 영향요소

① 산소농도가 클수록 연소범위 증가
② 압력이 증가할수록 연소범위 증가. 다만, 일산화탄소는 압력상승 시 감소
③ 온도가 100℃ 증가 시 LFL은 8% 감소, UFL은 8% 증가
④ 불활성가스의 양이 증가 시 연소범위는 감소

[ **KEYWORD** **174** ] 연소우려가 있는 구조

## 1. 정의

① 연소(延燒)우려가 있는 구조란 다음 각호의 기준에 모두 해당하는 구조를 말한다. 【소방시설법 시행규칙 제17조】

ㄱ 건축물대장의 건축물 현황도에 표시된 대지경계선 안에 둘 이상의 건축물이 있는 경우

ㄴ 각각의 건축물이 다른 건축물의 외벽으로부터 수평거리가 1층의 경우에는 6미터 이하, 2층 이상의 경우에는 10미터 이하인 경우

ㄷ 개구부(영 제2조제1호의 각 목 외의 부분에 따른 개구부를 말한다)가 다른 건축물을 향하여 설치되어 있는 경우

* (영 제2조제1호의 각 목 외의 부분에 따른 개구부를 말한다)는 무창층이 아닌 유창층에 따른 개구부을 의미한다.

## 2. 연소우려가 있는 구조의 적용 【소방시설법 시행령 별표 4 제1호 사목 1) 후단】

① 특정소방대상물(아파트등, 가스시설, 지하구, 터널 제외)의 지상 1층 및 2층 바닥면적의 합계가 9천m² 이상이면 옥외소화전설비를 설치해야 하는데 이 경우 둘 이상의 특정소방 대상물이 행정안전부령으로 정하는 연소우려가 있는 구조인 경우에는 이를 하나의 특정소방대상물로 본다.

* 옥외소화전 설비 설치대상 지상 1, 2층 바닥면적 산정 시에만 해당됨

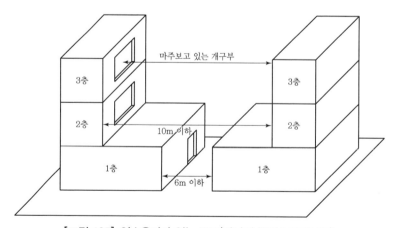

[그림 135] 연소우려가 있는 구조(하나의 특정소방대상물)

## 연소할 우려가 있는 개구부

### 1. 정의 【스프링클러설비의 화재안전기술기준(NFTC 103) 1.7.1.30】

연소(延燒)할 우려가 있는 개구부란 각 방화구획을 관통하는 컨베이어·에스컬레이터 또는 이와 유사한 시설의 주위로서 방화구획를 할 수 없는 부분을 말한다.

### 2. 연소할 우려가 있는 개구부에 있어서는 개방형스프링클러헤드를 설치해야 한다. 【스프링클러설비의 화재안전기술기준(NFTC 103) 2.7.4】

### 3. 연소할 우려가 있는 개구부에는 그 상하좌우에 2.5m 간격으로(개구부의 폭이 2.5m 이하인 경우에는 그 중앙에) 스프링클러헤드를 설치하되, 스프링클러헤드와 개구부의 내측 면으로부터 직선거리는 15cm 이하가 되도록 할 것. 이 경우 사람이 상시 출입하는 개구부로서 통행에 지장이 있는 때에는 개구부의 상부 또는 측면(개구부의 폭이 9m 이하인 경우에 한한다)에 설치하되, 헤드상호 간의 간격은 1.2m 이하로 하여야 한다. 【스프링클러설비의 화재안전기술기준(NFTC 103) 2.7.7.6】

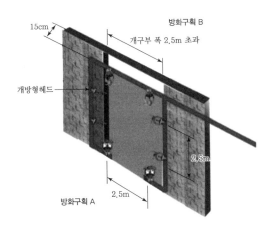

[그림 136] 개구부 폭이 2.5m 초과하는 경우

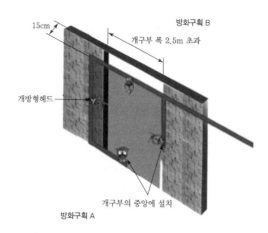

[그림 137] 개구부 폭이 2.5m 이하인 경우

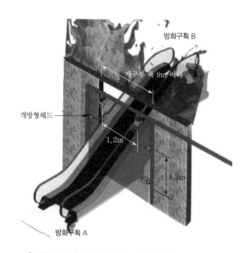

[그림 138] 사람이 상시 출입하는 개구부

**4.** 연소할 우려가 있는 개구부에 다음의 기준에 따른 드렌처설비를 설치하는 경우에는 해당 개구부에 한하여 스프링클러설비를 설치하지 않을 수 있다. 【스프링클러설비의 화재안전기술기준(NFTC 103) 2.12.2】

① 드렌처설비는 개구부 위 측에 2.5m 이내마다 설치할 것

② 제어밸브(일제개방밸브・개폐표시형밸브 및 수동조작부를 합한 것을 말한다. 이하 같다)는 특정 소방대상물 층마다에 바닥 면으로부터 0.8m 이상 1.5m 이하의 위치에 설치할 것

③ 수원의 수량은 드렌처헤드가 가장 많이 설치된 제어밸브에 설치된 드렌처헤드의 설치개수에 1.6m³를 곱하여 얻은 수치 이상이 되도록 할 것

④ 드렌처설비는 드렌처헤드가 가장 많이 설치된 제어밸브에 설치된 드렌처헤드를 동시에 개방할 사용하는 경우에 각각의 헤드선단에 방수압력이 0.1MPa 이상, 방수량이 80L/min 이상이 되도록 할 것

⑤ 수원에 연결하는 가압송수장치는 점검이 쉽고 화재 등의 재해로 인한 피해우려가 없는 장소에 설치할 것

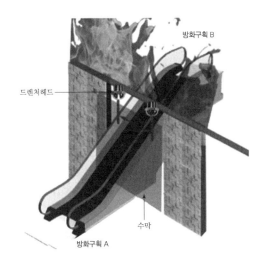

[그림 139] 개구부 설치 트렌처설비

\* 드렌처설비란 일종의 수막설비로서 소화목적보다는 개구부 등에 설치하여 연소 확산을 차단하는 역할을 하는 설비로서 개방형헤드로 구성된 일제살수식 설비이다.

# [ KEYWORD 176 ] 연소할 우려가 있는 부분

## 1. 정의 【건축물방화구조규칙 제22조】

① 연소(延燒)우려가 있는 부분이란 입접대지경계선·도로중심선 또는 동일한 대지 안에 있는 2동 이상의 건축물(연면적의 합계가 500제곱미터 이하의 건축물은 이를 하나의 건축물로 본다) 상호 외벽 간의 중심선으로부터 1층에 있어서는 3미터 이내, 2층에 있어서는 5미터 이내의 거리에 있는 건축물의 각 부분을 말한다. 다만, 공원·광장·하천의 공지나 수면 또는 내화구조의 벽 기타 이와 유사한 것에 접하는 부분은 제외한다.

## 2. 연소할 우려가 있는 부분의 적용 【건축물방화구조규칙 제22조】

① 연면적이 1천제곱미터 이상인 목조건축물은 그 외벽 및 처마 밑의 연소할 우려가 있는 부분을 방화구조로 하되 그 지붕은 불연재료로 하여야 한다.

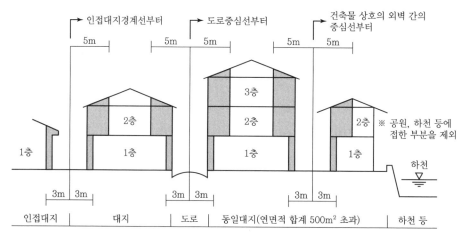

[그림 140] 연소할 우려가 있는 부분(색깔 부분)

## [ KEYWORD 177 ] 연쇄반응

## 1. 개요

① 연쇄반응이란 수소, 산소로부터 활성화된 수소기, 수산기가 활성화상태로 존재하고 활성화된 수소기($H^*$), 수산기($OH^*$)가 이웃하고 있는 가연물에 화염을 전파하여 연소상태를 유지시키는 것을 말한다.

② 활성화된 라디컬의 전파, 분기반응에 의하여 연소가 지속되는 현상이다.

> \* 라디컬 : 최외각 전자가 안정적인 전자쌍을 만족시키지 못하는 원자, 분자, 이온 등을 말한다. 따라서 매우 불안정하고 반응성이 매우 크다. 다시 말하면 공유결합하고 있는 원자 하나가 떨어져 나가고 남은 원자를 말한다.
> 예 $H_2O$에서 OH, $O_2$에서 O, $H_2$에서 H

## 2. 연쇄반응

① **개시단계** : 보통 빛·열·촉매의 작용을 통해 원자·이온·중성분자 토막이 반응중간물질로 형성된다.

② **전파단계** : 중간물질이 원래의 반응물과 반응하여 안정한 생성물과 동일하거나 다른 종류의 중간물질을 형성하고 이 새로운 중간물질은 위에서 설명한 것과 같이 반응하여 반복 순환과정을 시작한다.

③ **종결단계** : 모든 반응물이 소비되거나 연쇄운반체가 그들이 생성된 만큼 빠르게 재결합할 때 자연적으로 일어나지만, 억제제나 항산화제와 같은 물질을 사용해 인위적으로 종결시키는 경우도 있다.

 ㉠ 개시반응 : $H_2 + e \rightarrow 2H^*$

 $H^* + O_2 \rightarrow OH^* + O^*$

 ㉡ 전파반응 : $OH^* + H_2 \rightarrow H_2O \rightarrow H^*$

 $O^* + H_2 \rightarrow OH^* + H^*$

 ㉢ 연쇄반응 : $H^* + O_2 \rightarrow OH^* + O^*$

 여기서, $e$ : 활성화에너지 즉, 점화에너지

## 3. 연쇄반응과 활성화에너지

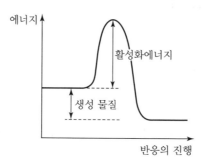

[그림 141] 연쇄반응과 활성화에너지 관계

## 4. 연소반응억제(부촉매 효과)를 이용한 소화약제

① 할론소화약제(할론1211, 할론1301, 할론2402)
② 할로겐화합물소화약제(FC-3-1-10, HFC-23, HFC-236fa, HFC-125, HFC-227ea, FK-5-1-12, HCFC BLEND A, HCFC-124, FIC-13I1)
③ 분말소화약제

## [ KEYWORD **178** ] 영상변류기(Zero – phase Current Transformer)

### 1. 개요

① 영상변류기는 누전경보기, 누전차단기 등에서 지락(누전)전류를 감지하기 위해 설치하는 기기를 말한다.

② 아래 그림과 같이 권선으로 3상회로의 3개의 전선을 통과시키고, 2차권선은 철심의 둘레에 균일하게 분포시켜 감은 것으로서, 3상전류의 Vector 합, 즉 3배의 영상전류에 대응하는 2차 전류를 출력으로 얻도록 된 CT를 영상변류기라 한다.

\* CT(Current Transformer, 계기용 변성기) : 주로 계측을 하기 위하여 사용하는 기기로서 보통 대전류를 소전류로 변성하는 것으로 변류기 또는 CT라고 부른다.

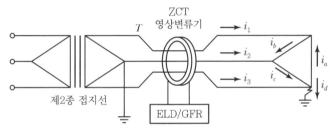

[그림 142] 영상변류기 설치 회로      [사진 136] 영상변류기 설치 모습

### 2. 동작원리

① 정상상태(Normal Condition)

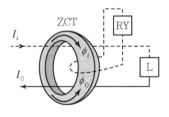

[그림 143] 정상상태

$I_i$ = ZCT에 들어가는 전류

$I_o$ = ZCT에서 나가는 전류

$\phi_i(\text{out}) = I_i$에 의한 자속

$\phi_o = I_o$에 의한 자속

평상시에는 $I_i = I_o$가 되어 ZCT 2차측에 출력이 발생되지 않아 정상사용이 가능하다.

② 지락누전상태(Ground Fault Condition)

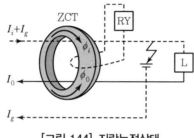

[그림 144] 지락누전상태

$I_g = $ 지락전류(누전전류)

$I_i + I_g = $ ZCT에 들어가는 전류

$I_o = $ ZCT에서 나가는 전류

지락(누전)발생 시에는 $I_i + I_g > I_o$

즉, $\phi_i > \phi_o$가 되어 ZCT 2차 측에 출력이 발생되며 이 출력이 누전차단기 및 누전경보기를 동작시킨다.

# 3. 외관과 접속

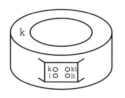

[그림 145] 영상변류기 외관

① 영상변류기 전선 관통부의 표면과 뒷면에는 "K"와 "L"이 표시되어 있고 이것이 전류가 흐르는 방향을 나타낸다.
② 일반적으로 전선의 전원측에 "K"를 부하측에 "L"이 나오도록 설치하며 측면에 있는 단자 "K"와 "L"에서 2차측 출력이 되고 이곳을 릴레이 등에 연결한다.
③ 측면에 있는 또 다른 한쌍의 단자 "kt"와 "lt"는 계전기의 동작확인이나 시험 등을 하기 위한 단자이다.

## 4. 화재안전기준 관련사항 【NFTC 205】

① **변류기**란 경계전로의 누설전류를 자동적으로 검출하여 이를 누전경보기의 수신부에 송신하는 것을 말한다.

② 변류기는 특정소방대상물의 형태, 인입선의 시설방법 등에 따라 옥외인입선의 제1지점의 부하 측 또는 제2종 접지선 측의 점검이 쉬운 위치에 설치할 것. 다만 인입선의 형태 또는 특정소방대상물의 구조상 부득이한 경우에 있어서는 인입구에 근접한 옥내에 설치할 수 있다.

③ 변류기를 옥외의 전로에 설치하는 경우 옥외형으로 설치할 것

[ KEYWORD 179 ] 예혼합연소

## 1. 개요

① 가연성 가스와 산소가 미리 혼합된 상태에서의 연소로써 화염대는 예열대와 반응대로 구성되며, 반응대에서 예열대로 자력으로 화염이 전파되는 영역이다.

② 밀폐된 배관에서 예혼합연소 발생 시 폭연, 폭굉으로 전이되어 충격파가 형성된다.

  * 폭연, 폭굉 : 보통 음속(340m/s) 이하가 폭연이라 하고 그 이상을 폭굉이라 한다.
  * DDT(Deflagration-Detonation-Transition) 전이 : 폭연에서 폭굉의 전이

## 2. 예혼합연소의 구조

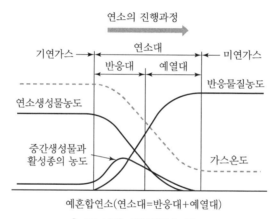

[그림 146] 예혼합연소 구조

① 화염대는 온도곡선 변곡점을 경계로 예열대와 반응대로 구성되며, 예열대는 반응하지 않고 온도만 상승하며 반응대에서 연소하여 발열한다.

② 화염대 두께가 증가하면 화염전파속도가 상승한다.

## 3. 예혼합연소 사례

① 산소와 아세틸렌 가스 용접기 불꽃

② 가연성가스의 누설에 의한 폭발(UVCE, BLEVE 등)

[ **KEYWORD** **180** ]  오피스텔

## 1. 개요

① 건축법에서 오피스텔(Officetel)이란 업무를 주로하며, 분양하거나 임대하는 구획 중 일부구획에서 숙식을 할 수 있도록 한 건축물로서 국토부장관이 고시하는 기준(오피스텔 건축기준)에 적합한 것을 말한다. 【건축법시행령 별표 1 제14호】

② 소방시설법에서 오피스텔은 특정소방대상물 중 업무시설로 분류하고 있다. 【소방시설법시행령 별표 2】

③ 주택법에서 오피스텔은 준주택으로 분류하고 있다.

　\* 주택법에서 준주택이란 주택외의 건축물과 그 부속토지로서 주거시설로 이용 가능한 시설 등을 말한다. 【주택법 제2조】

## 2. 오피스텔 건축기준 【국토교통부고시 제2021-1227호】

① 각 사무구획별 노대(발코니)를 설치하지 않을 것

② 다른 용도와 복합으로 건축하는 경우(지상층 연면적 3천제곱미터 이하인 경우는 제외)에는 오피스텔 전용출입구를 별도로 설치할 것. 다만, 단독주택 및 공동주택을 복합으로 건축하는 경우에는 건축주가 주거기능 등을 고려하여 전용출입구를 설치하지 아니할 수 있다.

③ 사무구획별 전용면적이 120제곱미터를 초과하는 경우 온돌 · 온수온돌 또는 전열기 등을 사용한 바닥난방을 설치하지 아니할 것

④ 전용면적의 산정방법은 건축물의 외벽의 내부선을 기준으로 산정한 면적으로 하고, 2세대 이상이 공동으로 사용하는 부분으로서 다음 각목의 어느 하나에 해당하는 공용면적을 제외하며, 바닥면적에서 전용면적을 제외하고 남는 외벽면적은 공용면적에 가산한다.

　㉠ 복도 · 계단 · 현관 등 오피스텔의 지상층에 있는 공용면적

　㉡ ㉠의 공용면적을 제외한 지하층 · 관리사무소 등 그 밖의 공용면적

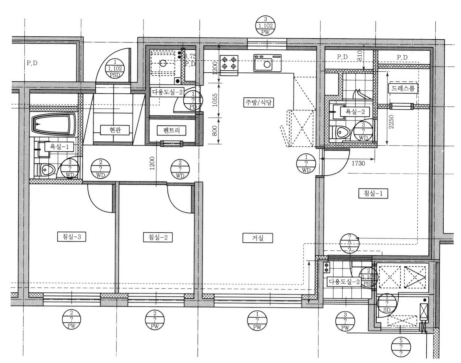

[그림 147] 오피스텔 84m² 단위세대 평면도 예

옥내소화전

## 1. 개요

① 옥내소화전방수구란 건물 내부에 설치되어 있는 소화전을 말하며 나사식과 차입식으로 구분한다.

**【소화전 형식승인 및 제품검사의 기술기준 제2조 제1호】**

② 옥내소화전은 건물내부에 설치되어 화재 발생 시 당해 소방대상물의 관계인 또는 자체소방대 등이 이를 사용하여 화재초기에 신속하게 진화할 수 있도록 설치하는 수동식 소화설비이다.

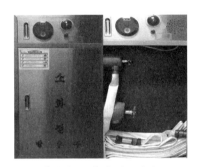

[사진 137] 옥내소화전

## 2. 옥내소화전 구성

① **소화전함** : 통상 발신기세트(발신기, 지구경종, 위치표시등)와 일체형으로 구성

② **방수구**(앵글밸브 : 구경 40mm를 말함) : 함 내부 상부에 호스와 연결됨

　* 연결송수관설비 대상인 경우 통상 연결송수관용 방수구(앵글밸브 구경 65mm를 말함)를 하부에 병행 설치함

③ **소방호스 및 관창**(노즐이라 함)

④ **위치표시등(적색등) 및 기동표시등**(적색등 : 가압송수장치 기동 시 켜짐)

⑤ **(가압송수장치)기동스위치** : NFTC 102 2.2.1.9 단서의 경우에만 해당

⑥ **감압장치** : 노즐선단 방수압력이 0.7MPa 초과 시 호스접결구의 인입 측에 설치

　* 방수압력 0.7MPa(7kg/cm²) 제한이유

$$R(\text{반동력} = \text{운동량}) = M \cdot V [M : \text{질량유량(kg/s)}, V : \text{유속(m/s)}]$$
$$= \sigma A V \cdot V (\because M = \sigma A V)$$
$$= \sigma A 2gh (\because h = V^2/2g)$$
$$= \gamma h A 2 (\because \gamma = \sigma g)$$
$$= \gamma h \pi/2 D^2 (\because A = \pi D^2/4)$$
$$= 0.0157 P D^2 (\because h = P/\gamma)$$

$D$(방사노즐경) : 13mm, $R$(사람이 버틸 수 있는 반동력) : 20kgf

$P = R/(0.0157 \times D^2) = 20/(0.0157 \times 13^2) = 7.89 \fallingdotseq 7\text{kg/cm}^2$

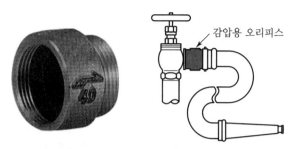

감압용 오리피스

[사진 138] 옥내소화전 감압장치

⑦ "소화전" 표시와 사용요령 표지판 등

## 3. 옥내소화전함(소화전함 공통) 구조 【소화전함 성능인증 및 제품검사기준 제3조 제1항】

① 견고하여야 하며 쉽게 변형되지 않는 구조이어야 한다.

② 보수 및 점검이 쉬워야 한다.

③ 소화전함의 내부폭은 180mm 이상이어야 한다. 다만, 소화전함이 원통형인 경우 단면 원은 가로 500mm, 세로 180mm의 직사각형을 포함할 수 있는 크기여야 한다.

④ 문은 120° 이상 열리는 구조이어야 한다. 다만, 지하소화장치함의 문은 80° 이상 개방되고 고정할 수 있는 장치가 있어야 한다.

⑤ 문은 두 번 이하의 동작에 의하여 열리는 구조이어야 한다. 다만, 지하소화장치함은 제외한다.

⑥ 문의 잠금장치는 외부 충격에 의하여 쉽게 열리지 않는 구조이어야 한다.

⑦ 문의 면적은 0.5m² 이상이어야 하며, 짧은 변의 길이(미닫이 방식의 경우 최대 개방길이)는 500mm 이상이어야 한다.

⑧ 미닫이 방식의 문을 사용하는 경우, 최대 개방 시 문에 의해 가려지는 내부 공간은 소방용품이 적재될 수 없도록 칸막이 등으로 구획하여야 한다.

⑨ 소화전함의 두께는 1.5mm 이상이어야 한다.

## 4. 옥내소화전 방수구 설치기준 【NFTC 102 2.4.2】

① 특정소방대상물의 층마다 설치하되, 해당 특정소방대상물의 각 부분으로부터 하나의 옥내소화전까지의 수평거리가 25m(호스릴옥내소화전설비를 포함한다) 이하가 되도록 할 것. 다만, 복층형 구조의 공동주택의 경우 세대의 출입구가 설치된 층에만 설치 가능

② 바닥으로부터의 높이가 1.5m 이하가 되도록 설치할 것

③ 호스는 구경 40mm(호스릴옥내소화전설비의 경우에는 25mm) 이상의 것으로서 특정소방대상물의 각 부분에 물이 유효하게 뿌려질 수 있는 길이로 설치할 것

④ 호스릴옥내소화전설비의 경우 그 노즐에는 노즐을 쉽게 개폐할 수 있는 장치를 부착할 것

# 옥외소화전

## 1. 정의

① 옥외소화전이란 건물외부에 설치되어 있는 소화전을 말하며 지상용과 지하용(승하강식을 포함)으로 구분한다. 【소화전 형식승인 및 제품검사의 기술기준 제2조 제2호】

② 옥외소화전은 건물 외부에 설치되어 건축물 화재 시 관계인 또는 자체소방대 등이 건물 1층 및 2층의 초기소화나 인접건축물 연소 확대를 방지하기 위해 설치하는 소화설비(소화전함 설치)를 말한다.

[사진 139] 건축물 외부 설치 옥외소화전

## 2. 옥외소화전 구분 【소화전 형식승인 및 제품검사의 기술기준 제15조 제1항】

▼ [표 62] 옥외소화전 구분

| 종류 | 토출구수 | 호칭 | 구분(설치장소) |
|---|---|---|---|
| A형 | 1 | 80 이상 | 지상용 |
| B형 | 2 | 100 이상 | 지상용 |
| C형 | 3 | 125 이상 | 지상용 |
| D형 | 4 | 150 이상 | 지상용 |
| E형 | 1 | 80 이상 | 지하용 |
| F형 | 1 | 100 이상 | 지하용 |
| G형 | 2 | 100 이상 | 지하용 |

## 3. 옥외소화전 설치대상 【소방시설법시행령 별표 4 제1호 사목】

① 지상1층 및 2층의 바닥면적 합계가 9,000m² 이상인 것. 이 경우 같은 구내에 둘 이상의 특정소방
대상물이 연소우려가 있는 구조인 경우에는 이를 하나의 특정소방대상물로 본다.

② 「문화재보호법」에 따른 보물 또는 국보로 지정된 목조건축물

③ ①에 해당하지 않는 공장 또는 창고로서 지정수량 750배 이상 특수가연물 저장·취급하는 것

## 4. 옥외소화전함 설치기준 【NFTC 109 2.4.1】

옥외소화전마다 그로부터 5m 이내의 장소에 소화전함을 다음의 기준에 따라 설치해야 한다.

① 옥외소화전이 10개 이하 설치된 때에는 옥외소화전마다 5m 이내 장소에 1개 이상의 소화전함 설치

② 옥외소화전이 11개 이상 30개 이하 설치된 때에는 11개 이상의 소화전함을 각각 분산 설치하여야
한다.

③ 옥외소화전함이 31개 이상 설치된 때에는 옥외소화전 3개마다 1개 이상의 소화전함을 설치하여야
한다.

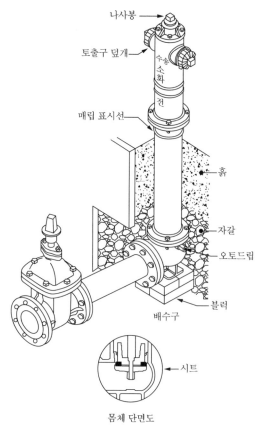

[그림 148] 옥외소화전 설치 방법

[ **KEYWORD**
**183** ]　**완공검사(착공신고대상)**

## 1. 개요【소방시설공사업법 제14조】

① 건축물의 경우 소방시설공사업법 제14조에 따라 착공신고 대상에 해당하는 소방시설의 공사업자가 그 공사를 마친 후에는 관할 소방본부장 또는 소방서장의 완공검사를 받고 소방시설 완공검사 증명서를 발급 받는다. 다만, 공사감리업자가 지정되어 있는 경우에는 공사감리 결과보고서로 갈음하되 대통령령으로 정하는 특정소방대상물의 경우 소방본부장 또는 소방서장이 공사감리결과보고서대로 완공되었는지를 현장에서 확인할 수 있다.

② 일반적으로 건축물 준공검사(사용승인) 신청 2주일 전후 소방시설완공검사증명서를 발급받는다.

③ 위험물의 경우 위험물안전관리법에 따라 위험물 제조소 등의 설치허가를 받은 자가 그 공사를 마친 후 관할 소방서에서 위험물제조소 등 완공검사필증을 발급받는다.

## 2. 건축물 착공신고 대상【소방시설공사업법 시행령 제4조】

① 특정소방대상물에 다음의 어느 하나에 해당하는 설비를 신설하는 공사

ㄱ) 옥내소화전설비, 옥외소화전설비, 스프링클러설비·간이스프링클러설비 및 화재조기진압용 스프링클러설비, 물분무소화설비·포소화설비·이산화탄소소화설비·할론소화설비·할로겐화합물 및 불활성기체 소화설비·미분무소화설비·강화액소화설비 및 분말소화설비, 연결송수관설비, 연결살수설비, 제연설비, 소화용수설비 또는 연소방지설비

ㄴ) 자동화재탐지설비, 비상경보설비, 비상방송설비, 비상콘센트설비, 무선통신보조설비

　＊ 소화기구, 피난구조설비, 소화용수설비, 경보설비 중 자동화재속보설비, 누전경보기, 가스누설경보기 등은 착공신고대상에서 제외하고 있다.

② 특정소방대상물에 다음의 어느 하나에 해당하는 설비 또는 구역 등을 증설하는 공사

ㄱ) 옥내·옥외소화전설비

ㄴ) 스프링클러설비·간이스프링클러설비 또는 물분무등소화설비의 방호구역, 자동화재탐지설비의 경계구역, 제연설비의 제연구역, 연결살수설비의 살수구역, 연결송수관설비의 송수구역, 비상콘센트설비의 전용회로, 연소방지설비의 살수구역

③ 특정소방대상물에 설치된 소방시설등을 구성하는 다음 각 목의 어느 하나에 해당하는 것의 전부 또는 일부를 개설(改設), 이전(移轉) 또는 정비(整備)하는 공사

ㄱ) 수신반(受信盤)

ㄴ) 소화펌프

ㄷ) 동력(감시)제어반

## 3. 건축물 완공검사 신청 시 제출서류 【소방시설공사업법 시행규칙 제13조, 제19조】

① 소방시설공사 완공검사 신청서[별지 제17호 또는 제18호 서식]
② 소방공사감리 결과(통보) 보고서[별지 제29호 서식]
 ㉠ 소방시설 성능시험조사표[소방시설 자체점검사항 등에 관한 고시 별지 5]
 ㉡ 착공신고 후 변경된 소방시설 설계도면
 ㉢ 소방공사 감리일지[별지 제29호 서식]
 ㉣ 특정소방대상물의 사용승인 신청서 등 사용승인을 증빙할 수 있는 서류

## 4. 위험물 설치허가 대상 【위험물안전관리법 제9조 · 시행령 별표 2, 별표 3】

① 위험물 제조소등의 설치허가 대상은 제조소, 저장소, 취급소를 설치하는 경우로서 제조소는 위험물을 제조할 목적으로 지정수량 이상의 위험물을 취급하기 위한 장소, 저장소는 지정수량 이상의 위험물을 저장하기 위한 장소, 취급소는 위험물을 제조 외의 목적으로 취급하기 위한 장소를 말한다.
② 저장소는 옥내저장소, 옥외탱크저장소, 옥내탱크저장소, 지하탱크저장소, 간이탱크저장소, 이동탱크저장소, 옥외저장소, 암반탱크저장소로 구분한다.
③ 취급소는 주유취급소, 판매취급소, 이송취급소, 일반취급소로 구분한다.

■ 소방시설공사업법 시행규칙 [별지 제19호서식] 〈개정 2013.11.22〉

| 제 호 | **소방시설 완공검사증명서(일반용, 사용승인 동의용)** | | | | | |
|---|---|---|---|---|---|---|

| 완공검사 대상 특정 소방대상물 | 상호(명칭) | | | 주 요 용 도 | | |
|---|---|---|---|---|---|---|
| | 소 재 지 | | (전화번호: ) | | | |
| | 구 조 | 지하 층, 지상 층, 연면적 m², 바닥면적 m², 개동 | | | | |
| | 대 지 면 적 | | 연 면 적 | | 건 축 면 적 | |

| 소유자 | 성명(기관 또는 법인명) | | 생년월일 (외국인등록번호) | |
|---|---|---|---|---|
| | 주 소 | | (전화번호: ) | |

| 소방시설 설계업자 또는 설계기관 | 상호(명칭) | | 등록번호 | 제 호 | 대 표 자 | |
|---|---|---|---|---|---|---|
| | 소 재 지 | | (전화번호: ) | | | |

| 소방공사 감리업자 또는 감리기관 | 상호(명칭) | | 등록번호 | 제 호 | 대 표 자 | |
|---|---|---|---|---|---|---|
| | 소 재 지 | | (전화번호: ) | | | |

| 소방시설 공사업자 | 상호(명칭) | | 등록번호 | 제 호 | 대 표 자 | |
|---|---|---|---|---|---|---|
| | 소 재 지 | | (전화번호: ) | | | |

| 소방시설 등의 설치내용 | 시 설 | 해당 세부설비명 | 신고설비 | 완 공 여 부 |
|---|---|---|---|---|
| | 소 화 설 비 | | | |
| | 경 보 설 비 | | | |
| | 피 난 설 비 | | | |
| | 소 화 용 수 설 비 | | | |
| | 소 화 활 동 상 설 비 | | | |
| | 방 염 물 품 | | | |
| | 실 내 장 식 물 불 연 화 | | | |

「소방시설공사업법」 제14조제3항 및 같은 법 시행규칙 제13조제2항에 따라 소방시설의 완공검사증명서를 발급합니다.

년 월 일

○○ 소 방 서 장 　[직인]

※ 이 소방시설 완공검사증명서는 「소방시설공사업법」 제16조제1항에 따라 소방공사감리업자가 수행한 업무에 대한 확인사항입니다.

210mm×297mm[백상지80g/m²]

KEYWORD
[ **KEYWORD**
**184** ] 외기취입구

## 1. 개요

① 제연구역내로 옥외 공기를 공급하기 위하여 <mark>급기용 송풍기의 흡입풍도에 접속되는 외부에 설치된</mark> <mark>취입구</mark>를 말한다.

② 급기가압방식의 제연시스템은 연기로부터 피난공간의 안전을 확보하는 것이므로 반드시 건물 외부의 신선한 공기를 제연구역으로 공급해야 하며 화재 시 옥외로 흘러나가는 연기가 외기취입구 쪽으로 혼입되어서는 아니 된다. 따라서 외기 취입구의 설치지점 선정이 매우 중요하다.

[사진 140] 송풍기 외기 취입구

## 2. 설치기준 【NFTC 501A 2.17.1】

① 외기를 옥외로부터 취입하는 경우 취입구는 연기 또는 공해물질 등으로 오염된 공기를 취입하지 아니하는 위치에 설치하여야 하며, 배기구 등(유입공기, 주방의 조리대의 배출공기 또는 화장실의 배출공기 등을 배출하는 배기구를 말한다)으로부터 수평거리 5m 이상, 수직거리 1m 이상 낮은 위치에 설치할 것

② 취입구를 옥상에 설치하는 경우에는 옥상의 외곽 면으로부터 수평거리 5m 이상, 외곽면의 상단으로부터 하부로 수직거리 1m 이하의 위치에 설치할 것

③ 취입구는 빗물과 이물질이 유입하지 아니하는 구조로 할 것

④ 취입구는 취입공기가 옥외의 바람의 속도와 방향에 따라 영향을 받지 아니하는 구조로 할 것

## [ KEYWORD 185 ] 위험과 운전성 분석법

## 1. 개요

① HAZOP(위험과 운전성 분석법, Hazard & Operability Study)은 화재폭발의 위험성이 존재하는 잠재적인 위험성 및 운전상의 문제점을 찾아내고 그 위험요소를 제거하여 안전사고를 예방하고, 사고 발생 시 피해를 최소화하기 위한 조치계획을 수립하여 수행하는 평가 기법이다.

② HAZOP은 비현실적인 원인이나 사소한 원인이라도 이로 인해 초래될 가능성이 있는 결과를 체계적으로 누락 없이 검토하고자 공정변수(Process parameter)와 가이드워드를 조합하여 설계 의도에서 벗어나는 공정상의 이탈(Deviation)을 구성한 후 여러 분야의 경험을 가진 구성원들이 난상토론(Brainstorming)을 수행하며, 효율적 검토를 위한 구간 분할(Study node)하여 설비 오작동이나 운전 중 조작 실수 등의 위험성(Hazard) 및 운전성(Operability)을 평가하는 것이다.

## 2. 수행과정

프로세스의 각 요소를 체계적으로 조사하고 해당요소가 위험을 초래하거나 전체 프로세스에 영향을 줄 수 있는 잠재적인 위험을 찾아내는 과정으로 4가지 기본단계가 완료되면 결과정보가 시스템의 개선으로 이어질 수 있다.

① HAZOP 팀 구성
  ㉠ HAZOP을 수행하기 위해 작업, 유지보수, 엔지니어링, 프로세스 설계 등 다양한 전문지식을 가진 사람들이 팀 구성
  ㉡ 팀원은 시스템에 대한 지식, 경험이 풍부한 사람들로 구성되고 시스템에서 발생할 수 있는 공정의 위험요소와 운전상 문제점 도출

② 시스템 요소 식별
  ㉠ 개별단계나 구성요소를 식별하여 전체 작업 공정에 대한 계획 수립
  ㉡ 배관 및 계기 다이어그램 또는 플랜트 모델을 사용하여 프로세스의 모든 공정 및 프로세스를 검토하는 지침으로 하고 각 요소에 대한 시스템 작동 시 유량, 압력, 온도, 진동 등 각 지점의 매개 변수 식별

③ 작동 매개 변수 변이 효과 고려
  ㉠ 각 매개 변수에 대한 정상과의 편차에 따른 영향 고려
  ㉡ 압력이나 시간 등 각 요소가 다른 요소와의 상호작용에 따른 영향이나 위험성이 발생하는 지에 대한 고려

④ 위험이나 고장 지점 식별
  ㉠ 프로세스의 요소가 변형되어 생산공정에 위험한 잠재적 문제를 발견하면 그 문제를 문서화하고 위험성을 찾고 발생할 가능성 평가
  ㉡ 현실적인 원인을 찾고 기존 안전장치나 보호시스템을 평가한 후 대책 마련

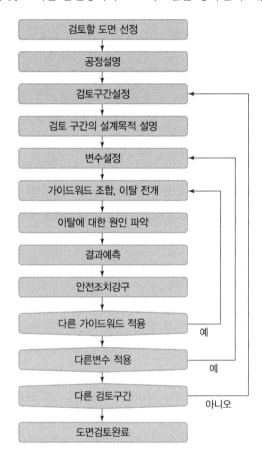

## 3. 위험성 평가 방법

① 정성적 방법
  ㉠ HAZOP Study(위험운전성 분석기법)
  ㉡ 체크리스트법
  ㉢ What－If(질문예상분석기법)
  ㉣ PHR(공정위험성검토기법)

② 정량적 방법
  ㉠ IRMS(K－CARM : 피해예측프로그램)
  ㉡ FTA(빈도(결함수)분석기법)

위험물과 지정수량

## 1. 정의 【위험물안전관리법 제2조】

① 위험물이란 인화성 또는 발화성 등의 성질을 가지는 것으로서 대통령령이 정하는 물품을 말한다.
② 지정수량이란 위험물의 종류별로 위험성을 고려하여 대통령령이 정하는 수량으로서 제조소 등의 설치허가 등에 있어서 최저의 기준이 되는 수량을 말한다. 따라서, 위험물의 지정수량이 작을수록 위험성은 높아진다.

## 2. 위험물의 분류 【위험물안전관리법 시행령 별표 1】

① 국내에서는 위험물의 종류별 공통성질에 따라 제1류에서 제6류까지 분류하고 있으며, 미국에서는 유독성, 가연성, 반응성 3가지로 분류하고 있다.
② 위험물의 종류별 성질은 제1류 산화성고체, 제2류 가연성고체, 제3류 자연발화성물질 및 금수성 물질, 제4류 인화성액체, 제5류 자기반응성물질, 제6류 산화성액체이다.

## 3. 종류별 지정수량 【위험물안전관리법 시행령 별표 1】

▼ [표 63] 위험물 종류와 지정수량

| 유별 | 성질 | 품명 | 지정수량 |
|------|------|------|----------|
| 제1류 | 산화성 고체 | 1. 아염소산염류 | 50kg |
| | | 2. 염소산염류 | 50kg |
| | | 3. 과염소산염류 | 50kg |
| | | 4. 무기과산화물 | 50kg |
| | | 5. 브롬산염류 | 300kg |
| | | 6. 질산염류 | 300kg |
| | | 7. 요오드산염류 | 300kg |
| | | 8. 과망간산염류 | 1,000kg |
| | | 9. 중크롬산염류 | 1,000kg |
| | | 10. 그 밖에 행정안전부령으로 정하는 것<br>11. 제1호 내지 제10호의 1에 해당하는 어느 하나 이상을 함유한 것 | 50kg, 300kg 또는<br>1,000kg |
| 제2류 | 가연성 고체 | 1. 황화린 | 100kg |
| | | 2. 적린 | 100kg |
| | | 3. 유황 | 100kg |
| | | 4. 철분 | 500kg |
| | | 5. 금속분 | 500kg |

| | | | | |
|---|---|---|---|---|
| | | 6. 마그네슘 | | 500kg |
| | | 7. 그 밖에 행정안전부령으로 정하는 것<br>8. 제1호 내지 제7호의 1에 해당하는 어느 하나 이상을 함유한 것 | | 100kg 또는 500kg |
| | | 9. 인화성고체 | | 1,000kg |
| 제3류 | 자연발화성 물질 및 금수성 물질 | 1. 칼륨 | | 10kg |
| | | 2. 나트륨 | | 10kg |
| | | 3. 알킬알루미늄 | | 10kg |
| | | 4. 알킬리튬 | | 10kg |
| | | 5. 황린 | | 20kg |
| | | 6. 알칼리금속(칼륨 및 나트륨을 제외한다) 및 알칼리토금속 | | 50kg |
| | | 7. 유기금속화합물(알킬알루미늄 및 알킬리튬을 제외한다) | | 50kg |
| | | 8. 금속의 수소화물 | | 300kg |
| | | 9. 금속의 인화물 | | 300kg |
| | | 10. 칼슘 또는 알루미늄의 탄화물 | | 300kg |
| | | 11. 그 밖에 행정안전부령으로 정하는 것<br>12. 제1호 내지 제11호의 1에 해당하는 어느 하나 이상을 함유한 것 | | 10kg, 20kg, 50kg<br>또는 300kg |
| 제4류 | 인화성 액체 | 1. 특수인화물 | | 50$l$ |
| | | 2. 제1석유류 | 비수용성액체 | 200$l$ |
| | | | 수용성액체 | 400$l$ |
| | | 3. 알코올류 | | 400$l$ |
| | | 4. 제2석유류 | 비수용성액체 | 1,000$l$ |
| | | | 수용성액체 | 2,000$l$ |
| | | 5. 제3석유류 | 비수용성액체 | 2,000$l$ |
| | | | 수용성액체 | 4,000$l$ |
| | | 6. 제4석유류 | | 6,000$l$ |
| | | 7. 동식물유류 | | 10,000$l$ |
| 제5류 | 자기반응성 물질 | 1. 유기과산화물 | | 10kg |
| | | 2. 질산에스테르류 | | 10kg |
| | | 3. 니트로화합물 | | 200kg |
| | | 4. 니트로소화합물 | | 200kg |
| | | 5. 아조화합물 | | 200kg |
| | | 6. 디아조화합물 | | 200kg |
| | | 7. 히드라진 유도체 | | 200kg |
| | | 8. 히드록실아민 | | 100kg |
| | | 9. 히드록실아민염류 | | 100kg |
| | | 10. 그 밖에 행정안전부령으로 정하는 것<br>11. 제1호 내지 제10호의 1에 해당하는 어느 하나 이상을 함유한 것 | | 10kg, 100kg 또는<br>200kg |
| 제6류 | 산화성 액체 | 1. 과염소산 | | 300kg |
| | | 2. 과산화수소 | | 300kg |
| | | 3. 질산 | | 300kg |
| | | 4. 그 밖에 행정안전부령으로 정하는 것 | | 300kg |
| | | 5. 제1호 내지 제4호의 1에 해당하는 어느 하나 이상을 함유한 것 | | 300kg |

# [ KEYWORD 187 ] 위험물안전관리자

## 1. 개요 【위험물안전관리법 제15조 제1항, 제6항】

① 제조소등의 관계인은 위험물의 안전관리에 관한 직무를 수행하게 하기 위하여 제조소등마다 대통령령이 정하는 위험물의 취급에 관한 자격이 있는 자(이하 "위험물취급자격자")를 위험물 안전관리자(이하 "안전관리자")로 선임하여야 한다.

  * 제조소등 : 제조소, 저장소, 취급소를 말한다.

② 안전관리자는 위험물을 취급하는 작업을 하는 때에는 작업자에게 안전관리에 관한 필요한 지시를 하는 등 행전안전부령이 정하는바에 따라 위험물의 취급에 관한 안전관리와 감독을 하여야 한다.

## 2. 안전관리자의 책무 【위험물안전관리법 시행규칙 제55조】

① 위험물 취급작업에 참여하여 당해 작업이 법 제5조 제3항에 따른 기술기준과 법 제17조에 따른 예방규정에 적합하도록 해당 작업자에 대한 지시 및 감독 업무

② 화재 등의 재난이 발생한 경우 응급조치 및 소방관서등에 관한 연락 업무

③ 위험물시설의 안전을 담당하는 자를 따로 두는 제조소등의 경우는 그담당자에게 다음 각 목의 규정에 의한 업무를 지시하고 그밖의 제조소등의 경우에는 다음 각 목의 규정에 의한 업무

   ㉠ 제조소등의 위치 · 구조 및 설비를 법 제5조 4항의 기술기준에 적합하도록 유지하기 위한 점검과 점검상황의 기록 · 보존

   ㉡ 제조소등의 구조 또는 설비의 이상을 발견한 경우 관계자에게 연락 및 응급조치

   ㉢ 화재가 발생하거나 화재발생의 위험성이 현저한 경우 소방관서등에 연락 및 응급조치

   ㉣ 제조소등의 계측장치 · 제어장치 및 안전장치 등의 적정한 유지 · 관리

   ㉤ 제조소등의 위치 · 구조 및 설비에 관한 설계도서등의 정비 · 보존 및 제조소등의 구조 및 설비의 안전에 관한 사무의 관리

④ 화재 등의 재해의 방지와 응급조치에 관하여 인접하는 제조소등과 그 밖의 관련되는 시설의 관계자와 협조체계의 구축

⑤ 위험물의 취급에 관한 일지의 작성 · 기록

⑥ 그밖에 위험물을 수납한 용기를 차량에 적재하는 작업, 위험물설비를 보수하는 작업 등 위험물의 취급과 관련된 작업의 안전에 관하여 필요한 감독의 수행

## 3. 안전관리자의 자격 【위험물안전관리법 시행령 별표 5, 별표 6】

① 위험물 제조소 · 저장소 · 취급소의 종류별 지정수량 등에 따라 위험물기능장, 위험물산업기사, 위험물기능사, 안전관리자교육이수자 또는 소방공무원경력자 등의 위험물취급자격자를 안전관리자의 자격으로 정하고 있다.

② 위험물취급자격자는 위험물의 취급에 관한 자격이 있는 자로서 취급할 수 있는 위험물의 종류에 따라 구분한다.

## 4. 위험물취급자격자의 구분 【위험물안전관리법 시행령 별표 5】

① **모든 위험물** : 위험물기능장, 위험물산업기사, 위험물기능사

② **제4류 위험물** : 안전관리자교육이수자, 소방공무원 3년 이상 경력자

## [ KEYWORD 188 ] 위험물의 표지

### 1. 개요

① 지정수량 이상의 위험물을 저장 또는 취급하는 장소에는 보기 쉬운 곳에 제조소등의 명칭 표지와 방화에 필요한 사항을 기재한 게시판 등을 설치하여야 한다. 【위험물안전관리법 시행규칙 별표 4~16】

② 근로자의 건강장해를 유발하는 화학물질을 저장 또는 취급하는 작업장에는 대상 화학물질의 유해·위험성에 대하여 경고표시 및 물질안전보건자료를 제공하고 근로자에 대한 교육 등을 실시하여야 한다. 【산업안전보건법 제114~116조】

### 2. 위험물의 표시방법 【위험물안전관리법 시행규칙 별표 4 Ⅲ항】

① 명칭 표지는 한 변의 길이가 0.3m 이상, 다른 한 변의 길이가 0.6m 이상인 직사각형으로 하고 표지의 바탕은 백색, 문자는 흑색으로 한다.

② 방화에 필요한 사항을 기재한 게시판은 한 변의 길이가 0.3m 이상, 다른 한 변의 길이가 0.6m 이상인 직사각형으로 하고 저장 또는 취급하는 위험물의 유별·품명 및 저장최대수량 또는 취급최대수량, 지정수량의 배수 및 안전관리자의 성명 또는 직명을 기재하며, 게시판의 바탕은 백색, 문자는 흑색으로 한다.

③ 주의사항을 표시한 게시판은 저장 또는 취급하는 위험물에 따라 제1류 위험물 중 알칼리금속의 과산화물과 이를 함유한 것 또는 제3류 위험물 중 금수성물질은 "물기엄금", 제2류 위험물(인화성고체 제외)은 "화기주의", 제2류 위험물 중 인화성고체, 제3류 위험물 중 자연발화성물질, 제4류 위험물 또는 제5류 위험물은 "화기엄금"으로 한다.

④ "물기엄금"을 표시하는 게시판은 청색바탕에 백색문자, "화기주의" 또는 "화기엄금"을 표시하는 게시판은 적색바탕에 백색문자로 한다.

### 3. 유해화학물질의 표시방법

① 유해·위험성 화학물질의 분류, 경고표시, 물질안전보건자료(MSDS : Material Safety Data Sheet) 및 근로자에 대한 교육 등에 필요한 사항은 화학물질의 분류·표시 및 물질안전보건자료에 관한 기준에서 정하고 있다.

② 물질안전보건자료(MSDS)의 작성항목 및 기재사항은 화학제품과 회사에 관한 정보, 유해성 · 위험성, 구성성분의 명칭 및 함유량, 응급조치 요령, 폭발 · 화재 시 대처방법, 누출 사고 시 대처방법, 취급 및 저장방법, 노출방지 및 개인보호구, 물리화학적 특성, 안정성 및 반응성, 독성에 관한 정보, 환경에 미치는 영향, 폐기 시 주의사항, 운송에 필요한 정보, 법적 규제현황, 그 밖의 참고사항이다.

③ 유해 · 위험성 분류별 경고표지의 기재항목은 크게 물리적 위험성, 건강 유해성, 환경 유해성으로 구분하고 있다.

▼ [표 64] 유해 · 위험성 분류별 경고표지의 기재항목

| 물리적 위험성 | 폭발성 물질, 인화성 가스, 인화성 에어로졸, 산화성 가스, 고압가스, 인화성 액체, 인화성 고체, 자기반응성 물질 및 혼합물, 자연발화성 액체, 자연발화성 고체, 자기발열성 물질 및 혼합물, 물반응성 물질 및 혼합물, 산화성 액체, 산화성 고체, 유기과산화물, 금속부식성 물질 |
|---|---|
| 건강 유해성 | 급성 독성, 피부 부식성/피부 자극성, 심한 눈 손상성/눈 자극성, 호흡기 과민성, 피부 과민성, 생식세포 변이원성, 발암성, 생식독성, 특정표적장기 독성, 흡인 유해성 |
| 환경 유해성 | 수생환경 유해성, 오존층 유해성 |

④ 경고표지의 양식

**(명 칭)**
(신 호 어)

(그림문자 예시)

유해 · 위험 문구 :

예방조치 문구 :

공급자 정보 :

# 위험물탱크 용적

## 1. 정의【위험물안전관리법 시행규칙 제5조】

① 위험물을 저장 또는 취급하는 탱크의 용량은 해당 탱크의 내용적에서 공간용적을 뺀 용적으로 한다.

② 이 경우 차량에 고정된 이동저장탱크의 용량은【자동차 및 자동차부품의 성능과 기준에 관한 규칙】에 따른 최대적재량 이하로 한다.

## 2. 내용적【위험물안전관리에 관한 세부기준 별표 1】

① 타원형 탱크의 내용적

▼[표 65] 탱크 형태별 내용적 계산식

| 탱크형태 | 계산식 |
|---|---|
| <br>〈양쪽이 볼록한 것〉 | $\dfrac{\pi ab}{4}(l+\dfrac{l_1+l_2}{3})$ |
| <br>〈한쪽은 볼록하고 다른 한쪽은 오목한 것〉 | $\dfrac{\pi ab}{4}(l+\dfrac{l_1-l_2}{3})$ |

② 원통형 탱크의 내용적

▼ [표 66] 탱크 형태별 내용적 계산식

| 탱크형태 | 계산식 |
|---|---|
| 〈횡으로 설치한 것〉 | $\pi r^2\left(l+\dfrac{l_1+l_2}{3}\right)$ |
| 〈종으로 설치한 것〉 | $\pi r^2 l$ |

③ 그 밖의 탱크는 통상의 수학적 계산방법에 따르고 쉽게 그 내용적을 계산하기 어려운 탱크는 근사계산으로 할 수 있다.

## 3. 공간용적【위험물안전관리에 관한 세부기준 제25조 제2항, 제3항】

① 탱크의 공간용적은 내용적의 100분의 5 이상 100분의 10 이하의 용적으로 한다.

② 탱크안의 윗부분에 소화약제 방출구를 설치하는 탱크의 공간용적은 소화약제 방출구 아래 0.3m 이상 1m 미만 사이의 면으로부터 윗부분의 용적으로 한다.

③ 암반탱크의 공간용적은 탱크 내에 용출하는 7일간의 지하수의 양에 상당하는 용적과 내용적의 100분의 1의 용적 중에서 큰 용적으로 한다.

## [ KEYWORD 190 ] 유도등 및 유도표지

### 1. 개요

① 유도등·유도표지 및 피난유도선은 피난구의 위치 및 피난방향을 정확히 지시하는 것으로 화재 시 재실자의 인명안전과 신속한 피난유도를 확보하는 것을 주목적으로 하고 있다. 따라서 불특정 다수의 사람들이 있는 소방대상물, 노유자들이 다수 거주하는 소방대상물과 화재 시 발생되는 열, 연기가 체류하기 쉬운 장소 및 고층건물 등에 설치·유지를 의무화하고 있다.

② 2014년 5월 이전에는 피난구유도등 및 통로유도등이 단순 그림문자에 화살표 또는 글자를 함께 표기하는 방법을 사용했으나 최근에는 초고층 빌딩 및 대규모 시설에서 화재수신기와 연동하여 화재발생 지역으로부터 그때마다 현장상황에 맞게 피난할 수 있는 방향으로 피난경로를 표지해 주는 방식으로 변경되고 있고, 또한 피난유도 표시방법도 단순 그림문자에서 동영상으로 구현하는 방식으로 변화되고 있다.

### 2. 설치장소별 유도등 및 유도표지 【NFTC 303 2.1】

▼[표 67] 설치장소별 유도등 및 유도표지의 종류

| 설치장소 | 유도등 및 유도표지의 종류 |
|---|---|
| 1. 공연장·집회장(종교집회장 포함)·관람장·운동시설 | • 대형피난구유도등<br>• 통로유도등<br>• 객석유도등 |
| 2. 유흥주점영업시설(「식품위생법 시행령」 제21조 제8호 라목의 유흥주점영업중 손님이 춤을 출 수 있는 무대가 설치된 카바레, 나이트클럽 또는 그 밖에 이와 비슷한 영업시설만 해당한다). | |
| 3. 위락시설·판매시설·운수시설·「관광진흥법」 제3조 제1항 제2호에 따른 관광숙박업·의료시설·장례식장·방송통신시설·전시장·지하상가·지하철역사 | • 대형피난구유도등<br>• 통로유도등 |
| 4. 숙박시설(제3호의 관광숙박업 외의 것을 말한다)·오피스텔 | • 중형피난구유도등<br>• 통로유도등 |
| 5. 제1호부터 제3호까지 외의 건축물로서 지하층·무창층 또는 11층 이상인 특정소방대상물 | |
| 6. 제1호부터 제5호까지 외의 건축물로서 근린생활시설·노유자시설·업무시설·발전시설·종교시설(집회장 용도로 사용되는 부분 제외)·교육연구시설·수련시설·공장·교정 및 군사시설(국방·군사시설 제외)·자동차정비공장·운전학원 및 정비학원·다중이용업소·복합건축물·아파트 | • 소형피난구유도등<br>• 통로유도등 |
| 7. 그 밖의 것 | • 피난구유도표지<br>• 통로유도표지 |

비고 : 1. 소방서장은 특정소방대상물의 위치·구조 및 설비의 상황을 판단하여 대형피난구유도등을 설치하여야 할 장소에 중형피난구유도등 또는 소형피난구유도등을, 중형피난구유도등을 설치하여야 할 장소에 소형피난구유도등을 설치하게 할 수 있다.
2. 복합건축물의 경우, 주택의 세대 내에는 유도등을 설치하지 아니할 수 있다.

## 3. 유도등 및 유도표지의 종류 등

① 피난구유도등

　㉠ 피난구유도등이란 피난구 또는 피난경로로 사용되는 출입구를 표시하여 피난을 유도하는 등을
　　말한다. 【NFTC 303 1.7.1.2】

　㉡ 피난구유도등 표시면의 색상은 녹색바탕에 백색문자로 표시하며 그 크기와 휘도는 다음 표와
　　같이 구분한다. 【유도등의 형식승인 및 제품검사 기술기준 제8조】

▼ [표 68] 피난구유도등 크기와 휘도

| 피난구유도등 | 1대1표시면(mm) | 기타 표시면 | | 평균 휘도(cd/m²) | |
|---|---|---|---|---|---|
| | | 짧은변(mm) | 최소면적(m²) | 상용점등 시 | 비상점등 시 |
| 대형 | 250 이상 | 200 이상 | 0.10 | 320 이상<br>800 미만 | 100 이상 |
| 중형 | 200 이상 | 140 이상 | 0.07 | 250 이상<br>800 미만 | |
| 소형 | 100 이상 | 110 이상 | 0.036 | 150 이상<br>800 미만 | |

* 휘도
　① 표면밝기의 척도, 발산면(광원)의 단위투영면적당 단위입체각당의 발산광속이다.
　② 조도가 얼마만큼의 빛이 도달하고 있는가를 표시하는데 비해 휘도는 그 결과 어느 방향으로 보았을 때 얼마
　　만큼 밝게 보이는가를 나타낸다.
　　단위 : sb(stilb)＝cd/cm²
　　　　　nt(nit)＝cd/m²

[그림 149] 1 대 1 표시면(정사각형 형식)

[그림 150] 기타 표시면(직사각형 형식)

② 통로유도등

　㉠ 통로유도등이란 피난통로를 안내하기 위한 유도등으로 복도통로유도등, 거실통로유도등, 계
　　단통로유도등을 말한다. 【NFTC 303 1.7.1.3】

　㉡ 통로유도등 표시면의 색상은 백색바탕에 녹색문자로 표시하며 크기와 휘도는 다음 표와 같이
　　구분한다. 【유도등의 형식승인 및 제품검사기술기준 제8조】

▼ [표 69] 통로유도등 크기와 휘도

| 통로유도등 | 1대1표시면(mm) | 기타 표시면 | | 평균 휘도(cd/m²) | |
|---|---|---|---|---|---|
| | | 짧은변(mm) | 최소면적(m²) | 상용점등 시 | 비상점등 시 |
| 대형 | 400 이상 | 200 이상 | 0.16 | 500 이상 1,000 미만 | 150 이상 |
| 중형 | 200 이상 | 110 이상 | 0.036 | 350 이상 1,000 미만 | |
| 소형 | 130 이상 | 85 이상 | 0.022 | 300 이상 1,000 미만 | |

[그림 151] 1 대 1 표시면(정사각형 형식)　　　[그림 152] 기타 표시면(직사각형 형식)

③ 복도통로유도등

　㉠ 복도통로유도등이란 피난통로가 되는 복도에 설치하는 통로유도등으로서 피난구의 방향을 명시하는 것을 말한다. 【NFTC 303 1.7.1.4】

　㉡ 복도통로유도등은 바닥으로부터 1m 이하의 벽면에 설치하는 복도통로용과 바닥에 매립하여 설치하는 바닥매립용으로 구분한다.

[사진 141] 복도통로유도등

④ 거실통로유도등

　㉠ 거실통로유도등이란 거주, 집무, 작업, 집회, 오락 그 밖에 이와 유사한 목적을 위하여 계속적으로 사용하는 거실, 주차장 등 개방된 통로에 설치하는 유도등으로 피난의 방향을 명시하는 것을 말한다. 【NFTC 303 1.7.1.5】

　㉡ 거실통로유도등의 표시면과 조사면의 구조는 바닥면과 피난방향을 비출 수 있어야 하며 표시면은 옆방향에서도 일부가 보일 수 있도록 돌출된 구조의 것이어야 한다.

[사진 142] 거실통로유도등

⑤ 계단통로유도등

    ㉠ 계단통로유도등이란 피난통로가 되는 계단이나 경사로에 설치하는 통로유도등으로 바닥면 및 디딤 바닥면을 비추는 것을 말한다. 【NFTC 303 1.7.1.6】

    ㉡ 계단통로유도등은 피난상 필요한 바닥면 및 디딤 바닥면의 조도 확보를 주목적으로 하는 등이다.

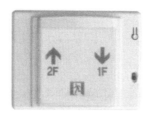

[사진 143] 계단통로유도등

⑥ 객석유도등

    ㉠ 객석의 통로, 바닥 또는 벽에 설치하는 유도등을 말한다. 【NFTC 303 1.7.1.7】

    ㉡ 객석유도등의 제품 내부에 비상전원(축전지) 및 예비전원 감지장치를 설치하지 아니할 수 있으며, 별도의 외부 전원장치를 사용하여 비상전원을 공급할 수 있다.

[사진 144] 객석유도등

⑦ 피난구유도표지

    ㉠ 피난구 또는 피난경로로 사용되는 출입구를 표시하여 피난을 유도하는 표지를 말한다.
    【NFTC 303 1.7.1.8】

    ㉡ 외부의 전원을 공급받지 아니한 상태에서 빛을 축적하여 어두운 곳에서도 도안 · 문자 등을 쉽게 식별할 수 있어야 하며, 피난구유도표지의 표시방법은 표시면의 색상을 녹색바탕에 백색(엷은 연두색, 엷은 황색)문자로 표시한다.

[사진 145] 피난구유도표지

⑧ 통로유도표지

   ㉠ 피난통로가 되는 복도, 계단 등에 설치하는 것으로서 피난구의 방향을 표시하는 유도표지를 말한다. 【NFTC 303 1.7.1.9】

   ㉡ 외부의 전원을 공급받지 아니한 상태에서 빛을 축적하여 어두운 곳에서도 도안·문자 등이 쉽게 식별할 수 있어야 하며, 통로유도표지의 표시방법은 표시면의 색상은 백색(엷은 연두색, 엷은 황색)바탕에 녹색문자로 표시한다.

[사진 146] 통로유도표지

⑨ 피난유도선

   ㉠ 햇빛이나 전등불에 따라 축광(축광방식)하거나 전류에 따라 빛을 발하는(광원점등방식) 유도체로서 어두운 상태에서 피난을 유도할 수 있도록 띠 형태로 설치되는 피난유도시설을 말한다. 【NFTC 303 1.7.1.10】

   ㉡ 피난유도선의 표시면은 연속된 띠 형태로 설치하며 그 크기는 짧은 변의 길이가 20mm 이상이고 면적은 20,000mm$^2$ 이상이어야 하며, 축광식피난유도선이 사각형이 아닌 경우에는 내접하는 사각형에 대하여 적용한다.

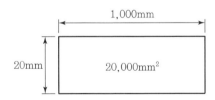

[그림 153] 피난유도선 크기

ⓒ 축광식피난유도선은 전원의 공급 없이 전등 또는 태양 등에서 발산되는 빛을 흡수하여 이를 축적한 상태에서 전등 또는 태양 등의 빛이 없어지는 경우 일정시간 동안 발광이 유지되어 어두운 곳에서도 피난유도선에 표시되어 있는 피난방향 안내문자 또는 부호 등이 쉽게 식별될 수 있도록 함으로써 피난을 유도하는 피난유도선이다.

**[사진 147] 축광식피난유도선**

ⓓ 광원점등식피난유도선은 수신기 화재신호의 수신 및 수동조작에 의하여 표시부에 내장된 광원을 점등시켜 표시부의 피난방향 안내 문자 또는 부호 등이 쉽게 식별되도록 함으로서 피난을 유도하는 기능의 피난유도선을 말하며, 수신기의 화재신호 또는 수동조작신호를 수신하거나 정전 시 즉시 점등되어야 하며, 인위적 조작이 없는 한 점등상태는 유지되어야 한다. 다만, 주기적으로 점멸하는 경우 단위 소등시간은 2초 이하이어야 한다.

**[사진 148] 광원점등식피난유도선**

## 4. 유도등 및 유도표지의 설치기준

① 피난구유도등 【NFTC 303 2.2】

ㄱ 옥내로부터 직접 지상으로 통하는 출입구 및 그 부속실의 출입구

ㄴ 직통계단·직통계단의 계단실 및 그 부속실의 출입구

ㄷ ㄱ과 ㄴ에 따른 출입구에 이르는 복도 또는 통로로 통하는 출입구

ㄹ 안전구획된 거실로 통하는 출입구

ㅁ 피난구유도등은 피난구의 바닥으로부터 높이 1.5m 이상으로서 출입구에 인접하도록 설치

ㅂ 피난구의 위치를 안내할 수 있도록 ㄱ 또는 ㄴ의 출입구 인근 천장에 피난구유도등의 면과 수직이 되도록 피난구유도등을 추가로 설치할 것. 다만, 피난구유도등이 입체형인 경우에는 그렇지 않다.

② 통로유도등【NFTC 303 2.3】

ㄱ 복도통로유도등

1) 복도에 설치하되 피난구유도등이 설치된 출입구 맞은편 복도에는 입체형으로 설치하거나 바닥에 설치할 것

2) 구부러진 모퉁이 및 통로유도등을 기점으로 보행거리 20m마다 설치할 것

3) 바닥으로부터 높이 1m 이하의 위치에 설치할 것. 다만, 지하층 또는 무창층의 용도가 도매시장·소매시장·여객자동차터미널·지하역사 또는 지하상가인 경우에는 복도·통로 중앙부분의 바닥에 설치

4) 바닥에 설치하는 통로유도등은 하중에 따라 파괴되지 않는 강도의 것으로 할 것

ㄴ 거실통로유도등

1) 거실의 통로에 설치할 것. 다만, 거실의 통로가 벽체 등으로 구획된 경우에는 복도통로유도등을 설치

2) 구부러진 모퉁이 및 보행거리 20m마다 설치

3) 바닥으로부터 높이 1.5m 이상의 위치에 설치(다만, 거실통로에 기둥이 설치된 경우에는 기둥부분의 바닥으로부터 높이 1.5m 이하의 위치에 설치할 수 있다)

ㄷ 계단통로유도등

1) 각층의 경사로 참 또는 계단참마다(1개 층에 경사로 참 또는 계단참이 2 이상 있는 경우에는 2개의 계단참마다)설치

2) 바닥으로부터 높이 1m 이하의 위치에 설치

ㄹ 통행에 지장이 없도록 설치할 것

ㅁ 주위에 이와 유사한 등화광고물·게시물 등을 설치하지 아니할 것

③ 객석유도등【NFTC 303 2.4】

ㄱ 객석유도등은 객석의 통로, 바닥 또는 벽에 설치

ㄴ 객석내의 통로가 경사로 또는 수평로로 되어 있는 부분은 다음의 식에 따라 산출한 수(소수점 이하의 수는 1로 본다)의 유도등을 설치

$$설치개수 = \frac{객석통로의\ 직선부분길이(m)}{4} - 1$$

ㄷ 객석내의 통로가 옥외 또는 이와 유사한 부분에 있는 경우에는 해당 통로 전체에 미칠 수 있는 수의 유도등을 설치

④ 유도표지【NFTC 303 2.5】

  ㉠ 계단에 설치하는 것을 제외하고는 각층마다 복도 및 통로의 각 부분으로부터 하나의 유도표지 까지의 보행거리가 15m 이하가 되는 곳과 구부러진 모퉁이의 벽에 설치

  ㉡ 피난구유도표지는 출입구 상단에 설치하고, 통로유도표지는 바닥으로부터 높이 1m 이하의 위 치에 설치

  ㉢ 주위에는 이와 유사한 등화 · 광고물 · 게시물 등을 설치하지 않을 것

  ㉣ 유도표지는 부착판 등을 사용하여 쉽게 떨어지지 아니하도록 설치

  ㉤ 축광방식의 유도표지는 외광 또는 조명장치에 의하여 상시 조명이 제공되거나 비상조명등에 의한 조명이 제공되도록 설치

  ㉥ 유도표지는 소방청장이 고시한 「축광표지의 성능인증 및 제품검사의 기술기준」에 적합한 것이 어야 한다.(다만, 방사성물질을 사용하는 위치표지는 쉽게 파괴되지 아니하는 재질로 처리)

⑤ 피난유도선【NFTC 303 2.6】

  ㉠ 축광방식 피난유도선

    1) 구획된 각 실로부터 주출입구 또는 비상구까지 설치

    2) 바닥으로부터 높이 50cm 이하의 위치 또는 바닥 면에 설치

    3) 피난유도 표시부는 50cm 이내의 간격으로 연속되도록 설치

    4) 부착대에 의하여 견고하게 설치

    5) 외광 또는 조명장치에 의하여 상시 조명이 제공되거나 비상조명등에 의한 조명이 제공되도 록 설치

  ㉡ 광원점등방식 피난유도선

    1) 구획된 각 실로부터 주출입구 또는 비상구까지 설치

    2) 피난유도 표시부는 바닥으로부터 높이 1m 이하의 위치 또는 바닥 면에 설치

    3) 피난유도 표시부는 50cm 이내의 간격으로 연속되도록 설치하되 실내장식물 등으로 설치가 곤란할 경우 1m 이내로 설치

    4) 수신기로부터의 화재신호 및 수동조작에 의하여 광원이 점등되도록 설치

    5) 비상전원이 상시 충전상태를 유지하도록 설치

    6) 바닥에 설치되는 피난유도 표시부는 매립하는 방식을 사용

    7) 피난유도 제어부는 조작 및 관리가 용이하도록 바닥으로부터 0.8m 이상 1.5m 이하의 높이 에 설치

  ㉢ 피난유도선은 「피난유도선의 성능인증 및 제품검사의 기술기준」에 적합한 것으로 설치

## 5. 2선식과 3선식 유도등의 배선

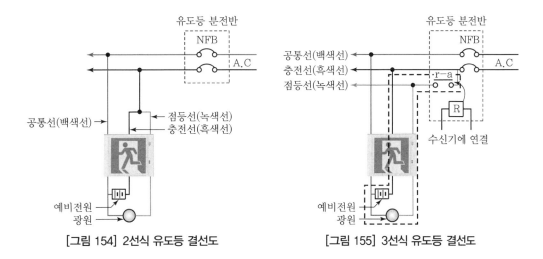

[그림 154] 2선식 유도등 결선도      [그림 155] 3선식 유도등 결선도

① 인출선의 색깔별 용도

    ㉠ 공통선 : 백색

    ㉡ 전원선(충전선) : 흑색

    ㉢ 원격스위치선(점등선) : 녹색(또는 적색)선

② 3선식 유도등의 점등

    상용전원 정전 시 유도등 분전반에 설치된 릴레이가 수신기 신호에 의해 작동되고 분전반 r−a 접점이 형성되어 광원의 예비전원 회로(점선 표시)가 연결되어 유도등이 점등된다.

## [ KEYWORD 191 ] 유수검지장치

## 1. 정의

① 유수검지장치란 유수현상을 자동적으로 검지하여 신호 또는 경보를 발하는 장치를 말한다.
【NFTC 103 1.7.1.15】

② 유수검지장치는 건식스프링클러설비에 설치되는 건식, 습식 또는 부압식스프링클러설비에 설치되는 습식, 준비작동식스프링클러설비에 설치되는 준비작동식, 소화수의 흐름에 의하여 패들이 움직이고 접점이 형성되면 신호를 발하는 패들형이 있다. 【NFTC 103 1.7.1. 34~1.7.1.37】

## 2. 유수검지장치의 종류

① 습식유수검지장치 → 습식스프링클러설비에 설치함

습식유수검지장치[습식밸브 또는 알람체크밸브(Alarm Check Valve)라고도 함]란 1차측 및 2차측에 가압수 또는 가압 수용액(이하 "가압수등"이라 한다.)을 가득 채운상태에서 폐쇄형 스프링클러헤드 등이 열린 경우 2차측의 압력저하로 밸브시트가 열리어 가압수 등이 2차측으로 유출되도록 하는 장치를 말한다.

[사진 149] 습식밸브

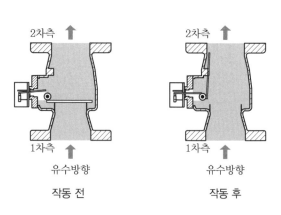

[그림 156] 알람밸브 작동 전후

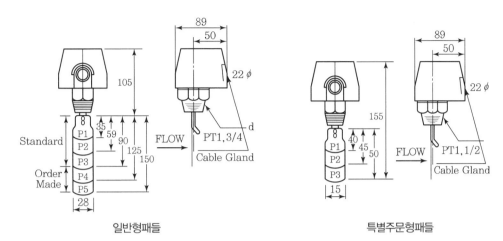

[그림 157] 패들형 유수검지장치

② 건식유수검지장치 → 건식스프링클러설비에 설치함

　　건식유수검지장치[건식밸브 또는 드라이(Dry)밸브라고도 함]란 1차측에 가압수등을 채우고, 2차측에는 질소 또는 저압의 공기를 가득 채운 상태에서 폐쇄형 스프링클러헤드등이 열린 경우 2차측의 압력저하에 의해 밸브 시트가 열리어 가압수 등이 2차측으로 유출하는 장치를 말한다.

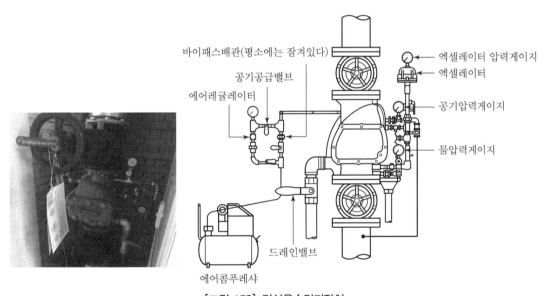

[그림 158] 건식유수검지장치

③ 준비작동식유수검지장치 → 준비작동식스프링클러설비 또는 부압식스프링클러설비에 설치함

　　준비작동식유수검지장치[준비작동식밸브 또는 프리액션(Pre-action)밸브라고도 함]란 1차측에 가압수 등을 채우고 2차측에 대기압 또는 저압공기를 가득 채운 상태에서 있다가 자동화재탐지설비의 감지기, 화재감지용헤드, 그 밖의 감지를 위한 기기의 작동에 의해 밸브 시트가 열리어 가압수 등이 2차측으로 유출되도록 하는 장치를 말한다.

**417**

[사진 150] 준비작동식 유수검지장치

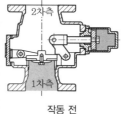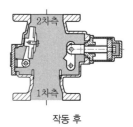

[그림 159] 준비작동식밸브 작동 전후

## 3. 유수검지장치 설치기준 【NFTC 103 2.3.1.4~2.3.1.7】

① 유수검지장치를 실내에 설치하거나 보호용 철망 등으로 구획하여 바닥으로부터 0.8m 이상 1.5m 이하의 위치에 설치하되, 그 실 등에는 가로 0.5m 이상 세로 1.0m 이상의 개구부로서 그 개구부에 는 출입문을 설치하고 그 출입문 상단에 "유수검지장치실"이라고 표시한 표지를 설치할 것. 다만, 유수검지장치를 기계실(공조용기계실 포함)안에 설치하는 경우에는 별도의 실 또는 보호용 철망 을 설치하지 않고 기계실 출입문 상단에 "유수검지장치실"이라고 표시한 표지를 설치할 수 있다.

② 스프링클러헤드에 공급되는 물은 유수검지장치를 지나도록 할 것. 다만, 송수구를 통하여 공급되 는 물은 그렇지 않다.

③ 자연낙차에 따른 압력수가 흐르는 배관상에 설치된 유수검지장치는 화재시 물의 흐름을 검지할 수 있는 최소한의 압력이 얻어질 수 있도록 수조하단으로부터 낙차를 두어 설치할 것

④ 조기반응형 스프링클러헤드를 설치하는 경우에는 습식유수검지장치 또는 부압식스프링클러설비 를 설치할 것

[ **KEYWORD**
**192** ]  유입공기

## 1. 정의【NFTC 501A 1.7.1.7】

① 유입공기란 제연구역으로부터 옥내로 유입하는 공기로서 차압에 따라 누설하는 것과 출입문 개방에 따라 유입하는 것을 말한다.

② 제연설비 동작 시 제연구역(부속실, 전실)에서 비제연구역(옥내)으로 유입되는 공기는 첫째, 제연구역 방화문 누설틈새를 통해 유입되는 누설공기량, 둘째 제연구역 출입문 개방 시 거실로 유입되는 거실유입공기량, 셋째 Flap Damper(플랩댐퍼, 미압댐퍼)에 의해 거실로 유입되는 과압공기량의 3가지가 있다.

  \* Flap Damper(플랩댐퍼, 미압댐퍼) : 부속실의 설정압력 범위를 초과하는 경우 압력을 배출하여 설정압 범위를 유지하게 하는 과압방지장치를 말한다.

## 2. 유입공기배출 이유

① 유입공기는 시간이 지남에 따라 비제연구역인 복도나 통로 등에 체류하게 되고 이곳이 밀폐 공간인 경우에는 인접한 제연구역과의 차압유지를 어렵게 만든다.

② 화재 시에는 거실이나 복도 등의 실내압력이 증가하게 되므로 제연구역의 적정한 차압을 유지하기 위해서는 비제연구역으로 유입된 불필요한 모든 급기량을 외부로 배출시켜야 되는데 이런 설비를 유입공기배출장치라고 한다.

## 3. 유입공기배출방식【NFTC 501A 2.10】

① 유입공기는 화재 층의 제연구역과 면하는 옥내로부터 옥외로 배출되도록 해야 한다. 다만, 직통계단식 공동주택의 경우에는 그렇지 않다.

② 유입공기의 배출은 다음의 기준에 따른 배출방식으로 해야 한다.

  ㉠ 수직풍도에 따른 배출 : 옥상으로 직통하는 전용의 배출용 수직풍도를 설치하여 배출하는 것으로서 다음의 어느 하나에 해당하는 것

[사진 151] 전용의 배출용 수직풍도(좌측)

1) 자연배출식 : 굴뚝효과에 따라 배출하는 것
2) 기계배출식 : 수직풍도의 상부에 전용의 배출용 송풍기를 설치하여 강제로 배출하는 것. 다만, 지하층만을 제연하는 경우 배출용 송풍기의 설치위치는 배출된 공기로 인하여 피난 및 소화활동에 지장을 주지 아니하는 곳에 설치할 수 있다.

[사진 152] 배출용 송풍기

ⓛ 배출구에 따른 배출 : 건물의 옥내와 면하는 외벽마다 옥외와 통하는 배출구를 설치하여 배출하는 것
ⓒ 제연설비에 따른 배출 : 거실제연설비가 설치되어 있고 당해 옥내로부터 옥외로 배출하여야 하는 유입공기의 양을 거실제연설비의 배출량에 합하여 배출하는 경우 유입공기의 배출은 당해 거실제연설비에 따른 배출로 갈음할 수 있다.

## [ KEYWORD **193** ] 이산화탄소(CO2) 운무현상

## 1. 개요

① 대기압하에서 이산화탄소 방사 시 해당온도는 약 $-80℃$가 된다.

② 이산화탄소가 방사될 때 일부 액체 이산화탄소가 입자 형태의 드라이아이스로 변하는데 이 입자 형태 드라이아이스와 고압가스가 헤드의 작은 오리피스를 통과할 때 온도가 내려가는 줄 - 톰슨 효과에 의해 대기 중의 수분이 응결하는데 이들이 구름모양을 형성하는 것을 운무현상이라 한다.

\* 드라이아이스 : 이산화탄소를 압축하고 냉각하여 만든 흰색의 고체로 공기 중에서 승화하여 기체가 된다.

## 2. CO₂ 열역학적 상태도

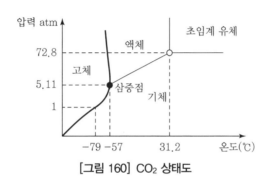

[그림 160] CO₂ 상태도

① $-79℃$ 이하에서는 고체인 드라이아이스 상태로만 존재한다.

② 삼중점은 $-57℃$에서 5.11atm이다.

③ 삼중점부터 $31.2℃$ 이하에서는 액체와 기체 상태로 존재한다.

④ $31.2℃$ 이상에서는 기체로만 존재한다.

## 3. 줄 - 톰슨 효과

$$\mu = \left( \frac{dT}{dP} \right)_H$$

여기서, $\mu$ : 줄-톰슨 계수 $\dfrac{℃}{atm}$

$dT$ : 온도의 변화량(At constant enthalpy H)

$dP$ : 압력의 변화량(At constant enthalpy H)

Enthalpy(엔탈피 H) : 물질 속에 축적된 열에너지

① **줄−톰슨 효과**란 일을 하지 않고 열의 전달이 없는 기체가 팽창할 때 온도가 변하는 것, 즉 압축된 기체가 단열된 좁은 구멍으로 통과할 경우 압력이 감소하면서 온도가 변하는 것을 말한다.

② 이상기체는 압력과 체적이 서로 상호적으로 일정하게 변화하며, 즉 압력이 커지면 체적이 줄어들고 체적이 커지면 압력이 줄어들어 일정 온도를 유지할 수 있다.

③ 그러나 일반기체는 단열 팽창 시 압력강하에 따른 온도가 감소되는 현상을 보이는데, 이때의 일정 압력변화에 따른 온도 변화율을 줄−톰슨 계수라고 한다.

④ 이상기체는 단열팽창에서 온도증가가 없으므로 줄−톰슨 계수는 0이다.

## 4. 이산화탄소 방사 시 운무현상

① 액체상태로 가압된 이산화탄소가 대기중으로 분출할 때 분출 초기에는 일부 이산화탄소가 급격하게 기화하여 분출, 이때 기화열에 의해 잔류 액체 이산화탄소는 냉각되고 −79℃에서 고체인 드라이아이스 입자로 변한다.

② 고압식(21℃)인 경우 약 25% 정도, 저압식(−18℃)인 경우 약 45%정도가 드라이아이스입자로 전환된다.

③ 이러한 입자형태의 드라이아이스와 줄-톰슨효과에 의한 온도강하에 대기 중의 수분이 응결된 것이 운무현상이다.

# 이온화식 스포트형 감지기

## 1. 개요

① 연기감지기 종류중 하나로서 방사선원(Am241)으로 공기를 이온화시켜 발생되는 이온전류를 이용하여 화재를 감지하는 감지기를 말한다.

② 이온화식 감지기의 감도는 연기입자에 이온(Ion)이 흡착되는 것에 관계되므로 작은 연기입자 ($0.01{\sim}0.3\mu$m)에 민감하며 따라서 표면화재에 적합하다.

## 2. 이온화식 감지기

① 작동원리

　㉠ 연기가 없을 때 ($I_1$, $V_1$)

　㉡ 외부 이온실에 연기 유입 시

　　1) 연기미립자에 의해 이온전류가 $I_1$에서 $I_2$로 감소

　　2) 외부이온실의 전압이 $V_1$에서 $V_2$로 변경($\varDelta V$만큼 전압 상승)

　　3) $\varDelta V$값이 설정치를 초과하면 스위치회로가 작동하여 화재신호 발신

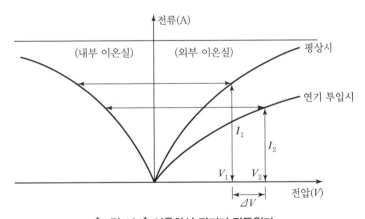

[그림 161] 이온화식 감지기 작동원리

② 구조

　㉠ 내부이온실과 연기가 유입되는 외부 이온실로 구성

　㉡ 방사선원 Am 241에 의해 이온실 내 공기 이온화

　㉢ 이온실에는 상시 미약한 전류가 흐름

③ 특징

ㄱ 이온전류의 감소를 이용

ㄴ 이온에 흡착된 연기량에 비례하여 이온전류 감소

ㄷ 연기 표면적이 큰, 즉 입자가 작은(0.01~0.3$\mu$m) 연기에 대한 감도가 우수

ㄹ 표면화재에 적응성이 있음

ㅁ 감도는 색상과 무관

## 3. 이온화식 감지기와 광전식 감지기 비교

① 연기의 감지능력

▼ [표 70] 연기의 감지능력 비교

| 이온화식 | 광전식 |
| --- | --- |
| ㄱ 비가시적(非可視的) 입자인 작은 연기 입자(0.01~0.3$\mu$m)에 민감<br>ㄴ 표면화재에 유리(작은 입자)<br>ㄷ 연기의 색상은 무관 | ㄱ 가시적(非可視的) 입자인 큰 연기 입자(0.3~1$\mu$m)에 민감<br>ㄴ 훈소화재에 유리(큰입자)<br>ㄷ 연기의 색상과 관련 |

② 비화재보

▼ [표 71] 비화재보 비교

| 이온화식 | 광전식 |
| --- | --- |
| ㄱ 온도 · 습도 · 바람의 영향을 받는다.<br>ㄴ 전자파에 의한 영향이 없다 | ㄱ 분광(分光)특성상 다른 파장에 의해 작동될 수 있다.<br>ㄴ 증폭도가 크기 때문에 전자파에 의한 오동작 우려가 없다. |

③ 적응성

▼ [표 72] 적응성 비교

| 이온화식 | 광전식 |
| --- | --- |
| ㄱ B급화재 등 불꽃화재(작은 입자화재)에 적합<br>ㄴ 환경이 깨끗한 장소에 유리 | ㄱ A급화재 등 훈소화재가 예상되는 장소에 적합<br>ㄴ 엷은 회색의 연기에 유리 |

# [ 195 ] 인명구조기구

## 1. 개요

① 인명구조기구는 화재 시 발생하는 열 및 연기에 대하여 인명의 안전한 피난을 위한 기구로서 방열복, 공기호흡기(보조마스크를 포함) 및 인공소생기 등을 말한다.

② 인명구조기구란 화열, 화염, 유해성가스 등으로부터 인명을 보호하거나 구조하는데 사용되는 기구를 말한다. 【NFTC 302 1.7.1.5】

## 2. 인명구조기구의 설치기준 【NFTC 302 2.1.1】

▼ [표 73] 특정소방대상물의 용도 및 장소별로 설치해야 할 인명구조기구

| 특정소방대상물 | 인명구조기구의 종류 | 설치 수량 |
|---|---|---|
| • 지하층을 포함하는 층수가 7층 이상인 관광호텔 및 5층 이상인 병원 | • 방열복 또는 방화복(안전모, 보호장갑 및 안전화를 포함한다)<br>• 공기호흡기<br>• 인공소생기 | • 각 2개 이상 비치할 것. 다만, 병원의 경우에는 인공소생기를 설치하지 않을 수 있다. |
| • 문화 및 집회시설 중 수용인원 100명 이상의 영화상영관<br>• 판매시설 중 대규모 점포<br>• 운수시설 중 지하역사<br>• 지하가 중 지하상가 | • 공기호흡기 | • 층마다 2개 이상 비치할 것. 다만, 각 층마다 갖추어 두어야 할 공기호흡기 중 일부를 직원이 상주하는 인근 사무실에 갖추어 둘 수 있다. |
| • 물분무등소화설비 중 이산화탄소소화설비를 설치하여야 하는 특정소방대상물 | • 공기호흡기 | • 이산화탄소소화설비가 설치된 장소의 출입구 외부 인근에 1개 이상 비치할 것 |

① 화재 시 쉽게 반출 사용할 수 있는 장소에 비치할 것

② 인명구조기구가 설치된 가까운 장소의 보기 쉬운 곳에 "인명구조기구"라는 축광식표지와 그 사용방법을 표시한 표지를 부착하되, 축광식표지는 「축광표지의 성능인증 및 제품검사의 기술기준」에 적합한 것으로 할 것

③ 방열복은 「소방용 방열복의 성능인증 및 제품검사의 기술기준」에 적합한 것으로 설치할 것

④ 방화복(안전모, 보호장갑 및 안전화를 포함한다)은 「소방장비관리법」 및 「표준규격을 정해야 하는 소방장비의 종류고시」의 표준규격에 적합한 것으로 설치할 것

## 3. 인명구조기구의 설치대상 【소방시설법시행령 별표 4 제3호 나목】

① 방열복 또는 방화복(안전모, 보호장갑 및 안전화 포함), 인공소생기 및 공기호흡기를 설치하여야 할 특정소방대상물 : 지하층 포함 층수가 7층 이상인 관광호텔 용도로 사용하는 층

② 방열복 또는 방화복(안전모, 보호장갑 및 안전화 포함) 및 공기호흡기를 설치하여야 할 특정소방대상물 : 지하층 포함 층수가 5층 이상인 것 중 병원 용도로 사용하는 층

③ 공기호흡기를 설치하여야 할 특정소방대상물은 다음의 어느 하나에 해당하는 것으로 한다.

　㉠ 수용인원 100명 이상인 문화 및 집회시설 중 영화상영관

　㉡ 판매시설 중 대규모점포

　㉢ 운수시설 중 지하상가

　㉣ 지하가 중 지하상가

　㉤ 이산화탄소소화설비(호스릴이산화탄소소화설비 제외)를 설치해야 하는 특정소방대상물

## 4. 인명구조기구의 종류

① **방열복** : 고온의 복사열에 가까이 접근하여 소방활동을 수행할 수 있는 내열피복(상하분리형, 상하일체형의 2종류로 구분)

[사진 153] 방열복 (출처 : 한국소방공사)

② 공기호흡기 : 소화활동 시에 화재로 인하여 발생하는 각종 유독가스 중에서 일정시간 사용할 수 있
　도록 제조된 압축공기식 개인호흡장비(보조마스크를 포함)

[사진 154] 공기호흡기 (출처 : 한국소방공사)

③ 인공소생기 : 호흡 부전 상태인 사람에게 인공호흡을 하여 환자를 보호하거나 구급하는 기구

[사진 155] 인공소생기 (출처 : 한국소방공사)

④ 방화복 : 화재진압 등의 소방활동을 수행할 수 있는 피복(헬멧, 보호장갑 및 안전화를 포함)

[사진 156] 방화복 (출처 : 한국소방공사)

인텔리전트 수신기

## 1. 개요

① 기존 P, R형 수신기는 감지기가 화재감지 및 판단을 동시에 하나, 인텔리전트수신기는 감지기는 감지만하고, 수신기가 화재를 판단하는 시스템이다.

② 아날로그 감지기로부터 수신한 환경을 컴퓨터로 분석하여 화재를 판단하므로 비화재보를 줄일 수 있다.

③ 물리, 화학적 변화량 중 2~3가지 이상의 변화량, 변화율을 종합적으로 분석하여 화재를 판단하므로 기존의 R형에 비해 신뢰도가 우수하다.

④ 또한 Intelligent 수신기는 다중전송방식을 채용하므로 기존의 P형 또는 R형 시스템보다 배선이 적어도 되는 등의 장점이 있다.

[사진 157] 인텔리전트 수신기

## 2. 인텔리전트 수신기의 특징

① **호출, 수집, 판단** : 센서를 개별적으로 호출, 데이터를 수집하고, 수신기에 내장된 컴퓨터에 의해 연산하여 화재여부를 판단한다.

② **비화재보 대폭 감소** : 아날로그 감지기로 수신한 환경 상황을 컴퓨터로 분석하므로 비화재보를 줄인다.

③ **2~3가지 이상의 변화량 측정**

  ㉠ 온도, 연기, 불꽃 등의 변화량 측정

  ㉡ 변화량, 변화율을 분석하고 주변 센서 간의 상태를 검토하여 화재 판단

④ **적용장소** : 대형건물, 국제공항, 원자력 발전소 등 중요시설물에 널리 사용된다.

⑤ **재해 취약시설의 피해 감소** : 기존 시스템보다 신뢰도가 크게 향상되어 비화재보를 낮추고 재해취약시설의 피해를 확실히 감소한다.

⑥ 다중 전송에 의한 Addressing 방식을 채용한 수신기

## 3. 인텔리전트 수신기의 기능

① Pre-Alarm 기능

   ㉠ 아날로그 감지기를 설치하면 감지기 스스로 Learning Time을 갖고 설치환경에 가장 적합한 감도와 Pre-Time 감도를 설정한다.

   ㉡ Pre-Alarm으로 화재의 가능성을 사용자에게 사전 통보한다.

     1) Pager 기능(무선 호출기능)

     2) 현장에 상황이 발생한 경우에 운영자에게 문자호출을 하여 운영자가 어디에 있더라도 즉시 상황을 보고 받을 수 있다.

② Peer-To-Peer 기능

   ㉠ 일반적인 Master-Slave형 System은 Main CPU를 가진 Master Panel과 Slave Panel의 구성을 가지고 있어 모든 입력신호는 Master Panel에 일단 접수되어 필요한 출력신호를 Slave Panel로 전달되는 주종관계를 이룬다.

   ㉡ 그러나 MXL System에서는 모든 Panel이 독립적인 상태에서 모든 신호를 Panel들이 상호적으로 주고받을 수 있기 때문에 Master Panel의 개념이 없으며 이러한 기능을 Peer-to Peer이라고 한다.

③ Stand Alone 기능 : Stand Alone 기능은 네트워크로 연결된 수신반들은 서로의 통신이 두절된 경우에도 독립적으로 작동한다.

④ Self-Checking 자기진단 기능 : 시스템의 모든 고장이나 정상 작동에 영향을 끼칠 수 있는 상황을 감시하고 보고 하며 모든 기기들이 정상적인 기능으로 작동하고 있는지 자기점검 및 진단한다.

⑤ Analog Detection

   ㉠ MXL System은 아날로그 전압, 화재 압력점 그리고 감도와 같은 연기감지기 전압과 연기의 온도, 농도를 읽어서 프린트할 수 있다.

   ㉡ 연기감지기를 일일이 점검할 필요 없이 연기감지기의 상태를 알 수 있기 때문에 유지비를 절감하고 먼지와 같은 이물질로 인한 비화재경보를 줄일 수 있도록 해 준다.

⑥ Network : Network 기능으로 인하여 시스템의 확장이 수월하며, MXL 수신기를 64대까지 Network로 연결할 수 있다.

[ **KEYWORD** **197** ]   임계풍속(Critical Velocity)

## 1. 개요

① 터널화재 시 성층화를 유지하면서 열(연)기류의 역류현상을 억제하기 위한 최소한의 풍속이다.

* 성층화 : 화재연기가 온도차에 의한 부력에 의해 터널 상층부로 상승하여 상층부에 연기층을 형성하는 현상

② 종류환기방식의 경우 팬의 대수 산정에 기준이 되는 풍속이다. 기존의 경우에는 경험적으로 2.0[m/s]가 되도록 설계를 해왔지만 최근에는 화재 시의 상황을 고려하여 연소가스가 후방역류 (Back Layering 현상)하지 않도록 하기 위한 풍속으로 설계를 한다.

* 역류현상 : 열기류가 부력에 의해서 차량흐름의 반대방향이나 화재 직전에 형성된 주기류의 반대방향으로 흐르는 현상

## 2. 임계풍속 산출식

$$V_r = K_g Frc^{-\frac{1}{3}} \left( \frac{gHQ}{\beta \rho_0 C_p A_r T_f} \right)^{\frac{1}{3}}, \ T_f = \frac{Q}{\beta \rho_0 C_p A_r V_{rc}} + T_0$$

여기서, $V_r$ : 임계풍속(m/s)

$\beta$ : Tetzner의 보정계수

$K_g$ : 경사보정계수 Y.Wu(2000) 등의 실험식 이용

$K_g = [1 + 0.01\tan - 1(grade/100)]$

$Frc$ : 임계프라우드 수로, 보통 임계풍속에는 4.5를 적용

$H$ : 화점에서 터널천장까지의 높이(m)

$T_f$ : 화재 시 온도(K)

임시소방시설

## 1. 개요

① 건설공사를 하는 자(공사시공자)는 특정소방대상물의 신축·증축·개축·재축·이전·용도변경·대수선 또는 설비 설치 등을 위한 공사 현장에서 인화성 물품을 취급하는 작업 등 화재위험작업을 하기 전에 설치 및 철거가 쉬운 화재대비시설(임시소방시설)을 설치하고 관리해야 한다. 【소방시설법 제15조】

② 임시소방시설의 설치 의무자는 특정소방대상물의 건축·대수선·용도변경 또는 설치 등을 위한 공사를 하는 시공자이며, 설치 및 관리 기준은 건설현장의 화재안전기준에 따른다.

[사진 158] 임시소방시설

## 2. 화재위험작업의 종류 【소방시설법 시행령 제18조】

① 인화성·가연성·폭발성 물질을 취급하거나 가연성 가스를 발생시키는 작업

② 용접·용단(금속·유리·플라스틱 따위를 녹여서 절단하는 일) 등 불꽃을 발생시키거나 화기를 취급하는 작업

③ 전열기구, 가열전선 등 열을 발생시키는 기구를 취급하는 작업

④ 알루미늄, 마그네슘 등을 취급하여 폭발성 부유분진(공기 중에 떠다니는 미세한 입자)을 발생시킬 수 있는 작업

⑤ 그 밖에 위와 비슷한 작업으로 소방청장이 정하여 고시하는 작업

## 3. 임시소방시설의 종류 【소방시설법 시행령 별표 8】

① **소화기** : 소화약제를 압력에 따라 방사하는 기구로서 사람이 수동으로 조작하여 소화하는 소형소화기 및 대형소화기를 말한다. 【NFTC 606 1.7.1.2】

② **간이소화장치** : 건설현장에서 화재발생 시 신속한 화재 진압이 가능하도록 물을 방수하는 형태의 소화장치를 말한다. 【NFTC 606 1.7.1.3】

[사진 159] 간이소화장치

③ **비상경보장치** : 발신기, 경종, 표시등 및 시각경보장치가 결합된 형태의 것으로서 화재위험작업 공간 등에서 수동조작에 의해서 화재경보상황을 알려줄 수 있는 비상벨 장치를 말한다. 【NFTC 606 1.7.1.4】

[사진 160] 비상경보장치와 간이피난유도선

④ **간이피난유도선** : 화재발생 시 작업자의 피난을 유도할 수 있는 케이블 형태의 장치를 말한다. 【NFTC 606 1.7.1.6】

⑤ **가스누설경보기** : 건설현장에서 발생하는 가연성가스를 탐지하여 경보하는 장치를 말한다. 【NFTC 606 1.7.1.5】

⑥ **비상조명등** : 화재발생 시 안전하고 원활한 피난활동을 할 수 있도록 계단실 내부에 설치되어 자동 점등되는 조명등을 말한다. 【NFTC 606 1.7.1.7】

⑦ **방화포** : 건설현장 내 용접ㆍ용단 등의 작업 시 발생하는 금속성 불티로부터 가연물이 점화되는 것을 방지해주는 차단막을 말한다. 【NFTC 606 1.7.1.8】

## [ KEYWORD 199 ] 입찰참가자격 사전심사(PQ)

## 1. 개요

① 입찰참가자격 사전심사(PQ : Pre-qualification)는 부실공사를 방지하기 위한 수단으로 입찰 전에 미리 공사수행능력 등을 심사하여 일정수준 이상의 능력을 갖춘 자에게만 입찰에 참가할 자격을 부여하는 제도이다.

② 건설공사 PQ제도는 발주자가 입찰에 참여하는 건설업체의 재무상태 · 기술수준 · 시공실적 등을 종합적으로 사전에 심사하는 것으로 입찰 참여업체가 해당공사에 대한 시공능력이 있는지를 파악하기 위해 활용되고 있다.

③ 소방분야 PQ제도는 국가와 지방자치단체, 공공기관 등이 발주하는 소방시설 설계 및 공사감리에 대하여 2016.07.28.부터 시행되었으며, 시 · 도지사가 승인하는 공동주택의 소방시설 공사감리에 대하여 2022.01.06.부터 시행되고 있다.

## 2. 소방PQ 적용대상 【소방시설공사업법 제26조의2】

① 국가와 지방자치단체, 공공기관 등이 발주하는 소방시설의 설계 · 공사감리 용역 중 추정가격 2천만 원 이상의 사업에 대해서는 사업수행능력 평가기준에 적합한 설계 · 감리업자를 선정하여야 한다.

② 시 · 도지사가 주택건설사업계획을 승인하는 민간 공동주택(기숙사 제외)으로서 300세대 이상인 소방시설공사의 감리업자를 선정하는 경우에는 사업수행능력 평가기준에 적합한 감리업자를 선정하여야 한다.

## 3. 사업수행능력 평가기준 【소방시설공사업법 시행령 제12조의8】

① 참여하는 소방기술자의 실적 및 경력
② 입찰참가 제한, 영업정지 등의 처분 유무 또는 재정상태 건실도 등에 따라 평가한 신용도
③ 기술개발 및 투자 실적
④ 참여하는 소방기술자의 업무 중첩도
⑤ 그 밖에 행정안전부령으로 정하는 사항 【시행규칙 제23조의2 제1항】
　㉠ 설계용역의 경우 : 설계업자의 사업수행능력 평가기준
　㉡ 공사감리용역의 경우 : 감리업자의 사업수행능력 평가기준
　㉢ 업체를 선정하기 위한 사업수행능력 세부평가기준 【소방시설 설계 · 감리업자의 사업수행능력 세부평가기준 제3조】

▼ [표 74] 설계업자의 사업수행능력 평가기준 【시행규칙 별표 4의3】

| 평가항목 | 배점범위 | 평가방법 |
|---|---|---|
| 1. 참여소방기술자 | 50 | 참여한 소방기술자의 등급 · 실적 및 경력 등에 따라 평가 |
| 2. 유사용역 수행 실적 | 15 | 업체의 수행 실적에 따라 평가 |
| 3. 신용도 | 10 | 관계 법령에 따른 입찰참가 제한, 영업정지 등의 처분내용에 따라 평가 및 재정상태 건실도(健實度)에 따라 평가 |
| 4. 기술개발 및 투자 실적 등 | 15 | 기술개발 실적, 투자 실적 및 교육 실적에 따라 평가 |
| 5. 업무 중첩도 | 10 | 참여소방기술자의 업무 중첩 정도에 따라 평가 |

▼ [표 75] 감리업자의 사업수행능력 평가기준 【시행규칙 별표 4의4】

| 평가항목 | 배점범위 | 평가방법 |
|---|---|---|
| 1. 참여감리원 | 50 | 참여감리원의 등급 · 실적 및 경력 등에 따라 평가 |
| 2. 유사용역 수행 실적 | 10 | 참여업체의 공사감리용역 수행 실적에 따라 평가 |
| 3. 신용도 | 10 | 관계 법령에 따른 입찰참가 제한, 영업정지 등의 처분내용에 따라 평가 및 재정상태 건실도(健實度)에 따라 평가 |
| 4. 기술개발 및 투자 실적 등 | 10 | 기술개발 실적, 투자 실적 및 교육 실적에 따라 평가 |
| 5. 업무 중첩도 | 10 | 참여감리원의 업무 중첩 정도에 따라 평가 |
| 6. 교체 빈도 | 5 | 감리원의 교체 빈도에 따라 평가 |
| 7. 작업계획 및 기법 | 5 | 공사감리 업무수행계획의 적정성 등에 따라 평가 |

## [ KEYWORD 200 ] 자동배수밸브

## 1. 개요

① 자동배수밸브(Auto Drip Valve)는 평상시 건식상태를 필요로 하는 연결송수구나 스프링클러 배관의 하부에 설치하여 잔류수 또는 역류된 물을 자동으로 배수시키는 밸브이다.

② 화재 또는 점검 등으로 인하여 배관에 유입된 물을 배수시키지 않고 방치할 경우 배관, 밸브 등의 동파가 우려되므로 2차 측에 유입된 물을 배수하는데 사용한다.

③ 소방차에서 송수구를 통하여 소화설비 배관에 송수한 후에 체크밸브와 송수구 사이의 잔류수를 배수시켜 겨울철 동파를 예방할 수 있다.

## 2. 구조 및 작동원리

① 자동배수밸브의 구조는 내 · 외부 접속나사, 작동 스프링, 디스크, 캡 등으로 구성되어 있다.

| 접속구경(mm) | | 작동압력(MPa) | |
|---|---|---|---|
| IN | OUT | OPEN | CLOSE |
| 20 | 25 | 0.03 | 0.06 |

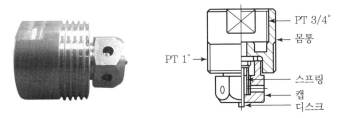

[그림 162] 자동배수밸브 구조도

② 밸브의 폐쇄는 배관 내 가압수로 인하여 밸브 작동압(0.06MPa 정도) 이상으로 압력이 높아지면 디스크 시트가 차단되어 누설이 방지된다.

③ 밸브의 개방은 배관 내 압력이 밸브 작동압(0.03MPa 정도) 이하로 떨어지면 스프링의 힘에 의해 디스크 시트가 개방되어 잔류수가 배출된다.

④ 밸브 내부에 물이 남아 있으면 동결되어 밸브의 작동에 영향을 끼칠 수 있으므로 완전히 배수될 수 있는 구조와 작동특성이 필요하다. 따라서 밸브는 수직배관에 연결하여 하방으로 설치해야 한다.

[사진 161] 자동배수밸브의 폐쇄 · 개방

## 3. 설치기준

▼ [표 76] 자동배수밸브 설치기준

| 설비종류 | 설치기준 |
|---|---|
| 옥내소화전,<br>스프링클러(간이,<br>ESFR 포함), 물분무, 포 | 송수구의 가까운 부분에 자동배수밸브(또는 직경 5mm의 배수공) 및 체크밸브를 설치할 것. 이 경우 자동배수밸브는 배관 안의 물이 잘 빠질 수 있는 위치에 설치하되, 배수로 인하여 다른 물건 또는 장소에 피해를 주지 않아야 한다. |
| 연결송수관 | 송수구의 부근에는 자동배수밸브 및 체크밸브를 다음 각 목의 기준에 따라 설치할 것. 이 경우 자동배수밸브는 배관 안의 물이 잘 빠질 수 있는 위치에 설치하되, 배수로 인하여 다른 물건이나 장소에 피해를 주지 않아야 한다.<br>1. 습식의 경우에는 송수구 · 자동배수밸브 · 체크밸브의 순서로 설치할 것<br>2. 건식의 경우에는 송수구 · 자동배수밸브 · 체크밸브 · 자동배수밸브의 순서로 설치할 것 |
| 연결살수 | 송수구의 가까운 부분에 자동배수밸브와 체크밸브를 다음 각 목의 기준에 따라 설치하여야 한다.<br>1. 폐쇄형헤드를 사용하는 설비의 경우에는 송수구 · 자동배수밸브 · 체크밸브의 순서로 설치할 것<br>2. 개방형헤드를 사용하는 설비의 경우에는 송수구 · 자동배수밸브의 순서로 설치할 것<br>3. 자동배수밸브는 배관안의 물이 잘 빠질 수 있는 위치에 설치하되, 배수로 인하여 다른 물건 또는 장소에 피해를 주지 않을 것 |

# 자동소화장치

## 1. 정의 【NFTC 101 1.7.1.4】

① 자동소화장치란 소화약제를 자동으로 방사하는 고정된 소화장치로서 「소방시설법」 제37조 또는 제40조에 따라 형식승인이나 성능인증을 받은 유효 설치범위(설계방호체적, 최대설치높이, 방호 면적 등을 말한다) 이내에 설치하여 소화하는 것을 말한다.

② 유사한 용어인 자동확산소화기는 화재를 감지하여 자동으로 소화약제를 방출 확산시켜서 국소적 으로 소화하는 소화기를 말한다.

[사진 162] 자동확산소화기

## 2. 자동소화장치의 종류 【NFTC 101 1.7.1.4】

① 주거용 주방자동소화장치란 주거용 주방에 설치된 열발생 조리기구의 사용으로 인한 화재 발생 시 열원(전기 또는 가스)을 자동으로 차단하며 소화약제를 방출하는 소화장치를 말한다.

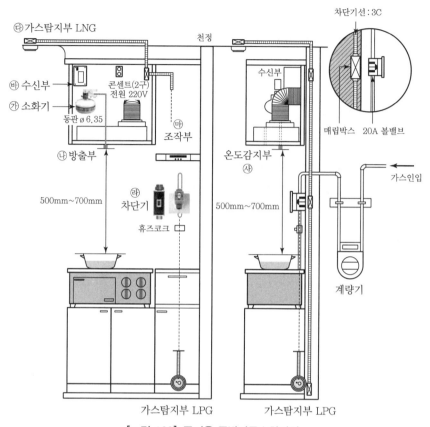

[그림 163] 주거용 주방자동소화장치

② 상업용 주방자동소화장치란 상업용 주방에 설치된 열발생 조리기구의 사용으로 인한 화재 발생 시 열원(전기 또는 가스)을 자동으로 차단하며 소화약제를 방출하는 소화장치를 말한다.

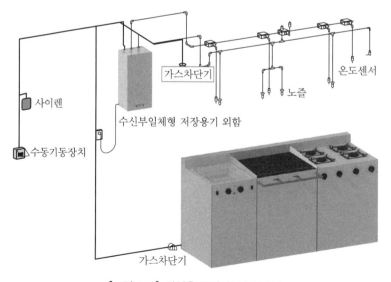

[그림 164] 상업용 주방자동소화장치

③ 캐비닛형자동소화장치란 열, 연기 또는 불꽃 등을 감지하여 소화약제를 방사하여 소화하는 캐비
닛형태의 소화장치를 말한다.

④ 가스자동소화장치란 열, 연기 또는 불꽃 등을 감지하여 가스계 소화약제를 방사하여 소화하는 소
화장치를 말한다.

[사진 163] 가스자동소화장치

⑤ 분말자동소화장치란 열, 연기 또는 불꽃 등을 감지하여 분말의 소화약제를 방사하여 소화하는 소
화장치를 말한다.

⑥ 고체에어로졸자동소화장치란 열, 연기 또는 불꽃 등을 감지하여 에어로졸의 소화약제를 방사하여
소화하는 소화장치를 말한다.

[사진 164] 고체에어로졸자동소화장치

## 자동폐쇄장치

## 1. 정의 【NFTC 501A 1.7.1.1.0】

① 자동폐쇄장치란 제연구역의 출입문 등에 설치하는 것으로서 화재 시 화재감지기의 작동과 연동하여 출입문을 자동으로 닫히게 하는 장치를 말한다.

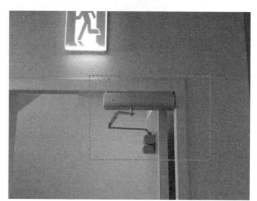

[사진 165] 계단방화문에 설치된 자동폐쇄장치

② 유사한 용어인 자동개폐장치는 옥상 출입문등에 설치하는 것으로 평상시 방범등의 이유로 출입문을 폐쇄상태로 유지하고 화재 시 옥내에 설치된 감지기작동과 연동하여 출입을 자동(수동겸용)으로 열게 하는 장치이다. 즉, 자동폐쇄장치와 반대의 기능을 유지하는 장치이다.

[사진 166] 옥상 출입문등에 설치된 자동개폐장치

소 방 용 어 해 설

## 2. 제연구역출입문 설치기준 【NFTC 501A 2.18.1】

① 제연구역의 출입문(창문을 포함 한다)은 언제나 닫힌 상태를 유지하거나 자동폐쇄장치에 의해 자동으로 닫히는 구조로 할 것. 다만, 아파트인 경우 제연구역과 계단실 사이의 출입문은 자동폐쇄장치에 의하여 자동으로 닫히는 구조로 하여야 한다.

② 제연구역의 출입문에 설치하는 자동폐쇄장치는 제연구역의 기압에도 불구하고 출입문을 용이하게 닫을 수 있는 충분한 폐쇄력이 있어야 한다.

③ 제연구역의 출입문등에 자동폐쇄장치를 사용하는 경우에는 「자동폐쇄장치의 성능인증 및 제품검사의 기술기준」에 적합한 것으로 설치하여야 한다.

## 3. 옥내의 출입문 설치기준 【NFTC 501A 2.18.2】

① 출입문은 언제나 닫힌 상태를 유지하거나 자동폐쇄장치에 의해 자동으로 닫히는 구조로 한다.

② 거실 쪽으로 열리는 구조의 출입문에 자동폐쇄장치를 설치하는 경우에는 출입문의 개방 시 유입공기의 압력에도 불구하고 출입문을 용이하게 닫을 수 있는 충분한 폐쇄력이 있는 것으로 한다.

## [ KEYWORD 203 ] 자동화재속보설비(속보기)

### 1. 정의【NFTC 204 1.7.1】

① 속보기란 화재신호를 통신망을 통하여 음성 등의 방법으로 소방관서에 통보하는 장치를 말한다.

② 통신망이란 유선이나 무선 또는 유무선 겸용 방식을 구성하여 음성 또는 데이터 등을 전송할 수 있는 집합체를 말한다.

③ 화재 시 수신기와 연동하여 화재발생 상황을 소방관서에 연락해주는 A형 속보기와 소방관서와 관계인에게 통보해주는 B형 화재속보기가 있다.

[사진 167] 자동화재속보설비 속보기

### 2. 역할 및 연동관계

① 사람이 거주하지 않거나 거주하더라도 여러 가지 이유로 화재신고가 늦을 수 있는 장소에 설치하여 화재발생 신호를 사람을 대신하여 자동으로 통신망을 통하여 신고한다.

② 연동은 자동화재탐지설비의 수신기로부터 입력받아 그에 대한 출력으로 소방서 및 관계인에게 자동 통보한다.

### 3. 설치대상【소설시설법시행령 별표 4 제2호 사목】

자동화재속보설비를 설치해야 하는 특정소방대상물은 다음의 어느 하나에 해당하는 것으로 한다. 다만, 방재실 등 화재 수신기가 설치된 장소에 24시간 화재를 감시할 수 있는 사람이 근무하고 있는 경우에는 자동화재속보설비를 설치하지 않을 수 있다.

① 노유자 생활시설

② 노유자 시설로서 바닥면적이 500m² 이상인 층이 있는 것

③ 수련시설(숙박시설이 있는 것만 해당)로서 바닥면적이 500m² 이상인 층이 있는 것

④ 문화재 중 「문화재보호법」에 따라 보물 또는 국보로 지정된 목조건축물

⑤ 근린생활시설 중 다음의 어느 하나에 해당하는 시설

　　㉠ 의원, 치과의원 및 한의원으로서 입원실이 있는 시설

　　㉡ 조산원 및 산후조리원

⑥ 의료시설 중 다음의 어느 하나에 해당하는 것

　　㉠ 종합병원, 병원, 치과병원, 한방병원 및 요양병원(의료재활시설은 제외)

　　㉡ 정신병원 및 의료재활시설로 사용되는 바닥면적의 합계가 500m² 이상인 층이 있는 것

⑦ 판매시설 중 전통시장

## 4. 설치기준 【NFTC 204 2.1.1】

① 자동화재탐지설비와 연동으로 작동하여 자동적으로 화재신호를 소방관서에 전달되는 것으로 할 것. 이 경우 부가적으로 특정소방대상물의 관계인에게 화재신호를 전달되도록 할 수 있다.

② 조작스위치는 바닥으로부터 0.8m 이상 1.5m 이하의 높이에 설치할 것

③ 속보기는 소방관서에 통신망으로 통보하도록 하며, 데이터 또는 코드전송방식을 부가적으로 설치할 수 있다. 다만, 데이터 및 코드전송방식의 기준은 소방청장이 정하여 고시한 「자동화재속보설비의 속보기의 성능인증 및 제품검사의 기술기준」 제5조 제12호에 따른다.

④ 문화재에 설치하는 자동화재속보설비는 제1호의 기준에도 불구하고 속보기에 감지기를 직접 연결하는 방식(자동화재탐지설비 1개의 경계구역에 한한다)으로 할 수 있다.

⑤ 속보기는 소방청장이 정하여 고시한 「자동화재속보설비의 속보기의 성능인증 및 제품검사의 기술기준」에 적합한 것으로 설치하여야 한다.

KEYWORD
204

# 자연발화

## 1. 개요

① 가연성 물질이 공기 중에서 스스로 발열하여 그 열을 축적함으로서 발화점에 도달하여 연소에 이르는 현상을 자연발화라고 한다.

② 자연발화는 외부의 점화원이 없는 상태에서 스스로 발화하는 현상으로 그 원인으로는 가연성 물질의 산화열, 분해열, 흡착열, 중합열 등이 있다.

## 2. 발생 메커니즘

① 열 축적 : 가연성 물질이 상온의 공기 중에서 산화 또는 분해 등의 화학반응에 의하여 발생되는 열이 계의 내부에 축적된다.

② 온도상승 : 열 축적에 의해 계의 내부온도가 상승한다.

③ 반응속도 상승 : 온도상승에 따라 계 내의 반응속도가 빨라진다.

④ 온도상승 반복 : 반응속도의 상승에 따라 계의 내부온도가 반복적으로 상승하여 발화점에 도달하면 자연발화가 발생한다.

## 3. 자연발화 조건

① 열의 축적이 방열량보다 많다(발열 > 방열).

② 열전도율이 작다.

③ 공기와 접촉하는 부분의 가연물 표면적이 크다.

④ 환경상태가 고온다습하여 열 축적이 용이하다.

⑤ 환기가 잘 되지 않는다.

## 4. 자연발화 방지대책

① 습도를 낮게 할 것

② 주위의 온도를 낮출 것

③ 통풍을 잘 시킬 것

④ 가능한 입자를 크게 할 것

⑤ 불활성 가스를 주입하여 공기와 접촉을 피할 것

# 자진설비/임의설비

## 1. 개요

① 특정소방대상물에 설치되는 소방 설비에는 법적으로 규정되어 설치 의무가 있는 설비 외에 자체 화재안전을 강화하기 위해 설치하는 화재대응설비가 있다.

② 이와 같이 자체 화재안전을 위해 설치하는 소방설비를 자진설비 또는 임의설비라 한다.

## 2. 자진설비 【소방시설법령 질의회신집 9월】

① 「소방시설 설치 및 관리에 관한 법률 시행령」 별표 4에 따른 설치 의무가 없으나, 특정소방대상물의 관계인이 관련 법령에 따라 적합하게 설치하는 소방시설로, 일반적으로 접하는 소방시설이 대부분이다. 예 스프링클러설비, 옥내소화전설비

[사진 168] 옥내소화전 의무설치 대상이 아닌데 설치한 경우

② 자진설비를 시공하려면 소방시설공사업법에서 정하는 바에 따라 착공신고를 하여야 한다.

③ 자진설비를 시공할 때는 화재안전기준에 맞게 설치해야 한다.

④ 자진설비를 시공할 때에 공사감리자 지정신고는 제외할 수 있다.

⑤ 자체점검은 의무 대상이 아닐 수 있으나 소화성능 유지를 위하여 자체점검에 포함시키는 것이 바람직하다.

## 3. 임의설비 【소방시설법령 질의회신집 9월】

① 「소방시설 설치 및 관리에 관한 법률 시행령」 별표 4에 따른 설치의무가 없는 특정소방대상물에 설치되는 소방시설(자진설비 제외) 이나 소방시설과 구성품 · 기능 · 구조 등이 유사한 설비를 말한다.

② 임의설비는 주로 특정 설비 단위로 설치되므로, 설치 범위가 크지 않고 우리가 익히 알고 있는 소방시설이 아닐 수 있다.

③ 따라서 화재안전기준을 준수할 수 없거나 준수하지 않아도 된다.

④ 또한, 시공 시 착공신고 및 공사감리자 지정신고를 하지 않아도 되고 자체점검 역시 의무는 아니다.

[사진 169] 에어로졸 설비와 유사한 임의 설비

* 법정설비란 「소방시설 설치 및 관리에 관한 법률 시행령」 별표 4에 따른 설치의무가 있는 특정소방대상물에 설치되는 소방시설을 말한다.
* 대체설비란 「소방시설 설치 및 관리에 관한 법률 시행령」 별표 5에 따라 법정설비가 면제되는 소방시설을 말한다.

## 4. 설비별 법령 적용기준

▼ [표 77] 설비별 법령 적용기준 【소방시설법령 질의회신집 9월】

| 구분 | 화재안전 기준적용 | 착공신고 및 감리자 지정 | 자체점검 | 소방안전 관리자선임 | 형식승인 제품사용 | 위반 시 처벌 | |
|---|---|---|---|---|---|---|---|
| | | | | | | 공사업법 | 시설법 |
| 법정설비 | ○ | ○ | ○ | ○ | ○ | ○ | ○ |
| 대체설비 | ○ | △[1] | ○ | △[2] | ○ | ○ | ○ |
| 자진설비 | ○ | △[3] | × | × | ○ | ○ | × |
| 임의설비 | × | × | × | × | × | × | × |

1) 비상경보설비를 자동화재탐지설비로 대체한 경우 「예방소방업무처리규정」 제14조 제2항 제2호에 따라 소방공사 감리자를 지정하지 아니할 수 있음
2) 소방시설법(소방시설 설치 및 관리에 관한 법) 시행령 [별표 4]상 설치의무가 있는 소방시설(법정설비) 기준으로 소방안전관리자 선임 여부 결정 **예** 소방시설법 시행령 [별표 4]에 따라 비상경보설비 설치대상이나 자동화재탐지설비를 설치하여 비상경보설비를 면제받은 경우 소방안전관리자 선임의무 없음
3) 착공신고는 하여야 하나, 소방공사감리자는 「예방소방업무처리규정」 제14조 제2항 제1호에 따라 지정하지 아니할 수 있음

# [ KEYWORD 206 ] 자체점검(작동점검/종합점검/외관점검)

## 1. 개요

① 특정소방대상물의 관계인은 그 대상물에 설치되어 있는 소방시설등이 이 법이나 이 법에 따른 명령 등에 적합하게 설치·관리되고 있는지에 대하여 정해진 기간 내에 스스로 점검하거나 관리업자 또는 기술자격자(소방안전관리자로 선임된 소방시설관리사 및 소방기술사)로 하여금 정기적으로 점검(자체점검)하게 하여야 한다. 이 경우 관리업자등이 점검한 경우에는 그 점검 결과를 행정안전부령으로 정하는 바에 따라 관계인에게 제출하여야 한다.

  ㉠ 해당 특정소방대상물의 소방시설등이 신설된 경우 : 「건축법」 제22조에 따라 건축물을 사용할 수 있게 된 날부터 60일

  ㉡ ㉠외의 경우 : 행정안전부령으로 정하는 기간 【소방시설법 제22조 제1항】

② 특정소방대상물에 설치된 소방시설등에 대하여 자체점검을 실시하고자 하는 경우 소방시설등(작동점검·종합점검)점검표에 따라 실시하여야 한다. 【소방시설 자체점검사항 등에 관한 고시 제5조】

③ 공공기관의 기관장은 소방시설등의 자체점검을 실시한 경우 소방시설 자체점검 기록부에 기재하여 관리하여야 하며, 외관점검을 실시하는 경우 소방시설등 외관점검표를 사용하여 점검하여야 한다. 【소방시설 자체점검사항 등에 관한 고시 제7조】

## 2. 자체점검의 구분 【소방시설법 시행규칙 별표 3】

① **작동점검** : 소방시설등을 인위적으로 조작하여 소방시설이 정상적으로 작동하는지를 소방시설등 작동점검표에 따라 점검하는 것

② **종합점검** : 소방시설등의 작동점검을 포함하여 소방시설등의 설비별 주요 구성 부품의 구조기준이 화재안전기준과 「건축법」 등 관련 법령에서 정하는 기준에 적합한 지 여부를 소방시설등 종합점검표에 따라 점검하는 것을 말하며, 다음과 같이 구분한다.

  ㉠ 최초점검 : 소방시설이 새로 설치되는 경우 건축물을 사용할 수 있게 된 날부터 60일 이내 점검하는 것

  ㉡ 그 밖의 종합점검 : 최초점검을 제외한 종합점검

## 3. 작동점검 대상, 점검자의 자격, 점검횟수, 점검시기 【소방시설법 시행규칙 별표 3】

① **대상** : 작동점검은 영 제5조에 따른 특정소방대상물을 대상으로 한다. 다만, 다음의 어느 하나에 해당하는 특정소방대상물은 제외
  ㉠ 특정소방대상물 중 「화재예방법」 제24조 제1항에 해당하지 않는 특정소방대상물(소방안전관리자를 선임하지 않는 대상)
  ㉡ 「위험물안전관리법」 제2조 제6호에 따른 제조소등
  ㉢ 「화재예방법 시행령」 별표 4 제1호 가목의 특급소방안전관리대상물

② **점검자의 자격** : 작동점검은 다음의 분류에 따른 기술인력이 점검할 수 있다.
  ㉠ 간이스프링클러설비(주택전용 간이스프링클러설비는 제외) 또는 자동화재탐지설비가 설치된 특정소방대상물
    1) 관계인
    2) 관리업에 등록된 기술인력 중 소방시설관리사
    3) 「소방시설공사업법 시행규칙」 별표 4의2에 따른 특급점검자
    4) 소방안전관리자로 선임된 소방시설관리사 및 소방기술사
  ㉡ ㉠에 해당하지 않는 특정소방대상물
    1) 관리업에 등록된 소방시설관리사
    2) 소방안전관리자로 선임된 소방시설관리사 및 소방기술사

③ **점검횟수** : 연 1회 이상 실시

④ **점검시기**
  ㉠ 종합점검 대상은 종합점검을 받은 달부터 6개월이 되는 달에 실시
  ㉡ ㉠에 해당하지 않는 특정소방대상물은 특정소방대상물의 사용승인일(건축물의 경우에는 건축물대장 또는 건물 등기사항증명서에 기재되어 있는 날, 시설물의 경우에는 「시설물의 안전 및 유지관리에 관한 특별법」 제55조 제1항에 따른 시설물통합정보관리체계에 저장·관리되고 있는 날을 말하며, 건축물관리대장, 건물등기사항증명서 및 시설물통합정보관리체계를 통해 확인되지 않는 경우에는 소방시설완공검사증명서에 기재된 날을 말한다)이 속하는 달의 말일까지 실시. 다만, 건축물관리대장 또는 건물 등기사항증명서 등에 기입된 날이 서로 다른 경우에는 건축물관리대장에 기재되어 있는 날을 기준으로 점검

## 4. 종합점검 대상, 점검자의 자격, 점검횟수, 점검시기 【소방시설법 시행규칙 별표 3】

① **대상**
  ㉠ 「소방시설법」 제22조 제1항 제1호(최초점검 대상)에 해당하는 특정소방대상물
  ㉡ 스프링클러설비가 설치된 특정소방대상물

ⓒ 물분무등소화설비[호스릴(Hose Reel) 방식의 물분무등소화설비만을 설치한 경우 제외]가 설치된 연면적 5,000m² 이상인 특정소방대상물(위험물제조소등은 제외)

ⓔ 「다중이용업소법 시행령」 제2조 제1호 나목, 같은 조 제2호(비디오물소극장업은 제외)·제6호·제7호·제7호의 2 및 제7호의 5의 다중이용업의 영업장이 설치된 특정소방대상물로서 연면적이 2,000m² 이상인 것

> 【다중이용업소의 안전관리에 관한 특별법 시행령】
> 제2조 제1호 나목 : 단란주점영업과 유흥주점영업
> 제2조 제2호 : 영화상영관·비디오물감상실업·복합영상물제공업
> 제6호 : 노래연습장업
> 제7호 : 산후조리업
> 제7호의2 : 고시원업
> 제7호의5 : 안마시술소

ⓜ 제연설비가 설치된 터널

ⓗ 「공공기관의 소방안전관리에 관한 규정」 제2조에 따른 공공기관 중 연면적(터널·지하구의 경우 그 길이와 평균 폭을 곱하여 계산된 값)이 1,000m² 이상인 것으로서 옥내소화전설비 또는 자동화재탐지설비가 설치된 것(「소방기본법」에 따른 소방대가 근무하는 공공기관은 제외)

> 【공공기관의 안전관리에 관한 규정 제2조】에 따른 공공기관
> 1) 국가 및 지방자치단체
> 2) 국공립학교
> 3) 공공기관
> 4) 지방공사 및 지방공단
> 5) 사립학교

② 점검자의 자격

ⓐ 관리업에 등록된 소방시설관리사

ⓑ 소방안전관리자로 선임된 소방시설관리사 및 소방기술사

③ 점검횟수

ⓐ 연 1회 이상(「화재예방법 시행령」에 해당하는 특급 소방안전관리대상물은 반기에 1회 이상) 실시

> 특급 소방안전관리대상물 【화재예방법 시행령 별표 4 제1호 가목】
> 1) 50층 이상(지하층 제외)이거나 지상으로부터 높이가 200m 이상인 아파트
> 2) 30층 이상(지하층 포함)이거나 지상으로부터 높이가 120m 이상인 특정소방대상물(아파트 제외)
> 3) 2)에 해당하지 아니하는 특정소방대상물로서 연면적이 10만m² 이상인 특정소방대상물(아파트 제외)

ⓛ ㉠에도 불구하고 소방본부장 또는 소방서장은 소방청장이 소방안전관리가 우수하다고 인정한 특정소방대상물에 대해서는 3년의 범위에서 소방청장이 고시하거나 정한 기간 동안 종합정밀 점검을 면제할 수 있다. 다만, 면제기간중 화재가 발생한 경우에는 제외한다.

④ **점검시기**

㉠ 최초점검 대상에 해당하는 특정소방대상물은 「건축법」 제22조에 따라 건축물을 사용할 수 있게 된 날부터 60일 이내 실시

ⓛ ㉠을 제외한 특정소방대상물은 건축물의 사용승인일이 속하는 달에 실시. 다만, 「공공기관의 안전관리에 관한 규정」에 따른 학교의 경우에는 해당 건축물의 사용승인일이 1월에서 6월 사이에 있는 경우에는 6월 30일까지 실시할 수 있다.

ⓒ 건축물 사용승인일 이후 물분무등소화설비가 설치된 연면적 5,000m² 이상인 특정소방대상물로 종합점검 대상에 해당하게 된 경우에는 그 다음 해부터 실시

ⓛ 하나의 대지경계선 안에 2개 이상의 자체점검 대상 건축물 등이 있는 경우에는 그 건축물 중 사용승인일이 가장 빠른 연도의 건축물의 사용승인일을 기준으로 점검할 수 있다.

## 5. 공공기관의 점검

제2호(자체점검의 구분)에도 불구하고 「공공기관의 소방안전관리에 관한 규정 제2조」에 따른 **공공기관의 장**은 공공기관에 설치된 소방시설등의 유지·관리상태를 맨눈 또는 신체감각을 이용하여 점검하는 **외관점검을 월 1회 이상 실시**(작동점검 또는 종합점검을 실시한 달에는 실시하지 않을 수 있다)하고, 그 점검결과를 **2년간 자체** 보관하여야 한다. 이 경우 외관점검의 점검자는 해당 특정소방대상물의 관계인, 소방안전관리자 또는 관리업자(소방시설관리사를 포함하여 등록된 기술인력)로 해야 한다.

* 외관점검을 하는 경우에는 「소방시설 자체점검사항 등에 관한 고시」 별지 제6호 서식의 소방시설등 외관점검표를 사용하여 점검해야 한다. 이 경우 전자적 기록방식을 활용할 수 있다. 【소방시설 자체점검사항 등에 관한 고시 제7조】

## 6. 점검결과보고서의 제출 【소방시설법 시행규칙 제23조】

① 관리업자 또는 소방안전관리자로 선임된 소방시설관리사 및 소방기술사(관리업자등)는 자체점검을 실시한 경우에는 그 점검이 끝난 날부터 10일 이내에 소방시설등 자체점검 실시결과 보고서에 소방시설등점검표를 첨부하여 관계인에게 제출해야 한다.

② ①에 따른 자체점검 실시결과 보고서를 제출받거나 스스로 자체점검을 실시한 관계인은 자체점검이 끝난 날부터 15일 이내에 소방시설등 자체점검 실시결과 보고서에 다음 각 호의 서류를 첨부하여 소방본부장 또는 소방서장에게 서면이나 소방청장이 지정하는 전산망을 통하여 보고해야 한다.

㉠ 점검인력 배치확인서(관리업자가 점검한 경우만 해당)
㉡ 소방시설등의 자체점검 결과 이행계획서

③ ① 및 ②에 따른 자체점검 실시결과의 보고기간에는 공휴일 및 토요일은 산입하지 않는다.
④ 제2항에 따라 소방본부장 또는 소방서장에게 자체점검 실시결과 보고를 마친 관계인은 소방시설등 자체점검 실시결과 보고서(소방시설등점검표를 포함)를 점검이 끝난 날부터 2년간 자체 보관해야 한다.

## 7. 점검실명제

자체점검 결과 보고를 마친 관계인은 관리업자등, 점검일시, 점검자 등 자체점검과 관련된 사항을 점검기록표에 기록하여 특정소방대상물의 출입자가 쉽게 볼 수 있는 장소에 게시하여야 한다. **【소방시설법 제24조 제1항】**
소방본부장 또는 소방서장에게 자체점검 결과 보고를 마친 관계인은 보고한 날부터 10일 이내에 소방시설등 자체점검기록표를 작성하여 특정소방대상물의 출입자가 쉽게 볼 수 있는 장소에 30일 이상 게시해야 한다. **【소방시설법 시행규칙 제25조】**

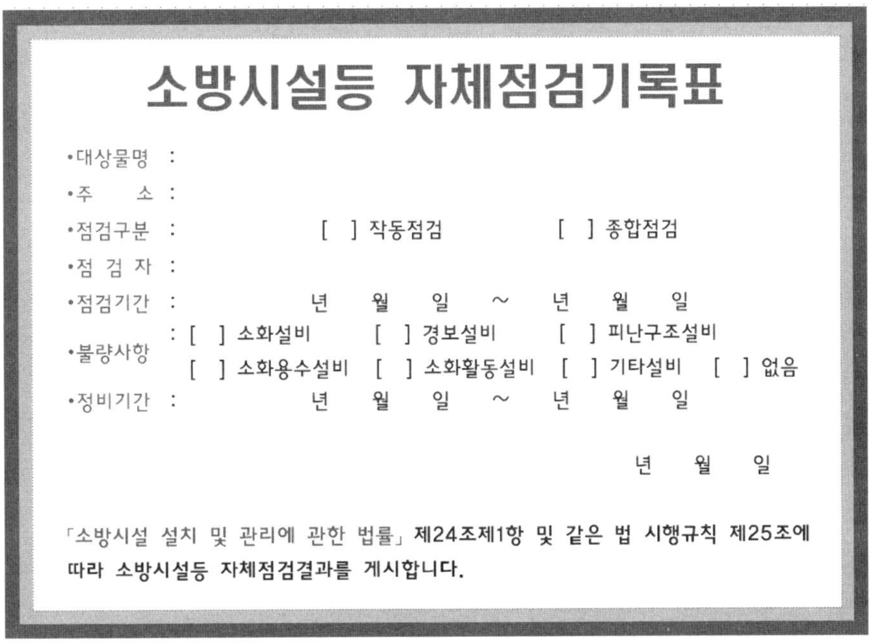
소방시설등 자체점검기록표

•대상물명 :
•주 소 :
•점검구분 : [ ] 작동점검 [ ] 종합점검
•점 검 자 :
•점검기간 : 년 월 일 ~ 년 월 일
•불량사항 : [ ] 소화설비 [ ] 경보설비 [ ] 피난구조설비
[ ] 소화용수설비 [ ] 소화활동설비 [ ] 기타설비 [ ] 없음
•정비기간 : 년 월 일 ~ 년 월 일

년 월 일

「소방시설 설치 및 관리에 관한 법률」 제24조제1항 및 같은 법 시행규칙 제25조에 따라 소방시설등 자체점검결과를 게시합니다.

[사진 170] 소방시설등 자체점검기록표

# 저항(抵抗)

## 1. 개요

전압은 전류를 흐르게 하는 힘인데 비해 저항이란 전류가 잘 흐르지 못하게 방해하는 힘을 말한다.

## 2. 저항의 단위

① 옴의 법칙

전기회로에 흐르는 전류는 전압에 비례하고, 저항에 반비례한다.

$$I = \frac{V}{R} \Rightarrow R = \frac{V}{I}$$

I : 전류, V : 전압, R : 저항

② 도체의 양단에 1V의 전압을 가할 때, 1A의 전류가 흐르는 경우의 저항값을 1Ω으로 정의한다.

## 3. 도체저항

① 저항은 고유저항(저항률)과 길이에 비례하고 도체 단면적에 반비례한다.

$$R = \rho \frac{l}{A} [\Omega]$$

R : 저항, $\rho$ : 고유저항(저항률), $l$ : 길이, A : 단면적

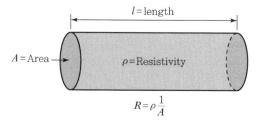

② 전도율 $\sigma [\Omega \cdot m]$(시그마)은 도체에 전류가 흐르기 쉬운 정도를 나타내는 성질이고 고유저항(저항률)의 역수이다.

## 4. 고유저항(저항률) : $\rho[\Omega \cdot m]$ (로우)

① 전류의 흐름을 방해하는 물질의 고유한 성질이고 전도율의 역수이다.

② 여러 물질의 고유저항

ㄱ 10$^{-4}$[$\Omega \cdot$ m] 이하의 고유저항(도체) : 구리, 은, 백금, 크롬, 수은

ㄴ 10$^{-4}$~10$^{6}$[$\Omega \cdot$ m]의 고유저항(도체) : 게르마늄, 규소

ㄷ 10$^{6}$[$\Omega \cdot$ m] 이상의 고유저항(도체) : 페놀수지, 부틸고무, 백운모, 석영유리

## [ KEYWORD 208 ] 전기방폭설비

### 1. 개요

① 가연성 가스가 체류하는 장소에서의 전기설비로 인한 화재·폭발을 방지하기 위한 안전설비를 전기방폭설비라고 한다.

② 전기방폭설비에는 내압, 압력, 유입, 안전증, 본질안전, 특수 방폭구조 등이 있다.

### 2. 방폭구조의 종류

① 내압(耐壓)방폭구조(Flameproof Enclosures "d")

ㄱ 외부의 폭발성 가스가 전기기구 내부에 유입되어 전기불꽃에 의해 폭발이 일어나더라도 폭발압력에 견딜 수 있는 방폭구조이다.

ㄴ 전기기구 내 폭발화염이 외부의 폭발성 가스에 점화되지 않도록 용기 틈새를 화염일주한계 이하로 한다.

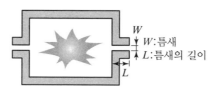

$W$:틈새
$L$:틈새의 길이

[그림 165] 내압(耐壓)방폭구조

② 압력(壓力) 방폭구조(Pressurized Apparatus "p")

ㄱ 외부의 폭발성 가스가 전기기구 내부에 유입되지 못하도록 공기 또는 불활성 기체를 주입하여 일정한 압력(약50Pa정도)을 유지하는 방폭구조이다.

ㄴ 전기기구 내 압력이 감소할 경우 자동으로 경보하거나 운전을 정지시킬 수 있다.

[그림 166] 압력(壓力) 방폭구조

③ 유입(油入) 방폭구조(Oil Immersed "o")

　㉠ 전기불꽃이 발생되는 부분을 절연유에 넣어 외부의 폭발성 가스에 점화되지 않도록 점화원을 격리한 방폭구조이다.

　㉡ 필요한 유량을 일정하게 유지하고 유면의 온도가 상승되지 않도록 관리할 필요가 있다.

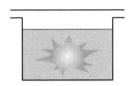

[그림 167] 유입(油入) 방폭구조

④ 안전증(安全增)방폭구조(Increased Safety "e")

　㉠ 정상운전 상태에서 폭발성 가스의 점화원이 될 수 있는 전기불꽃 또는 고온부 등이 발생되지 않도록 전기적, 기계적 또는 구조적으로 안전도를 높인 방폭구조이다.

　㉡ 고장이나 파손 등으로 점화원이 발생되는 경우에는 폭발의 원인이 될 수 있다.

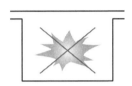

[그림 168] 안전증(安全增)방폭구조

⑤ 본질안전 방폭구조(Intrinsic Safety "i")

　㉠ 정상운전 또는 이상상태에서 발생하는 전기불꽃 또는 고온부에 의해 폭발성 가스가 점화될 우려가 없음이 시험 등으로 확인된 방폭구조이다.

　㉡ 폭발성 가스의 점화에 필요한 최소한의 에너지가 주어져야 한다는 개념에 기초한 것이다.

　㉢ 0종장소(정상적상태에서 지속적 위험분위기 형성 공간)에서 사용토록 특별히 고안된 방폭구조이다.

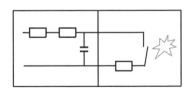

[그림 169] 본질안전 방폭구조

⑥ 특수 방폭구조(Special "s")

　㉠ 비점화 방폭구조

　㉡ 몰드 방폭구조

　㉢ 충전 방폭구조

## [ KEYWORD 209 ] 전도

## 1. 개요

① 전도는 온도차가 있는 고체 또는 정지 상태의 유체 내에서 진동이나 충돌에 의해 온도가 높은 곳에서 낮은 곳으로 열이 이동하는 것을 말한다.

② "전도열량은 재료의 열전도율과 온도구배에 비례한다"는 퓨리에(Fourier) 전도법칙에 의해 표현된다.

## 2. 전도열량 $Q_c$ [kcal/h]

$$Q_c = \frac{\lambda \cdot A(t_{s1} - t_{s2})}{l}$$

여기서, $Q_c$ : 전도열량(kcal/h), (w : SI단위)

$\lambda$ : 열전도율(kcal/mh℃), (w/m · k : SI단위)

$A$ : 단면적($m^2$)

$t_{s1}$ : 물체내부 표면온도(℃), (k : SI단위)

$t_{s2}$ : 물체외부 표면온도(℃), (k : SI단위)

$l$ : 두께[m]

## 3. 내장재 발화시간

두꺼운 물질(2mm 이상)인 경우 내장재 발화시간은 다음과 같다.

$$t_{ig} = C(k\rho c)\left(\frac{T_{ig} - T_\infty}{\dot{q}}\right)^2$$

여기서, $t_{ig}$ = 발화시간[s], $C$ = 상수

$k$ : 열전도도[kcal/s · m · ℃], $\rho$ = 밀도[kcal/$m^3$]

$c$ = 비열[kcal/kg℃], $T_{ig}$ = 발화온도[℃]

$T_\infty$ = 대기중온도[℃], $\dot{q}''$ = 복사열유속(열방출량)[kW/$m^2$], 열관성($k\rho c$)의 영향

① 열전도도(율)가 크고 밀도가 크고 비열이 크면 발화시간이 늦어진다.

② 열관성은 어떤 물체가 일정온도를 가지고 있는 경우 현재의 온도를 유지하려고 하는 성질이며 열관성이 크면 자기온도를 유지하고자 하므로 열을 방출하여 발화시간이 늦어진다.

## 4. 전도에 영향을 주는 요인

① **흐름 경로의 단면적[$A$]** : 단면적이 커지면 열 흐름양은 증가한다.

② **흐름길이 [$l$]** : 길이가 길어지면 열 흐름 저항이 증가하여 열 흐름양은 감소한다.

③ **열전도도[$k$]** : 열전도도가 크면 열 흐름 저항이 작아져 열 흐름양은 증가한다.

④ **목재와 플라스틱과 같은 적층재료** : 열 흐름 결과 평행한 경우 빠르고 수직인 경우 느리다.

전류(電流)

## 1. 개요

① 전류란 전위차에 의해 전자의 이동에 따른 전하의 흐름을 말한다. 도체의 단면적을 통하여 자유전자가 이동할 때 전자가 흐른다고 말한다. 즉, 일정시간 동안 흐른 전하의 양이다.

  \* 물질은 분자와 분자, 분자는 원자와 원자, 원자는 원자핵과 그 주위를 둘러싸고 있는 전자로 구성되어 있으며 원자핵은 양성자와 중성자로 구성되어 있다.

② 전자는 음전하가 양전하로 이동하나 전류는 ( + )에서 ( − )로 흐른다고 약속하여 사실과는 반대로 사용하고 있으므로 착오 없도록 주의가 필요하다.

## 2. 전류의 단위

1A(암페어)는 1초 동안에 도체 내의 임의의 한 점을 1C(쿨롱)의 전하가 통과할 때 1A의 전류가 흘렀다고 정의한다.

$$\text{전류 I[A]} = \frac{\text{전하량 } Q[C]}{\text{시간} t[s]} \Rightarrow \frac{1C}{1s} = \frac{6.24 \times 10^{18} \times 1.6 \times 10^{-19}[C]}{1[s]} = 0.99 \coloneqq 1[A]$$

## 3. 전류의 구분

① 정격전류

  공업용 및 상업용 전력시스템의 보호 용어로서 퓨즈가 열화(시간지남에 따른 성능 저하)가 없이 또 그 퓨즈에 정해진 온도 상승 한계를 넘지 않고 연속적으로 흘릴 수 있는 전류이다.

② 허용전류

  전선의 단면적에 맞추어 안전하게 흘릴 수 있는 전류의 최대한도를 의미한다.

③ 단락전류

  전기회로에서 단락이 생길 때 흐르는 전류로 송전선에서는 선간 또는 선과 대지 간의 아크에 의하여 단락(합선)하는 경우에 흐르는 전류이다.

## 4. 전류의 3대 작용

### ① 발열작용

저항체에 전류가 흐르면 열이 발생하는데 일정 시간동안 발생하는 열량은 저항이 크고 전류가 많이 흐를수록 크다. 또한, 열이 발생하는 부분의 온도가 높으면 빛이 많이 발생하게 되는데 이러한 열이나 빛을 이용한 것이 전열기나 백열전구이다.

### ② 화학작용

전기에너지를 화학에너지로 변환하는 작용을 이용한 것으로 전기분해, 축전지, 전기도금 등이 있다.

### ③ 자기작용

코일에 전류를 흘리면 주위에 자기장이 생기고 자기장 속에서 도선에 전류를 흘리면 도선은 힘을 받는다. 이 작용을 응용한 것이 전동기, 발전기, 변압기 등이 있다.

**전선/케이블**

## 1. 개요

① 전선이란 전기를 전달하는 선으로서 나선(나동선), 코드, 절연전선 및 케이블 등의 총칭으로 가장 기본적인 형태의 전기를 전달하는 선(Wire)을 말한다.

② 나(동)선이란 겉에 아무것도 씌우지 않은 구리줄을 말하며 주로 접지선 용도로 사용한다.

③ 코드란 전선 중에 일반적으로 유연성을 갖고 주로 옥내(예를 들면 가정제품의 리드(릴)선)에 쓰이는 것을 말한다, 도체경이 가는 선으로 300V 이하의 사용전압에서 사용한다.

  \* 리드선 : 흔히 "돌돌이"라고도 불리며 주로 야외나 산업현장에서 많이 사용되며 20~100m 정도로 매우 길고 전력용량도 여유 있는 전선

## 2. 절연전선(Insulation Wire)

① 절연전선은 도체(구리, 알루미늄 등) 위에 절연체(PVC, PE)만을 피복한 것을 말하며 절연체가 적용되지 않고 사용되는 나선(Bare Wire)에 비해 감전 등의 사고를 방지할 수 있으나 고전압에서는 접촉 시 감전의 위험이 있을 수 있어 주로 조명용, 전열(콘센트용), 조작판넬 등에서 배선용으로 사용한다.

② 절연전선의 종류

  ㉠ 450/750V 저독성 난연 가교 폴리올레핀 절연전선(HFIX : Halogen Free Frame－Retardant Polyolefin Insulated Wire)

    1) 450/750V 이하의 일반 전기 배선에 사용하는 옥내용 저독성 난연 폴리올레핀 절연전선

    2) 옥내용 일반 전기시설물이나 전기 기기 배선에 사용되는 도체 최고 허용 온도 90℃의 저독성 난연 폴리올레핀 절연전선

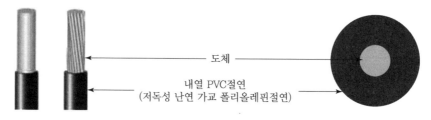

도체

내열 PVC절연
(저독성 난연 가교 폴리올레핀절연)

[사진 171] 450/750V 저독성 난연 가교 폴리올레핀 절연전선(HFIX)

  ㉡ 300/500V 내열성 실리콘 고무 절연전선(180℃) 등

## 3. 케이블

① 케이블은 구조상 절연전선과 달리 이중 피복의 형태, 즉 외부에 피복(일반적으로 미국에서는 Jacket라고 부르며, 유럽에서는 Sheath라고 부름)을 지닌 전선을 의미하며 주로 Multi화된 전선들이 이에 속한다.

② 케이블은 절연체 외에 외피(Sheath)를 추가적으로 가지고 있기 때문에 도전성 물체가 접촉되어도 감전이나 누전의 위험이 없다.

③ 케이블의 종류

㉠ 0.6/1kV 가교 폴리에틸렌 절연 저독성 난연 폴리올레핀 시스 전력 케이블

＊ 가교 폴리에틸렌(XLPE) : 폴리에틸렌에 방사선을 대서 분자구조를 망상화(網狀化)해서 얻어진 절연재료
＊ 폴리에틸렌(Polyethylene) : 원유를 약 75~150℃로 가열해 나프타(가연성의 액체탄화수소물)를 분리하고 이를 다시 열분해하여 생산되는 에틸렌(Ethylene)을 중합해 만든 물질로 "PE"로 표기
＊ 폴리올레핀(Polyolefin) : 합성수지의 종류로써 에틸렌과 프로필렌 같은 올레핀(분자1개당 1개의 이중결합을 포함하고 있는 탄화수소)을 첨가중합방식으로 만든 유기물질로 LDPE(Low Density Polyethylene), HDPE(High Density Polyethylene) 등이 있다.

[사진 172] 0.6/1kV 가교 폴리에틸렌 절연 저독성 난연 폴리올레핀 시스 전력 케이블

㉡ 6/10kV 가교 폴리에틸렌 절연 저독성 난연 폴리올레핀 시스 전력용 케이블

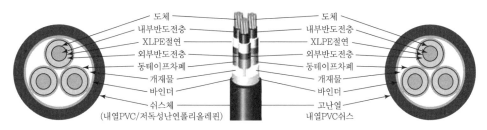

[사진 173] 6/10kV 가교 폴리에틸렌 절연 저독성 난연 폴리올레핀 시스 전력용 케이블

ⓒ 가교 폴리에틸렌 절연 비닐 시스 트레이용 난연 전력 케이블

  * [그림] 0.6/1㎸ 가교 폴리에틸렌 절연 저독성 난연 폴리올레핀 시스 전력 케이블 참조

ⓔ 0.6/1kV EP 고무절연 클로로프렌 시스 케이블

  * 클로로프렌(Chloroprene) : 클로로프렌은 천연고무의 이소프렌의 메탈기(基)가 염소원자로 바뀐 것이고 클
    로로프렌 고무는 뒤퐁사의 캐로더스가 개발한 합성고무로서 클로로프렌을 중합(단위체라 불리는 간단한 분
    자들이 서로 결합하여 거대한 고분자물질을 만드는 반응)시켜서 만든 것

ⓜ 내열성 에틸렌 비닐 아세테이트 고무 절연 케이블 등

  * 에틸렌 비닐 아세테이트[EVA(Ethylene Vinyl Acetate)] : 에틸렌과 비닐아세테이트의 공중합체수지로 운동
    화 밑창이나 충격흡수제, 접착제 등의 용도로 사용

## 4. 버스덕트

① 버스덕트란 알루미늄이나 구리도체를 절연물로 피복하거나 지지하여 강판이나 아연도강판의 케
   이스 내에 수납한 것을 말한다.

② 전력케이블을 대신하는 것으로 대용량의 전류를 흘릴 수 있으며 내진성, 내화성, 부하 융통성이 뛰
   어나고 전자파 발생이 적으며 재활용이 가능한 친환경 간선이다.

③ 버스덕트는 조립식이기 때문에 공사기간을 단축할 수 있는 장점이 있으나 접속부 수가 많아지는
   단점이 있다.

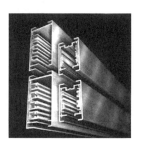

[사진 174] 버스덕트

[ **KEYWORD** **212** ]  전선관

## 1. 개요

① 전선관이란 전선류를 충격 등으로부터 보호하기 위해 설치하는 관으로 이외에도 전선관은 미관을 향상시키고 시공 시 전선을 넣고 빼기 등을 용이하게 하는 등 많은 기능을 수행하고 있다.

② 전선관의 종류는 크게 금속제와 합성수지제로 구분하고 기능에 따라 다양한 종류가 있으며 전선 관 설치 장소와 목적에 따라 적합한 전선관을 사용하는데 예를 들어 금속 전선관의 경우 옥외에서 는 후강(두꺼운)전선관, 옥내에서는 박강(얇은) 전선관을 많이 사용한다.

## 2. 전선관의 종류

① 금속관( = 스틸전선관)

철로된 전선관으로 표면이 아연도금이 되어 있는 강제 전선관(후강 전선관), 박강 전선관이 있고 부 식에 강한 스테인레스스틸 전선관, 후강 전선관 표면에 폴리에틸렌(PE)을 입힌 전선관 등이 있다.

[사진 175] 금속전선관

② 2종 금속제 가요전선관

금속제 가요전선관이란 가요(可撓) 즉, 주름관으로 제작되어 마음대로 구부릴 수 있는 금속관을 말하며 2종 금속제 가요전선관이란 배관 내부에 결로방지용 종이가 있어 온도차에 따른 결로를 방 지할 수 있는 금속제 가요 전선관을 말한다. 노출 배관 공사에 사용하며 천장 슬래브 배관 박스와 전등 간의 전선 보호, 노출 배관 공사 시 말단 부분의 전선 연결 부분 보호에 사용한다.

[사진 176] 금속제 가요전선관

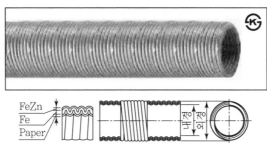

[사진 177] 2종 금속제 가요전선관

③ 합성수지관

㉠ CD(Combine Duct, Corrugated Duct)전선관(＝CD관,＝PVC가요전선관)은 주름관이 있어 쉽게 구부릴 수 있는 합성수지제 가요전선관으로 일반 CD관과 난연 CD관이 있으며 소방배선 에는 난연 CD관이 사용된다.

[사진 178] 난연 CD전선관

ⓛ CD－P전선관(합성수지제 평활전선관,＝PE관)

CD전선관과 같은 합성수지제 전선관이고 주름관이 없으나 열을 가하지 않아도 잘 구부릴 수 있는 전선관이다. 가로등, 신호등에 들어가는 전선 및 케이블 보호용으로 주로 지중 공사에 많이 사용한다.

[사진 179] 난연 CD－P전선관

ⓒ HI(Highimpact)－PVC전선관(＝HI－PIPE전선관)

경질비닐전선관으로 내구성이 뛰어나 잘 깨지지 않고 부식이 되지 않으며 절연성이 뛰어나고 주름관은 없으나 열을 가하면 굽혀지는 성질을 갖고 있어 복잡한 배선공사에도 적용 가능하다.

[사진 180] HI－PVC관

ⓔ ELP(Corrugated Hard Polyethylene Pipe for Elec, Cable)전선관

파상형 경질 폴리에틸렌 전선관으로 CD관 처럼 주름관(파상형)이 있으며 직경이 큰 굵은 케이블을 보호할 때 지중 매설용으로 사용한다.

CD관의 경우 내경이 최소 16mm, 최대 36mm이나 ELP전선관의 경우 내경이 최소 30mm, 최대 200mm이다.

[사진 181] ELP관

# [ KEYWORD 213 ] 전압(電壓)

## 1. 개요

① 전압이란 전하(전류)를 흐르게 하는 전기적인 에너지 차이, 전기적인 압력의 차이로 전위차 또는 전압이라고 한다. 즉, 전하 하나당 갖고 있는 힘이다.

② 전하란 대전에 의해서 물체가 띠고 있는 전기(+전하, −전하)를 말하고 대전이란 전자의 이동으로 인해 어떤 물질이 전자의 과부족이 생겨 전기적인 성질을 갖는 것을 말한다.

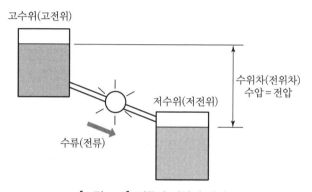

[그림 170] 전류와 전압의 관계

## 2. 전압의 단위

① $Q[C]$의 전기량을 가진 전하가 두 점 사이를 이동해서 $W[J]$의 일을 한 두 점 사이의 전위차이다. 수류가 흘러 물레방아를 돌리는 일을 할 수 있게 한 수위차가 전기에서는 전위차가 된다.

② 1C(쿨롱)의 전하가 두 점 사이를 이동할 때 얻거나 잃는 에너지가 1J(줄)일 때의 전위차를 1V(볼트)라고 한다.

  \* 1[C]은 $6.24 \times 10^{18}$개의 전자를 가지고 있고 전자 1개는 $1.6 \times 10^{-19}$[C]의 전기 크기를 갖고 있다.

  $$1V[V] = \frac{W[J]}{Q[C]} = \frac{W[J]}{I[A] \cdot [S]}, \quad 일 \; W[J] = 전하량 \; Q[C] \cdot 전압 \; V[V]$$

## 3. 전압의 구분

▼ [표 78] 전압의 구분

| 구분 | 교류 | 직류 |
|------|------|------|
| 저압 | 1KV(개정 전 600V) 이하 | 1.5KV(개정 전 750V) 이하 |
| 고압 | 저압 초과 ~ 7KV 이하 | |
| 특고압 | 7KV 초과 | |

## [ KEYWORD 214 ] 절연 내력(Dielectric Strength)

### 1. 개요

① 절연내력이란 절연물이 어느 정도의 전압에 견딜 수 있는지를 확인하는 시험을 말한다.
② 절연체에 가해진 전기장이 어느 한도를 넘으면 갑자기 대전류가 흘러서 절연이 파괴되는데, 이때 전압의 한곗값을 말한다.

### 2. 절연 내력시험

어떤 전압을 가한 다음 점점 증가시켜 실제로 파괴하는 전압을 구하는 절연파괴 시험과, 어떤 일정한 전압을 규정한 시간 동안 가하여 이상이 있는지를 확인하는 내전압 시험의 2종류가 있다.

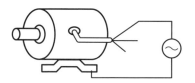

[그림 171] 전동기의 절연내력 시험

▼ [표 79] 절연내력 시험전압과 시험방법

| 구분 | 시험전압 | 시험방법 | 비고 |
|---|---|---|---|
| 발전기 | 최대사용전압 × 1.5<br>(500V 미만인 경우 500V로 한다) | 권선과 대지 사이에 연속하여<br>10분간 가함 | – |
| 비상<br>콘센트 | (정격전압 × 2) + 1,000V<br>(정격전압이 150V 미만인 경우<br>실효전압 1,000V로 한다) | 전원부와 외함 사이 1분 이상 | 【NFTC 504 2.1.6.2】 |

### 3. 절연 내력시험 목적

전로의 절연상태를 확인하기 위해 실시한다. 또한, 사고가 일어났을 때 전기회로에 발생하는 이상전압과 뇌서지나 회로개폐에 기인하는 순간 과전압 등이 전로에 가해졌을 때에도 절연 파괴를 일으키지 않고 전기설비를 사용할 수 있고 또 전로에 절연강도가 충분히 있는가를 판정하기 위해 실시된다.

* 뇌서지 : 뇌에 의하여 전자회로 내에서 발생하는 과도한 이상 전압이다.

## [ KEYWORD 215 ] 절연저항(Insulation Resistance)

## 1. 개요

① 절연(絕緣, Insulaion)이란 전기 또는 열을 통하지 않게 하는 것이며 절연저항은 절연물질의 저항으로 절연된 도체에 직류전압을 가했을 때, 절연체에서 외부로 전기가 누설되지 않도록 유지하는 저항을 말한다. 절연저항 값이 높을수록 절연이 잘되었다는 의미이다.

* $R=\dfrac{V}{I}$ 에서 $R$(저항)이 높으면 전압($V$)이 일정하므로 전류($I$)가 낮아진다.

② 전기설비 및 배선에 열화, 손상이 발생하면 절연이 불량해지고 절연저항이 낮아져 누설전류가 흘러 감전 또는 화재로 이어지기 때문에 규정된 절연저항 유지가 중요하다.

## 2. 소방설비 중 절연저항 시험대상 및 기준

▼ [표 80] 소방설비 절연저항

| 절연<br>저항계 | 절연저항 | 대상 |
|---|---|---|
| 직류<br>250V | 0.1MΩ 이상 | 하나의 경계구역 절연저항 |
| 직류<br>500V | 5MΩ 이상 | • 자동화재속보설비<br>• 비상경보설비, 시각경보기<br>• 누전경보기, 가스누설경보기<br>• 수신기<br>• 비상조명등, 유도등(교류 입력측과 외함간) |
| | 20MΩ 이상 | • 발전기, 중계기, 경종, 비상 콘센트<br>• 기기의 절연된 선로간<br>• 기기의 충전부와 비충전부간<br>• 기기의 교류 입력측과 외함간(비상조명등, 유도등 제외) |
| | 50MΩ 이상 | • 감지기(정온식 감지선형 감지기 제외)<br>• 10회로 이상 수신기, 가스누설경보기 |
| | 1,000MΩ 이상 | 정온식감지선형 감지기 |

## 3. 일반 전기설비 중 절연저항 판정 기준 【전기설비기술기준 제52조】

▼ [표 81] 절연저항 판정기준

| 전로의 사용전압[V] | DC 시험전압[V] | 절연저항[MΩ] |
|---|---|---|
| SELV 및 PELV | 250 | 0.5 |
| FELV, 500V 이하 | 500 | 1.0 |
| 500V 초과 | 1,000 | 1.0 |

[주] 특별저압(Extra low voltage : 2차 전압이 AC 50V, DC 120V 이하)으로 SELV(비접지회로 구성) 및 PELV(접지회로 구성)는 1차와 2차가 전기적으로 절연된 회로, FELV는 1차와 2차가 전기적으로 절연되지 않은 회로

## 4. 절연저항의 측정

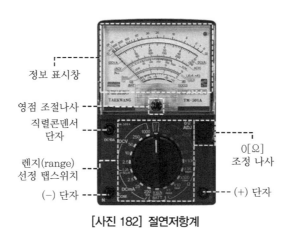

정보 표시창

영점 조절나사

직렬콘덴서
단자

렌지(range)
선정 탭스위치

(−) 단자

0[Ω]
조정 나사

(+) 단자

[사진 182] 절연저항계

① 0점 조정 : 지시계의 눈금이 ∞의 위치인지 확인하고 ∞위치가 아니면 영점조절나사를 이용하여 0점 조절한다.

② 절연저항측정

　㉠ 흑색접지리드선을 측정기 접지(Earth)단자에 적색라인리드선을 측정기 라인(LINE)단자에 연결한다.

　㉡ 접지 리드선을 측정물의 접지측에 접속하고, 라인리드선은 측정물의 라인측에 접속시킨다.

　㉢ 선택스위치를 MΩ 위치로 전환한 후, MΩ전원 ON/OFF스위치로 눌러 절연저항값을 읽는다.

## [ 216 ]  접지저항

### 1. 개요

① 접지란 전기설비를 도체를 이용하여 전기적으로 대지와 결합하는 것으로 전기설비 간의 전위차를 0V(볼트)가 되도록 하는 것을 말한다.

② 접지저항이란 금속체와 대지를 접속하는 단자를 접지전극이라 하고, 접지전극과 접지를 연결하는 도선을 접지 도선 또는 접지선이라 한다. 접지전극은 대지의 토양과 접촉함에 있어서 반드시 전기적 저항이 존재하는데 이를 접지저항이라고 한다.

### 2. 접지저항의 구성

접지저항은 다음 구성 요소로 계산된다.

① 대지저항 : 접지 전극 주위의 토양성분의 저항, 대지저항률

② 접촉저항 : 접지 전극의 표면과 접하는 토양사이의 접촉저항

③ 접지전극의 저항 : 접지전극의 도체저항

④ 접지선의 저항

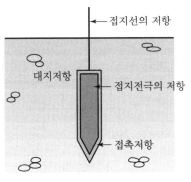

[그림 172] 접지저항

## 3. 접지방식(접지공사 종류, 접지저항값) 【한국전기설비규정(KEC) 203】

▼ [표 82] 접지저항 개정 전후 비교

| 접지대상 | 개정 전 | KEC[개정 후] |
|---|---|---|
| (특)고압설비 | 1종 : 10Ω | • 계통접지 : TN, TT, IT |
| 400V 이상 600V 이하 | 특3종 : 10Ω | • 보호접지 : 등전위 본딩 |
| 400V 미만 | 3종 : 100Ω | • 피뢰시스템 접지 |
| 변압기 | 2종 : 계산식 | "변압기 중성점 접지"로 명칭 변경 |

① TN계통

ㄱ 전원 측의 한 점을 직접 접지하고 설비의 노출 전도부를 보호도체(PE)로 접속시키는 방식이다.

ㄴ 중성선 및 보호도체의 배치 및 접속방법에 따라 TN-S계통, TN-C계통, TN-C-S계통으로 구분한다.

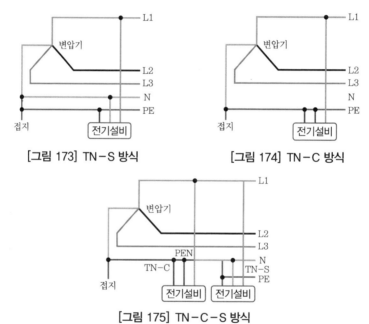

[그림 173] TN-S 방식     [그림 174] TN-C 방식

[그림 175] TN-C-S 방식

② TT계통

ㄱ 전원의 한 점을 직접 접지하고 설비의 노출 전도부는 전원의 접지 전극과 전기적으로 독립적인 접지극에 연결한다.

      ⓛ 배전계통에서 PE계통을 추가로 접지한다.

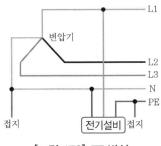

[그림 176] TT 방식

③ IT계통

      ㉠ 충전부 전체를 대지로부터 절연시키거나, 한점의 임피던스를 대지에 접속시킨다.

      ㉡ 설비의 노출 전도부는 단독 또는 일괄적으로 계통의 PE도체에 접속, 배전계통에 추가 접지가 가능하다.

      ㉢ 계통은 충분히 높은 임피던스를 통하여 접지할 수 있다. 이 접속은 중성점, 인위적 중성점, 선도체 등에서 할 수 있다.

      ㉣ 중성선은 배선할 수도 배선하지 않을 수 있다.

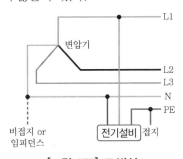

[그림 177] IT 방식

## 4. 접지도체 최소 단면적 【한국전기설비규정(KEC) 142.3】

▼ [표 83] 접지도체 최소단면적 개정 전후 비교

| 접지대상 | 개정전 접지도체 최소단면적 | 개정후 접지/보호도체 최소단면적 |
|---|---|---|
| (특)고압설비 | 1종 : 6.0mm$^2$ 이상 | 선도체 단면적 S[mm$^2$]에 따라 선정 <br> • S≤16 : S <br> • 16<S≤35 : 16 <br> • 35<S : S/2 <br> 또는 차단시간 5초 이하의 경우 <br> $S = \dfrac{\sqrt{I^{2}t}}{k}$ |
| 400V 이상 600V 이하 | 특3종 : 2.5mm$^2$ 이상 | |
| 400V 미만 | 3종 : 2.5mm$^2$ 이상 | |
| 변압기 | 2종 : 16.0mm$^2$ 이상 | |

## 5. 화재안전기준 관련사항

① 비상콘센트의 플러그접속기는 접지형 2극 플러그접속기(KS C 8305)를 사용하여야 한다. 【NFTC 504 2.1.3】

[사진 183] 접지형 2극 플러그접속기

②「전기사업법」제67조에 따른「전기설비기술기준」에 따라 접지하고 빗물 등이 들어가지 않는 구조로 할 것【NFTC 502 2.5.1.9.3】

## [ KEYWORD 217 ] 정격토출량/정격토출압력

## 1. 정의

① 정격토출량이란 펌프의 정격부하운전 시 토출량으로서 정격토출압력에서의 펌프의 토출량을 말하고 정격토출압력이란 펌프의 정격부하운전 시 토출압력으로서 정격토출량에서의 펌프의 토출측압력을 말한다.【NFTC 102 1.7.1.4, 1.7.1.5】

② 결국, 펌프의 정격토출량, 정격토출압력은 펌프의 명판(Name Plate)에 표시된 토출량(유량)과 토출압력(양정)을 말한다.

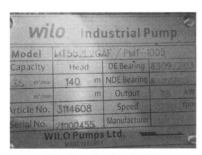

[사진 184] 펌프의 명판

③ 정격토출량(유량), 정격토출압력(양정)은 설계도서인 소방펌프 계산서에서 결정된 소방펌프의 사양(仕樣)으로 소방시설 설계도면의 장비일람표상의 소방펌프제작사양에 근거한다.

## 2. 펌프의 성능 판단에 활용

▼ [표 84] 펌프성능시험 결과표

| 구분 | 주펌프 | | 예비펌프 | | 적정여부 |
|---|---|---|---|---|---|
| | 토출량 (ℓ/min) | 토출압 (MPa) | 토출량 (ℓ/min) | 토출압 (MPa) | |
| 체절운전 | | | | | 체절운전 시 토출압은 정격토출압의 140% 이하일 것( ) |
| 정격운전 (100%) | | | | | 정격운전 시 토출량과 토출압이 규정치 이상일 것( ) |
| 정격유량의 150% 운전 | | | | | 정격토출량 150%에서 토출압이 정격토출압의 65% 이상일 것( ) |

설정압력 : MPa　　　　주펌프 기동 : MPa　　　예비펌프 기동 : MPa
충압펌프 기동 : MPa　　충압펌프 정지 : MPa
※ 유량계 : [　]전자식, [　]초음파식, [　]기타 (　　) ※ 릴리프밸브 작동 압력 : MPa

[ **KEYWORD** **218** ] 정온식 감지선형 감지기

## 1. 개요

정온식 감지선형 감지기는 전선형태로 설치되어 화재 발생 시 주위온도가 일정온도 이상 상승하면 가용절연물이 용융하여 작동하는 방식이다.

## 2. 감지기의 구조

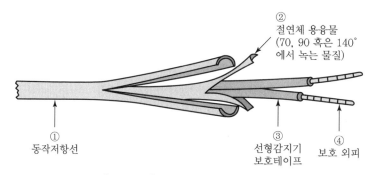

②
절연체 용융물
(70, 90 혹은 140°
에서 녹는 물질)

①
동작저항선

③
선형감지기
보호테이프

④
보호 외피

[그림 178] 정온식 감지선형 감지기

① 강철선 : Actuator
② 가용절연물(Heat Sensitive Material) : 감지부(Ethylene Cellulose)
③ 내피 : 보호테이프(Protective Tape)
④ 외피 : 방수 및 내용물 보호

## 3. 동작원리

① 서로 꼬인 강철선이 원형으로 되돌아가고자 하는 비틀리는 힘을 이용한다.
② 감지부는 내열성능이 아주 낮고 절연물질인 Ethylene Cellulose로 강철선을 피복하여 꼬아둔 상태이다.
③ 화재 시 열, 화염에 의해 감지부가 녹아 트위스트된 강철선이 단락되어 전류가 흐르면서 선형감지기의 DC 전압이 감소되면 수신기에서 화재경보를 울리고 화재 위치도 확인 가능하다.

## 4. 적용분야

① **지하구** : 지하 전력구, 공동구, 통신구, 지하철, 터널
② **전기시설** : 전력분전반, 큐비클
③ **케이블 트레이** : 컨베이어, 지하공간
④ **공업시설** : 위험물 저장탱크, 집진기, 쿨링 타워
⑤ **상업시설** : 비행기 격납고, 에스컬레이터, 창고

## 5. 정온식 감지선형 설치기준 【NFTC 201 2.4.3.12】

① 보조선이나 고정금구를 사용하여 감지선이 늘어지지 않도록 설치한다.
② 감지기와 감지구역 각 부분과 수평거리

| 구분 | 내화구조 | 기타 |
|------|----------|------|
| 1종 | 4.5m 이하 | 3m 이하 |
| 2종 | 3m 이하 | 1m 이하 |

③ 단자부와 마감금구와의 설치간격은 10cm 이내일 것
④ 감지선형 감지기의 굴곡반경 5cm 이상일 것
⑤ 지하구나 창고의 천장 등에 지지물이 적당하지 않는 장소는 보조선(메신저와이어)을 설치하고 그 보조선에 설치할 것
⑥ 분전반 내부에 설치하는 경우는 접착제를 이용하여 돌기를 바닥에 고정시키고 그 곳에 감지기를 설치할 것
⑦ 케이블 트레이에 감지기를 설치하는 경우 케이블 트레이 받침대에 마감금구(Mounting Clip)를 사용하여 설치할 것

## [ KEYWORD 219 ] 제어반 및 화재표시반

## 1. 개요

① 가스계 소화설비에서는 제어반과 화재표시반을 설치해야 하는데, 이는 수계 소화설비에서의 동력제어반과 감시제어반을 설치하는 것과 유사하다.

② 가스계 소화설비의 제어반은 수계 소화설비의 동력제어반과 비슷한 기능을 수행하게 되며, 일반적으로 제어반은 소화가스 저장실에 설치하고 동력제어반은 소화펌프실에 설치하고 있다.

③ 가스계 소화설비의 화재표시반은 수계 소화설비의 감시제어반과 비슷한 기능을 수행하게 되며, 보통 자동화재탐지설비의 수신기에 이러한 제어기능을 추가하여 복합수신기로 설치하고 있다.

[사진 185] 소화약제저장용기실 제어반

## 2. 제어반의 기능 【NFTC 106 2.4.1】

① 제어반은 수동기동장치 또는 화재감지기에서의 신호를 수신하여 음향경보장치의 작동, 소화약제의 방출 또는 지연 등 기타의 제어기능을 가진 것으로 하고, 제어반에는 전원표시등을 설치할 것

② 제어반 및 화재표시반은 화재 및 침수 등의 재해로 인한 피해를 받을 우려가 없고 점검에 편리한 장소에 설치할 것

③ 제어반 및 화재표시반에는 해당 회로도 및 취급설명서를 비치할 것

④ 수동잠금밸브의 개폐여부를 확인할 수 있는 표시등을 설치할 것

## 3. 화재표시반의 기능 【NFTC 106 2.4.1】

① 화재표시반은 제어반에서의 신호를 수신하여 작동하는 기능을 가진 것으로 함

② 각 방호구역마다 음향경보장치의 조작 및 감지기의 작동을 명시하는 표시등과 이와 연동하여 작동하는 벨 · 부저 등의 경보기를 설치할 것. 이 경우 음향경보장치의 조작 및 감지기의 작동을 명시하는 표시등을 겸용할 수 있음

③ 수동식 기동장치는 그 방출용스위치의 작동을 명시하는 표시등을 설치할 것

④ 소화약제의 방출을 명시하는 표시등을 설치할 것

⑤ 자동식 기동장치는 자동 · 수동의 절환을 명시하는 표시등을 설치할 것

## [ KEYWORD 220 ] 제연TAB

## 1. 개요

① TAB(Testing Adjusting and Balancing)란 Testing(시험, 측정), Adjusting(풍량, 풍속, 개폐력 등의 조정), Balancing(압력, 풍량 등의 균형)을 말한다.

② 제연설비가 설계목적에 적합한지 사전에 검토하고 건물의 모든 부분(건축설비 포함)을 완공하는 시점부터 시험 등(확인, 측정 및 조정 포함)을 하여 설계목적에 적합한 성능을 발휘할 수 있도록 하는 것이다.

③ 시공과정에서 필요 부분마다 부분적으로 TAB도 실시하고, 시공이 완료되면 전반적으로 시스템 작동 시험의 적합여부, 적정 차압 유지여부, 출입문 개방력 110N 이하 여부, 방연풍속 적정 여부, 출입문의 자동폐쇄상태여부 등을 시험을 통해서 확인하고 필요 시 제 성능을 유지할 수 있도록 조정하는 일련의 과정이다.

<table>
<tr><td>방연 풍속 측정</td><td>개방력 측정</td></tr>
</table>

[사진 186] 방연풍속 및 개방력 측정

## 2. 제연 TAB 기준 【NFTC 501A 2.22】

① 제연설비는 설계목적에 적합한지 사전에 검토하고 건물의 모든 부분(건축설비를 포함한다)을 완성하는 시점부터 시험 등(확인, 측정 및 조정을 포함한다)을 하여야 한다.

② 제연설비의 시험 등은 다음 기준에 따라 실시하여야 한다.

    ㉠ 제연구역의 모든 출입문등의 크기와 열리는 방향이 설계 시와 동일한지 여부를 확인하고, 동일하지 아니한 경우 급기량과 보충량 등을 다시 산출하여 조정가능여부 또는 재설계ㆍ개수의 여부를 결정할 것

    ㉡ "㉠"의 기준에 따른 확인결과 출입문 등이 설계 시와 동일한 경우에는 출입문마다 그 바닥사이의 틈새가 평균적으로 균일한지 여부를 확인하고, 큰 편차가 있는 출입문 등에 대하여는 그 바닥의 마감을 재시공하거나, 출입문 등에 불연재료를 사용하여 틈새를 조정할 것

    ㉢ 제연구역의 출입문 및 복도와 거실(옥내가 복도와 거실로 되어 있는 경우에 한한다) 사이의 출입문마다 제연설비가 작동하고 있지 아니한 상태에서 그 폐쇄력을 측정할 것

    ㉣ 옥내의 층별로 화재감지기(수동기동장치를 포함한다)를 동작시켜 제연설비가 작동하는지 여부를 확인할 것. 다만, 둘 이상의 특정소방대상물이 지하에 설치된 주차장으로 연결되어 있는 경우에는 주차장에서 하나의 특정소방대상물의 제연구역으로 들어가는 입구에 설치된 제연용 연기감지기의 작동에 따라 특정소방대상물의 해당 수직풍도에 연결된 모든 제연구역의 댐퍼가 개방되도록 하고 비상전원을 작동시켜 급기 및 배기용 송풍기의 성능이 정상인지 확인할 것

    ㉤ "㉣"의 기준에 따라 제연설비가 작동하는 경우 다음의 기준에 따른 시험 등을 실시할 것

        1) 부속실과 면하는 옥내 및 계단실의 출입문을 동시에 개방할 경우, 유입공기의 풍속이 방연풍속의 규정에 따른 방연풍속에 적합한지 여부를 확인하고, 적합하지 아니한 경우에는 급기구의 개구율과 송풍기의 풍량조절댐퍼 등을 조정하여 적합하게 할 것. 이 경우 유입공기의 풍속은 출입문의 개방에 따른 개구부를 대칭적으로 균등 분할하는 10 이상의 지점에서 측정하는 풍속의 평균치로 할 것

        2) "1)"의 기준에 따른 시험 등의 과정에서 출입문을 개방하지 아니하는 제연구역의 실제 차압이 NFTC 501A 2.3.3의 기준에 적합한지 여부를 출입문 등에 차압측정공을 설치하고 이를 통하여 차압측정기구로 실측하여 확인ㆍ조정할 것

        3) 제연구역의 출입문이 모두 닫혀 있는 상태에서 제연설비를 가동시킨 후 출입문의 개방에 필요한 힘을 측정하여 NFTC 501A 2.3.2의 규정에 따른 개방력에 적합한지 여부를 확인하고, 적합하지 아니한 경우에는 급기구의 개구율 조정 및 플랩댐퍼(설치하는 경우에 한한다)와 풍량조절용댐퍼 등의 조정에 따라 적합하도록 조치할 것

        4) "1)"의 기준에 따른 시험 등의 과정에서 부속실의 개방된 출입문이 자동으로 완전히 닫히는지 여부를 확인하고, 닫힌 상태를 유지할 수 있도록 조정할 것

**481**

## [ KEYWORD 221 ] 제연송풍기(제연팬)

## 1. 개요

① 송풍기는 비교적 낮은 압력으로 많은 양의 공기나 가스를 이동시키는 기계로서 공기의 압력에 따라 1,000mmAq 미만을 팬(Fan), 1,000mmAq 이상 10,000mmAq 미만을 블로워(Blower), 10,000 mmAq 이상을 압축기(Compressor)로 분류하고 있다.

② 제연설비용 송풍기는 대부분 낮은 압력을 필요로 하기 때문에 다익팬(Multi-blade Fan, 일명 Sirocco Fan)이나 에어포일팬(Airfoil Fan), 터보팬(Turbo Fan) 등의 원심식 팬(Centrifugal Fan)을 주로 사용하며, 축류팬(Axial Fan)도 일부 사용하고 있다.

(다익팬)                    (에어포일팬)

(터보팬)                    (축류팬)

[사진 187] 제연팬의 종류

## 2. 특징 비교

▼ [표 85] 제연팬 종류별 특징

| 종류 | 날개 | 풍량(CMM) | 정압(mmAq) | 소음(dB) | 효율(%) |
|---|---|---|---|---|---|
| 다익팬 | 전곡익<br>(회전방향⊃형태) | 10~2000 | 10~125 | 40 | 45~60 |
| 에어포일팬<br>(익형) | 후곡익<br>(비행기 날개모양) | 60~300 | 125~250 | 35 | 70~80 |
| 터보팬 | 전곡익/후곡익<br>(회전방향⊂형태) | 60~900 | 125~250 | 40 | 75~85 |
| 축류팬<br>(프로펠러) | Radial<br>(방사형) | 10~50 | 0~6 | 50 | 40~50 |

* 전압($P_t$) = 정압($P_s$)＋동압($P_t$)
* 전압($P_t$)은 피토우트관(Pitot Tube)으로 측정하고 정압($P_s$)은 피에조미터로 측정하여 동압을 구한다.

## 3. 제연설비의 적용

① 제연팬은 화재실의 급기와 배기를 목적으로 하는 거실 제연설비(NFTC 501)와 계단실이나 부속실 등의 급기가압을 목적으로 하는 부속실 제연설비(NFTC 501A)에 적용되고 있다.

② 거실 제연설비는 화재로 발생한 연기를 거실(화재실) 밖으로 배출시킬 수 있는 배기팬을 설치하고, 동시에 거실 내부로 신선한 공기를 불어 넣을 수 있는 급기팬을 설치하여 재실자의 피난안전과 소방대의 소화활동을 돕는다.

③ 부속실(전실) 제연설비는 비상용 승강기의 승강로 부분이나 특별피난계단의 계단실 내부로 화재실의 연기가 침투하지 못하도록 부속실(승강장, 계단실 및 부속실) 등에 신선한 공기를 불어 넣을 수 있는 급기팬을 설치하고, 동시에 부속실에서 옥내로 유입되는 공기를 옥외로 배출시킬 수 있는 배기팬을 설치하여 옥내의 압력이 높아지는 것을 방지한다.

## 4. 설치기준

▼ [표 86] 제연팬 관련 설치기준(NFTC 501)

| 구분 | 설치기준 | 법적 근거 |
|---|---|---|
| 공기유입량<br>(급기량) | 예상제연구역에 대한 공기유입량은 산출기준에 따른 배출량의 배출에 지장이 없는 양으로 할 것 | NFTC 501<br>2.5.7 |
| 배출기<br>(배기팬) | 1. 배출기의 배출능력은 산출기준에 따른 배출량 이상이 되도록 할 것<br>2. 배출기와 배출풍도의 접속부분에 사용하는 캔버스는 내열성(석면재료 제외)이 있는 것으로 할 것<br>3. 배출기의 전동기 부분과 배풍기 부분은 분리하여 설치하여야 하며, 배풍기 부분은 유효한 내열처리를 할 것 | NFTC 501<br>2.6.1 |
| 배출풍도 | 1. 배출풍도는 아연도금강판 또는 이와 동등 이상의 내식성·내열성이 있는 것으로 하며, 「건축법 시행령」에 따른 불연재료(석면재료 제외)인 단열재로 풍도 외부에 유효한 단열 처리를 하고, 강판의 두께는 배출풍도의 크기에 따라 규정된 두께 이상으로 할 것<br>2. 배출기의 흡입측 풍도안의 풍속은 15m/s 이하로 하고 배출측 풍속은 20m/s 이하로 할 것 | NFTC 501<br>2.6.2 |
| 유입풍도 | 1. 유입풍도는 아연도금강판 또는 이와 동등 이상의 내식성·내열성이 있는 것으로 하며, 유입풍도 안의 풍속은 20m/s 이하로 할 것<br>2. 풍도의 강판두께는 풍도의 크기에 따라 규정된 두께 이상으로 할 것 | NFTC 501<br>2.7.1 |
| 배출구·<br>공기유입구 | 1. 옥외에 면하는 배출구 및 공기유입구는 비 또는 눈 등이 들어가지 않도록 할 것<br>2. 배출된 연기가 공기유입구로 순환유입 되지 않도록 할 것 | NFTC 501<br>2.7.2 |
| 배출기 작동 | 1. 배출기의 작동은 화재감지기와 연동되도록 할 것<br>2. 예상제연구역(또는 인접장소) 및 제어반에서 수동으로 기동이 가능할 것 | NFTC 501<br>2.8.2 |

▼ [표 87] 제연팬 관련 설치기준(NFTC 501A)

| 구분 | 설치기준 | 법적 근거 |
|---|---|---|
| 유입공기의<br>배출(배기팬) | 1. 수직풍도에 따른 배출 : 옥상으로 직통하는 전용의 배출용 수직풍도를 설치하여 배출하는 것<br>2. 기계배출식 : 수직풍도의 상부에 전용의 배출용 송풍기를 설치하여 강제로 배출하는 것. 다만, 지하층만 제연하는 배출용 송풍기의 설치위치는 배출된 공기로 인하여 피난 및 소화활동에 지장을 주지 않는 곳에 설치할 수 있다. | NFTC 501A<br>2.10.2.1,<br>2.10.2.1.2 |
| 수직풍도<br>(배출풍도) | 1. 송풍기를 이용한 기계배출식의 경우 풍속 15m/s 이하로 할 것<br>2. 수직풍도 상부의 말단(기계배출식 송풍기 포함)은 빗물이 흘러들지 아니하는 구조로 하고, 옥외의 풍압에 따라 배출성능이 감소하지 아니하도록 유효한 조치를 할 것 | NFTC 501A<br>2.11.1.4,<br>2.11.1.6 |

| 기계배출식<br>배출용 송풍기<br>(배기팬,<br>배출량) | 1. 열기류에 노출되는 송풍기 및 그 부품들은 250℃의 온도에서 1시간 이상 가동상태를 유지할 것<br>2. 송풍기의 풍량은 자연배출식에서 산출된 수치에 여유량을 더한 양을 기준으로 할 것<br>3. 송풍기는 옥내의 화재감지기의 동작에 따라 연동하도록 할 것 | NFTC 501A<br>2.11.1.5 |
|---|---|---|
| 급기풍도 | 1. 부속실만을 제연하는 경우 동일 수직선상의 모든 부속실은 하나의 전용 수직풍도를 통해 동시에 급기할 것. 다만, 동일 수직선상에 2대 이상의 급기송풍기가 설치되는 경우에는 수직풍도를 분리하여 설치할 수 있다.<br>2. 계단실 및 부속실을 동시에 제연하는 경우 계단실에 대하여는 그 부속실의 수직풍도를 통해 급기할 수 있다.<br>3. 계단실만 제연하는 경우에는 전용수직풍도를 설치하거나 계단실에 급기풍도 또는 급기송풍기를 직접 연결하여 급기하는 방식으로 할 것<br>4. 하나의 수직풍도마다 전용의 송풍기로 급기할 것<br>5. 비상용승강기의 승강장을 제연하는 경우에는 비상용승강기의 승강로를 급기풍도로 사용할 수 있다. | NFTC 501A<br>2.13.1 |
| 급기송풍기<br>(급기팬) | 1. 송풍기의 송풍능력은 송풍기가 담당하는 제연구역에 대한 급기량의 1.15배 이상으로 할 것. 다만, 풍도에서의 누설을 실측하여 조정하는 경우에는 그러하지 아니한다.<br>2. 송풍기에는 풍량조절장치를 설치하여 풍량조절을 할 수 있도록 할 것<br>3. 송풍기에는 풍량을 실측할 수 있는 유효한 조치를 할 것<br>4. 송풍기는 인접장소의 화재로부터 영향을 받지 아니하고 접근 및 점검이 용이한 곳에 설치할 것<br>5. 송풍기는 옥내의 화재감지기의 동작에 따라 작동하도록 할 것<br>6. 송풍기와 연결되는 캔버스는 내열성(석면재료 제외)이 있는 것으로 할 것 | NFTC 501A<br>2.16.1 |
| 제어반 | 1. 제어반의 기능을 1시간 이상 유지할 수 있는 용량의 비상용 축전지를 내장할 것<br>2. 급기송풍기와 유입공기의 배출용 송풍기(설치한 경우)의 작동여부에 대한 감시 및 원격조작기능 | NFTC 501A<br>2.20 |

# 제트팬(Jet Fan)

## 1. 개요

① 토출구에서 유출하는 분류와 주위의 공기의 혼합 작용에 의해 환기가 이루어지는 축류형 팬으로 터널이나 주차장 등에서 사용한다.

② 터널 환기방식 중 종류환기방식에 설치하는 팬으로 터널을 통과하는 차량에서 배출되는 각종 오염물질(매연, 분진)과 화재 시 발생하는 연기를 효과적으로 배출하기 위해 설치한다.

[사진 188] 도로터널에 설치된 제트팬

## 2. 적용

제트팬은 터널 내 압력특성을 고려하고 환기효과를 극대화하기 위해서 터널의 양끝단인 입출구부에 집중적으로 설치되어 있다. 제트팬은 터널 천장에 매달려 30[m/s] 이상의 높은 풍속으로 기류를 만들도록 운전되고 차량의 주행방향에 따른 열차풍이나 터널 내 자연기류 방향에 따라 정회전, 역회전 양방향 운전이 가능한 축류형팬으로 설계되어 있다.

## 3. 특징

① 덕트가 필요 없다.
② 설치 및 시공이 용이하다.
③ 정·역운전이 가능하다.
④ 고속기류에 의한 고효율 환기가 가능하다.

## [ KEYWORD 223 ] 조도/휘도

## 1. 개요

① 피난구조설비인 유도등의 형식승인 및 제품검사의 기술기준에 따르면 통로유도등이나 비상조명등은 조도와 휘도 기준으로 그 성능을 평가하고 피난구유도등은 휘도기준으로 그 성능을 평가하고 있다.

② 유도등과 비상조명등의 성능을 이해하기 위해서는 조도와 휘도에 대한 개념을 명확히 이해할 필요가 있다.

## 2. 조도

① 조도(照度)란 어떤 면이 받는 빛의 세기로 그 면적에 비치는 광속으로 나타낸 양이며 단위는 lx로 나타낸다. 1lx(럭스는 라틴어로 "빛"이라는 뜻)는 1루멘의 광속이 $1m^2$ 면적에 고르게 비칠 때 얻어지는 밝기($lm/m^2$)를 말한다. 또는 1cd(칸델라 : 국제표준광도)의 점광원으로부터 1m 떨어진 곳의 면에 비치는 빛의 밝기와 같다.

  * 광속(Luminous Flux) : 광원으로부터 나오는 빛의 총량(단위 : lm)

② 루멘(Lumen, lm)은 가시광선이 단위시간당 방사되는 양으로 광속(光束)이나 빛의 양에 관한 단위(1lm : 1cd.sr), 1칸델라(cd)의 광도를 갖는 점광원으로부터 단위입체각(sr)으로 빠져나가는 빛(가시광선)의 양을 1lm(루멘)으로 정한다.

  즉, 1cd의 점광원을 중심으로 하여 반지름으로 그린 구면 위에서 $1m^2$의 면적을 통과하는 빛의 다발이다.

  * 단위입체각 : 둥근 원형 공간에서 중심점으로부터 어느 한 방향으로의 입체적 공간각도이다.

③ 칸델라(candela, cd)는 광도(光度 : 빛의세기)의 SI 단위이며 점광원으로부터 특정방향으로 방출되는 빛의 단위 입체각당 광속을 의미한다.

  보통의 양초 1개가 방출하는 광도가 1칸델라이며 칸델라는 양초(candle)의 라틴어이다.

## 3. 휘도

① 표면밝기의 척도, 발산면(광원)의 단위면적당 단위입체각당의 발산광속이다.

② 조도가 얼마만큼의 빛이 도달하고 있는가를 표시하는데 비해 휘도는 그 결과 어느 방향으로 보았을 때 얼마만큼 밝게 보이는가를 나타낸다. 단위 : sb(stilb)=$cd/cm^2$, nt(nit)=$cd/m^2$

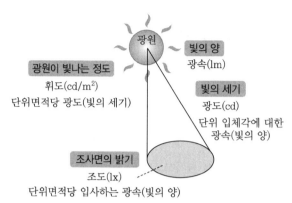

[그림 179] 휘도, 광도, 광속, 조도 개념

## 4. 통로유도등의 조도기준

【유도등의 형식승인 및 제품검사의 기술기준 제23조】

▼ [표 88] 통로유도등의 조도기준

| 종류 | 조도측정기준 | 그림 |
|---|---|---|
| 복도통로 유도등 | 바닥면으로부터 높이 1m에 설치하고 그 유도등의 중앙으로부터 0.5m 떨어진 위치에서 1lx 이상 | 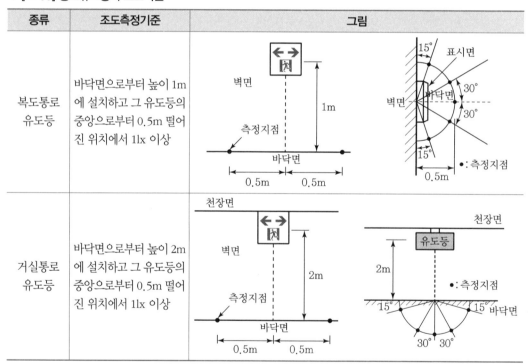 |
| 거실통로 유도등 | 바닥면으로부터 높이 2m에 설치하고 그 유도등의 중앙으로부터 0.5m 떨어진 위치에서 1lx 이상 | |

| 종류 | 조도측정기준 | 그림 |
|---|---|---|
| 바닥매립<br>유도등 | 유도등의 바로 윗부분 1m 높이에서 1lx 이상 | 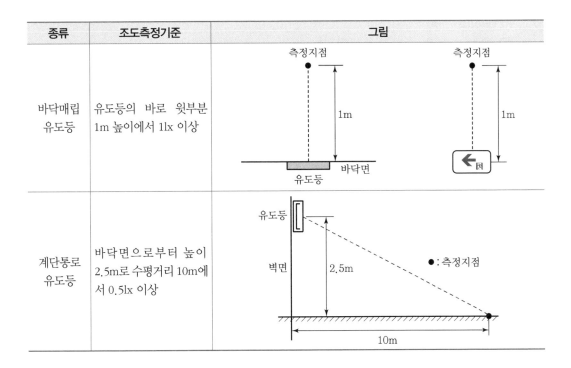 |
| 계단통로<br>유도등 | 바닥면으로부터 높이 2.5m로 수평거리 10m에서 0.5lx 이상 | |

## 5. 피난구유도등 과 통로유도등 평균휘도 【유도등의 형식승인 및 제품검사의 기술기준 제8조】

▼ [표 89] 유도등 표시면 및 평균휘도 기준

| 종별 | | 1대1<br>표시면(mm) | 기타 표시면 | | 평균 휘도(cd/m$^2$) | |
|---|---|---|---|---|---|---|
| | | | 짧은 변(mm) | 최소면적(m$^2$) | 상용점등 시 | 비상점등 시 |
| 피난구<br>유도등 | 대형 | 250 이상 | 200 이상 | 0.10 | 320 이상<br>800 미만 | 100 이상 |
| | 중형 | 200 이상 | 140 이상 | 0.07 | 250 이상<br>800 미만 | |
| | 소형 | 100 이상 | 110 이상 | 0.036 | 150 이상<br>800 미만 | |
| 통로<br>유도등 | 대형 | 400 이상 | 200 이상 | 0.16 | 500 이상<br>1,000 미만 | 150 이상 |
| | 중형 | 200 이상 | 110 이상 | 0.036 | 350 이상<br>1,000 미만 | |
| | 소형 | 130 이상 | 85 이상 | 0.022 | 300 이상<br>1,000 미만 | |

## [ KEYWORD 224 ] 종단저항

### 1. 개요

① 수신기에서 감지기 간 회로의 단선 유무와 기기 등의 접속 상황을 확인하기 위해서는 회로도통시험을 실시한다.

② 종단저항은 감지기의 회로도통시험을 실시하기 위해 설치하는 회로 소자다.

### 2. 종단저항 설치기준 【NFTC 203 2.8.1.3】

① 점검 및 관리가 쉬운 장소에 설치할 것

② 전용함을 설치하는 경우 그 설치 높이는 바닥으로부터 1.5m 이내로 할 것

③ 감지기 회로의 끝부분에 설치하며, 종단감지기에 설치할 경우에는 구별이 쉽도록 해당 감지기의 기판 및 감지기 외부 등에 별도의 표시를 할 것

[사진 189] 중계기에 설치된 종단저항

[사진 190] 종단감지기에 설치된 종단저항

### 3. 화재감지기 회로에서의 동작

① 정상상태에서의 동작

ㄱ) 정상적인 감시상태에서는 다음 그림과 같이 굵은선을 따라 전류가 흐른다. 이때 종단저항 10KΩ, 감지기회로선의 저항 50Ω, 릴레이 저항을 1KΩ이라고 가정하고, 화재경보형 릴레이에는 20mA 이상의 전류가 흘러야 동작한다고 하면 감지기 회로는 $I = \dfrac{24}{50 + 1 \times 10^3 + 10 \times 10^3} \times 1,000 = 2.17[mA]$의 전류가 흐른다. 그러나 릴레이는 이렇게 작은 전류에는 동작하지 않고 그대로 감시상태를 유지한다.

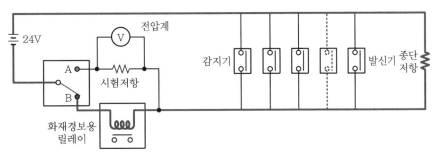

[그림 180] 정상상태에서의 동작

ⓛ 화재상태에서 감지기 작동 또는 발신기가 눌러지면 감지기 회로가 단락(연결)되는 것과 같이 되어 종단저항과 관계없이 아래 그림의 굵은선으로 전류가 흐르고 이때의 전류는

$$I = \frac{24}{50 + 1 \times 10^3} \times 1,000 = 22.85[mA]$$ 가 되어 릴레이가 동작하고 화재경보가 울린다.

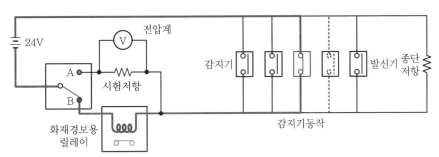

[그림 181] 화재상태에서의 동작

② 회로도통 시험상태에서의 동작

㉠ 회로도통 시험을 위해 스위치 접점을 B → A로 옮기면 아래 그림과 같이 회로가 구성되고, 시험 저항이 1.5KΩ이라 하면 회로에 흐르는 전류는 $I = \frac{24}{1,500 + 10,000} = 0.0022A$ 이고 이때 저항에 걸리는 전압은 E＝IR＝1,500 × 0.0022＝3.3V가 되며 전압계가 이 값을 지시하면 정상이다.

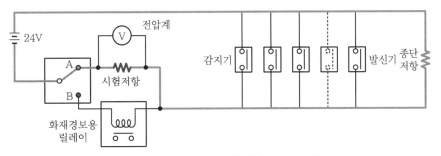

[그림 182] 회로도통 시험상태에서의 동작

ⓛ 만일 아래 그림과 같이 종단저항 부근 회로에서 단락이 발생했다면 이때 흐르는 전류는 아래 그림의 굵은선을 따라 흐르므로 $I = \dfrac{24}{50 + 1,500} = 0.01548A$, 저항에 걸리는 전압은 $E = IR = 1,500 \times 0.01548 = 23.22V$가 된다(원거리 단락).

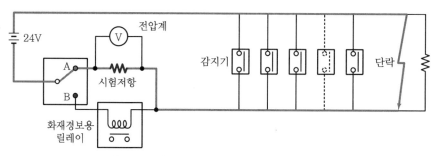

[그림 183] 종단저항 부근에서 단락 시 동작

ⓒ 만일 아래 그림과 같이 감지기 회로의 가장 가까운 곳(수신기 부근)에서 단락이 발생했다면 회로저항이 0Ω이 될 것이므로 이때 흐르는 전류는 아래 그림의 굵은선을 따라 흐르게 되므로 $I = \dfrac{24}{1,500} = 0.016A$, 저항에 걸리는 전압은 $E = IR = 1,500 \times 0.016 = 24V$가 된다(근거리 단락).

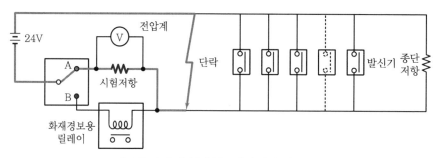

[그림 184] 수신기 부근에서 단락 시 동작

ⓔ 만일 아래 그림과 같이 감지기 회로가 중간에서 단선되었다면 시험저항에는 전류가 흐르지 않으므로 저항에 걸리는 전압은 $E = IR = 1,500 \times 0 = 0V$가 된다.

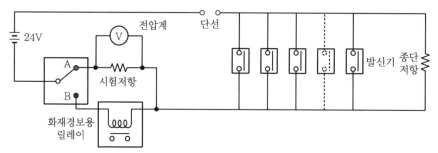

[그림 185] 감지기 회로 중간에서 단락 시 동작

[ **KEYWORD**
**225** ]  종류환기방식

## 1. 정의 【NFTC 603 1.7.1.5】

① 종류환기방식이란 터널안의 배기가스와 연기 등을 배출하는 환기 설비로서 기류를 종방향(출입구
   방향)으로 흐르게 하여 환기하는 방식을 말한다.
② 터널입구 또는 수직갱, 사갱 등으로부터 신선공기를 유입하여 종방향 기류를 형성하여 터널 출구
   또는 수직갱, 사갱 등으로 오염된 공기 또는 화재 연기를 흐르게 하여 배출하는 방식을 말한다.

## 2. 종류

① **제트팬식** : 터널 천장에 제트팬을 설치하여 화재 시 종방향으로 배기가스와 연기 등을 배출

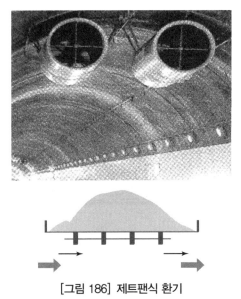

[그림 186] 제트팬식 환기

② **삭칼드식** : 터널 입구에 신선공기 유입을 위한 사갱을 설치하고 이를 이용하는 환기방식

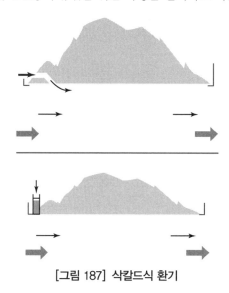

[그림 187] 삭칼드식 환기

③ **집중배기방식** : 터널 출구에 수직갱을 설치하고 배출팬으로 집중 배출하는 방식

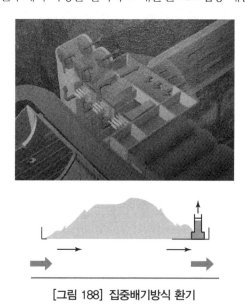

[그림 188] 집중배기방식 환기

④ 수직갱 송배기방식 : 터널 중간에 수직갱과 송ㆍ배기용 팬을 설치하여 송기와 배기를 동시에 하는 방식

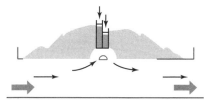

[그림 189] 수직갱 송배기방식 환기

⑤ 전기집진식 : 터널 중간에 전기집진기와 축류송풍기를 설치하고 이를 이용하여 환기하는 방식

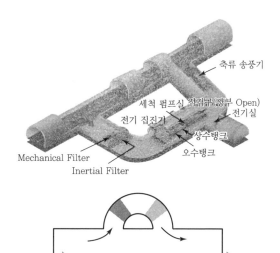

[그림 190] 전기집진식 환기

## 3. 터널 환기방식의 구분

# 종합방재실

## 1. 정의

① 초고층 건축물등의 종합방재실이란 건축물의 건축 · 소방 · 전기 · 가스 등 안전관리 및 방범 · 보안 · 테러 등을 포함한 통합적 재난관리를 효율적으로 시행하고, 재난발생 시 정보수집 및 제공, 방재활동의 거점 역할을 할 수 있는 장소이다.

② 초고층 건축물등이란 초고층 건축물, 지하연계 복합건축물, 대통령령으로 정하는 건축물 및 시설물

[사진 191] 초고층 건축물등의 종합방재실

## 2. 종합방재실 설치 기준 【초고층재난관리법 시행규칙 제7조】

① 종합방재실의 개수 : 1개

다만, 100층 이상 초고층 건축물등(공동주택 제외)의 관리주체는 종합방재실 기능 상실을 대비하여 종합방재실 추가설치하거나 관계지역 내 다른 종합방재실에 보조종합재난관리체제를 구축하여 재난관리 업무가 중단되지 않도록 할 것

② 종합방재실의 위치

㉠ 1층 또는 피난층. 다만, 특별피난계단 출입구로부터 5m 이내에 종합방재실을 설치할 경우 2층 또는 지하 1층에 설치 가능, 공동주택의 경우에는 관리사무소에 설치 가능

㉡ 비상용 승강장, 피난전용승강기 및 특별피난계단으로 이동하기 쉬운 곳

㉢ 재난 정보수집 및 제공, 방재활동의 거점역할을 할 수 있는 곳

㉣ 소방대가 쉽게 도달할 수 있는 위치

ⓜ 화재 및 침수 등으로 인한 피해우려가 적은 곳

③ **종합방재실의 구조 및 면적**

㉠ 다른 부분과 방화구획(화재안전기준 제어반 기준과 동일)

㉡ 종합방재실과 방화구획 된 부속실 설치(인력대기 및 휴식 등 공간)

㉢ 면적 : 20m² 이상

㉣ 재난 및 안전관리, 방범 및 보안, 테러예방을 위하여 필요한 시설, 장비의 설치

　근무인력의 재난 및 안전관리활동, 재난발생 시 소방대원의 지휘활동에 지장이 없을 것

㉤ 출입문에는 출입제한 및 통제장치를 갖출 것

④ **종합방재실 설비**

㉠ 조명설비(예비전원포함) 및 급수 · 배수설비

㉡ 상용전원과 예비전원의 공급을 자동 또는 수동으로 전환하는 설비

㉢ 급기 · 배기설비 및 냉방 · 난방설비

㉣ 전력공급 상황 확인 시스템

㉤ 공기조화 · 냉난방 · 소방 · 승강기설비의 감시 및 제어시스템

㉥ 자료저장시스템

㉦ 지진계 및 풍향 · 풍속계

㉧ 소화장비 보관함 및 무정전 전원공급장치

㉨ 피난안전구역, 피난용승강기 승강장 및 테러 등의 감시와 방범 · 보안을 위한 CCTV

⑤ 상주인력(재난 및 안전관리 필요인력) – 3인 이상

⑥ 종합방재실의 기능이 항상 정상적으로 작동되도록 시설 및 장비 등을 수시점검 및 그 결과를 보관

## [ KEYWORD 227 ] 주거(간이)형 헤드(Residential Sprinkler Head)

## 1. 정의

① 주거형스프링클러헤드란 폐쇄형헤드의 일종으로 주거지역의 화재에 적합한 감도, 방수량 및 살수분포를 갖는 헤드(간이형 스프링클러 헤드를 포함한다)를 말한다. 【스프링클러헤드 형식승인 및 제품검사기술기준 제2조 제24호】

② 간이헤드란 폐쇄형 헤드의 일종으로 간이스프링클러설비를 설치하여야하는 특정소방대상물의 화재에 적합한 감도, 방수량 및 살수분포를 갖는 헤드를 말한다. 【NFTC 103A 1.7.1.1】

[사진 192] 주거형스프링클러헤드

## 2. 주거형헤드 특징

① RTI의 값 50 이하(조기반응형)이다. 【스프링클러헤드의 형식승인 및 제품검사의 기술기준 제22조】

② 방수압력 0.1MPa(1kg/cm²)에서 방수량을 측정하는 경우 방수상수(K값)은 50(±2.5)이다. 【스프링클러헤드의 형식승인 및 제품검사의 기술기준 제23조】

③ 주거형헤드의 오리피스 공칭구경이 8.9mm(표준용 11.2mm)로 설계되었다.

④ 주거형헤드는 주택 등 소규모 주거공간의 화재에 유효하게 적응할 수 있게 설계된 헤드다. 따라서, 벽면 살수분포시험을 하여 각 벽면의 채수량이 2.5L/min 이상으로 하고 바닥으로부터 천정면 아래 0.5m까지의 벽면을 적셔지도록 하고 있다. 【스프링클러헤드의 형식승인 및 제품검사의 기술기준 제24조 제2호】

⑤ 화재 시 거주자가 안전하게 대피할 수 있도록 대피시간을 연장하는데 주목적이 있다.

⑥ 주거용헤드의 특성상 실내 헤드를 1~2개만 설치하는 경우가 많이 발생하고 따라서, 살수 분포는 전 방향에 걸쳐 균일한 살수밀도로 방수된다.

**499**

# (준)초고층건축물

## 1. 정의 【건축법 시행령 제2조】

① 초고층 건축물이란 층수가 50층 이상이거나 높이가 200미터 이상인 건축물을 말한다.

[사진 193] 초고층 건축물

② 준초고층 건축물이란 고층건축물 중 초고층 건축물이 아닌 것을 말한다.

③ 고층건축물이란 층수가 30층 이상이거나 높이가 120m 이상인 건축물을 말한다.

【건축법 제2조 제1항 제19호】

## 2. (준)초고층건축물 피난안전구역 【건축법 시행령 제34조 제3항】

① 초고층건축물에는 피난층 또는 지상으로 통하는 직통계단과 직접 연결하는 피난안전구역(건축물의 피난·안전을 위하여 건축물 중간층에 설치하는 대피공간)을 지상층으로부터 최대 30개층마다 1개소 이상 설치히여야 한다.

② 준초고층건축물에는 피난층 또는 지상으로 통하는 직통계단과 직접 연결하는 피난안전구역을 해당 건축물 전체 층수의 2분의 1에 해당하는 층으로부터 상하 5개층이내에 1개소 이상 설치하여야 한다. 다만, 국토교통부령으로 정하는 기준에 따라 피난층 또는 지상으로 통하는 직통계단을 설치하는 경우에는 그러하지 아니하다.

 * 피난층 : 직접 지상으로 통하는 출입구가 있는 층 및 피난안전구역 【건축법 시행령 제34조 제1항】

# 중계기

## 1. 정의【NFTC 203 1.7.1.3】

① 중계기란 감지기 · 발신기 또는 전기적 접점 등의 작동에 따른 신호를 받아 이를 수신기에 전송하는 장치를 말한다.

[사진 194] 옥내소화전 발신기세트실 중계기

② 일반적으로 R형 수신기에 사용하는 신호전송장치로서 감지기 및 발신기 등 Local 기기장치와 수신기 사이에 설치하여 화재신호를 수신기에 통보하고 이에 대응하는 출력 신호를 Local 기기장치에 송출하는 역할을 수행하는 장치이다.

③ R형 수신기에 중계기가 필요한 이유는 감지기 동작은 전류에 의한 접점 신호이나 수신기의 입력은 Digital Data 신호로서 통신신호이기 때문이다. 전류에 의한 접점신호를 통신신호로 변환시켜주어야 하고 이에 대응하는 출력에 대한 통신신호를 전류신호로 변환시켜주어야 하는데 중계기가 이러한 기능을 수행한다.

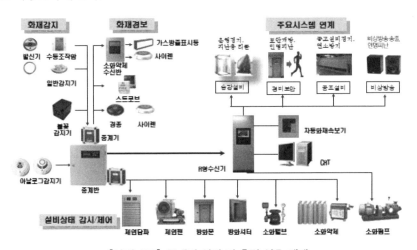

[사진 195] 중계기 입력 및 출력 신호 체계

## 2. 중계기 분류

▼ [표 90] 집합형과 분산형 비교

| 구분 | 집합형 | 분산형 |
|------|--------|--------|
| 전원장치 | 교류 110/220V를 입력전원으로 사용하며 내부에 정류기 및 비상축전지를 내장하고 있다. | 방재실에 설치된 R형 수신기의 전원장치로부터 DC24V를 공급하므로 중계기에는 전원장치가 없다. |
| 설치공사방법 | 2~3개 층의 방재설비용 기기장치를 전기 pit 내부에 설치된 중계기에 연결하는 방식 | 각 local 기기장치 내부에 중계기를 설치하거나 별도의 격납함에 중계기를 내장하는 방식으로 설치개소가 많아진다. |
| 유지보수 | 수리 및 유지관리가 편리 | 중계기 이상 발생 시에는 새로운 중계기로 교체하여야 한다. |
| 적용대상 | • 대단위 공장<br>• 학교, 연구단지, 공항, 병원 등<br>• 초고층 건축물 | • 호텔<br>• 대단위 아파트단지<br>• 전기샤프트가 비좁은 건축물 |

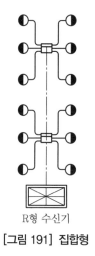

R형 수신기

[그림 191] 집합형

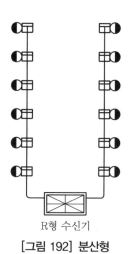

R형 수신기

[그림 192] 분산형

## 3. 중계기의 주요 구성

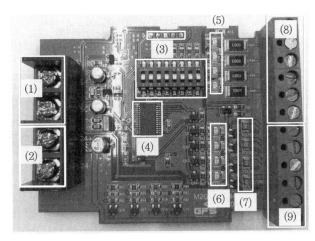

[사진 196] 중계기의 주요 구성

① **통신입력포트(1)** : 수신기와 통신을 위해 수신기 또는 중계반과 연결되는 포트

② **전원입력포트(2)** : 전원공급장치로부터 DC24V의 전원을 입력받아 중계기 외부기기 입출력포트에 제공하는 포트

③ **주소설정스위치(3)** : 2진법에 의한 딥스위치

> ※ 이 DIP 스위치는 이진법으로 되어 있습니다.
>
> | 스위치 번호 | 1 | 2 | 3 | 4 | 5 | 6 | … |
> |---|---|---|---|---|---|---|---|
> | 스위치의 값 | 1 | 2 | 4 | 8 | 16 | 32 | … |
>
> • 중계기 ADDRESS 지정 시 스위치를 OFF로 선택하여야 한다.
> • OFF로 선택 시 스위치들의 값을 합하면 중계기의 ADDRESS가 된다.
> 예 1 13번 중계기 : 1번, 3번, 4번 스위치만 내려져 있고 나머지 스위치는 위로(1＋4＋8＝13)
> 예 2 28번 중계기 : 3번, 4번, 6번 스위치만 내려져 있고 나머지 스위치는 위로(4＋9＋16＝28)
> 예 3 39번 중계기 : 1번, 2번, 3번, 6번 스위치만 내려져 있고 나머지 스위치는 위로(1＋2＋4＋32＝39).

④ **Micom(4)** : 마이크로프로세서를 써서 만든 컴퓨터. 하나의 칩 속에 중앙 처리 장치가 들어 있는 것

⑤ **입력신호 LED(5)** : 이벤트(화재, 확인, 기타 입력에 대한 것)에 대한 확인 LED이며 입력이 들어올 경우 점등

⑥ **출력신호 LED(6)** : 이벤트(화재, 확인, 기타 입력에 대한 신호를 받고 출력 연동에 대한 LED)에 대한 출력(이벤트에 대한 연동 출력) LED이며 출력이 나갈 경우 점등

⑦ **과전류제한스위치(7)** : 허용치 이상의 전류가 되었을 때 차단

⑧ **외부기기입력(8)** : 입력 단자이며, 로컬기기와 연결되는 부분

⑨ **외부기기출력(9)** : 출력 단자이며, 로컬기기의 동작 단자와 연결되는 부분

⑩ **포토커플러(photocoupler)** : 발광(發光) 소자와 수광(受光) 소자를 하나의 패키지에 넣어 빛을 매개로 하여 신호를 전달하는 장치

⑪ **TR** : 3개 이상의 전극을 가진 반도체의 능동소자

⑫ **FET** : 전계 효과(電界效果) 트랜지스터

⑬ **비교기** : 어떤 정보의 두 개의 표현 방식(transcription)을 비교하여 크기, 순서, 특성 등에 차이가 있는지 없는지 또 컴퓨터 내의 기억 형태(storage), 산술 연산(arithmetic operation) 등의 정확도도 체크하는데, 체크 결과는 출력 신호(output signal)의 형태로 통지

⑭ **폴리스위치** : 폴리스위치는 폴리머 구조로 이루어진 PTC 소자이며, 폴리스위치의 작동 원리는 전체적인 내부 에너지 균형에 기초

## 4. 중계기 작동

① 평상시(정상적인 상태)에는 통신LED(초록색)가 깜박이고 비정상상태에서는 통신LED(빨강색)이 켜진다.

② 중계기에 외부신호(화재신호)가 입력되면 입력신호LED(5)가 켜지고 비교기 기준레벨과 비교하여 신호입력으로 인지하게 되고 출력을 내보내 포토커플러를 구동하게 된다. 포토커플러의 구동 신호는 중계기내 Micom(4)의 입력신호로 인가되고 Micom(4)은 수신기와의 통신을 통해 외부신호가 입력되었음을 R형수신기에 전달하게 된다.

＊ 포토커플러는 1차와 2차를 절연하여 내부의 회로를 보호하는 역할을 한다.

③ R형수신기에 신호입력이 되면 연동프로그램에 준하여 외부출력신호가 통신을 통해 중계기로 전달되고 수신기로부터 출력신호를 전달받은 Micom(4)은 출력신호를 보내고 TR, 포토커플러를 통해 FET를 구동하게 하여 DC24V 전원을 출력포토(9)로 출력하고 출력이 나오면 출력신호LED(6)이 점등된다.

＊ 출력포토는 회로보호를 위한 폴리스위치가 적용되고 있고 외부과전류를 제한하는 역할을 한다.

## 5. 중계기 결선

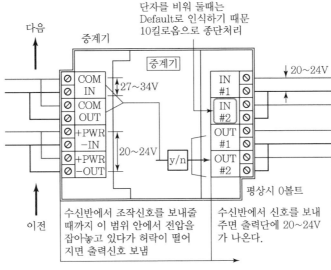

[그림 193] 중계기 결선

## 6. 설치기준 【NFTC 203 2.3.1】

① 수신기에서 직접 감지기회로의 도통시험을 행하지 아니하는 것에 있어서는 수신기와 감지기 사이에 설치할 것
② 조작 및 점검에 편리하고 화재 및 침수 등의 재해로 인한 피해를 받을 우려가 없는 장소에 설치할 것
③ 수신기에 따라 감시되지 아니하는 배선을 통하여 전력을 공급받는 것에 있어서는 전원입력 측의 배선에 과전류 차단기를 설치하고 해당 전원의 정전이 즉시 수신기에 표시되는 것으로 하며, 상용전원 및 예비전원의 시험을 할 수 있도록 할 것

[ **KEYWORD**
**230** ]  지진분리이음/지진분리장치

## 1. 개요

① 지진분리이음【소방시설의 내진설계기준 제3조 제7호】

지진분리이음이란 지진발생 시 지진으로 인한 진동이 배관에 손상을 주지 않고 배관의 축방향 변위, 회전, 1° 이상의 각도 변위를 허용하는 이음을 말한다. 단, 구경 200mm 이상의 배관은 허용하는 각도변위를 0.5° 이상으로 한다.

[사진 197] 지진분리이음 설치모습

② 지진분리장치【소방시설의 내진설계기준 제3조 제8호】

지진분리장치란 지진발생 시 건축물 지진분리이음 설치 위치 및 지상에 노출된 건축물과 건축물 사이 등에서 발생하는 상대변위 발생에 대응하기 위해 모든 방향에서의 변위를 허용하는 커플링, 플렉시블 조인트, 관부속품 등의 집합체를 말한다.

[사진 198] 지진분리장치 설치 모습

## 2. 지진분리이음 설치기준 【소방시설의 내진설계기준 제7조】

① 배관의 변형을 최소화하고 소화설비 주요 부품 사이의 유연성을 증가시킬 필요가 있는 위치에 설치하여야 한다.

② 구경 65mm 이상의 배관에는 지진분리이음을 다음 각 호의 위치에 설치하여야 한다.

    ㉠ 모든 수직직선배관은 상부 및 하부의 단부로부터 0.6m 이내에 설치하여야 한다. 다만, 길이가 0.9m 미만인 수직직선배관은 지진분리이음을 설치하지 아니할 수 있으며, 0.9~2.1m 사이의 수직직선배관은 하나의 지진분리이음을 설치할 수 있다.

    ㉡ 2층 이상의 건물인 경우 각 층의 바닥으로부터 0.3m, 천장으로부터 0.6m 이내에 설치하여야 한다.

    ㉢ 수직직선배관에서 티분기된 수평배관 분기지점이 천장 아래 설치된 지진분리이음보다 아래에 위치한 경우 분기된 수평배관에 지진분리이음을 다음 각 목의 기준에 적합하게 설치하여야 한다.

        1) 티분기 수평직선배관으로부터 0.6m 이내에 지진분리이음을 설치한다.

        2) 티분기 수평직선배관 이후 2차측에 수직직선배관이 설치된 경우 1차측 수직직선배관의 지진분리이음 위치와 동일선상에 지진분리이음을 설치하고, 티분기 수평직선배관의 길이가 0.6m 이하인 경우에는 그 티분기된 수평직선배관에 가목에 따른 지진분리이음을 설치하지 아니한다.

    ㉣ 수직직선배관에 중간 지지부가 있는 경우에는 지지부로부터 0.6m 이내의 윗부분 및 아랫부분에 설치해야 한다.

③ 제6조 제3항 제1호에 따른 이격거리 규정을 만족하는 경우에는 지진분리이음을 설치하지 아니할 수 있다.

> 【소방시설의 내진설계기준 제6조 제3항 제1호】에 따른 이격거리
> 1. 관통구 및 배관 슬리브의 호칭구경은 배관의 호칭구경이 25mm 내지 100mm 미만인 경우 배관의 호칭구경보다 50mm 이상, 배관의 호칭구경이 100mm 이상인 경우에는 배관의 호칭구경보다 100mm 이상 커야 한다. 다만, 배관의 호칭구경이 50mm 이하인 경우에는 배관의 호칭구경 보다 50mm 미만의 더 큰 관통구 및 배관 슬리브를 설치할 수 있다.

## 3. 지진분리장치 설치기준 【소방시설의 내진설계기준 제8조】

① 지진분리장치는 배관의 구경에 관계없이 지상층에 설치된 배관으로 건축물 지진분리이음과 소화배관이 교차하는 부분 및 건축물 간의 연결배관 중 지상 노출 배관이 건축물로 인입되는 위치에 설치하여야 한다.

② 지진분리장치는 건축물 지진분리이음의 변위량을 흡수할 수 있도록 전후좌우 방향의 변위를 수용할 수 있도록 설치하여야 한다.

③ 지진분리장치의 전단과 후단의 1.8m 이내에는 4방향 흔들림 방지 버팀대를 설치하여야 한다.

④ 지진분리장치 자체에는 흔들림 방지 버팀대를 설치할 수 없다.

## [ KEYWORD 231 ] 지진하중/편심하중/지진동

### 1. 지진하중

정지해 있던 물체가 갑자기 움직이게 될때 작용하는 관성의 법칙에 의한 움직임으로 지진에 의한 지반운동으로 구조물에 작용하는 하중을 말한다.

$$V = C_S \times W \qquad C_S = \frac{S \times I}{R \times T}$$

여기서, $V$ : 지진하중
$C_S$ : 응답계수
$W$ : 건물중량
$S$ : 지역과 지반에 따라 정해지는 가속도계수
$I$ : 건물의 용도에 따라 정해지는 중요도계수
$R$ : 건물의 시스템에 따라 정해지는 반응수정계수
$T$ : 건물의 고유주기

### 2. 편심하중

압축하중과 굽힘 모멘트가 함께 작용하는 것과 같으며, 하중의 합력 방향이 그 물체의 중심을 지나지 않을 때의 하중을 말한다. 편심하중을 받는 기둥을 예로 들면 하중이 기둥의 중심선으로부터 횡방향으로 $\chi$ 만큼 떨어져 하중 $P$가 작용한다면 이 기둥은 $P$뿐 아니라 $M = P\chi$ 가 함께 작용하여 기둥의 휨을 촉진한다.

### 3. 지진동

S파와 표면파가 지진동의 주요 요인으로 지진파가 지표에 이르렀을 때의 진동이다. 즉 지진 시 발생하는 진동을 말한다.

# [ KEYWORD 232 ] 지하연계복합건축물

## 1. 정의 【초고층재난관리법 제2조】

지하연계복합건축물이란 다음의 요건을 모두 갖춘 건축물을 말한다.
① 층수가 11층 이상이거나 1일 수용인원이 5천명 이상인 건축물로서 지하부분이 지하역사 또는 지하도상가와 연결된 건축물
② 문화 및 집회시설, 판매시설, 운수시설, 업무시설, 숙박시설, 위락시설 중 유원시설업의 시설, 종합병원, 요양병원이 하나 이상 있는 건축물

## 2. 16층 이상 29층 이하인 지하연계복합건축물 피난안전구역

【초고층재난관리법 시행령 제14조 제1항 제2호】

지상층별 거주밀도가 제곱미터당 1.5명을 초과하는 층은 해당층의 사용형태별 면적의 합의
10분의 1에 해당하는 면적을 피난안전구역으로 설치할 것

## 3. 초고층 건축물등의 지하층이 문화 및 집회시설, 판매시설, 운수시설, 업무시설, 숙박시설, 위락시설 중 유원시설업의 시설, 종합병원 또는 요양병원이 하나 이상 있는 건축물 용도로 사용되는 경우

【초고층재난관리법 시행령 제14조 제1항 제3호】

\* 초고층 건축물 등 : 초고층 건축물과 지하연계복합건축물, 대통령령으로 정하는 건축물 및 시설물

① 해당 지하층에 「초고층재난관리법 시행령」 별표 2에 따른 피난안전구역을 설치하거나
② 선큰(지표 아래에 있고 외기(外氣)에 개방된 공간으로서 건축물 사용자의 보행 · 휴식 및 피난 등에 제공되는 공간을 말한다)을 설치할 것

# 직류(直流)와 교류(交流)

## 1. 개요

전기가 도선에 흐르는 방식에는 직류(DC, Direct Current)와 교류(AC, Alternating Current)가 있는데 직류란 크기와 방향이 변하지 않고 일정한 전압을 갖고 전류가 흐르는 것을 말하고 교류란 전류의 크기와 방향이 주기적으로 바뀌며 한번은 음의 방향으로, 한번은 양의 방향으로 왔다 갔다 하면서 흐르는 전류를 말한다. 주파수가 60[Hz]면 전류의 흐름 방향이 1초에 60회 바뀌면서 흐른다.

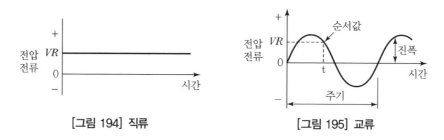

[그림 194] 직류          [그림 195] 교류

## 2. 직류와 교류 차이점

▼ [표 91] 직류와 교류 차이점

| 구분 | 직류 | 교류 |
|------|------|------|
| 의미 | 시간의 흐름에 따라 크기와 방향이 일정한 것 | 시간의 흐름에 따라 크기와 방향이 주기적으로 바뀌는 것 |
| 주파수 | 없음 | • 우리나라는 초당 60번의 주기로 변화<br>• 각 나라별 50Hz와 60Hz를 주로 사용 |
| 공급 방식 | 양극선과 음극선 두 가닥으로 구성되는 단상 2선식만 가능 | 단상2선식, 3상3선식, 3상4선식 등 다양하게 공급할 수 있음 |
| 영문 | DC(Direct Current) | AC(Alternating Current) |
| 극성 | +, − 극성이 있다. | 극성이 없다. |
| 전압 | 전압 변경이 어렵다. | 전압 변경이 쉽다. |
| 용량 부하 | 소용량 부하에 적합 | 대용량 부하에 적합 |
| 고정, 이동부하 | 이동 부하에 적합(배터리) | 고정부하에 적합(가정용, 공장 등) |
| 종류 | 배터리, 축전지, 태양광발전 | 발전소에서 생산되는 전력 |
| 저장 | 가능 | 불가능하며 생산과 동시에 소비됨 |

| | | |
|---|---|---|
| 송전 시 장점 | • 직류, 교류 변환장치가 필요하다.<br> 2전압의 승압 및 감압이 불리하다.<br>• 고조파나 고주파 억제 대책이 필요하다.<br>• 직류 차단기 개발이 되어 있지 않다. | • 전압의 승압, 강압 변경이 용이하다.<br>• 회전자계를 쉽게 얻을 수 있다.<br>• 계통 운용을 일관되게 할 수 있다. |
| 휴대여부 | 가능 | 불가능 |

# [ KEYWORD 234 ] 직통계단

## 1. 개요

① 직통계단은 건물 내의 각 층에서 직접 지상으로 통하는 출입구가 있는 피난층까지 곧바로 내려갈 수 있는 구조의 계단을 말한다.

② 피난층 이외의 층에서 피난층 또는 지상에 이르기까지 피난경로가 명확하게 구분되도록 계단과 계단참 등이 연속적으로 연결되어야 한다.

\* (건축법에서)피난층 : 직접 지상으로 통하는 출입구가 있는 층 및 피난안전구역

## 2. 설치기준 【건축법 시행령 제34조 제1항】

① 건축물의 피난층 외의 층에서는 피난층 또는 지상으로 통하는 직통계단(경사로 포함)을 거실의 각 부분으로부터 계단(거실로부터 가장 가까운 거리에 있는 1개소의 계단)에 이르는 보행거리가 30m 이하가 되도록 설치하여야 한다.

② 건축물의 주요구조부가 내화구조 또는 불연재료로 된 건축물은 그 보행거리가 50m(16층 이상인 공동주택은 40m) 이하가 되도록 설치할 수 있다.

③ 자동화 생산시설에 스프링클러 등 자동식 소화설비를 설치한 공장으로서 국토교통부령으로 정하는 공장인 경우에는 그 보행거리가 75m(무인화 공장은 100m) 이하가 되도록 설치할 수 있다.

④ 피난층 외의 층이 대통령령으로 정하는 용도 및 규모에 해당할 경우 피난층 또는 지상으로 통하는 직통계단을 2개소 이상 설치하여야 한다.

## 3. 직통계단 2개소 이상 설치대상 【건축법 시행령 제34조 제2항】

① 공연장 · 종교집회장, 문화 및 집회시설, 종교시설, 주점영업, 장례시설 용도로 쓰는 층으로서 바닥면적 합계가 200m²(공연장 · 종교집회장은 300m²) 이상인 것

② 다중주택 · 다가구주택, 정신과의원(입원실이 있는 경우), 인터넷컴퓨터게임시설제공업소(바닥면적 300m² 이상) · 학원 · 독서실, 판매시설, 운수시설(여객용 시설), 의료시설(입원실이 없는 치과병원 제외), 학원, 아동 관련 시설 · 노인복지시설 · 장애인 거주시설 및 장애인 의료재활시설, 유스호스텔, 숙박시설 용도로 쓰는 3층 이상의 층으로서 바닥면적 합계가 200m² 이상인 것

③ 공동주택(층당 4세대 이하 제외), 오피스텔 용도로 쓰는 층으로서 거실의 바닥면적 합계가 300m² 이상인 것

④ 그 밖의 용도로 쓰는 3층 이상의 층으로서 거실의 바닥면적 합계가 400m² 이상인 것

⑤ 지하층으로서 그 층 거실의 바닥면적 합계가 200m² 이상인 것

## [ KEYWORD 235 ] 차동식스포트형 감지기

### 1. 개요

차동식스포트형감지기란 감지기의 주위온도가 일정한 온도상승률 이상이 되었을 때 작동하는 것으로 일국소의 열 효과에 의해 작동되는 감지기를 말한다.

### 2. 차동식스포트형감지기 종류

① 공기식

　㉠ 구조

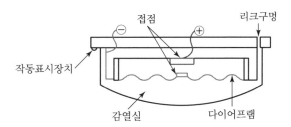

[그림 196] 차동식 감지기 – 공기식

| 감열실 (chamber) | 열을 유효하게 받는 부분 |
|---|---|
| 다이어프램 (diaphragm) | 인청동판이나 황동판으로 만들어진 신축성이 있는 금속판 |
| 리크구멍 (leak hole) | 완만한 온도 상승 시 감지기의 오작동이 발생되지 않도록 만들어 놓은 구멍 |
| 접점 | PGS(platinum gold silver) 합금으로 된 전기접점 |
| 작동표시장치 (LED) | 감지기의 동작상태 표시등 |

　㉡ 원리

　　1) 샤를의 법칙 $\dfrac{V}{T} = k$의 원리를 이용한 감지기다.

　　2) 온도가 상승하면 감열실 내부 공기가 팽창하여 동작한다.

　㉢ 작동 메커니즘

　　1) 화재 발생 시 온도가 상승하여 감열부의 공기 팽창으로 다이어프램을 밀어 올려 전기적으로 접점이 형성되면 수신기에 화재 신호를 보낸다.

　　2) 화재가 아닌 완만한 온도상승의 경우 리크 구멍으로 공기가 빠져나가 감지기가 작동하지 않는다.

② 열전대식

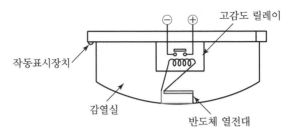

**[그림 197] 차동식 감지기 – 열전대식**

㉠ 구조

| 감열실(chamber) | 열을 유효하게 받는 부분 |
|---|---|
| 다이어프램(diaphragm) | 인청동판이나 황동판으로 만들어진 신축성이 있는 금속판 |
| 리크구멍(leak hole) | 완만한 온도 상승 시 감지기의 오작동이 발생되지 않도록 만들어 놓은 구멍 |

㉡ 작동원리

1) 서로 다른 두 종류의 금속을 접촉하여 두 접점의 온도(T)를 다르게 하면 온도차에 의해 열기전력(V)이 발생하고 미세한 전류가 흐르게 되는데, 이를 제어벡 효과라고 한다.

2) 다른 쪽 접점을 냉각하면 이 전위는 더욱 커지고 2종의 다른 금속을 접속해 두면 온도차에 의해서 기전력이 발생한다.

3) 기전력의 크기는 양쪽 접점 간의 온도차에 거의 비례한다.

㉢ 작동 메카니즘

1) 화재가 발생하면 감열실의 온도가 상승하여 반도체 열전대에서 기전력이 발생한다.

2) 발생된 기전력은 고감도 릴레이를 동작시켜 화재 신호를 수신기로 보낸다.

③ 열반도체식

㉠ 작동원리

1) 서미스터 방식 : 휘스톤 브릿지회로의 전위차를 검출한다.

  * 서미스터(Thermistor) : 보통의 저항에 비해 온도에 따른 저항의 변화를 크게 만든 저항을 말한다. 열가변기라고도 부른다.

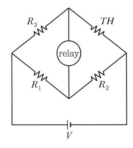

**[그림 198] 휘스톤 브릿지 회로**

* 휘스톤은 영국 전기공학자 이름이고 브릿지(bridge)는 강을 건너는 다리의 의미로 회로가 다리형태와 비슷하게 생겨서 붙여진 이름이다.
* 휘스톤 브릿지 회로 평행조건 : R1 × TH = R2 × R3처럼 마주보는 저항의 곱은 서로 같다.
  - R1×TH = R2 × R3일 때 릴레이에 전류가 흐르지 않는다.
  - R1×TH ≠ R2 × R3일 때 릴레이에 전류가 흐른다.
  - 화재가 발생하여 온도가 상승하면 TH의 저항이 변화되어 릴레이에 전류가 흐르게 된다.
* 감열식 사이리스터 방식 : 사이리스터 스위칭 회로방식으로 평상시 X는 전류가 흐르지 않다가 열을 받으면 기전력이 생겨 사이리스터를 작동시킨다.
* 사이리스터(Thyrister) : 전류 및 전압의 제어에 사용되는 pnpn 접합의 4층 구조의 반도체 소자의 총칭이다. 실리콘 제어 정류기(SCR : Slicon Controlled Rectifier)라고도 한다.

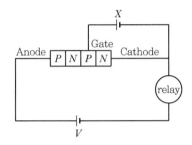

ⓛ 작동 메커니즘

1) 서미스터 방식

  - 화재가 발생하면 외부 Thermistor가 열에 의해 저항이 변화하고 휘스톤 브릿지에 전류가 흐른다.
  - 릴레이에 전류가 흐르면 릴레이를 동작시켜 수신기에 화재신호를 보낸다.

2) 감열식 사이리스터 방식

  - 전류는 P → N 쪽으로 흐르기 때문에 평상시 사이리스터는 전류가 흐르지 않는다.
  - 화재가 발생하여 X에 기전력이 생겨 P 영역에 전압을 가하게 되면 사이리스터가 작동하여 전류가 흐르게 되고, 릴레이가 작동하여 수신기에 화재신호를 보낸다.

## [ KEYWORD 236 ] 차압/개방력

## 1. 개요

① 차압이란 제연구역과 옥내(비제연구역)와의 압력차를 말하며 여기서, 옥내란 복도, 통로, 거실 등과 같은 화재실을 의미한다.

② 차압은 화재실에서 발생한 연기가 부속실 방화문 누설틈새를 통하여 부속실로 침투하는 것을 막아주기 위한 최소한의 압력차이다.

③ 개방력이란 제연설비가 가동되었을 경우 제연구역 출입문의 개방에 필요한 힘을 말하며 노약자나 어린이의 피난 시 최대 힘인 110N(11.2kgf) 이하로 제한하고 있다.

  * 110N : 가로 0.9m×세로 2.1m 방화문일 경우 약 60Pa에 해당함(60N/m²×1.89m²≒110N)

## 2. 차압 기준 【NFTC 501A 2.3.1】

2.1.1.1의 기준에 따라 제연구역과 옥내와의 사이에 유지하여야 하는 최소차압은 40Pa(＝N/m²)(옥내에 스프링클러설비가 설치된 경우에는 12.5Pa) 이상으로 하여야 한다.

> 【NFTC 501A 2.1.1.1】
> 2.1.1.1 제연구역에 옥외의 신선한 공기를 공급하여 제연구역의 기압을 제연구역 이외의 옥내(이하 "옥내"라 한다)보다 높게 하되 일정한 기압의 차이(이하 "차압"이라 한다)를 유지하게 함으로써 옥내로부터 제연구역 내로 연기가 침투하지 못하도록 할 것

## 3. 측정 방법

① 차압 측정 방법

  ㉠ 계측기는 교정일과 성적서 유효기간을 확인한다.

  ㉡ 부속실 가압의 경우 방화문이 전체 닫힌 상태에서 전층 차압을 기록한다.

  ㉢ 계단실 가압의 경우 자동차압과압조절댐퍼가 설치된 층의 차압을 기록한다.

  ㉣ 비개방층 차압은 20개 층을 초과할 경우 방연풍속을 측정하는 방화문 2개 층 개방 시와 그중 방화문 1개 층만 개방한 상태에서 비개방차압을 측정하여 기록하고, 방연풍속 측정 직상 및 직하층을 기준으로 최소 5개 층마다 측정을 원칙으로 한다.

[사진 199] 부속실 차압 측정

② 개방력 측정 방법

ㄱ 계측기는 교정일과 성적서 유효기간을 확인한다.

ㄴ 방화문이 전체 닫힌 상태에서 개방력(제연설비를 가동시킨 후 출입문의 개방에 필요한 힘)을 측정하여 기록한다. 단, 계단실 및 그 부속실을 동시에 제연하거나 계단실 단독 제연의 경우에 는 옥내 및 계단 방화문의 개방력을 모두 측정하는 것을 원칙으로 한다.

ㄷ 도어 클로저 또는 자동폐쇄장치 공급자는 방화문 설치자와 함께 제조사의 제품특성을 고려하 여 개방력이 화재안전기준 이내를 만족하도록 조정하여 조정결과보고서를 감리자에게 제출하 도록 권장한다. 이를 기준으로 방화문 개방력 성능평가 확인 시 개방력의 검사를 권장한다.

③ 적정성 판단기준

계측기 허용오차 및 측정오차를 감안하여 화재안전기준에서 정한 기준치의 최대 허용오차는 ±10% 이내 범위를 만족하여야 한다.

[사진 200] 부속실 방화문 개방력 측정

차폐선(Shield Cable)

## 1. 개요

① 전송하는 신호를 외부 노이즈로부터 보호하기 위해 신호선의 주변을 실드(차폐) 도체로 감싸주는 구조의 케이블을 말한다.

② 차폐선은 전자유도를 최소화하기 위해서 동테이프나 알루미늄 테이프를 감거나 동(銅)선을 편조한다. 아울러 신호선 2가닥을 서로 꼬아서 자계를 서로 상쇄시키도록 하며 이러한 상태의 선을 Twist pair cable이라고 한다.

③ 신호용 심선(芯線)이 하나인 것은 단심 실드, 두 개인 것은 2심 실드라고 하고, 일반적으로 다수의 심선을 가진 것을 '멀티케이블'이라고 한다.

## 2. 적용

① R형 자동화재탐지설비의 중계기, 아날로그감지기 배선 등에 주로 사용한다.

② 전선의 내부에 차폐선이 있어 유도성 노이즈(Noise)에 대한 차폐성능이 있다.

## 3. 차폐 방법

① 외부 전자기파 발생원으로부터 거리에 따라 두 신호선에 유도되는 전압의 차이가 발생되므로, 이 차이를 적게 하기 위하여 두 신호선을 서로 꼬아 외부 전자기파 발생원으로부터 거리를 평균적으로 동일하게 만들어 신호선에 영향이 적도록 하여 오동작을 방지한다.

② 외부 노이즈로부터 방어하기 위해서 알루미늄호일(Aluminum foil)로 두 신호선을 감싸고, 이를 접지선(Drain wire)를 통하여 접지하여 1차적으로 유도되는 전압을 대지로 흘려 외부 노이즈의 영향으로부터 보호한다.

③ 차폐처리(Shielded)가 된 케이블을 접지를 시키지 않거나 2개소 이상 접지를 시공하는 경우에는 차폐가 되지 않는 일반전선을 사용한 경우보다도 안테나 역할을 하여 전자유도에 의한 방해를 더 많이 받게 된다.

④ STP 케이블의 차폐접지선(Drain Wire)은 다음 그림과 같이 서로 접속하여 수신기 한곳에서만 접지하여야 차폐 효과를 기대할 수 있다.

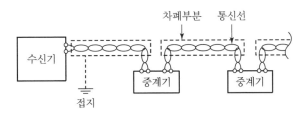

[그림 199] STP 케이블 차폐 접지

⑤ 호일(Foil)차폐와 동편조차폐 방식이 있으며 각각의 특징은 다음과 같다.

▼ [표 92] 차폐방식 특징

| 차폐방식 | 구조 | 특징 |
|---|---|---|
| 호일차폐(SF) | 동 또는 알루미늄호일 등을 피차폐체 위에 감는 방식 | • 가격이 저렴<br>• 유연성, 굴곡성이 없음<br>• 접지가 용이 |
| 편조차폐(SB) | 가느다란 동선 여러 가닥을 직조한 방식 | • 구조적으로 매우 안정<br>• 굴곡성이 뛰어남<br>• 실드효과가 우수 |

## 4. 종류

▼ [표 93] 내열성능의 차폐선 종류

| 영문기호 | 전선의 명칭 | 차폐방식 |
|---|---|---|
| HF−STP | 저독성 난연 폴리올레핀 차폐전선 | 알루미늄테이프 차폐 |
| FR−CVV−SB | 난연성 비닐절연 비닐시스 케이블 | 상동 |
| H−CVV−SB | 내열성 비닐절연 비닐시스 제어용 케이블 | 상동 |

① HF−STP(Twist pair Shield Cable)

㉠ 신호선의 주변을 실드 도체로 감싸 전송하는 신호를 외부 노이즈로부터 보호한다.

㉡ 신호선 두 가닥을 서로 꼬아서 자계를 서로 상쇄시키도록 하는 것을 Twist pair Cable이라고 한다.

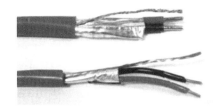

[사진 201] 차폐선

② FR-CVV-SB

㉠ 적용

1) 0.6/1KV 이하의 제어용 회로에 전송되는 신호가 타전선이나 기타 외부유도장애에 의한 오동작을 일으킬 수 있는 것을 방지할 수 있는 케이블이다.

2) 가요성, 난연성, 내마모성이 우수하여 화재 시 불꽃이 케이블에 전도되더라도 2차 재해를 방지할 수 있다.

3) 트레이 설치 시에도 적합한 케이블이다.

㉡ 구조

1) 도체 : 2등급 (연선) 연동선

2) 절연체 : PVC(70℃)

3) 연합 : 2심 이상인 경우 절연된 선심을 원형으로 연합

4) 차폐 : 동 편조

5) 시스 : 고난연PVC(흑색)

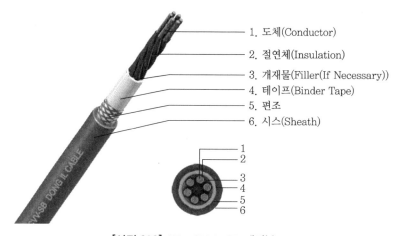

1. 도체(Conductor)
2. 절연체(Insulation)
3. 개재물(Filler(If Necessary))
4. 테이프(Binder Tape)
5. 편조
6. 시스(Sheath)

[사진 202] FR-CVV-SB 케이블

## 5. 시공방법

① 차폐전선(HF-STP)은 반드시 배관에 입선하여 내열배선의 시공방법으로 배선한다.

② 차폐케이블(FR-CVV-SB, H-CVV-SB)은 트레이나 덕트에 배선하여 케이블 시공방법으로 배선한다.

# 차폐판/집열판

## 1. 개요

① 스프링클러헤드는 화재 시 감열부가 녹아 소화수가 방출되는데, 천장하부에 설치되는 집합배관이나 대형 덕트의 간섭으로 인해 화재 시 상승기류의 왜곡이 생길 때에는 화재지점 상부 헤드의 개방에 지장을 주게 된다.

② 차폐판은 다양한 형태의 살수장애 구간에 설치된 장애물 하부 헤드의 개방이 지연되거나 안 되는 것을 막기 위하여 상부의 헤드가 먼저 방수되었을 때 장애물 하부 헤드의 감열부를 보호해서 냉각되는 것을 방지한다.

③ 집열판은 격자형 천장, 장애물 등의 구조상 천장제트흐름(Ceiling Jet Flow)이나 상승기류에 의한 스프링클러헤드의 감열이 불가능한 경우 열을 집적시켜서 헤드개방을 돕는 수단으로 설치하고 있으며, 국내에는 설치기준이 없다.

## 2. 구조

① 차폐판의 구조는 원형으로서 상향식, 하향식 및 측벽형 헤드의 감열부를 보호할 수 있고 탈부착이 가능한 형태로 되어 있으며, 차폐막을 이루는 원판의 크기는 보통 120~130mm 정도이다.

(상향식)　　　　　(하향식)　　　　　(측벽형)

[사진 203] 차폐판의 구조 (출처 : 코끼리소방)

② 집열판의 구조는 차폐판과 비슷한 형태로서 차폐판보다 2~3배 큰 크기로 되어 있으며, 집열막을 이루는 원판의 크기는 보통 250~300mm 정도이다.

**[사진 204] 격자천장의 집열판**

③ 차폐판과 집열판은 화재 시 헤드의 감열을 용이하게 해주는 역할이기 때문에 헤드가 개방되는 온도에서도 변형되지 않는 불연재 또는 준불연재이어야 하며, 집열판은 설치하중에 따라 한쪽으로 기울어지지 않아야 한다.

## 3. 설치기준

① 상부에 설치된 헤드의 방출수에 따라 감열부에 영향을 받을 우려가 있는 헤드에는 방출수를 차단할 수 있는 유효한 차폐판을 설치할 것 【NFTC 103 2.7.7.9】
② **설치대상** : 스프링클러설비, 간이스프링클러설비, 화재조기진압용 스프링클러설비

# 채수구/흡수관투입구

## 1. 개요

채수구란 소방차의 소방호스와 접결되는 흡입구를 말한다. 【NFTC 402 1.7.1.2】
흡수관 투입구란 소방차의 흡수관을 지하수조 내에 투입할 수 있는 투입구를 말한다.

## 2. 설치 기준

① 지하수조에서 지표면으로부터 깊이(수조 내부바닥까지의 길이를 말한다)가 4.5m이하인 경우 흡
수관 투입구 【NFTC 402 2.2.1】

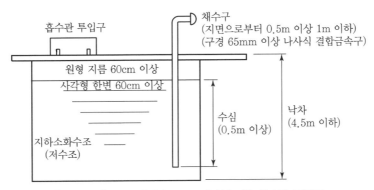

[그림 200] 수조 깊이가 4.5m 이하인 경우 흡수관 투입구

② 지하수조에서 지표면으로부터 깊이가 4.5m 이상인 경우 가압송수장치 【NFTC 402 2.2.1】

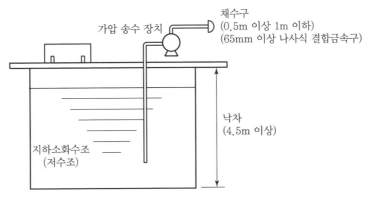

[그림 201] 수조 깊이가 4.5m 이상인 경우 가압송수장치

**523**

③ 지상수조에서 채수구

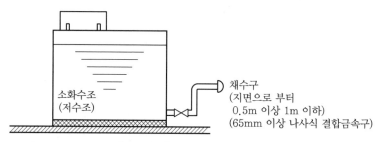

[그림 202] 지상에서의 채수구

## 3. 채수구 설치 개수

▼ [표 94] 채수구 설치 개수

| 소요수량 | 20m³ 이상 40m³ 미만 | 40m³ 이상 100m³ 미만 | 100m³ 이상 |
|---|---|---|---|
| 채수구의 수 | 1개 | 2개 | 3개 |

## 4. 흡수관 투입구 설치 개수

① 수량 80m³ 미만인 경우 : 1개 이상
② 수량 80m³ 이상인 경우 : 2개 이상

## [ 240 ] 천장제트흐름

## 1. 개요

① 고온의 연소 생성물이 부력에 의해 상승하여 천장면 아래에 얇은 층을 형성하는 비교적 빠른 속도의 가스 흐름을 천장제트흐름(Ceiling Jet Flow) 이라 한다.

② 천장제트흐름에 의해 열, 연기 및 가스 감지기, 스프링클러헤드를 작동시킨다.

\* 용어 "연돌효과" 참조

## 2. 생성 메커니즘

① 화재플럼(Fire Plume)이 부력에 의해 천장에 이른다.

② 수평의 천장 제트 흐름으로 굴절되어 흐른다.

③ 최고 온도와 속도는 천장에서 화염까지 높이의 1% 범위이다.

④ 천장제트흐름 두께는 천장에서 화염까지 높이의 5~12% 범위이다.

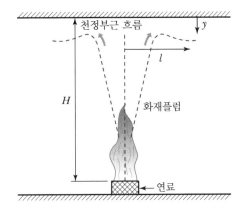

## 3. 소화설비 적응성

건축물의 천장고가 일반적으로 3m 내외이므로 천장면에서 30cm(3m×10%) 이내에 스프링클러헤드를 설치하도록 화재안전기준에서 규정하고 있다.

## [ KEYWORD 241 ] 총괄재난관리자

## 1. 정의 【초고층재난관리법 제2조 제7호】

① 총괄재난관리자란 해당 초고층 건축물 등의 재난 및 안전관리 업무를 총괄하는 자를 말한다.
② 초고층 건축물등의 관리주체는 총괄재난관리자를 지정하여야 하며 총괄재난관리자는 다른 법령에 따른 안전관리자를 겸직할 수 없다. 【초고층재난관리법 제12조 제1항】

## 2. 적용대상 【초고층재난관리법 제3조】

① 초고층 건축물
② 지하연계 복합건축물
③ 그 밖에 재난관리가 필요한 것으로 대통령령으로 정하는 건축물 및 시설물

## 3. 총괄재난관리자의 업무내용 【초고층재난관리법 제12조 제1항】

① 재난 및 안전관리 계획의 수립에 관한 사항
② 재난예방 및 피해경감계획의 수립 · 시행에 관한 사항
③ 통합안전점검 실시에 관한 사항
④ 교육 및 훈련에 관한 사항
⑤ 홍보계획의 수립 · 시행에 관한 사항
⑥ 종합방재실의 설치 · 운영에 관한 사항
⑦ 종합재난관리체제의 구축 · 운영에 관한 사항
⑧ 피난안전구역 설치 · 운영에 관한 사항
⑨ 유해 · 위험물질의 관리 등에 관한 사항
⑩ 초기대응대 구성 · 운영에 관한 사항
⑪ 대피 및 피난유도에 관한 사항
⑫ 그 밖에 재난 및 안전관리에 관한 사항으로서 행정안전부령으로 정한 사항
　　㉠ 초고층 건축물 등의 유지 · 관리 및 점검, 보수 등에 관한 사항
　　㉡ 방범, 보안, 테러 대비 · 대응 계획의 수립 및 시행에 관한 사항

## 4. 총괄재난관리자 관련 규정 【초고층재난관리법 제12조 제2~5항】

▼ [표 95] 총괄재난관리자 관련 규정

| 구분 | 규정 |
|------|------|
| 지휘 · 감독 | 총괄재난관리자는 시설 · 전기 · 가스 · 방화 등의 재난 · 안전관리 업무 종사자를 지휘 · 감독한다. |
| 교육 | 총괄재난관리자로 지정된 날부터 6개월 이내에 교육을 받아야 하며, 그 후 2년마다 1회 이상 보수교육을 받아야 한다. |
| 업무정지 | 시 · 도지사 또는 시장 · 군수 · 구청장은 총괄재난관리자가 교육을 받지 아니하면 그 업무의 정지를 명할 수 있다. |
| 기타 | 총괄재난관리자의 자격, 등록, 업무정지의 절차, 그 밖에 필요한 사항은 행정안전부령으로 정한다. |

## [ KEYWORD 242 ] 최소발화에너지(MIE : Minimum Ignition Energy)

## 1. 개요

① 최소발화에너지는 가연성 혼합기체(가연성 가스＋공기)를 점화원으로 발화시키기 위해서 필요로 하는 점화원이 갖는 최저 에너지(J)를 말한다.

② 최소점화에너지＝최소착화에너지＝최소발화에너지

## 2. 최소발화에너지 측정

① 정전용량이 $C$인 콘덴서(Condenser)에 서서히 충전하고 그 양단의 전압이 불꽃방전 전극의 절연파괴전압 $V_1$에 달하면 방전이 일어나게 된다.

② 방전 후의 전압은 $V_2$가 되는데 이때의 방전에너지(최소점화에너지)는 다음 식에 의해 구할 수 있다.

$$\text{최소점화에너지 } E = \frac{1}{2} C(V_1 - V_2)^2$$

여기서, $E$ : 최소점화에너지(J)
$C$ : 콘덴서 용량(F)
$V_1$ : 기체 절연파괴전압(V)
$V_2$ : 방전 종료 후 전압(V)

## 3. 영향요소

① 온도가 올라가면 분자 간 운동이 활발해져 MIE는 작아진다.

② 압력이 상승하면 분자 간 거리가 가까워져 MIE는 작아진다.

③ 농도가 상승하면 탄화수소의 경우 화학양론 조성비에서 최소가 된다. 거리가 가까워져 MIE는 작아진다.

④ 같은 유속에서도 난류의 강도가 커지면 MIE는 증가한다.

## 4. 주요 위험물질의 최소발화에너지

▼[표 96] 위험물질의 최소발화에너지

| 아세틸렌($C_2H_2$), 황화탄소($CS_2$) | 벤젠 | 메탄 | 에탄, 프로판, 부탄 | 헥산 |
|---|---|---|---|---|
| 0.019mJ | 0.2mJ | 0.28mJ | 0.25mJ | 0.24mJ |

# 최소 산소농도(MOC : Minimum Oxygen Concentration)

## 1. 개요

① 가연성혼합기에서 연소가 진행하기 위해서 필요한 최소 산소농도, 화염을 전파하기 위한 최소한 의 산소농도 요구량을 말한다.

② 불활성화하여 연소되지 않도록 하기 위하여 산업계에서 이용된다.

③ 일반적으로 탄화수소계의 MOC는 약 10%, 분진은 약 8%정도이다.

## 2. 산출공식

$MOC = LFL \times O_2$ 몰수

메탄의 완전연소방정식 : $CH_4 + 2O_2 \rightarrow 2H_2O + CO_2$

메탄의 $MOC = 5 \times 2 = 10\%$ (메탄의 연소범위 : 5~15%)

## 3. LFL(Lower Flammability Limit : 연소하한계) 추정

① 연소하한계란 연소를 일으킬 수 있는 최소 농도를 말한다.

② LFL은 존스식, 르샤틀리에식으로 구한다.

　㉠ 단성분인 경우(존스식으로 구함)

$$L_{25} \approx 0.55 \; C_{st}$$

　㉡ 다성분인 경우(르샤틀리에식으로 구함)

$$L = \frac{100}{\dfrac{V_1}{L_1} + \dfrac{V_2}{L_2} + \dfrac{V_3}{L_3}}$$

여기서, $V_1$, $V_2$, $V_3$ : 단독 성분가스의 혼합물 중 농도[vol%]

$L_1$, $L_2$, $L_3$ : 단독 성분가스의 연소하한계 농도[vol%]

## 4. 몰수 표현

① 질량으로 표현

몰(mol) = 질량(g)/분자량(g/mol)

② 기체의 경우 부피비로도 표현

몰(mol) = 부피(L)/22.4(L/mol)

③ 분자 수로 표현

몰(mol) = 분자 수/$6.023 \times 10^{23}$

[ KEYWORD 244 ]

# 축압식 소화기/가압식 소화기

## 1. 개요

① 분말소화기는 소화약제로 건조한 분말을 방습제 및 분산제에 의해 처리하여 방습성과 유동성을 부여한 것으로 주성분은 제1종분말 탄산수소나트륨($NaHCO_3$), 제2종분말 탄산수소칼륨($KHCO_3$), 제3종분말 제1인산암모늄($NH_4H_2PO_4$), 제4종분말 탄산수소칼륨($KHCO_3$)과 요소[$(NH_2)_2CO$] 등이다.

② 분말 소화약제는 흡습 방지용 스테아린산 아연과 실리콘 오일 등에 의해 방습 가공되어 주기적으로 흔들리지 않아도 약제 굳음을 방지하고 부촉매, 질식, 냉각효과를 이용한 소화성능이 우수하다.

## 2. 분말소화기 종류

① 소화약제에 따른 분류

　㉠ B, C급 소화기 : 제1종 분말, 제2종 분말, 제4종 분말

　㉡ A, B, C급 소화기 : 제3종 분말

　　* A급(일반화재), B급(유류화재), C급(전기화재)

▼ [표 97] 분말소화약제의 종류

| 종별 | 주성분 | 분자식 | 색상 | 적응화재 |
|---|---|---|---|---|
| 제1종 | 탄산수소나트륨<br>(Sodium bicarbonate) | $NaHCO_3$ | 백색 | B, C급 |
| 제2종 | 탄산수소칼륨<br>(Potassium bicarbonate) | $KHCO_3$ | 담회색 | B, C급 |
| 제3종 | 제1인산암모늄<br>(Monoammonium phosphate) | $NH_4H_2PO_4$ | 담홍색<br>(또는 황색) | A, B, C급 |
| 제4종 | 탄산수소칼륨과 요소와의 반응물<br>(Urea－based potassium bicarbonate) | $KC_2N_2H_3O_3$ | 회색 | B, C급 |

② 가압방식에 따른 분류

㉠ 축압식 소화기

1) 특징 : 본체 용기에 분말 약제와 압축가스가 함께 충전되어 있다.

2) 구성 : 안전밸브, 지시압력계, 레버, 사이펀관, 노즐, 본체, 분말소화약제

3) 작동방식 : 질소를 사용하여 소화기 용기 상부에 축압용 가스가 있고, 소화기 몸체에 별도의 게이지가 부착되어 있어 가스 충압여부를 확인할 수 있으며, 별도의 가압용기 없이 저장용 기 내에 분말약제와 가압가스를 축압시키고 있다가 안전핀을 제거한 후 손잡이를 누르면 가 압가스에 의해 약제가 방출되는 방식이다.

4) 장점

축압식 소화기는 손잡이를 누를 때면 소화약제가 방출되므로 조작이 용이하다.

㉡ 가압식 소화기

1) 특징 : 가압가스를 별도 용기에 장치

2) 구성 : 안전밸브, 레버, 가압용 가스용기, 가스도입관, 사이펀관, 본체, 분말소화약제 가압식 가압용가스

3) 작동방식 : 가압식 소화기는 저장용기 외에 가압가스를 봄베(용기)에 압축시켰다가 안전핀 을 제거한 후 손잡이를 누를 경우 봄베 내에 있던 가압가스가 개방되어 가압가스의 방출압 에 의해 분말약제를 밀어내는 방식이다.

4) 단점 : 한번 약제가 방출되면 방출이 다 될 때까지 계속해서 약제가 방출된다.

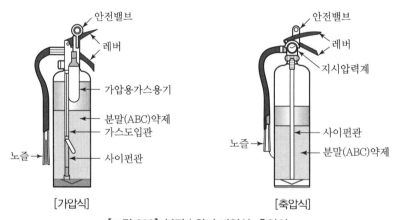

[그림 203] 분말소화기 가압식, 축압식

## [ KEYWORD 245 ] 충전비/충전밀도

## 1. 정의

① 충전비란 소화약제 저장용기의 내부 용적과 소화약제의 중량과의 비(용적/중량)를 말한다. 【NFTC 106 1.7.1.4】

② 충전밀도란 소화약제의 중량과 소화약제 저장용기의 내부 용적과의 비(중량/용적)를 말한다. 【NFTC 107A 1.7.1.4】

③ 충전비, 충전밀도의 개념은 물리량의 단위에서 밀도와 밀도의 역수인 비체적의 관계와 같다.

④ 충전밀도란 용어는 할로겐화합물 소화약제에서 주로 사용하고 충전비란 용어는 기타 가스계 및 분말소화설비에서 사용한다.

## 2. 충전비

① 충전비 $= \dfrac{용기의 내용적(L)}{충전 약제량(kg)}$

② 충전비↑ → 약제량↓ → 가압원↑

충전비↓ → 약제량↑ → 가압원↓

## 3. 충전밀도

① 충전밀도 $= \dfrac{소화약제 \ 질량(L)}{용기의 \ 단위체적(kg)}$

② 충전밀도↑ → 약제량↑ → 가압원↓

충전밀도↓ → 약제량↓ → 가압원↑

## 4. 충전밀도를 제한하는 이유

① 최대 충전밀도 → 용기의 안전 고려한 것

② 최소 충전밀도 → 약제를 액상으로 방사해야 할 필요성

③ 할론 카본계에서 충전밀도 높을수록 → 가압원↓ → 약제 밀어내기 어렵다.

④ 할론 카본계에서 충전밀도 낮을수록 → 가압원↑ → 약제 밀어내기 쉽다.

## [ KEYWORD 246 ] 캔틸레버(Cantilever) 스팬드럴(Spandrel)

## 1. 개요

① 건축물 화재 시 Flashover(전실화재) 이후 가연성가스는 실 안에서 연소하기 위한 충분한 공기가 없기 때문에 창문으로 화염을 분출하여 연소한다.

② 창으로부터 분출되는 화염은 부력에 의해 상승하지만, Fick의 법칙에 의한 인접주변으로부터 빨려드는 기류와 벽과 화염사이의 진공으로 인해 화염은 벽에 밀착하여 상층으로 전파한다.

③ 이같이 창을 통한 상층으로의 연소확대를 방지하기 위한 Passive System이 캔틸레버와 스팬드럴이다.

## 2. 캔틸레버(Cantilever)

① 캔틸레버란 외벽면보다 상층부 바닥면을 돌출하게 설치함으로써 화염의 커브를 완만하게 하여 상층으로의 연소확대를 방지하는 외팔구조를 말한다.

② 발코니와 노대는 2층 이상의 건축물에서 건물 벽면 바깥으로 돌출된 외팔구조를 가지며 난간이나 낮은 벽으로 둘러싸인 뜬 바닥으로 상부 지붕이 없고 화재 시 상층으로의 연소확대 방지 기능을 수행한다.

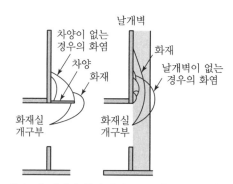

[그림 204] 캔틸레버(차양)와 날개벽(창 좌, 우벽) 영향

## 3. 스팬드럴(Spandrel)

① 스팬드럴은 창 상단으로부터 상층 창 하단까지 수직방향 높이를 말한다.

② 분출화염의 궤도에 따라 스팬드럴의 치수가 결정되며 개구부 위쪽에 차양(캔틸레버)을 설치할 경우 돌출 길이만큼 궤도상 거리가 길게 되어 온도는 저하된다.

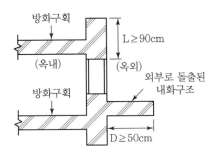

[그림 205] 캔틸레버(D)와 스팬드럴(L) 구조

# [ KEYWORD 247 ] 콜드 솔더링(Cold Soldering) 현상

## 1. 개요

① 콜드 솔더링(Cold Soldering) 현상은 저성장 화재 시 폐쇄형 스프링클러헤드 중 땜납형태로 된 감열체의 일부만 녹아 물이 흐르면 나머지 납땜 부위를 식히게 되어 헤드가 완전히 개방되지 않는 현상을 말한다.

② 폐쇄형 스프링클러헤드는 평상 시 방수구를 막고 있는 감열체가 화재 시 일정온도에서 자동적으로 파괴 · 용해 또는 이탈됨으로써 방수구가 개방되는 구조이다.

## 2. 문제점

① 퓨지블링크형 스프링클러헤드는 화재 열에 의해 납땜 부위가 녹으면 연결부가 탈락되면서 개방되는 구조인데 그 일부만 녹아 방출수가 흐르게 될 경우 헤드가 불완전하게 개방되는 현상이 발생하게 된다.

② 이것은 저성장 화재 시 열이 천천히 오르게 될 경우 헤드 감열부의 연결 틈새로 물이 누설되면 감열체가 냉각되어 폐쇄형헤드의 완전한 개방이 지연되거나 불가능한 상태가 될 수 있다.

③ 콜드 솔더링이 발생할 경우 폐쇄형헤드의 살수 분포가 부적절하고 방수량이 부족하게 되어 살수밀도가 낮아짐에 따라 초기진화에 실패하거나 연소 확대로 이어지는 결과를 초래한다.

## 3. 열반응시험

① 스프링클러헤드의 설치 환경과 유사한 조건의 시험방법으로 UL에서 규정하는 Room Heat Test를 실시할 경우 폐쇄형헤드의 작동 신뢰성을 높일 수 있다.

② Room Heat Test는 가로와 세로가 각 4.6m이고 높이가 2.4m인 공간 내의 천장 등에 물이 채워진 폐쇄형헤드를 설치하고 화재를 가정해 작동여부를 확인하는 시험이다.

③ 이 시험은 5개의 폐쇄형헤드를 천장에 설치하고 샌드버너를 점화시킨 후 온도와 시간을 측정하면서 헤드의 정상 작동여부를 확인한다.

④ 국내에서는 퓨지블링크(Fusible Link) 구조의 폐쇄형헤드에 대하여 「스프링클러헤드의 형식승인 및 제품검사의 기술기준」에 따라 열반응시험을 실시하고 있다.

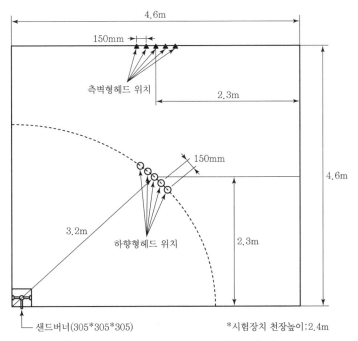

4.6m

150mm

측벽형헤드 위치

2.3m

4.6m

150mm

3.2m

하향형헤드 위치

2.3m

샌드버너(305*305*305)

*시험장치 천장높이:2.4m

[그림 206] 표준반응헤드 열반응시험장치 평면도

**탬퍼스위치**

## 1. 개요

① 탬퍼스위치(Tamper Switch)란 밸브의 개폐상태를 수신기에 전기적 신호로 보냄으로서 그 밸브의 개폐상태를 확인하기 위한 장치를 말하며, "급수개폐밸브 작동표시스위치" 라고도 한다.

② 급수배관에 설치되어 급수를 차단할 수 있는 개폐밸브에는 그 밸브의 개폐상태를 감시제어반에서 확인할 수 있도록 급수개폐밸브 작동표시 스위치를 설치해야 한다. 【NFTC 103 2.5.16】

[탬퍼스위치가 부착된 개폐밸브]

[사진 205] 탬퍼스위치 설치 급수배관 밸브

## 2. 탬퍼스위치를 설치해야 하는 개폐밸브

급수배관(* 용어"급수배관" 참조)에 설치되어 급수를 차단할 수 있는 개폐밸브

① 주펌프의 흡입측 배관에 설치된 개폐밸브

② 주펌프의 토출측 배관에 설치된 개폐밸브

③ 고가수조(옥상수조)와 입상관(주배관)과 연결된 배관상의 개폐밸브

④ 유수검지장치, 일제개방밸브의 1, 2차측 개폐밸브

⑤ 옥외송수관과 주배관 사이 배관상에 설치된 개폐밸브

⑥ 그 밖의 수조에서부터 말단헤드까지의 사이에 방수를 차단할 수 있는 밸브

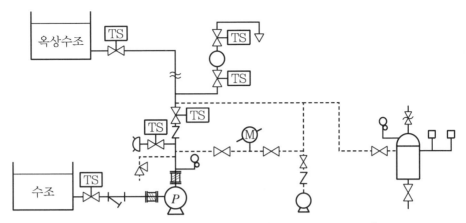

[그림 207] 스프링클러설비 급수배관(* 용어 "급수배관" 참조)

## 3. 탬퍼스위치 적용 소화설비

① 스프링클러설비
② 간이스프링클러설비
③ 화재조기진압용 스프링클러설비
④ 물분무소화설비
⑤ 미분무소화설비
⑥ 포소화설비
⑦ 연결송수관설비

## 4. 탬퍼스위치 설치 기준 【NFTC 103 2.5.16】

① 급수개폐밸브가 잠길 경우 탬퍼스위치의 동작으로 인하여 감시제어반 또는 수신기에 표시되어야
하며 경보음을 발할 것
② 탬퍼스위치는 감시제어반 또는 수신기에서 동작의 유무 확인과 동작시험, 도통시험을 할 수 있
을 것
③ 급수개폐밸브의 작동표시 스위치에 사용되는 전기배선은 내화전선 또는 내열전선으로 설치할 것

# [ KEYWORD 249 ] 터널등급

## 1. 개요

터널에 방재시설 설치를 위한 터널 분류 등급으로 연장등급과 위험도지수 평가에 의한 방재 등급으로 구분한다. 【도로터널 방재 · 환기시설 설치 및 관리지침 제1장 (110)호】

## 2. 터널등급 구분 【도로터널 방재 · 환기시설 설치 및 관리지침 제2장 2.3.1호】

① 방재시설 설치를 위한 터널 등급은 터널연장(L)을 기준으로 하는 연장등급과 교통량 등 터널의 제반 위험인자를 고려한 위험도 지수(X)를 기준으로 하는 방재등급으로 구분하며, 등급별 범위는 다음 표와 같이 정한다.

▼ [표 98] 방재시설 설치를 위한 터널등급

| 등급 | 터널연장(L) 기준 | | 위험도지수(X) 기준 |
|---|---|---|---|
| | 일반도로터널 및 소형차전용터널 | 방음터널 | |
| 1 | 3,000m 이상 ($L \geq 3,000$m) | 3,000m 이상 (L≧3,000 m) | $X > 29$ |
| 2 | 1,000m 이상, 3,000m 미만 ($1,000 \leq L < 3,000$m) | 1,000m 이상, 3,000m 미만 ( $1,000 \leq$ L<3,000m ) | $19 < X \leq 29$ |
| 3 | 500m 이상, 1,000m 미만 ($500 \leq L < 1,000$m) | 250m이상, 1,000m 미만 ($250 \leq$ L<1,000m) | $14 < X \leq 19$ |
| 4 | 연장 500m 미만 ($L < 500$) | 연장 250m 미만 (L<250) | $X \leq 14$ |

② 터널의 방재등급은 개통 후, 매 5년 단위로 실측교통량 및 주변 도로여건 등을 조사하여 재평가하며, 이에 따라 방재시설의 조정을 검토할 수 있다.

## 3. 터널 위험도지수 산정기준 【도로터널 방재 · 환기시설 설치 및 관리지침 제2장 2.3.2호】

터널 위험도지수는 주행거리계(터널연장 × 교통량), 터널제원(종단경사, 터널높이, 곡선반경), 대형차혼입률, 위험물의 수송에 대한 법적 규제(대형차통과대수, 위험물수송차량에 대한 감시시스템, 위험물수송차량에 대한 유도시스템), 정체 정도(터널 내 합류/분류, 터널전방 교차로(IC, JCT/신호등/TG), 통행방식(대면통행, 일방통행)을 잠재적인 위험인자로 하여 산정한다.

## 4. 터널의 연장등급·방재등급별 방재시설【도로터널 방재시설 설치 및 관리지침 제2장 2.3.3호】

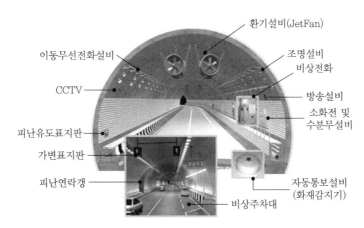

이동무선전화설비

CCTV

피난유도표지판

가변표지판

피난연락갱

환기설비(JetFan)

조명설비
비상전화

방송설비
소화전 및
수분무설비

자동통보설비
(화재감지기)

비상주차대

[사진 206] 도로터널 방재시설

▼ [표 99] 등급별 방재시설 설치기준(소형차 전용터널)〈신설〉

| 방재시설 | 터널등급 | 1등급 | 2등급 | 3등급 | 4등급 | 비고 |
|---|---|---|---|---|---|---|
| 소화설비 | 소화기구 | ● | ● | ● | ● | |
| | 옥내소화전설비 | ● ○ | ● ○ | | | 연장등급, 방재등급 병행 |
| | 원격제어살수설비 | | △ | | | 2등급 이상, 3,000m 이상 |
| | 물분무설비 | ○ | | | | |
| 경보설비 | 비상경보설비 | ● | ● | ● | | |
| | 자동화재탐지설비 | ● | ● | | | |
| | 비상방송설비 | ○ | ○ | ○ | | |
| | 긴급전화 | ○ | ○ | ○ | | |
| | CCTV | ○ | ○ | ○ | △ | △ : 200m 이상 터널 |
| | 자동사고감지설비 | △ | △ | △ | | |
| | 재방송설비 | ○ | ○ | ○ | △ | △ : 200m 이상 터널 |
| | 정보표시판 | ○ | ○ | | | |
| | 진입차단설비 | ○ | ○ | | | |
| 피난대피설비 | 비상조명등 | ● | ● | ● | △ | △ : 200m 이상 터널 |
| | 유도등 | ○ | ○ | ○ | ○[4] | 대피시설이 설치되는 연장4등급터널[4] |
| | 대피시설 피난연결통로 | ● | ● | ● | ●[4] | 250m 초과하는 연장4등급터널[4] |
| | 대피시설 피난대피터널[1] | ● | △ | | | 1등급 : 피난대피터널을 우선적용 |
| | 대피시설 격벽분리형 피난대피통로[1] | △ | ● | ● | ●[4] | 2등급 : 격벽분리형 피난대피통로를 우선적용<br>250m 초과하는 연장4등급터널 |
| | 대피시설 비상주차대 | ○ | ○ | | | |

| 소화활동설비 | 제연설비 | ○ | ○ |  |  |  |
|---|---|---|---|---|---|---|
|  | 무선통신보조설비 | ● | ● | ● | △(2) |  |
|  | 연결송수관설비 | ●○ | ●○ |  |  | 연장등급, 방재등급 병행 |
|  | (비상)콘센트설비 | ● | ● | ● |  |  |
| 비상전원설비 | 무정전전원설비 | ● | ● | ● | △(3) |  |
|  | 비상발전설비 | ●○ | ●○ | △ |  | 연장등급, 방재등급 병행 |

● 기본시설 : 연장등급에 의함

○ 기본시설 : 방재등급에 의함

△ 권장시설 : 설치의 필요성 검토에 의함

(1) 피난연결통로의 설치가 불가능한 터널에 설치

(2) 4등급 터널의 경우, 재방송설비가 설치되는 경우에 병용하여 설치함

(3) 4등급 터널은 방재시설이 설치되는 경우에 시설별로 설치함

(4) 연장4등급 중 250m를 초과하는 경우 정량적 위험도 평가결과에 따라 설치함

▼ [표 100] 등급별 방재시설 설치기준(일반도로터널)

| 방재시설 | 터널등급 | 1등급 | 2등급 | 3등급 | 4등급 | 비고 |
|---|---|---|---|---|---|---|
| 소화설비 | 소화기구 | ● | ● | ● | ● |  |
|  | 옥내소화전설비 | ●○ | ●○ |  |  | 연장등급, 방재등급 병행 |
|  | 물분무설비 | ○ |  |  |  |  |
| 경보설비 | 비상경보설비 | ● | ● | ● |  |  |
|  | 자동화재탐지설비 | ● | ● |  |  |  |
|  | 비상방송설비 | ○ | ○ | ○ |  |  |
|  | 긴급전화 | ○ | ○ | ○ |  |  |
|  | CCTV | ○ | ○ | ○ | △ | △ : 200m 이상 터널 |
|  | 자동사고감지설비 | △ | △ | △ |  |  |
|  | 재방송설비 | ○ | ○ | ○ | △ | △ : 200m 이상 터널 |
|  | 정보표시판 | ○ | ○ |  |  |  |
|  | 진입차단설비 | ○ | ○ |  |  |  |
| 피난대피설비 | 비상조명등 | ● | ● | ● | △ | △ : 200m 이상 터널 |
|  | 유도등 | ○ | ○ | ○ | ○(4) | 대피시설이 설치되는 연장4등급터널(4) |
|  | 대피시설 — 피난연결통로 | ● | ● | ● | ●(4) | 250m 초과하는 연장4등급터널(4) |
|  | 대피시설 — 피난대피터널(1) | ● | △ |  |  | 1등급 : 피난대피터널을 우선적용 |
|  | 대피시설 — 격벽분리형 피난대피통로(1) | △ | ● | ● | ●(4) | 2등급 : 격벽분리형 피난대피통로를 우선적용 250m 초과하는 연장4등급터널(4) |
|  | 대피시설 — 피난대피소(1) | 〈삭 제〉 |  |  |  |  |
|  | 대피시설 — 비상주차대 | ○ | ○ |  |  |  |

| | | | | | | |
|---|---|---|---|---|---|---|
| 소화활동 설비 | 제연설비 | ○ | ○ | ◎ | ◎ | 〈삭제〉 |
| | 무선통신보조설비 | ● | ● | ● | △(2) | |
| | 연결송수관설비 | ●○ | ●○ | | | 연장등급, 방재등급 병행 |
| | (비상)콘센트설비 | ● | ● | ● | | |
| 비상전원 설비 | 무정전전원설비 | ● | ● | ● | △(3) | |
| | 비상발전설비 | ●○ | ●○ | △ | | 연장등급, 방재등급 병행 |

● 기본설비 : 연장등급에 의함

○ 기본시설 : 방재등급에 의함

△ 권장시설 : 설치의 필요성 검토에 의함

◎ 보강설비 : 운영 중 연장3등급 및 연장4등급 중 250m 초과하고 대피시설이 미흡한 터널

(1) 피난연결통로의 설치가 불가능한 터널에 설치

(2) 4등급 터널의 경우, 재방송설비가 설치되는 경우에 병용하여 설치함

(3) 4등급 터널은 방재시설이 설치되는 경우에 시설별로 설치함

(4) 연장4등급 중 250m를 초과하는 경우 정량적 위험도 평가결과에 따라 설치함

# 5. 등급별 터널 설치 현황(국토교통부, 2018)

▼ [표 101] 등급별 터널 설치 현황

| 등급 | 터널길이(m) | 개소 | 비중 | 총연장(m) |
|---|---|---|---|---|
| 1등급 | 10,000m 이상 | 1 | 2% | |
| 1등급 | 3,000m 이상 | 46 | | |
| 2등급 | 2,000m 이상 | 93 | 4% | 1,811,109m |
| 3등급 | 1,000m 이상 | 359 | 15% | |
| 4등급 | 1,000m 미만 | 1883 | 79% | |
| 합계 | 전체터널개소 | 2382 | 100% | |

# 6. 도로터널 소방시설 비교

▼ [표 102] 도로터널 소방시설 비교

| 소방시설 | | 소방대상물 규모 | |
|---|---|---|---|
| | | 소방시설법 시행령 [별표 4] | 도로터널 방재시설 설치 및 관리 지침 (국토교통부) |
| 소화설비 | 소화기 | 전체 | 50m 이상 |
| | 옥내소화전 | 1,000m 이상 | ① 연장등급 2등급 이상 ② 방재등급 2등급 이상 |
| | 물분무소화설비 | 지하가 중 예상교통량, 경사도 등 터널의 특성을 고려하여 행정안전부령으로 정하는 터널 | 방재등급 1등급 이상 |

| | | | |
|---|---|---|---|
| 경보설비 | 비상경보설비 | 500m 이상 | 연장등급 3등급 이상 |
| | 시각경보기 | 터널 설치 제외 | 기준없음 |
| | 자동화재<br>탐지설비 | 1,000m 이상 | 연장등급 2등급 이상 |
| | 비상방송설비 | 터널 설치 제외 | 방재등급 3등급 이상 |
| 피난설비 | 유도등설비 | 터널 설치 제외 | 방재등급 3등급 이상 |
| | 비상조명등 | 500m 이상 | ① 연장등급 3등급 이상<br>② 연장 200m 이상 터널은 필요 시 설치<br>가능 |
| 소화활동<br>설비 | 제연설비 | 지하가 중 예상교통량, 경사도 등 터널의<br>특성을 고려하여 행정안전부령으로 정<br>하는 터널 | ① 방재등급 2등급 이상<br>② 운행 중인 터널 중 방재등급이 3등급<br>이상이고, 피난 · 대피 시설이 미흡한<br>터널인 경우 피난 · 대피환경 보완계<br>획 수립 후 설비 추가 가능 |
| | 연결송수관설비 | 1,000m 이상 | 연장등급 2등급 이상 |
| | 무선통신<br>보조설비 | 500m 이상 | ① 연장등급 3등급 이상<br>② 연장등급 3등급 미만 중 재방송설비<br>가 설치되는 경우에는 겸용 가능 |
| | 비상콘센트설비 | 500m 이상 | 연장등급 3등급 이상 |

# 특별피난계단

## 1. 개요

① 특별피난계단은 옥내부분과 계단실이 직접 연결되지 않고 바깥공기의 유입이 가능한 노대 또는 부속실을 통하여 연결되도록 설치하는 계단을 말한다.

② 특별피난계단의 계단실은 피난계단과 유사하나 옥내와 계단실 사이에 노대 또는 부속실을 설치하여 인명안전을 강화한 구조의 계단으로서 건축법령에서 정하는 일정규모 이상의 건축물에 대하여 적용한다.

## 2. 설치대상【건축법 시행령 제35조】

① 건축물(갓복도식 공동주택 제외)의 11층(공동주택은 16층) 이상, 지하 3층 이하인 층으로부터 피난층 또는 지상으로 통하는 직통계단은 특별피난계단으로 설치하여야 한다. (바닥면적 400m² 미만인 층은 제외)

\* 갓복도식 공동주택 : 각 층의 계단실 및 승강기에서 각 세대로 통하는 복도의 한쪽 면이 외기에 개방된 구조이다.

[사진 207] 갓복도식 아파트

② 피난계단 설치대상으로서 판매시설 용도로 쓰는 층의 직통계단은 1개소 이상을 특별피난계단으로 설치하여야 한다.

## 3. 특별피난계단의 구조기준 【건축물의 피난 · 방화구조 등의 기준에 관한 규칙 제9조】

① 건축물의 내부와 계단실은 노대를 통하여 연결하거나 외부로 열 수 있는 1m² 이상의 창문 또는 배연설비가 있는 3m² 이상의 부속실을 통하여 연결할 것

② 계단실, 노대 또는 부속실은 창문 · 출입구 기타 개구부(이하 '창문 등')를 제외한 다른 부분과 내화구조의 벽으로 각각 구획할 것

③ 계단실 및 부속실의 실내에 접하는 부분의 마감은 불연재료로 할 것

④ 계단실에는 예비전원에 의한 조명설비를 할 것

⑤ 계단실, 노대 또는 부속실의 바깥쪽과 접하는 창문 등(망입유리 붙박이창 1m² 이하 제외)은 다른 부분에 설치하는 창문 등으로부터 2m 이상 이격할 것

⑥ 계단실에는 노대 또는 부속실에 접하는 부분 외에는 건축물 내부와 접하는 창문 등을 설치하지 아니할 것, 노대 및 부속실에는 계단실 외의 건축물의 내부와 접하는 창문 등(출입구 제외)을 설치하지 아니할 것

⑦ 계단실의 노대 또는 부속실에 접하는 창문 등(출입구 제외)은 망입유리 붙박이창으로 1m² 이하일 것

⑧ 출입구의 유효너비는 0.9m 이상으로 하고 피난방향으로 열 수 있을 것

⑨ 실내에서 노대 또는 부속실로 통하는 출입구는 60분＋방화문 또는 60분 방화문을, 노대 또는 부속실에서 계단실로 통하는 출입구에는 60분＋방화문, 60분 방화문 또는 30분 방화문을 설치할 것

⑩ 방화문은 언제나 닫힌 상태를 유지하거나 화재로 인한 연기 또는 불꽃을 감지하여 자동적으로 닫히는 구조로 설치할 것. 다만, 연기 또는 불꽃을 감지하여 자동적으로 닫히는 구조로 할 수 없는 경우에는 온도를 감지하여 자동적으로 닫히는 구조로 할 수 있다.

⑪ 계단은 내화구조로 하고 피난층 또는 지상까지 직접 연결되도록 할 것(돌음계단 불가)

[사진 208] 돌음계단

⑫ 옥상광장을 설치하는 건축물의 옥상으로 통하는 출입문은 피난방향으로 열리는 구조로서 피난장애가 없을 것

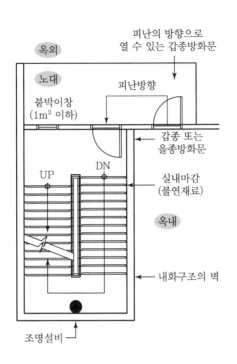

노대를 통하여 연결

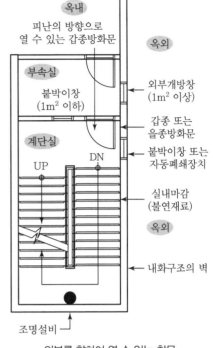

외부를 향하여 열 수 있는 창문

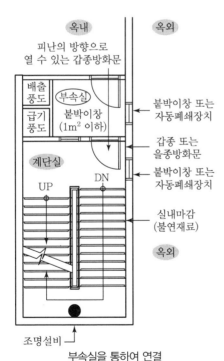

부속실을 통하여 연결

[그림 208] 특별피난계단의 구조

특별피난계단의 계단실 및 부속실제연설비 수직풍도 및 급기풍도

## 1. 개요

① 특별피난계단의 계단실 및 부속실 제연설비에서는 유입공기를 화재층의 제연구역과 면하는 옥내로부터 옥외로 배출되도록 하여야 한다.

② 유입공기 배출방식의 하나인 수직풍도에 따른 배출 방식에서 유입공기를 배출하기 위해 설치하는 풍도를 수직풍도라 한다.

③ 급기풍도란 제연구역의 차압 및 방연풍속을 유지하기 위해 제연구역 급기댐퍼에 급기하는 풍도를 말한다.

④ 단순히 「수직풍도」라고 표현 했을 때 "유입공기 배출용 수직풍도"인지 "제연급기용 수직풍도"인지를 전후 문맥을 통해 구분하여 기준을 적용하여야 한다.

## 2. 유입공기의 배출용 수직풍도의 기준 【NFTC 501A 2.11.1】

① 수직풍도는 내화구조로 하되 「건축물의 피난·방화구조 등의 기준에 관한 규칙」 제3조 제1호 또는 제2호의 기준 이상의 성능으로 할 것

② 수직풍도의 내부면은 두께 0.5mm 이상의 아연도금강판 또는 동등 이상의 내식성·내열성이 있는 것으로 마감하되, 접합부에 대하여는 통기성이 없도록 조치할 것

＊ 수직풍도 외 배출용 송풍기와 연결되는 풍도 등은 건축법상 난연재료 이상으로 단열처리를 하여야 한다.
＊ 열기류에 노출되는 배출용 송풍기 및 그 부품들은 250℃의 온도에서 1시간 이상 가동상태를 유지할 것 【NFTC 501A 2.11.1.5.1】

## 3. 급기풍도의 기준 【NFTC 501A 2.15】

① 수직풍도는 유입공기의 배출용 수직풍도의 기준 ①, ②를 준용할 것

② 수직풍도 이외의 풍도로서 금속판으로 설치하는 풍도는 다음의 기준에 적합할 것

　㉠ 풍도는 아연도금강판 또는 이와 동등 이상의 내식성·내열성이 있는 것으로 하며, 불연재료(석면재료를 제외한다)인 단열재로 유효한 단열처리를 하고, 강판의 두께는 풍도의 크기에 따라 다음 표에 따른 기준 이상으로 할 것. 다만, 방화구획이 되는 전용실에 급기송풍기와 연결되는 풍도는 단열이 필요 없다.

▼ [표 103] 급기풍도의 강판 두께

| 풍도단면의 긴 변<br>또는 직경의 크기 | 450mm 이하 | 450mm 초과<br>750mm 이하 | 750mm 초과<br>1,500mm 이하 | 1,500mm 초과<br>2,250mm 이하 | 2,250mm 초과 |
|---|---|---|---|---|---|
| 강판두께 | 0.5mm | 0.6mm | 0.8mm | 1.0mm | 1.2mm |

　　ⓛ 풍도에서의 누설량은 급기량의 10%를 초과하지 아니할 것

③ 풍도는 정기적으로 풍도내부를 청소할 수 있는 구조로 설치할 것

## [ KEYWORD 252 ] 특수가연물

## 1. 정의

① 화재가 발생하는 경우 불길이 빠르게 번지는 고무류 · 플라스틱류 · 석탄 및 목탄 등 대통령령으로 정하는 물품을 말한다. 【화재예방법 제17조 제5항】
② 화재의 확대가 빠른 가연물로서 품목별 일정수량 이상일 경우 특수가연물로 지정하고 있으며, 대통령령으로 정하는 저장 및 취급의 기준에 따라 보관하여야 한다. 【화재예방법 시행령 제19조】

## 2. 특수가연물 【화재예방법 시행령 별표 2】

▼ [표 104] 특수가연물

■ 화재의 예방 및 안전관리에 관한 법률 시행령 [별표 2]

### 특수가연물(제19조제1항 관련)

| 품명 | | 수량 |
|---|---|---|
| 면화류 | | 200킬로그램 이상 |
| 나무껍질 및 대팻밥 | | 400킬로그램 이상 |
| 넝마 및 종이부스러기 | | 1,000킬로그램 이상 |
| 사류(絲類) | | 1,000킬로그램 이상 |
| 볏짚류 | | 1,000킬로그램 이상 |
| 가연성 고체류 | | 3,000킬로그램 이상 |
| 석탄 · 목탄류 | | 10,000킬로그램 이상 |
| 가연성액체류 | | 2세제곱미터 이상 |
| 목재가공품 및 나무부스러기 | | 10세제곱미터 이상 |
| 고무류 · 플라스틱류 | 발포시킨 것 | 20세제곱미터 이상 |
| | 그 밖의 것 | 3,000킬로그램 이상 |

[비고]
1. 면화류란 불연성 또는 난연성이 아닌 면상(綿狀) 또는 팽이모양의 섬유와 마사(麻絲) 원료를 말한다.
2. 넝마 및 종이부스러기는 불연성 또는 난연성이 아닌 것(동물 또는 식물의 기름이 깊이 스며들어 있는 옷감 · 종이 및 이들의 제품을 포함한다)으로 한정한다.
3. 사류란 불연성 또는 난연성이 아닌 실(실부스러기와 솜털을 포함한다)과 누에고치를 말한다.
4. 볏짚류란 마른 볏짚 · 북데기와 이들의 제품 및 건초를 말한다. 다만, 축산용도로 사용하는 것은 제외한다.
5. 가연성 고체류란 고체로서 다음 각 목에 해당하는 것을 말한다.
   가. 인화점이 섭씨 40도 이상 100도 미만인 것

　　나. 인화점이 섭씨 100도 이상 200도 미만이고, 연소열량이 1그램당 8킬로칼로리 이상인 것
　　다. 인화점이 섭씨 200도 이상이고 연소열량이 1그램당 8킬로칼로리 이상인 것으로서 녹는점(융점)이 100도 미만인 것
　　라. 1기압과 섭씨 20도 초과 40도 이하에서 액상인 것으로서 인화점이 섭씨 70도 이상 섭씨 200도 미만이거나 나목 또는 다목에 해당하는 것
6. 석탄 · 목탄류에는 코크스, 석탄가루를 물에 갠 것, 마세크탄(조개탄), 연탄, 석유코크스, 활성탄 및 이와 유사한 것을 포함한다.
7. 가연성 액체류란 다음 각 목의 것을 말한다.
　　가. 1기압과 섭씨 20도 이하에서 액상인 것으로서 가연성 액체량이 40중량퍼센트 이하이면서 인화점이 섭씨 40도 이상 섭씨 70도 미만이고 연소점이 섭씨 60도 이상인 것
　　나. 1기압과 섭씨 20도에서 액상인 것으로서 가연성 액체량이 40중량퍼센트 이하이고 인화점이 섭씨 70도 이상 섭씨 250도 미만인 것
　　다. 동물의 기름과 살코기 또는 식물의 씨나 과일의 살에서 추출한 것으로서 다음의 어느 하나에 해당하는 것
　　　　1) 1기압과 섭씨 20도에서 액상이고 인화점이 250도 미만인 것으로서 「위험물안전관리법」 제20조 제1항에 따른 용기기준과 수납 · 저장기준에 적합하고 용기외부에 품명 · 수량 및 "화기엄금" 등의 표시를 한 것
　　　　2) 1기압과 섭씨 20도에서 액상이고 인화점이 섭씨 250도 이상인 것
8. 고무류 · 플라스틱류란 불연성 또는 난연성이 아닌 고체의 합성수지제품, 합성수지반제품, 원료합성수지 및 합성수지 부스러기(불연성 또는 난연성이 아닌 고무제품, 고무반제품, 원료고무 및 고무 부스러기를 포함한다)를 말한다. 다만, 합성수지의 섬유 · 옷감 · 종이 및 실과 이들의 넝마와 부스러기는 제외한다.

# 3. 저장 및 취급의 기준 【화재예방법 시행령 별표 3】

법 제17조 제5항에 따른 특수가연물의 저장 및 취급 기준은 다음 별표 3과 같다.

▼ [표 105] 특수가연물의 저장 및 취급 기준

■ 화재의 예방 및 안전관리에 관한 법률 시행령 [별표 3]

### 특수가연물의 저장 및 취급 기준(제19조제2항 관련)

1. 특수가연물의 저장 · 취급 기준
　특수가연물은 다음 각 목의 기준에 따라 쌓아 저장해야 한다. 다만, 석탄 · 목탄류를 발전용(發電用)으로 저장하는 경우는 제외한다.
　가. 품명별로 구분하여 쌓을 것
　나. 다음의 기준에 맞게 쌓을 것

| 구분 | 살수설비를 설치하거나 방사능력 범위에 해당 특수가연물이 포함되도록 대형수동식소화기를 설치하는 경우 | 그 밖의 경우 |
| --- | --- | --- |
| 높이 | 15미터 이하 | 10미터 이하 |
| 쌓는 부분의 바닥면적 | 200제곱미터(석탄 · 목탄류의 경우에는 300제곱미터) 이하 | 50제곱미터(석탄 · 목탄류의 경우에는 200제곱미터) 이하 |

다. 실외에 쌓아 저장하는 경우 쌓는 부분이 대지경계선, 도로 및 인접 건축물과 최소 6미터 이상 간격을 둘 것. 다만, 쌓는 높이보다 0.9미터 이상 높은 「건축법 시행령」 제2조 제7호에 따른 내화구조(이하 "내화구조"라 한다) 벽체를 설치한 경우는 그렇지 않다.

라. 실내에 쌓아 저장하는 경우 주요구조부는 내화구조이면서 불연재료여야 하고, 다른 종류의 특수가연물과 같은 공간에 보관하지 않을 것. 다만, 내화구조의 벽으로 분리하는 경우는 그렇지 않다.

마. 쌓는 부분 바닥면적의 사이는 실내의 경우 1.2미터 또는 쌓는 높이의 1/2 중 큰 값 이상으로 간격을 두어야 하며, 실외의 경우 3미터 또는 쌓는 높이 중 큰 값 이상으로 간격을 둘 것

2. 특수가연물 표지

가. 특수가연물을 저장 또는 취급하는 장소에는 품명, 최대저장수량, 단위부피당 질량 또는 단위체적당 질량, 관리책임자 성명·직책, 연락처 및 화기취급의 금지표시가 포함된 특수가연물 표지를 설치해야 한다.

나. 특수가연물 표지의 규격은 다음과 같다.

| 특수가연물 | |
|---|---|
| 화기엄금 | |
| 품 명 | 합성수지류 |
| 최대저장수량<br>(배수) | 000톤(00배) |
| 단위부피당 질량<br>(단위체적당 질량) | 000kg/m$^3$ |
| 관리책임자<br>(직책) | 홍길동 팀장 |
| 연락처 | 02-000-0000 |

1) 특수가연물 표지는 한 변의 길이가 0.3미터 이상, 다른 한 변의 길이가 0.6미터 이상인 직사각형으로 할 것

2) 특수가연물 표지의 바탕은 흰색으로, 문자는 검은색으로 할 것. 다만, "화기엄금" 표시 부분은 제외한다.

3) 특수가연물 표지 중 화기엄금 표시 부분의 바탕은 붉은색으로, 문자는 백색으로 할 것

다. 특수가연물 표지는 특수가연물을 저장하거나 취급하는 장소 중 보기 쉬운 곳에 설치해야 한다.

[ **KEYWORD 253** ] ## 특수인화물

## 1. 개요

① 위험물이란 인화성 또는 발화성 등의 성질을 가진 것으로서 대통령령으로 정하는 물품을 말하며 지정수량에 따라 제1류 위험물(산화성고체)~제6류 위험물(산화성액체)로 분류된다. 【위험물안전관리법 제2조 제1항】

\* 지정수량 : 위험물의 종류별로 위험성을 고려하여 대통령령이 정하는 수량으로 제조소 등의 설치허가 등에 있어서 최저의 기준이 되는 수량을 말한다.

② 특수인화물은 제4류 위험물(인화성액체)에서 위험등급 1등급(지정수량 50리터)에 해당하는 위험물이다.

## 2. 특수인화물 정의 【위험물안전관리법 시행령 별표 1 제12호】

특수인화물이라 함은 이황화탄소, 디에틸에테르, 그 밖에 1기압에서 발화점이 $100\,℃$ 이하인 것 또는 인화점이 $-20\,℃$ 이하이고 비점이 $40\,℃$ 이하인 것을 말한다.

## 3. 종류

이소프렌($C_5H_8$), 이소펜탄($C_5H_{12}$), 디에틸에테르($C_2H_5OC_2H_5$), 아세트알데히드, 산화프로필렌($CH_3CH_2CHO$), 이황화탄소 등

## 4. 아세트알데히드($CH_3CHO$)

① 특성

㉠ 눈에 들어가면 매우 위험하고 증기 흡입 시 점막을 자극하며, 다량 흡입 시 사망할 수 있다.

㉡ 비점($21\,℃$), 인화점($-39\,℃$), 발화점($175\,℃$)이 낮고, 연소범위(4~60%)가 넓어 인화 및 발화의 위험이 있다.

㉢ 강산화제와 접촉 시 혼촉발화 위험이 있고, 가압하에서 공기와 접촉 시 과산화물을 생성한다.

㉣ 구리, 마그네슘, 수은, 은 등과 반응에 의해 폭발성 물질을 생성한다.

② 저장 및 취급

　　㉠ 독성 주의

　　㉡ 화기엄금, 직사광선, 점화원 이격, 통풍, 환기가 잘 되는 장소에 저장

　　㉢ 산 또는 강산화제와의 접촉을 피한다.

　　㉣ 취급시설로는 구리, 마그네슘, 수은, 은, 그 합성성분은 사용금지

③ 소화방법

　　㉠ 초기화재 시 $CO_2$, 분말, 할론으로 소화

　　㉡ 다량의 알코올포 방사로 질식소화

## 5. 이황화탄소($CS_2$)

① 특성

　　㉠ 독성이 강하며 증기 흡입 시 중독되고 중추신경계가 마비되며, 연소생성물 $SO_2$는 자극성이 강한 독성가스

　　㉡ 비점(46℃), 인화점(−30℃), 발화점(90℃)이 낮고, 연소범위(1.3~40%)가 넓어 인화 및 발화의 위험이 있다.

　　㉢ 강산화제, 알칼리 금속류 등과 접촉 시 격렬히 반응하고 혼촉발화 위험이 있다.

② 저장 및 취급

　　㉠ 독성 주의

　　㉡ 직사광선 및 점화원 이격

　　㉢ 강산화물질, 알칼리, 강산류, 불소와 접촉을 피한다.

③ 소화방법

　　㉠ 초기화재 시 $CO_2$, 분말, 할론으로 소화

　　㉡ 대형화재 시 다량의 포 방사로 질식소화

KEYWORD
254

# 특정소방대상물

## 1. 정의

① 특정소방대상물이란 건축물 등의 규모 · 용도 및 수용인원 등을 고려하여 소방시설을 설치해야 하는 소방대상물로서 대통령령으로 정하는 것을 말한다. 【소방시설법 제2조 제1항 제3호】

② 특정소방대상물의 관계인은 특정소방대상물의 규모 · 용도 및 수용인원 등을 고려하여 소방시설 등을 설치하고 관리하여야 한다. 【소방시설법 시행령 별표 4】

* 관계인 : 소방대상물의 소유자 · 관리자 또는 점유자를 말한다. 【소방기본법 제2조 제3호】
* 소유자 : 건물의 사용권, 수익권, 처분권 등 물건에 배타적 권리를 갖는 자
* 관리자 : 물건에 대한 임의로운 처분이나 수익권 없이 물건의 보존, 이용, 개량 행위만 위임받은 자
* 점유자 : 소유자와 계약상 또는 사실상 자기의 이익을 위해 정당하게 점유할 권리를 갖는 자. 소방대상물을 지배하면서 소방대상물을 보존, 관리할 책임과 권한이 있는 자

## 2. 특정소방대상물 【소방시설법 시행령 별표 2】

① 공동주택

　㉠ 아파트등 : 주택으로 쓰이는 층수가 5층 이상인 주택

　㉡ 연립주택 : 주택으로 쓰는 1개 동의 바닥면적(2개 이상의 동을 지하주차장으로 연결하는 경우에는 각각의 동으로 본다) 합계가 660m²를 초과하고, 층수가 4개 층 이하인 주택

　㉢ 다세대주택 : 주택으로 쓰는 1개 동의 바닥면적(2개 이상의 동을 지하주차장으로 연결하는 경우에는 각각의 동으로 본다) 합계가 660m² 이하이고, 층수가 4개 층 이하인 주택

　㉣ 기숙사 : 학교 또는 공장 등의 학생 또는 종업원 등을 위하여 쓰는 것으로서 1개동의 공동취사시설 이용 세대 수가 전체의 50퍼센트 이상인 것(「교육기본법」 제27조 제2항에 따른 학생복지주택 및 「공공주택 특별법」 제2조 제1호의3에 따른 공공매입임대주택 중 독립된 주거의 형태를 갖추지 않은 것을 포함한다)

② 근린생활시설

　㉠ 슈퍼마켓과 일용품(식품, 잡화, 의류, 완구, 서적, 건축자재, 의약품, 의료기기 등) 등의 소매점으로서 같은 건축물(하나의 대지에 두 동 이상의 건축물이 있는 경우에는 이를 같은 건축물로 본다. 이하 같다)에 해당 용도로 쓰는 바닥면적의 합계가 1천m² 미만인 것

　㉡ 휴게음식점, 제과점, 일반음식점, 기원(棋院), 노래연습장 및 단란주점(단란주점은 같은 건축물에 해당 용도로 쓰는 바닥면적의 합계가 150m² 미만인 것만 해당한다)

　㉢ 이용원, 미용원, 목욕장 및 세탁소(공장이 부설된 것과 「대기환경보전법」, 「물환경보전법」 또는 「소음 · 진동관리법」에 따른 배출시설의 설치허가 또는 신고의 대상이 되는 것은 제외한다)

ⓔ 의원, 치과의원, 한의원, 침술원, 접골원(接骨院), 조산원 및 안마원(「의료법」제82조 제4항에 따른 안마시술소를 포함한다)

ⓜ 탁구장, 테니스장, 체육도장, 체력단련장, 에어로빅장, 볼링장, 당구장, 실내낚시터, 골프연습장, 물놀이형 시설(「관광진흥법」제33조에 따른 안전성검사의 대상이 되는 물놀이형 시설을 말한다. 이하 같다), 그 밖에 이와 비슷한 것으로서 같은 건축물에 해당 용도로 쓰는 바닥면적의 합계가 500m² 미만인 것

ⓗ 공연장(극장, 영화상영관, 연예장, 음악당, 서커스장, 「영화 및 비디오물의 진흥에 관한 법률」제2조 제16호 가목에 따른 비디오물감상실업의 시설, 같은 호 나목에 따른 비디오물소극장업의 시설, 그 밖에 이와 비슷한 것을 말한다. 이하 같다) 또는 종교집회장[교회, 성당, 사찰, 기도원, 수도원, 수녀원, 제실(祭室), 사당, 그 밖에 이와 비슷한 것을 말한다. 이하 같다]으로서 같은 건축물에 해당 용도로 쓰는 바닥면적의 합계가 300m² 미만인 것

ⓢ 금융업소, 사무소, 부동산중개사무소, 결혼상담소 등 소개업소, 출판사, 서점, 그 밖에 이와 비슷한 것으로서 같은 건축물에 해당 용도로 쓰는 바닥면적의 합계가 500m² 미만인 것

ⓞ 제조업소, 수리점, 그 밖에 이와 비슷한 것으로서 같은 건축물에 해당 용도로 쓰는 바닥면적의 합계가 500m² 미만이고, 「대기환경보전법」, 「물환경보전법」 또는 「소음・진동관리법」에 따른 배출시설의 설치허가 또는 신고의 대상이 아닌 것

ⓩ 「게임산업진흥에 관한 법률」제2조 제6호의2에 따른 청소년게임제공업 및 일반게임제공업의 시설, 같은 조 제7호에 따른 인터넷컴퓨터게임시설제공업의 시설 및 같은 조 제8호에 따른 복합유통게임제공업의 시설로서 같은 건축물에 해당 용도로 쓰는 바닥면적의 합계가 500m² 미만인 것

ⓒ 사진관, 표구점, 학원(같은 건축물에 해당 용도로 쓰는 바닥면적의 합계가 500m² 미만인 것만 해당하며, 자동차학원 및 무도학원은 제외한다), 독서실, 고시원(「다중이용업소의 안전관리에 관한 특별법」에 따른 다중이용업 중 고시원업의 시설로서 독립된 주거의 형태를 갖추지 않은 것으로서 같은 건축물에 해당 용도로 쓰는 바닥면적의 합계가 500m² 미만인 것을 말한다), 장의사, 동물병원, 총포판매사, 그 밖에 이와 비슷한 것

ⓚ 의약품 판매소, 의료기기 판매소 및 자동차영업소로서 같은 건축물에 해당 용도로 쓰는 바닥면적의 합계가 1천m² 미만인 것

③ 문화 및 집회시설

ⓖ 공연장으로서 근린생활시설에 해당하지 않는 것

ⓛ 집회장 : 예식장, 공회당, 회의장, 마권(馬券) 장외 발매소, 마권 전화투표소, 그 밖에 이와 비슷한 것으로서 근린생활시설에 해당하지 않는 것

ⓒ 관람장 : 경마장, 경륜장, 경정장, 자동차 경기장, 그 밖에 이와 비슷한 것과 체육관 및 운동장으로서 관람석의 바닥면적의 합계가 1천m² 이상인 것

　　　ⓔ 전시장 : 박물관, 미술관, 과학관, 문화관, 체험관, 기념관, 산업전시장, 박람회장, 견본주택 그
　　　　　밖에 이와 비슷한 것

　　　ⓜ 동 · 식물원 : 동물원, 식물원, 수족관, 그 밖에 이와 비슷한 것

　④ 종교시설
　　　ⓖ 종교집회장으로서 근린생활시설에 해당하지 않는 것
　　　ⓛ 위의 종교집회장에 설치하는 봉안당(奉安堂)

　⑤ 판매시설
　　　ⓖ 도매시장 : 「농수산물 유통 및 가격안정에 관한 법률」 제2조 제2호에 따른 농수산물도매시장, 같은
　　　　　조 제5호에 따른 농수산물공판장, 그 밖에 이와 비슷한 것(그 안에 있는 근린생활시설을 포함한다)
　　　ⓛ 소매시장 : 시장, 「유통산업발전법」 제2조 제3호에 따른 대규모점포, 그 밖에 이와 비슷한 것
　　　　　(그 안에 있는 근린생활시설을 포함한다)
　　　ⓒ 전통시장 : 「전통시장 및 상점가 육성을 위한 특별법」 제2조 제1호에 따른 전통시장(그 안에
　　　　　있는 근린생활시설을 포함하며, 노점형시장은 제외한다)
　　　ⓔ 상점 : 다음의 어느 하나에 해당하는 것(그 안에 있는 근린생활시설을 포함한다)
　　　　　1) 제2호 가목에 해당하는 용도로서 같은 건축물에 해당 용도로 쓰는 바닥면적 합계가 1천m² 이
　　　　　　상인 것
　　　　　2) 제2호 자목에 해당하는 용도로서 같은 건축물에 해당 용도로 쓰는 바닥면적 합계가 500m²
　　　　　　이상인 것

　⑥ 운수시설
　　　ⓖ 여객자동차터미널
　　　ⓛ 철도 및 도시철도 시설(정비창 등 관련 시설을 포함한다)
　　　ⓒ 공항시설(항공관제탑을 포함한다)
　　　ⓔ 항만시설 및 종합여객시설

　⑦ 의료시설
　　　ⓖ 병원 : 종합병원, 병원, 치과병원, 한방병원, 요양병원
　　　ⓛ 격리병원 : 전염병원, 마약진료소, 그 밖에 이와 비슷한 것
　　　ⓒ 정신의료기관
　　　ⓔ 「장애인복지법」 제58조 제1항 제4호에 따른 장애인 의료재활시설

　⑧ 교육연구시설
　　　ⓖ 학교
　　　　　1) 초등학교, 중학교, 고등학교, 특수학교, 그 밖에 이에 준하는 학교 : 「학교시설사업 촉진법」
　　　　　　제2조 제1호 나목의 교사(校舍)(교실 · 도서실 등 교수 · 학습활동에 직접 또는 간접적으로

필요한 시설물을 말하되, 병설유치원으로 사용되는 부분은 제외한다), 체육관,「학교급식법」제6조에 따른 급식시설, 합숙소(학교의 운동부, 기능선수 등이 집단으로 숙식하는 장소를 말한다. 이하 같다)

2) 대학, 대학교, 그 밖에 이에 준하는 각종 학교 : 교사 및 합숙소

ⓛ 교육원(연수원, 그 밖에 이와 비슷한 것을 포함한다)

ⓒ 직업훈련소

ⓔ 학원(근린생활시설에 해당하는 것과 자동차운전학원·정비학원 및 무도학원은 제외한다)

ⓜ 연구소(연구소에 준하는 시험소와 계량계측소를 포함한다)

ⓗ 도서관

⑨ **노유자시설**

ⓖ 노인 관련 시설 :「노인복지법」에 따른 노인주거복지시설, 노인의료복지시설, 노인여가복지시설, 주·야간보호서비스나 단기보호서비스를 제공하는 재가노인복지시설(「노인장기요양보험법」에 따른 장기요양기관을 포함한다), 노인보호전문기관, 노인일자리지원기관, 학대피해노인 전용쉼터, 그 밖에 이와 비슷한 것

ⓛ 아동 관련 시설 :「아동복지법」에 따른 아동복지시설,「영유아보육법」에 따른 어린이집,「유아교육법」에 따른 유치원(제8호 가목1에 따른 학교의 교사 중 병설유치원으로 사용되는 부분을 포함한다), 그 밖에 이와 비슷한 것

ⓒ 장애인 관련 시설 :「장애인복지법」에 따른 장애인 거주시설, 장애인 지역사회재활시설(장애인 심부름센터, 한국수어통역센터, 점자도서 및 녹음서 출판시설 등 장애인이 직접 그 시설 자체를 이용하는 것을 주된 목적으로 하지 않는 시설은 제외한다), 장애인 직업재활시설, 그 밖에 이와 비슷한 것

ⓔ 정신질환자 관련 시설 :「정신건강증진 및 정신질환자 복지서비스 지원에 관한 법률」에 따른 정신재활시설(생산품판매시설은 제외한다), 정신요양시설, 그 밖에 이와 비슷한 것

ⓜ 노숙인 관련 시설 :「노숙인 등의 복지 및 자립지원에 관한 법률」제2조 제2호에 따른 노숙인복지시설(노숙인일시보호시설, 노숙인자활시설, 노숙인재활시설, 노숙인요양시설 및 쪽방상담소만 해당한다), 노숙인종합지원센터 및 그 밖에 이와 비슷한 것

ⓗ ⓖ~ⓜ에서 규정한 것 외에「사회복지사업법」에 따른 사회복지시설 중 결핵환자 또는 한센인 요양시설 등 다른 용도로 분류되지 않는 것

⑩ **수련시설**

ⓖ 생활권 수련시설 :「청소년활동 진흥법」에 따른 청소년수련관, 청소년문화의집, 청소년특화시설, 그 밖에 이와 비슷한 것

ⓛ 자연권 수련시설 :「청소년활동 진흥법」에 따른 청소년수련원, 청소년야영장, 그 밖에 이와 비슷한 것

ⓒ「청소년활동 진흥법」에 따른 유스호스텔

⑪ 운동시설

　ⓐ 탁구장, 체육도장, 테니스장, 체력단련장, 에어로빅장, 볼링장, 당구장, 실내낚시터, 골프연습장, 물놀이형 시설, 그 밖에 이와 비슷한 것으로서 근린생활시설에 해당하지 않는 것

　ⓑ 체육관으로서 관람석이 없거나 관람석의 바닥면적이 1천m² 미만인 것

　ⓒ 운동장 : 육상장, 구기장, 볼링장, 수영장, 스케이트장, 롤러스케이트장, 승마장, 사격장, 궁도장, 골프장 등과 이에 딸린 건축물로서 관람석이 없거나 관람석의 바닥면적이 1천m² 미만인 것

⑫ 업무시설

　ⓐ 공공업무시설 : 국가 또는 지방자치단체의 청사와 외국공관의 건축물로서 근린생활시설에 해당하지 않는 것

　ⓑ 일반업무시설 : 금융업소, 사무소, 신문사, 오피스텔(업무를 주로 하며, 분양하거나 임대하는 구획 중 일부의 구획에서 숙식을 할 수 있도록 한 건축물로서 국토교통부장관이 고시하는 기준에 적합한 것을 말한다), 그 밖에 이와 비슷한 것으로서 근린생활시설에 해당하지 않는 것

　ⓒ 주민자치센터(동사무소), 경찰서, 지구대, 파출소, 소방서, 119안전센터, 우체국, 보건소, 공공도서관, 국민건강보험공단, 그 밖에 이와 비슷한 용도로 사용하는 것

　ⓓ 마을회관, 마을공동작업소, 마을공동구판장, 그 밖에 이와 유사한 용도로 사용되는 것

　ⓔ 변전소, 양수장, 정수장, 대피소, 공중화장실, 그 밖에 이와 유사한 용도로 사용되는 것

⑬ 숙박시설

　ⓐ 일반형 숙박시설 :「공중위생관리법 시행령」제4조 제1호에 따른 숙박업의 시설

　ⓑ 생활형 숙박시설 :「공중위생관리법 시행령」제4조 제1호에 따른 숙박업의 시설

　ⓒ 고시원(근린생활시설에 해당하지 않는 것을 말한다)

　ⓓ 그 밖에 ⓐ~ⓒ까지의 시설과 비슷한 것

⑭ 위락시설

　ⓐ 단란주점으로서 근린생활시설에 해당하지 않는 것

　ⓑ 유흥주점, 그 밖에 이와 비슷한 것

　ⓒ 「관광진흥법」에 따른 유원시설업(遊園施設業)의 시설, 그 밖에 이와 비슷한 시설(근린생활시설에 해당하는 것은 제외한다)

　ⓓ 무도장 및 무도학원

　ⓔ 카지노영업소

⑮ **공장**

물품의 제조·가공[세탁·염색·도장(塗裝)·표백·재봉·건조·인쇄 등을 포함한다] 또는 수
리에 계속적으로 이용되는 건축물로서 근린생활시설, 위험물 저장 및 처리 시설, 항공기 및 자동차
관련 시설, 자원순환 관련 시설, 묘지 관련 시설 등으로 따로 분류되지 않는 것

⑯ **창고시설**(위험물 저장 및 처리 시설 또는 그 부속용도에 해당하는 것은 제외한다)

ㄱ) 창고(물품저장시설로서 냉장·냉동 창고를 포함한다)

ㄴ) 하역장

ㄷ) 「물류시설의 개발 및 운영에 관한 법률」에 따른 물류터미널

ㄹ) 「유통산업발전법」 제2조 제15호에 따른 집배송시설

⑰ **위험물 저장 및 처리 시설**

ㄱ) 제조소등

ㄴ) 가스시설 : 산소 또는 가연성 가스를 제조·저장 또는 취급하는 시설 중 지상에 노출된 산소 또
는 가연성 가스 탱크의 저장용량의 합계가 100톤 이상이거나 저장용량이 30톤 이상인 탱크가
있는 가스시설로서 다음의 어느 하나에 해당하는 것

1) 가스 제조시설

가) 「고압가스 안전관리법」 제4조 제1항에 따른 고압가스의 제조허가를 받아야 하는 시설

나) 「도시가스사업법」 제3조에 따른 도시가스사업허가를 받아야 하는 시설

2) 가스 저장시설

가) 「고압가스 안전관리법」 제4조 제5항에 따른 고압가스 저장소의 설치허가를 받아야 하
는 시설

나) 「액화석유가스의 안전관리 및 사업법」 제8조 제1항에 따른 액화석유가스 저장소의 설
치 허가를 받아야 하는 시설

3) 가스 취급시설

「액화석유가스의 안전관리 및 사업법」 제5조에 따른 액화석유가스 충전사업 또는 액화석유
가스 집단공급사업의 허가를 받아야 하는 시설

⑱ **항공기 및 자동차 관련 시설**(건설기계 관련 시설을 포함한다)

ㄱ) 항공기격납고

ㄴ) 차고, 주차용 건축물, 철골 조립식 주차시설(바닥면이 조립식이 아닌 것을 포함한다) 및 기계장
치에 의한 주차시설

ㄷ) 세차장

ㄹ) 폐차장

ㅁ) 자동차 검사장

ㅂ) 자동차 매매장

　　Ⓢ 자동차 정비공장

　　ⓞ 운전학원 · 정비학원

　　ⓩ 다음의 건축물을 제외한 건축물의 내부(「건축법 시행령」 제119조 제1항 제3호 다목에 따른 필로티와 건축물 지하를 포함한다)에 설치된 주차장

　　　1)「건축법 시행령」 별표 1 제1호에 따른 단독주택

　　　2)「건축법 시행령」 별표 1 제2호에 따른 공동주택 중 50세대 미만인 연립주택 또는 50세대 미만인 다세대주택

　　ⓩ 「여객자동차 운수사업법」, 「화물자동차 운수사업법」 및 「건설기계관리법」에 따른 차고 및 주기장(駐機場)

⑲ 동물 및 식물 관련 시설

　　㉠ 축사[부화장(孵化場)을 포함한다]

　　㉡ 가축시설 : 가축용 운동시설, 인공수정센터, 관리사(管理舍), 가축용 창고, 가축시장, 동물검역소, 실험동물 사육시설, 그 밖에 이와 비슷한 것

　　㉢ 도축장

　　㉣ 도계장

　　㉤ 작물 재배사(栽培舍)

　　㉥ 종묘배양시설

　　㉦ 화초 및 분재 등의 온실

　　㉧ 식물과 관련된 ㉤~㉦까지의 시설과 비슷한 것(동 · 식물원은 제외한다)

⑳ 자연순환관련시설

　　㉠ 하수 등 처리시설

　　㉡ 고물상

　　㉢ 폐기물재활용시설

　　㉣ 폐기물처분시설

　　㉤ 폐기물감량화시설

㉑ 교정 및 군사시설

　　㉠ 보호감호소, 교도소, 구치소 및 그 지소

　　㉡ 보호관찰소, 갱생보호시설, 그 밖에 범죄자의 갱생 · 보호 · 교육 · 보건 등의 용도로 쓰는 시설

　　㉢ 치료감호시설

　　㉣ 소년원 및 소년분류심사원

　　㉤ 「출입국관리법」 제52조 제2항에 따른 보호시설

　　㉥ 「경찰관 직무집행법」 제9조에 따른 유치장

&#9413; 국방 · 군사시설(「국방 · 군사시설 사업에 관한 법률」 제2조 제1호 가목부터 마목까지의 시설을 말한다)

㉒ **방송통신시설**

    ㉠ 방송국(방송프로그램 제작시설 및 송신 · 수신 · 중계시설을 포함한다)

    ㉡ 전신전화국

    ㉢ 촬영소

    ㉣ 통신용 시설

    ㉤ 그 밖에 ㉠~㉣까지의 시설과 비슷한 것

㉓ **발전시설**

    ㉠ 원자력발전소

    ㉡ 화력발전소

    ㉢ 수력발전소(조력발전소를 포함한다)

    ㉣ 풍력발전소

    ㉤ 전기저장시설(20kWh를 초과하는 리튬 · 나트륨 · 레독스플로우 계열의 이차전지를 이용한 전기저장장치의 시설을 말한다)

    ㉥ 그 밖에 ㉠~㉤까지의 시설과 비슷한 것(집단에너지 공급시설을 포함한다)

㉔ **묘지 관련 시설**

    ㉠ 화장시설

    ㉡ 봉안당(④항 ㉡의 봉안당은 제외한다)

    ㉢ 묘지와 자연장지에 부수되는 건축물

    ㉣ 동물화장시설, 동물건조장(乾燥葬)시설 및 동물 전용의 납골시설

㉕ **관광 휴게시설**

    ㉠ 야외음악당

    ㉡ 야외극장

    ㉢ 어린이회관

    ㉣ 관망탑

    ㉤ 휴게소

    ㉥ 공원 · 유원지 또는 관광지에 부수되는 건축물

㉖ **장례시설**

    ㉠ 장례식장[의료시설의 부수시설(「의료법」 제36조 제1호에 따른 의료기관의 종류에 따른 시설을 말한다)은 제외한다]

    ㉡ 동물전용의 장례식장

㉗ 지하가

지하의 인공구조물 안에 설치되어 있는 상점, 사무실, 그 밖에 이와 비슷한 시설이 연속하여 지하도에 면하여 설치된 것과 그 지하도를 합한 것

㉠ 지하상가

㉡ 터널 : 차량(궤도차량용은 제외한다) 등의 통행을 목적으로 지하, 수저 또는 산을 뚫어서 만든 것

㉘ 지하구

㉠ 전력·통신용의 전선이나 가스·냉난방용의 배관 또는 이와 비슷한 것을 집합수용하기 위하여 설치한 지하 인공구조물로서 사람이 점검 또는 보수를 하기 위하여 출입이 가능한 것 중 다음의 어느 하나에 해당하는 것

1) 전력 또는 통신사업용 지하 인공구조물로서 전력구(케이블 접속부가 없는 경우는 제외한다) 또는 통신구 방식으로 설치된 것

2) 1) 외의 지하 인공구조물로서 폭 1.8m 이상, 높이 2m 이상, 길이 50m 이상인 것

㉡ 「국토의 계획 및 이용에 관한 법률」 제2조 제9호에 따른 공동구

㉙ 문화재

「문화재보호법」에 따른 지정문화재 중 건축물

㉚ 복합건축물

㉠ 하나의 건축물이 ①~㉗까지의 것 중 둘 이상의 용도로 사용되는 것. 다만, 다음의 어느 하나에 해당하는 경우에는 복합건축물로 보지 않는다.

1) 관계 법령에서 주된 용도의 부수시설로서 그 설치를 의무화하고 있는 용도 또는 시설

2) 「주택법」 제35조 제1항 제3호 및 제4호에 따라 주택 안에 부대시설 또는 복리시설이 설치되는 특정소방대상물

3) 건축물의 주된 용도의 기능에 필수적인 용도로서 다음의 어느 하나에 해당하는 용도

가) 건축물의 설비(㉓항 ㉢의 전기저장시설을 포함한다), 대피 또는 위생을 위한 용도, 그 밖에 이와 비슷한 용도

나) 사무, 작업, 집회, 물품저장 또는 주차를 위한 용도, 그 밖에 이와 비슷한 용도

다) 구내식당, 구내세탁소, 구내운동시설 등 종업원후생복리시설(기숙사는 제외한다) 또는 구내소각시설의 용도, 그 밖에 이와 비슷한 용도

㉡ 하나의 건축물이 근린생활시설, 판매시설, 업무시설, 숙박시설 또는 위락시설의 용도와 주택의 용도로 함께 사용되는 것

※ 비고

1. 내화구조로 된 하나의 특정소방대상물이 개구부 및 연소 확대 우려가 없는 내화구조의 바닥과 벽으로 구획되어 있는 경우에는 그 구획된 부분을 각각 별개의 특정소방대상물로 본다. 다만, 제9조에 따라 성능위주설계를 해야 하는 범위를 정할 때에는 하나의 특정소방대상물로 본다.

2. 둘 이상의 특정소방대상물이 다음 각 목의 어느 하나에 해당되는 구조의 복도 또는 통로(이하 이 표에서 "연결통로"라 한다)로 연결된 경우에는 이를 하나의 특정소방대상물로 본다.

   가. 내화구조로 된 연결통로가 다음의 어느 하나에 해당되는 경우
      1) 벽이 없는 구조로서 그 길이가 6m 이하인 경우
      2) 벽이 있는 구조로서 그 길이가 10m 이하인 경우. 다만, 벽 높이가 바닥에서 천장까지의 높이의 2분의 1 이상인 경우에는 벽이 있는 구조로 보고, 벽 높이가 바닥에서 천장까지의 높이의 2분의 1 미만인 경우에는 벽이 없는 구조로 본다.

   나. 내화구조가 아닌 연결통로로 연결된 경우

   다. 컨베이어로 연결되거나 플랜트설비의 배관 등으로 연결되어 있는 경우

   라. 지하보도, 지하상가, 지하가로 연결된 경우

   마. 자동방화셔터 또는 60분＋방화문이 설치되지 않은 피트(전기설비 또는 배관설비 등이 설치되는 공간을 말한다)로 연결된 경우

   바. 지하구로 연결된 경우

3. 제2호에도 불구하고 연결통로 또는 지하구와 특정소방대상물의 양쪽에 다음 각 목의 어느 하나에 해당하는 시설이 적합하게 설치된 경우에는 각각 별개의 특정소방대상물로 본다.

   가. 화재 시 경보설비 또는 자동소화설비의 작동과 연동하여 자동으로 닫히는 자동방화셔터 또는 60분＋방화문이 설치된 경우

   나. 화재 시 자동으로 방수되는 방식의 드렌처설비 또는 개방형 스프링클러헤드가 설치된 경우

4. 위의 ①~㉚까지의 특정소방대상물의 지하층이 지하가와 연결되어 있는 경우 해당 지하층의 부분을 지하가로 본다. 다만, 다음 지하가와 연결되는 지하층에 지하층 또는 지하가에 설치된 자동방화셔터 또는 60분＋방화문이 화재 시 경보설비 또는 자동소화설비의 작동과 연동하여 자동으로 닫히는 구조이거나 그 윗부분에 드렌처설비가 설치된 경우에는 지하가로 보지 않는다.

KEYWORD
## [ 255 ] 패시브시스템(Passive System)/액티브시스템(Active System)

## 1. 개요

① 화재는 발화 → 연소 → 연소확대로 성장하는데 이러한 연소 확대 메커니즘을 제어하는 방법에는 연소의 4요소(가연물, 산소공급원, 점화원, 연쇄반응) 관점에서의 제어와 패시브시스템/액티브시스템이 있다.

② 패시브시스템은 자연적인 힘에 의해 화재를 제어하는 방법으로 화재로 인한 피해면적이 큰 반면 신뢰도가 높고, 액티브시스템은 기계적인 힘에 의해 화재를 진압하는 방법으로 피해면적은 적은 반면 신뢰도가 낮아 신뢰도를 높이기 위한 유지관리가 매우 중요하다.

## 2. 패시브시스템(Passive System)

① 방법 및 개념

　㉠ 부분화를 통해 화재를 한정하여 화재가혹도를 낮추는 방법과 다중화를 통해 신뢰도를 높이고 안정성을 확보하는 방법이다.

　　\* 부분화란 화재가 발생하더라도 피해의 범위를 건물 일정부분에 머무르게 하는 것을 말한다(예 방화구획 등).
　　\* 다중화란 하나의 수단이 잘 되지 않을지라도 다른 대체 수단이 있는 것 즉, 복수의 수단이 되도록 하는 것을 말한다(예 양방향 피난구조 등).

　㉡ 화재를 한정하여 제어하기 때문에 화재에 견디는 화재저항이 중요하며 하중지지력, 차염성, 차열성 등이 확보되어야 한다.

　㉢ 건축방재의 기본개념으로 신뢰도가 높지만 초기소화에는 적합하지 않아 피해면적이 크며 방화문, 방화셔터, 방화댐퍼 등의 유지관리가 중요하다.

　㉣ 석유류 저장탱크의 경우 방유제, 방폭벽, 보유공지, 안전거리 등이 있다.

② 요구기능

　㉠ 구조적 안전성, ㉡ 차열성, ㉢ 차염성

③ 종류

　㉠ 발화방지를 위한 재료의 불연화, 준불연화, 난연화

　㉡ 화재가혹도를 낮추기 위한 방화구획, 방화구조

　㉢ 구조붕괴 방지를 위한 내화구조

　㉣ 피난안전성을 높이기 위한 피난통로, 배연시설

　㉤ 기타 방폭벽, 방유제, 불꽃방지기, 안전거리, 보유공지 등

## 3. 액티브시스템(Active System)

### ① 방법 및 개념

　⊙ 기계적인 힘을 이용하는 것으로 화재를 감지하는 시스템과 화재를 진압하는 시스템으로 분류된다.

　ⓛ 화재를 감지하는 시스템은 화재를 조기에 감지하여 피해를 줄이는 것이 중요하고 화재를 진압하는 시스템은 화재가혹도를 평가하여 화재가혹도에 따른 주수율과 주수시간을 선정하는 것이 중요하다.

　ⓒ 기계력에 의존하기 때문에 피해면적은 적은 반면 신뢰도가 낮으므로 신뢰도를 높이기 위한 유지관리가 매우 중요하다.

### ② 요구기능

　⊙ 소화성능, ⓛ 독성, ⓒ 환경영향성, ⓔ 물리적 특성, ⑩ 안전성, ⑪ 경제성

### ③ 종류

　⊙ 스프링클러설비, 옥내소화전설비, 물분무등소화설비 등의 소화설비

　ⓛ 자동화재탐지설비, 비상방송설비, 누전경보기 등의 경보설비

　ⓒ 피난기구, 유도등, 비상조명등 등의 피난구조설비

　ⓔ 상수도소화용수설비, 소화수조 등의 소화용수설비

　⑩ 제연설비, 연결송수관설비, 비상콘센트설비 등의 소화활동설비

## 4. 액티브시스템과 패시브시스템 상호관계

### ① 화재가혹도와 시스템과의 관계

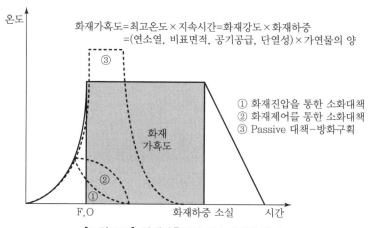

[그림 209] 화재가혹도와 시스템과의 관계

② 패시브시스템과 액티브시스템은 상호 보완적인 관계로 패시브시스템을 강화할 경우 액티브시스템을 완화할 수 있고 액티브시스템을 강화할 경우 패시브시스템을 완화할 수 있다.

　㉠ 건축법 : 스프링클러설치 시 3배까지 방화구획 완화

　㉡ NFPA 101 : 스프링클러설치 시 Common Path, Dead End 완화

　㉢ 연소할 우려가 있는 개구부 개방형 헤드 사용

# [ KEYWORD 256 ] 팽창비/환원시간

## 1. 개요

① 포소화약제의 팽창비(Expansion Ratio)는 발포성능을 나타내는 것으로 물과 포를 혼합한 기계포(＝공기포)의 팽창비에 따라 저팽창포와 고팽창포로 구분할 수 있다.

   * 화학포 : 화학물질의 혼합에 의해 생성된 포를 말한다.

② 포소화약제의 환원시간(Drainage Time)은 포의 안정성을 측정하는 기준으로 포의 수명을 나타낸다.

## 2. 팽창비(Expansion Ratio)

① 팽창비는 발포배율, 팽창률이라고도 하며, 발포 후 포의 체적을 발포 전 포수용액의 체적으로 나눈 값으로 포수용액의 체적에 대해 발생하는 포 거품의 체적비를 말한다.

② 화재안전기준에서는 최종 발생한 포 체적을 원래 포수용액 체적으로 나눈 값을 팽창비로 정의하고 있다. 【NFTC 105 1.7.1.10】

$$팽창비 = \frac{최종\ 발생한\ 포\ 체적(m^3)}{원래\ 포수용액\ 체적(m^3)}$$

③ 저팽창포에는 단백포, 불화단백포, 합성계면활성제포, 수성막포, 내알코올포 등의 기계포 소화약제가 모두 사용되며, 고팽창포에는 합성계면활성제포가 사용되고 있다.

▼ [표 106] 기계포 소화약제의 분류

| 구분 | 팽창비 | 적응성 |
|---|---|---|
| 저발포(3, 6%) | 6배 이상 20배 이하 | B급 화재 |
| 고발포(1, 1.5, 2%) | 제1종기계포 80배 이상 250배 미만<br>제2종기계포(흡입식) 250배 이상 500배 미만<br>제3종기계포(압입식) 500배 이상 1,000배 미만 | A, B급 화재 |

④ 포헤드 및 고정포방출구는 포의 팽창비율에 따라 다음과 같이 구분하여 사용하도록 규정하고 있다. 【NFTC 105 2.9.1】

   ㉠ 팽창비가 20 이하(저발포) : 포헤드, 압축공기포 헤드

   ㉡ 팽창비가 80 이상 1,000 미만(고발포) : 고발포용 고정포방출구

## 3. 환원시간(Drainage Time)

① 환원시간은 발포된 후 포가 깨져서 원래의 포수용액으로 환원되는 시간을 말한다.

② 포 거품속의 물이 빠지는 것 때문에 포가 파괴되는 것으로 일반적으로 포 중량의 25%가 깨져서 원래의 포수용액이 되는 시간인 25% 환원시간으로 측정한다.

③ 25% 환원시간은 포 소화약제의 종류마다 다르며, 합성계면활성제포는 30초 이상, 기타의 포는 1분 이상이어야 한다.

④ 발포배율이 크면 포의 지름이 커지고 포의 막이 얇아져서 환원시간이 짧아지고, 발포배율이 작으면 상대적으로 포의 막이 두꺼워지므로 환원시간은 길어지게 된다.

⑤ 환원시간이 짧은 포는 유동성이 우수하나 내열성이 떨어져서 포가 쉽게 깨지게 되고, 환원시간이 긴 포는 내열성과 내유성이 우수하나 유동성이 떨어져서 소화시간이 길어지게 된다.

포소화설비 분류

## 1. 설비의 고정 여부에 따른 분류

▼ [표 107] 포소화설비의 고정 여부에 따른 분류

| 번호 | 종류 | 내용 | 비고 |
|---|---|---|---|
| 1 | 고정식<br>(Fixed Type) | ① 소방대상물에 포소화설비의 주요구성부분인 가압송수장치, 감지장치, 포소화약제 저장탱크, 혼합장치, 발포장치 등이 영구적으로 고정되어 있는 설비<br>② 주로 대형 소방대상물 방호 설비로 사용<br>③ 고정된 포방출장치가 고정식 배관을 통해 고정포 발생장치로 포수용액을 이송하여 방호대상물에 발포하는 방식<br>④ 인력과 장비가 적고 소규모 방호대상물에 적합 | ① 옥외탱크의 폼챔버<br>② 옥내 포헤드설비 |

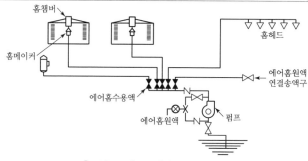

[그림 210] 고정식 포소화설비

| 번호 | 종류 | 내용 | 비고 |
|---|---|---|---|
| 2 | 반고정식<br>(Semifixed Type) | ① 포소화설비 주요 구성 부분의 일부는 고정설비로 설치되고 일부는 이동식으로 사용가능한 설비<br>② 방호대상물 주위에 고정식으로 배관 및 포 방출설비를 설치하고 포수용액을 별도 차량 등으로 현장에 운송하여 배관에 접속하여 포를 방사하는 방식<br>③ 대규모 정유공장 등 자체 소방대와 화학소방차를 보유하고 있으며, 대형옥외탱크가 많고 방호대상물이 넓게 펼쳐져 있는 장소에 적합 | ① 옥외탱크용폼챔버 및 고정배관, 이동식 화학 소방차<br>② 대규모 석유화학 단지에서 많이 사용 |

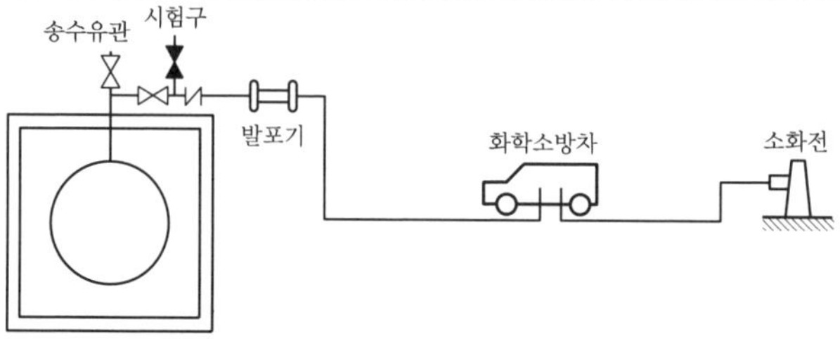

송수유관  시험구  발포기  화학소방차  소화전

[그림 211] 반고정식 포소화설비

| 번호 | 종류 | 내용 | 비고 |
|---|---|---|---|
| 3 | 이동식<br>(Mobile Type) | ① 저발포형에 적합하며, 호스접속구까지는 고정되어 있고 호스와 노즐을 이동하여 사용<br>② 이동용 차량에 포발생장치 등을 탑재하여 사용하거나, 사전에 제조된 포수용액을 차량으로 견인하여 사용하는 방식 | 화학자동차 |

[사진 209] 이동식 포소화설비

| 번호 | 종류 | 내용 | 비고 |
|---|---|---|---|
| 4 | 간이식<br>(Portable Type) | ① 가반식이라고 부르기도 함<br>② 옥외 소방대상물 부근까지 배관이 고정되어 있으며, 호스접속구를 설치하여 호스선단에 포노즐, 폼타워 등을 연결하여 포를 방출 | 휴대용 간이 포설비 |

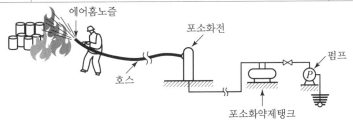

[그림 212] 간이식 포소화설비

## 2. 포방출구 (Foam outlet)에 따른 분류

포방출구(Foam outlet)란 포소화 설비에서 포가 방출되는 최종 말단으로서 방출구의 종류에는 고정
포 방출구, 포헤드, 포소화전, 호스릴포, 포모니터, 압축공기포헤드 등이 있다.

▼ [표 108] 포소화설비의 포방출구에 따른 분류

| 번호 | 종류 | 내용 | 비고 |
|---|---|---|---|
| 1 | 고정포 방출구 방식 (Fixed Foam Chamber) | 위험물탱크에 설치하는 Foam chamber 이외의 공장, 창고, 주차장, 격납고 등에 설치하는 방출구를 말한다. | |

[사진 210] 고정포 방출구

| | | | |
|---|---|---|---|
| 2 | 포헤드 방식 (Foam Head) | ① 소방대상물에 고정식 배관을 설치하고, 배관에 접속된 포헤드를 이용하여 포를 방출하는 방식의 방출구<br>② 포헤드의 종류에는 Foam head, Foam water sprinkler head 의 2종류가 있으며 주로 위험물 저장소, 격납고 등에 사용한다. | |

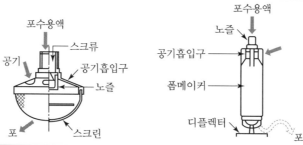

[사진 211] 포헤드

[사진 212] 포워터스프링클러

| 번호 | 종류 | 내용 | 비고 |
|---|---|---|---|
| 3 | 포소화전 방식<br>(Foam Hose<br>Nozzle) | ① 고정식 배관을 설치하고 소화전과 같이 포호스를 사용하여 포<br>노즐을 통하여 사람이 직접 포를 방출하는 방식의 방출구이다.<br>② 주로 개방된 주차장, 옥외탱크저장소의 보조포 설비용으로 사<br>용한다. | |

[사진 213] 포소화전

| 번호 | 종류 | 내용 | 비고 |
|---|---|---|---|
| 4 | 호스릴포 | ① 포를 직접 방출하는 호스릴을 이용한 포 방출방식의 방출구<br>이다.<br>② 방출량도 적고 취급이 간편한 간이설비이다. | |

[사진 214] 호스릴포

| 번호 | 종류 | 내용 | 비고 |
|---|---|---|---|
| 5 | 포모니터 방식<br>(Foam<br>Monitor) | ① 위치가 고정된 노즐의 방출각도를 수동 또는 자동으로 조준하여 포를 대량으로 방출하는데 사용하는 방출구로서 고정식 배관이나 호스를 접속하여 포 수용액을 공급하고 모니터 노즐을 이용하여 방유제 주변 등에서 사용하는 일종의 보조포설비로서 화재현장에 대한 화재진압 이외 냉각효과도 발휘한다.<br>② 바퀴가 달린 차륜식 형태의 이동식과 대규모의 포수용액을 방출하기 위해 바닥에 고정 부착되어 있는 고정식으로 구분한다.<br>③ NFPA 11 − 2016 3.3.21에서는 일명 Canon이라고 칭하며 「위험물안전관리에 관한 세부기준」제133조제1호다목에 의하면 위험물을 저장하는 옥외저장탱크 또는 이송취급소의 펌프설비 등을 방호하기 위해 설치하도록 하고 있다. | |

[사진 215] 포모니터

| 번호 | 종류 | 내용 | 비고 |
|---|---|---|---|
| 6 | 압축공기포헤드 | ① 압축공기 또는 압축질소를 일정비율로 포수용액에 강제 주입하여 혼합하는 방식이다.<br>② 압축공기포헤드는 압축공기포소화설비에 적합하게 제품검사 기술기준에서 방사율 등을 규정하고 있음으로 인해 다른 포소화설비의 용도로 사용하여서는 안 된다. | |

[사진 216] 압축공기포

[ **KEYWORD** **258** ] 포헤드(Foam Head)

## 1. 개요

① 포헤드는 공기포소화설비에 사용하는 방출구의 일종이며, 공기포소화설비는 소화수에 포원액을 혼합시켜 수용액 상태로 가압시킨 후 방출구에서 공기가 혼합되면서 거품이 형성되는 방식이다.

② 국내에 적용되고 있는 포소화설비는 포헤드의 종류에 따라 고정식 배관에 포워터스프링클러헤드를 사용하거나 포헤드를 사용하여 소화하는 방식으로 나눌 수 있다.

③ 포워터스프링클러설비 또는 포헤드설비는 특수가연물을 저장·취급하는 공장 또는 창고, 차고 또는 주차장, 항공기격납고에 적응성이 있는 것으로 규정하고 있다. 【NFTC 105 2.1.1】

(포워터SP 상향식)　　　　(포워터SP 하향식)　　　　(포헤드)

[사진 217] 포헤드의 종류 (출처 : 신라파이어)

## 2. 포워터스프링클러헤드(Foam Water Sprinkler Head)

① 포수용액을 방사할 때 헤드 입구의 공기흡입구로 유입되는 공기와 혼합시켜서 디플렉터(Deflector)에 의해 거품형태로 포소화약제를 방출하는 저발포용 헤드이다. 헤드는 상향식과 하향식으로 구분되어 있다.

　＊ 저발포 : 팽창비가 20 이하인 것(고발포는 팽창비가 80 이상 1,000 미만인 것을 말함)
　＊ 팽창비 : 최종 발생한 포체적을 원래 포수용액 체적으로 나눈 것

② 물과 포를 겸용으로 사용할 수 있으며, 물만 방사할 때는 개방형 스프링클러헤드와 같은 형태를 가진다.

③ 용도는 일반적으로 항공기 격납고, 석유화학 플랜트, 유류저장탱크 및 발전소 등의 포워터스프링클러설비에 설치하고 있다.

[그림 213] 포워터스프링클러헤드 개념도

## 3. 포헤드(Foam Head)

① 포수용액을 방사할 때 헤드 상부의 공기흡입구로 유입되는 공기와 혼합시켜서 디플렉터를 감싸는 메시 스크린(Mesh Screen)에 의해 거품형태로 포소화약제를 방출하는 저발포용 헤드로, 헤드는 하향식으로 되어 있다.

② 용도는 일반적으로 주차장, 항공기 격납고, 위험물 창고 및 유류 저장소 등의 포헤드설비에 설치하고 있다.

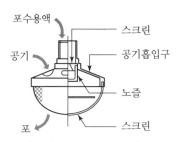

[그림 214] 포헤드 개념도

(포워터스프링클러설비)  (포헤드설비)

[사진 218] 포헤드의 방출모습

# 포혼합장치

## 1. 개요

① 포소화설비는 수조, 가압송수장치, 약제저장탱크, (포소화약제) 혼합장치, 배관, 유수검지장치, 일제(자동)개방밸브, 포방출구 등으로 구성되었다.

② 혼합장치란 포소화설비에서 물과 포 약제를 혼합하여 일정한 비율로 포수용액을 만들어 주는 장치로서 국제적으로 3%형과 6%형이 있다.

③ 혼합장치에서 혼합된 포수용액은 송액배관을 통해 포방출구까지 이송되고 여기서 포를 방출하며 포방출구는 고정식포방출구, 포헤드, 포소화전, 호스릴포, 포모니터 등이 있다.

## 2. 포혼합장치 종류

▼ [표 109] 포혼합장치의 종류

| 구분 | 개요 | 구성 |
|------|------|------|
| 라인 프로포셔너 | 펌프와 발포기 중간에 벤투리관을 설치하여 벤투리작용에 의해서 포소화약제를 혼합하는 방식 | |
| 프레져 프로포셔너 | 펌프와 발포기 중간에 벤투리관을 설치하여 벤투리작용 + 펌프 가압수의 포소화약제 저장탱크 가압에 의해 혼합 | |
| 펌프 프로포셔너 | 펌프 토출 측과 흡입관 사이에 설치된 By Pass 배관에 흡입기를 설치하여 펌프에서 토출 측 물의 일부를 보내고 농도 조절밸브에서 약제량을 펌프 흡입 측으로 보내 혼합하는 방식으로 화학소방차에서 이용 | |
| 프레져 사이드 프로포셔너 | 펌프 토출 측에 포소화 약제 압입 펌프설치 → 약제를 압입하여 혼합하는 방식 | |

## 3. 포혼합장치 종류별 장 · 단점

### ① 라인프로포셔너(흡입혼합방식)

▼ **[표 110] 라인프로포셔너(흡입혼합방식) 장 · 단점**

| 장점 | 단점 |
|---|---|
| 시설이 간단하고 가격이 저렴하다. | ㉠ 소방대상물과 1 : 1 방식으로 혼합기를 통한 압력손실이 크다.<br>㉡ 압력손실이 커서 혼합기의 흡입 가능 높이가 1.8m로 제한된다. |

### ② 프레져프로포셔너(차압혼합방식)

▼ **[표 111] 프레져프로포셔너(차압혼합방식) 장 · 단점**

| 장점 | 단점 |
|---|---|
| ㉠ 혼합가능한 유량범위(50~200%)가 넓어 1개의 혼합기로 다수의 소방대상물 방호 가능<br>㉡ 혼합기에 의한 압력손실(0.035~0.21MPa)이 작다. | ㉠ 격막이 없는 저장탱크는 물이 유입되면 재사용이 불가능<br>㉡ 혼합비에 도달하는 시간이 다소 소요된다(2~3분, 대형은 15분)<br>㉢ 물과 비중이 비슷한 수성막포 등은 혼합이 어렵다. |

### ③ 프레져사이드프로포셔너(압입혼합방식)

▼ **[표 112] 프레져사이드프로포셔너(압입혼합방식) 장 · 단점**

| 장점 | 단점 |
|---|---|
| ㉠ 소화용수와 약제의 혼합 우려가 없어 장기간 보존 사용이 가능<br>㉡ 혼합기를 통한 압력손실(0.05~0.34MPa)이 작다. | ㉠ 약제 이송펌프로 인해 설치비가 비싸다.<br>㉡ 원액펌프의 토출압력이 급수펌프의 토출압력보다 낮으면 약제가 혼합기로 유입되지 못한다. |

### ④ 펌프프로포셔너(펌프혼합방식)

▼ **[표 113] 펌프프로포셔너(펌프혼합방식) 장 · 단점**

| 장점 | 단점 |
|---|---|
| 원액을 사용하기 위한 손실이 적고 보수가 용이 | ㉠ 펌프 흡입측 배관의 압력 손실이 있을 경우 방출될 소화약제의 양을 감소시키거나 원액탱크쪽으로 물이 역류할 수 있다.<br>㉡ 펌프는 흡입측으로 포가 유입되므로 포소화약제로 인하여 소방펌프의 부식이 발생하게 된다. 따라서 포소화설비 전용이어야 한다. |

## [ KEYWORD 260 ] 폭굉유도거리(DID : Detonation Induced Distance)

### 1. 개요

① 밀폐공간(배관 등)에서 예혼합연소(가연성혼합기가 형성되어있는 상태에서의 연소 )가 일어났을 때 완만한 연소(폭연)가 격렬한 연소(폭굉)로 발전할 때까지의 거리를 말한다.

② 폭연이란 열, 빛 및 음속보다 느린 압력파가 발생하는 산화과정이다. 비교적 낮은 압력파를 생성하며 빠른 속도로 진행하는 산화반응이며 주변 계를 교란시킨다.

③ 폭굉이란 빠른 충격파에 의해 산화가 엄청나게 빠른 속도로 진행되어 폭굉파에 의해 주변계를 강력하게 파괴하는 현상이다.

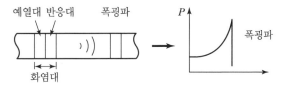

[그림 215] 폭연에서 폭굉으로의 전이

### 2. 폭굉 유도거리가 짧아지는 조건

① 정상연소속도가 큰 혼합가스인 경우
② 관 속에 방해물이 있는 경우
③ 관경이 가는 경우
④ 점화에너지가 큰 경우
⑤ 압력이 높을수록

### 3. 폭굉유도거리 활용

① 화염 방지기 설치 시 폭굉 유도거리를 고려하여 설치
② Isolation(폭발차단) 장치 설치 시 폭굉 유도거리를 고려하여 설치

## [ KEYWORD 261 ] 폭발효율

## 1. 개요

① 개방계에서 폭발이 일어날 경우 폭풍파의 에너지는 가연성가스(증기)양으로부터 이론적으로 계산할 수 있는 에너지의 일부만이 에너지로 나타난다.

② 이와 같이 이론적으로 산출되는 에너지 중 현실적으로 주위에 작용하는 에너지의 비율을 말한다.

## 2. 폭발 효율

① 폭발 효율$=\dfrac{\text{실제로 방출된 에너지}}{\text{이론적으로 계산하여 얻을 수 있는 폭발에너지}}\times100(\%)$

② UVCE 폭발 효율$=\dfrac{\text{폭풍파 내에 함유된 에너지}}{\text{증기운 속의 총가연물 질량}\times\text{연소열}}\times100(\%)$

③ 실제 폭발 효율

  ㉠ BLEVE 25~50%

  ㉡ UVCE 1~10%

  ㉢ 화학플랜트의 설계공정 약 2%

# 폭연/폭굉

## 1. 개요

① 폭연(Deflagration)이란 화염전파 속도가 음속 이하인 것으로 0.1~10m/s이며 충격파는 수반하지 않는다.

② 폭굉(Detonation)이란 화염전파속도가 음속 이상인 것으로 1,000~3,500m/s이며 충격파를 수반하고 충격파가 배후에 연소를 수반하여 폭굉파가 된다.

## 2. DDT(Deflagration Detonation Transfer)

① 연소파에 의해 온도상승 → 난류에 의해 압력파 → 압력중첩에 $\left(\dfrac{PV}{T} = k\right)$ 충격파 → 단열압축 $\left(\dfrac{T_2}{T_1} = \left(\dfrac{P_2}{P_1}\right)^{\frac{r-1}{r}}\right)$에 의해 폭굉파가 전이되는 과정

② 메커니즘

㉠ 예열대가 온도를 상승시킴

㉡ 반응대가 연소반응에 의해 예열대로 이동

㉢ 예열대가 전방의 미연소 가스로 이동하여 온도 상승

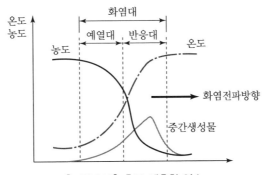

[그림 216] 층류 예혼합 연소

㉣ 난류에 의해 화염대 두께 증가로 압력상승

㉤ 화염 전방에 약한 압축 발생 $\left(\dfrac{PV}{T} = k\right)$

㉥ 약한 압축파가 중첩되어 충격파 발생

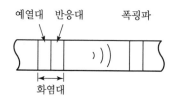

예열대　반응대　　　폭굉파

화염대

[그림 217] 폭연에서 폭굉으로의 전이

ⓈＬ 충격파에 의해 단열압축이 발생

$$\left(\frac{T_2}{T_1} = \left(\frac{P_2}{P_1}\right)^{\frac{r-1}{r}}\right) 압력상승으로 온도상승$$

◎ 충격파 배후에 연소파를 수반하여 폭굉파 형성

Ⓩ 충격파는 배후에 연소열에 의해 보호받는다.

## 3. 폭연파와 폭굉파의 비교

▼ [표 114] 폭연파와 폭굉파의 비교

| 구분 | 폭연파 | 폭굉파 |
|------|--------|--------|
| 속도 | 0.1~10m/s | 1,000~3,500m/s |
| 에너지 | 연소열 | 충격파 |
| 압력 | 거의 없음 | 초기의 10배 |
| 충격파 | 없음 | 있음 |

## 4. 폭연 · 폭굉 압력분포

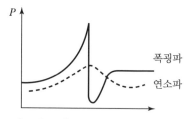

[그림 218] 폭연 · 폭굉 압력분포

표면장력(Surface Tension)

## 1. 개요

① 표면장력은 단위 길이당 액체의 표면을 최소화하려는 힘이고 분자 간의 인력에 의해 표면적을 최소화하려는 장력이자 액체의 표면이 스스로 수축하여 되도록 작은 면적을 가지려는 힘이다.

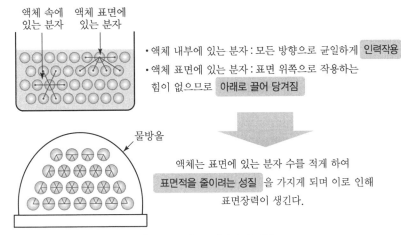

[그림 219] 표면장력의 작용

② 액체의 표면장력은 같은 종류의 분자끼리는 끌어당기는 응집력(Cohesion)과 다른 분자끼리 끌어당기는 부착력(Adhesion)의 차이로 발생한다.

③ 모세관 현상, 기포의 형성, 액적현상 등은 표면장력과 관계가 있다.

## 2. 표면장력의 계산식

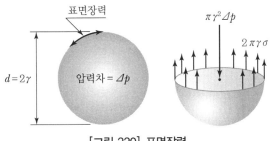

[그림 220] 표면장력

구형의 물방울에서 표면장력($\sigma$)에 의한 인장력과 구형 물방울의 안과 밖의 압력차($\triangle p$)에 의해서 이루어지는 힘은 서로 평형을 이루고 있다.

$$2\pi r\sigma = \pi r^2 \triangle p = \pi d\sigma = \pi d^2 \triangle p / 4 (d : 직경)$$
$$\sigma = \triangle pd/4[\text{dyne/cm}]$$

여기서, $\triangle p[\text{dyne/cm}^2]$, $d[\text{cm}]$

## 3. 소화약제의 표면장력

① 물의 표면장력은 20℃에서 72.75 [dyne/cm]로 다른 물질보다 비교적 커서 침투능력이 적어 속불 (심부)화재 시 재발화 위험이 있다.

② 따라서 소화수에 침투제(습윤제 : Wetting Agent)를 첨가하여 표면장력을 낮추고 침투력을 높여 산불화재, 분체화재 등에 사용된다.

　＊ 습윤제 : 물에 계면활성제를 약 1% 첨가한 것이다.

③ 수성막포의 표면장력은 17~20dyne/cm로 불소계통의 습윤제를 섞어 표면장력을 낮춘 포소화약 제이다.

④ 합성계면활성제포의 표면장력은 30dyne/cm로 계면활성제를 섞어 표면장력을 낮춘 포소화약제 이다.

⑤ 물에 첨가되는 증점제(Viscosity Agent)는 표면장력을 증가시켜 점성을 키워 화심에 도착률을 높 이고 부착성을 강화시켜 소화를 도와준다.

# 표시온도/최고주위온도

## 1. 정의

① 표시온도란 폐쇄형스프링클러헤드에서 감열체가 작동하는 온도로서 미리 헤드에 표시한 온도를 말한다. 【스프링클러헤드의 형식승인 및 제품검사의 기술기준 제2조 제11호】

[사진 219] 72℃ 퓨지블링크형헤드

② 최고주위온도란 폐쇄형스프링클러헤드의 설치장소에 관한 기준이 되는 온도로서 다음 식에 의하여 구하여진 온도를 말한다. 다만, 헤드의 표시온도가 75℃ 미만인 경우의 최고주위온도는 다음등식에도 불구하고 39℃로 한다. 【스프링클러헤드의 형식승인 및 제품검사의 기술기준 제2조 제12호】

$$TA = 0.9TM - 27.3$$

TA : 최고주위온도(℃)

TM : 헤드의 표시온도(℃)

## 2. 표시온도에 따른 폐쇄형헤드의 색표시

【스프링클러헤드의 형식승인 및 제품검사의 기술기준 제12조의6 제9호】

▼ [표 115] 표시온도에 따른 폐쇄형헤드의 색표시

| 유리벌브형 | | 퓨지블링크형 | |
|---|---|---|---|
| 표시온도(℃) | 액체의 색별 | 표시온도(℃) | 프레임의 색별 |
| 57℃ | 오렌지 | 77℃ 미만 | 색 표시 안함 |
| 68℃ | 빨강 | 78℃~120℃ | 흰색 |
| 79℃ | 노랑 | 121℃~162℃ | 파랑 |
| 93℃ | 초록 | 163℃~203℃ | 빨강 |
| 141℃ | 파랑 | 204℃~259℃ | 초록 |
| 182℃ | 연한자주 | 260℃~319℃ | 오렌지 |
| 227℃ 이상 | 검정 | 320℃ 이상 | 검정 |

## 3. 최고 주위온도와 표시온도

폐쇄형스프링클러헤드는 그 설치장소의 평상시 최고 주위온도에 따라 다음표에 따른 표시온도의 것으로 설치하여야 한다. 【NFTC 103 2.7.6】

▼ [표 116] 최고 주위온도에 따른 폐쇄형헤드의 표시온도

| 설치장소의 최고 주위온도 | 표시온도 |
|---|---|
| 39℃ 미만 | 79℃ 미만 |
| 39℃ 이상 64℃ 미만 | 79℃ 이상 121℃ 미만 |
| 64℃ 이상 106℃ 미만 | 121℃ 이상 162℃ 미만 |
| 106℃ 이상 | 162℃ 이상 |

다만, 높이가 4m 이상인 공장에 설치하는 스프링클러헤드는 그 설치장소의 평상시 최고 주위온도에 관계없이 표시온도 121℃ 이상의 것으로 할 수 있다.

[ **265** ] 표준 시간 – 온도곡선(Standard time – temperature curve)

## 1. 개요

① 표준 시간 – 온도곡선은 실물 크기의 모형 화재실험을 여러 번 행하여 얻은 온도측정 결과를 기초로 하여 경과시간과 온도변화와의 관계를 나타낸 곡선으로서 건물재료의 화재에 대한 내력을 알기 위하여 가열시험용으로 표준화한 것이다.

② 화재 시 표준 시간 – 온도곡선은 건물마다 용도에 따라 다르므로 실물 크기의 모형 화재실험을 여러번 행하여 얻은 표준 시간 – 온도곡선의 표준화재(Standard Fire)를 기준으로 내화시험을 하는데 KS F 2257 – 1 및 KS 2257 – 4~9를 두고 있으며 ISO 834를 모델로 하고 있다.

## 2. 표준 시간 – 온도곡선의 종류

① 내화조 건물의 표준 시간 – 온도곡선

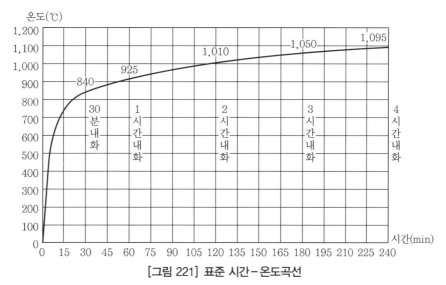

[그림 221] 표준 시간 – 온도곡선

  ㉠ KS F 2257－1의 표준 시간 가열온도 표현식은 다음과 같다.

$$\theta - \theta_0 = 345 \log(8t+1)$$

   여기서, $\theta$ : $t$분 후의 온도

     $\theta_0$ : 초기온도

     $t$ : 경과시간(min)

  ㉡ 위 표현식으로 계산하면 30분 내화의 경우 843℃, 1시간 내화의 경우 927℃, 1시간 30분 내화의 경우 978℃, 2시간 내화의 경우 1,010℃, 3시간 내화의 경우 1,052℃ 임을 알 수 있다.

  ㉢ 화재특징은 출화 후 10~30분이 되면 실내온도는 급격히 상승하여 통상 800~1,000℃에 도달하고 그 온도를 지속한 후 서서히 낮아진다. 즉, 목조건축물 화재인 고온단기형 화재보다 저온장기형 화재형태를 띤다.

② 목조건물의 표준 시간－온도곡선 : KS F 2258

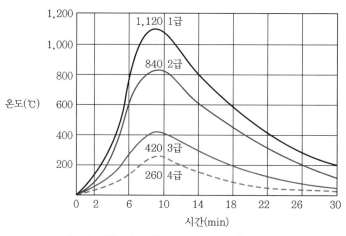

[그림 222] 목조건물의 표준 시간－온도곡선

목조건물의 화재 특징은 출화 후 7~8분에 최성기에 도달하고, 최고온도는 1,100~1,200℃에 이른 후 화세는 급격히 약해진다. 출화 후 15분에서 200~300℃정도까지 저하하고 잔화에 의해서 얼마 동안 그 온도를 지속하는 고온단기형 화재 형태를 띤다.

## 3. 적용

① 구조물 요소의 화재저항은 비록 그 노출상태가 실제화재와는 상당히 다르겠지만 표준시험에서의 파괴시간과 같다고 보는 것이 보편적이다.

② 다음 ①과 ②그래프의 하부면적이 같다면 화재가혹도 및 화재저항은 같다고 본다.

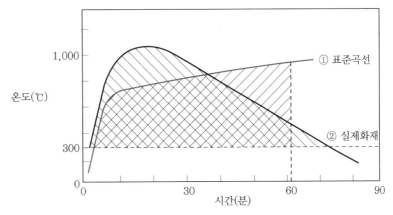

[그림 223] 표준 시간-온도곡선과 화재성장곡선과의 비교

③ 300℃ 이상에서 화재성장곡선의 하부면적

  ㉠ 화재는 연소보다 규모가 큰 경우를 표현한다.

  ㉡ 화재는 1,000Btu/m²s(1,055kW/m²)의 열량을 방출하는 것으로, 온도로 환산 시 약 150℃~ 300℃ 내외이다.

  ㉢ 열이 방출되어 일정 규모(1,000Btu/m²s) 이상이 되어 주변에 연소 확대가 될 때 화재라 표현한다.

  ㉣ 목재의 인화에 의한 발화온도가 260℃로 보기 때문이다.

  ㉤ 수열면에 10~20kW/m², 260℃ 정도의 복사에 의해 화재가 전파된다.

## 4. 표준 시간-온도곡선에 의한 내화성능시험의 문제점

① 크기 : 실제화재보다 작은 규모로 시험할 수밖에 없다.

② 재하하중 : 실제건물과 같이 부재간 층간 결속이 없다.

③ 내부시험 : 실제건물의 외부면 노출부재의 실험이 곤란하다.

④ 실제화재의 온도곡선은 ASTM E119와는 다른 여러 가지 패턴이 나타난다. 즉, 900℃ 10분과 600℃ 20분은 같은 효과가 아니며, 표준 시간-온도곡선 이상을 벗어나는 화재가 존재한다. 표준 시간-온도곡선 이하의 화재는 문제없다.

⑤ 열원이 가스이므로 연기가 없다. 실제화재 시 연기발생으로 인한 복사열의 차이가 발생한다.

⑥ 전통적인 방법으로 설계되고 건설된 구건물에 대한 화재실험으로부터 얻은 자료를 현대의 경량구조물에 적용하는 것은 보완이 필요하다.

# 표준형 스프링클러헤드

## 1. 개요

① 표준화재 크기의 화재가혹도를 상정하여 이를 유효하게 소화할 수 있도록 방수량, 감도, 살수분포, 살수밀도 등이 설계된 헤드이다.

② 방수량에 따라 호칭경 10/15/20이 있으며 감도(RTI)에 따라 표준반응형, 특수반응형, 조기반응형으로 구분한다.

③ 표준형 스프링클러 헤드는 일반적으로 헤드의 설치형태(모양)에 따라 플러쉬형, 측벽형, 리세스드형, 컨실드형, 드라이펜던트형, 인렉크형 등이 있다.

## 2. 표준형 스프링클러헤드의 설치형태(모양)에 따른 구분

\* 용어 "스프링클러헤드" 참조

① **플러쉬형**(Flush Type : 반매입형)

  ㉠ 부착나사를 포함한 몸체의 일부나 전부가 천정면 위에 설치되는 헤드

  ㉡ 화재시 헤드 감열부가 일정 온도가 되면 헤드노즐을 막고 있는 용융물질(납)이 녹아 흘러 내리면서 내부 가압수가 방사되는 형태이다.

   \* Flush : 쏟아져 나온다, 분출의 의미

[사진 220] 플러쉬형(Flush Type : 반매입형)

  ㉢ 플러쉬형 헤드의 작동순서

   1) 화재발생 시 화염의 열기로 인한 감열판의 열 감지 → 감열판 퓨즈메탈 용융

   2) 퓨즈메탈의 용융으로 리테이닝 링이 프레임 홈에서 이탈

   3) 감열판이 몸체로부터 이탈되면서 디플렉터 하강 → 몸체의 오리피스에 실링되었던 스프링 시트가 이탈

4) 오리피스를 통과한 물이 하강된 디플렉터를 통해 살수 → 유효 반경 내 살수된 물로 화재 진화

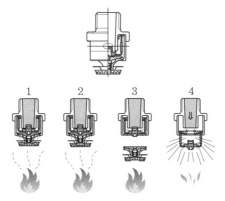

[그림 224] 플러쉬형 헤드의 작동 순서

② 리세스드형(Recessed Type : 매입형) : 부착나사를 포함한 몸체의 일부나 전부가 보호집 안에 설치되는 헤드(화재 시 헤드노즐을 막고 있는 유리벌브가 일정온도가 되면 내부 액체의 팽창으로 파괴되어 노즐을 통해 내부 가압수가 방수되는 형태)

[사진 221] 리세스드형(Recessed Type : 매입형)

③ 컨실드형(Concealed Type : 은폐형) : 천정면과 동일한 표면에 설치되는 덮개판에 의해 헤드가 감추어지도록 설계 되어있는 헤드

[사진 222] 컨실드형(Concealed Type : 은폐형)

④ 측벽형헤드

　　㉠ 가압된 물이 분사될 때 헤드의 축심을 중심으로  한 반원상에 균일하게 분산시키는 헤드

　　㉡ 긴변의 한쪽벽에 일렬로 설치(폭이 4.5m 이상 9m 이하인 실에 있어서는 긴변의 양쪽에 각각
　　　일렬로 설치하되 마주보는 스프링클러헤드가 나란히 꼴이 되도록 설치)하고 3.6m 이내마다
　　　설치할 것【NFTC 103 2.7.7.8】

[사진 223] 측벽형헤드

⑤ 드라이펜던트헤드(Dry Pendent Type : 건식 매달림형)

　　㉠ 소화수가 드라이펜던트에 들어가지 않도록 하여 동파로 인한 피해를 방지할 수 있게 설계한
　　　헤드

　　㉡ 헤드 상단에서 유로를 차단하는 플런저(Plunger)와 이를 지지하는 동파이프 및 유리벌브(또는
　　　감열체)로 조립되어 있으며 주위온도가 작동온도에 도달하면 유리벌브가 파열되고 플런저가
　　　분해 이탈되어 가압수가 방사되는 구조이다.

[사진 224] 드라이펜던트헤드(Dry Pendent Type : 건식 매달림형)

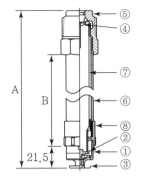

| NO. | 부품명 | 재질 |
|:---:|:---:|:---:|
| 1 | 프레임 | 황동 |
| 2 | 디플렉터 | 스테인리스 |
| 3 | 히트콜렉터 | 순동 |
| 4 | 플런저 | 황동 |
| 5 | 피팅어댑터 | 황동 |
| 6 | 아우터튜브 | 배관용파이프 |
| 7 | 플런저포트튜브 | 스테인리스 |
| 8 | 프레임홀더 | 황동 |

[그림 225] 드라이펜던트 구조

ⓒ 드라이펜던트 작동 및 구조

1) ③히트콜렉터(감열체)가 화재 시 작동온도에 도달하면 퓨즈메탈이 녹으면서 탈락된다.

2) 감열부가 탈락되면서 ②디플렉터(반사판)가 아래 방향으로 돌출된다.

3) 감열부 탈락으로 ⑦플런저포트튜브에 의해 지지되어 유로를 차단하고 있는 ④플런저가 아래방향으로 이탈되고 유로를 개방한다(포토튜브 내는 대기압상태).

4) 유로개방에 따라 가압수가 살수된다.

## 프로스오버(Froth Over)

## 1. 개요

① 프로스오버(Froth Over)란 화재가 아닌 경우에 발생하는 현상으로 물이 고점도의 유류아래에서 비등할 때 물과 기름이 거품과 같은 상태로 탱크 밖으로 흘러넘치는 현상을 말한다.

   * 프로스(Froth) : (특히 액체 위의) 거품

② 예를 들면 뜨거운 아스팔트를 물이 약간 채워진 탱크차에 옮겨 넣을 때 탱크차 하부의 물이 가열, 장시간 경과 후 비등하여 탱크 밖으로 물과 기름이 거품 상태로 흘러내리는 현상이다.

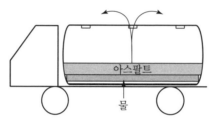

[그림 226] 프로스오버(Froth Over)

## 2. 발생 메커니즘(Mechanism)

화재가 아닌 상태 → 탱크저부에 물이 있는 상태에서 고점도 유류(아스팔트) 탱크 내 주입 → 물비등 → 물과 기름이 거품상태로 탱크 밖으로 흘러내림

## [ KEYWORD 268 ] 피난계단

## 1. 개요

① 피난계단의 계단실은 거실, 복도 등의 건물내부와 내화구조의 벽으로 구획하고 출입문은 60분＋ 방화문 또는 60분 방화문으로 설치하는 등의 「건축물의 피난·방화구조등의 기준에 관한 규칙」 제9조 구조기준을 만족하는 계단을 말한다.

② 직통계단은 별도의 구획이나 구조기준이 규정되어 있지 않으나 피난계단은 계단실에 대하여 방화 성능 및 피난안전성을 강화한 구조의 계단으로서 건축법령에서 정하는 일정규모 이상의 건축물에 대하여 적용한다.

＊ 직통계단 : 건축물의 어떤층에서 피난층 또는 지상층까지 이르는 경로가 계단과 계단참만을 통하여 오르내릴 수 있도록 직통으로 연결된 계단

## 2. 설치대상【건축법 시행령 제35조】

① 5층 이상 또는 지하 2층 이하의 층으로부터 피난층 또는 지상으로 통하는 직통계단은 국토교통부 령으로 정하는 기준에 따라 피난계단 또는 특별피난계단으로 설치하여야 한다. 다만, 건축물의 주 요구조부가 내화구조 또는 불연재료로 되어 있는 경우로서 다음 각 호 어느 하나에 해당하는 경우 에는 그러하지 아니하다.

　㉠ 5층 이상 층의 바닥 면적 합계가 200제곱미터 이하인 경우

　㉡ 5층 이상 층의 바닥 면적 200제곱미터 이내 마다 방화구획이 되어 있는 경우

② 건축물(갓복도식 공동주택 제외)의 11층(공동주택의 경우 16층) 이상인 층(바닥면적 400제곱미 터 미만인 층 제외) 또는 지하 3층 이하인 층(바닥면적 400제곱미터 미만인 층 제외)으로부터 피난 층 또는 지상으로 통하는 직통계단은 특별피난계단으로 설치하여야 한다.

③ 제①항에서 판매시설의 용도로 쓰는 층으로부터 직통계단은 그중 1개소 이상을 특별피난계단으 로 설치하여야 한다.

④ 5층 이상인 층으로서 전시장, 동·식물원, 판매시설, 운수시설(여객용 시설), 운동시설, 위락시설, 관광휴게시설, 생활권 수련시설의 용도로 쓰는 층에는 직통계단 외에 바닥면적 2,000m² 이내마다 1개소의 피난계단 또는 특별피난계단을 설치하여야 한다.

## 3. 옥내 피난계단의 구조기준 【건축물의 피난 · 방화구조 등의 기준에 관한 규칙 제9조】

① 계단실은 창문 · 출입구 기타 개구부(창문 등)를 제외한 다른 부분과 내화구조의 벽으로 구획할 것
② 계단실의 실내에 접하는 부분의 마감은 불연재료로 할 것
③ 계단실에는 예비전원에 의한 조명설비를 할 것
④ 계단실의 바깥쪽과 접하는 창문 등(망입유리 붙박이창 1m² 이하 제외)은 다른 부분에 설치하는 창문 등으로부터 2m 이상 이격할 것
⑤ 실내와 접하는 계단실의 창문 등(출입구 제외)은 망입유리 붙박이창으로 1m² 이하일 것
⑥ 실내에서 계단실로 통하는 출입구의 유효너비는 0.9m 이상으로 하고 피난방향으로 열 수 있을 것
⑦ 출입문은 언제나 닫힌 상태를 유지하거나 화재로 인한 연기 또는 불꽃을 감지하여 자동적으로 닫히는 구조로 된 60분＋방화문, 60분 방화문을 설치할 것. 다만, 연기 또는 불꽃을 감지하여 자동적으로 닫히는 구조로 할 수 없는 경우에는 온도를 감지하여 자동적으로 닫히는 구조로 할 수 있다.
⑧ 계단은 내화구조로 하고 피난층 또는 지상까지 직접 연결되도록 할 것(돌음계단 불가)

## 4. 건축물의 바깥쪽에 설치하는  피난계단의 구조기준
【건축물의 피난 · 방화구조 등의 기준에 관한 규칙 제9조】

① 계단은 그 계단으로  통하는 출입구외의 창문등(망입유리 붙박이창 1m² 이하 제외)으로부터 2m 이상의 거리를 두고 설치할 것
② 건축물의 내부에서 계단으로 통하는 출입구에는 60분＋방화문 또는 60분 방화문을 설치할 것
③ 계단의 유효너비는 0.9m 이상으로 할 것
④ 계단은 내화구조로 하고 지상까지 직접 연결되도록 할 것

## [ KEYWORD 269 ] 피난기구

## 1. 개요

피난기구는 화재 시 피난을 위한 계단 등이 연기에 오염되어 피난이 불가능해진 경우에 이용하기 위하여 발코니 등 개구부에 설치하는 보조적인 피난설비를 말한다.

## 2. 피난기구의 설치대상 【소방시설법시행령 별표 4 제3호 가목】

특정소방대상물의 모든 층에 설치장소별 적응성이 있는 피난기구를 화재안전기준에 적합하게 설치하여야 한다. 다만, 피난층, 지상 1층, 지상 2층 및 층수가 11층 이상인 층과 위험물 저장 및 처리시설 중 가스시설, 지하가 중 터널 또는 지하구의 경우에는 설치 제외(노유자시설 중 피난층이 아닌 지상 1층과 피난층이 아닌 지상 2층은 설치)

## 3. 피난기구의 종류

① **피난사다리** : 화재 시 긴급한 대피에 이용하는 금속제 사다리이다(금속제 외의 사다리는 피난사다리로 이용할 수 없음).

[사진 225] 피난사다리(접이식) (출처 : LADDER－SHOP(금창산업))

② **완강기** : 사람이 벨트에 몸을 고정하여 수직 피난할 수 있도록 하는 피난기구로서 연속적으로 사용이 가능한 것이어야 한다[간이완강기(1회용)].

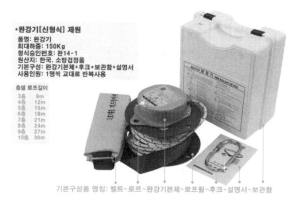

[사진 226] 완강기 (출처 : 파이어폭스 소방안전용품)

③ 구조대 : 건물의 창문, 발코니 등에서 지상까지 포대를 이용하여 그 속을 활강하는 피난기구이다.

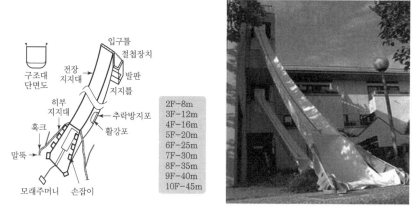

[사진 227] 구조대 (출처 : 파이어폭스 소방안전용품)

④ 공기안전매트 : 건물에서 외부로 뛰어내리는 사람을 보호하기 위한 피난기구이다.

[사진 228] 공기안전매트 (출처 : 주식회사 서한에프앤씨)

⑤ **미끄럼대** : 3층 이하의 저층에 설치하는 것으로서, 미끄럼틀과 같이 활강하는 피난기구이다.

[사진 229] 미끄럼대 (출처 : 몽드디자인 블로그)

⑥ **피난교** : 2개의 소방대상물의 옥상 또는 개구부를 연결하여 서로 피난할 수 있도록 하는 피난기구이다.

[사진 230] 피난교 (출처 : 뚜버기 블로그)

⑦ **피난용트랩** : 계단 형태의 피난기구로 고정식이나 반고정식(하단을 들어 올려놓은 것)으로 분류된다.

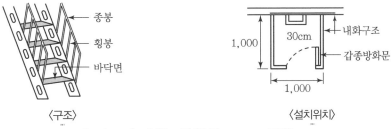

〈구조〉　　　　　　　　　　　〈설치위치〉

[그림 227] 피난용트랩 (출처 : Google 검색)

⑧ 다수인 피난장비 : 화재 시 2인 이상의 피난자가 동시에 해당 층에서 지상 또는 피난층으로 하강하는 피난기구이다.

[사진 231] 다수인 피난장비 (출처 : 잡동사니 블로그)

⑨ 승강식 피난기 : 사용자의 몸무게에 의하여 자동으로 하강하고 내려서면 스스로 상승하여 연속적으로 사용할 수 있는 무동력 승강식 피난기이다.

[사진 232] 승강식 피난기 설치모습     [사진 233] 덮개가 열린 모습     [사진 234] 아래층으로 피난 모습

⑩ 하향식 피난구용 내림식 사다리 : 하향식 피난구 해치에 격납하여 보관하고 사용 시에는 사다리 등이 소방대상물과 접촉되지 아니하는 내림식 사다리이다.

[사진 235] 내림식 사다리 덮개가 열린 모습     [사진 236] 내림식 사다리가 펼쳐진 모습

＊용어 "하향식 피난구" 참조

# 4. 피난기구의 적응성 【NFTC 301 2.1.1】

▼ [표 117] 소방대상물의 설치장소별 피난기구의 적응성

| 층별\n설치장소별 | 1층 | 2층 | 3층 | 4층 이상\n10층 이하 |
|---|---|---|---|---|
| 1. 노유자시설 | • 미끄럼대\n• 구조대\n• 피난교\n• 다수인피난장비\n• 승강식피난기 | • 미끄럼대\n• 구조대\n• 피난교\n• 다수인피난장비\n• 승강식피난기 | • 미끄럼대\n• 구조대\n• 피난교\n• 다수인피난장비\n• 승강식피난기 | • 구조대[1]\n• 피난교\n• 다수인피난장비\n• 승강식피난기 |
| 2. 의료시설 · 근린생활시설 중 입원실이 있는 의원 · 접골원 · 조산원 | | | • 미끄럼대\n• 구조대\n• 피난교\n• 피난용트랩\n• 다수인피난장비\n• 승강식피난기 | • 구조대\n• 피난교\n• 피난용트랩\n• 다수인피난장비\n• 승강식피난기 |
| 3. 「다중이용업소의 안전관리에 관한 특별법 시행령」 제2조에 따른 다중이용업소로서 영업장의 위치가 4층 이하인 다중이용업소 | | • 미끄럼대\n• 피난사다리\n• 구조대\n• 완강기\n• 다수인피난장비\n• 승강식피난기 | • 미끄럼대\n• 피난사다리\n• 구조대\n• 완강기\n• 다수인피난장비\n• 승강식피난기 | • 미끄럼대\n• 피난사다리\n• 구조대\n• 완강기\n• 다수인피난장비\n• 승강식피난기 |
| 4. 그 밖의 것 | | | • 미끄럼대\n• 피난사다리\n• 구조대\n• 완강기\n• 피난교\n• 피난용트랩\n• 간이완강기[2]\n• 공기안전매트[3]\n• 다수인피난장비\n• 승강식피난기 | • 피난사다리\n• 구조대\n• 완강기\n• 피난교\n• 간이완강기[2]\n• 공기안전매트[3]\n• 다수인피난장비\n• 승강식피난기 |

[비고]
1) 구조대의 적응성은 장애인 관련시설로서 주된 사용자 중 스스로 피난이 불가한 자가 있는 경우 2.1.2.4에 따라 추가로 설치하는 경우에 한한다.
2), 3) 간이완강기의 적응성은 2.1.2.2에 따라 숙박시설의 3층 이상에 있는 객실에, 공기안전매트의 적응성은 2.1.2.3에 따라 공동주택(「공동주택관리법」 제2조 제1항 제2호 가목부터 라목까지 중 어느 하나에 해당하는 공동주택)에 추가로 설치하는 경우에 한한다.

## 5. 피난기구의 설치기준 【NFTC 301 2.1.3】

① 설치위치

　ㄱ 피난 또는 소화활동상 유효한 개구부에 고정 또는 신속히 사용이 가능하도록 설치하여 둘 것

　　* 피난 또는 소화활동상 유효한 개구부의 기준
　　　1) 가로 0.5 m 이상, 세로 1 m 이상의 크기일 것
　　　2) 개구부 하단이 바닥에서 1.2 m 이상인 경우 : 발판을 설치할 것
　　　3) 밀폐창문인 경우 : 쉽게 파괴할 수 있는 파괴 장치를 비치할 것

　ㄴ 피난기구를 설치하는 개구부는 서로 동일 직선상이 아닌 위치에 있을 것. 다만, 다음 경우에는 동일 직선상에 설치해도 된다.

　　1) 피난교, 피난용트랩, 간이완강기

　　2) 아파트에 설치되는 피난기구(다수인 피난장비는 제외)

　　3) 기타 피난상 지장이 없는 것

② 설치방법

　ㄱ 특정소방대상물의 견고한 부분에 볼트조임, 매입, 용접 등의 방법으로 견고하게 부착할 것

　ㄴ 4층 이상에 설치하는 피난사다리는 금속제 고정사다리로 하고, 노대를 설치할 것

　ㄷ 완강기는 강하 시 로프가 건축물 또는 구조물 등과 접촉하여 손상되지 않도록 할 것

　ㄹ 완강기 로프의 길이 : 지면, 기타 피난상 유효한 착지면까지

　ㅁ 미끄럼대

　　1) 안전한 강하속도를 유지할 수 있도록 할 것

　　2) 전락 방지조치를 할 것

　ㅂ 구조대 : 피난상 지장이 없고, 안전한 강하속도를 유지할 수 있는 길이로 할 것

　ㅅ 다수인 피난장비

　　1) 설치장소 : 피난에 용이하고 안전하게 하강할 수 있는 곳에 설치할 것

　　2) 다수인피난장비 보관실

　　　• 설치위치 : 건물 외측보다 돌출되지 않을 것

　　　• 구조 : 빗물·먼지 등으로부터 장비를 보호할 수 있는 것

　　3) 사용 시에 보관실 외측 문이 먼저 열리고 탑승기가 외측으로 자동으로 전개될 것

　　4) 하강 시

　　　• 탑승기가 건물 외벽이나 돌출물에 충돌하지 않도록 설치할 것

　　　• 안전하고 일정한 속도를 유지할 것

　　　• 전복, 흔들림, 경로이탈 방지를 위한 안전조치를 할 것

　　5) 상·하층에 설치할 경우 : 탑승기의 하강경로가 중첩되지 않을 것

6) 출입문

- 오작동 방지조치를 할 것
- 개방 시에는 당해 특정소방대상물에 설치된 경보설비와 연동하여 유효한 경보음을 발할 것

7) 피난층에는 해당 층에 설치된 피난기구가 착지에 지장이 없도록 충분한 공간을 확보할 것

8) 성능검증 : 한국소방산업기술원 또는 성능시험기관으로 지정받은 기관에서 실시

◎ 승강식피난기 및 하향식 피난구용 내림식사다리

1) 승강식피난기 및 하향식 피난구용 내림식사다리 구조

- 설치경로가 설치층에서 피난층 까지 연계될 수 있도록 설치할 것
- 예외 : 건축물 규모가 지상 5층 이하로서 구조 및 설치 여건상 불가피한 경우

2) 대피실의 면적 : 1세대 2m² 이상, 2세대 이상일 경우에는 3m² 이상

3) 하강구(개구부) 규격 : 직경 60cm 이상일 것(단, 외기와 개방된 장소는 예외)

4) 구조

- 하강구 내측에는 기구의 연결 금속구 등이 없을 것
- 전개된 피난기구는 하강구 수평투영면적 공간 내의 범위를 침범하지 않을 것
- 예외 : 직경 60cm 크기의 범위를 벗어난 경우이거나, 직하층의 바닥 면으로부터 높이 50cm 이하의 범위는 제외한다.

5) 대피실의 출입문

- 60분＋방화문 또는 60분 방화문으로 설치할 것
- 피난방향에서 식별할 수 있는 위치에 '대피실' 표지판을 부착할 것. 단, 외기와 개방된 장소에는 그러하지 아니한다.

6) 착지점과 하강구는 상호 수평거리 15cm 이상의 간격을 둘 것

7) 대피실

- 내부에는 비상조명등을 설치할 것
- 층의 위치표시와 피난기구 사용설명서 및 주의사항 표지판을 부착 할 것
- 대피실 출입문이 개방되거나, 피난기구 작동 시 해당 층 및 직하층 거실에 설치된 표시등 및 경보장치가 작동되고, 감시 제어반에서는 피난기구의 작동을 확인할 수 있어야 할 것

8) 사용 시 기울거나 흔들리지 않도록 설치할 것

9) 성능검증 : 한국소방산업기술원 또는 성능시험기관으로 지정받은 기관에서 실시

㉦ 피난기구 표지 : 피난기구의 설치장소에는 가까운 곳의 보기 쉬운 곳에 피난기구의 위치를 표시하는 발광식 또는 축광식 표지와 그 사용방법을 표시한 표지를 부착할 것

## 6. 피난기구의 설치수량 【NFTC 301 2.1.2】

① 층별 설치수량

ㄱ 숙박, 노유자, 의료시설로 사용되는 층 : 바닥면적 500m²마다 1개 이상

ㄴ 위락, 문화집회, 운동, 판매시설로 사용되거나 복합용도로 사용되는 층 : 바닥면적 800m²마다 1개 이상

ㄷ 계단실형 아파트 : 각 세대마다 1개 이상

ㄹ 그 밖의 용도의 층 : 바닥면적 1,000m²마다 1개 이상

② **숙박시설**(휴양콘도미니엄 제외) : ①에 따라 설치한 피난기구 외에 추가로 객실마다 완강기 또는 2 이상의 간이완강기 설치

③ **장애인 관련 시설** : ①에 따라 설치한 피난기구 외에 4층 이상의 층에 설치된 노유자시설 중 장애인 관련 시설로서 주된 사용자 중 스스로 피난이 불가한 자가 있는 경우 층마다 구조대를 1개 이상 추가로 설치

피난안내도

## 1. 개요

① 소방안전관리대상물의 관계인은 피난시설의 위치, 피난경로 또는 대피요령이 포함된 **피난유도안내정보**를 근무자 또는 거주자에게 정기적으로 제공하여야 한다. 【화재예방법 제36조 제3항】

② 피난유도 안내정보 제공은 다음 어느 하나에 해당하는 방법으로 하여야 한다. 【화재예방법 시행규칙 제35조 제1항】

㉠ 연 2회 피난안내교육을 실시하는 방법

㉡ 분기별 1회이상 피난안내방송을 실시하는 방법

㉢ 피난안내도를 층마다에 보기 쉬운 위치에 게시하는 방법

㉣ 엘리베이터, 출입구 등 시청이 용이한 장소에 피난안내영상을 제공하는 방법

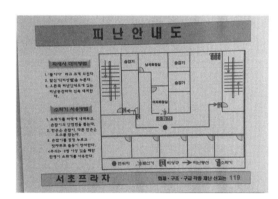 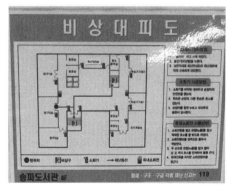

[사진 237] 건축물 설치 피난안내도

## 2. 다중이용업소의 피난안내도 【다중이용업소법 시행규칙 별표 2의2】

① **피난안내도 비치대상** : 「다중이용업소법」 시행령 제2조에 따른 다중이용업의 영업장. 다만, 다음 각 목의 어느 하나에 해당하는 경우에는 비치하지 않을 수 있다.

㉠ 영업장으로 사용하는 바닥면적의 합계가 33제곱미터 이하인 경우

㉡ 영업장내 구획된 실이 없고, 영업장 어느 부분에서도 출입구 및 비상구를 확인할 수 있는 경우

② **피난안내도 비치 위치** : 다음 각 목의 어느 하나에 해당하는 위치에 모두 설치할 것

㉠ 영업장 주 출입구 부분의 손님이 쉽게 볼 수 있는 위치

㉡ 구획된실의 벽, 탁자 등 손님이 쉽게 볼 수 있는 위치

ⓒ「게임산업진흥에 관한 법률」 제2조 제7호의 인터넷컴퓨터게임시설제공업 영업장의 인터넷컴퓨터게임시설이 설치된 책상. 다만, 책상위에 비치된 컴퓨터에 피난안내도를 내장하여 새로운 이용객이 컴퓨터를 작동할 때마다 피난안내도가 모니터에 나오는 경우에는 책상에 피난안내도가 비치된 것으로 본다.

③ 피난안내도에 포함되어야 할 내용

ⓐ 화재시 대피할 수 있는 비상구 위치

ⓑ 구획된 실 등에서 비상구 및 출입구까지의 피난 동선

ⓒ 소화기, 옥내소화전 등 소방시설의 위치 및 사용방법

ⓓ 피난 및 대처 방법

④ 피난안내도의 크기 및 재질

ⓐ 크기 : B4(257mm×364mm)이상의 크기로 할 것. 다만, 각 층별 영업장의 면적 또는 영업장이 위치한 층의 바닥면적이 각각 400m² 이상인 경우에는 A3(297mm×420mm)이상의 크기로 하여야 한다.

ⓑ 재질 : 종이(코팅한 것을 말한다), 아크릴, 강판 등 쉽게 훼손 또는 변형되지 않는 것으로 할 것

⑤ 피난안내도 사용 언어 : 한글 및 1개 이상의 외국어를 사용하여 작성하여야 한다.

피난안전구역(Refuge Area)

## 1. 개요

피난안전구역이란 건축물의 피난 · 안전을 위하여 중간층에 설치하는 대피공간을 말한다. 화재 시 일시적으로 대피했다가 소방대의 구조를 통해 옥외로 피난할 수 있다.

## 2. 설치대상

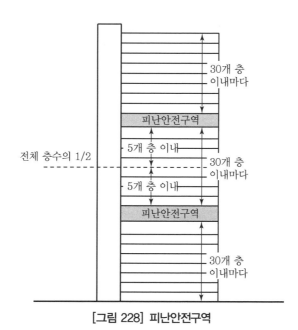

[그림 228] 피난안전구역

① 초고층 건축물 【건축법 시행령 제34조 제3항】

초고층 건축물에는 피난층 또는 지상으로 통하는 직통계단과 직접 연결되는 피난안전구역(건축물의 피난 · 안전을 위하여 건축물 중간층에 설치하는 대피공간을 말한다)을 지상층으로부터 최대 30개 층마다 1개소 이상을 설치하여야 한다.

② 준초고층 건축물 【건축법 시행령 제34조 제4항】

피난층 또는 지상으로 통하는 직통계단과 직접 연결되는 피난안전구역을 해당 건축물 전체 층수의 2분의 1에 해당하는 층으로부터 상하 5개 층 이내에 1개소 이상 설치하여야 한다. 다만 국토교통부령으로 정하는 기준에 따라 피난층 또는 지상으로 통하는 직통계단을 설치하는 경우에는 그러하지 아니한다.

* 국토교통부령으로 정하는 기준 【건축물의 피난ㆍ방화구조 등의 기준에 관한 규칙 제15조】
  피난층 또는 지상으로 통하는 직통계단을 설치한 경우 계단 및 계단참의 너비
  ㉠ 공동주택 : 120cm 이상
  ㉡ 공동주택이 아닌 건축물 : 150cm 이상

③ 30층 이상 49층 이하인 지하연계 복합건축물【초고층재난관리법 시행령 제14조 제1항】

  ②에 따른 피난안전구역을 설치

④ 16층 이상 29층 이하인 지하연계 복합건축물【초고층재난관리법 시행령 제14조 제1항】

  지상층별 거주밀도가 제곱미터당 1.5명을 초과하는 층은 해당 층의 사용형태별 면적의 합의 10분의 1에 해당하는 면적을 피난안전구역으로 설치

⑤ 초고층 건축물등의 지하층이 문화 및 집회시설, 판매시설, 운수시설, 업무시설, 숙박시설, 위락시설 중 유원시설업의 시설, 또는 종합병원과 요양병원이 하나 이상 있는 건축물 용도로 사용되는 경우【초고층재난관리법 시행령 제14조 제1항】

  피난안전구역 면적 산정기준에 따라 피난안전구역을 설치하거나 선큰 설치

  * 초고층 건축물 등 : 초고층 건축물과 지하연계복합건축물, 대통령령으로 정하는 건축물 및 시설물을 말한다.
  * 선큰 : 지표 아래에 있고 외기에 개방된 공간으로서 건물 사용자 등의 보행, 휴식, 또는 피난 등에 제공되는 공간을 말한다.

[사진 238] 건축물 선큰

## 3. 피난안전구역 설치기준 【건축물의 피난 · 방화구조 등의 기준에 관한 규칙 제8조의2】

① 1개 층 전체를 대피공간으로 사용(기계실, 보일러실, 전기실 등 건축설비를 설치하기 위한 공간과 같은 층에 설치 가능. 단, 내화구조로 구획할 것)

② 피난안전구역에 연결되는 특별피난계단은 피난안전구역을 거쳐서 상 · 하층으로 갈수 있는 구조

③ **피난안전구역의 구조 및 설비**

　　㉠ 피난안전구역의 바로 아래층 및 위층은 단열재를 설치할 것. 이 경우 아래층은 최상층에 있는 거실의 반자 또는 지붕 기준을 준용하고, 위층은 최하층에 있는 거실의 바닥 기준을 준용할 것

　　㉡ 내부마감재료는 불연재료로 설치할 것

　　㉢ 건축물의 내부에서 피난안전구역으로 통하는 계단은 특별피난계단의 구조로  설치할 것

　　㉣ 비상용 승강기는 피난안전구역에서 승하차 할 수 있는 구조로 설치

　　㉤ 식수공급을 위한 급수전 1개소 이상, 예비전원에 의한 조명설비 설치

　　㉥ 관리사무소 또는 방재센터 등과 긴급연락이 가능한 경보 및 통신시설 설치

　　㉦ 별표 1의2에서 정하는 기준에 따라 산정한 면적 이상일 것

　　㉧ 피난안전구역의 높이는 2.1m 이상

　　㉨ 「건축물의 설비기준 등에 관한 규칙」 제14조에 따른 배연설비 설치

　　㉩ 그 밖에 소방청장이 정하는 소방 등 재난관리를 위한 설비를 갖출 것

## 4. 피난안전구역 소방시설 설치기준 【초고층재난관리법 시행령 제14조 제2항】

① 소화설비 중 소화기구(소화기 및 간이소화용구만 해당한다), 옥내소화전설비 및 스프링클러설비

② 경보설비 중 자동화재탐지설비

③ 피난설비 중 방열복, 공기호흡기(보조마스크를 포함한다), 인공소생기, 피난유도선(피난안전구역 으로 통하는 직통계단 및 특별피난계단을 포함한다), 피난안전구역으로 피난을 유도하기 위한 유 도등 · 유도표지, 비상조명등 및 휴대용비상조명등

④ 소화활동설비 중 제연설비, 무선통신보조설비

## 5. 피난안전구역 설비기준 【초고층재난관리법 시행규칙 제8조】

① 자동심장충격기 등 심폐소생술을 할 수 있는 응급장비

② 다음 각목의 구분에 따른 수량의 방독면

　　㉠ 초고층 건축물에 설치된 피난안전구역 : 피난안전구역 위층의 재실자수의 10분의 1 이상

　　㉡ 지하연계 복합건축물에 설치된 피난안전구역 : 피난안전구역이 설치된 층의 수용인원의 10분 의 1 이상

# [ KEYWORD 272 ] 피난용승강기

## 1. 개요

① 승강기의 화재 안전도가 제일 높은 수준의 승강기로서 고층건축물 화재 시 일반인(재실자)이 피난을 위해 사용할 수 있는 승강기를 말한다. 즉, 승강용(일반용)은 화재 시 사용불가이고, 비상용은 개인보호장비를 갖춘 소방대원이 사용하며, 피난용은 일반인이 사용하는 승강기이다.

② 따라서, 화재 시 일반인의 피난에 지장이 없도록 시설이 추가 설치되어 있다.

## 2. 설치대상

① 고층건축물에는 승용승강기 중 1대 이상을 피난용승강기로 설치하여야 한다. 【건축법 제64조 제3항】

② 고층건축물이란 층수가 30층 이상이거나 높이가 120m 이상인 건축물을 말한다. 【건축법 제2조 제1항 19호】

## 3. 설치기준 【건축법 시행령 제91조】

① 승강장의 바닥면적은 승강기 1대당 6m² 이상으로 할 것

② 각 층으로부터 피난층에 이르는 승강로를 단일구조로 연결하여 설치할 것

③ 예비전원으로 작동하는 조명설비를 설치할 것

④ 승강장의 출입구 부근의 잘 보이는 곳에 해당 승강기가 피난용승강기임을 알리는 표지를 설치할 것

⑤ 그 밖에 화재예방 및 피해경감을 위하여 국토교통부령으로 정하는 구조 및 설비 등의 기준에 맞을 것

## 4. 구조 및 설비 등의 기준 【건축물의 피난·방화구조 등의 기준에 관한 규칙 제30조】

① 피난용승강기 승강장

   ⊙ 승강장의 출입구를 제외한 부분은 해당 건축물의 다른 부분과 내화구조의 바닥 및 벽으로 구획할 것

   ⓛ 승강장은 각 층의 내부와 연결될 수 있도록 하고 출입구에는 60분 + 방화문 또는 60분 방화문을 설치하여야 하며, 방화문은 언제나 닫힌 상태를 유지할 수 있을 것

   ⓒ 실내에 접하는 부분(바닥 및 반자 등 실내에 면한 모든 부분)의 마감은 불연재료로 할 것

   ⓡ 「건축물의 설비기준 등에 관한 규칙」 제14조에 따른 배연설비를 설치하거나 소방관계법령에 적합한 제연설비를 설치할 것

② 피난용승강기 승강로

 ㉠ 승강로는 해당 건축물의 다른 부분과 내화구조로 구획할 것

 ㉡ 승강로 상부에 「건축물의 설비기준 등에 관한 규칙」 제14조에 따른 배연설비를 설치할 것

③ 피난용승강기 기계실

 ㉠ 출입구를 제외한 부분은 해당 건축물의 다른 부분과 내화구조의 바닥 및 벽으로 구획할 것

 ㉡ 출입구에는 60분＋방화문 또는 60분 방화문을 설치할 것

④ 피난용승강기 전용 예비전원

 ㉠ 정전 시 피난용승강기, 기계실, 승강장 및 폐쇄회로 텔레비전 등의 설비를 작동할 수 있는 별도의 예비전원 설비를 설치할 것

 ㉡ 예비전원은 초고층 건축물의 경우 2시간 이상, 준초고층 건축물의 경우 1시간 이상 작동이 가능한 용량일 것

 ㉢ 상용전원과 예비전원의 공급을 자동 또는 수동으로 전환이 가능한 설비를 갖출 것

 ㉣ 전선관 및 배선은 고온에 견딜 수 있는 내열성 자재를 사용하고 방수조치를 할 것

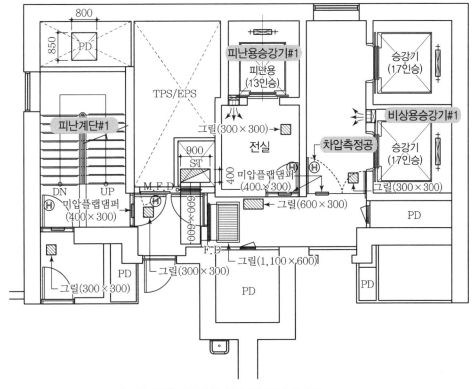

[그림 229] 오피스텔 설치 피난용승강기 예

# [ KEYWORD 273 ] 피난층

## 1. 개요

소방법에서는 곧바로 지상으로 갈수 있는 출입구가 있는 층만을 피난층으로 보고 있고 건축법에서는 피난안전구역까지 확장해서 피난층으로 보고 있다.

## 2. 소방법에서 피난층 【소방시설법 시행령 제2조】

① 지상으로 갈 수 있는 출입구가 있는 층을 말한다.

② 직접 지상으로 통하는 출입구가 있는 층은 대부분 1개 층이지만 대지 상황에 따라서 2개 층 이상인 경우도 있다.

③ 피난안전구역은 피난층으로 보지 않는다.

## 3. 건축법에서 피난층 【건축법 시행령 제34조】

직접 지상으로 통하는 출입구가 있는 층 및 피난안전구역을 말한다.

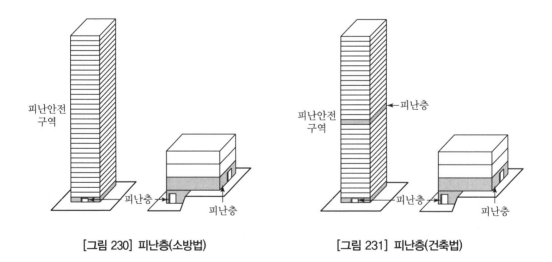

[그림 230] 피난층(소방법)   [그림 231] 피난층(건축법)

KEYWORD
**274**

# 피뢰기(Lightning Arrester)

## 1. 개요

피뢰기란 전기설비 기기를 이상전압으로부터 보호하는 장치를 말한다. 단자전압이 이상전압으로 인해 일정 수준으로 올라갔을 때 재빨리 동작하여 보호레벨 이하로 이상전압을 억제하는 기능과 이상전압을 처리한 후 원상태로 회복(속류차단)하는 기능을 가지고 있는 기기를 말한다.

## 2. 설치목적

피뢰기는 낙뢰, 혼촉 사고 및 회로의 개폐 시 발생하는 과(서지)전압을 일시적으로 대지로 방류시켜 계통에 설치된 기기 및 선로를 보호하기 위하여 설치한다.

## 3. 종류

① Gap형 피뢰기 : Gap형 피뢰기 구조는 직렬 갭과 특성요소로 이루어져 있다.
　ㄱ 직렬 갭
　　• 정상 시에는 방전을 억제하고 대지에 대한 절연을 유지한다.
　　• 이상 전압 발생 시에는 대지로 방전시킨다.

　ㄴ 특성요소
　　• 탄화규소(SiC)를 각종 결합체와 혼합하면 비저항 특성을 지닌다.
　　• 큰 방전 전류에는 저항값이 낮아져 방전이 되고 제한 전압을 낮게 억제한다.
　　• 작은 방전에는 저항값이 높아져 직렬 갭의 속류차단에 기여한다.

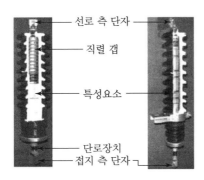

[사진 239] 피뢰기의 외관 및 구조

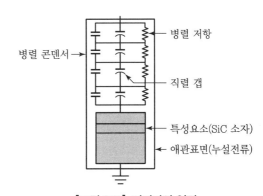

[그림 232] 피뢰기의 연결

② Gapless형 피뢰기 : 직렬 갭이 존재하지 않고 산화아연(ZnO)을 주성분으로 하는 피뢰기이다. 특정 전압 이하에서는 거의 전류가 흐르지 않기 때문에 선로 전압을 조정하면 속류를 차단할 필요가 없어 직렬 갭이 필요 없게 된다.

ㄱ 특징

- 직렬갭이 없어 소형, 경량이다.
- 구조가 간단하다.
- 동작이 확실하다.
- 불꽃방전이 없어 방전에 따른 특성 요소 변화가 없다.

ㄴ 단점

- 직렬 갭이 없어 피뢰기 내부 고장 시 지락 사고 가능성이 있다.

▼ [표 118] 외부 갭식 피뢰기와 갭리스식 피뢰기 비교

| | 외부갭식 피뢰기 | 갭리스식 피뢰기 |
|---|---|---|
| 기본구성 | 상시 계통에서 분리되어 있다 | 상시 과전되어 있다 |
| 주요적용분야 | 가공 송배전선 | 변전·배전·저압계통 |
| 동작책무 | 뇌서지 과전압만 | 계통 개폐서지, TOV도 대상 |
| 특징 사이즈 | 소형 콤팩트 | 장대(長大) |
| 특징 과전 열화 | 없음(유지보수 필요 없음) | 감시 필요 |
| 특징 고장 시 | 재송전 가능 | 분리 장치가 필요 |

## 4. 피뢰기 설치장소

① 발전소, 변전소의 인입구 및 인출구
② 배전용 변압기의 고압 및 특별 고압측
③ 특별 고압 수용가의 인입구

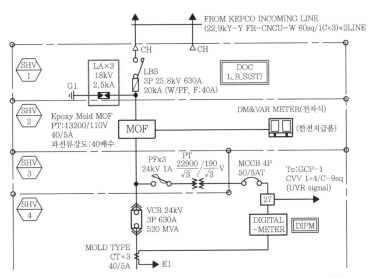

[그림 233] 전기계통도 특별 고압 수용가 인입구에 설치된 피뢰기

④ 지중선로와 가공선로의 접속점

[사진 240] 지중선로와 가공선로 접속점에 설치된 피뢰기

**KEYWORD**

[ **KEYWORD** **275** ]  **피뢰침(Lightning Rods)**

## 1. 개요

① 피뢰침은 피할 피(避), 우레 뢰(雷), 바늘 침(針)으로 우레를 피하기 위해 만든 바늘 모양의 장치라는 의미를 담고 있다.

② 벼락은 지상의 뾰족한 부분에 떨어지기 쉬워서 천둥 번개가 칠 때 운동장에서 우산을 쓰거나 비를 피하기 위해 커다란 나무 밑에 있으면 벼락에 맞을 확률이 더 높다고 한다. 따라서 지붕이나 옥상 등 벼락치기 쉬운 곳에 피뢰침 같은 뾰족한 점을 만들어 벼락을 땅으로 안전하게 유도하는 것이다. 보호 범위는 돌침에서 수직선을 그었을 때, 이곳에서부터 60° 이내로 되어 있다.

[사진 241] Y형 피뢰침

## 2. 피뢰침의 원리

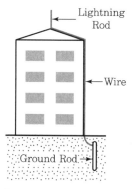

[그림 234] 피뢰침의 구성

① 피뢰침은 크게 돌침부, 피뢰도선, 접지 전극의 세 부분으로 구성된다.

② 피뢰침이 전하의 흐름인 번개를 뾰족한 금속 끝으로 오게 만들고 피뢰도선을 통해 지면으로 접지시켜 접지를 통해 전하가 축적되는 것을 방지한다.

③ 접지는 전기회로나 전기 기기 따위를 도체로 땅에 연결하는 장치로 이상전압 발생 시에도 고장전류를 표면 전위가 영전위인 대지로 흘려보내, 같은 전위로 유지하여 기기와 인체를 보호한다.

## 3. 설치대상

① 낙뢰의 우려가 있는 건축물, 높이 20미터 이상의 건축물 또는 「건축법 시행령」 제118조 제1항에 따른 공작물로서 높이 20미터 이상의 공작물(건축물에 「건축법 시행령」 제118조 제1항에 따른 공작물을 설치하여 그 전체 높이가 20미터 이상인 것을 포함한다)
【건축물의 설비 기준 등에 관한 규칙 제20조】

> 【건축법시행령 제118조 제1항】
> 1. 높이 6미터를 넘는 굴뚝
> 2. 높이 4미터를 넘는 장식탑, 기념탑, 첨탑, 광고탑, 광고판, 그 밖에 이와 비슷한 것
> 3. 높이 8미터를 넘는 고가수조나 그 밖에 이와 비슷한 것
> 4. 높이 2미터를 넘는 옹벽 또는 담장
> 5. 바닥면적 30제곱미터를 넘는 지하대피호
> 6. 높이 6미터를 넘는 골프연습장 등의 운동시설을 위한 철탑, 주거지역·상업지역에 설치하는 통신용 철탑, 그 밖에 이와 비슷한 것
> 7. 높이 8미터(위험을 방지하기 위한 난간의 높이는 제외한다)이하의 기계식주차장 및 철골조립식 주차장(바닥면이 조립식이 아닌 것을 포함한다)으로서 외벽이 없는 것
> 8. 건축조례로 정하는 제조시설, 저장시설(시멘트사일로를 포함한다), 유희시설, 그 밖에 이와 비슷한 것
> 9. 건축물의 구조에 심대한 영향을 줄 수 있는 중량물로서 건축조례로 정하는 것
> 10. 높이 5미터를 넘는 「신에너지 및 재생에너지 개발·이용·보급 촉진법」 제2조 제2호 가목에 따른 태양에너지를 이용하는 발전설비와 그 밖에 이와 비슷한 것

② 지정수량에서 10배 이상 위험물을 취급하는 제조소, 저장창고 및 옥외 탱크저장소 【위험물안전관리법 시행규칙 별표 4~6】

## 4. 설치 기준 【건축물의 설비 기준 등에 관한 규칙 제20조】

① 피뢰설비는 한국산업표준이 정하는 피뢰레벨 등급에 적합한 피뢰설비일 것. 다만, 위험물저장 및 처리시설에 설치하는 피뢰설비는 한국산업표준이 정하는 피뢰시스템레벨 Ⅱ 이상이어야 한다.

② 돌침은 건축물의 맨 윗부분으로부터 25센티미터 이상 돌출시켜 설치하되, 「건축물의 구조기준 등에 관한 규칙」 제9조에 따른 설계하중에 견딜 수 있는 구조일 것

③ 피뢰설비의 재료는 최소 단면적이 피복이 없는 동선(銅線)을 기준으로 수뢰부, 인하도선 및 접지극은 50제곱밀리미터 이상이거나 이와 동등 이상의 성능을 갖출 것

④ 피뢰설비의 인하도선을 대신하여 철골조의 철골구조물과 철근콘크리트조의 철근구조체 등을 사용하는 경우에는 전기적 연속성이 보장될 것. 이 경우 전기적 연속성이 있다고 판단되기 위하여는 건축물 금속 구조체의 최상단부와 지표레벨 사이의 전기저항이 0.2옴 이하이어야 한다.

⑤ 측면 낙뢰를 방지하기 위하여 높이가 60미터를 초과하는 건축물 등에는 지면에서 건축물 높이의 5분의 4가 되는 지점부터 최상단부분까지의 측면에 수뢰부를 설치하여야 하며, 지표레벨에서 최상단부의 높이가 150미터를 초과하는 건축물은 120미터 지점부터 최상단부분까지의 측면에 수뢰부를 설치할 것. 다만, 건축물의 외벽이 금속부재(部材)로 마감되고, 금속부재 상호 간에 제④호 후단에 적합한 전기적 연속성이 보장되며 피뢰시스템 레벨 등급에 적합하게 설치하여 인하도선에 연결한 경우에는 측면 수뢰부가 설치된 것으로 본다.

⑥ 접지(接地)는 환경오염을 일으킬 수 있는 시공방법이나 화학 첨가물 등을 사용하지 아니할 것

⑦ 급수 · 급탕 · 난방 · 가스 등을 공급하기 위하여 건축물에 설치하는 금속배관 및 금속재 설비는 전위(電位)가 균등하게 이루어지도록 전기적으로 접속할 것

⑧ 전기설비의 접지계통과 건축물의 피뢰설비 및 통신설비 등의 접지극을 공용하는 통합접지공사를 하는 경우에는 낙뢰 등으로 인한 과전압으로부터 전기설비 등을 보호하기 위하여 한국산업표준에 적합한 서지보호장치[서지(surge : 전류 · 전압 등의 과도 파형을 말한다)로부터 각종 설비를 보호하기 위한 장치를 말한다]를 설치할 것

⑨ 그 밖에 피뢰설비와 관련된 사항은 한국산업표준에 적합하게 설치할 것

# 피트(Pit)층/피트(Pit)공간/유로(수직관통부 = Pit)

## 1. 정의 【출처 : 소방청 소방제도과 − 96(2012.01.06.)지침, 스프링클러설비 화재안전기준 해설서】

① 피트(Pit)층이란 건축법령상 연면적에 포함되지 않고 거실 등으로 사용할 수 없는 수평적 공간을 말한다.

② 피트(Pit)공간이란 건축설비 등을 설치 또는 통과시키기 위하여 설치된 구획된 공간(수직관통부를 층간 방화구획한 공간)을 말한다.

③ 유로(수직관통부 = Pit)란 급 · 배수관, 배선 · 통신용 케이블 등을 설치하기 위해 건축물 내의 바닥을 관통하여 수직방향으로 연속된 공간을 말한다.

## 2. 피트공간

① PS( = PD) (Pipe Shaft = Pipe Duct) : 기계설비에서 각종 배관들의 입상관(수직으로 최상층까지 올라가는 주관)을 위한 층간 방화 구획된 공간

[사진 242] PD( = PS)

② EPS(Electrical Pipe Shaft) : 전기설비의 각종배관(전선, 케이블)들을 위해 수직으로 뚫려 있는 층간 방화 구획된 공간

[사진 243] EPS

③ TPS(Telecommunication Pipe Shaft) : 통신설비의 각종배관(전선, 케이블)들을 위해 수직으로 뚫려 있는 층간 방화 구획된 공간

[사진 244] TPS

## 3. 유로(수직관통부 = Pit)

① 파이프 피트(Pipe Pit) : 기계설비에서 각종 배관들의 입상관(수직으로 최상층까지 올라가는 주관)을 위해 건축물 내의 바닥을 관통하여 수직방향으로 연속된 공간

② 덕트 피트(Duct Pit) : 기계설비에서 제연, 환기, 배기, 통풍을 위해 건축물 내의 바닥을 관통하여 수직방향으로 연속된 공간

## 4. 소방시설설치 [출처 : 소방청 소방제도과-96(2012.01.06.)지침]

① 피트공간, 피트층은 특정 목적으로 사용할 수 없는 공간으로 이를 타 용도로 사용할 경우에는 건축법령의 적법 유무와는 별도로 소방시설을 설치하여야 할 장소에 해당된다.

② 피트공간 등에 대한 소방시설 적용은 건축법상에서 정한 면적을 기준으로 법정 소방시설을 설치하여야 한다.

③ 다만, 피트공간에 헤드 등 소방시설을 설치하지 아니할 수 있는 경우는 다음과 같다.

　　㉠ 점검구(1개소에 한함)는 $1m^2$ 이하 크기로 두께 1.5mm 이상의 철판 또는 갑종방화문 이상의 성능이 있는 재질로 4곳 이상 볼트 조임 하는 경우

　　㉡ 배관 등 시설물을 제외한 공간의 크기가 가로·세로·높이 각각 1.2m 미만인 경우

## 5. 소방관련법 적용 사례

① 「NFTC 102」 2.7.2
배선을 내화성능을 갖는 배선전용실 또는 배선용 샤프트·피트·덕트 등에 설치하는 경우

② 「NFTC 103」 2.5.2.2
다른 부분과 내화구조로 구획된 덕트 또는 피트의 내부에 설치하는 경우

③ 「NFTC 103」 2.12.1.1
생략~파이프덕트 및 덕트피트(파이프·덕트를 통과시키기 위한 구획된 구멍에 한한다)~생략

④ 「NFTC 203」 2.1.2
생략~파이프 피트 및 덕트 기타 이와 유사한 부분에 대해서는~생략

⑤ 「NFTC 203」 2.4.2.3
생략~파이프 피트 및 덕트 기타 이와 유사한 장소

**필로티(Pilotis)**
【출처 : 그림으로 이해하는 건축법(서울특별시)】

## 1. 개요

「건축법」에서 필로티란 지상층에 면한 부분에 기둥, 내력벽(耐力壁)등 하중을 지지하는 구조체 이외의 외벽, 설비 등을 설치하지 않고 개방시킨 구조로서, 건축물을 지상에서 들어 올려 분리시킴으로써 만들어지는 공간 또는 기둥을 의미한다.

## 2. 바닥면적 산정

① 필로티는 1층에 형성되며 기둥으로 둘러쌓인 반 외부, 반내부 공간이다. 「건축법」에서는 이러한 공간적 특성을 감안하여 첫째, 공간을 사유화하지 않고 공중의 통행이나 차량의 통행에 이용하는 경우, 둘째 거주성이 없는 주차공간으로 전용되는 경우, 셋째 공동주택의 필로티의 경우의 3가지 경우는 바닥면적에 산입하지 않고, 그 외의 경우는 바닥면적에 산입한다.

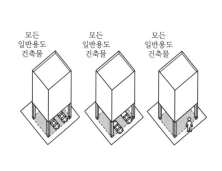 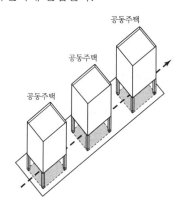

바닥면적에서 제외되는 필로티의 용도,
주차장(왼쪽), 차량통행(가운데), 일반 통행(오른쪽)

바닥면적에서 제외하는 공동주택에 설치되는 필로티

[그림 235] 바닥면적 제외되는 경우

② 바닥면적에 산입하지 않는 필로티는 위의 3가지 경우 외에도 형태적 조건도 충족되어야 하는데, 벽면적의 1/2 이상이 그 층의 바닥면에서 위층 바닥 아래면까지 공간으로 구성되어야 한다.

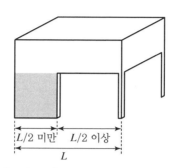

[그림 236] 바닥면적 제외되는 경우

## 3. 필로티 부분의 방화구획 【건축물의 피난 · 방화구조등의 기준에 관한규칙 제14조 제1항 제4호】

필로티나 그 밖에 이와 비슷한 구조(벽면적의 2분의 1 이상이 그 층의 바닥면에서 위층 바닥 아래면까지 공간으로 된 것만 해당한다)의 부분을 주차장으로 사용하는 경우 그 부분을 건축물의 다른 부분과 구획할 것

## [ KEYWORD 278 ] 하자보수(fixing of defects)

### 1. 개요

하자보수란 공사를 완료한 후 일정기간 내에 건물 등에 하자가 발생하였을 경우 이를 보수하는 것을 말한다.

### 2. 하자보수 방법 【소방시설공사업법 제15조, 시행령 제6조】

① 공사업자는 소방시설공사 결과 자동화재탐지설비 등 대통령령으로 정하는 소방시설에 하자가 있을 때에는 대통령령으로 정하는 기간 동안 그 하자를 보수하여야 한다.

② 관계인은 ①항에 따른 기간에 소방시설의 하자가 발생하였을 때에는 공사업자에게 그 사실을 알려야 하며, 통보를 받은 공사업자는 3일 이내에 하자를 보수하거나 보수 일정을 기록한 하자보수 계획을 관계인에게 서면으로 알려야 한다.

③ 관계인은 공사업자가 다음 각 호의 어느 하나에 해당하는 경우에는 소방본부장이나 소방서장에게 그 사실을 알릴 수 있다.

　㉠ ②항에 따른 기간에 하자보수를 이행하지 아니한 경우

　㉡ ②항에 따른 기간에 하자보수계획을 서면으로 알리지 아니한 경우

　㉢ 하자보수계획이 불합리하다고 인정되는 경우

④ 소방본부장이나 소방서장은 ③항에 따른 통보를 받았을 때에는 「소방시설 법」 제18조 제2항에 따른 지방소방기술심의위원회에 심의를 요청하여야 하며, 그 심의 결과 ③항의 어느 하나에 해당하는 것으로 인정할 때에는 시공자에게 기간을 정하여 하자보수를 명하여야 한다.

▼ [표 119] 하자보수 방법

| 구분 | 관계인 | 공사업자 |
|---|---|---|
| 하자발생(법 제15조 제3항) | 하자통보 | 3일 이내 하자보수 또는 하자보수 계획을 서면으로 제출 |
| 소방본부장 또는 소방서장에게 알림(법 제15조 제4항) | 하자보수기간에 하자보수를 이행하지 않을 경우<br>하자보수 계획을 서면으로 제출하지 않을 경우<br>하자보수 계획이 불합리하다고 인정되는 경우 | |
| 소방본부장 또는 소방서장의 조치(법 제15조 제5항) | 지방소방기술 심의위원회 심의요청<br>심의결과 위의 어느 하나에 해당하는 경우 기간을 정하여 시공자에게 하자보수 명령 | |
| 하자보수 보증기간<br>(시행령 제6조) | 2년 : 피난기구, 유도등, 유도표지, 비상경보설비, 비상조명등, 비상방송설비 및 무선통신보조설비<br>3년 : 자동소화장치, 옥내 · 외 소화전설비, 스프링클러설비, 간이스프링클러설비, 물분무등소화설비, 자동화재탐지설비, 상수도소화용수설비, 소화활동설비(무선통신보조설비 제외) | |

## [ KEYWORD 279 ] 하향식 피난구

## 1. 개요 【건축법 시행령 제46조 제4항, 제5항】

① 공동주택 중 아파트로서 4층 이상인 층의 각 세대가 2개 이상의 직통계단을 사용할 수 없는 경우 대피공간을 설치하여야 한다.
② 아파트의 4층 이상인 층에서 발코니 바닥에 하향식 피난구를 설치한 경우 대피공간을 설치하지 아니할 수 있다.

## 2. 구조기준 【건축물의 피난 · 방화구조 등의 기준에 관한 규칙 제14조 제4항】

① 피난구의 덮개는 방화문 시험기준에 따른 비차열 1시간 이상의 내화성능을 가질 것
② 피난구의 유효 개구부 규격은 직경 60cm 이상일 것
③ 상층 · 하층 간 피난구의 수평거리는 15cm 이상 떨어져 있을 것
④ 아래층에서는 바로 위층의 피난구를 열 수 없는 구조일 것
⑤ 사다리는 바로 아래층의 바닥면으로부터 50cm 이하까지 내려오는 길이로 할 것
⑥ 덮개가 개방될 경우 건축물관리시스템 등을 통하여 경보음이 울리는 구조일 것
⑦ 피난구가 있는 곳에는 예비전원에 의한 조명설비를 설치할 것

[사진 245] 하향식 피난구 및 내림식 사다리

## 3. 성능기준 【건축자재등 품질인정 및 관리기준 제36조】

① 비차열 1시간이상의 내화성능이 있을 것
② 사다리는 「피난사다리의 형식승인 및 제품검사의 기술기준」의 재료기준 및 작동시험기준에 적합할 것
③ 덮개는 장변중앙에 $637N/0.2m^2$ 등분포하중을 가했을 때 중앙부 처짐량이 15mm 이하일 것

## [ KEYWORD 280 ] 한계산소지수

## 1. 개요

① 한계산소지수(LOI : Limiting Oxygen Index)는 난연 평가의 한 방법으로 연소를 지속하는 데 필요한 최저한의 산소 체적분율(%)을 말한다.

② LOI는 난연성 측정의 기준이 되며 LOI가 28% 이상이면 난연성이 있다.

③ CPVC(소방용 합성수지 배관)의 경우 LOI = 60%로서 착화원이 제거된 상태에서 공기중에 산소가 60% 이상 존재해야 연소가 가능하다.

## 2. LOI 측정방법

① 공식

$$\text{LOI} = \frac{O_2}{O_2 + N_2} \times 100$$

여기서, $O_2$ : 측정장치 내 산소 분율
$N_2$ : 측정장치 내 질소 분율

② 어떤 시료를 수직으로 놓고 아래쪽으로 연소해 나가게 하기 위하여 필요한 산소 농도를 측정한다.

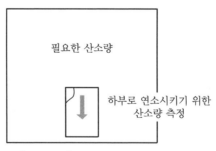

필요한 산소량

하부로 연소시키기 위한
산소량 측정

[그림 237] LOI 측정방법

③ 난연 섬유소재는 화재 전파능력을 상실하게 하는 섬유를 말하며 LOI가 28 이상인 것으로 PBO 섬유는 68, CPVC는 60이다.

④ LOI는 측정이 단순하고 재현성 등이 우수하며 수치화가 쉬워 가장 많이 사용한다.

⑤ 난연성 측정법에는 연소시험법, 탄화장 측정법, LOI , 잔염시간 시험법이 있으며, 한계산소지수는 난연성 측정법으로 가장 많이 사용한다.

## [ KEYWORD 281 ] 할로겐화합물 및 불활성기체 소화약제

## 1. 정의

① 할로겐화합물 및 불활성기체소화약제【NFTC 107A 1.7.1.1】

할로겐화합물(할론 1301, 할론 2402, 할론 1211 제외) 및 불활성기체로서 전기적으로 비전도성이며 휘발성이 있거나 증발 후 잔여물을 남기지 않는 소화약제를 말한다.

② 할로겐화합물소화약제【NFTC 107A 1.7.1.2】

불소, 염소, 브롬 또는 요오드 중 하나 이상의 원소를 포함하고 있는 유기화합물을 기본성분으로 하는 소화약제를 말한다.

\* 할론소화약제(할론1301, 할론2402, 할론1211) 또한 불소, 염소, 브롬 또는 요오드 중 하나 이상의 원소를 포함하고 있는 유기화합물을 기본성분으로 하는 할로겐화합물이나 화재안전기준에서는 할론1301, 할론2402, 할론1211을 할론소화약제라 정의하고 있다.

③ 불활성기체소화약제【NFTC 107A 1.7.1.3】

헬륨, 네온, 아르곤 또는 질소가스 중 하나 이상의 원소를 기본성분으로 하는 소화약제를 말한다.

## 2. 할로겐화합물소화약제 명명법

① 할로겐화합물 소화약제는 탄화수소의 원자를 주기율표 7족의 할로겐원소로 치환한 것이다.
② 할로겐원소는 F(불소, Fluorine) Cl(염소, Chlorine), Br(브롬, Bromine), I(요오드, Iodine)이다.
③ 약제의 분자식을 이용하여 명명법으로 표현한다.

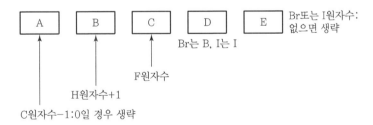

예를 들어, $C_4F_{10}$의 C는 "4"를 4－1인 "3"으로 표현하며 H는 "0이므로 0＋1"인 "1"이고, F는 "10"이므로 "10"로 표현하여 FC－3－1－10으로 명명한다.

## 3. 종류

▼ [표 120] 할로겐화합물 및 불활성기체소화약제 종류

| 소화약제 | 화학식(분자식) | 기화열 (KJ/KG) | NO AEL(%) | ODP | GWP | 상품명 |
|---|---|---|---|---|---|---|
| FC−3−1−10 | $C_4F_{10}$ | | 40 | | | |
| FK−5−1−12 | $CF_3CF_2C(O)CF(CF_3)_2$ | 93.2 | 10 | 0 | Very LOW | NOVEC 1230 |
| HFC−23 | $CHF_3$ | 238.8 | 30 | 0 | 11,700 | FE−13, Any Fire |
| HFC−236fa | $CF_3CH_2CF_3$ | | 12.5 | | | |
| HFC−125 | $CHF_2CF_3$ | 165 | 11.5 | 0 | 2,800 | FE−25 |
| HFC−227ea | $CF_3CHFCF_3$ | 132.6 | 10.5 | 0 | 2,900 | FM−200 |
| HCFC BLEND A | HCFC−22($CHF_2Cl$) : 82%<br>HCFC−123($C_2HF_3Cl$) : 4.75%<br>HCFC−124($C_2HF_4Cl$) : 9.5%<br>$C_{10}H_{16}$ : 3.75% | 225.6 | 10 | 0.044 | 1,900 | NAFS Ⅲ |
| HCFC−124 | $C_2HF_4Cl$ | | 1.0 | | | FE−241 |
| FIC 13I1 | $CF_3I$ | 112.4 | 0.3 | | | |
| IG 01 | Ar | | 43 | | | |
| IG 541 | $N_2$ 52%, Ar 40%, $CO_2$ 8% | | 43 | 0 | 0 | INERGEN |
| IG 55 | $N_2$ 50%, Ar 50% | | 43 | | | |
| IG 100 | $N_2$ | | 43 | 0 | 0 | |

## 4. 소화약제량 산정

① 할로겐화합물 소화약제

$$W = \frac{V}{S} \cdot \left( \frac{C}{100-C} \right)$$

여기서, W : 소화약제의 무게 [kg]

V : 방호구역의 체적 [m³]

S : 소화약제별 선형상수($K_1 + K_2 \times t$) [m³/kg]

여기서, $K_1$ : 0℃ 1기압에서 비체적 $\left[ \dfrac{체적(22.4l)}{분자량(g)} \right]$

$K_2$ : $K_1 \cdot \dfrac{1}{273}$

C : 체적에 따른 소화약제의 설계농도 [%]

t : 방호구역의 최소예상온도 [℃]

② 불활성기체 소화약제

$$X = 2.303\left(\frac{Vs}{S}\right) \times \log_{10}\left(\frac{100}{100-C}\right)$$

여기서, X : 공간체적당 더해진 소화약제의 부피 [m³/m³]

S : 소화약제별 선형상수($K_1 + K_2 \times t$) [m³/kg]

C : 체적에 따른 소화약제의 설계농도 [%]

Vs : 20℃에서 소화약제의 비체적 [m³/kg]

t : 방호구역의 최소예상온도 [℃]

# 5. 소화약제 구비조건

① 소화성능

㉠ 할로겐화합물 소화약제 : 부촉매, 냉각, 질식

㉡ 불활성 기체 소화약제 : 질식

② 독성 : 설계농도가 NOAEL 이하

＊ NOAEL(No Observed Adverse Effect Level) : 최대허용설계농도

③ 환경 영향성 : ODP, GWP, ALT 이하일 것

＊ ODP(Relative Value of Ozone Depletion Potential based on CFC−11) : 오존파괴지수

GWP(Relative Value of Global Warming Potential based on $CO_2$) : 지구온난화지수

ALT(Atmospheric Life Time) : 대기권 잔존 수명

④ 물성

㉠ 소화 후 잔존물이 없을 것

㉡ 비전도성일 것

㉢ 냉각효과 클 것

⑤ 안정성

㉠ 저장 시 분해되지 않는 것

㉡ 저장 시 부식되지 않는 것

⑥ 경제성

설치비용이 크지 않아야 한다.

# 6. 설치제외 장소 【NFTC 107A 2.2.1】

① 사람이 상주하는 곳으로 최대 허용설계농도(NOAEL)를 초과하는 장소

② 제3류 및 제5류 위험물을 저장·보관·사용하는 장소(소화성능이 인정되는 위험물은 제외)

# 할론소화약제

## 1. 개요

① 할론 소화약제는 알칸계($C_nH_{2n+2}$)의 지방족 탄화수소인 메탄과 에탄의 분자식 중 수소원자 1개 이상을 할로겐원소로 치환한 화합물로서 소화약제로 사용할 수 있는 것의 총칭을 말한다.

* 할로겐원소 : 주기율표상 7족원소로 F(불소), Cl(염소), Br(브롬), I(요오드) 등

② 할론소화약제는 소화효과가 우수하지만 오존층 파괴의 주범으로 사용제한 및 생산이 금지되어 있다.

③ 할론은 할로겐화탄화수소(Halogenated Hydrocarbon)가 어원으로서 Hal+On이 Halon이 되었으며 1948년 미국 육군 공병대(USACE)에서 처음 사용한 것으로 알려져 있다.

④ 할로겐화합물소화약제(기존 "청정소화약제")도 할로겐화탄화수소이나 할론소화약제를 제외한 할로겐화탄화수소 소화약제를 할로겐화합물소화약제라 칭하고 있다.

## 2. 할론소화약제 종류

소화약제에는 할론 1301, 2402, 1211, 1040, 1211 등이 있으나 화재안전기준에 의한 소화약제에는 할론 1301, 2402, 1211 등 3가지가 있다.

## 3. 할론소화약제 명명방법

Halon 1  3  0  1

C  F  Cl  Br → $CF_3Br$(브로모 트리 플루오르 메탄)

* 숫자는 차례대로 탄소(C), 불소(F), 염소(Cl), 브롬(Br)의 원소 개수를 의미한다.

## 4. 할론소화약제 소화특성

① **주된 소화효과** : 부촉매효과(활성화된 라디칼의 전파, 분기 반응에 의한 연쇄반응 억제로 소화)

② **부수적인 효과** : 냉각효과, 희석효과

# 5. 할론소화약제 장 · 단점

▼ [표 121] 할론소화약제 장 · 단점

| 장점 | 단점 |
|---|---|
| ① 소화후 기기를 오염시키지 않는다.<br>② 약제의 변질, 분해 염려 등이 없고 전기 부도체이다.<br>③ 화학적 부촉매에 의한 연소억제 작용이 크고 소화 능력이 우수하다.<br>④ 금속에 대한 부식성이 없다.<br>⑤ 경제적으로 할로겐화합물소화약제와 이산화탄소의 중간가격이다. | ① 독성가스($Br_2$ : 2ppm, $Cl_2$ : 1ppm, HF : 3ppm 등)를 발생시킨다.<br>② 성층권에 있는 오존층($O_3$)이 파괴되어 자외선에 노출 된다.<br>③ 오존파괴지수(ODP) |

| 할론 1301 | 할론 2402 | 할론 1211 | $CO_2$ |
|---|---|---|---|
| 10 | 6 | 3 | 0.05 |

# 형식승인/성능인증

## 1. 개요

① 형식승인이란 소방용품에 대한 모델을 결정하는 것으로 소방청이 고시한 「형식승인 및 제품검사의 기술기준」에 따른 형상, 구조, 재질, 성능 등이 확보된 것을 말한다(KC인증 표시).

 * KC : 국가통합인증마크(Korea Certification Mark)

[사진 246] KC인증 표시

② 성능인증이란 소방청이 고시한 「성능인증 및 제품검사의 기술기준」에 따라 성능시험을 하고 그 성능을 갖춘 것을 말하며 형식은 중요치 않다("KFI"표시).

[사진 247] "KFI"표시

③ 형식승인 대상 소방용품은 반드시 형식승인을 받아야만 소방용품의 판매, 설치 및 사용이 가능하나 성능인증 대상 소방용품의 경우는 일부 품목만 성능 인증을 받아야 설치·사용할 수 있도록 화재안전기준에서 강제하고 있다.

 * KFI인정은 한국소방산업기술원 원장이 정하는 인정대상에 대하여 제품 또는 설비 등의 견품에 대한 성능과 시험시설을 심사하여 인정하는 것을 말한다.
 【소방산업의 진흥에 관한 법률 제14조 제3항 제12호】
 【한국소방산업기술원 정관 제4조 제7호 및 23호】
 【KFI인정 등에 관한 규칙(한국소방산업기술원)】
 * FILK 인증은 소방법규에 의한 것이 아니고 한국화재보험협회방재시험연구원(Fire Insurers Laboratories of Korea)의 임의 규정에 의한 인증임

## 2. 소방용품 형식승인 관련규정

① 소방시설법 시행령으로 정하는 소방용품을 제조하거나 수입하려는 자는 소방청장의 형식승인을 받아야 한다. 【소방시설법 제37조 제1항】

② 형식승인을 받은자는 그 소방용품에 대하여 소방청장이 실시하는 제품검사를 받아야 한다. 【소방시설법 제37조 제3항】

③ 누구든지 다음 각 호의 어느 하나에 해당하는 소방용품을 판매하거나 판매 목적으로 진열하거나 소방시설공사에 사용할 수 없다. 【소방시설법 제37조 제6항】

ㄱ 형식승인을 받지 아니한 것

ㄴ 형상 등을 임의로 변경 한 것

ㄷ 제품검사를 받지 아니하거나 합격 표시를 하지 아니한 것

## 3. 대상

① 형식승인대상 【소방시설법 시행령 제46조】

② 성능인증대상 【소방용품의 품질관리 등에 관한 규칙 제15조】 ("소방용품" 용어 참조)

▼ [표 122] 형식승인과 성능인증 대상

| 구분 | 형식 승인 | 성능 인증 |
|---|---|---|
| 대상 품목 | 1. 소화설비를 구성하는 제품 또는 기기<br> 가. 소화기구<br> 　1) 소화기<br> 　2) 간이소화용구 : 에어로졸식 소화용구, 투척용 소화용구<br> 　3) 자동확산소화기<br> 나. 자동소화장치<br> 　1) 주거용 주방자동소화장치<br> 　2) 캐비닛형 자동소화장치<br> 　3) 가스자동소화장치<br> 　4) 분말자동소화장치<br> 　5) 고체에어로졸자동소화장치<br> 다. 소화설비를 구성하는 소화전, 관창(菅槍), 소방호스, 스프링클러헤드, 기동용 수압개폐장치, 유수제어밸브 및 가스관선택밸브<br> 2. 경보설비를 구성하는 제품 또는 기기<br> 가. 누전경보기 및 가스누설경보기<br> 나. 경보설비를 구성하는 발신기, 수신기, 중계기, 감지기 및 음향장치(경종만 해당) | 1. 축광표지<br> 2. 예비전원<br> 3. 비상콘센트설비<br> 4. 표시등<br> 5. 소화전함<br> 6. 스프링클러설비신축배관(가지관과 스프링클러헤드를 연결하는 플렉시블 파이프를 말한다)<br> 7. 소방용전선(내화전선 및 내열전선)<br> 8. 탐지부<br> 9. 지시압력계<br> 10. 공기안전매트<br> 11. 소방용밸브(개폐표시형 밸브, 릴리프 밸브, 푸트밸브)<br> 12. 소방용 스트레이너<br> 13. 소방용 압력스위치<br> 14. 소방용 합성수지배관<br> 15. 비상경보설비의 축전지<br> 16. 자동화재속보설비의 속보기 |

| | |
|---|---|
| 대상<br>품목 | 3. 피난구조설비를 구성하는 제품 또는 기기<br>　가. 피난사다리, 구조대, 완강기(간이완강기 및<br>　　지지대를 포함한다)<br>　나. 공기호흡기(충전기를 포함한다)<br>　다. 피난구유도등, 통로유도등, 객석유도등 및 예<br>　　비 전원이 내장된 비상조명등<br>4. 소화용으로 사용하는 제품 또는 기기<br>　가. 소화약제 : 상업용 주방자동소화장치, 캐비<br>　　닛형 자동소화장치, 포소화설비, 이산화탄소<br>　　소화설비, 할론소화설비, 할로겐화합물 및<br>　　불활성기체 소화설비, 분말소화설비, 강화<br>　　액소화설비, 고체에어로졸소화설비<br>　나. 방염제(방염액·방염도료 및 방염성물질) | 17. <u>소화설비용 헤드</u>(물분무헤드, 분말헤드, 포헤드,<br>　　<u>살수헤드</u>)<br>18. 방수구<br>19. 소화기가압용 가스용기<br>20. 소방용흡수관<br>21. 그 밖에 소방청장이 고시하는 소방용품<br>**【성능인증의 대상이 되는 소방용품의 품목에 관한 고시】**<br><u>분기배관</u>, 포소화약제혼합장치, <u>가스계소화설비</u><br><u>설계프로그램</u>, <u>시각경보장치</u>, <u>자동차압급기댐퍼</u>,<br><u>자동폐쇄장치</u>, <u>가압수조식가압송수장치</u>, <u>피난유</u><br><u>도선</u>, 방염제품, <u>다수인피난장비</u>, <u>캐비닛형 간이스</u><br><u>프링클러설비</u>, <u>승강식피난기</u>, 미분무헤드, <u>방열복</u>,<br>상업용주방자동소화장치, 압축공기포헤드, <u>압축</u><br><u>공기포혼합장치</u>, 플랩댐퍼, <u>비상문자동개폐장치</u>,<br>가스계소화설비용 수동식 기동장치, 휴대용비상조<br>명등, 소방전원공급장치, 호스릴이산화탄소소화<br>장치, 과압배출구, 흔들림 방지 버팀대, 소방용 수격흡<br>수기, 소방용 행가, 간이형수신기, 방화포, 간이소화<br>장치, 유량측정장치, 배출댐퍼, 송수구 |

\* 성능인증 대상 중 밑줄 표시(21개) 용품은 화재안전기준에서 그 사용을 강제하고 있다.

## [ 284 ] 호스릴 방식

## 1. 정의

① 호스릴방식이란 소화수 또는 소화약제 저장용기 등에 연결된 호스릴을 이용하여 사람이 직접 화점에 소화수 또는 소화약제를 방출하는 방식을 말한다. 【NFTC 106 1.7.1.3】

② 함 내에 릴(Reel : 얼레)을 설치하여 호스를 환형(環形)상태로 릴에 보관·유지하는 것으로 간편하고 신속하게 사람이 직접 화점에 소화약제를 방출할 수 있는 이동식 소화설비를 말한다.

[사진 248] 호스릴 옥내소화전

## 2. 호스릴 방식 적용 소화설비

① 호스릴 옥내소화전설비【NFTC 102 2.3.5, 2.4.2.3】

　㉠ 옥내소화전방수구와 연결되는 가지배관의 구경은 40mm(호스릴은 25mm) 이상

　㉡ 주배관 중 수직배관의 구경은 50mm(호스릴은 32mm) 이상

　㉢ 호스는 구경 40mm(호스릴은 25mm) 이상

② 호스릴 포 소화전설비

    ㉠ 호스릴 포 소화설비 : 호스릴 포 방수구 · 호스릴 및 이동식 포노즐을 사용하는 설비【NFTC 105 1.7.1.16】

    ㉡ 호스릴 : 원형의 형태를 유지하고 있는 소방호스를 수납장치에 감아 정리한 것【NFTC 105 1.7.1.28】

    ㉢ 다음의 어느 하나에 해당하는 차고 · 주차장【NFTC 105 2.1.1.2】

       1) 완전 개방된 옥상주차장 또는 고가 밑의 주차장 등으로서 주된 벽이 없고 기둥뿐이거나 주위가 위해방지용 철주 등으로 둘러쌓인 부분

       2) 지상 1층으로서 방화구획 되거나 지붕이 없는 부분

③ 호스릴 이산화탄소소화설비, 호스릴 할론소화설비, 호스릴 분말소화설비

    ㉠ 호스릴 $CO_2$ 소화약제 저장량은 하나의 노즐에 대하여 90kg 이상【NFTC 106 2.2.1.4】

    ㉡ 호스릴 할론 소화약제 저장량은 하나의 노즐에 대하여 할론 2402 또는 1211은 50kg 이상, 할론 1301은 45kg 이상【NFTC 107 2.2.1.3】

    ㉢ 호스릴 분말 소화약제 저장량은 하나의 노즐에 대하여 제1종은 50kg 이상, 제2종 또는 제3종은 30kg 이상, 제4종은 20kg 이상【NFTC 108 2.3.2.3】

    ㉣ 화재 시 현저하게 연기가 찰 우려가 없는 장소로서 다음의 어느 하나에 해당하는 장소(차고 또는 주차의 용도로 사용되는 부분 제외)【NFTC 106, 107 2.7.3, NFTC 108 2.8.3】

       1) 지상 1층 및 피난층에 있는 부분으로서 지상에서 수동 또는 원격조작에 따라 개방할 수 있는 개구부의 유효면적의 합계가 바닥면적의 15% 이상이 되는 부분

       2) 전기설비가 설치되어 있는 부분 또는 다량의 화기가 사용되는 부분(해당 설비의 주위 5m 이내의 부분을 포함한다)의 바닥 면적이 해당 설비가 설치되어 있는 구획의 5분의 1 미만이 되는 부분

[ KEYWORD
285 ]
## 화상

## 1. 개요

① 화상이란 불이나 뜨거운 물, 화학물질 등에 의해 피부 및 조직이 손상되는 것을 말한다.

② 일반적으로 증상에 따라 1도에서 4도로 구분하며 화상 정도를 파악할 때에는 화상의 넓이와 깊이에 따라 중증도를 결정하며, 화상을 입은 부위와 연령적인 요소를 고려한다.

## 2. 화상의 종류

① 화상 강도에 의한 분류

ㄱ 1도 화상(홍반성) : 가장 일반적이며, 피부가 약간 붉게 보이고, 통증이 있으며, 만지면 매우 민감한 느낌을 갖는다. 화상의 형태는 피부의 최외부층인 표피에 한정되며, 햇빛에 의한 화상이 일반적이다.

   * 노출피부에 의한 통증 : $1kW/m^2$

ㄴ 2도 화상(수포성) : 1도 화상에 비하여 더 많은 통증이 있고, 일반적으로 물집과 부기가 수반된다. 2도 화상은 표피가 타들어가 피부의 두 번째 층인 진피가 손상된 화상을 말한다. 화상부위가 분홍색으로 되고 분비액이 많이 분비되며 수포가 발생된다.

   * 노출피부에 대한 화상 : $4kW/m^2$

ㄷ 3도 화상(괴사성) : 피부의 모든 층이 타버린 경우에 일어나며, 화상이 피부의 기본조직에 도달하게 된다. 피부는 외형상 뻣뻣한 가죽 혹은 흰색 밀랍의 형태로 나타난다. 화상 부위가 벗겨지고 열이 깊숙이 침투하여 검게 되는 현상이 발생한다.

ㄹ 4도 화상(흑색 화상) : 신경손상 정도에 따라 통증이 전혀 없을 수 있으며, 화상부분이 검게 보이거나 새까맣게 탄 숯처럼 보이기도 한다. 화상에서 가장 심각한 형태로 근육, 신경 그리고 뼈 안의 기본조직까지 도달하게 된다.

   * 내열 한계온도 : 41℃, 내열한계열량(작업복 착용 시) : $2,400kcal/m^2 \cdot h$

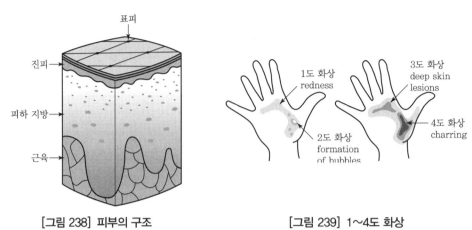

[그림 238] 피부의 구조          [그림 239] 1~4도 화상

② 화상 면적에 의한 분류

| 화상의 구분 | 1도 화상(표층화상) | 2도 화상(부분층화상) | 3도 화상(전층화상) |
| --- | --- | --- | --- |
| 경증화상 | 50% 미만 | 15% 미만 | - |
| 중간화상 | 50~70% 미만 | 15~30% 미만 | - |
| 중증화상 | 75% 이상 | 30% 이상 | 10% 이상 |

# 화염방지기

## 1. 개요

① 폭발성 혼합가스로 충만된 배관 등의 내부에서 연소가 개시될 때 가연성 가스가 있는 장소로 불꽃이 유입 전파되는 것을 방지하는 것을 말한다.

② 화염을 제거하는 소염능력(성능)과 폭발 압력(구조)에 견디는 기계적 특성을 고려하여야 한다.

## 2. 화염방지기 원리

① 발열 < 방열

② 작은 불꽃으로 세분화 → 냉각 → 소화

③ 소염거리를 이용한 냉각소화

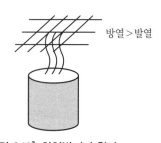

방열 > 발열

[그림 240] 화염방지기 원리

▼ [표 123] 혼합가스의 소염거리

| 혼합가스 | 연소속도[cm/s] | 소염직경[mm] |
|---|---|---|
| 메탄-공기 | 36.6 | 3.7 |
| 프로판-공기 | 45.7 | 2.7 |
| 부탄-공기 | 39.6 | 2.8 |
| 헥산-공기 | 39.6 | 3.0 |
| 에틸렌-공기 | 70.1 | 1.9 |
| 아세틸렌-공기 | 176.8 | 0.79 |
| 수소-공기 | 335.3 | 0.86 |
| 프로판-산소 | 396.2 | 0.38 |
| 아세틸렌-산소 | 1127.7 | 0.13 |
| 수소-산소 | 1187.7 | 0.30 |

## 3. 화염방지기 구조

① 본체

　　㉠ 폭발 및 화재로 인한 압력을 견딜 것

　　㉡ 폭발 및 화재로 인한 온도를 견딜 것

　　㉢ 금속체로서 내식성

② 소염소자

　　㉠ 내식성, 내열성 재질

　　㉡ 이물질 제거를 위한 정비 작업에 용이

③ 가스켓

　　내식성, 내열성 재질

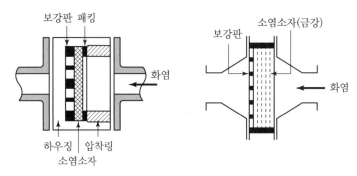

[그림 241] 화염방지기 구조

## 4. 화염방지기 사용장소

① 가연성액체 저장탱크의 통기관

② 예혼합가스를 연료로 사용하는 버너

③ 탄광의 메탄가스 방출시스템

④ 화학공장의 폐가스를 처리하는 Flare Stack

⑤ 가연성증기 또는 가스를 배출시키기 위해 사용되는 환기장치의 배기 덕트 등

# 화재가혹도

## 1. 개요

① 화재 시 화재의 크기는 "최고온도×지속시간"에 의해 수치로 정량화할 수 있다.

② 이것을 화재가혹도라 하고, 화재 가혹도의 크기에 따라 인적·물적 피해가 결정된다.

③ 화재가혹도에 견디는 내력을 화재 저항이라 하며 건축물의 내화구조성능을 의미한다.

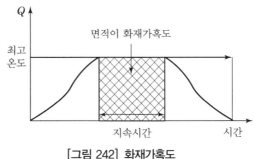

[그림 242] 화재가혹도

## 2. 최고온도(화재 강도)

① 화재 시 최고온도는 화재 강도라고도 한다.

② 화재강도의 영향요소에는 연소열, 비표면적($m^2/kg$), 공기공급, 단열성 등이 있다.

③ 환기 지배형 화재인 경우

$$Q = 0.5A\sqrt{H} \times 3,000 \ (\text{kJ/kg air})$$

## 3. 지속시간(화재하중)

① 지속시간은 화재가 지속되는 시간을 의미하며 다음과 같이 단위면적당 가연물의 양을 목재의 양으로 표시할 수 있다.

$$q = \frac{\sum G_i H_i}{HA} = \frac{\sum Q}{4,500A}$$

여기서, $q$ : 화재하중($kg/m^2$)

$G_i$ : 가연물의 양($kg$)

$H_i$ : 가연물 단위 중량당 발열량($kcal/kg$)

$H$ : 목재의 단위 중량당 발열량(4,500kcal/kg)

$Q$ : 화재실 내 가연물의 전체 발열량(kcal)

② 지속시간 산출식

$$T = \frac{W}{R} = \frac{w\,A_F}{0.5\,A\,\sqrt{H}}$$

여기서, $W$ : 가연물 양(kg)

$R$ : 연소속도(kg/sec)

$w$ : 화재하중(kg/m²)

$A_F$ : 바닥면적(m²)

$A$ : 개구부면적(m²)

$H$ : 높이(m)

# 화재성장속도

## 1. 개요

① 화재는 초기에 $Q = \alpha t^2$의 속도로 성장하는데 이때 $\alpha$값을 화재성장 속도라 한다.

② $\alpha$값은 열방출률이 1MW에 도달하는 시간을 나타내며 단위는 kw/s²로 표시된다.

③ $\alpha$값에 따라 화재 성장을 ultrafast, fast, medium, slow 4단계로 분류한다.

## 2. 화재 성장 속도

① 화재성장속도 공식

$$Q = \alpha t^2$$

여기서, $\alpha$ : 화재성장속도(kw/sec²)

$t$ : 시간(sec)

② 분류

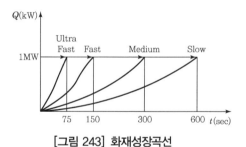

[그림 243] 화재성장곡선

㉠ Ultra fast = 1,055/75² 이상($\alpha < 0.18756$)(kw/s²)

Ultra fast는 석유류 화재에 해당하는 연소속도

\* 1,055 = $\alpha \times 75^2$

∴ $\alpha$(화재강도계수) = 0.1875

이 강도계수는 가연성 액체의 화재강도계수에 해당한다.

㉡ Fast = 1,055/150² 이상($0.04689 < \alpha < 0.18756$)(kw/s²)

fast는 플라스틱 화재에 해당하는 연소속도

㉢ Medium = 1,055/300² 이상($0.0172 < \alpha < 0.0.04689$)(kw/s²)

medium은 목재류 화재에 해당하는 연소속도

㉣ Slow = 1,055/600² 이상($0.00293 < \alpha < 0.1172$)(kw/s²)

slow는 훈소성 화재에 해당하는 연소속도이다.

[ KEYWORD 289 ]

## 화재 시뮬레이션

## 1. 개요

① 화재시뮬레이션은 화재 시 시간경과에 따른 가시거리 분포, 온도분포, CO의 농도 분포 등의 정량적 결과를 도출하는 것으로 이 결과를 토대로 피난시뮬레이션을 실시하여 재실자의 피난시간을 계산함으로써 최종적인 피난안전성 평가 결과를 도출하는데 활용된다.

② 화재 시뮬레이션은 Zone model(존모델)과 Field model(필드모델)로 구분된다.

③ Zone model은 구획 화재의 영향을 예측할 수 있는 화재 모델링 소프트웨어로서 zone model을 이용한 화재역학과 연기확산을 연구하는 소프트웨어이다.

④ Field model은 열과 연기의 이동을 예측하는 화재 모델링 소프트웨어로 field model을 이용한 다수의 검사체적으로 분할하여 화재의 진행 양상을 예측해내는 소프트웨어이다.

## 2. Zone model

① 단어의 의미처럼 방화 구획되어 있는 구획공간(compartment)의 구역을 상부경계층과 하부경계층 2개의 검사체적으로 분할하여 화재 현상을 분석한다.

② 각 영역에 대해 에너지, 질량 보존식, 이상기체 상태 방정식을 적용하여 시간 경과에 따른 수치해석의 방법을 이용하여 계속적으로 화재의 영향을 계산해내는 모델링 방법이다.

③ 다른 화재 모델링 소프트웨어에 비해 모델링에 소요되는 시간이 짧을 뿐만 아니라 소프트웨어의 조작 역시 비교적 간단하므로 쉽게 화재의 위험성을 예측할 수 있다.

④ 단일공간이나 작은 공간이 연속적으로 연결되어 있는 대상을 해석하는 데 사용되며, 아트리움이나 대 공간에서는 신뢰도가 낮다. 또한 경계층을 중심으로 분석이 되어 불충분한 화재분석이 되고 국부적 분석을 할 수 없으며, 1MW/㎥ 이상의 급격한 연소 확대 화재의 분석이 어렵다.

⑤ 소프트웨어로는 FIRST, FAST, ASET 및 ASET-B 등이 있고, 대표적인 소프트웨어는 미국의 NIST에서 개발, 보급하는 CFAST가 있다.

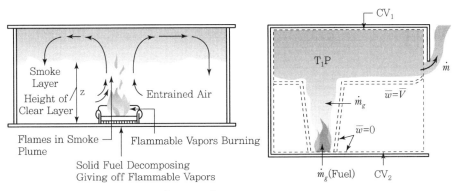

[그림 244] Zone model

## 3. Field model

① 전체영역 모델(field model)은 정확한 값을 구하거나 대공간 혹은 야외공간에서 주로 작은 여러 개 또는 다수의 검사체적(control volume)으로 분할하여 화재의 진행 양상을 예측해내는 모델링 방법이다.

② Zone model의 검사체적은 체적 내의 기체밀도, 연기밀도, 온도 등이 시간에 따라 변하지 않는 공간에 질량, 운동량, 에너지 등은 유동적인 것으로 해석하나 field model의 제어체적은 zone model처럼 분리된 각각의 영역이 독립적으로 거동하는 것이 아니라 각각의 검사체적이 상호 영향을 주면서 시간에 따라 변화하게 되므로 계산과정은 복잡하다.

③ Field model은 유체역학에 있어서의 난류확산 모델을 기반으로 하고 있으며 화재에 따르는 화학적 반응을 추가하여 고려한 것으로 대표적인 소프트웨어로는 CFAST를 개발한 NIST의 FDS(Fire Dynamics Simulator)가 있으며 영국에서 개발된 Smartfire Jasmine 등이 있다.

## [ KEYWORD 290 ] 화재안전기준

### 1. 개요

① 화재안전기준은 「소방시설법 시행령」 별표 1에서 규정하고 있는 소방시설에 대한 설치방법 및 기술적 기준을 규정한 것으로 공공의 안전 확보와 화재예방을 위한 근간이 된다.

② 「소방시설법」 제12조 제1항에 규정된 "특정소방대상물의 관계인은 대통령령으로 정하는 소방시설을 화재안전기준에 따라 설치 · 관리하여야 한다"는 법적 근거에 의한다.

③ 종전의 국가화재안전기준(NFSC, National Fire Safety Code)은 2022년 12월부터 화재안전성능기준(NFPC, National Fire Performance Code)과 화재안전기술기준(NFTC, National Fire Technical Code)으로 구분하여 시행하고 있다.

### 2. 화재안전기준의 변천 [출처 : 한국화재소방학회., Vol. 34, No.2, 2020]

① 화재안전기준은 소방법령 분법 전의 과거 법령에서는 "소방기술기준에 관한 규칙"에 해당했으나 2003년 3월 대구지하철 화재참사를 계기로 소방시설에 관한 법령 기준을 4분법으로 개정하면서 "소방기술기준에 관한 규칙"을 폐지하고 "국가화재안전기준"개념을 정립하였다.

② 2004년 6월 세부안전기준과 관련된 모든 사항을 6개분야 32개의 소방방재청 고시로 개정 고시하여 2009년 7월까지 운영하였다.

③ 2009년 8월 도로터널, 2013년 6월 고층건축물, 2015년 1월 공사장에서의 임시소방시설 등 화재위험도가 높은 소방대상물에 대하여 별도 화재안전기준을 추가 제정하여 제공하였고 2015년 11월 소방시설의 내진설계, 2021년 9월 고체에어로졸소화설비, 2022년 2월 전기저장시설, 2023년 12월 화재알림설비까지 포함하여 41개 기준이 고시되어 운영되었다.

④ 2022년 12월 화재안전기준은 법적 성능기준과 기술적 세부기준으로 분리되었고, 법적 성능기준은 고시로 운영하고 기술적 세부기준은 공고 또는 위원회 심의 · 의결사항으로 운영함으로써 기술적 세부기준의 제 · 개정을 신속하게 이루어지게 하였고 그 결과 화재안전기술기준(NFTC) 41개 기준이 제정되고 화재안전성능기준(NFPC) 41개 기준이 개정 시행되고 있다.

### 3. 화재안전기준의 구분 【소방시설법 제2조】

화재안전기준은 소방시설의 설치 및 관리를 위하여 성능기준과 기술기준으로 구분하여 운영하고 있다.

① 화재안전성능기준(NFPC)은 화재안전 확보를 위하여 재료, 공간 및 설비 등에 요구되는 안전성능으로서 소방청장이 고시로 정하는 기준을 말한다.

② 화재안전기술기준(NFTC)은 ①에 따른 성능기준을 충족하는 상세한 규격, 특정한 수치 및 시험방법 등에 관한 기준으로서 행정안전부령으로 정하는 절차에 따라 소방청장의 승인을 받은 기준을 말한다.

[사진 249] 2023년 화재안전기준집 표지

# [ KEYWORD 291 ] 화재알림설비

## 1. 개요

① 전통시장은 다양한 요인으로 화재발생 위험이 높고 화재발생 시 인적, 물적 피해가 크게 발생한다.

② 화재감지를 위해 전통시장에 유선식(기존) 자동화재탐지설비를 설치하려면 배관 배선을 인입해야 하는 등 공사규모가 커지고 오래된 상가의 경우 설치가 어렵고 위험할 수 있다.

③ 이 같은 이유로 전통시장에 무선식 자동화재탐지설비를 설치하는데 이것을 화재알림설비라 한다.

\* 소방시설법시행령 별표1 소방시설 제2호 마목 규정(2023년 12월 1일자)

## 2. 화재알림설비 설치대상 : 판매시설 중 전통시장 【소방시설법 시행령 별표 4 제2호 마목】

## 3. 화재알림설비 시스템 구성 [출처 : 디지털 허브]

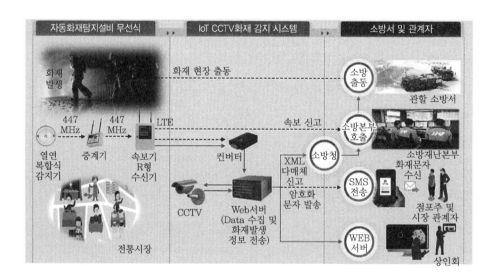

[사진 250] 화재알림설비 시스템 구성도

## 4. 화재알림설비의 용어 정의 【NFTC 207 1.7.1】

① **화재알림형 감지기** : 화재 시 발생하는 열, 연기, 불꽃을 자동적으로 감지하는 기능 중 두 가지 이상의 성능을 가진 열·연기 또는 열·연기·불꽃 복합형 감지기로서 화재알림형 수신기에 주위의 온도 또는 연기의 양의 변화에 따라 각각 다른 전류 또는 전압 등(이하 "화재정보값"이라 한다)의 출력을 발하고, 불꽃을 감지하는 경우 화재신호를 발신하며, 자체 내장된 음향장치에 의하여 경보하는 것을 말한다.

② **화재알림형 중계기** : 화재알림형 감지기, 발신기 또는 전기적인 접점 등의 작동에 따른 화재정보값 또는 화재신호 등을 받아 이를 화재알림형 수신기에 전송하는 장치를 말한다.

③ **화재알림형 수신기** : 화재알림형 감지기나 발신기에서 발하는 화재정보값 또는 화재신호 등을 직접 수신하거나 화재알림형 중계기를 통해 수신하여 화재의 발생을 표시 및 경보하고, 화재정보값 등을 자동으로 저장하여, 자체 내장된 속보기능에 의해 화재신호를 통신망을 통하여 소방관서에는 음성 등의 방법으로 통보하고, 관계인에게는 문자로 전달할 수 있는 장치를 말한다.

④ **화재알림형 비상경보장치** : 발신기, 표시등, 지구음향장치(경종 또는 사이렌 등)를 내장한 것으로 화재발생 상황을 경보하는 장치를 말한다.

⑤ **원격감시서버** : 원격지에서 각각의 화재알림설비로부터 수신한 화재정보값 및 화재신호, 상태신호 등을 원격으로 감시하기 위한 서버를 말한다.

## [ KEYWORD 292 ] 화재예방강화지구

## 1. 개요 【화재예방법 제2조】

화재예방강화지구란 시·도지사가 화재발생 우려가 크거나 화재가 발생할 경우 피해가 클 것으로 예상되는 지역에 대하여 화재의 예방 및 안전관리를 강화하기 위해 지정·관리하는 지역을 말한다.

## 2. 화재예방강화지구 금지행위

① 모닥불, 흡연 등 화기의 취급
② 풍등 등 소형열기구 날리기
③ 용접·용단 등 불꽃을 발생시키는 행위
④ 위험물을 방치하는 행위

## 3. 지정대상 지역 【화재예방법 제18조 제1항】

① 시장지역
② 공장·창고가 밀집한 지역
③ 목조건물이 밀집한 지역
④ 노후·불량건축물이 밀집한 지역
⑤ 위험물의 저장 및 처리 시설이 밀집한 지역
⑥ 석유화학제품을 생산하는 공장이 있는 지역
⑦ 산업단지(국가산업단지, 일반산업단지, 도시첨단산업단지, 농공단지)
⑧ 소방시설·소방용수시설 또는 소방출동로가 없는 지역
⑨ 물류단지(도시첨단물류단지, 일반물류단지)
⑩ 그 밖에 ①부터 ⑨까지에 준하는 지역으로서 소방관서장이 화재예방강화지구로 지정할 필요가 있다고 인정하는 지역

\* 소방관서장 : 소방청장, 소방본부장, 소방서장

## 4. 지정권자 : 시·도지사 【화재예방법 제2조 제4호】

## 5. 화재예방강화지구 관련 규정 【화재예방법 제18조 제2항~6항】

▼ [표 124] 화재예방강화지구 관련 규정

| 구분 | 규정 |
|---|---|
| 지정 요청 | 소방청장은 해당 시·도지사에게 해당 지역의 화재예방강화지구 지정을 요청할 수 있다. |
| 화재안전조사 실시 | 연 1회 이상, 화재예방강화지구 안의 소방대상물의 위치, 구조 및 설비 등에 대하여 화재안전조사를 하여야 한다. |
| 소방설비 등 설치 명령 | 소방용수시설, 소화기구 또는 그 밖에 소방에 필요한 설비의 설치를 명령할 수 있다. |
| 교육·훈련 | 연 1회 이상, 관계인에 대하여 소방교육·훈련을 실시할 수 있다. |
| 자료작성·관리 | 화재예방강화지구에서의 화재예방 및 경계에 필요한 자료를 매년 작성·관리하여야 한다. |

## [ KEYWORD 293 ] 화재위험평가/화재안전등급

## 1. 정의

① 화재위험평가란 다중이용업의 영업소가 밀집한 지역 또는 건축물에 대하여 화재 발생 가능성과 화재로 인한 불특정 다수인의 생명 · 신체, 재산상의 피해 및 주변에 미치는 영향을 예측 · 분석하고 이에 대한 대책을 마련하는 것이다. 【다중이용업소법 제2조 제1항 제4호】

② 화재위험평가 결과 다중이용업소에 부여된 등급(화재안전등급)이 D등급 또는 E등급 미만인 경우에는 해당 다중이용업주 또는 관계인에게 「화재예방법」 제14조에 따른 조치를 명할 수 있다.

## 2. 화재위험평가 대상 【다중이용업소법 제15조 제1항】

소방관서장은 다음의 어느 하나에 해당하는 지역 또는 건축물에 대하여 화재를 예방하고 화재로 인한 생명 · 신체 · 재산상의 피해를 방지하기 위하여 필요하다고 인정하는 경우에는 화재위험평가를 할 수 있다.

① 2,000m² 지역 안에 다중이용업소가 50개 이상 밀집하여 있는 경우

② 5층 이상인 건축물로서 다중이용업소가 10개 이상 있는 경우

③ 하나의 건축물에 다중이용업소로 사용하는 영업장 바닥면적의 합계가 1,000m² 이상인 경우

## 3. 화재안전등급 【다중이용업소법 시행령 별표 4】

▼ [표 125] 화재안전등급

| 등급 | 평가점수 |
|---|---|
| A | 80 이상 |
| B | 60 이상 79 이하 |
| C | 40 이상 59 이하 |
| D | 20 이상 39 이하 |
| E | 20 미만 |

\* 평가점수란 다중이용업소에 대하여 화재예방, 화재감지 · 경보, 피난, 소화설비, 건축방재 등의 항목별로 소방청장이 정하여 고시하는 기준을 갖추었는지에 대하여 평가한 점수를 말한다.

## 4. 평가결과

① 화재안전등급 A등급

　　㉠ 안전시설 등의 설치 일부 면제 가능【다중이용업소법 제15조 제4항】

　　㉡ 소방안전교육 및 화재안전조사 면제 가능【다중이용업소법 제15조 제5항】

② 화재안전등급 D · E등급

　　소방대상물의 개수(改修) · 이전 · 제거, 사용의 금지 또는 제한, 사용폐쇄, 공사의 정지 또는 중지,
　　그 밖의 필요한 조치【다중이용업소법 제15조 제2항】

## [ KEYWORD 294 ] 화재의 분류

## 1. 개요

① 화재(火災)란 사람이 의도하지 않게 확대되거나 방화에 의해 발생된 연소현상을 말하며, 소화기 또는 소화설비 등을 이용한 진화의 필요성이 요구되는 불이다.

② 국내에서는 화재를 A, B, C, K급 화재로, 미국 NFPA(National Fire Protection Association)에서는 A, B, C, D, F급 화재로 분류하고 있다.

## 2. 화재의 분류

▼ [표 126] 화재의 분류

| 구분 | 명칭 | 특징 | 소화방법 |
|---|---|---|---|
| A급 화재 | 일반화재(백색) | • 나무, 솜, 종이, 고무 등의 일반 가연성 물질에 의한 화재<br>- 연소 후 재를 남기는 화재 | 냉각소화 |
| B급 화재 | 유류 또는 가스화재(황색) | • 석유, 타르, 페인트, LNG, LPG 등의 유류 또는 가스에 의한 화재<br>• 연소 후 재를 남기지 않는 화재 | 질식소화(유류)<br>제거소화(가스) |
| C급 화재 | 전기화재(청색) | • 전기스파크, 단락, 과부하 등의 전기에너지에 의한 화재<br>• 전기에 의한 발열체가 발화원이 되는 화재 | 질식소화 |
| D급 화재 | 금속화재(무색) | • 철분, 마그네슘, 칼륨, 나트륨, 지르코늄 등의 금속 물질에 의한 화재<br>• 금속 및 금속의 분, 박, 리본 등에 의해서 발생되는 화재 | 피복소화 |
| F급 또는 K급 화재 | 식용유 또는 주방화재 | • 음식용으로 쓰이는 식물성 기름, 동물성 기름 등의 가연성 식용유의 조리에 의한 화재 | 냉각 또는 질식소화 |

## 3. 소화약제별 적응성 【NFTC 101 2.1.1.1】

① A급(일반) 화재

　ㄱ 가스계 : 할론, 할로겐화합물 및 불활성기체 소화약제

　ㄴ 분말 : 인산염류(제3종 분말소화약제) 소화약제

　ㄷ 액체(수계) : 산알칼리, 강화액, 포, 물 · 침윤 소화약제

　ㄹ 기타 : 고체에어로졸화합물, 마른모래, 팽창질석 · 팽창진주암

② B급(유류) 화재

　ㄱ 가스계 : 이산화탄소, 할론, 할로겐화합물 및 불활성기체 소화약제

　ㄴ 분말 : 인산염류(제3종 분말소화약제), 중탄산염류(제1종 및 제2종 분말소화약제) 소화약제

　ㄷ 액체(수계) : 산알칼리, 강화액, 포, 물 · 침윤 소화약제

　ㄹ 기타 : 고체에어로졸화합물, 마른모래, 팽창질석 · 팽창진주암

③ C급(전기) 화재

　ㄱ 가스계 : 이산화탄소, 할론, 할로겐화합물 및 불활성기체 소화약제

　ㄴ 분말 : 인산염류(제3종 분말소화약제), 중탄산염류(제1종 및 제2종 분말소화약제) 소화약제

　ㄷ 액체(수계) : 산알칼리, 강화액, 포, 물 · 침윤 소화약제

　　* 액체(수계) 소화약제별 적응성은 「소방시설법」 제37조에 의한 형식승인 및 제품검사의 기술기준에 따라 화재종류별 적응성에 적합한 것으로 인정되는 경우에 한함

　ㄹ 기타 : 고체에어로졸화합물

④ K급(주방) 화재

　ㄱ 분말 : 중탄산염류(제1종 및 제2종 분말소화약제) 소화약제

　ㄴ 액체(수계) : 강화액, 포, 물 · 침윤 소화약제

　* 분말 및 액체(수계) 소화약제별 적응성은 「소방시설법」 제37조에 의한 형식승인 및 제품검사의 기술기준에 따라 화재종류별 적응성에 적합한 것으로 인정되는 경우에 한함

# 화재조기진압용 스프링클러헤드

## 1. 개요

① 화재조기진압용(ESFR : Early Suppression Fast Response) 스프링클러헤드란 특정한 높은 장소
(랙크식 창고 등)의 화재위험에 대하여 조기에 진화할 수 있도록 설계된 헤드를 말한다. 【NFTC
103B 1.7.1.1】

② 빠른 감응속도를 가지고 큰 물방울을 분사함으로써 화원에 직접 도달하도록 하여 화재를 조기에
진압하도록 하는 헤드이다.

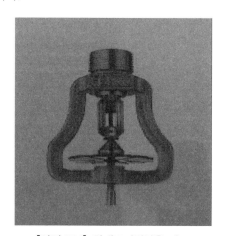

[사진 251] 화재조기진압용 헤드

## 2. 화재조기진압용 헤드 특징

① K(방수상수값)에 따라 K = 200/240/320/360(4종)이 있다.

② 화재조기진압용 헤드 오리피스 공칭구경이 18mm(표준용 11.2mm)로 큰 물방울을 방사하도록
설계되었다.

③ 조기반응형 헤드(RTI : 20~36)를 사용하여 화재를 조기에 감지하도록 설계되었다.

④ 조기반응형 헤드의 방수상수 즉, K값이 표준형헤드에 비해 정밀하게 설계되었다. 방수량 시험에
서 표준형헤드의 경우 0.1MPa에서 방수량을 측정하여 K값을 산출하는데 비해 조기반응형 헤드
는 0.1MPa에서 1.2MPa까지 0.1MPa씩 방수압력을 증가 또는 감소시켜 1분간 방수량을 측정하여
평균한 K값으로 한다("방수상수(K값)" 용어 참조).

## 3. 화재조기진압용 헤드의 방수량(K값)과 감도(RTI값)

① 방수량(방수상수 : K값) 【스프링클러헤드의 형식승인 및 제품검사의 기술기준 제17조】

　0.1MPa에서 1.2MPa까지 방수압력을 0.1MPa씩 증가 또는 감소시켜 1분간 방수량을 측정하여 평균한 K값이 아래표의 허용범위 이내일 것

$$Q = K\sqrt{10p}$$

　　여기서, $Q$ : 방수량($l$/min)
　　　　　$p$ : 방수압력(MPa)
　　　　　$K$ : 방수상수

▼ [표 127] 방수량(방수상수 : K값) 허용범위

| K | 200 | 240 | 320 | 360 |
|---|---|---|---|---|
| 범위 | 195~209 | 231~254 | 311~343 | 349~387 |

② 감도(반응시간지수 : RTI값) 【스프링클러헤드의 형식승인 및 제품검사의 기술기준 제16조】

　아래 표의 조건에 적합한 「스프링클러헤드의 형식승인 및 제품검사의 기술기준」 별도 8의 시험장치에서 시험한 경우 반응시간지수(RTI)는 표준방향에서 20~36 이내, 최악의 방향에서 138을 초과하지 않아야 한다.

▼ [표 128] 감도시험조건

| 표시온도(℃) | 기류온도(℃) | 기류속도(m/s) |
|---|---|---|
| 68~74 | 135±2 | 2.56±0.03 |
| 93~104 | 197±2 | 2.56±0.03 |

**화재플럼**

## 1. 정의

① 화재플럼(Fire Plume)이란 부력에 의한 화염기둥의 열기류이며, 연소생성물이 연료원의 위로 상승하는 것이다.

② 온도가 상승하면 밀도($\rho = W/V = PM/RT$)가 감소하여 부력이 발생한다. 즉, 부력은 밀도차 때문에 생기는 유체내의 상승력이다.

> \* $\rho$ : 밀도[kg/m³], $W$ : 질량[kg], $V$ : 부피[m³], $P$ : 압력[atm], $M$ : 분자량[kg/mol]
> $R$ : 기체상수[atm · m³/kg-mol · K], $T$ : 절대온도[K]

③ 감지기 적응성, 스프링클러설비 적응성에 응용하고, 화재 모델링에 활용하며 액면 화재에서 화염 높이, 비화, Fire Storm(파이어스톰), Fire Ball(파이어볼) 예측 등에 이용된다.

## 2. 발생 메커니즘

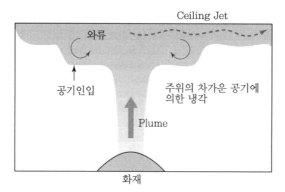

[그림 245] Fire Plume 발생 메커니즘

① 화재 시 온도 상승 → 부력에 의해 화재플럼 상승

② 주위의 차가운 공기가 화재플럼 내로 인입

③ 인입공기에 의해 화재플럼이 상승함과 동시에 희석되고, 온도 저하

④ 차가운 끝부분이 아래로 하강하여 와류 형성

## 3. 스프링클러헤드 설치높이 제한 이유

① 고온의 연소생성물이 부력에 의한 힘을 받아 상승하여 천장면 아래로 얇은 층을 형성하는 비교적 빠른 속도의 가스흐름을 Ceiling Jet Flow라 한다.

② Ceiling Jet Flow의 두께는 층고의 약 5~10%가 되는데 층고가 3m일 경우 약 30cm가 되고 이 뜨거운 연기층을 감지하여 작동 할 수 있게 스프링클러 헤드를 천장 · 반자로부터 30cm 이내에 설치하도록 화재안전기준에서 제한하고 있다.

## 화재하중

## 1. 개요

① 구획된 실내에 가연물은 건축물의 벽, 바닥, 천장 등의 고정가연물과 가구, 의류, 서적 등 적재가연물 두 종류로 나눌 수 있다.

② 이러한 가연물은 각종 재료로 구성되며 연소 시 발열량이 달라 화재의 크기를 예상할 수 없어 화재하중 개념이 도입되었다.

  * 용어 "화재가혹도" 참조

## 2. 화재하중

① 가연물을 목재의 발열량으로 환산하여 등가 목재 중량으로 사용하는데, 이를 등가 가연물량이라 한다.

② 구획 내 바닥면적에 대한 등가 가연물량의 값은 화재성상을 파악하는 데 기본요소이며, 이것을 화재하중이라 한다.

③ 화재하중 공식

$$q = \frac{\sum G_i H_i}{HA} = \frac{\sum Q}{4,500A}$$

여기서, $q$ : 화재하중(kg/m²)

   $Gi$ : 가연물의 양(kg)

   $Hi$ : 가연물 단위 중량당 발열량(kcal/kg)

   $H$ : 목재의 단위 중량당 발열량(4,500kcal/kg)

   $Q$ : 화재실 내 가연물의 전체 발열량(kcal)

## [ 298 ] 화학양론조성비

## 1. 개요

① 가연성가스와 공기 중의 산소가 과부족 없이 완전연소에 필요한 농도비를 말한다.

② 연료와 공기의 최적합의 조성 비율이다. 전파속도가 가장 빠르고 발열량이 가장 크다.

## 2. 공식

$$C_{st} = \frac{연료몰수}{연료몰수 + 공기몰수} \times 100$$

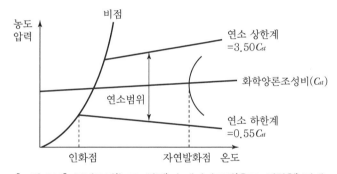

[그림 246] 물적조건(농도, 압력)과 에너지조건(온도, 점화원) 관계

## 3. 메탄($CH_4$)의 화학양론 조성비

① 메탄 연소반응식

$$CH_4 + 2O_2 \rightarrow CO_2 + 2H_2O$$

② Cst(화학양론 조성비)

$$Cst = \frac{1}{1 + \left(\dfrac{2}{0.21}\right)} \times 100 = 9.5\%$$

＊메탄농도비가 9.5%일 때 완전연소가 이루어지며 전파속도가 가장 빠르고 발열량이 가장 크다.

# KEYWORD 299 확산연소

## 1. 개요

① 일반적인 화재형태의 대부분은 확산연소이며, Fick의 법칙에 따라 가연성 가스와 산소가 반응에 의해 농도가 0이 되는 화염 쪽으로 이동하는 확산과정을 통해 연소하는 것을 말하며 부력과 난류가 연소의 중요 요소이다.

* Fick의 법칙 : 농도가 높은 곳에서 낮은 곳으로 확산한다는 법칙

② 층류 확산 화염은 분자 확산에 의존하고, 난류 확산 화염은 난류 확산에 의존하며 화염 높이가 30cm 이상 시 난류 확산화염이다.

## 2. 확산연소 구조

① Fick's law

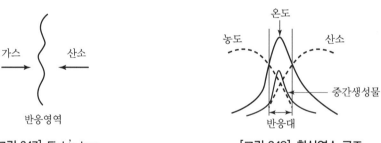

[그림 247] Fick's law

[그림 248] 확산연소 구조

② 가스와 산소의 농도가 0이 되는 반응대로 이동하며, 연소생성물은 반응영역에서 나온다.

## 환기요소

### 1. 개요

① 환기요소란 내화건축물 화재에서 화재실에 유 · 출입되는 공기 유출입량을 말한다.

② 개구부 면적을 $A$[m²], 개구부 높이를 $H$[m]라 했을 때 공기공급과 관련 있는 $A\sqrt{H}$를 환기요소라 한다.

③ 환기요소는 연료지배형 및 환기지배형 화재에 중요한 요소이나 개구부의 위치, 개구부 개수 등을 고려하지 않는 한계를 가지고 있다.

### 2. 환기요소($A\sqrt{H}$)의 이용

① 성장기 화재 시 플래시오버가 발생하기 위해 필요한 열량 산출

**예** Babrauskas 계산식

$$Q = 750A\sqrt{H}\,[\text{kw}]$$

② 최성기 화재 시 연소속도, 열방출률, 화재강도(온도), 화재지속시간 산출

㉠ 연소속도

$$R = 0.5A\sqrt{H}\,[\text{kg/s}]$$

㉡ 열방출률

$$Q = 0.5A\sqrt{H}\,\Delta Hc\,[\text{W}]$$

㉢ 화재강도

열방출률에 따른 열축적률을 화재강도라 하고 온도가 크면 화재강도가 크다고 한다. 실의 온도는 온도인자에 의해 결정된다.

$$F_0 = A\sqrt{H}/AT$$

여기서, $F_0$ : 온도인자
$A$ : 개구부 면적(m²)
$H$ : 개구부 높이(m)
$AT$ : 실내의 전표면적(m²)

ㄹ) 화재지속시간

화재지속시간은 계속시간인자에 의해 결정된다.

$$F = AF/A\sqrt{H}$$

여기서, $F$ : 계속시간인자

$AF$ : 바닥면적($m^2$)

$A$ : 개구부 면적($m^2$)

$H$ : 개구부 높이(m)

# 활성화에너지

## 1. 개요

① 연소는 물질의 화학적 변화로서 원인계에 일정한 에너지가 주어져 활성 상태(활성계)에 도달하면 에너지가 안정한 상태로 되려고 에너지를 방출하면서 생성계로 변화하는데 이런 현상을 연소라 한다.

② 이때 물질이 원인계에서 활성계로 되는 데 필요한 열을 반응열이라 하고 이때는 물질이 흡열을 하고 활성화되므로 활성화에너지라고 한다.

③ 활성화에너지는 반응물이 반응을 시작하기 전에 반드시 흡수해야 하는 에너지의 양이다.

## 2. 가연물의 흡열과 발열

① 가연물은 산소와 반응하여 발열 반응하는 물질이다.

② 물질이 원인계에서 활성계로 되기 위해 필요한 흡열을 반응열(활성화에너지)이라고 하고 활성계에서 생성계로 진행 시 발생하는 열은 생성열과 연소열로 구분하며 발열반응을 한다.

③ 연소열은 열전달(전도, 대류, 복사)에 의해 미반응 부분을 활성화시켜 연소를 지속시킨다.

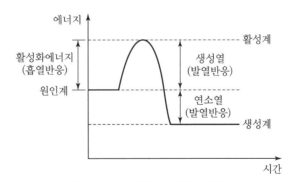

[그림 249] 가연물의 흡열과 발열

④ 가연물의 구비조건
   ㉠ 활성화에너지가 작을 것
   ㉡ 열전도율이 작을 것
   ㉢ 발열량이 클 것
   ㉣ 표면적이 넓을 것
   ㉤ 산소와 친화력이 클 것

## 3. 활성화 물질과 촉매 물질과의 관계

① 활성화에너지가 작은 물질은 반응 속도가 상대적으로 빠르며, 활성화에너지가 큰 물질은 반응 속도가 느리다.

② 자신은 변화하지 않고 물질의 반응 속도를 빠르게 혹은 느리게 해주는 물질을 촉매라고 부르며, 일반적으로 촉매라고 하면 '정촉매'를 가리킨다.

③ 정촉매는 활성화에너지를 낮추어 반응 속도를 빠르게 해주는 촉매이고, 반대로 활성화에너지를 높여 반응 속도가 느려지게 하는 물질을 '부촉매'라고 한다.

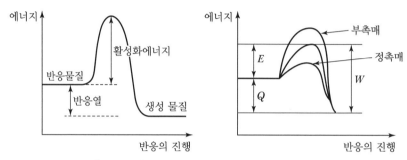

[그림 250] **활성화에너지와 촉매 물질과의 관계**

# 횡류환기방식

## 1. 개요

터널에 설치된 급·배기 덕트를 통해서 급기와 배기를 동시에 수행하는 방식으로 기류를 횡방향(바닥에서 천장)으로 흐르게 하여 평상시에는 신선한 공기를 균일하게 급기하고 차량에서 배출되는 오염된 공기를 균일하게 배기하며, 화재 시에는 화재로 인해 발생하는 연기를 횡방향으로 흐르게 하여 덕트를 통해 배기하는 방식을 말한다.

## 2. 종류

① 균일배기방식

횡류환기방식의 일종으로 터널 내에 덕트를 시설하고 일정간격으로 배기구를 설치하여 단위길이당 배기풍량이 균일하도록 배기하는 제연방식을 말한다.

② 대배기구방식

횡류환기방식의 일종으로 배기구에 개방과 폐쇄가 가능한 전동댐퍼와 제어장치를 설치하여 화재 시 화재지점 부근의 배기구를 개방하여 집중적으로 배연할 수 있는 제연방식을 말한다.

▼ [표 129] 균일배기방식과 대배기구방식 비교

| 종류 | 균일배기방식 | 대배기구방식 |
|---|---|---|
| 개요도 | 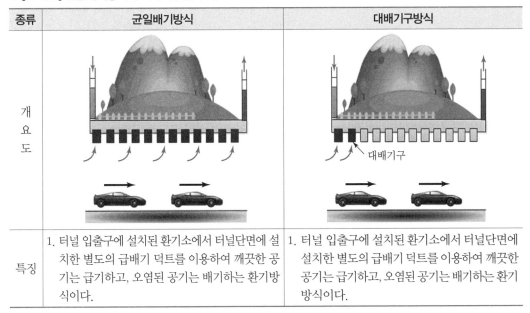 | |
| 특징 | 1. 터널 입출구에 설치된 환기소에서 터널단면에 설치한 별도의 급배기 덕트를 이용하여 깨끗한 공기는 급기하고, 오염된 공기는 배기하는 환기방식이다. | 1. 터널 입출구에 설치된 환기소에서 터널단면에 설치한 별도의 급배기 덕트를 이용하여 깨끗한 공기는 급기하고, 오염된 공기는 배기하는 환기방식이다. |

| | | |
|---|---|---|
| 특징 | 2. 천장에 설치된 덕트를 통해서 배연을 수행하는 횡류 환기방식 중에서 배기구나 급기구를 일정한 간격으로 설치하여 터널 전체에 균일하게 급기 또는 배기가 이루어지도록 하는 방식이다.<br>① 횡류환기방식 중 천장에 설치된 덕트를 통해서 배연을 수행하는 방식으로 단면적이 비교적 큰 배기구를 설치한다.<br>② 화재 발생 시 각 배기구에 대한 개폐 조정이 가능한 전동댐퍼를 설치하여 화재 지점 부근 배기구를 선택적으로 개방하여 집중 배연이 가능하다. | 2. 배기구에 개방·폐쇄가 가능한 전동댐퍼를 가지고 있는 방식으로 화재지점 부근의 배기구를 집중적으로 개방 집중적으로 배연할 수 있는 제연방식이다.<br>① 횡류환기방식 중 천장에 설치된 덕트를 통해서 배연을 수행하는 방식으로 배기구를 일정한 간격으로 설치하여 터널 전체에 균일하게 배기가 이루어지도록 한다.<br>② 급기구 또는 배기구의 단면적이 작은 소형 급·배기구를 비교적 작은 간격으로 설치한다.<br>③ 화재 시 전역에서 작동하며 각 배기구에 대한 개폐 조정이 불가능하다.<br>④ 환기소에 근접한 급기 또는 배기구에서는 덕트 내 정압이 과도하게 걸려서 풍량이 증가하고 환기소에서 먼 배기 또는 급기구에서는 덕트 내 정압이 감소하여 풍량이 과도하게 감소하는 현상이 발생할 수 있다. |
| 적용<br>사례 | 1. 남산1호 터널(1.5km)<br>2. 대전 – 진주 고속도로 간 육십령터널(3.2km) | |

## 3. 종류환기방식의 "터널환기방식의 구분" 참조

훈소

## 1. 개요

① 훈소(Smoldering)란 연료의 표면에서 불꽃(화염)이 발생되지 않고 작열하면서 연소하는 현상을 말한다.

② 열분해에 의하여 가연성 생성물이 생겼을 때 바람에 의하여 그 농도가 현저히 저하 또는 희석되었거나 공간이 밀폐되어 산소 공급이 부족한 경우 가연성 혼합기가 형성되지 않고 발염도 되지 않아 분해 생성물이 직접 계 밖으로 나가는 현상을 훈소(Smoldering)라고 한다.

## 2. 훈소 메커니즘

① 메커니즘

② 흡열

전도, 대류, 복사 등에 의해 열을 흡수하여 수분이 증발하고, 용융하는 과정이다.

③ 분해, 증발

흡수된 열에 의하여 휘발 성분은 휘발하고, 열가소성 수지는 용융 증발하며, 열경화성 수지는 열분해 된다.

④ 배출

훈소에서는 분해 생성물이 화염이라는 고온의 과정을 통과하지 않고 계 밖으로 배출된다.

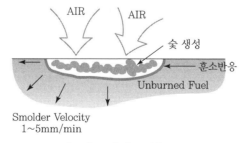

[그림 251] 훈소반응

## [ KEYWORD 304 ] ASET / RSET

## 1. 개요

① ASET(Available Safe Egress Time)은 거주자가 거실 내에서 인체에 손상 없이 견딜 수 있는 시간 즉, 연기가 청결층까지 내려오는데 소요되는 시간을 말하며 허용피난시간이라고 한다.

② RSET(Required Safe Egress Time)은 화재감지부터 거주자가 안전한 장소(외부 등)까지 완전하게 피난하는데 소요되는 시간을 말하며 필요피난시간이라고 한다.

③ 성능위주 피난설계에서 피난안전 확보를 위해 화재시뮬레이션을 통하여 산출된 허용피난시간(ASET)이 피난시뮬레이션을 통하여 산출된 필요피난시간(RSET)보다 크게 하여 피난시간을 설계한다.

* 화재시뮬레이션 Tool : FDS(Fire Dynamics Simulator)
  FDS는 미국 NIST(National Institute of Standards and Technology)산하 건축화재연구소 BFRL(Building and Fire Research Laboratory)에서 개발된 화재 CFD(Computational Fluid Dynamics) 프로그램임

* 피난시뮬레이션 Tool : Pathfinder(3D 피난시뮬레이션)
  미국의 Thunderhead Engineering에서 개발

## 2. ASET(Available Safe Egress Time : 허용피난시간)

① 사람이 치명적인 위험에 빠지지 않고 안전하게 피난하는데 필요한 시간을 허용피난시간이라고 한다.

$$ASET = RSET + 여유시간$$

② 일반적으로는 연기층이 사람의 머리 높이까지 하강하는데 걸리는 시간으로 표시한다.

③ 실질적으로는 열, 연기, 독성가스 등에 의하여 사람이 영향을 받는 것을 고려하여 산정한다.

▼ [표 130] 우리나라 성능위주 소방설계 인명안전기준(소방청고시 2017-1호)

| 구분 | 성능기준 | | 비고 |
|---|---|---|---|
| 호흡 한계선 | 바닥으로부터 1.8m 기준 | | - |
| 열에 의한 영향 | 60℃ 이하 | | - |
| 가시거리에 의한 영향 | 용도 | 허용가시거리 한계 | 단, 고휘도 유도등, 바닥유도등, 축광유도표지 설치 시, 집회시설 판매시설 7m 적용 가능 |
| | 기타시설 | 5m | |
| | 집회시설 판매시설 | 10m | |

| 독성에 의한 영향 | 성분 | 허용가시거리 한계 | 기타, 독성가스는 실험결과에 따른 기준치를 적용 가능 |
|---|---|---|---|
| | CO | 1,400ppm | |
| | $O_2$ | 15% 이상 | |
| | $CO_2$ | 5% 이하 | |

비고 : 이 기준을 적용하지 않을 경우 실험적·공학적 또는 국제적으로 검증된 명확한 근거 및 출처 또는 기술적인 검토자료를 제출하여야 한다.

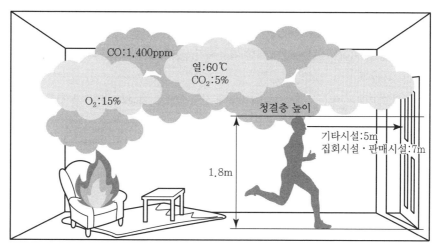

[그림 252] 성능위주 소방설계 인명안전기준

# 3. RSET(Required Safe Egress Time) : 필요피난시간

① 사람이 피난하는데 실제로 걸리는 시간이다.

ㄱ RSET＝Td＋(Ta＋To＋Ti)＋Te

Td : 감지시간, Ta : 통보시간, To : 반응시간, Ti : 피난 전 행동시간, Te : 피난행동시간

ㄴ 지연시간 : Ta＋To＋Ti

② RSET 구성요소

ㄱ 감지시간(Td)

1) 발화 후, 화재감지까지 걸리는 시간

2) 보통 감지기의 감도에 따라 좌우되며, 육안으로 확인되는 경우도 있다.

ㄴ 반응시간(To)

1) 화재 경보 이후 거주자가 화재임을 인식하여 행동을 결정하는데 걸리는 시간

2) 일반적으로 업무시설 등에서는 매우 짧지만, 숙박시설이나 아파트 등에서는 매우 길다.

ⓒ 통보시간(Ta)

　　1) 화재감지기로부터 재실자에게 화재경보가 통보되는 시간

　　2) 만일 비화재보 등으로 인해 화재경보장치가 꺼져 있다면 매우 길어진다.

ⓔ 피난 전 행동시간(Ti)

　　1) 거주자가 피난을 하기 전 준비를 하는데 걸리는 시간

　　2) 귀중품을 챙기거나, 짐꾸리기, 중요서류나 파일을 챙기는데 걸리는 시간

　　3) 이것은 비상대피훈련 등의 연습을 통해 크게 줄일 수 있다.

ⓜ 피난행동시간(Te)

　　1) 피난행동시간은 피난거리에 대한 이동시간, 출구 등 병목구간의 통과시간 등의 합으로 산출할 수 있다.

　　2) 일반적으로는 이동모델의 가정을 통해 산술적으로 계산하지만, 실제로는 여러 영향 인자로 인해 달라질 수 있다.

## 4. 피난안전을 위한 설계대책 (ASET > RSET)

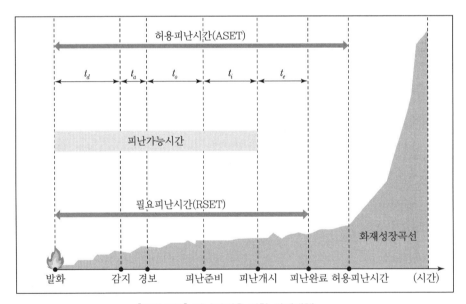

[그림 253] 피난안전을 위한 설계대책

① 안전한 피난을 위해서는 ASET을 연장시키고, RSET을 단축시켜야 한다.

② ASET 연장방안

　ⓐ 제연설비 설치로 연기층 하강 시간 연장

　ⓑ 실내 화재하중을 감소시키기 위한 적재 가연물 제한

ⓒ 조기반응형 스프링클러헤드 설치

ⓔ 방화구획으로 인접실 및 상부 화재확산 방지

ⓜ 내장재의 불연화

③ RSET의 단축방안

㉠ 조기감지가 가능한 감지기 설치

㉡ 비화재보 방지를 통한 자동화재탐지설비의 정상 작동상태 유지

㉢ 사전 홍보 및 교육을 통한 실제 화재경보에 대한 반응능력 향상

㉣ 피난경로를 다양하고 단순하게 설정

㉤ 거주밀도를 낮게 유지

㉥ 비상대피 훈련 및 주기적인 교육으로 피난시간 및 지연시간 단축

㉦ 비상구 개수를 늘리고, 계단 및 통로의 폭 확대

# building – EXODUS

## 1. 개요

① building – EXODUS는 복잡하고 다양한 형태의 건물 안에서 거주자들의 피난과 움직임을 평가하는 컴퓨터 베이스의 피난해석을 위한 전용의 상용 소프트웨어를 말한다.

② 영국 그리니치 대학에서 선구적 연구 개발을 통해 화재 안전 공학 그룹(FSEG)에서 개발된 building – EXODUS는 사람과 사람, 사람과 화재, 사람과 구조물의 상호작용을 시뮬레이션한다.

③ 전체 공간을 표현하는 노드와 노드들로 이루어진 메시로 표현되며, 공간의 크기는 노드를 연결하여 만들어지는 아크의 길이로 이루어진다.

④ 노드를 이동하는 재실자들에게 신장, 나이, 성별, 보행속도, 반응시간 등 개별특성이 입력되고 열, 연기, 유독 가스 등의 영향을 받아 실내에서 피난하는 각 개인의 경로를 추적한다.

## 2. building – EXODUS 하위모델 구성

① building – EXODUS는 다섯 가지 Occupant(보행자), Behavior(행동), Toxicity(독성), Hazard(위험성), Movement(움직임) 등의 상호작용을 하는 하위모델로 구성된다.

② Geometry(평면) 모드에서 정의된 공간 구역상에서 다섯 가지 하위모델이 작동하며, Geometry(평면) 모드와 특성 값을 주고받으며 상호 작용한다.

③ building – EXODUS 시뮬레이션은 Geometry(평면) 모드에서 공간 리모델링을 한 다음 population 모드에서 재실자를 생성한 후 시나리오모드에서 시뮬레이션 작업을 수행한다.

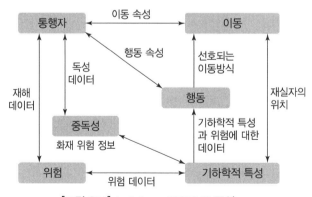

[그림 254] building – EXODUS 구성

# CPVC(Chlorinated Polyvinyl Chloride) 배관

## 1. 개요

① 범용 PVC(Poly Vinyl Chloride)보다 염소의 함량을 약 10% 가량 늘린 것으로 범용 PVC는 57%, CPVC는 67~74%의 염소 함량을 지니고 있다.

② 열에 견디는 온도는 범용 PVC가 60℃인데 반하여 CPVC는 93℃ 온도까지 견디고 압력이나 부식 등에 견디는 성질이 우수하여 소방용 배관에 이용되고 있다.

[사진 252] 건축물 설치 CPVC 배관

## 2. CPVC 개발 유래

세계2차 세계대전 중 전쟁에 필요한 섬유나 래커에 사용할 수 있도록 저가의 용매로 고분자를 얻기 위하여 PVC를 염소화시킨 것으로 PVC 수지의 기본 분자에 염소원자를 더해 염소화반응을 시켜 개발한 것이다.

## 3. CPVC 특징

① **자기소화성** : 불이 잘 붙지 않는 자체소화기능을 가지고 있다. 보통 CPVC가 연소하려면 공기중 산소량보다 3배가 필요하고 열을 가했을 때 불꽃이 일거나 불이 붙지 않고 까맣게 재가 된다.

② **내열성** : 열에 잘 견디며 열을 발산하는 능력이 우수하다. CPVC에 열을 가하면 100℃까지 변화가 잘 일어나지 않는다.

③ **내부식성** : 부식되지 않아 녹물의 발생이나 관이 막힐 염려가 없고 산, 알칼리, 염 등 화학적 물질에도 내식성이 우수하다.

④ **위생성** : CPVC는 항균성 재료로 박테리아 생성을 억제하고 재료나 접합 본드는 인체나 환경에 무해한 성분으로 구성되었다.

⑤ **열손실 감소** : CPVC는 열전도율이 낮아 보온과 보냉효과가 우수하다.

⑥ **낮은 마찰손실** : 타배관자재에 비해 유체흐름계수(배관 내부의 매끄러움 정도)가 높아 마찰손실이 적다.

⑦ **시공편의성 및 경제성** : 본드 접합방식으로 조립해 시공이 간편하고 설치비가 저렴하며 부식이나 스케일이 발생하지 않아 유지관리비용이 적게 소요된다.

## 4. 소방용합성수지배관(CPVC배관) 설치장소 【NFTC 103 2.5.2】

「소방용합성수지배관의 성능인증 및 제품검사의 기술기준」에 적합한 소방용합성수지배관으로 다음의 장소에 설치할 수 있다.

① 배관을 지하에 매설하는 경우

② 다른 부분과 내화구조로 구획된 덕트 또는 피트의 내부에 설치하는 경우

③ 천장(상층이 있는 경우에는 상층 바닥의 하단을 포함)과 반자를 불연재료 또는 준불연재료로 설치하고 소화배관 내부에 항상 소화수가 채워진 상태로 설치하는 경우

## [ KEYWORD 307 ] Door Fan Test

## 1. 개요

① Door Fan Test(방호구역밀폐도시험 : Enclosure Integrity Test라고도 한다)란 전역방출식 가스 계소화설비가 설치된 방호구역 내에 직접 소화약제를 방출 하지 않고 약제 방출 시와 동일한 환경을 조성하여 누설면적 등의 확인을 통해 소화성능 및 설계농도유지시간 등의 적정성을 검증하는 방법을 말한다.

② 실내ㆍ외의 정압, 송풍량 등을 측정하여 방호구역 내의 누설면적(Leakage Area)과 위치 및 누설속도, 약제의 설계농도유지시간(Retention Time) 등으로 환산하여 적정성을 판단하는 간접적인 성능확인 시험으로 ISO, NFPA, BS, IRI 등에서 채택하고 있는 신뢰성이 입증된 선진화된 기법으로, Door Fan 혹은 Door Blower를 사용하고 있어 Door Fan Test라고 부른다.

## 2. 시험절차

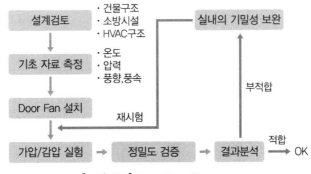

[그림 255] Test Flow Sheet

① 자료검토

건축설계도면, 소방시설도면, HVAC 도면

＊HVAC : Heating, Ventilation and Air Conditioning의 약자로 난방, 환기, 공기조화를 의미

② 기초자료측정

온도, 압력, 풍량, 풍속

③ Door Fan 설치

대형 누출부위 Sealing, 계측기 보정, Door Fan 장착

④ 가압 · 감압 시험

    ㉠ 실내 · 외 정압차, 가압 · 감압 범위 설정

    ㉡ 도어팬 가동, 가압 · 감압 및 유량측정, 실내 · 외 대기온도 측정

⑤ 정밀도 검증

$$Q = 0.827 A \sqrt{P} \rightarrow A = \frac{Q}{0.827 \sqrt{P}}$$

⑥ 실험결과 분석

실험데이터를 입력하여, 누출량, 누출등가면적 산출, 소화농도 유지시간 산출

⑦ 보정실험

실험결과의 정밀도 검증실험, 누출등가면적의 30% 범위 내 도어팬 패널 개방 후 실험등가면적 ± 10% 이내 정밀도 검증

⑧ 조치

누출부위 확인 및 기밀 보완 방안제시, 소화설비의 적합성 검토 및 개선 방안 제시, 기밀 보완 후 재시험 및 효과분석

[사진 253] Door Fan Test 현장

## 3. Door Fan Test 장점

① **저비용** : 소화약제 재충전 및 노동력에 대한 비용 절감

② **테스트의 용이성** : 수시로 테스트 수행 가능

③ **누설면적의 측정** : 방호구역의 특성에 따른 누설면적 측정

④ **친환경적인 시험** : 가스계소화설비의 환경문제 발생을 방지

⑤ **안전성** : 방호구역에 대한 파손 방지

⑥ **개구부 체크** : 누설부분의 위치 개략적 판단 가능

## [ KEYWORD 308 ] Fail Safe

## 1. 정의

① 시스템에 오동작이 생겨도 일정시간 동안 정상기능을 유지하며 사고나 재해로 이어지지 않는 것을 말한다. 병렬계통(竝列系統, parallel system)이나 대기여분(待機餘分, stand by redundancy)을 통해 항상 안전한 방향으로 유지하는 것을 말한다.

② 실패하더라도 바로 재해로 연결되지 않고 안전을 확보할 수 있는 또 다른 대책을 마련해 놓는 것이다.

## 2. fail safe의 원칙

① Redundancy system : 중복시스템 설계

② Standby system : 대기시스템 복구

③ Error recovery : 에러 복구

## 3. 적용 예

① 부분화

  ㉠ 방화구획

  ㉡ 방연구획

  ㉢ 방액제

  ㉣ 방유제

② 다중화

  ㉠ 2방향 피난－거실 · 복도에서 2방향 피난계획, 발코니 설치

  ㉡ 전원은 비상 전원

  ㉢ 수원은 고가수조

  ㉣ 배관－Loop, Grid 배관

  ㉤ 배선－Loop, Network 배선

  ㉥ 가스계 소화설비에 Reserve System

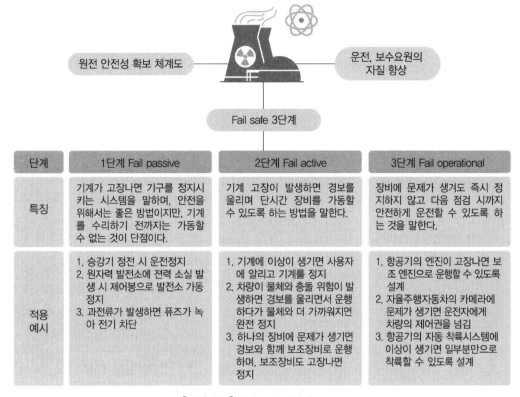

| 단계 | 1단계 Fail passive | 2단계 Fail active | 3단계 Fail operational |
|---|---|---|---|
| 특징 | 기계가 고장나면 기구를 정지시키는 시스템을 말하며, 안전을 위해서는 좋은 방법이지만, 기계를 수리하기 전까지는 가동할 수 없는 것이 단점이다. | 기계 고장이 발생하면 경보를 울리며 단시간 장비를 가동할 수 있도록 하는 방법을 말한다. | 장비에 문제가 생겨도 즉시 정지하지 않고 다음 점검 시까지 안전하게 운전할 수 있도록 하는 것을 말한다. |
| 적용 예시 | 1. 승강기 정전 시 운전정지<br>2. 원자력 발전소에 전력 소실 발생 시 제어봉으로 발전소 가동 정지<br>3. 과전류가 발생하면 퓨즈가 녹아 전기 차단 | 1. 기계에 이상이 생기면 사용자에 알리고 기계를 정지<br>2. 차량이 물체와 충돌 위험이 발생하면 경보를 울리면서 운행하다가 물체와 더 가까워지면 완전 정지<br>3. 하나의 장비에 문제가 생기면 경보와 함께 보조장비로 운행하며, 보조장비도 고장나면 정지 | 1. 항공기의 엔진이 고장나면 보조 엔진으로 운행할 수 있도록 설계<br>2. 자율주행자동차의 카메라에 문제가 생기면 운전자에게 차량의 제어권을 넘김<br>3. 항공기의 자동 착륙시스템에 이상이 생기면 일부분만으로 착륙할 수 있도록 설계 |

[그림 256] Fail safe 3단계

## [ KEYWORD 309 ] Fire Ball

## 1. 개요

① Fire Ball은 폭발의 대표적인 이미지이지만 폭발이 아니라 연소 현상이다.

② 가연성 물질 저장용기나 폭발물이 폭발하였을 때 발생한 대량의 미연소 가연물이 대기 중에 확산하여 연소를 유지해 가는 형태를 말한다.

## 2. Fire Ball 메커니즘

① 발생과정

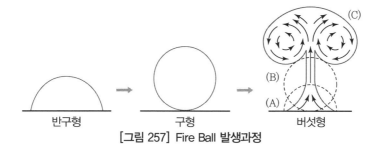

반구형 → 구형 → 버섯형

[그림 257] Fire Ball 발생과정

ⓐ 부력 상승 → 냉각 능력 약화 → 공기인입 → 와류 → 상승

ⓑ 지면에서 반구형 화염 → 상승하여 구형의 화염 → 버섯형

② 성장과 소멸과정

ⓐ 지면에서 폭발이 발생하였을 때 (A)반구형태의 화염이 팽창하면서 부력에 의해서 위로 떠오르며 지면과 파이어볼을 받치는 (B)불기둥이 이어짐

ⓑ (C)불기둥은 아래쪽에서 유입되는 대기의 흐름을 따라서 잔류하던 가연물이 상승하여 연소를 이어감

ⓒ 점차적으로 위쪽으로 떠오르며 이를 받치고 있던 기둥은 아래쪽에서부터 위쪽으로 소멸됨

ⓓ 가연물이 소진됨에 따라 위쪽의 파이어볼도 점차적으로 소멸됨

## 3. 발생 형태

① UVCE에 의한 Fire Ball의 발생

ⓐ 위험물 저장탱크의 파손이나 밸브조작 실수 등으로 가스가 누설

ⓑ 증기운 형성 → 점화 → Fire Ball

② BLEVE에 의한 Fire Ball 발생 : BLEVE 발생 → 가연성 가스 누출 → Fire Ball 발생

## [ KEYWORD 310 ] Flash Over와 Back Draft

▼ [표 131] Flash over와 Back draft 비교

| 구분 | Flash over | Back draft |
|---|---|---|
| 개요 | ① 화재가 발생한 후 가연성가스가 천장에 모이고 그 것이 인화해서 폭발적으로 방전체가 불꽃이 되며 창이나 방문을 통해 연기나 불꽃이 뿜어져 나오는 현상으로 전실화재라고 함<br>② 연료지배형 → 환기지배형 화재로의 전이현상 | ① 연소에 필요한 산소가 부족해서 훈소 상태에 있 는 실내에 다량의 산소가 갑자기 유입될 때 연소 가스가 순간적으로 발화하는 급격한 폭발 발생<br>② CO 12.5~74%일 때 실내온도 600℃ 이상 |
| 조건 | 연기층 온도 500~600℃<br>바닥면 복사 수열량 20~40kw<br>$O_2$ : 10%, 연소속도 40g/s · m², $CO_2/CO = 150$ | 실내가 충분히 가열<br>다량의 가연성 가스 축적<br>산소가 부족한 상태 |
| 화재/폭발 | 열분해 → 천장축적 → 복사열 → 플래시오버 | 폭풍, 충격파 있음(PV = nRT) |
| 발생 시기 | 화재 성장기 | 화재 감쇠기 |
| 피해 | 농연, 화염, 인명피해, 재산피해 | 농연, 벽체도괴, Fire Ball에 의한 소방관 인명 피해 |
| 방지대책 | 천정 · 벽 불연화, 가연물불연화, 개구부제한, 자동 식 소화설비 설치 | 폭발력 억제(상부 개방), 환기(가스축적 방지) |
| 영향요소 | 천장높이, 실의 모양, 내장재의 재질과 두께, 점화원 의 크기, 점화원의 위치와 연료 높이, 개구부의 크기 (종장 방향의 주벽 면적에 대한 개구율이 1/2~1/3일 경우 가장 짧고 1/16 이하 시에는 플래시오버가 발생 하지 않는다) | – |
| 공급요인 | 천장의 복사열 → 주변 가연물 자연발화<br> | 신선한 공기 공급에 의한 급격한 연소<br> |

## [ KEYWORD 311 ] Fool Proof

## 1. 개요

① 계획이나 기계 등이 매우 간단하고 이해하기 쉽기 때문에 잘못되거나 잘못 사용될 수 없도록 하는 것을 말하며, Fool Proof와 Fail Safe는 설비 또는 인적 실수에 인한 것으로부터 인명 피해, 재산 피해를 방지하기 위한 것이다.

② 누구나 의도하지 않은 실수를 할 가능성이 있다는 것에서 출발한 개념으로 인간의 부주의한 실수를 방지하거나 발생된 실수를 사전에 검출해서 안전성을 유지하기 위해 고안한 방법이나 장치 등을 말한다. Fool Proof는 고장이나 실수로 인한 재해나 불이익 등이 발생하지 않도록 해주면서 신뢰성을 향상시키는 것으로 실수로 인한 손실을 없앨 수 있다.

## 2. Fool Proof 기본원칙

① 누구라도 절대로 잘못되지 않게 하는 자연스러운 작업이다.

② 만일 잘못 작동하더라도 그것을 인지하게만 하고 그에 의한 영향력은 나타나지 않도록 한다.

③ 다양한 실수가 발생하더라도 무엇이 언제 어디서 어떻게 왜 발생하였는지 6하 원칙에 따라 원인을 분석하고, Fool Proof 시스템을 통해 예방할 수 있도록 한다.

## 3. 적용

① 단순하고 명쾌한 피난 경로를 구성한다.

② 피난 방향으로 피난문을 열리게 한다.

③ 도어 손잡이는 회전식이 아닌 레버식으로 한다.

④ 피난구유도등에 그림, 색채, 문자를 사용한다.

⑤ 소화설비, 경보설비에 적색 위치 표시등을 사용한다.

⑥ NFPA 704에서 위험물을 유독성(청색), 가연성(적색), 반응성(황색), 특이사항(백색)으로 분류하고, 0~4등급으로 쉽게 표현한다.

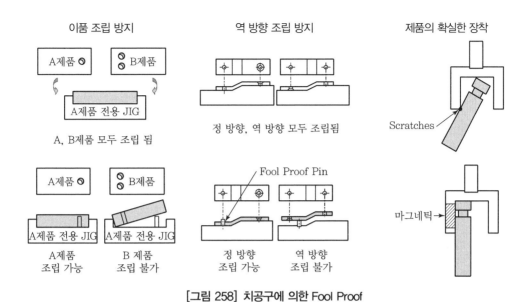

이품 조립 방지

A제품 ◐    ◐ B제품

A제품 전용 JIG

A, B제품 모두 조립 됨

A제품 ◐    ◐ B제품

A제품 전용 JIG    A제품 전용 JIG

A제품
조립 가능

B 제품
조립 불가

역 방향 조립 방지

정 방향, 역 방향 모두 조립됨

Fool Proof Pin

정 방향
조립 가능

역 방향
조립 불가

제품의 확실한 장착

Scratches

마그네틱

[그림 258] 치공구에 의한 Fool Proof

## [ KEYWORD 312 ] GHS

## 1. 개요

① GHS(Globally harmonized System of Classification and Labelling of Chemicals)는 화학물질 분류 및 표지에 관한 세계 조화시스템을 말한다.

② 화학품은 각종 위험성을 내포하고 있어 보관, 운송 및 취급할 때 특히 주의가 필요하며, 운송수단이 국가마다 달라 해석을 잘못하면 대형사고 발생 위험이 있다.

③ GHS는 위험물의 분류와 표기에 관한 국제적인 표준으로서 위험물의 제조, 취급, 수송, 환경, 소비에 적용된다.

＊ 노동부고시 【화학물질 및 물리적 인자의 노출기준】, 【화학물질의 분류 · 표시 및 물질안전보건자료에 관한 기준】 참조

## 2. 주요 내용

① 화학 물질의 분류

  ㉠ 건강 유해성(10개)

    1) 심한 눈 손상 또는 눈 자극성 물질

    2) 호흡기 또는 피부 과민성 물질

    3) 흡인 유해성 물질

    4) 발암성 물질

    5) 급성독성 물질

    6) 피부 부식성 또는 자극성 물질

    7) 생식독성 물질

    8) 생식세포 변이원성 물질

    9) 특정 표적장기(標的臟器) 독성 물질 – 1회 노출

    10) 특정 표적장기(標的臟器) 독성 물질 – 반복 노출

  ㉡ 물리적 위험성(16개)

    1) 산화성 가스

    2) 산화성 액체

    3) 산화성 고체

    4) 인화성 가스

    5) 인화성 액체

6) 인화성 고체

7) 에어로졸

8) 금속부식성 물질

9) 고압가스

10) 폭발성 물질

11) 자연발화성 액체

12) 자연발화성 고체

13) 자기반응성(自己反應性) 물질 및 혼합물

14) 자기발열성(自己發熱性) 물질 및 혼합물

15) 유기과산화물

16) 물 반응성 물질 및 혼합물

ⓒ 환경 유해성(2개)

1) 수생환경 유해성 물질(급성, 만성)

2) 오존층 유해성 물질

② 경고 표지 Labelling

㉠ 위험물을 수납한 용기의 외부에 표시할 사항

1) 신호어 : 유해·위험의 심각성 정도에 따라 표시하는 "위험" 또는 "경고" 문구

2) 그림문자 : 분류기준에 따라 위험성의 내용을 나타내는 그림

3) 제품정보 : 물질명 또는 제품명, 함량 등에 관한 정보

4) 공급자정보 : 제조자 또는 공급자의 명칭, 연락처 등에 관한 정보

5) 유해·위험문구(H CODE) : 분류기준에 따라 위험성을 알리는 문구

6) 예방조치문구(P CODE) : 화학물질에 노출되거나 부적절한 저장·취급 등으로 발생하는 위험성을 방지하거나 최소화하기 위한 권고조치를 명시한 문구

㉡ 표지의 바탕

바탕은 백색으로, 문자와 테두리는 흑색으로 하되, 용기의 표면을 바탕색으로 사용할 수 있다. 다만, 바탕색이 흑색에 가까운 경우 문자와 테두리를 바탕색과 대비되는 색상으로 하여야 한다.

㉢ 그림문자

위험성을 나타내는 심벌과 테두리로 구성하며 심벌은 검정색으로, 테두리는 적색으로 한다.

## 3. 기대효과

① 화학물질 유해성에 대한 정보공유로 인간의 건강을 지키고 환경을 보호할 수 있다.

② 위험물질에 대한 실험이나 평가의 양을 줄일 수 있다.

③ 화학물질 정보시스템이 없는 나라에도 국제적으로 승인된 표준 정보가 제공된다.

④ 위험물질의 적정한 평가 검증으로 국제적인 교역 시 취급이 용이하다.

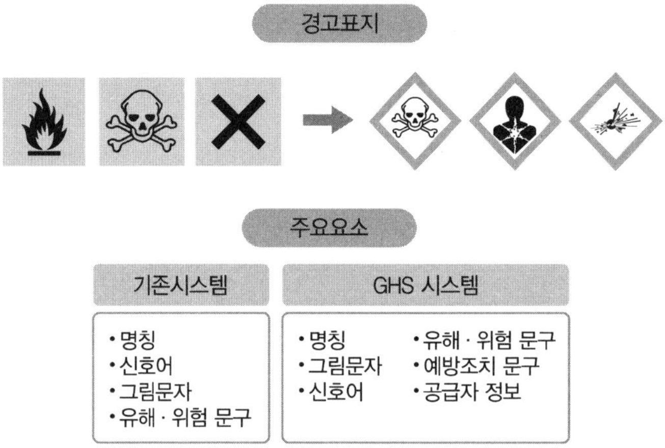

[그림 259] 경고표지 주요요소

[ KEYWORD 313 ] GWP

## 1. 개요

GWP(Global Warming Potential : 지구온난화 지수)는 이산화탄소 1kg이 지구온난화를 일으키는 정도에 비해 다른 물질이 얼마나 지구온난화를 일으키는지를 나타내는 수치로서 이산화탄소의 GWP는 1.0이다.

## 2. 공식

$$GWP = \frac{어떤\ 물질\ 1kg이\ 기여하는\ 지구온난화\ 정도}{CO_2\ 1kg이\ 기여하는\ 지구온난화\ 정도}$$

▼ [표 132] 주요 소화약제의 GWP

| 할론1301 | 할론2402 | 할론1211 | HFC-125 | HFC-227ea | HFC-236fa | HFC-23 | CO₂ |
|---|---|---|---|---|---|---|---|
| 7,140 | 1,640 | 1,890 | 3,400 | 3,500 | 9,400 | 12,000 | 1 |

## 3. 지구온난화 발생 메커니즘

① 온실가스들은 지구의 대기에서 태양복사는 통과시키고, 지구복사는 반사하는 성질이 있다.
② 원래는 우주에서 들어온 태양복사가 지구복사로 방출되어 지구 전체의 열평형이 이루어져야 한다. 그러나 온실가스 때문에 지구복사를 우주로 방출하는 양이 줄어들게 된다.
③ 이때 지구의 연평균 온도는 증가하게 되며 이것을 온실효과라고 한다.

## 4. 지구온난화 영향

① 기후 변화 → 태풍, 해일, 강수량 증가
② 생태계 변화
③ 해수면 상승
④ 인체 질병 증가
⑤ 수자원 − 농업, 생활용수 부족

[ **KEYWORD** **314** ] Hazard/Risk

## 1. 개요

① 위험성 평가는 위험요소를 찾아내어 사고 발생확률과 사고 크기를 분석하여 위험도를 결정하고 허용위험관리수준(ALARP) 이하를 초과하는지 여부를 결정하는 전 과정을 말한다.
② 이때 위험요소를 Hazard라 하며 정성적 기법으로 찾아내고, 사고 발생확률과 사고크기는 Risk로 표현하며 정량적인 기법으로 찾아내어 영향을 정량화하여 대책을 세우는 과정이다.

## 2. Hazard(위험요소)

① 사람 혹은 사람의 건강에 잠재적인 손상, 유해한 또는 건강상의 악영향을 미칠 수 있는 원천이다.
② 건강에 영향을 미치거나 기업의 재산이나 장비에 대한 손실을 줄 수 있는 가능성을 말한다.

▼ [표 133] 작업장별 Hazard의 예시

| 작업장 Hazard | Hazard의 예시 | 유해사례 |
|---|---|---|
| 절단 작업 | 칼날 | 절단 |
| 전원 | 전기 | 충격, 감전 |
| 작업 물질 | 벤젠 | 백혈병 |

## 3. Risk(위험도)

① Risk는 위험에 노출되었을 때 사람이 해를 입거나 재산이나 장비 손실 또는 환경에 유해한 영향을 끼칠 수 있는 정도를 확률과 심각도를 곱하여 나타낸 것이다.

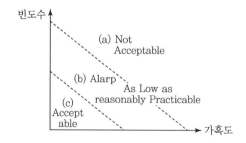

$$Risk = Frequency(발생빈도) \times Consequence(손실의 크기, 가혹도)$$

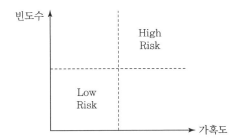

② 즉 사고발생빈도와 사고발생으로 나타내는 피해크기를 말하며, 보험사에서는 방호대책을 고려하지 않는 최대 손실 값인 PML을 이용한다.

③ 사고발생빈도는 ETA(Event Tree Analysis), FTA(Fault Tree Analysis)에 의해 평가하며 사고영향분석은 CA(Consequence Analysis) 등에 의하여 평가한다.

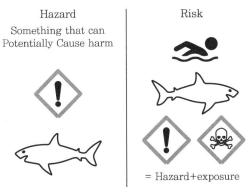

[그림 260] Hazard와 Risk 예시

## [ KEYWORD 315 ] Hot Smoke Test

## 1. 개요

① Hot Smoke Test 란 열, 연기에 의하여 건축물에 손상을 입히지 않고 감지기의 작동 시간과 거실제연이나 특별피난계단 부속실의 제연시스템에 대한 적합성을 평가하는 시험을 말한다.

② 건축기술의 발전으로 건축물 규모가 고층화, 대형화, 다양화 되고 화재발생시 연기 및 유독가스에 의한 인명피해가 크기 때문에 이를 최소화하기 위해 제연설비를 설치하고 있다. 그러나 이 같은 제연시스템의 성능을 직접 평가하기가 현실적으로 어렵기 때문에 건축물에 큰 손상을 주지 않으면서 가상 화재상황을 만들어 제연시스템의 성능을 평가하는 것이 Hot Smoke Test이다.

## 2. Hot Smoke Test 목적

① 화재 시 열, 연기의 축적 현상을 Hot Smoke Generator로서 가상 환경을 조성하여 Ceiling Jet Flow, Fire Plume 등 연기의 이동 특성을 파악할 수 있다.

② 연기층의 청결층 도달시간을 확인하여 피난허용시간을 파악할 수 있다.

③ 소방시설의 성능 확인

　　㉠ Test영역에 제연시스템이 얼마나 효과적으로 제어하는지 성능 확인 가능

　　㉡ 누설틈새확인, Test를 통해 설비의 미흡한 부분 보완 가능

　　㉢ 화재감지기, 제연설비의 작동시간을 예측하여 적절한 배치가 가능

④ 화재, 피난시뮬레이션 프로그램과 결과를 비교하여 피난안전성 평가를 분석할 수 있다.

## 3. 장비 구성과 설정

[사진 254] Hot Smoke Test 장비 구성과 설정

## [ KEYWORD 316 ] Knock Down 효과

## 1. 개요

① 화재 시 방사된 분말소화약제에 의해 나타나는 현상으로 연소중인 가연물의 불꽃을 분말소화약제가 입체적으로 포위하여 순식간에 불꽃이 사그라지게 하는 것을 Knock Down 효과라고 한다.

② 연소 중인 가연물에 분말소화약제를 방사하면 분말입자들이 가연물 표면과 그 주위를 덮어 산소를 차단하면서 질식효과가 발생하고, 열분해로 생성된 자유라디칼(Free Radical)이 연쇄반응을 중단시켜 불꽃이 사그라지게 하는 Knock Down 효과는 분말소화약제가 가라앉는 시간(10~20초) 이내에 이루어진다.

  \* 라디컬 : 최외곽 전자가 안정적인 전자쌍을 만족시키지 못하는 원자, 분자, 이온 등을 말한다. 쉽게 말하면 공유결합하고 있는 원자 하나가 떨어져 나가고 남은 원자를 말한다.

## 2. 분말소화약제의 Knock Down 효과

① 분말소화약제는 가연물 표면을 덮어서 산소공급을 차단하는 질식작용, 냉각작용과 동시에 부촉매작용에 의한 연소의 연쇄반응을 억제시켜 순식간에 불꽃을 사그라지게 한다.

② 분말소화약제의 질식, 부촉매, 냉각작용 등에 의한 Knock Down 효과는 분말소화약제 방사 후 가라앉는 시간(체류시간)인 약 10~20초 이내에 소화되어야 그 효과를 기대할 수 있다.

③ 분말소화약제 방사 후 30초 이내에 화염이 Knock Down 되지 않으면 소화불가능으로 볼 수 있으며, 그 원인은 대부분 소화약제의 방출량이 부족하기 때문이다.

## 3. CDC(Compatible Dry Chemical) 소화약제

① 분말소화약제는 빠른 소화능력을 갖고 있으나 유류화재 시 유면을 완전히 덮어 일시에 화염을 소화하지 못하므로 연소 표면에서 발산되는 유증기로 인하여 재발화 위험성이 존재한다.

② 포소화약제는 유류 표면에 거품으로 피막을 형성하여 유면에서 증발된 유증기가 산소와 접촉하지 못하게 하고 발포된 폼(foam)이 일정시간 지속됨으로서 유면을 냉각시키고 유증기의 증발을 억제시켜 재발화를 방지한다. 그러나 폼을 형성하여 유면을 다 덮는데 시간이 오래 걸려서 화재진압이 빠르게 진행되지 않는 단점이 있다.

③ CDC(Compatible Dry Chemical) 소화약제는 유류화재 시 포소화약제의 단점인 더딘 화재진압 속도를 분말소화약제의 빠른 소화능력으로 보완하고, 분말소화약제의 단점인 재발화 위험성을 포소화약제의 지속성으로 해결하는 소화약제이다.

④ 이같이 두 약제의 장점을 모두 갖춘 약제를 CDC 소화약제 또는 Twin Agent System(2약제 소화 방식)이라고 하며, 다음과 같이 혼합하여 사용하고 있다.

 ㉠ TWIN 20/20 : 제3종 분말소화약제 20kg + 수성막포 20L

 ㉡ TWIN 40/40 : 제3종 분말소화약제 40kg + 수성막포 40L

# [ 317 ] MOC/Inerting

## 1. MOC (Minimum Oxygen Concentration : 최소 산소농도)

① 최소산소농도란 가연성혼합기에서 연소가 진행하기 위해서 필요한 최소 산소농도를 말한다.

② 공식

　㉠ $MOC = LFL \times O_2$

　㉡ LFL은 존슨식, 르샤틀리에식으로 구한다.

　　1) 단성분인 경우(존슨식으로 구함)

　　　$L_{25} \approx 0.55\ C_{st}$

　　2) 다성분인 경우(르샤틀리에식으로 구함)

$$L = \frac{100}{\dfrac{V_1}{L_1} + \dfrac{V_2}{L_2} + \dfrac{V_3}{L_3}}$$

　　여기서, $V_1$, $V_2$, $V_3$ : 단독 성분가스의 혼합물 중 농도[vol%]

　　　　　$L_1$, $L_2$, $L_3$ : 단독 성분가스의 연소하한계 농도[vol%]

## 2. Inerting(불활성화)

① Inerting(불활성화)란 가연성 혼합가스에 불활성 가스를 주입하여 산소농도를 가연성혼합가스가 연소하지 않는 최소 산소농도(MOC) 이하로 낮추어 화재나 폭발이 진행되지 못하게 하는 공정을 말한다.

② 설비나 용기 내부에 화학적, 물리적 반응을 일으키지 않는 기체로 중화처리하는 것으로 불활성화 혹은 Purge라고도 하며 이때 사용되는 가스를 퍼지가스라고 한다.

③ 불활성가스로 사용되는 것에는 $N_2$, $CO_2$, 수증기 등이 있다.

④ Inerting 할 때는 최소 산소농도(MOC)보다 4% 낮은 농도로 설계한다.

　예 가연성혼합기 MOC가 10%라면 Inerting은 6%로 설계

## 3. 불활성화(Inerting) 방법

① 압력퍼지(Pressure Purging)
  ㉠ 용기에 Inert gas를 주입한 후 가압하고 용기 내에 충분히 확산되면 대기 중에 방출하는 작업을
     반복해서 원하는 산소농도로 설정되게 함
  ㉡ 퍼징 시간은 짧으나, 퍼징 가스를 많이 소모함

② 진공퍼지(Vacuum Purging)
  ㉠ 용기를 진공으로 만든 후 퍼지 가스를 주입하여 대기압과 같아질 때까지 반복함
  ㉡ 반응기에 주로 사용하며, 큰 용기는 진공에 견디기 쉽지 않기 때문에 사용이 어려움

③ 사이폰 퍼징(Siphon Purging)
  ㉠ 용기에 액체를 채운 후 액체가 용기로부터 드레인 될 때 퍼지 가스를 용기의 증기구간에 주입
     하는 방식으로 주입되는 퍼지가스의 부피는 용기의 부피와 같고, 퍼지속도도 액체유속과 같음
  ㉡ 큰 저장용기를 사용할 때 경비를 최소화하기 위해 사용

④ 스위프 퍼지(Sweep – Through Purging)
  ㉠ 용기나 장치에 압력을 가할 수 없거나 진공을 할 수 없을 때 사용함
  ㉡ 한쪽 개구부로 inert gas를 가하고, 다른 쪽 개구부로 혼합가스를 배출함
  ㉢ 출구의 유량(혼합가스 배출유량)과 입구의 유량(inert gas 유량)이 정상상태(steady state)를
     유지해야 함

## [ KEYWORD 318 ] NFPA Code에 의한 위험물 표시 〈704〉

### 1. 개요

① 위험물(Dangerous Goods)이란 물질의 물리적, 화학적 또는 생물학적 성질상 그 물질 자체의 특성 혹은 서로 다른 2종류 이상의 물질이 접촉 또는 특별한 상황하에서의 마찰 등으로 인하여 폭발, 인화, 유독, 부식, 방사성, 질식, 발화, 전염, 중합, 동상, 분진폭발 또는 반응 등을 초래하여 건강, 안전, 재산 또는 환경에 위험을 야기하는 물질 또는 제품을 말한다.

② 국내에서는 1류에서 6류로 분류하여 관리하고 있으나 NFPA 704에서는 물질의 위험성을 유독성, 가연성, 반응성 및 기타 특이사항 등을 표시할 수 있는 표지를 정하여 사용한다.

### 2. NFPA 704에 의한 위험물 표시

① NFPA 704는 미국화재예방협회에서 발표한 규격의 일종으로 응급상황에서 위험물질에 대해 신속한 대응을 하기 위해 만들어진 "fire diamond"로 표현되며, 응급상황이 발생했을 때 신속한 대응을 하기 위한 결정을 하는 데 도움을 준다.

② 위험물 표시

[그림 261] 표시방법

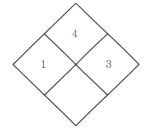

[그림 262] $C_2H_2$ 예

㉠ 유독성은 인체에 흡입, 노출 등으로 미치는 영향 표시

㉡ 가연성은 물질의 가연성을 나타내는 것

㉢ 반응성은 폭발성, 물과의 반응성을 나타내는 것

㉣ 특이사항은 금수성, 산화성, 방사성 물질에 한하여 특별한 기호를 넣는 것

③ 위험물 분류

▼ [표 134] 위험물 분류

| 유독성(청색) | | |
|:---:|:---:|:---|
| 4 | 위험 | 짧은 노출(피폭)에도 사망 혹은 심각한 부상, 특수 보호장비 필요 |
| 3 | 주의 | 짧은 신체 노출로도 일시적 혹은 만성적 부상 야기함. 접촉, 흡입을 피할 것 |
| 2 | 주의 | 지속적/일반적 접촉으로 일시적 장애 혹은 부상 유발 가능 |
| 1 | 조심 | 노출 시 경미한 부상 유발 |
| 0 | | 건강상 위협이 되지 않고 특별한 주의가 필요 없음 |
| **가연성(적색)** | | |
| 4 | 위험 | 평상시 대기 환경에서 완전히 증발하거나 공기 중에 확산 되어 불타게 됨 |
| 3 | 주의 | 인화점 100℉ 미만인 인화성 액체 |
| 2 | 조심 | 인화점 100℉ 이상 200℉ 미만인 가연성 액체 |
| 1 | | 충분히 가열되었을 경우 발화하는 물질 |
| 0 | | 불연성 |
| **반응성(황색)** | | |
| 4 | 위험 | 일반적인 대기 환경(기온·기압)에서 폭발할 수 있는 물질 |
| 3 | 위험 | 충분히 가열되었거나 큰 충격을 받으면 폭발, 혹은 물과 반응성 물질 |
| 2 | 주의 | 기온·기압 상승 시 화학적 변화 수반 또는 물과 혼합 시 폭발 가능성 물질 |
| 1 | 조심 | 일반적으로 안정적이나 기온·기압 상승 시 불안정해질 수 있는 물질 |
| 0 | 안정 | 화기에 노출되어도 안정적이며, 물과 혼합 시 반응성이 없음 |
| **특이사항(백색)** | | |
| W | | 물과 반응할 수 있으며, 반응 시 심각한 위험을 수반하는 금수성 물질 |
| OXY | | 산화성 물질 |

## [ KEYWORD 319 ] NOAEL/LOAEL

## 1. 정의

① NOAEL(No Observed Adverse Effect Level : 최대 허용설계농도)이란 농도를 증가시킬 때 인체의 심장에 아무런 악영향을 감지할 수 없는 최대 농도를 말한다. 즉, 심장에 독성을 미치지 않는 최대 농도이다.

② LOAEL(Lowest Observed Adverse Effect Level)이란 농도를 감소할 때 인체의 심장에 악영향을 감지할 수 있는 최소 농도를 말한다. 즉, 심장에 영향을 미치는 최저 농도이다.

## 2. 전역방출 방식에서 설계농도 기준

① 국내 기준

㉠ 사람이 상주하는 곳으로서 최대 허용설계농도를 초과하는 장소에는 할로겐화합물 및 불활성기체 소화설비의 설치를 제외하고 있다.
【NFTC 107A 2.2.1.1】

㉡ 따라서 최대 허용설계농도 이하로 적용하며 다음 표와 같다. 【NFTC 107A 2.4.2】

▼ [표 135] 소화약제별 최대허용설계농도

| 소화약제 | 최대 허용설계농도(%) | 소화약제 | 최대 허용설계농도(%) |
|---|---|---|---|
| FC−3−1−10 | 40 | HCFC BLEND A | 10 |
| FK−5−1−12 | 10 | HCFC−124 | 1.0 |
| HFC−23 | 30 | FIC−13I1 | 0.3 |
| HFC−236fa | 12.5 | IG−01 | 43 |
| HFC−125 | 11.5 | IG−541 | 43 |
| HFC−227ea | 10.5 | IG−55 | 43 |
| | | IG−100 | 43 |

② 미국 NFPA

㉠ 피난이 1분 이상 걸리는 곳에서 설계농도는 NOAEL 이하 적용

㉡ 피난이 30초~1분 이내 걸리는 곳에서 설계농도는 LOAEL 이하 적용

㉢ 사람이 없는 곳, 피난이 30초 이내 걸리는 곳에서 설계농도는 LOAEL 이상 적용 가능

## 3. 소화약제별 NOAEL과 LOAEL

▼ [표 136] 소화약제별 NOAEL과 LOAEL

| 약제 | NOAEL | 설계농도 | LOAEL |
|---|---|---|---|
| FK−5−1−12 | 10% | 5.6% | 10% |
| HCFC BLEND A | 10% | 8.6% | 10% |
| HFC−227ea | 10.5% | | |
| IG−541 | 43% | 37.5% | 52% |
| Halon 1301 | 5% | 5% | 7.5% |
| FIC−13I1 | 0.3% | 3.1% | |
| HFC−23 | 30% | 13.3% | |

## [ KEYWORD 320 ] NPSHav(유효흡입양정)/NPSHre(필요흡입양정)

## 1. 개요

① NPSH(Net Positive Suction Head)는 펌프가 흡입할 수 있는 실제 흡입수두를 말하며 $NPSH_{av}$와 $NPSH_{re}$가 있다.

② 수조가 펌프의 수위보다 낮은 경우 물이 자연적으로 상승해서 펌프에서 흡입하는 것이 아니고, 펌프가 동작하는 순간 배관 내 기압이 대기압 이하로 내려가면, 기압차이에 의해 배관 내로 물이 상승하는 것이다.

  \* 물의 경우 펌프에서 절대진공을 만들어 준다면 10.33m까지 흡입 가능하나 여러 가지 구조상 절대진공은 불가능하여 물펌프의 흡상능력은 보통 6~8m 정도이다.

③ 흡입배관을 통해 물이 정상적으로 상승하려면, 물을 밀어주는 역할을 하는 수면에 작용하는 대기압이 전체 손실보다 커야 한다(대기압 > 전체손실압).

## 2. NPSHav(유효 흡입양정, Available Net Positive Suction Head)

① 현장이 펌프에 주는 에너지로써 펌프의 임펠러 날개 직전의 기준면에서 액체가 가진 절대압력과 그 때의 포화증기압과의 차를 수두 높이로 표시한 것으로 캐비테이션의 판정에 이용된다.

② 펌프가 설치되어 사용될 때 펌프 그 자체와는 무관하게 흡입 측 배관 또는 시스템에 따라 정해지는 값이다.

③ 공식

$$NPSH_{av} = H_a \pm H_h - H_f - H_v$$

여기서, $H_a$ : 흡입면에 작용하는 압력수두 $\dfrac{Pa}{r}$ (m), 약 10m

  $H_h$ : 흡입 실양정으로 흡상일 때 ($-$), 압입일 때 ($+$)(m)

  $H_f$ : 흡입손실수두(m)

  $H_v$ : 액체온도에 해당하는 증기압 수두(m)

## 3. NPSH$_{re}$(필요 흡입양정, Required Net Positive Suction Head)

① 펌프가 흡입하기 위해 필요한 제작상의 흡입수두이다.

② 펌프 흡입 Flange에서 임펠러 입구까지의 손실양정이다.

③ 공식

$$\text{NPSH}_{re} = \left( \frac{N \sqrt{Q}}{S} \right)^{\frac{4}{3}}$$

여기서, N : 회전수(rpm)

Q : 유량

S : 흡입 비속도

＊ 흡입비속도(S)는 펌프의 캐비테이션에 대한 흡입성능의 양부를 나타내고 비속도(＝비교회전도)(Ns)는 펌프
Impeller형상을 나타내고 펌프성능 표시, 최적합 회전수 결정에 이용된다.

## 4. NPSH$_{av}$와 NPSH$_{re}$에 따른 캐비테이션 발생과정

임펠러에 흡입된 물의 운동에너지가 펌프의 케이싱에 부딪히는 순간 압력에너지로 변환하여 배관에
압력을 가하게 되며, 이때 흡입된 물의 NPSH$_{av}$(유효흡입양정)이 NPSH$_{re}$(필요흡입양정)보다 작으면
임펠러 내부의 압력이 떨어져서 포화증기압이하로 되고 물의 증발이 발생한다. 물이 정상적인 토출
을 못하고 증발된 기포가 파괴되면서 캐비테이션이 발생한다. 그러므로, 펌프의 흡입구에서 포화증
기압 이상으로 압력을 유지해야 캐비테이션 발생을 방지할 수 있다.

① "H$_a$ ± H$_h$ - Hf - H$_{re}$ < H$_v$" 이때 캐비테이션 발생

② 위 식에서 보면 유효흡입측압력에서 펌프에서 필요한 요구흡입압력을 뺀 압력이 그때의 포화증기
압력보다 적으면 배관 내에서 기포가 발생하여 캐비테이션이 일어난다.

## 5. NPSH와 Cavitation 관계

① NPSH$_{av}$와 NPSH$_{re}$를 알면 Cavitation 발생 가능성을 알 수 있다.

② NPSH$_{av}$ ＝ NPSH$_{re}$ : Cavitation 발생한계이다.

NPSH$_{av}$ ＞ NPSH$_{re}$ : Cavitation 발생하지 않는다.

③ 실제 설계에서 NPSH$_{av}$와 NPSH$_{re}$

NPSH$_{av}$ ≧ NPSH$_{re}$×1.3 : 설계 시 적용한다.

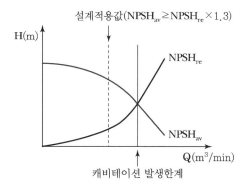

[그림 263] NPSH와 Cavitation 관계

## 6. 대책

① $NPSH_{av}$ 높이는 대책($H_a \pm H_h - H_f - H_v$)

　㉠ $H_h$를 낮추는 방법

　　1) 펌프 위치를 수조에 가깝게 설치한다.

　　2) 흡입배관의 길이를 최소화하여 흡입양정을 작게 한다.

　　3) 수조를 펌프보다 높게 하면 $H_h$ 값이 ($-$) 값이 된다.

　㉡ $H_v$ 감소

　　1) 임펠러의 회전속도를 줄인다.

　　2) 임펠러의 유속을 줄인다.

　㉢ $H_f$ 감소

　　1) 흡입 배관 손실수두 ↓ $\left( H_f = \lambda \dfrac{L}{D} \cdot \dfrac{V^2}{2g} \right)$

　　2) 배관길이를 짧게 한다.

　　3) 관경을 크게 한다.

　　4) 유속을 낮춘다.

　　5) 수온을 낮춘다.

② $NPSH_{re}$ 낮추는 대책

　㉠ 양흡입 펌프로 설계한다$\left( \text{유량 } Q \to \dfrac{1}{2}Q \text{ 가 된다} \right)$.

　㉡ 펌프 선정 시 $NPSH_{re}$가 낮은 펌프를 선택한다.

## [ 321 ] ODP(Ozone Depletion Potential : 오존 파괴 지수)

## 1. 개요

어떤 물질의 오존 파괴능력을 상대적으로 나타나는 지표로서 CFC−11(CFCl₃ : 삼염화불화탄소)를 '1'로 정하고 오존층에 대한 영향을 비교 환산한 것

## 2. 공식

$$ODP = \frac{\text{어떤 물질 1kg이 파괴하는 오존양}}{\text{CFC}-11 \ \ 1kg\text{이 파괴하는 오존양}}$$

▼ [표 137] 소화약제의 ODP

| 할론 1301 | 할론 2402 | 할론 1211 | CO₂ |
|---|---|---|---|
| 14 | 6.6 | 2.4 | 0.05 |

## 3. 오존층 파괴 메커니즘

$CFCl_3 \rightarrow CFCl_2 + Cl$(자외선에 의해 분해)

$Cl + O_3 \rightarrow ClO + O_2$(오존과 결합)

$ClO + O \rightarrow Cl + O_2$(Cl 재생산)

즉, 한 개의 염소원자[Cl]는 안정된 화합물을 형성할 때까지 수천~수십만 개의 오존을 파괴한다.

## 4. 오존층 파괴 영향

① 오존층이 파괴되면 강한 자외선에 의해 생태계 악영향
② 식물의 광합성 방해하여 성장저하, 수확량 감소
③ 인체 피부암, 백내장 등 유발
④ 바다의 플랑크톤 감소로 먹이사슬 파괴

## [ KEYWORD 322 ] PBPK 모델링

## 1. 개요

① PBPK(Physiologically Based Pharmacokinetics, 생리학적 약물 동태학) 모델은 화학물질의 시간에 따른 분포양상을 설명해주는 컴퓨터 도구로, 사람의 동맥혈농도가 개에게서 측정된 최대 동맥혈농도에 도달하는 데 걸리는 시간을 시뮬레이션한다.

② 즉, PBPK modeling은 할로겐화탄소의 시간에 따른 신체흡수율을 반영하여 흡수율에 따른 노출한계를 결정하는 방식이며, 한계는 혈액 중의 농도가 LOAEL과 일치하는 시점 및 소화약제농도를 기준으로 결정된다.

## 2. 특성

① 독성의 영향에서 시간개념을 도입한다(5분 이내 노출을 허용).

② 사람이 상주하는 공간의 설계농도가 증가한다.

   NOAEL 이하 농도 → LOAEL 이하 농도

③ 동물실험이 아닌 컴퓨터 시뮬레이션 기법이다.

## 3. 전역방출 방식의 소화설계농도 기준

① 거주지역으로서 NOAEL 농도 이하로 설계된 구역에서는 최대노출시간은 5분을 초과하지 말아야 한다.

② 거주지역으로서 PBPK로 측정한 사람에 대한 노출 한계시간 5분의 경우는 노출에 대한 안전대책이 구비되었다면 사용이 가능하고 노출 한계시간 5분 미만으로 규정된 높은 설계농도는 사용할 수 없다.

③ 일반거주지역이 아니며 LOAEL 이상의 설계농도일 경우 사람에게 노출될 가능성이 있는 지역에서는 노출시간을 제한하는 대책이 필요하다.

   ㉠ 대피시간이 30초 이상 1분 미만일 때 소화약제를 LOAEL보다 높은 농도로 사용할 수 없다.

   ㉡ 30초 안에 대피가 가능한 경우 LOAEL을 초과하는 농도가 허용된다.

   ㉢ 예비방출경보장치와 시간지연장치를 설치한다.

## [ KEYWORD 323 ] PSM

## 1. 개요

① PSM(Process Safety Management : 공정안전관리)이란 유해 · 위험물질의 누출 · 화재 · 폭발 등으로 인하여 사업장 및 인근 지역에 큰 피해를 줄 수 있는 중대산업사고를 예방하기 위하여 화학공장 내 물적, 인적, 관리적 요소(12개)에 대한 체계적이고 구체적인 안전관리 활동을 말한다.

② 1984년 인도의 보팔사고 등을 계기로 세계 각국에 재해 예방의 일환으로 도입되었으며, 국내에서는 1996년부터 「산업안전보건법」에 의해 시행되고 있다.

## 2. PSM 시스템의 12개 구성요소

▼ [표 138] PSM 시스템의 12개 구성요소

| | |
|---|---|
| ① 공정안전자료 | ⑦ 교육계획 |
| ② 위험성평가 | ⑧ 가동전점검지침 |
| ③ 안전운전지침서 | ⑨ 가동요소관리계획 |
| ④ 설비점검 · 검사 · 보수계획 | ⑩ 자체감사 |
| ⑤ 안전작업허가 | ⑪ 사고조사 |
| ⑥ 도급업체안전관리계획 | ⑫ 비상조치계획 |

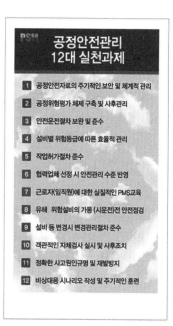

[사진 255] PSM 12대 구성요소 실천 홍보물

## 3. 공정안전보고서 심사 및 확인 절차

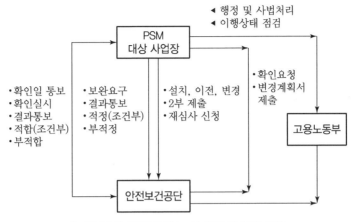

[그림 264] 공정안전보고서 심사 및 확인 절차

## 4. 공정안전관리 추진절차

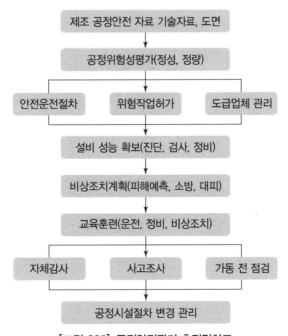

[그림 265] 공정안전관리 추진절차도

[ **324** ] Purkinje Effect(퍼킨제 효과, 푸르키네 현상)

## 1. 개요

퍼킨제효과란 색광에 대한 시감도가 명암순응 상태에 따라 달라지는 현상을 말한다. 즉, 밝은 곳에서 같은 밝기로 보이는 청색과 적색이 어두운 곳에서는 청색이 적색보다 더 밝게 보이는 현상을 말한다.

## 2. 퍼킨제효과 발생

① 여러 명암순응의 상태에서 시감도곡선을 구하면 명순응의 정도가 높아지게 됨에 따라서 시감도곡선의 극대점이 장파장 측으로 기울며, 반대로 암순응의 정도가 높아지면 단파장 측으로 기운다. 따라서 명순응 시에는 적색이나 주홍이 상대적으로 밝게 보이며 암순응 시에는 파란색이나 초록색이 밝게 보인다. 시감도곡선의 극대는 명순응 시에는 560nm 정도이며, 암순응이 진행되면 510nm 정도가 된다.

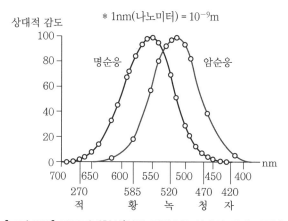

[그림 266] 푸르키네현상(사람 명암순응 상태의 시감도곡선)

② 순응(Adaptation)

 ㉠ 빛이 들어오는 양을 조절, 망막의 감광도를 변화시키는 눈의 능력이다.

 ㉡ 사람이 밝은 곳에 있다가 갑자기 어두운 곳으로 이동 시 약 30분 정도 지나서야 물체를 식별(암순응)하거나, 어두운 곳에 있다가 갑자기 밝은 곳으로 이동 시 약 1~2분 후에 물체를 식별(명순응)하는 눈의 반응을 순응이라고 한다.

 ㉢ 급격히 어두워지거나 급격히 밝아지는 터널조명등의 기초이론이 된다.

  1) 암순응(dark adaptation) : 어두운 곳에서의 순응을 말하며, 망막은 1~2만 배의 감광도를 얻게 된다.

2) 명순응(light adaptation) : 밝은 곳으로 나왔을 경우의 순응으로, 감광도가 급격히 떨어져서 1~2분의 적응시간이 필요하다.

③ 시감도와 비시감도

　㉠ 시감도

　사람의 눈이 빛을 느끼는 전자파는 380~760nm 파장 범위이며, 555nm의 파장을 가지는 녹색의 빛이 가장 밝게 느껴지며, 이것보다 파장이 길어지거나 짧아지면 빛의 밝기가 어두워졌음을 느끼게 된다. 이처럼 전자파의 에너지가 빛으로 느껴지는 정도를 빛의 시감도라고 한다.

　㉡ 비시감도

　눈의 최대감도 555nm의 파장을 1로 하여 다른 파장(380~760nm)에 대한 시감도의 비를 비시감도라 한다(비시감도 = 임의 파장의 시감도/최대감도).

# 3. 응용설비

① 피난기구 : 유도등, 유도표지 등
② 표지판 : 도로 이정표, 지명표지 등

P형 수신기

## 1. 개요

① 자동화재탐지설비에서 감지기·발신기 등의 입력신호를 수신기에, 수신기의 출력신호를 음향경보장치 등에 보내는 방법에는 1 대 1 전송방식과 다중 전송방식이 있다. 1 대 1 전송방식이란 1개의 신호를 1개의 선로를 이용하여 보내는 방법으로, 신호 전달이 확실하다는 장점이 있어 P형 수신기에서 사용하고 있다.(* 용어 "수신기" 참조)

② P형 수신기는 각 경계구역별로 1대 1전송(경계구역별 개별신호선)에 의한 공통신호로 운영되는 수신기로 중·소규모 특정소방대상물에 설치된다.

③ P형 수신기 기능과 소화설비 등의 감시제어반 기능(작동표시등, 음향경보기능, 자동·수동 작동 및 중단 기능)을 함께 갖고 있을 때 P형 복합형 수신기라고 한다.

[사진 256] P형 1급 복합형 수신기

## 2. P형 수신기 구성 예

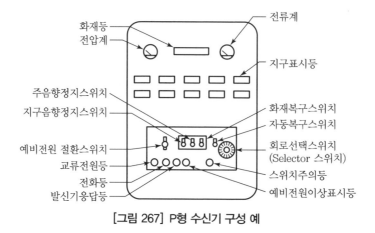

[그림 267] P형 수신기 구성 예

[ **KEYWORD**
**326** ]  R형 수신기

## 1. 개요

① 각 경계구역별로 다중통신방법에 의한 각 회선 고유신호에 따라 화재신호가 전달되는 방식으로 대규모단지 및 고층빌딩 등에 적용한다.

② 다중 전송방식이란 여러 개의 신호를 1개의 선로를 이용하여 보내는 방법으로, 경제적으로 비용이 절감된다는 장점이 있어 R형 수신기에 사용하고 있다.

③ 다중 전송방식은 시분할 방식과 주파수 분할 방식이 있으며, 대규모 건축물이나 대단위 공장 등 회로수가 많은 곳 또는 수신기와 발신기세트 등의 거리가 멀어 전압 강하 등이 발생할 수 있는 지역에 사용하고 있다. (* 용어 "수신기" 참조)

④ R형 수신기 기능과 소화설비 등의 감시제어반 기능을 함께 갖고 있을 때 R형 복합형 수신기라고 한다.

[사진 257] R형 복합형 수신기

## 2. 다중 전송방식(Multiplex Communication)

① 시분할 다중방식(Time Division Multiplex)

㉠ 서로 다른 신호를 시간차를 두고 전송하는 방식으로 시간을 조각내어 이 조각낸 시간 단위(Time Slot)를 각 노드(Node)에 할당하여 데이터(Data)를 전송하는 방법

ⓒ 그러나 일반적으로 TDM은 디지털 데이터(Data)를 전송하는 데 적합한 방식이며, Data를 순서대로 연속해서 송출하는 방식이다.

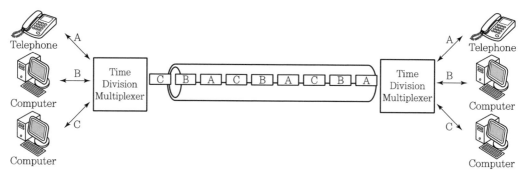

[그림 268] 시분할 다중방식

② 주파수 분할 다중방식(Frequency Division Multiplex)

ⓒ 전송로가 가지는 주파수 대역폭을 전송신호 대역폭 단위, 즉 채널로 분할하고, 각 신호를 서로 다른 채널로 전송하는 방법

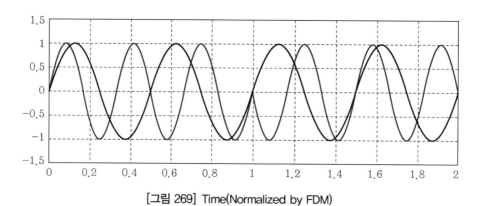

[그림 269] Time(Normalized by FDM)

ⓒ 주파수 분할의 대표적인 것이 AM, FM 방송으로 모두 이 방법을 사용하고 있으며, R형 수신기에서도 FDM방식을 일반적으로 채택하고 있다.

③ 시분할 다중방식에서 변조방식(PCM : Pulse Code Modulation)

ⓒ 아날로그 신호를 A/D 변환기를 통해 디지털 신호로 변화시켜 처리하는 메커니즘(Mechanism)

ⓒ 표본화 → 양자화 → 부호화

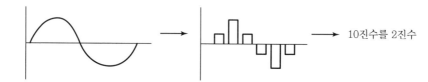

10진수를 2진수

[그림 270] 아날로그신호에서 디지털신호 변환

**712**

## 3. P형과 R형 수신기 비교

▼ [표 139] P형과 R형 수신기 비교

| 구분 | P형 수신기 | R형 수신기 |
|---|---|---|
| 유지관리 | 배선수↑, 수신기 내부회로 연결 복잡, 유지 관리가 어려움 | 간선수↓, 유지 관리가 쉬움<br>내부부품 모듈화 수리 용이 |
| 신뢰성 | 외부회로 단락 등 고장 시 전체시스템 마비 | 중계기 고장 시 시스템 정상 |
| 설치공간 | 회선수당 설치공간이 큼 | 설치 공간이 작음 |
| 표시장치 | 창구식, 지도식 | 창구, 지도, 디지털, CRT |
| 가격 | 저렴 | 고가 |
| 신호전송 | 개별신호 | 다중전송 방식 |
| 경제성 | 배관 배선비, 인건비 상승, 회로수가 적을수록 경제적 | 회로수가 많을수록 경제적 |
| 변경증설 | 증축 시 배선추가<br>회로 증가 시 수신반 추가 | 증설 시 중계기 예비회로 사용되거나 별도 중계기 설치 증설 용이 |

## [ KEYWORD 327 ] RDD와 ADD

## 1. 개요

① RDD는 Required Delivered Density 즉, 필요방사밀도로서 화재진압에 필요한 물의 양을 말한다. 단위면적당 화재를 진압하는데 필요한 물의 양(lpm/m²) 즉, 소화목적을 달성하는데 필요로 하는 급수량을 가연물 상단의 표면적으로 나눈 값이다.

② ADD는 Actual Delivered Density, 즉 실제방사밀도로서 스프링클러헤드로부터 방사된 물이 화재표면에 실제로 도달한 양을 말한다. 스프링클러헤드로부터 분사된 물 중에서 화염을 통과하여 연소 중인 가연물 상단에 실제로 도달한 양을 가연물 상단의 표면적으로 나눈 값(lpm/m²)을 말한다.

## 2. RDD

① 화재 발생 시 연소표면에서 소화를 시키기 위해 필요한 방사밀도

② 화재하중에 따른 스프링클러 시스템의 필요 방사량이다.

③ 스프링클러헤드 작동 시 화재의 크기에 따라 달라진다.

④ 계산식

$$\mathrm{RDD} = \frac{\text{요구방수량}\,[\mathrm{lpm}]}{\text{가연물상단의 면적}\,[\mathrm{m}^2]} = \frac{Q_r}{A}\,[\mathrm{lpm/m}^2]$$

⑤ RDD에 영향을 주는 인자

㉠ 화재하중

㉡ 천장고

㉢ 가연물의 종류

㉣ 살수특성

## 3. ADD

① 화재 시 소화작업에 이용되는 실제방사밀도이다.

② 화염의 상승기류를 극복하고 통과하는 물방울의 투과율과 헤드의 평면적인 살수패턴의 적정성 여부를 판단하는 기준이다.

③ 계산식

$$ADD = \frac{\text{실제 가연물 상단에 도달된 방수량}[\text{lpm}]}{\text{가연물상단의 면적}[\text{m}^2]} = \frac{Q_a}{A}[\text{lpm/m}^2]$$

④ ADD에 영향을 주는 인자

    ㉠ K Factor : 클수록 방수량이 증가하여 ADD는 증가한다.

    ㉡ 방사압 : 클수록 물방울 입자는 감소하고 ADD는 저하한다.

    ㉢ 물의 운동량 : 질량×속도로 압력을 크게 하면 질량은 작으나 속도가 빨라져 화심에 도달한다.

    ㉣ 헤드 배치 간격 : 가까울수록 ADD가 증가한다.

    ㉤ 스프링클러 동작시간 : 빠를수록 ADD가 증가한다.

    ㉥ 가연물과 헤드 사이의 거리 : 가까울수록 ADD가 증가한다.

## 4. RDD와 ADD 관계

① RDD는 시간이 경과되면 화세가 확대되고, 더 많은 주수가 필요하므로 증가한다.

② ADD는 시간이 경과되면 화세가 확대되어, 물방울이 비산, 증발되므로 감소한다.

③ 스프링클러 헤드의 반응이 빠를수록 조기에 살수가 되므로, RDD는 작아지고, ADD는 증가한다.

④ 조기에 화재를 진압하기 위해서는 ADD가 RDD보다 커야 한다.

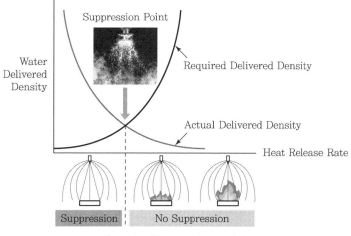

[그림 271] RDD와 ADD 관계

⑤ 조기소화를 위해서는 단시간 내 필요한 물의 양보다 더 많은 양의 물을 화재표면에 침투시켜야 하고 이를 이용한 것이 ESFR 스프링클러설비이다.

## [ KEYWORD 328 ] Soaking Time

## 1. 개요

① 가스계 소화설비는 B, C급 화재에 적응성이 있는 우수한 소화약제로서 질식을 주된 소화효과로 사용하기 때문에 소화 후 재발화 우려가 있어 일정시간 설계농도가 유지되어야 한다.

② 이같이 일정시간 설계농도를 유지하는 것을 Soaking Time이라고 한다.

## 2. Soaking Time(또는 Holding Time)

① 할론소화약제는 초기에 소화가 가능한 표면화재에 주로 사용하나, 이를 심부화재에 적용할 경우에는 소화가 가능한 고농도(설계농도)로 일정시간 유지시켜 주어야 하는데, 이때 필요한 시간을 Soaking Time(설계농도 유지시간)이라 한다.

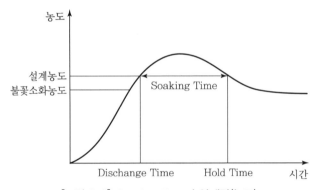

[그림 272] Soaking Time과 약제량(농도)

② Soaking Time이 필요한 이유

㉠ 가스계 소화설비는 연소범위 이하로 농도를 낮추는 질식효과를 이용한다.

㉡ 냉각효과가 작아 재발화 우려가 높다.

㉢ A급 심부화재, 중질유 화재에서는 일정시간 설계농도를 유지하여야 재발화를 방지할 수 있다.

㉣ 인화점 이하로 냉각될 때까지 시간이 걸린다.

## 3. Soaking Time 유지 방식

① Descend Interface Mode : 약제 비중이 공기보다 커서 방사 후 약제가 방호공간 하부로 누설되기 때문에 가장 높은 방호대상물 상부까지 설계농도가 유지되는 시간으로 적용되는 방식이다.

　㉠ 약제가 장비까지 하강하는 시간이다.

　㉡ 과압 배출구를 상부에 설치한다.

　㉢ 방호대상물 높이에 따라 Soaking Time이 달라진다.

② Mixing Mode : 약제 비중이 공기보다 적어 방호공간의 누설틈새로 누설되어 방호공간 전체가 설계농도로 유지되는 시간으로 적용되는 방식이다.

　㉠ IG – 100 등 약제가 공기보다 가벼운 것을 사용하는 장소에 적용한다.

　㉡ 약제 방사 후 방호구역 내 농도가 설계농도 이하에 이르는 시간이다.

　㉢ 과압 배출구는 헤드에서 가장 먼 곳에 설치한다.

[사진 258] 가스계 소화설비 과압배출구

## 4. 소화약제별 유지시간

① 이산화탄소 : 표면화재 1분, 심부화재 20분【NAPA 12.2– 4.1】

② 할론 : 10분【NFPA 12A.A– 3.4.2】

③ 할로겐화합물 : 10분

## [ KEYWORD 329 ] TLV(Threshold Limit Values : 허용한계농도)

## 1. 개요

① 특정 작업장 상황 및 조건을 평가할 때 고려해야 할 여러 요소 중 하나로서 미국 정부 산업 위생사 협회(ACGIH) 산업 위생사가 작업장에서 발견되는 다양한 화학 물질 및 물리적 작용 물질에 대한 안전한 노출 수준을 결정할 때 사용하기 위한 지침을 말한다.

② 독성물질의 흡입 또는 피부 노출 시에 악영향을 주지 않는 농도를 말한다.

③ 가장 큰 값(RMV = 농도×지속시간)

## 2. TLV – TWA(Time Weighted Average Concentration)

① 시간 가중 평균

② 매일 근로자가 정상 근무(8시간/일, 40시간/주)할 동안 노출되어도 영향을 주지 않는 평균 농도

③ TWA 농도 $= \dfrac{C_1 T_1 + C_2 T_2 ... + C_n T_n}{8}$

여기서, $C$ : 유해요인 측정농도(ppm)
$T$ : 유해요인 발생시간(H)

## 3. TLV – STEL(Short Term Exposure Limit)

① 단기간 노출 한도

② 짧은 시간 동안 노출되어도 유해한 증상이 나타나지 않는 최고의 허용농도로서 근로자가 작업 시 15분간 연속하여 노출되어도 유해한 증상이 나타나지 않는 최고 농도

　㉠ 참을 수 없는 자극

　㉡ 만성적 또는 비가역적 조직 변화

　㉢ 사고를 일으킬 수 있는 정도의 혼수상태, 자위력 손상

　㉣ TLV – TWA 농도를 초과하지 않아야 함

## 4. TLV – C(Ceiling Value : 최고치)

① 최고 허용한계농도

② 한순간이라도 초과하면 안 되는 농도

## 5. 주요 독성가스 허용농도 【화학물질 및 물리적 인자의 노출기준 별표 1】

▼ [표 140] 독성가스 허용농도

| 독성가스 명칭 | 허용농도(ppm) | |
|---|---|---|
| | TLV−TWA | TLV−STEL |
| 오존($O_3$) | 0.08 | 0.2 |
| 브롬($Br_2$) | 0.1 | 0.3 |
| 불소($F_2$) | 0.1 | − |
| 염소($Cl_2$) | 0.5 | 1 |
| 일산화탄소(CO) | 30 | 200 |
| 이산화탄소($CO_2$) | 5,000 | 30,000 |

## [ 330 ] UVCE(Unconfined Vapor Cloud Explosion)

## 1. 개요

가연성 가스(수소, 일산화탄소, 메탄, 에탄 등)와 산소의 혼합형태(증기구름형태)에서 점화원에 의해
발생하는 가스폭발이며 개방공간에서 발생하면 UVCE라 하고 밀폐공간에서 발생하면 VCE라 한다.

[사진 259] UVCE 모습

## 2. UVCE 발생 메커니즘

① 가연성 가스 대기 방출

　㉠ 대기 중에 대량(약 1톤 이상)의 가연성가스 또는 액체가 누출됨

　㉡ 증기운 폭발이 발생하는 과정은 유출된 물질의 저장 상태, 압력과 온도에 따라 분류됨

② 가연성 혼합기체의 형성과 확산

　㉠ 대기 중에 증발된 가연성 가스가 확산운동으로 유동하면서 공기와 혼합되어 가연성혼합기체
　　형성으로 점화가 이루어지기 전까지 위험지역이 확대 및 이동함

　㉡ 영향요소에는 확산물질의 비중, 지형의 특성, 대기의 안정도(바람의 방향, 속도, 온도) 등이 있음

③ 가연성 혼합기체의 폭발

　㉠ 점화원이 없고 희석되어 혼합농도가 연소하한계 이하가 되면 폭발이 발생하지 않고 끝남

　㉡ 점화원(정전기, 고온물질, 전기아크 등)에 의해서 연소를 전파

　㉢ 점화원이 주어지고 화염속도가 음속이상이면 폭풍을 일으킴 → 폭굉으로 전이

## 3. VCE(Vapor Cloud Explosion)

① VCE(Vapor Cloud Explosion) 발생 메커니즘

경질류 저장탱크 내부 등 가연성 혼합기를 형성하는 공간에서 점화원에 의해 발생하며, 착화파괴형 폭발이다.

② VCE 거동에 영향을 주는 인자

㉠ 가연성 가스의 증발형태

▼ [표 141] 가연성 가스의 증발형태

| class | 물질 | 특성 | 증발형태 |
|---|---|---|---|
| Ⅰ | LNG | 대기압에서 저온으로 액화 | 저온 용기에서 외부 유출로 온도가 상승하여 액상 물질이 순간 기화하는 과정에서 증발속도는 낮아지나 단시간에 대량의 증기운 형성 |
| Ⅱ | LPG, 액화염소, 액화암모니아 | 상온에서 가압하여 액화 | 용기 파손으로 압력이 해제되면 액상물질 전체가 순간 증발(Flashing) |
| Ⅲ | 벤젠, 헥산 | 물질이 비점 이상인 온도에 있지만 가압되어 액화 | 용기 파손으로 압력이 해제되면 액상물질 전체가 순간 기화 |
| Ⅳ | 액화 사이클론 헥산 | 상온 대기압에서 액체, 인화점이 상온보다 낮음 | 유출된 액체에 지열 등으로 열이 공급되면서 액면에서 연속적으로 증기를 발생시켜 확산 |

㉡ 점화의 지연정도, 점화원 위치

㉢ 증발된 물질의 분율

$$\frac{q}{Q} = \frac{(Hf_1 - Hf_2)}{L}$$

여기서, $q$, $Q$ : 기화, 전체 액량(kg)

$Hf_1$, $Hf_2$ : 가압, 대기압 하의 엔탈피(kcal/kg)

㉣ 폭발 효율, 폭발한계 이상 농도

## 4. 방지대책

① UVCE 방지대책

누설, 방류, 체류방지(환기시설, 자동차단밸브)

② VCE 방지대책

㉠ 점화원 관리(폭발 방지설비)

㉡ MOC(최소 산소농도) 이하로 불활성화(산소농도제어)

Y - △ 기동

## 1. 개요

① 전동기에 전원을 직접 인가하는 기동방식은 기동 시 전류가 정상운전 시보다 6~7배 정도로 흐르기 때문에 모터의 손상이나 배선에 전압강하를 일으켜 같은 계통에 물려있는 다른 설비에 손상을 입힐 수 있다.

② Y - △(와이델타) 기동방식은 전압을 조정하여 기동전류와 기동토크를 조정하는 방법으로 기동 전압을 $1/\sqrt{3}$ 로 줄이면 기동전류와 기동토크는 1/3로 감소하게 되는 원리를 이용한 것이다.

③ Y - △ 기동방식은 3상 유도전동기의 기동방법 중 한가지로 Y결선으로 기동하여 △결선으로 운전하게 되므로 Y기동 △운전이라고도 한다.

## 2. 특징

① Y - △ 기동방식은 유도전동기의 고정자 권선을 전동기 외부에서 전자접촉기(마그네틱)를 이용하여 결선방식을 변경시키는 방법이다.

② 이 방식은 Y결선에서 △결선으로 전환되는 순간 일시적으로 무전압 상태가 되어 전류 및 토크의 충격이 발생하는 단점이 있다.

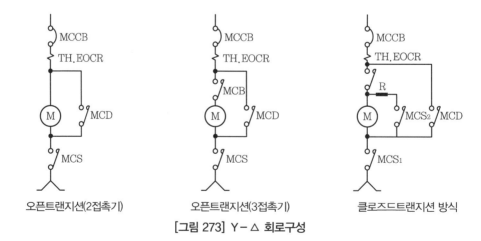

오픈트랜지션(2접촉기)　　오픈트랜지션(3접촉기)　　클로즈드트랜지션 방식

[그림 273] Y - △ 회로구성

\* MCCB : 배선용 차단기, TH/EOCR : 과부하전류 보호기, M : 모터
\* MCD : △결선용 전자접촉기, MCS : Y결선용 전자접촉기

③ Y−△ 전환방식

　㉠ 오픈트랜지션(Open Transition)방식 : Y에서 △로 전환할 때 전동기를 전원에서 분리하고 전환하는 방법이다.

　㉡ 클로즈드트랜지션(Closed Transition)방식 : Y에서 △로 전환할 때 전동기를 전원에서 분리하지 않고 전환하는 방식으로써 모터로 흐르는 전류가 중단되지 않는 방법이다.

## 3. 유도전동기 기동방식

① **직입기동(전전압 기동)** : 별도의 기동장치를 사용하지 않고 전동기에 직접 정격전압을 인가하여 기동하는 방법이다. 보통 5kW 이하의 소형 전동기에 사용한다.

② **Y−△ 기동(감전압 기동)**

　㉠ 전동기 기동 시 고정자 권선을 Y결선으로 기동하고, 정격 회전속도에 근접하면 △결선으로 전환하여 운전하는 방법이다.

　㉡ on/off를 자주 반복하는 대용량 전동기는 전자접촉기의 수명을 단축시키므로 Y−△ 결선에 부적합하다.

③ **리액터(Reactor) 기동(감전압 기동)** : 전동기의 전원에 직렬로 리액터를 연결하여 리액터의 전압강하에 의해 전동기에 인가되는 단자전압을 내려서 기동전류를 줄이는 방법이다.

④ **보상기에 의한 기동(Korndorfer Starter)** : 전동기 1차 측에 단권변압기를 연결하여 저전압부터 기동 탭을 서서히 올리면서 기동하는 방법이다.

⑤ 그 밖에도 VVVF 기동, VVCF 기동, Soft Starter 기동, VFD 기동, 직렬임피던스 기동 등이 있다.

# » 부록

## 01 단위변환

| | | | |
|---|---|---|---|
| 길이 | 1inch=25.4mm<br>1ft=0.3048m<br>1m=38.37inch | 1m=6.21373×10⁻⁴mile<br>1mile(마일)=1.6093km | 1m=1.09361yd(야드)<br>1yd=0.9144m<br>1해리=1,852km |
| 압력 | 1atm=760mmHg=1.0332kg_f/cm²=10.332mH₂O(mAq)<br>=101,325N/m²(Pa)=10.1325N/cm³=1.013bar=14.7PSI | | |
| 체적 | 1m³=1,000ℓ<br>1ℓ=1,000mℓ | 1mℓ=1cc(cm³)=1g | 1gal(갤론)=3.785ℓ |
| 힘, 무게 | 1lb(파운드)=0.4536kg_f<br>1kg_f=2.2lb | 1carat(캐럿)=200mg | 1kg_f=9.8N |
| 일, 열량<br>에너지 | 1kWh=860kcal<br>1BTU=0.252kcal | 1kcal=1/860kW<br>1kg·m=9.8N·m=9.8J | |
| 동력 | 1kW=102kg_f·m/s | 1kW=1.34HP | 1HP=0.746kW |
| 온도 | °F=9/5℃+32 | 0℃=32°F, 100℃=212°F | |

## 02 그리스문자

| | | | |
|---|---|---|---|
| $A\alpha$ | 알파 | $N\nu$ | 뉴 |
| $B\beta$ | 베타 | $\Xi\xi$ | 크시 |
| $\Gamma\gamma$ | 감마 | $Oo$ | 오미크론 |
| $\Delta\delta$ | 델타 | $\Pi\pi$ | 파이 |
| $E\epsilon$ | 엡실론 | $P\rho$ | 로 |
| $Z\zeta$ | 제타 | $\Sigma\sigma$ | 시그마 |
| $H\eta$ | 에타 | $T\tau$ | 타우 |
| $\Theta\theta$ | 세타 | $Y\upsilon$ | 입실론 |
| $I\iota$ | 요타 | $\Phi\phi$ | 피 |
| $K\kappa$ | 카파 | $X\chi$ | 키 |
| $\Lambda\lambda$ | 람다 | $\Psi\psi$ | 프시 |
| $M\mu$ | 뮤 | $\Omega\omega$ | 오메가 |

## 03 | 그리스어 접두사

할로겐화합물소화약제 명명법 등에 사용하며 숫자를 읽는 데 사용

| 1 | 2 | 3 | 4 | 5 | 6 | 7 | 8 | 9 | 10 |
|---|---|---|---|---|---|---|---|---|----|
| 모노 | 디 | 트리 | 테트라 | 펜타 | 헥사 | 헵타 | 옥타 | 노나 | 데카 |
| mono | di(bi) | tri | tetra | penta | hexa | hepta | octa | nona | deca |

## 04 | 단위계의 접두어

| 크기 | 명칭 | 기호 | 크기 | 명칭 | 기호 |
|------|------|------|------|------|------|
| $10^1$ | deca | da | $10^{-1}$ | deci | d |
| $10^2$ | hecto | h | $10^{-2}$ | centi | c |
| $10^3$ | kilo | k | $10^{-3}$ | milli | m |
| $10^6$ | mega | M | $10^{-6}$ | micro | $\mu$ |
| $10^9$ | giga | G | $10^{-9}$ | nano | n |
| $10^{12}$ | tera | T | $10^{-12}$ | pico | p |
| $10^{15}$ | peta | P | $10^{-15}$ | femto | f |
| $10^{18}$ | exa | E | $10^{-18}$ | atto | a |

MEMO

MEMO

대한민국 소방인을 위한 필독 용어해설집

# 소방용어해설

| | |
|---|---|
| 초 판 발 행 | 2020년 5월 15일 |
| 개정2판1쇄 | 2024년 4월 25일 |
| 편      저 | (사) 한국소방기술사회 기술위원회산하 용어편찬위원회<br>김용재 기술사 外 |
| 발  행  인 | 정용수 |
| 발  행  처 | (주)예문아카이브 |
| 주      소 | 서울시 마포구 동교로 18길 10 2층 |
| T  E  L | 02) 2038 – 7597 |
| F  A  X | 031) 955 – 0660 |
| 등 록 번 호 | 제2016-000240호 |
| 정      가 | 37,000원 |

홈페이지 http://www.yeamoonedu.com

ISBN      979-11-6386-284-0      [13320]